Forschungen zum Alten Testament

Herausgegeben von

Corinna Körting (Hamburg) · Konrad Schmid (Zürich)
Mark S. Smith (Princeton) · Andrew Teeter (Harvard)

165

Ruth Ebach

Trügende Prophetenworte

Zum Umgang mit falscher und unerfüllter Prophetie
im Alten Testament im Kontext altorientalischer
und antiker Divination

Mohr Siebeck

Ruth Ebach, geboren 1982; 2014 Promotion; 2021 Habilitation; seit 2021 Professorin für Altes Testament (professeure ordinaire pour l'exégèse historico-philologique de la Bible hébraïque) am Institut romand des sciences bibliques (IRSB) der Fakultät für Theologie und Religionswissenschaft (FTSR) an der Universität Lausanne.

ISBN 978-3-16-161177-3 / eISBN 978-3-16-161178-0
DOI 10.1628/978-3-16-161178-0

ISSN 0940-4155 / eISSN 2568-8359 (Forschungen zum Alten Testament)

Die Deutsche Nationalbibliothek verzeichnet diese Publikation in der Deutschen Nationalbibliographie; detaillierte bibliographische Daten sind über *http://dnb.dnb.de* abrufbar.

© 2023 Mohr Siebeck Tübingen. www.mohrsiebeck.com

Das Werk einschließlich aller seiner Teile ist urheberrechtlich geschützt. Jede Verwertung außerhalb der engen Grenzen des Urheberrechtsgesetzes ist ohne Zustimmung des Verlags unzulässig und strafbar. Das gilt insbesondere für die Verbreitung, Vervielfältigung, Übersetzung und die Einspeicherung und Verarbeitung in elektronischen Systemen.

Das Buch wurde von Martin Fischer aus der Times New Roman gesetzt, von Gulde Druck in Tübingen auf alterungsbeständiges Werkdruckpapier gedruckt und von der Buchbinderei Spinner in Ottersweier gebunden.

Printed in Germany.

Vorwort

Die vorliegende Arbeit wurde im Sommersemester 2021 von der Evangelisch-Theologischen Fakultät der Eberhard Karls Universität Tübingen als Habilitationsschrift angenommen.

Dankbar bin ich sehr vielen Wegbegleiter*innen in und außerhalb der Universitätswelt. Insbesondere ist mein Dank jedoch mit drei Orten verbunden:

Der erste Dank geht nach Tübingen. Ohne die Mischung aus Rat, Hilfe, Vertrauen und Freiheit in allen Facetten der Habilitationszeit, die Prof. Dr. Martin Leuenberger mir als seiner Assistentin gab, wäre diese Arbeit nicht in dieser Weise entstanden. Den Mitgliedern des Tübinger Alttestamentlichen Kolloquiums und besonders Prof. Dr. Jakob Wöhrle danke ich von Herzen für die dort und andernorts geführten Diskussionen, letzterem auch für die Erstellung eines Habilitationsgutachtens und die große Unterstützung. Die Kolleg*innen und Freund*innen – insbesondere Desiree und Johannes Zecha, Christian und Lea Schlenker, Nadine Quattlender – haben dafür gesorgt, dass meine Tübinger Jahre eine außerordentlich gute Zeit waren, und Korrektur gelesen.

Für die so freundschaftliche und produktive Zusammenarbeit in Habilitationszeiten danke ich Prof. Dr. Kristin Weingart und Prof. Dr. Joachim Krause und zudem Dr. Friederike Neumann für den regen und vielfältigen Gedankenaustausch.

Ebenfalls mit Tübingen verbunden ist mein Dank an den Verlag Mohr Siebeck, an die Professoren Konrad Schmid, Mark S. Smith, Hermann Spieckermann und Andrew Teeter für die Aufnahme der Arbeit in die Reihe FAT und stellvertretend für das ganze Team an Elena Müller und Markus Kirchner für die exzellente Zusammenarbeit im Veröffentlichungsprozess.

Der zweite Dank gilt in Bochum dem Käte Hamburger Kolleg „Dynamiken der Religionsgeschichte zwischen Asien und Europa" am CERES der Ruhr-Universität. Als Research Fellow konnte ich von dieser Zeit des ruhigen Arbeitens ebenso profitieren wie von den fachübergreifenden Diskussionen und dem fachlichen Austausch besonders mit Prof. Dr. Christian Frevel und Prof. Dr. Christophe Nihan. Auch die fraglose Gastfreundschaft der Familie Koch während dieses halbjährigen Aufenthalts war alles andere als selbstverständlich.

Der dritte Ort ist nun Lausanne. Die Kolleg*innen der Faculté de théologie et de sciences des religions und besonders des IRSB haben mich mit höchster Freundlichkeit aufgenommen, die Gespräche zur Prophetie haben auch diese Arbeit bereichert. Zudem danke ich meinem Assistenten Gaël Carriou und den studentischen Hilfskräften Sophie Maillefer und Aurore Boillat für Korrekturarbeiten und die Erstellung des Registers.

Lausanne, im Mai 2022   Ruth Ebach

Inhaltsverzeichnis

Vorwort	V
Abkürzungen	XI

1. Einleitung ... 1

   1.1 Forschungsüberblick ... 5
      1.1.1 Die Suche nach den Kriterien ... 5
      1.1.2 Der prophetische Konflikt ... 9
      1.1.3 Wahr und falsch – erfüllt und unerfüllt ... 12
   1.2 Vorgehen ... 15

2. Prophetie im Alten Orient, Ägypten und Griechenland ... 19

   2.1 Auswahl der Vergleichstexte und Fragestellung ... 19
   2.2 Altbabylonische Prophetie (Mari): Divination
und die Frage der Legitimation und Überprüfbarkeit ... 22
      2.2.1 Prophetie in altbabylonischer Zeit ... 22
      2.2.2 Zur Überprüfung prophetischer Botschaften ... 28
   2.3 Neuassyrische Prophetie: Rebellion, Prophetische Konflikte
und Königskritik ... 33
      2.3.1 Neuassyrische Prophetie ... 33
      2.3.2 Königskritische und falsche Prophetie ... 36
   2.4 Neubabylonische und spätbabylonische Belege für Prophetie ... 46
   2.5 Divination und die Achämenidenherrscher: Die politische Gefahr
durch Lüge und Trug und die zentrale Stellung des Gesetzes ... 48
      2.5.1 Divination in der Achämenidenzeit ... 48
      2.5.2 Die politischen Gegner als Lügner ... 52
   2.6 Ägyptische Belege: Prophetie und/oder Apokalyptik? ... 54
   2.7 Griechische Divination: Die Rolle der Mantiker in der politischen
Entscheidungsfindung ... 58
      2.7.1 Das Orakel in Delphi und die divinatorischen Spezialistinnen
und Spezialisten ... 60
      2.7.2 Literarische Funktionen von Orakelsprüchen ... 67
      2.7.3 Unerfüllte Prophetie und die Diskussion um die richtige
Auslegung ... 68

2.8 Prophetie im Alten Orient, Ägypten und Griechenland: Ansatzpunkte für die Beschreibung falscher und unerfüllter Prophetie im Alten Testament 81

3. Kriterien zur Beurteilung von Prophetie und Propheten 85
  3.1 Das Verhalten der Propheten und der Inhalt ihrer Botschaft als Kriterium 89
    3.1.1 Das Volk sehnt sich nach Lüge 91
    3.1.2 Das fehlende göttliche Wort und die trügerische Friedensbotschaft (Mi 3,5–8 und Jer 23) 92
  3.2 Der Verlauf der Ereignisse als Argument: Das deuteronomistische Erfüllungskriterium 113
    3.2.1 Die Gesetze: Dtn 13 und 18 114
      3.2.1.1 Das Erfüllungskriterium und die Funktion von Prophetie . 115
      3.2.1.2 Todesstrafe für falsche Propheten? 120
      3.2.1.3 Getötete Propheten 124
    3.2.2 Das Erfüllungskriterium und seine Einschränkungen 127
      3.2.2.1 Jer 28: Prophetie im direkten Konflikt 128
        a) נביא und ψευδοπροφήτης 131
        b) Die Kriterien in Jer 28,8 f. 136
      3.2.2.2 Die Möglichkeit der Umkehr (Mi 3 in Jer 26) 142
      3.2.2.3 Unerfüllt und doch wahr? Jona als Prophet 146
    3.2.3 Ez 12,21–14,11: Verbrecherische Propheten und eine gelingende prophetische Interaktion 149
      3.2.3.1 Ez 12,21–28: Das sich verzögernde Eintreffen der Prophetenworte 150
      3.2.3.2 Ez 13,1–16: Die nichtigen Worte 158
      3.2.3.3 Ez 13,17–23: Prophetinnen, Hexen oder Ritualspezialistinnen 167
      3.2.3.4 Ez 14,1–11: Die falschen Fragesteller 174
      3.2.3.5 Die Bestandteile gelingender prophetischer Interaktion nach Ez 12,21–14,11 179
  3.3 Die göttliche Verantwortung für falsche Prophetie: Jhwh verleitet die Propheten 180
    3.3.1 Ez 14,1–11: Verleitung zur verbotenen prophetischen Rede? 181
    3.3.2 1 Kön 22: Ein Geist der Täuschung und das Herrschaftswissen der Könige 187
      3.3.2.1 Das Herrschaftswissen und die Rolle der Könige in 1 Kön 22 191
      3.3.2.2 Jhwhs Rolle im Kontext falscher oder falsch verstandener Prophetie nach 1 Kön 22 203
  3.4 Unerfüllte Prophetie und falsche Propheten – Ergebnisse 206

4. Zum (literarischen) Umgang mit prophetischen Ankündigungen 211

4.1 Die Korrespondenz von Verheißung und Erfüllung als Strukturmerkmal deuteronomistischer Erzählwerke 213
4.2 Der Tod der Könige 224
    4.2.1 Der Tod der kritisierten Nordreichkönige und das Auslöschen ihrer Häuser – Jerobeam, Bascha und Ahab 226
        4.2.1.1 Das Ende Jerobeams I., Baschas, Ahabs und ihrer Häuser in der Darstellung der Königebücher 227
        4.2.1.2 Das Ende Jerobeams II. und seines Hauses nach Am 7,9.10–17 235
    4.2.2 Das Schicksal der letzten Könige Judas (Josia, Jojakim, Jojachin und Zedekia) nach den Königebüchern und dem Jeremiabuch 243
        4.2.2.1 Josias Tod nach Huldas Ankündigung in 2 Kön 22,20 und dem Geschehen in 2 Kön 23,29 f. 246
        4.2.2.2 Zedekias Schicksal und Tod nach dem Jeremiabuch und 2 Kön 25,6 f. 256
        4.2.2.3 Jojakims Bestattung und seine (politische) Kinderlosigkeit (Jer 22; 36 und 2 Kön 24,6) 265
4.3 Noch einmal Leben und Tod eines Herrschers: Der Tod des Aramäerkönigs Ben-Hadad und Elisas Ankündigung (2 Kön 8,7–15) ... 279
4.4 Die Rolle der prophetischen Gestalten in den Chronikbüchern 285
4.5 Das sich in der Geschichte (nicht) erfüllende Wort – Ergebnisse 290

5. Der Rückgang neuer Propheten und die Falschpropheten in der frühen Rezeptionsgeschichte: Entschiedene Konflikte und neue Aktualisierungen 293

5.1 Ein eingeschränktes Ende der Propheten und ein Wandel im Prophetie-Verständnis 294
5.2 Hebräische und aramäische Belege und die Listen der Falschpropheten 301
    5.2.1 4Q339 – Die Liste der Falschpropheten 301
    5.2.2 Das Mose-Apokryphon[a] 4Q375 und der Mischna-Traktat Sanhedrin – Doch eine Todesstrafe für Falschpropheten? 314
5.3 Griechische Belege 317
    5.3.1 Propheten und Falschpropheten im Neuen Testament 318
    5.3.2 Josephus und die Rolle der Propheten und Falschpropheten in der Geschichtsdarstellung 324
    5.3.3 Eusebius von Caesarea und die Rolle der Falschpropheten in seiner Kirchengeschichte 328
5.4 Kontinuitäten und Diskontinuitäten im Umgang mit falschen Propheten – Ergebnisse 333

6. Umgang mit falscher und unerfüllter Prophetie
im Alten Testament im Kontext altorientalischer und antiker
Divination – Ergebnisse 335

   6.1 Prophetie im Kontext der Politik 336
   6.2 Unerfüllte Prophetie, aber keine Falschpropheten 339
   6.3 Erfüllte Prophetie und Geschichtstheologie 341

Literaturverzeichnis 347

Stellenregister 381
Sachregister 395

Abkürzungen

Die Abkürzungen richten sich im Allgemeinen nach Schwertner, S. M., Internationales Abkürzungsverzeichnis für Theologie und Grenzgebiete, Berlin/Boston ³2014. Darüber hinaus werden folgende Abkürzungen verwendet:

ABL	Robert F. Harper, Assyrian and Babylonian Letters, Chicago 1892–1914.
ADART	Abraham J. Sachs/Hermann Hunger, Astronomical Diaries and Related Texts from Babylonia, Wien 1996.
Aischyl.	Aischylos
Frag.	Fragmente
Prom.	Der gefesselte Prometheus
Ant.	Josephus, Antiquitates
Aristot.	Aristoteles
Rhet.	Rhetorik
ARM	Archives royales de Mari
CAD	Assyrian Dictionary of the Oriental Institute of the University of Chicago
Cic.	Cicero
Div.	De divinatione
Eur.	Euripides
Iph.	Iphigenie in Aulis
Haer.	Irenäus, Adversus Haereses
Hdt.	Herodot
Hist. Eccl.	Eusebius, Historia ecclesiastica
Hom.	Homer
Il.	Ilias
Od.	Odyssee
HThKAT	Herders theologischer Kommentar zum Alten Testament
KAI	Herbert Donner/Wolfgang Röllig, Kanaanäische und aramäische Inschriften, Wiesbaden 1964.
LKU	Adam Falkenstein, Literarische Keilschrifttexte aus Uruk, Berlin 1931.
OBTR	Stephanie Dalley u.a., The Old Babylonian Tablets from Tell al Rimah, Hertford 1976.
Plat.	Platon
Leg.	Nomoi – Die Gesetze
Phaidr.	Phaidros
Rep.	Politeia
Ps.-Apollod. Epit.	Pseudo-Apollodor Epitome

SAA	State Archives of Assyria. Neo-Assyrian Text Corpus Project
Soph.	Sophokles
Ant.	Antigone
Oid.	Ödipus auf Kolonos
Strab.	Strabon
Thgn.	Theognis von Megara
Thuk.	Thukydides
VTE	Vassal Treaties of Esarhaddon
Xen.	Xenophon
Hell.	Hellenika
Kyr.	Kyrupädie
Mem.	Memorabilien
XPh	Inscription of Xerxes I at Persepolis („Daiva Inscription").
ZTT	Tablets from Ziyaret Tepe

1. Einleitung

Prophetie im Alten Orient dient der Diagnose der Gegenwart und Vergangenheit sowie der Erhellung des zukünftigen göttlichen Wirkens als Orientierung in der (politischen) Entscheidungsfindung. Aus diesem Grund stellen trügende Prophetenworte ein ausgesprochen großes Problem dar. Die Frage nach der Erkennbarkeit der Worte mit göttlichem Ursprung und ihrer Deutung und damit nach den Worten, nach denen man sich zu richten hat, da sie in Erfüllung gehen werden, ist somit von entscheidender Bedeutung für den Umgang mit prophetischen Worten. Damit betrifft die Einordnung unerfüllter Ankündigungen auch das Verständnis von Prophetie als ganzer.

Die Frage nach der Erkennbarkeit von falscher Prophetie wird – besonders auf das Alte Testament bezogen – nicht erst durch die religiöse Rezeption oder die Forschung an die Texte herangetragen. Sie ist diesen in immer neuen Diskussionslinien inhärent (vgl. stellvertretend nur Jer 23; 27 f. und Ez 12,21–14,11). So versuchen die Propheten und Prophetinnen bzw. die Verfasser der Prophetentexte auf der einen Seite, die Adressaten und Adressatinnen von der Legitimation ihrer Person und der von ihnen übermittelten göttlichen Botschaften zu überzeugen und sich auf der anderen Seite von widerstreitenden Prophetenfiguren und deren Botschaften abzusetzen. Auseinandersetzungen *zwischen* Propheten und um die Geltung der Gottesworte prägen eine große Anzahl alttestamentlicher Prophetentexte. Zur Identifizierung der kritikwürdigen Propheten werden in den Texten Kriterien wie das moralische Verhalten der Widersacher, die inhaltliche Ausrichtung der Botschaft – etwa die oft kritisierte Beschränkung auf Heilsbotschaften, die die unheilvolle Gegenwart und Zukunft gerade nicht abbilden –, die Weise, in der die prophetische Offenbarung empfangen wurde, oder – auf einer anderen Ebene – auch die sich im Nachhinein zeigende (fehlende) Erfüllung der Ansagen vorgebracht. Durch die Kritik an anderen Propheten wird die im Buch bzw. der jeweiligen literarischen Schicht vertretene Position unterstrichen und die Gegenspieler und ihre Botschaften werden diskreditiert. Die zugehörige exegetische Kriterienbildung und Auslegungstradition ergänzt diese Liste noch um Faktoren wie das (alles erduldende) Leiden der „wahren" Propheten und die Ablehnung ihrer Botschaften, die in den Texten als narrative Elemente eine Rolle spielen.

Es ist nicht verwunderlich, dass gerade in deuteronomistisch geprägten Texten um die Rechtmäßigkeit von prophetischen Worten gestritten wird. Denn durch die

Ablehnung der im Alten Orient üblichen Mittel zur Überprüfung von Prophetie und Divination durch die instrumentelle Mantik, wie sie im Prophetengesetz in Dtn 18,9–14 gefordert wird, wird die Beurteilung von prophetischen Worten zu einem Problem und die Betonung anderer Kriterien, ja das Ringen um solche, wird verstärkt. Hinzu kommt ab der exilischen Zeit das Fehlen des Königs als (göttlich legitimierter) Entscheidungsträger, ein fundamentaler Unterschied, der die alttestamentliche Prophetie etwa von der neuassyrischen Prophetie abhebt. Und so wird die Verkündigung der Worte des eigenen Herzens statt der empfangenen göttlichen Worte wiederholt angeprangert.[1] Die Forderung nach einer prophetischen Selbstprüfung entsteht.

Der prophetische Prozess umfasst dabei mehrere aufeinander bezogene Bestandteile. So bezieht sich der Begriff zugleich auf den *Empfang* der Offenbarung wie auch auf die gegebenenfalls gewählte *Fragestellung*, auf die konkrete *Formulierung* der Worte durch die Propheten sowie auf die *Reaktion* der Hörenden mit Aspekten der *Verifizierung* der Botschaft.[2] Prophetie ist dabei

---

[1] Vgl. zu diesem Kriterium WEISER, Jeremia (ATD 20/21), 211, und zu seinem Scheitern MÜNDERLEIN, Kriterien, 15 f.

[2] Die Übermittlung göttlicher Worte geschieht, wie die Texte, die ein Gotteswort und das vom Propheten dann ausgerichtete Wort enthalten, zeigen, nicht durch eine stets wortwörtliche und auf das Wort beschränkte Wiedergabe. Der Prophet hat durchaus Anteil an der konkreten Formulierung, aber auch an dem breiteren Kommunikationsakt. Vgl. dazu auch JEREMIAS, Prophetie, 345, zur Mitgestaltung der Propheten am Wort Gottes, und OSSWALD, Glaube, 69 f., zum Bestandteil der menschlichen Interpretation im prophetischen Prozess. Schon QUELL, Propheten, 94, vermerkt mit Hinweis auf die Aphorismen von LICHTENBERG, Schriften, 81.101 („Bei Prophezeihungen ist der Ausleger oft ein wichtigerer Mann als der Prophet."; a. a. O., 81), die ausschlaggebende Funktion des Auslegenden. An vielen Stellen fallen jedoch die Aufgabe der Übermittlung und der Interpretation in eins und sind beide durch den Propheten zu leisten. So steht die Übermittlung eines prophetischen Wortes auf einem anderen Blatt als die Einbindung des Wortes in einem größeren Akt der Kommunikation durch einen Propheten, wie etwa an der Nathanparabel in 2 Sam 12 gezeigt werden kann. Nur der deutende Abschluss in V. 7 ist als Gotteswort gekennzeichnet, die Parabel selbst wird textintern auf Nathan und seine rhetorische Kompetenz und Praxis zurückgeführt. Der Ablauf zeigt, dass es einen Unterschied zwischen der Umsetzung des Propheten und dem eigentlich auszurichtenden Gotteswort gibt. In diesem Gestaltungsraum liegt eine eigene Schwerpunktsetzung. Die Ausrichtung des zu Sagenden ist klar abgesteckt, doch die Formulierung des göttlichen Wortes und vor allem die adäquate Umsetzung liegt in der Hand des Propheten. Diese Abweichung nimmt bereits Josephus in den Antiquitates wahr und deutet sie als rhetorisches Geschick Samuels, der hofft, den König auf diese Weise besser überzeugen zu können als allein durch die harte göttliche Anklage (Ant. 7,147 f.). Als ein weiteres Beispiel ist die Interpretation des Gotteswortes in Jer 6,1–8 durch den Propheten zu nennen, vgl. OSSWALD, Glaube, 69. Der Prophet sollte somit trotz der Verwendung der Botenformel nicht als reiner Bote verstanden werden, wie es etwa Siegfried WAGNER, Art. אמר, 306, für die israelitische Prophetie oder auch LANGE, Greek Seers, 468, tun: „Neither the prophet nor his prophetic ability was important but only his message. The prophet is a communicative device without any special divinatory abilities of his own.". Andreas WAGNER, Prophetie, 208–259, zeigt jedoch gerade an der Verwendung der Formeln כי כה אמר und לכן כה אמר die aktive Rolle des Propheten, der Traditionen eigenständig aufnimmt und reflektiert. Der Prophet wählt Bilder, um das göttliche Wort wirkungsvoll einzusetzen. Ob diese Botschaft zuvor an ihn ergangen ist oder ob er Worte der Tradition aufgreift und diese in einen

1. Einleitung

als ein Teil eines größeren religiös-politischen Prozesses der Entscheidungsfindung wahrzunehmen. Dabei wird das weite Begriffsfeld der Prophetie und werden die mit Prophetie verbundenen Personen in dieser Studie nach der von Manfred Weippert formulierten und seither die Forschung prägenden Definition verstanden:

„Ein(e) Prophet(in) ist eine Person männlichen oder weiblichen Geschlechts, die

1. in einem kognitiven Erlebnis – einer Vision, einer Audition, einem Traum o. ä. – der Offenbarung einer Gottheit oder mehrerer Gottheiten teilhaftig wird, und

2. sich durch die betreffende(n) Gottheit(en) beauftragt weiß, die Offenbarung in sprachlicher Fassung oder in averbalen Kommunikationsakten an einen Dritten (oder Dritte), den (die) eigentlichen Adressaten, zu übermitteln."[3]

Diese Definition erlaubt es – als ihr erster Vorteil –, Prophetie nicht nur als Spezifikum der israelitischen Religionsgeschichte und Literatur wahrzunehmen, sondern sie als kulturübergreifendes Phänomen im östlichen Mittelmeerraum zu begreifen. Diese Studie konzentriert sich allerdings im Folgenden, was Israel selbst anbelangt, auf die *alttestamentlichen* Darstellungen von Prophetie und damit auf einen Ausschnitt des Gesamtphänomens Prophetie in Israel, der mit diesem im engen Zusammenhang steht, jedoch nicht gleichgesetzt werden darf.[4] In der von Weippert gegebenen Definition kommt – als ihr zweiter Vorteil – bereits der Grund zum Vorschein, der die inneralttestamentliche Diskussion um wahre Prophetie maßgeblich bestimmt. Denn die treffende Formulierung „sich beauftragt weiß" weist auf die bestehende Problematik hin, dass sich dieses Moment des prophetischen Geschehens der Beurteilung durch Außenstehende entzieht. An die Stelle treten die bereits angedeuteten anderen Kriterien, die im Rahmen der exegetischen Forschung immer wieder in den Blick genommen wurden.

Die Definition von Weippert beinhaltet keinen Hinweis auf die Zeit, auf die sich die prophetischen Worte beziehen, und ist deshalb gerade für die Beschreibung alttestamentlicher Prophetie insgesamt anwendbar. So verbinden prophetische Worte Gegenwart und Zukunft, lassen sich aber nicht und vor allem nicht in allen Phasen der alttestamentlichen Prophetiegeschichte auf die Ansage zukünftiger Ereignisse reduzieren, wie die im allgemeinen Sprachgebrauch üb-

---

aktuellen Kontext setzt, wie es Wagner stärker betont, ist schwer zu entscheiden, da eine solche Wortsammlung nicht vorliegt. Hier ergeben sich funktionelle Parallelen zu den griechischen Chresmologen, siehe zu diesen divinatorischen Spezialisten Kap. 2.7.1. Dass wahre Propheten Gottesworte in verschiedenen Formulierungen vorbringen, vermerkt schon der babylonische Talmud bSan 89a (Gemara). Zu weiteren Formulierungsdifferenzen siehe auch unten S. 129 f. Anm. 194 im Kontext der Analyse von Jer 28.

[3] M. WEIPPERT, Aspekte, 88.

[4] Siehe für die Unterscheidung zwischen israelitischer und alttestamentlicher Prophetie auch den Forschungsüberblick bei KELLE, Phenomenon.

liche Verwendung des Prophetiebegriffs[5] und auch die Anordnung des christlichen Kanons nahelegen könnten.[6] Letztlich geht es in der Prophetie stets um die Gegenwart und die Veränderung des vorfindlichen Zustands. Dabei ist Prophetie zwar auf die Zukunft ausgerichtet, in der die Veränderung der Situation stattfinden wird. Es geht jedoch um aktuelle, meist politische Entscheidungen, die zu treffen sind.[7] Dies gilt für Israel wie auch für die es umgebenden Kulturen, so unterschiedlich die divinatorischen und mantischen Systeme auch im Einzelnen sind. So lässt sich der Schluss, den Konrad Schmid aus Jes 8,23–9,6 zieht, auf weite Bereiche der Prophetie übertragen: „Prophetie ist […] Gegenwartserhellung, nicht Zukunftsansage".[8] Hierbei ist in der Geschichte der Prophetie jedoch ein Wandel zu erkennen. Gerade in den deutlich jüngeren Qumran-Texten werden die alten prophetischen Botschaften als genau auf die eigene Situation und ein meist eschatologisches Setting hin gesprochen gedeutet. Dabei wird bisweilen den alttestamentlichen Propheten selbst das (volle) Verständnis der Worte abgesprochen.[9]

Auch die Dimension der Vergangenheit ist für weite Teile des alttestamentlichen und altorientalischen Prophetie-Verständnisses von großer Bedeutung. So ist die Darstellung der Vergangenheit und das Aufzeigen des göttlichen Lenkens der Geschichte ein entscheidendes Merkmal gerade der deuteronomistischen Prophetie, lässt sich aber auch an den babylonischen *literary predictive texts* oder der

---

[5] Zur Begrifflichkeit siehe unten S. 64. Vgl. hierzu besonders S. HERRMANN, Ursprung, 123–126.

[6] Vgl. SCHMID, Prognosis, 107.

[7] So beschreibt auch HRŮŠA, Religion, 155, zwei Ziele für die Divination im altorientalischen Raum: die Kenntnis der Zukunft, um auf diese mit Gegenmaßnahmen zu reagieren und um die Entscheidungsfindung zu ermöglichen.

[8] SCHMID, Theologie, 298. Vgl. auch DERS., Prognosis, 107: „But their message did not always or even primarily have to do with the future, and certainly not with a future that would be centuries removed from them." Schon KUENEN, Prophets, 113, kritisiert das Vorgehen zeitgenössischer Autoren, sich über die Zerstörung biblisch bekannter Orte zu freuen, um die alten Prophezeiungen als erfüllt ansehen zu können, und verweist auf die Ausrichtung der alttestamentlichen Prophetie auf die nähere Zukunft. Ganz anders urteilt JENNI, Voraussagen, 104, der betont, „dass die historischen und politischen Voraussagen, wie weit man auch die Grenze stecken möge, jedenfalls nicht das zentrale Anliegen der prophetischen Verkündigung darstellen". Er sieht die Ankündigungen hingegen immer wieder auf das „Kommen des Herrn" bezogen, und darin den Kern der „spezifisch prophetischen" Verkündigung und ihre Mitte. Die Historisierung der Aussagen weist er dann meist den Schülern zu, womit eine Minderung des Ranges verbunden ist. Vgl. a.a.O., 105–107. Die Unterscheidung zwischen dem wahren Handeln des Propheten und den von Schülern verfassten Berichten zeigt sich etwa in seiner Darstellung von Jer 28,15–17, die er Baruch zuweist (vgl. a.a.O., 59–61). In diesem Kontext versteht er dann auch die prophetischen Botschaften, die innerhalb des Alten Testaments offenbleiben: „nichterfüllte spezielle Voraussagen sind symptomatisch für das Warten der gesamten eschatologischen Botschaft der Propheten auf volle Erfüllung, die auch hier die alten Formen der Weissagung sprengen muss" (a.a.O., 114). Diese Darstellung zeugt jedoch von einer christlichen Perspektive, die stark von einer externen Mitte des Alten Testaments ausgeht.

[9] Siehe zu diesen Aspekten unten Kap. 5.1.

Geschichtsdarstellung durch Herodot zeigen.[10] Das Ziel liegt auch bei der rückblickenden Darstellung, gerade wenn sie sich als solche nicht direkt zu erkennen gibt, in erster Linie in der Gegenwartsbearbeitung. So zeigt die Ablehnung der Prophetenworte durch das Volk im Jeremiabuch, die zum Untergang führte, den Weg für die neue Gegenwart. Die Interpretation von Prophetie als eigenständige Form von Prophetie[11] wird in der Literaturgeschichte des Alten Testaments ebenso deutlich wie in den Qumran-Texten. Die Ankündigung einer Zukunft, die sich aus dem Handeln der Gegenwart ergibt, wie auch die Darstellung der Vergangenheit als Spiegel für die Gegenwart und als Erklärung und bisweilen Legitimation der gegenwärtigen Lage fallen im Bereich der Prophetie zusammen.[12]

1.1 Forschungsüberblick

Der Thematik der falschen oder unerfüllten Prophetie und den inneralttestamentlichen Konflikten zwischen Propheten haben sich mehrere große und auch kleinere Studien gewidmet, wobei auffälligerweise in den letzten Jahrzehnten ein deutlicher Rückgang der Forschungsbeiträge zu erkennen ist.[13] Auf die konkreten Ergebnisse der verschiedenen Veröffentlichungen zu den einzelnen in der Diskussion stehenden Texte wird im Verlauf dieser Studie genauer eingegangen werden, doch lohnt es sich, bereits an dieser Stelle einen Überblick über die entscheidenden Entwicklungslinien in der Forschung zur falschen Prophetie zu geben. Auf diese Weise werden zum einen die inhaltlichen und methodischen Grundfragen deutlich, die mit der Thematik verbunden werden und wurden, und der entscheidende Wandel der Forschungsfragen kann aufgezeigt werden. Zum anderen wird vor diesem Hintergrund der konkrete Fokus dieser Studie erkennbar, der in Kap. 1.2 genauer vorgestellt wird.

1.1.1 Die Suche nach den Kriterien

Vermutlich die erste größere Studie zum Problem der Falschprophetie stammt aus dem Jahr 1859. Ianus Carolus Matthes' „Dissertatio historico-critica de pseudoprophetismo Hebraeorum" untersucht die auftretenden Falschpropheten

---

[10] Zu den *literary predicitve texts* siehe unten S. 32 f., zu Herodots Umgang mit Orakelsprüchen Kap. 2.7.2.

[11] Vgl. insgesamt SCHMID, Prognosis.

[12] SCHMID, Prognosis, spricht von „Prognosis und Postgnosis" als entscheidende Dimensionen.

[13] Für einen Forschungsüberblick zum Thema wahre und falsche Prophetie siehe neben anderen auch MÜNDERLEIN, Kriterien, 11–19, C. SCHNEIDER, Krisis, 9–21, WILSON, Interpreting, 335 f., SANDERS, Hermeneutics, 22–27, B. LONG, Social Dimensions, 31–34, und aktueller KLEIN, Art. Prophetie.

in chronologischer Folge. Die Unterscheidungen zwischen Propheten und Falschpropheten soll so (wieder) freigelegt werden.[14] Mit dieser Studie wurde eine thematische Suche eröffnet, die in den folgenden gut 150 Jahren fortgesetzt und dabei immer wieder mit neuen Akzenten versehen wurde.

Ging es etwa noch bei Abraham Kuenens Studie über die israelitische Prophetie „De Profeten en de profetie onder Israel"[15] (1875) um die Propheten selbst und die Zurückweisung ihrer übernatürlichen Fähigkeiten, die sich an den unerfüllten Prophezeiungen erkennen lässt, rückten ab der Mitte des 20. Jahrhundert die Frage nach den *Kriterien* wahrer und falscher Prophetie im Alten Testament in den Vordergrund. Die Figur der Propheten selbst wurde dabei auf neue Weise betrachtet. Von Anfang an wurden im Zuge dieser Suche verschiedene Aspekte hervorgehoben. So betont etwa Gerhard von Rad, dass das entscheidende Kriterium der *Inhalt* der Botschaft sei, und macht in diesem Kontext die Abgrenzung zur Kultprophetie zum Schlüssel des Verständnisses.[16] Andere fokussieren stärker auf das *Verhalten* der Propheten. Edmond Jacob[17] und James Crenshaw[18] betonen die Hartnäckigkeit der wahren Propheten in der Situation des Leidens und der Anfechtung. Bei Johannes Hempel ist die Darstellung des Zweifels des Propheten als Person und die Krisenhaftigkeit durch die ausbleibende Erfüllung eines prophetischen Wortes besonders deutlich greifbar.[19] Hempel reflektiert dies am Beispiel der sich nicht erfüllenden Hoffnung Deuterojesajas, die er auf Kyros gesetzt habe, und an den diese Enttäuschung schon spiegelnden Gottesknechtsliedern.[20]

Gerade Martin Buber macht hingegen die Positionierung des Propheten in der jeweils aktuellen *politischen Situation* zum entscheidenden Kriterium. Die Propheten, so schließt er besonders aus der Auseinandersetzung zwischen

---

[14] So lautet gleich die erste These seiner Dissertation (MATTHES, Dissertatio, 141): „Distinctio prophetas inter et *pseudo*prophetas ipsos Israëlitas latuit et recentioris aevi est inventum." (Hervorhebung i.O.).

[15] Siehe KUENEN, Prophets.

[16] Vgl. VON RAD, Propheten.

[17] JACOB, Remarques.

[18] CRENSHAW, Conflict.

[19] Vgl. HEMPEL, Glauben. Die Frage nach den Emotionen von Propheten wurde immer wieder in den Mittelpunkt gerückt. Besonders diskutiert wurde dabei Jeremias Gefühlsleben in Jer 28, der sich zunächst kraftlos und geschlagen sieht, wie es besonders QUELL, Propheten, 46–48, hervorhebt. Vgl. zu dieser Diskussion S. HERRMANN, Jeremia, 117–119.

[20] Dass die jeweils betonten Kriterien auch mit der Situation der jeweiligen auslegenden Theologinnen und Theologen verbunden ist, zeigt sich schon bei Thomas HOBBES, Leviathan. Als Kriterien der wahren Propheten nennt er Wunder *und* das Vertreten der etablierten Lehre. Vgl. HOBBES, Leviathan, Kapitel 32 (Von den Grundsätzen christlicher Politik), 287 f. Die Erfüllung einer der beiden Bedingungen reicht in seiner Sicht nicht aus. Zugleich stellt die Vernunft das entscheidende Kriterium dar. Den Abfall von Jhwh, wie er besonders in Dtn 13, aber auch in Dtn 18 und der frühen Rezeptionsgeschichte dieser beiden Gesetze betont wird, setzt Hobbes mit dem Abfall vom König gleich. Vgl. auch Kapitel 36 (Vom Wort Gottes und von den Propheten), 320–333.

Jeremia und Hananja in Jer 28, die einen starren Traditionsbezug betonen und dabei stärker ihren eigenen Vorstellungen als der politischen Lage Rechnung tragen, erweisen sich als falsche Propheten. Und so verbindet Buber die Unterscheidung zwischen wahren und falschen Propheten mit einer Beschreibung ihrer Ausrichtung als „Realpolitiker" gegen „Illusionspolitiker".[21] Die Notwendigkeit der Beachtung der konkreten geschichtlichen Situation zur Beurteilung der Propheten ist der entscheidende von Buber hervorgehobene und auch beizubehaltende Faktor.[22]

Der kurze Überblick macht bereits deutlich, dass sich aus den alttestamentlichen Texten keine allgemein gültigen Kriterien erheben lassen, die textübergreifend zur Anwendung gelangen würden. Und so kommt schon Gottfried Quell im Jahre 1952 in seiner Studie „Wahre und falsche Propheten. Versuch einer Interpretation" zu dem Schluss, dass „es so etwas wie eine rationale Norm für die Wertung prophetischen Wortes nicht gibt. Es läßt sich weder generell noch ad hominem ausdrücken, welches die Kennzeichen wahren oder falschen Wortes sind."[23] So bezieht er die Klassifizierung als *falsche* Prophetie auf die Vergangenheit. Dabei hat die Beurteilung ein Element der Distanz und ist nicht für die jeweils aktuelle Gegenwart gemacht.[24] Der menschliche Aspekt jedes Propheten wird in seiner Studie deutlich, die er mit dem Appell an die Nachwelt schließt, nicht so kritisch auf die Propheten und ihre möglichen Fehler zurückzublicken: „Dieser Anblick läßt uns ihre Größe ermessen, aber gibt uns auch Grund genug, dem irrenden Propheten unser Mitgefühl nicht zu versagen, weil wir auf dem Wege zur Wahrheit alle irren."[25] So verweist er darauf, dass auch die falschen Propheten innerlich von der Wahrheit ihrer Botschaft überzeugt waren.[26] In der Situation selbst gibt es somit keine anwendbaren Kriterien zur Identifizierung, sodass letztlich nur sein Schluss übrigbleibt, dass nur der wahre Prophet selbst die falschen Propheten erkennen könne.[27] Durch seine Studie endete eine Phase, in der Falschprophetie als klar erkennbare und zumeist auf ein Grundprinzip bzw. -problem reduziertes Phänomen einsortiert wurde.

---

[21] So bei BUBER, Propheten, bes. 134. Zur Kritik siehe schon MÜNDERLEIN, Kriterien, 15.
[22] Vgl. auch BUBER, Glaube.
[23] QUELL, Propheten, 160 f.
[24] Vgl. QUELL, Propheten, 13.
[25] QUELL, Propheten, 218.
[26] Schon VALETON „Prophet gegen Prophet" (1911) spricht wiederholt (vgl. nur a.a.O., 46.50 f.) von der „subjektiven Wahrhaftigkeit", die auch die Propheten an den Tag legen, deren Wort nicht eintreffen wird.
[27] Vgl. auch WOLFF, Hauptprobleme, 230: „Nur das charismatische Urteil des Pneumatikers selbst kann entscheiden, ob ein Prophet von Gott gesendet ist". In neuerer Zeit verweisen MCNAMARA, Kriterien, 574, WILLI, Anhaltspunkte, 105, und BERGEY, Prophètes, 27–30, nach einem Durchgang durch verschiedene Kriterien auf die Notwendigkeit des Geistes bzw. des Glaubens bei der Wahrnehmung der wahren und falschen Prophetie.

Ebenfalls zu dem Schluss, dass die in den Texten gegebenen Kriterien zeit- und positionsabhängig sind, kommt 1974 Gerhard Münderlein bei seiner Untersuchung zu „Kriterien wahrer und falscher Prophetie. Entstehung und Bedeutung im Alten Testament". Die von Münderlein diskutierten Kriterien beziehen sich auf die Person des Propheten (moralische Argumente), seine Botschaft (Aufruf zum Abfall, Umkehr) und deren Eintreffen als auch auf den Weg der Offenbarung. Somit bleibt er bei der Untersuchung der einzelnen Kriterien, denen sich auch seine Vorgänger gewidmet hatten. Deutlicher als diese weist er jedoch auf die Veränderung der angelegten Kriterien in der Prophetiegeschichte des Alten Testaments selbst hin. Zudem lässt sich an seiner Aufteilung erkennen, dass die einzelnen Kriterien nicht gesondert voneinander behandelt werden können. So zeigt sich besonders in Jer 23, der großen Auseinandersetzung mit anderen Propheten im Jeremiabuch, das Zusammenspiel der Kritikpunkte (Heilsbotschaft, Verhinderung der Umkehr, moralisches Verhalten und der Offenbarungsempfang).[28] Münderlein macht deutlich, dass die Kriterien einzeln zwar untauglich sind, in der Argumentation zu überzeugen, doch dass auch das Element des Rückblicks und damit die Sicht der Redaktoren für die Beurteilung der Propheten hinzuzunehmen ist. So steht nicht nur die aktuelle Situation, in der zu entscheiden ist, im Fokus, sondern die Wahrnehmung der verschiedenen Botschaften *nach* Eintreffen der geschichtlichen Situation, auf die sich die Worte beziehen. Die von ihm somit unterstrichene Perspektive auf das Geschehen, die zumeist rückblickend geschieht, kann sich als weiterführende Dimension für die Betrachtung des Umgangs mit Prophetie und Propheten im Alten Testament gerade in deuteronomistischer Perspektive erweisen.

Den (vorläufigen) Schlussstrich unter die Suche nach übergreifenden Kriterien setzen schließlich die beiden für den angelsächsischen und deutschsprachigen Raum jeweils prägenden Monographien aus den frühen 1970er Jahren von James Crenshaw sowie die gemeinsame Studie von Frank Lothar Hossfeld und Ivo Meyer, die die Texte, in denen es um die Zuverlässigkeit prophetischer Aussagen geht, als Teil innerprophetischer Auseinandersetzungen wahrnehmen.[29] Diese Perspektive als Schlüssel zum Verständnis der umstrittenen Prophetie prägt seither die Forschung.

---

[28] Dies betont MÜNDERLEIN, Kriterien, 13, selbst: „Die genannten Kriterien müssen unzulänglich bleiben, denn sie greifen jeweils ein Argument der prophetischen Auseinandersetzungen auf und machen es zum alleinigen Maßstab der Prophetenbeurteilung." HOSSFELD, Propheten, 141, unterstreicht in Jer 23 das Interesse, „mit allen argumentativen und rhetorischen Mitteln" gegen die Gegenspieler vorzugehen und nicht, systematisierte Kriterien aufzustellen.

[29] Siehe dazu im folgenden Abschnitt.

1.1.2 Der prophetische Konflikt

Immer wieder zeigt sich alttestamentliche Prophetie als Phänomen in Konflikt- und Krisenzeiten.[30] Gerade in diesen Zeiten stehen sich – historisch und literarisch – verschiedene Prophetengestalten gegenüber und verkünden Gottesworte. Diese sich widersprechenden Worte – Thomas Römer spricht diesbezüglich von einer „cacophonie prophétique" –[31] stellen die Protagonisten in den Texten stets in eine Situation der Entscheidung. So geht es weniger um die Frage, *ob* göttliche Botschaften für die eigene Ausrichtung herangezogen werden, sondern darum, *welche* der Botschaften als wahr angesehen werden. In solchen Konflikten spielen die Mechanismen der Zuschreibung von Trug und Lüge zudem eine auch rhetorisch maßgebliche Rolle. „There is no such a thing as a ‚true' or ‚false' prophet. Prophets are prophets",[32] kann Robert Carroll zusammenfassen, da die Zuordnung zu einer solchen Kategorie durch die jeweilige Gruppe, die zu den Propheten in Relation steht, erfolgt.[33] So geht es also um Deutungskonflikte und nicht um eine kategorische Festlegung oder Erkennbarkeit falscher Prophetie.

Diese prophetischen Konflikte, an erster Stelle ist hier die Auseinandersetzung zwischen den beiden Propheten Jeremia und Hananja in Jer 28 zu nennen, sind im Alten Testament bereits entschieden, da die Ereignisse aus dem Rückblick und dezidiert positionell geschildert werden. Doch zeugen die Berichte von einer Situation in Israel, in der es um aktuelle Auseinandersetzungen ging. Diese Situationen sind nur zu rekonstruieren. So weist Angelika Berlejung auf die Problematik der Quellenlage hin: „Wird man als Dritter über einen Konflikt von zwei Gruppierungen durch nur *eine* der beteiligten Seiten informiert, so hat man nur eine geringe Chance, etwas über die tatsächlichen Zielsetzungen und Praktiken der Gegenseite oder gar über deren Selbstverständnis zu erfahren, da diese von ihrem Kontrahenten in verzerrter und polemischer Weise dargestellt werden."[34] Folglich gilt es, die prophetischen Konflikte als entscheidende Aspekte der Entscheidungsfindung und Einordnung prophetischer Worte wahrzunehmen und zugleich die rückblickende Perspektive der Texte nicht aus den Augen zu verlieren.

---

[30] Dass gerade in Zeiten, in denen um politische Optionen gerungen wird, widerstreitende prophetische Aussagen vorkommen und diskutiert werden, ist dabei kein Spezifikum der alttestamentlichen Prophetie, sondern etwa auch in Bezug auf die prophetischen Texte aus Mari sowie die neuassyrische Prophetie, aber auch die griechische Mantik und die ägyptischen Texte mit prophetischen Aspekten zu zeigen. Siehe dazu insgesamt im nächsten Hauptkapitel (Kap. 2).

[31] RÖMER, Prophète, 109.

[32] CARROLL, Night, 79.

[33] Zu diesen ideologischen Aspekten und den Mechanismen der Anklage der Gegenspieler siehe auch COGGINS, Prophecy.

[34] BERLEJUNG, Prophetinnen, 179 (Hervorhebung i. O.).

Die vier entscheidenden Studien, die den prophetischen Konflikt in den Mittelpunkt stellen, sind zunächst die bereits erwähnten Studien aus den frühen 1970er Jahren von Crenshaw und Hossfeld/Meyer. James Crenshaw untersucht in „Prophetic Conflict. Its Effect Upon Israelite Religion" (1971) im Kontext der falschen Prophetie die innerprophetischen Auseinandersetzungen und sieht die sich im Alten Testament selbst zeigende Suche nach Kriterien, die jedoch nicht vollständig überzeugen können, als ein Symptom der fehlenden Überzeugungskraft von prophetischen Worten. In diesem Zusammenhang kommt er auch auf die Rolle Gottes zu sprechen, der durch die Beeinflussung der Propheten, wie sie in Ez 14 oder 1 Kön 22 narrativ umgesetzt wird, selbst zur Infragestellung der Prophetie beitrage.[35] Der entscheidende Punkt bei Crenshaws Untersuchungen liegt in seiner Skizze der sinkenden Akzeptanz von Prophetie, die letztlich zum Ende der Prophetie führte. Die Nachzeichnung dieser Prozesse der Veränderung im Prophetie-Verständnis verbindet die hier vorgelegte Studie mit Crenshaws Ansatz, doch sind dabei gerade die späten Entwicklungen, die sich mit der Annahme eines Endes der Prophetie verbinden, noch einmal genauer in den Blick zu nehmen, wie es das abschließende Kapitel 5 (besonders 5.1) tut.

Frank Lothar Hossfeld und Ivo Meyer zeichnen in ihrer Studie „Prophet gegen Prophet. Eine Analyse der alttestamentlichen Texte zu Thema: Wahre und falsche Propheten" (1973) das ganze Spektrum der inneralttestamentlichen Diskussion um wahre und falsche Prophetie auf und betonen die Vielfalt der Texte, die einen innerprophetischen Konflikt beschreiben oder spiegeln. Dabei legen sie die Texte in ihren Entstehungsstufen – sowohl textintern als auch in Relation zueinander – aus, um die inhaltlichen Entwicklungen wahrnehmbar zu machen. Auf diese Weise zeigen sie, dass sich die Beurteilung der Prophetie als Teil innerprophetischer Konflikte verstehen lässt, die somit nicht konstant nach den gleichen Maßstäben verläuft, sondern dass die Grenze zwischen der wahren und falschen Prophetie immer wieder neu gezogen wird. Die Festlegung, bei welchen Propheten es sich um die wahren handelte, sei, so schlussfolgern sie, letztlich ein Produkt der Kanonisierung und nicht aus der Situation heraus erkennbar.[36] Die von Hossfeld/Meyer aufgedeckten rückwirkenden Entscheidungen über prophetische Worte, die sich in den Stadien der Textgenese und der Kanonisierung zeigen, gilt es auch in der Betrachtung unerfüllter Prophetie immer wieder aufzuzeigen und das Element des Rückblicks in den Blick zu nehmen, wie es auch die nächste größere Studie zur Falschprophetie herausstellt.

---

[35] Siehe zu diesem Aspekt CRENSHAW, Conflict, 77–90.

[36] Die Funktion der kanonbildenden Gemeinschaft bei der Aufnahme und Tradierung der Texte, aber auch bei der Darstellung der Propheten und der Interpretation der späteren Religionsgemeinschaften, die sich auf die Texte beziehen, hebt besonders BRENNEMAN, Canons, in seiner Studie hervor, die sich mit wahrer und falscher Prophetie – in kanonischer Exegese – beschäftigt und dabei die Konstruktionsleistung der Rezeption unterstreicht.

Denn Christoph Schneider sieht in seiner Monographie „Krisis des Glaubens. Zur Frage der sogenannten falschen Prophetie im Alten Testament" (1988) ebenfalls das Moment der innerprophetischen Auseinandersetzung als Schlüssel für den Umgang mit den Texten.[37] Da für ihn die Gottesbeziehung im Zentrum der klassischen Prophetie steht, ist die Anwendung der Kriterien von außen schwierig. Wie seine Vorgänger hebt er hervor, dass die Gottesbeziehung sich im Konfliktfall nicht unbedingt erkennen lässt. Schneider betont für die deuteronomistische Prophetie die Notwendigkeit der rückblickenden Perspektive, da die „Nichteindeutigkeit und Offenheit der Geschichte nach der Zukunft hin"[38] in diesen Schriften anerkannt werde. So sieht er Prophetie in „nach-denkender" Weise auf die Geschichte blickend, wie es besonders im Prophetengesetz in Dtn 18,20–22 angedeutet wird.[39]

Auch die neuste Monographie zu wahrer und falscher Prophetie, Francesco Arenas Studie „Prophetic Conflicts in Jeremiah, Ezekiel, and Micah. How Post-Exilic Ideologies Created the False (and the True) Prophets" aus dem Jahr 2020, nimmt wiederum die Texte zum Ausgangspunkt, die mit prophetischen Konflikten verbunden werden. Doch zeigt er, dass nur in den wenigsten Texten tatsächlich ein Konflikt zwischen Propheten dargestellt wird (Jer 27–29), es sich bei den anderen Texten in den Prophetenbüchern Jeremia, Ezechiel und Micha jedoch um eine einseitige Kritik an Propheten handelt. Analog zu den vorhergehenden Studien unterstreicht auch er das Fehlen eindeutiger und übergreifender Kriterien, setzt aber gerade in zwei Punkten neue Akzente. So nimmt die Studie zum einen die Motivgeschichte der Friedensankündigung im Rahmen der Prophetenkritik genauer in den Blick. Zum anderen ordnet er auch Texte wie Jer 23* und Mi 3 der persischen Zeit zu und lenkt den Blick somit weg von akuten Konfliktsituationen der vorexilischen Zeit hin zu theologischen Standortbestimmungen in persischer Zeit. Auch in seiner Studie wird somit deutlich, dass die Perspektive der Kritik in zweierlei Hinsicht für das Verständnis und die theologiegeschichtliche Einordnung ausschlaggebend ist: So zeigen die Konflikttexte das Element des Rückblicks und zudem eine Standortgebundenheit der Wertung als falsche Propheten: „Truth and falsehood are nothing but points of view, especially when it comes to prophecy and prediction, and one person's ‚true' prophet is simply another person's ‚false' prophet."[40] Die Studie macht somit erneut deutlich, dass die Kategorienbildung selbst genauer in den Blick zu nehmen ist.

---

[37] Vgl. z. B. C. SCHNEIDER, Krisis, 12 f. 21–23.
[38] C. SCHNEIDER, Krisis, 88, vgl. insgesamt a. a. O., 85–88.
[39] Vgl. C. SCHNEIDER, Krisis, 71. Zum Prophetengesetz und der rückblickenden Perspektive auf prophetische Ankündigungen siehe breit unten Kap. 3.2.1.1.
[40] ARENA, Conflicts, 189.

1.1.3 Wahr und falsch – erfüllt und unerfüllt

Aus der in Auseinandersetzung mit der bisherigen Forschung aufgezeigten Wahrnehmung der Kategorien wahr und falsch als Zuschreibungen ergeben sich mehrere Konsequenzen zur Einordnung der Prophetie als Falschprophetie. So ist zunächst ein negatives Ergebnis festzuhalten. Innerhalb des Masoretischen Textes gibt es keine explizite Bezeichnung eines Propheten als Falschpropheten. Diese kategoriale Nomenklatur findet sich nur in der Septuaginta (ψευδοπροφήτης) und in deutlich jüngeren hebräischen und aramäischen Texten (bes. 4Q339: נביאי שקרא).[41] Es gibt durchaus Propheten, die falsche Dinge sagen – sowohl in dem Sinne, dass die Worte nicht von Gott stammen, als auch, radikaler, dass sie zum Abfall von diesem aufrufen –, aber die Personenbezeichnung Prophet (נביא) bleibt für diese Personen bestehen.[42] Mehr noch, die alttestamentliche Prophetenkritik richtet sich dezidiert an Propheten und erinnert diese an ihre Verantwortung in der Wahrnehmung ihres Auftrags, wie es in dieser Studie an verschiedenen Stellen aufgezeigt wird.

So ist es zunächst entscheidend, gerade nicht von *Falschpropheten* zu reden, sondern von *falscher Prophetie*. Viele der oben skizzierten Studien beschreiben die genannte Beleglage und vermerken auch, dass deshalb eigentlich nicht von Falschpropheten zu sprechen sei, um den Texten gerecht zu werden, benutzen diesen Begriff dann jedoch trotzdem.[43] Da die Wahrnehmung der Figuren stark von ihrer Bezeichnung abhängt, ist dies jedoch zu vermeiden. Zudem bietet es sich an, gerade für die deuteronomistischen Texte die eigene Nomenklatur zu übernehmen und von *unerfüllter* Prophetie zu sprechen und somit nicht den Aspekt der Wahrheit von außen heranzutragen.[44] Dies gilt gerade auch für den

---

[41] Siehe dazu das abschließende fünfte Kapitel.

[42] Siehe dazu Kap. 6.2. Die Frage nach falschen Propheten hängt zudem eng mit der Definition von Propheten und Prophetie zusammen, die ebenfalls innerhalb des Alten Testaments, aber auch in der exegetischen Literatur einem Wandel unterliegt. Vgl. zum alttestamentlichen breiten Sprachgebrauch FRENSCHKOWSKI, Prophetie, 11–19, und zu den Veränderungen im Prophetenbild auch der Exegeten und Exegetinnen PETERSEN, Prophecy, 33–41, KRATZ, Propheten, 9–20, und J. EBACH, Beobachtungen, 48–60.

[43] Vgl. dazu S. 90 Anm. 17. Anhand der Untersuchungen zu Jeremia und Hananja in Jer 28 zeigt sich dies besonders stark. Siehe dazu unten Kap. 3.2.2.1.

[44] Dieser Aspekt ist zwar durchaus im Alten Testament vorhanden und kommt auch in den prophetischen Konflikttexten vor, jedoch nicht als Qualifizierung der Person des Propheten. Es lässt sich am Eintreffen der Worte nur erkennen, wen Jhwh „in Wahrheit" (באמת) geschickt hat, vgl. Jer 28,9. Auch hier geht es also um die aktuelle Sendung des Propheten und nicht um seinen allgemeinen Status. Zur Wahrheit im Alten Testament siehe die breite Studie MICHEL, Wahrheit. Zum deuteronomistischen Erfüllungskriterium siehe unten Kap. 3.2. Auch M. DE JONG, Fallacy, spricht sich gegen die Unterscheidung zwischen wahren und falschen Propheten aus, die weder den alttestamentlichen Texten gerecht wird, in denen es nur um Propheten geht, noch dem weiteren altorientalischen Befund. Zur Problematisierung der Festlegung in wahr und falsch im Sinne der von Jan Assmann geprägten mosaischen Unterscheidung siehe BERNER, Wahr und unwahr.

gegensätzlichen Begriff, der im Alten Testament, aber auch in entsprechenden Texten der Umwelt, durchaus eine entscheidende Rolle spielt: שֶׁקֶר. Doch ob dies im Deutschen als etwas Falsches, Trug oder Lüge wiedergegeben wird, zeigt die Festlegung auf Bedeutungsnuancen.[45]

Ob ein prophetisches Wort allerdings unerfüllt ist, zeigt sich im Verlauf der Geschichte selbst und vor allem in der rückblickenden Interpretation derselben. Geschichte und Prophetie gehören somit eng zusammen, die Erfüllung lässt sich jedoch nicht eindeutig erkennen, sondern ist wiederum Gegenstand eines Streites um Wirklichkeitsdeutung. Walther Zimmerli thematisierte in seiner Eröffnungsrede des IOSOT-Kongresses in Göttingen 1977 das komplexe Zusammenspiel von Wahrheit und Geschichte nach den alttestamentlichen Schriftpropheten. „Wahrheit und Lüge liegen auf einer tieferen Ebene als jener der objektiven Feststellung von Geschehensein oder Nicht-Geschehensein."[46] Und doch gebe es einen engen Bezug zwischen dem Geschehen in der Geschichte und der Prophetie. Aber die „Wahrnehmungen nicht oder dann ganz anders erfüllten Prophetenwortes verbieten es, Wahrheit und Geschichte nach dem Wort der Schriftpropheten einfach direkt zu verbinden."[47] Als Beispiele nennt Zimmerli die unkonditionierten Unheilsankündigungen bezüglich des Untergangs Israels im Amosbuch, das Unheil für Ninive im Jonabuch und auch Michas Ansage des untergehenden Zions in Mi 3,12, in denen unerfüllte prophetischen Ansagen vorkommen, die jedoch den wahren Propheten zugesprochen werden.[48] Ausgehend von dem alttestamentlichen Motiv der Verborgenheit Gottes beschreibt er den Zusammenhang wie folgt: „So sehr die Propheten, die von Jahwes Tun künden, auf das geschichtliche Geschehen ihrer Tage weisen, so sehr wissen sie, dass Jahwe über, hinter der Geschichte, die sie erfahren, steht, von ihr erwiesen, aber von ihr auch immer wieder verhüllt wird."[49] Der in diesem Vortrag genannte Aspekt der Geschichtsdeutung, der sowohl den Zusammenhang von Geschichte und Prophetie ausdrückt als auch den aktiven Prozess der Zuschreibung, ist noch einmal gründlicher in den Blick zu nehmen.

Trifft eine prophetische Ankündigung nicht ein, so steht der Prophet und mit ihm das göttliche Wort in der Kritik. Robert Carroll beschäftigt sich in seinem Werk „When Prophecy Failed. Reactions and responses to failure in the Old

---

[45] Analoges gilt etwa auch für das Wortfeld um ψευδής. Siehe dazu Kap. 5.2.
[46] ZIMMERLI, Wahrheit, 4.
[47] ZIMMERLI, Wahrheit, 8. Zum Problem, was als unerfüllte Prophetie erkannt werden kann, vgl. bereits KUENEN, Prophets, bes. 98 f.
[48] Auf diese Beispiele wird auch in dieser Studie genauer eingegangen, vgl. zu Mi 3,12 Kap. 3.2.2.2 und zum Jonabuch Kap. 3.2.2.3.
[49] ZIMMERLI, Wahrheit, 9. In ähnlicher Weise auch QUELL, Propheten, 61, mit Blick auf den Konflikt zwischen Jeremia und Hananja: „Wir stehen an dem Punkt, wo sich exegetisch zeigen läßt, daß jede Lehre vom Worte Gottes, die seine aktuelle Gültigkeit begrifflich bestimmen möchte, versagt. Die Begriffe wahr und falsch reichen für eine reinliche Klärung des Problems nicht aus."

Testament prophetic traditions" von 1979 dezidiert mit dem Nichteintreffen von prophetischen Verkündigungen unter Verwendung der Kategorie der „dissonance response". Dem Empfinden von Dissonanz zwischen prophetischer Ankündigung und Geschehen wird durch mehrere Lösungsstrategien begegnet. Die Zeit der Erfüllung wird – bisweilen in eschatologischen Kategorien – als weit verstanden, der Inhalt der Ankündigungen wird reduziert oder generalisiert, sodass das Spektrum der Ereignisse, die als Erfüllung wahrgenommen werden, vergrößert wird. Zudem werden Voraussetzungen der Erfüllung – wie der Glaube – unterstrichen, sodass die Nichterfüllung nicht dem Propheten angelastet werden kann, sondern den Rezipierenden. Die prophetische Tradition, die an ältere Vorlagen anknüpft und das Geschriebene modifiziert und aktualisiert, spielt dabei eine Kernrolle. Gerade in Ez 12,21–14,11 werden, so wird in Kapitel 3.2.3 dieser Studie gezeigt werden, alle Aspekte eines prophetischen Prozesses durchbuchstabiert, die mit dem Erfüllungskriterium zusammenhängen, sodass die Verantwortung auf die Schultern des Propheten, der Fragenden und Gottes selbst verteilt wird.

Die präferierte Verwendung der Klassifizierung als *erfüllt* gegenüber der Bezeichnung als *wahr* eröffnet auch eine veränderte zeitliche Dimension von Prophetie, die in den bisherigen Ausführungen schon mehrfach als grundlegend angeklungen ist, aber noch nicht umfassend auf das veränderte Prophetie-Verständnis hin untersucht wurde. In dieser Linie schlägt Schneider eine Zuordnung der Begriffspaare wahr und falsch und erfüllt und unerfüllt auf verschiedene Situationen vor. So eigne sich die Beschreibung als wahr und falsch für die Beschreibung in der Konfliktsituation, erfüllt und unerfüllt seien jedoch Kategorien, die sich erst im Rückblick zeigen.[50] Schneider weist damit auf das entscheidende Problem in der Beurteilung der prophetischen Aussagen hin, die das Kriterium der Erfüllung zum Schlüssel machen. So wurde das deuteronomistische Erfüllungskriterium als vollkommen untauglich für die prophetische Entscheidungssituation selbst angesehen, da es erst im Rückblick zeigt, bei welchem Wort es sich um das handelte, auf das man hätte vertrauen sollen.[51] Genau diese Perspektive des Rückblicks wird jedoch zum Schlüssel der deuteronomistischen Prophetentexte im Kontext der Geschichtstheologie, wie die hier vorgelegte Studie zeigen wird. Nimmt man die Erfüllung zum Kriterium, ergibt sich zugleich ein neues Problem, auf das die alttestamentlichen Texte reagieren. So werden Gründe für die Verzögerung der Erfüllung (vgl. Hab 2,3; Ez 12,21–28) oder auch für die im Vergleich zur Vorerwartung veränderte Erfüllung gesucht. Es wird deutlich, dass auch ein Kriterium der Erfüllung von der Nacherzählung der Geschichte selbst abhängt.[52] Diese Mechanismen der

---

[50] Vgl. C. SCHNEIDER, Krisis, 22, und OSSWALD, Glaube, 65.
[51] Vgl. dazu unten S. 117f.
[52] So gibt Lisa MAURIZIO, Prophecy, 67, im Hinblick auf Herodots Wiedergaben der Orakelsprüche aus Delphi zu bedenken: „And who decides whether a prophecy has been disconfirmed

Nacherzählung mit Bezug auf prophetische Worte werden im Folgenden grundlegender in den Blick genommen.

Wird die Perspektive der Erfüllung in das Zentrum der Beurteilung gestellt, so ist stärker nach Gründen und Erklärungen für das Ausbleiben einer Ankündigung zu schauen als nach falschen Propheten als solchen. In vielen Punkten überschneiden sich die relevanten Texte und Perspektiven, doch wird somit das von einem Propheten oder einer Prophetin gesprochene Wort selbst stärker von der prophetischen Person gelöst. Zudem können somit allgemeinere Umgangsweisen mit Ankündigungen ergänzend hinzugenommen werden. Auf die verschiedenen Erklärungsversuche, die sich im Alten Testament und seiner Auslegungsgeschichte zur Erklärung des Nichteintreffens eines prophetischen Wortes finden, weist bereits Eva Osswald hin.[53] So nennt sie als Ansatzpunkte vor allem die Anfrage an das Prophetie-Verständnis in Loslösung von einer isolierten Ankündigung von zukünftigem Geschehen, außerdem den souveränen göttlichen Willen, der sich über die Ankündigungen hinwegsetzen kann, sowie den menschlichen Faktor bei der Interpretation der Worte, einzelne Irrtümer und die zeitliche Perspektive der Erfüllung, die über das zunächst Angenommene hinausgehen kann. Diese Aspekte werden in dieser Studie anhand der untersuchten Texte genauer analysiert, deren Aufbau nun abschließend skizziert und begründet wird.

1.2 Vorgehen

Auf Grundlage des thematischen Überblicks über die Forschungsgeschichte kann der Fokus dieser Studie abgegrenzt werden, die den Umgang mit unerfüllter Prophetie und das sich aus dieser Perspektive ergebende (deuteronomistische) Prophetie-Verständnis ab der späten Königszeit beleuchtet. Dabei bauen die Analysen auf den bisherigen Untersuchungen zu wahrer und falscher Prophetie auf und greifen die grundlegenden Fragen nach den verschiedenen Kriterien zur Bewertung der Prophetie, die im Alten Testament gegeben werden, genauso auf wie die Einsicht in die fundamentale Bedeutung des prophetischen Konflikts zur Einordnung der Texte. Besonders in dreierlei Hinsicht wird methodisch der Horizont jedoch entscheidend erweitert:
1. Die alttestamentliche und damit verbunden, wenn auch nicht gleichzusetzen, die israelitische Prophetie wird im größeren Verstehenskontext der Divinationssysteme der kulturellen Nachbarn wahrgenommen.[54]

---

by events – an inveterate oracle-recorder such as Herodotus, the oral informants he sometimes mentions, the oracle-seekers themselves, or the scholars writing about Herodotus?"
[53] Vgl. OSSWALD, Glaube.
[54] Auch WILSON, Interpreting, betont die Notwendigkeit, soziologische kulturvergleichende Überlegungen zum Verständnis der Falschprophetie – und der Prophetie im Allgemeinen –

2. Zudem werden die Untersuchungen der im Alten Testament selbst aufgestellten und diskutierten Kriterien zur Beurteilung prophetischer Sprüche und prophetischer Figuren verbunden mit Analysen des Umgangs mit prophetischen Worten innerhalb der alttestamentlichen Texte. So kann die Bedeutung des deuteronomistischen Erfüllungskriteriums anhand der narrativen Umsetzung gerade im Deuteronomistischen Geschichtswerk schärfer konturiert werden.
3. Als dritte Dimension wird die frühe Nachgeschichte mit in den Blick genommen, um sowohl den Rückbezug auf die alttestamentlichen Prophetentexte und -figuren deutlich zu machen als auch um insgesamt Entwicklungslinien im Prophetie-Verständnis von der späten Königszeit bis in die römische Zeit erkennen zu können. Hierbei – und dies gilt für die Ausrichtung der Studie insgesamt – werden nicht alle Positionen im Umgang mit Prophetie dargestellt, der Fokus liegt bleibend auf der Auseinandersetzung mit unerfüllter Prophetie und der Kategorie der Erfüllung.

Durch diese thematische Orientierung ergibt sich ein starker Fokus auf deuteronomistische Texte. Diese Auswahl steht somit nicht *vor* der thematischen Zuspitzung, sondern ist *Ergebnis* dieser. Andere prophetische Texte, dies gilt etwa für das Jesajabuch, werden nur in Seitenblicken behandelt, gerade um das besondere Profil der Texte darzustellen, die das Verhältnis von Ankündigung und Erfüllung selbst in den Mittelpunkt rücken. Neben den Gesetzen zur Prophetie im Deuteronomium (Dtn 13; 18) und der Strukturierung des Deuteronomistischen Geschichtswerks durch prophetische Elemente richtet sich der Fokus auch auf Aspekte aus den Büchern Jeremia (besonders Jer 23; 26; 27 f.) und Ezechiel (bes. Ez 12,21–14,11) sowie aus dem deuteronomistischen Vierprophetenbuch (bes. Am 7,10–17). Vergleichende Blicke etwa auf den Umgang mit Jonas unerfüllter Ankündigung des Untergangs Ninives und auf die Darstellung von Prophetie und Prophetengestalten in der Chronik helfen, den deuteronomistischen Umgang mit unerfüllter Prophetie stärker zu konturieren. Durch diesen Fokus ist die Frage nach noch offenen und über die alttestamentliche Zeit hinausgehenden prophetischen Ankündigungen aus methodischen Gründen nicht entscheidend. Nur in der Perspektive der Rezeption überschreitet die Studie die Grenze des inneralttestamentlichen Umgangs mit prophetischen Ankündigungen und ändert somit an dieser Stelle methodisch die Blickrichtung.

Die drei genannten Schwerpunkte der Studie sowie die Anknüpfungen an frühere Untersuchungen zeigen sich im Aufbau der Arbeit. So widmet sich das erste Hauptkapitel (Kapitel 2) der Divination und insbesondere der Prophetie

---

heranzuziehen. Letztendlich führt ihn dies zur Betonung von multidimensionalen Prozessen zum Verständnis des Umgangs mit Falschprophetie und zum Verweis auf die hinter den Propheten stehenden Gruppen und konkurrierenden theologischen und politischen Positionen. Dabei blickt er auf die Rolle der Propheten in der Gemeinschaft und die Benutzung der Anklage als Falschprophet zur Abgrenzung von den Gegnern.

im Alten Orient (Mari, Neuassyrer, Neubabylonier, Perser) sowie in Ägypten und Griechenland. Die in diesem Zusammenhang gesammelten Erkenntnisse dienen als Basis und Bezugsrahmen für die sich anschließende genauere Untersuchung zum Umgang mit unerfüllter Prophetie im Alten Testament. Bestehen auch Unterschiede in der Durchführung und der Rolle der Entscheidungsträger, lässt sich doch für den östlichen Mittelmeerraum im ersten Jahrtausend v. Chr. erkennen, dass es um ähnliche Konstellationen und Fragen ging bzw. ähnliche Fragen an die Systeme gestellt werden können:
– Wie verhalten sich Divination und die königliche Entscheidungsfindung zueinander?
– Lassen sich göttliche Aussprüche überprüfen?
– Wie wird mit widersprechenden Ankündigungen umgegangen?
– Wie wird mit dem Element der Lüge und der (politischen) Gegnerschaft umgegangen?
– Welche Rolle spielen prophetische Sprüche bei der Darstellung und Verarbeitung der Vergangenheit zur Gestaltung der Gegenwart?
– Welche Rolle spielen derartige Sprüche mit göttlichem Ursprung in Erzählwerken?

Die beiden stärker auf die alttestamentliche Prophetie ausgerichteten Hauptteile (Kapitel 3 und 4) kombinieren die Darstellung der diskutierten *Kriterien* zur Identifizierung der vertrauenswürdigen prophetischen Worte und der Prophetenkritik mit der Analyse des *literarischen Umgangs* mit unerfüllter Prophetie und kritisierten Propheten und setzen somit einen neuen Akzent in der exegetischen Diskussion um wahre und falsche Prophetie. Dabei wird im ersten Teil zunächst auf die Vorwürfe an Propheten geblickt und dann breit das deuteronomistische Erfüllungskriterium beleuchtet. Am Eintreffen der Worte kann der Prophet erkannt werden, den Jhwh geschickt hat, bzw. umgekehrt an der fehlenden Erfüllung zeigt sich die Botschaft, die nicht auf Jhwh zurückzuführen ist, wie es besonders in Dtn 18 und in Jer 28 vertreten wird. Die erzählerische Anwendung des Kriteriums, seine Grenzen und die entstehenden neuen Herausforderungen werden durch die Textstudien an Jer 26–28, dem Jonabuch, Ez 12,21–14,11 und 1 Kön 22 sichtbar. In diesem Zusammenhang stellt sich zudem die Frage nach der Verantwortung Gottes und der der Propheten innerhalb des Kommunikationsgeschehens.

Die Untersuchung des Erfüllungskriteriums kann bereits die Dimension des Rückblicks zeigen, das folgende vierte Kapitel beleuchtet diese Dimension dann jedoch aus anderem Blickwinkel anhand der Wahrnehmung von Erzählverläufen. So kann bestärkt werden, dass, wie oft gesehen,[55] die Korrespondenz

---

[55] Verwiesen werden kann diesbezüglich auf die Untersuchung W. DIETRICH, Prophetie und Geschichte, zum Deuteronomistischen Geschichtswerk.

von Ankündigung und Erfüllung für deuteronomistische Texte leitend ist. Genauer untersucht wird nun jedoch, wie sich die erzählerische Erfüllung zur Ankündigung verhält. Dabei werden Abweichungen in den Blick genommen und Umdeutungsprozesse erläutert. So kann mit Schmid festgehalten werden, dass es durchaus verschiedene Szenarien gibt, die in die Kategorie der Erfüllung fallen, sodass die Möglichkeit besteht „to allow maximum variability for fulfillment"[56]. Die Ankündigungen zum Tod prägender Nordreichkönige und der letzten judäischen Herrscher und die jeweiligen Todesnotizen selbst verstärken die Notwendigkeit, Prophetie rückblickend und als Geschichtsdeutung wahrzunehmen.

Das abschließende fünfte Kapitel nimmt die frühe Rezeptionsgeschichte des Motivs der Falschprophetie und nun auch der falschen Propheten in den Blick. In diesem Zusammenhang spielt die Begriffsgeschichte eine Rolle, da neben dem aus der Septuaginta bereits bekannten griechischen Terminus ψευδοπροφήτης nun auch entsprechende Begriffe in aramäischer und hebräischer Sprache (bes. 4Q339: נביאי שקרא) greifbar werden. Der Blick auf die frühe nachalttestamentliche Zeit kann helfen, einige Entwicklungslinien im Verständnis von Prophetie perspektivisch auszuführen und den Rückgriff auf die Prophetengesetze, der den Umgang mit kritisierten Propheten prägt, wie auch auf die Aufnahme prophetischer Worte und Gestalten klarer fassen zu können. Auch das oft diagnostizierte Ende der Prophetie kann in diesem Kontext in Frage gestellt und modifiziert werden.

Im Eintreffen des Prophetenworts erkennt man den Propheten, den Jhwh in Wahrheit geschickt hat, so bringt es Jeremia in Jer 28,9 in der Auseinandersetzung mit dem Propheten Hananja als Regel vor. Dieser Prozess des Eintreffens und die dadurch hervorgerufene Perspektive auf das Geschehen stehen im Zentrum dieser Studie. Insgesamt ergibt sich aus der genauen Wahrnehmung des inneralttestamentlichen Diskurses um dieses Eintreffen prophetischer Ankündigungen nicht nur ein veränderter Blick auf die alttestamentliche Auseinandersetzung um falsche und dabei besonders unerfüllte Prophetie, sondern – breiter gefasst – ein Beitrag zum sich verändernden Prophetie-Verständnis gerade in deuteronomistischer Prägung ab der exilischen Zeit. Dieses Verständnis hebt sich zugleich von anderen prophetischen und divinatorischen Grundkonstellationen der Umwelt ab und kann dennoch ebenso als tief mit den sich ebenfalls verändernden altorientalischen und griechischen Kulturkreisen verbunden gezeigt werden.

---

[56] SCHMID, Prognosis, 115. Er illustriert dies anhand der Wachstumsgeschichte von Jer 23,1–6 (und 33,14–16), die von der unterschiedlichen politischen Ausdeutung der Herrschaftsansage im Rahmen des Hirtenbildes in den verschiedenen Redaktionsschichten zeugt.

2. Prophetie im Alten Orient, Ägypten und Griechenland

2.1 Auswahl der Vergleichstexte und Fragestellung

Siegfried Herrmann betonte 1963: „Israel will, was seine Propheten angeht, in einem Lebens- und Kulturzusammenhang begriffen werden, der von Mari bis nach Memphis und Theben reicht."[1] Um dieser berechtigten Forderung nachzukommen und vor allem dem Phänomen Prophetie gerecht zu werden, wird der folgende Überblick über Propheten, Prophetinnen sowie andere Mantikerinnen und Mantiker bei den Texten aus altbabylonischer Zeit, besonders aus Mari und damit im 18. Jh. v. Chr. einsetzen. Ein zweiter Schwerpunkt liegt sodann, ausgelöst durch die Quellenlage und die starken Kontakte zur alttestamentlichen Literatur, auf der neuassyrischen Zeit und den großen Prophetentextsammlungen aus dem 7. Jh. v. Chr. aus Ninive. Auch nach neubabylonischen Prophetentexten ist zumindest kurz zu fragen.[2] Da die Verknüpfung Israels mit seinen nord-östlichen Nachbarn aber auch in der Achämenidenzeit bestand, sind zusätzlich Spuren von Prophetie in altpersischen Texten zu beachten. Auch Ägypten als einflussreiche Großmacht und geographisch auf der anderen Seite liegender Nachbar Israels und besonders Judas wird mit in den Blick genommen und die intensiv diskutierte Frage nach Formen der Prophetie in Ägypten gestellt. Die Analyse griechischer Divination schließt den Überblick über die antike Prophetie ab.[3]

---

[1] S. HERRMANN, Prophetie, 189. Dabei betont er, dass Israel „auf dem Schnittpunkt der Kulturbereiche" (a.a.O., 187) liege. So ist es zwar nicht immer oder sogar zumeist nicht eindeutig zu bestimmen, ob ein spezifisches prophetisches Element, das in den Texten aus dem mesopotamischen Raum, Ägypten oder Griechenland zu beobachten ist, im Kontext eines direkten Kontakts im Sinne des Kulturtransfers Auswirkungen auf Israel hatte oder andersherum von dort ausstrahlte, doch zeigt die Untersuchung des größeren Raumes, wie sie im Folgenden durchgeführt wird, Traditionslinien, die für das Verständnis der Prophetie in Israel von Bedeutung sind. Auch LEUENBERGER, Prophetie, 136, spricht von Prophetie als internationalem Phänomen. Zu den Veränderungen in der Prophetenforschung und den jeweiligen Standortbestimmungen im Kontext der altorientalischen religiösen Systeme siehe den Überblick bei KELLE, Phenomenon.

[2] Zu den wenigen Belegen und der Begrifflichkeit in sumerischen Texten siehe FALKENSTEIN, Wahrsagung, der sich besonders intensiv mit dem Medium des Traums auseinandersetzt.

[3] Für außeralttestamentliche Texte aus dem levantinischen Raum, in denen Prophetie eine

2. Prophetie im Alten Orient, Ägypten und Griechenland

Dieses zeitlich und geographisch breite Spektrum führt sogleich zur Notwendigkeit der Fokussierung. So werden die jeweiligen prophetischen Systeme zwar aus sich heraus dargestellt, doch ist bei der Auswahl leitend, welche Vergleichspunkte das alttestamentliche Prophetenverständnis und vor allem den Umgang mit Prophezeiungen und ihre mögliche Verifizierung erhellen können. Aus diesem Grund spielt die instrumentelle Mantik, die in fast allen Gebieten des Alten Orients und auch Griechenlands einen hohen Stellenwert hatte, nur eine untergeordnete Rolle.[4] Dies impliziert jedoch gerade nicht eine grundsätzliche und absolute Trennung zwischen den Systemen instrumenteller und intuitiver Mantik.[5] Prophetie wird in den folgenden Ausführungen als ein Element der Divination wahrgenommen.[6] Die engste Verwandtschaft besteht dabei zur Offenbarung im Traum, dem ebenfalls eine intuitive mantische Dimension zukommt.[7] Durch das Element des Vergleichs geht es in dieser Studie stärker

---

Rolle spielt, siehe SEOW, West Semitic Sources, 201–218, sowie ANTHONIOZ, Prophétisme, 43–67. Die Texte belegen das Wirken von Propheten (vgl. Lachisch-Ostracon 3 mit dem kurzen prophetischen Wort „Hüte Dich!" [השמר]) und Sehern (so besonders in der aramäischen Deir ʿAlla -Inschrift bezüglich Bileam), doch werden keine prophetischen Konflikte oder die Absicherung eines prophetischen Wortes oder ähnliche Mechanismen thematisiert.

[4] Auch das Alte Testament nennt instrumentelle Mantik – jenseits der deuteronomistischen Texte auch durchaus in positiven Zusammenhängen –, doch ist dieser Bereich nicht im Fokus dieser Studie zur Prophetie. Für einen Überblick siehe immer noch EISSFELDT, Wahrsagung (auch ohne die literargeschichtlichen Verortungen übernehmen zu müssen), und vor allem R. SCHMITT, Mantik, sowie im Überblick DERS., Religionen, 122 f. Für den Alten Orient sei auf die ausführliche Studie MAUL, Wahrsagekunst, und für einen kürzeren Überblick mit forschungsgeschichtlicher Ausrichtung R. SCHMITT, Mantik, 19–23, verwiesen.

[5] Vor einer zu scharfen Trennung ist auch deshalb zu warnen, weil es im altorientalischen Raum durchaus prophetische Kommunikation gab, die aktiv ausgelöst wurde, vgl. CANCIK-KIRSCHBAUM, Prophetismus, 45 f.

[6] Die Wahrnehmung der Prophetie als „Subdisziplin" der Divination wird vor allem von GRABBE (vgl. DERS., Priests, 139) und NISSINEN (prägnant bei DERS., References, 4–8) und in Anschluss an diese auch STÖKL vertreten. Siehe dazu im Überblick STÖKL, Prophecy, 7–11. Zu Überschneidungen und Abgrenzungen der Divination zum Bereich der Magie, in der die aktive Beeinflussung eine vorrangige Rolle spielt, siehe NISSINEN, Why Prophecy Is (Not) Magic, 213–219. Die methodologischen Probleme, die sich gerade im interdisziplinären Umgang mit „Prophetie" zeigen, und die Notwendigkeit, deutlich zu machen, auf welche Phänomene sich der jeweilige Terminus bezieht, sowie die Spezifika der literarischen Darstellung der Prophetie nicht mit Prophetie als Phänomen gleichzusetzen, zeigen besonders NISSINEN, Dilemma, und CANCIK-KIRSCHBAUM, Prophetismus, 33–35. Auch in Bezug auf die geographische Verteilung hat sich die strikte Trennung zwischen Divination im östlichen Mesopotamien auf der einen Seite und Prophetie als Spezifikum des westlichen Teils des Alten Orients (besonders in Syrien und der Levante) als nicht vollständig überzeugend erwiesen; vgl. FRAHM, Art. Prophetie, 11. CHARPIN, Gods, bes. 42–45, weist auf das Auftreten beider Phänomene über den Alten Orient verteilt hin. So zeigen etwa die in den Mari-Briefen genannten Orte, dass auch östlich von Mari Prophetinnen und Propheten wirkten. Die Fundorte sollten also nicht zu schnell mit der Verbreitung des Phänomens gleichgesetzt werden.

[7] Zum Traum im Alten Orient siehe ZGOLL, Traum. Die Nähe zur Offenbarung im Traum – hiermit ist nicht die Traumdeutung gemeint – ist in den Mari-Texten erkennbar, aber etwa auch in Dtn 13 (vgl. auch Jer 23). Hier kommt der Prophet neben dem vor, der Träume träumt. Die

um die *Funktion* der Personen als Mediatoren zwischen göttlicher und menschlicher Sphäre und um ihre Aussprüche und deren Auslegungsprozesse, sodass für den griechischen Raum die Seher als Vergleichspersonen zu den alttestamentlichen Propheten herangezogen werden können, auch wenn ihnen selbst die Formulierung der Sprüche bereits vorgegeben war.

Der Vergleich macht es möglich, die Umgangsweisen mit prophetischen Worten oder zu deutenden Zeichen deutlich zu machen und somit Überschneidungen im altorientalischen Raum, aber auch Spezifika der alttestamentlichen Prophetie konturieren zu können. So setzt der Vergleich, um Zirkelschlüsse zu vermeiden, nicht bei den Antworten an, sondern bei den Fragen bzw. Problemstellungen selbst, die in allen divinatorischen Systemen zu bewältigen sind: Wie kann eine göttliche Botschaft überprüft werden und wie wissen die Entscheidungsfinder, welchen (prophetischen) Ratschlägen zu folgen ist? Hinzu kommt die Frage nach dem Zusammenhang der prophetischen Figur und ihrer Aussprüche und somit die der Verantwortung für übermittelte göttliche Botschaften. Ein weiterer Punkt ist der Umgang mit bereits vergangenen prophetischen Ankündigungen, dies gilt sowohl für einen Traditionsbezug in der jeweils aktuellen politischen Diskussion als auch für die Formulierung von *ex eventu*-Texten, die es in den verschiedenen Kulturkreisen gibt. Die Verknüpfung von Prophetie und Geschichte, die als eine wichtige Facette der Geschichtstheologie auch für diese gesamte Studie als leitend erwiesen hat, wird somit an verschiedenen Punkten in den Blick genommen.

Die Fokussierung auf Prophetie im politischen Bereich legt sich aufgrund der Quellenlage nahe, ist aber auch und in erster Linie der thematischen Zuspitzung dieser Studie geschuldet. So ist Prophetie sowohl im Alten Orient als auch in Griechenland eng mit dem herrschenden König bzw. den jeweiligen Machthabern und Entscheidungsträgern verbunden. Gerade im mesopotamischen Kulturraum erzeugt und sichert sie zum einen die Legitimierung des Königs, der durch den Willen der Götter die irdischen Geschicke lenken kann, und liefert ihm zum anderen die Basis für seine Regierungsentscheidungen.[8] Dass in einem solchen Setting das Erkennen falscher Prophetie von großer Bedeutung ist, liegt auf der Hand und wird im Folgenden unter den Paradigmen der einzelnen kulturellen Systeme genauer entfaltet. Dabei wird insbesondere darauf geachtet, in welchem Setting politische Urteilsfindung stattfindet. So fungiert in Mari und bei den Neuassyrern der König als entscheidende Instanz im Umgang mit prophetischen Ankündigungen und Zeichen, während im griechischen Raum die

---

nahe Verwandtschaft zeigt sich auch in Manfred Weipperts Definition von Prophetie; siehe zu dieser oben in der Einleitung S. 3. GRABBE, Priests, 148, führt aus, dass prophetische Worte aus Traumberichten ohne Angabe dieses Kontextes auch als Prophetie verstanden werden würden, sodass die Differenz vor allem im Setting liege.

[8] Vgl. zur Verbindung von Prophetie und Königtum besonders NISSINEN, Ancient Prophecy, 257–296, der Mesopotamien, Griechenland und auch die alttestamentliche Prophetie in den Blick nimmt.

Rolle des Volkes zunehmende Bedeutung erlangt. Zudem kann zwischen Hofprophetie und oppositioneller Prophetie unterschieden werden, die aufgrund der Quellenlage höchst unterschiedlich präsentiert werden. Für ein fundiertes Verständnis alttestamentlicher Prophetie ist die Wahrnehmung beider Strukturen und beider Konstellationen in der Entscheidungsfindung weiterführend, ändert sich doch im Laufe der Geschichte alttestamentlicher Prophetie das gesellschaftliche Setting grundlegend. Gerade bezüglich der Rolle des Königs und des Volkes im Kontext prophetischer Konflikte im Jeremiabuch ist dies deutlich erkennbar.[9]

Neben der Fokussierung auf verschiedene Kulturen ist auch eine Abgrenzung der Textbasis nötig. Bei der Auswahl der Texte orientiert sich diese Studie an den einschlägigen Textsammlungen und Spezialstudien zur Prophetie und Divination in den verschiedenen Kulturen. Da die Texte nicht nur in verschiedenen Sprachen abgefasst wurden, sondern in den meisten Bereichen zudem nicht eindeutig ist, in welcher Weise die verschiedenen divinatorischen Spezialistinnen und Spezialisten voneinander abzugrenzen sind,[10] legen die folgenden Abschnitte jeweils ihre Quellen und die Fragestellungen, die zur Auswahl der Texte führte, einzeln offen.

Die Überlegungen in diesem Kapitel dienen als Hintergrund und Folie für die folgende Darstellung des Umgangs mit unerfüllter und falscher Prophetie und dem politischen Vorwurf der Täuschung und Lüge im Alten Testament. Auf Vergleichspunkte zur alttestamentlichen Prophetie wird im Laufe der Darstellung immer wieder hingewiesen, diese stehen jedoch in diesem Abschnitt nicht im Mittelpunkt. Der abschließende Abschnitt 2.8 dient neben einer kurzen Bündelung der Benennung derjenigen Aspekte, die für die Darstellung der alttestamentlichen Prophetie in den sich anschließenden Teilen dieser Studie besonders relevant sind.

2.2 Altbabylonische Prophetie (Mari): Divination und die Frage der Legitimation und Überprüfbarkeit

2.2.1 Prophetie in altbabylonischer Zeit

Aus altbabylonischer Zeit gibt es einige Berichte über prophetisch agierende Menschen. Hinweise auf diese Prophetinnen und Propheten liegen aus Aleppo, Ešnunna, Ninive, Sippar, Uruk und aus weiteren Orten vor.[11] Die Quellenlage

---

[9] Siehe dazu unten besonders die exegetischen Überlegungen zu Jer 26 (Kap. 3.2.2.2) und zu Jer 28 (Kap. 3.2.2.1).
[10] Zu den verschiedenen Begriffen siehe besonders NISSINEN, Prophets and Prophecy, 5–8, FRAHM, Art. Prophetie, 8f., PIENTKA-HINZ, Orakel, 53f., sowie die diesbezüglichen Ausführungen in den folgenden Einzelabschnitten.
[11] Vgl. FRAHM, Art. Prophetie, 10.

für dieses Phänomen ist in den Texten aus Mari (heute: Tell Hairiri in Syrien) jedoch besonders gut, sodass die Mari-Texte immer wieder vergleichend für die alttestamentliche Prophetie herangezogen wurden und werden.[12] Auf etwa 60 der rund 20.000 gefundenen Täfelchen spielen prophetische Spezialisten und Spezialistinnen, divinatorische Techniken und prophetische Botschaften eine Rolle.[13] Die in der Hauptstadt des großen Reiches gefundenen Texte datieren vor allem in die Zeit des Königs Zimri-Lim (Regierungszeit um 1774–1760 v.Chr.) und seines Vorgängers Jasmaḫ-Addu und damit in die Spätzeit Maris kurz vor der babylonischen Eroberung durch Hammurabi. Sowohl die Krisenzeit kurz vor dem Untergang als auch die Besonderheit, dass König Zimri-Lim besonders häufig auf Reisen war, wie mehrere Briefschreiber erwähnen, haben zur Überlieferung der Texte im Kontext prophetischer Aktionen beigetragen. Hat die Krisenzeit dazu geführt, dass prophetische Beratung besonders nötig war, so hat die Abwesenheit des Königs dazu geführt, dass ihm die prophetischen Botschaften nicht wie üblich mündlich vorgetragen wurden – und sie somit für

---

[12] Vgl. nur stellvertretend die grundlegenden Studien von Noort, Untersuchungen, und A. Schmitt, Gottesbescheid. Die methodische Vorsicht, die bei der Benutzung der für das Alte Testament entwickelten Terminologie im Bereich der Prophetie für die Mari-Texte notwendig ist, beschreibt etwa Noort, Untersuchungen, 2f.87–92.
Der Vergleich, den Noth, Geschichte, 10–27, zwischen den damals neu entdeckten prophetischen Texten aus Mari und der alttestamentlichen Prophetie anstellt, zeigt die einschneidende Wirkung dieser Funde, die die Prophetie als israelitisches Alleinstellungsmerkmal relativierten, und den Versuch, zumindest die besondere Qualität alttestamentlicher Prophetie zu bewahren: „Jetzt tritt uns in den Texten von Mari die ganz eindeutige Gestalt eines Gottesboten entgegen, und zwar eben in einem Bereich, der offenbar in einem geschichtlichen Zusammenhang mit dem späteren Israel steht. Mit dem Hinweis darauf, daß die Worte der alttestamentlichen Propheten inhaltlich außerordentlich viel reicher und geistiger sind und offenkundig viel höher stehen als die Aussprüche der Gottesboten in den Mari-Texten, ist das grundsätzliche Problem noch keineswegs erledigt, das darin liegt, daß mehr und mehr und nun in der Beziehung zwischen Gottesboten und Propheten in einem besonders wesentlichen Punkte der qualitative Unterschied zwischen dem Alten Testament und seiner geschichtlichen und religionsgeschichtlichen Umwelt sich verwischt und nivelliert wird" (a.a.O., 21). Noth selbst stellt das Element der Geschichtsgebundenheit der alttestamentlichen Prophetie ins Zentrum.

[13] Im Vergleich zum sonstigen mesopotamischen Raum ist dies auch bei guter Quellenlage an anderen Orten eine bemerkenswert hohe Anzahl. Der prozentuale Anteil der Texte mit prophetischen Themen ist aufgrund der hohen Gesamtzahl zwar gering, doch bieten die Texte trotzdem eine ergiebige Grundlage zur genaueren Betrachtung der Prophetie in Mari. Vgl. dazu Huffmon, Company, 48 f. Die Angabe der im Folgenden zitierten Texte erfolgt nach den Archivnummern der Mari-Tafeln und den beiden von Charpin und Durand herausgegebenen Bänden des Archives épistolaires de Mari (ARM 26). Insbesondere sind die Texte ARM 26, 195–223 zu beachten, die prophetische Botschaften enthalten. Neben dieser kritischen Ausgabe sei für die Texte auch auf Sasson, Mari Archives, bes. 272–289, auch mit der Einleitung zur Quellenlage a.a.O., 1–20, und Nissinen, Prophets and Prophecy, 13–91, verwiesen. Zur Divination in Mari insgesamt vgl. die Einleitung von Durand in Ders., Archives, 3–68, sowie die Einleitung von M. Dietrich, Prophetenbriefe, 83. Für einen knappen Überblick zur Prophetie in Mari (und der neuassyrischen Prophetie) siehe auch T. Schneider, Religion, 85–88, und Hrůša, Religion, 175–179.

die späteren Generationen verloren gegangen wären –, sondern dem König in Briefen mitgeteilt wurden, die dann archiviert wurden.[14]

Der hier gebotene Überblick orientiert sich an den als prophetisch eingestuften Texten der einschlägigen Textausgaben.[15] Denn durch das Fehlen eines spezifischen Begriffs für Prophetie, durch die verschiedenen Begriffe, die für das prophetische Personal verwendet werden (bes. *āpilum/āpiltum* und *muḫḫûm/muḫḫūtum*), und durch die enge Verknüpfung mit anderen Aspekten intuitiver Mantik wie dem Traum ist es nicht einfach, alle Texte einem bestimmten Bereich der Mantik zuzuordnen.[16] Zwischen den beiden genannten Bezeichnungen für die Propheten gibt es keinen (bislang) erkennbaren Unterschied, auch wenn sich *muḫḫûm/muḫḫūtum* etymologisch stärker mit dem Aspekt der Ekstase verbinden lässt.[17]

Auch wenn in Briefen bisweilen private Themen angesprochen werden,[18] dominieren gerade bei den prophetischen Texten die politisch ausgerichteten. Martti Nissinen spricht in diesem Zusammenhang ein grundlegendes Problem der Rekonstruktion der Rolle der Mantiker in der Gesellschaft an, das für Mari ebenso gilt wie für die neuassyrischen Prophetentexte. So sind hauptsächlich die Briefe erhalten geblieben, die an die Könige gerichtet waren, da gerade diese Schreiben in Archiven gesichert wurden, während Privatbriefe nicht auf längere Zeit gesammelt wurden.[19] Aus den wenigen Privatbriefen, die sich in Mari fanden und die ebenfalls prophetische Worte nennen (ARM 26, 222 und

---

[14] Vgl. dazu auch K. Koch, Briefe, 54. Koch trägt dieser besonderen Kommunikationssituation durch eine formgeschichtliche Analyse der Mari-Briefe Rechnung und bietet so auch einen aufschlussreichen Überblick über den Aufbau der Briefe. Cancik-Kirschbaum, Prophetismus, 38 f., hebt gegenüber der Betonung von Krisenzeiten stärker die Überlieferungssituation – und damit auch die Quellenlage – hervor, da es in allen Epochen der altorientalischen Geschichte Krisenzeiten gab, aus denen keine prophetischen Texte erhalten sind.

[15] Siehe zu den Ausgaben oben Anm. 13.

[16] Zu den verschiedenen Begrifflichkeiten siehe Wilson, Prophecy, 100–110, Huffmon, Company, 53, Nissinen, Prophets and Prophecy, 14, und Anthonioz, Prophétisme, 34–37.

[17] Vgl. dazu Charpin, Gods, 23 f. Auch insgesamt sei auf seine Einleitung zur Prophetie in Mari bzw. der Prophetie, von der die Texte aus Mari berichten, verwiesen (a. a. O., 11–58). Vgl. auch die ähnlichen Ausführungen in Charpin, Prophétisme. Zum Begriff bereits Nötscher, Prophetie, 228–235, direkt zu Mari a. a. O., 235–241.

[18] In einem Brief (ARM 26, 239) schreibt Šimatum an Zimri-Lim neben anderen Themen über einen Traum, den er hatte. In diesem wurde ihm der Name für eine Tochter des Tepaḫum angekündigt. Aufschlussreich ist nun, wie Šimatum mit seiner eigenen Traumoffenbarung umgeht. So bittet er Zimri-Lim, den Traum von einem Spezialisten prüfen zu lassen und dann, wenn er ihn wirklich gesehen habe, das Kind entsprechend zu benennen, sodass es ihm gut gehe. Der Brief zeigt zum einen die Notwendigkeit der Überprüfung, zum anderen aber auch, dass Orakelempfänger ihre Offenbarungen hinterfragen (sollten). Dies wirft nun anderes Licht auf den Vorwurf der fehlenden prophetischen Selbstprüfung in Ez 13. Siehe dazu unten Kap. 3.2.3.2.

[19] Für das Alte Testament ist dieses Problem ebenso zu unterstreichen. Zwar gibt es Dokumente aus den königslosen Zeiten, doch ist auch hier die Ausrichtung auf dominierende Gruppen prägend. Auch das Alte Testament spiegelt keine prophetischen Alltagssituationen

240), lässt sich jedoch darauf schließen, dass auch abseits der Kommunikation mit dem König Omen und Prophezeiungen eine wichtige Rolle spielten, die aufgrund der Quellenlage jedoch nicht genauer zu rekonstruieren ist.[20]

Unter den Mari-Texten fand sich eine in Ich-Form geschriebene Aufstellung über die Pflichten des divinatorischen Personals zu Zeiten des Königs Zimri-Lim (ARM 26, 1), die die wichtigsten Punkte in Bezug auf den Umgang mit dem König festhält. Zum einen wird gleich zu Beginn die nötige *Verschwiegenheit* der Propheten betont. Dies ist im Vergleich zum Brief Yarim-Addus an Zimri-Lim (ARM 26, 371) interessant, der das öffentliche Auftreten eines Propheten (*āpilum*) schildert. Dieser stellt sich an die Palasttür (*ina bāb ekallim*) und schreit, ja, er steht sogar inmitten der ganzen Bevölkerung (Z. 18–21).[21] Auch wenn sich der Spruch selbst nur auf Zimri-Lim bezieht und es nicht um eine größere politische Entscheidung geht, zeigt bereits das Auftreten dieses Propheten, dass er Gerüchte in die Welt setzen und damit dem König durchaus schaden kann. So urteilt der Briefeschreiber auch über diesen Propheten, er sei ernstlich erkrankt. Die Gefahr, die durch das öffentliche Verkündigen gerade königskritischer und/oder falscher Prophetie entsteht, ist hier erkennbar.

Auch die weitere Selbstverpflichtung der Propheten in ARM 26, 1 ist bedeutsam. So verpflichten sie sich, bei allen Formen von Zeichendeutung dem König *jegliches* Ergebnis mitzuteilen. Explizit sind an dieser Stelle auch die schlechten Omen genannt (Z. 5), die es auszurichten gilt.[22] Der Abschnitt endet mit der auch aus der späteren neuassyrischen Literatur noch bekannten Zusicherung: „Ich werde es meinem Herrn sicher mitteilen und es ihm nicht verschweigen." (Z. 6). Dass diese Anweisung auch außerhalb des Landes gilt, unterstreicht Nur-Sîn seinem König Zimri-Lim gegenüber, der alle prophetischen Sprüche, die ihm bekannt wurden, dem König berichtet hat und nun, da er sich in einem anderen Land befindet, ihm brieflich mitteilt (A.1121, 34–45).[23] In diesem konkreten Brief werden Orakel von Addad von Kalassu und Addad von Aleppo dem König ausgerichtet. Beide betonen die bisherige (politische) Unterstützung, die der König durch sie erfahren hat, beide stellen Forderungen an den König – die Herausgabe eines Besitzstückes auf der einen und das gerechte Richten auf der

---

wider. Im Gegensatz zu den mesopotamischen Archiven ist aber gerade nicht die Hofprophetie erhalten, sondern stärker die oppositionelle Prophetie.

[20] So überzeugend Nissinen, Prophets and Prophecy, 15.

[21] Zu diesem Text und der ungewöhnlichen Rede außerhalb des Palasts siehe Charpin, Gods, 31 f. Er vermutet, dass der Prophet vom Palast abgewiesen wurde. Vgl. auch ARM 26, 206. Zum öffentlichen Wirken vgl. auch Huffmon, Company, 53.

[22] So nennt auch Grabbe, Priests, 88, bezüglich der Mari-Prophetie zusammenfassend als einen der Hauptaspekte, dass der König sowohl an der Mitteilung von guten als auch von schlechten Omen interessiert war.

[23] Vgl. Nissinen, Prophets and Prophecy, 17–21, Ders., Ancient Prophecy, 270–274, und Sasson, Mari Archives, 280 f. Zu diesem Brief (samt editorischen Überlegungen, die Fragmente A 1121 und 2731 zusammen zu lesen) siehe Lafont, Roi.

anderen Seite – und beide Orakel betonen die negativen Folgen, die ihre Missachtung bringen würde.[24] Die auch rhetorisch eindrücklich eingebettete Wiedergabe dieser Orakel durch den Schreiber, in der er betont, dass er die für den König negativen Sachverhalte nur zum Schutz vor Katastrophen ausrichte, und sich somit von ihrem Inhalt ein Stück weit distanziert, ohne ihren Wahrheitsgehalt in Frage zu stellen, wiederholt refrainartig das Ziel der Orakelzitation: „damit mein Herr es weiß" (*bēlī lū īdi*; A. 1121, Z. 33; 45; 62). Den König über den Willen der Götter zu informieren, sodass er sein Handeln entsprechend gestalten kann, ist der Kernaspekt der Prophetie und der am Überlieferungsprozess beteiligten Personen.[25]

Die meisten prophetischen Aussprüche aus Mari sind positiv für den König – wie es sich auch für die neuassyrische Zeit zusammenfassen lässt –, doch gibt es ebenfalls konditionierte Unheilsworte, Androhungen und vor allem Warnungen, sodass sich in diesem Punkt in der Frage der Kategorien im Grunde kein grundsätzlicher Unterschied zur israelitischen Prophetie zeigt.[26] Die jedoch immens ins Gewicht fallende unterschiedliche Verteilung von Heils- und Unheilsworten im Vergleich zum Alten Testament selbst lässt sich besser über die Intention bei der Anlage des Werkes auf der einen Seite und der Fundsituation auf der anderen Seite erklären, die im Falle der Mari-Briefe durch die Sammlung durch den Palast selbst geprägt ist.[27] Besonders Jörg Jeremias hat auf den grundlegenden Unterschied zwischen den Texten aus Mari, in denen es um tagesaktuelle Entscheidungen ging, und den Prophetentexten des Alten Testaments hingewiesen, die über mehrere Generationen gewachsen und somit auch über den aktuellen

---

[24] Maria de Jong ELLIS, Goddess, zum Vergleich bes. 251–257, hat auf die Parallelen zwischen diesem Text – und damit der westsemitischen prophetischen Tradition – und Orakeltexten der Göttin Kititum an den König Ibalpiel von Ešnunna verwiesen, die aus Ishchali stammen. Auch wenn in diesen Orakeln keine mantischen Spezialisten und Spezialistinnen explizit genannt werden und der Brief direkt die Kommunikation der Göttin mit dem König darstellt, kann man doch auch hier auf prophetische Aktivitäten rückschließen. GRABBE, Priests, 90 f., verweist in Auseinandersetzung mit Ellis auf die methodische Schwierigkeit der Auswertung, da die Textbasis verhältnismäßig schmal ist und etwa der prophetische Empfang selbst im Dunkeln liegt. Für einen breiteren Vergleich der verschiedenen Formen mesopotamischer und westsemitischer Mantik sei auf die Ausführungen bei ELLIS, Observations, verwiesen, in denen sie die gängige Trennung sowie die verwendeten Begrifflichkeiten zur Beschreibung mantischer Phänomene in Frage stellt.

[25] So auch schon NOORT, Untersuchungen, 89 f. Die Rolle des Königs ähnelt darin der der neuassyrischen Herrscher. Auch sie galt es möglichst umfassend zu informieren und auch ihnen oblag die Entscheidung, wie mit den Ergebnissen und Verlautbarungen der Divination umzugehen war. Zu den Auswirkungen, die dies für die Definition und den Umgang mit falscher Prophetie hat, siehe unten Kap. 2.3.2.

[26] Für eine Zusammenstellung siehe CHARPIN, Gods, 53 f., so auch die Einschätzung bei FRAHM, Art. Prophetie, 10, der ebenfalls auch auf die belegten Unheilsprophetien gegen den assyrischen König hinweist.

[27] Zur Bedeutung der Fundsituation und der Verwendung von prophetischen Sprüchen in schriftlichen Quellen siehe CANCIK-KIRSCHBAUM, Prophetismus, 35–43.

Zeitpunkt hinaus Relevanz für neue Adressaten hatten. So wurden auch die Themen weit grundsätzlicher als in den Mari-Briefen, in denen es um die jeweils anstehenden politischen Entscheidungen ging: „Tagesprobleme, Alltagsfragen sind es in Mari, an denen sich Heil und Unheil entscheidet, Grundfragen des Gottesverhältnisses, Grundfragen geglückten und mißlungenen Lebens, Grundfragen von Erwählung und Verwerfung sind es in der alttestamentlichen Prophetie."[28] Die Beobachtung des Unterschieds in der Entstehung der Texte und ihrer Gattungen ist bei der Auslegung der Texte zu beachten. Doch auch hinter den alttestamentlichen Texten lag eine divinatorische Praxis und somit sind auch die stark redaktionell bearbeiteten Texte auf all ihren Stufen vor einem konkreten politischen Hintergrund zu verstehen. So stehen in den Mari-Texten bei der Frage nach aktuellen – und vergangenen – Bündnissen (vgl. ARM 26, 199) und den Positionen, die Propheten als göttlichen Rat verkünden, im Grunde dieselben Grundthemen im Raum wie in der Auseinandersetzung zwischen den alttestamentlichen Propheten Jeremia und Hananja und der Frage von Bündnissen Judas in der späten Königszeit (Jer 27 f.).

Die Rolle des Königs im Kontext der Prophetie zeigt sich in den Briefen inhaltlich und auch anhand der Gattung. So ist es der Herrscher, der zu entscheiden hat, wie auf die verschiedenen Omen und Aussprüche zu reagieren ist. Und auch die Sorge um diesen steht in den Briefen immer wieder im Mittelpunkt.[29] Dabei finden sich an einigen Stellen auch deutlich kritische Ansagen dem herrschenden König gegenüber, insbesondere der Vorwurf, einzelne Götter vernachlässigt zu haben.[30] Zur Erhaltung der Stabilität des Systems ist somit eine Veränderung in der königlichen Herrschaftsweise notwendig. Für diesen sind die Berichte über Orakel grundlegend und so betonen die Briefe, dass der König niemals ohne Orakel in einen Krieg ziehen dürfe (A. 1968, 12 f.)[31] oder dass der König gemäß den Orakeln (ARM 26, 204) und seiner eigenen Abwägung (ARM 26, 220) handeln solle.

Ein besonderer Brief der Königin Šibtu an ihren Gatten, den König Zimri-Lim, (ARM 26, 207) unterstreicht die Notwendigkeit, Orakel nicht zu beein-

---

[28] JEREMIAS, Proprium, 487. Es geht Jeremias hierbei nicht um die Festlegung einer vermeintlichen Überlegenheit alttestamentlicher Prophetie, sondern um die Beachtung der literarischen Genese alttestamentlicher Texte. Letztlich handelt es sich bei den prophetischen Aussprüchen aus Mari um mündliche Worte, auch wenn sie im Brief verschriftlicht wurden. Der Gewinn für das Verständnis auch alttestamentlicher Texte liegt auf der Hand. Denn durch die unmittelbarere Bewahrung der Worte können Prozesse der Kommunikation deutlicher erkannt werden. Radikaler als Jeremias Einschätzung der Prophetie ist die von DOSSIN, Prophétisme, der nach der Durchsicht der Texte die Prophetie in Mari im Kontext des alltäglichen Lebens vor allem ansieht als „pragmatique, utilitaire, on pourrait dire ‚functionnel', sans aucune préoccupation morale ou théologique" (a.a.O., 86).

[29] Vgl. hierzu z.B. den Briefschluss von ARM 26, 237.

[30] Zu den kritischen Textpassagen der Maribriefe siehe GRABBE, Priests, 89, und NISSINEN, Potential.

[31] Zum Text siehe NISSINEN, Prophets and Prophecy, 22.

flussen. So war es üblich, einen Trance-Zustand für den Empfang von Offenbarungen herzustellen, doch durfte dabei keinerlei Zwang ausgeübt werden. So beteuert die Königin, die sehr gute Sprüche für ihren Mann von einer Gruppe von Propheten und Prophetinnen bekommen hat, denen sie zuvor ein Getränk gegeben hatte, dass sie diese nicht zum Reden gezwungen habe und sie freiwillig gesprochen hätten und auch hätten schweigen können.[32] Positive Omen für den König sind nur dann herrschaftsstabilisierend, wenn sie ohne Zwang und Manipulation zustande gekommen sind.

2.2.2 Zur Überprüfung prophetischer Botschaften

Ein Aspekt der Entscheidungsfindung und damit sozusagen des Abschlusses des prophetischen Prozesses in Mari ist zu unterstreichen, der für das Verständnis der alttestamentlichen Texte weiterführend ist: Die Überprüfung eines prophetischen Wortes. So wurden gerade prophetische Aussagen, aber auch Träume, wie auch bei der Opferschau gängig einer weiteren Überprüfung unterzogen. Meist wurde dieser zweite Vorgang mit Hilfe einer Eingeweideschau durchgeführt.[33] In diesem zweiten Absicherungsprozess konnten konkrete Fragen gestellt werden, die von den Göttern – sichtbar gemacht durch instrumentelle Mantik – eindeutig mit Ja oder Nein beantwortet wurden.[34] Bei diesem Prozess war es jedoch von hoher Relevanz, die richtigen Fragen zu stellen und diese auch zu wiederholen (vgl. dazu ARM 26, 185).[35] Nissinen sieht in dieser Überprüfung mit anderen Mitteln keine Abqualifizierung der Prophetie gegenüber anderen divinatorischen Methoden. Die Überprüfung war nötig „to check and exclude the possible misinterpretations and other faults resulting from the vulnerability of the intermediary and the often tangled process of communication".[36] Diese Einschätzung

---

[32] Zum Text und vor allem den verschiedenen Übersetzungsvarianten siehe NISSINEN, Prophets and Prophecy, 40 f. mit Anm. h. Die Verbindung von starken – vermutlich alkoholischen – Getränken und Prophetie reflektiert auch Jes 28,7 f. Siehe zu diesem Motiv CHARPIN, Gods, 49.

[33] Vgl. dazu NOORT, Untersuchungen, 83–86, ROBERTS, God, 215, HUFFMON, Company, 49 f., und MAUL, Wahrsagekunst, 89.

[34] Die hohe Kompetenz, die nötig war, um solche Fragen richtig zu formulieren, zeigt MAUL, Wahrsagekunst, 111–129, auf. Dabei betont er, a. a. O., 121, auch die Rolle der Festlegung der Geltungsdauer eines Orakels oder Eingeweideschauergebnisses. Im Disputationswort in Ez 12,21–28 (siehe dazu unten Kap. 3.2.3.1) sowie durch Aristoteles' Vorwurf, dass sich Orakeldeuter niemals zum Zeitpunkt des Eintreffens äußern würden (Arist. Rhet. 1407 a31–b6), wird die Relevanz des Faktors Zeit im Rahmen der Divination deutlich. Bei ungünstigen Vorzeichen konnte im Alten Orient durch eine Veränderung der Geltungszeit, für die gefragt wurde, auch eine erneute Befragung ermöglicht werden (a. a. O., 123).

[35] Zum Stellen der richtigen Fragen vgl. SASSON, Mari Archives, 275 f.

[36] NISSINEN, Prophets and Prophecy, 16. HUFFMON, Company, 49, sieht hingegen aufgrund dieser Überprüfungen die prophetischen Botschaften als deutlich untergeordnet im Vergleich zu anderen divinatorischen Techniken an, wenngleich auch diese durchaus ernst genommen wurden.

ist dadurch zu unterstützen, dass auch andere Methoden der Divination durch Wiederholung der gleichen Methoden oder durch eine andere Methode überprüft wurden. Für Mari findet sich ein ähnliches Verfahren etwa auch bei Träumen.[37] Wahre Prophetie konnte somit durch absichernde Verfahren erkannt werden oder vorsichtiger formuliert: Manche Fehlurteile konnten verhindert werden. Die prophetischen Sprüche selbst wiesen zwar in der Regel nicht jene Ambiguität auf,[38] für die griechische Orakel bekannt sind, trotzdem war bei ihnen die Gefahr der Fehldeutung besonders hoch, da, wie bei allen prophetischen Übermittlungsprozessen, nur der Empfänger der Botschaft und sein Sprechen von Außenstehenden erkannt werden konnten, nicht aber der Empfang des Gotteswortes selbst. Bei Eingeweideschauen, die für Mari sehr typisch waren, gab es einen Weg, die Ergebnisse zu sichern, der auch immer wieder in Briefen thematisiert wurde (vgl. ARM 26, 109; 123): So konnte die Leber in Ton nachgebaut, gebrannt und dann als Beweis mitversendet werden.[39] Lebermodelle sind aus Mari, aber auch aus Ugarit, erhalten geblieben.

Auch die prophetisch agierende Person selbst spielte für die Überprüfung in doppelter Hinsicht eine Rolle.[40] Zum einen berichten die Briefeschreiber über den Eindruck, den die Prophetinnen und Propheten hinterlassen haben. Das Motiv der Prophetenpersönlichkeit ist hier relevant. Die Schreiber selbst betonen in verschiedenen Briefen, dass sie die Worte exakt wiedergegeben hätten. Dies dient zum einen dem Beweis ihrer eigenen Gründlichkeit, zum anderen aber auch der Zuschreibung der Verantwortung für den Inhalt. Gerade wenn der Briefschreiber davon ausgehen kann, dass der Inhalt der prophetischen Botschaft den (königlichen) Empfänger nicht erfreuen wird, wird die Pflicht des Schreibers, alle Worte auszurichten, betont.[41] So dient der Schreiber zum einen als Verbindungsglied zum abwesenden König, um dessen fehlenden persönlichen Eindruck bis zu einem gewissen Grade zu ersetzen. Zum anderen aber unterstreicht der Briefeschreiber, dass durch seine Mittlerposition das Wort selbst nichts an seiner genauen Bedeutung eingebüßt habe.

---

[37] Zu den Möglichkeiten der Absicherung verschiedener divinatorischer Techniken siehe MAUL, Art. Divination, 704, und KITZ, Prophecy, 25–27, zu weiteren Verhältnisbestimmungen von Prophetie und anderen Aspekten der Divination a. a. O., 26 mit Anm. 19. Neben der Wiederholung verweist sie auf das Moment der Außergewöhnlichkeit – etwa bei Sonnenfinsternissen oder Erdbeben – und die Absicherung durch die rituelle Durchführung, um den göttlichen Ursprung eines Zeichens oder Worts zu erkennen (a. a. O., 24–27).
[38] Symbolische Rede spielt jedoch auch in der Mari-Prophetie eine Rolle. So findet sich wiederholt das Sprichwort „Unter Stroh fließt Wasser" vgl. ARM 26, 197; 199; 202. Zur Diskussion um die Bedeutung siehe NISSINEN, Prophets and Prophecy, 29.
[39] Vgl. zu den Texten bezüglich der Leberomina SASSON, Mari Archives, 273 f.
[40] So JEREMIAS, Prophetie, 344, in Anschluss an NOTH, Bemerkungen, 240.
[41] Siehe dazu CHARPIN, Gods, 31.

Zum anderen wurde mit den Briefen und dem darin enthaltenen Prophetenwort eine Haarlocke (*šārtum*) und ein Gewandteil (*sissiktum*)[42] des Propheten mitgeschickt, mit denen eine Prozedur durchgeführt wurde (A. 1968, 17–20;[43] ARM 26, 200; 201; 215; 217). Der genaue Sinn dieser nicht überlieferten Prozedur ist nicht eindeutig zu bestimmen. So vermutet Jeremias, dass auf diesem Wege den Propheten bei der Erweisung des Spruches als Falschprophetie Schaden zugefügt wurde, doch sollte man die Prozedur wohl genereller verstehen.[44] Nissinen beschreibt die Funktion eher zur Gewährleistung eines Prüfungsprozesses („process of authenticating")[45] für das Wort selbst, bei dem diese Gegenstände den Propheten in einer Opferschau selbst repräsentierten. Somit bildet das Mitschicken von Haar und Gewandsaum einen Bestandteil der Überprüfung, Absicherung und Präzisierung prophetischer Botschaften durch weitere mantische Techniken.[46] Die Praxis des Mitschickens ist auch in anderen Fällen belegt, in denen keine prophetischen Worte im Mittelpunkt stehen. So wird etwa in einem Brief (OBTR 65) geschrieben, dass durch zugesendetes Haar und Kleidungsfransen Omen für einen Jungen eingeholt werden konnten, der vermutlich Epileptiker war.[47] Diese Parallele legt es nahe, dass es tatsächlich generell um eine Repräsentation der involvierten Persönlichkeit bei körperlicher Abwesenheit geht.[48] Im Brief ARM 26, 233 (Z. 53) wird explizit erwähnt, dass

---

[42] Dass ein Gewandsaum zumindest zur Identifizierung des Besitzers dienen kann, hat Analogien in 1 Sam 24. Hier wird erzählt, wie David unbemerkt einen Teil von Sauls Gewand abschneidet. Vgl. zur Bedeutung dieser Passage NOTH, Bemerkungen, 240–242.

[43] Zum Text siehe NISSINEN, Prophets and Prophecy, 22.

[44] ELLERMEIER, Prophetie, 176 f., bezieht ARM 3, 73 Z. 7–19 auf die Falschprophetie und sieht den Text als Beleg dafür an, welche harten Strafen ein falscher Prophet zu erwarten hatte. Doch ist der Kontext dieses Briefes unklar und ob es sich tatsächlich um eine prophetische Botschaft gehandelt hatte, wird im Text nicht erwähnt. Näher liegt es, die Rede gegen den Herrn, die hier als Lüge bezeichnet wird, auf üble Nachrede gegenüber dem König und falsche Gerüchte zu beziehen.

[45] NISSINEN, Prophets and Prophecy, 16. In dieser Richtung auch CHARPIN, Gods, 40 f., der die beiden Objekte als „substitutes for the person" (a.a.O., 40) bezeichnet, und SCHEYHING, Ritual, 117 f. Dieser beschreibt einen ähnlichen Einsatz von Haar/Fell bei Tieren, bei denen eine Opferschau vollzogen wird (a.a.O., 118). Die Überprüfung des Wortes auf diese Weise ist etwa in ARM 10,81 und OBTR 65 belegt. In diesem Brief wird explizit die Durchführung eines Orakels mit Haar und Gewandsaum genannt. Im Kontext der generellen Überprüfung prophetischer Botschaften, die anfällig für eine Beeinflussung waren, sieht die Übergabe auch CANCIK-KIRSCHBAUM, Prophetismus, 48–50.

[46] Vgl. für einen Überblick über die verschiedenen vorgeschlagenen Deutungen des Prozesses und für das Verständnis der übersandten Teile als Repräsentation des Propheten im Rahmen zusätzlich durchgeführter mantischer Schritte LYNCH, Prophet's *šārtum*.

[47] Vgl. dazu SASSON, Mari Archives, 277.

[48] ELLERMEIER, Prophetie, 97–110, setzt sich ausführlich mit der Frage auseinander, in welchen Fällen die Übersendung von Locke und Gewandsaum erfolgte. Er kommt zu dem Schluss, dass es in erster Linie um den Eindruck des Briefeschreibers selbst gehe. Hat der Prophet nicht direkt mit dem Verfasser des Briefes gesprochen – oder ist der Briefeschreiber nicht sogar identisch mit dem Propheten – oder haben ihm nicht zusätzliche Zeugen den Eindruck gegeben, dass es sich um eine glaubwürdige Botschaft handelt, und möchte er die Verant-

Locke und Gewandsaum nicht mitgeschickt werden. Entscheidend ist, dass hier der Empfänger der Offenbarung als vertrauenswürdig (*taklu*)[49] bezeichnet wird. So ist dies vermutlich ein Hinweis auf die Rechtschaffenheit eines Propheten, die auf das von ihm ausgesprochene Wort ausstrahlt.[50]

Die Überprüfung eines prophetischen Wortes durch weitere mantische Techniken ist der alttestamentlichen Prophetie fremd, doch zeigen die hier für Mari skizzierten Vorgänge die strukturelle Notwendigkeit der Überprüfung und Legitimation. Dieser Zusammenhang ist für das Alte Testament und seine Auseinandersetzung um wahre Prophetie prägend. Das Element der Erfüllung als Wahrheitsbeweis, wie es für die deuteronomistische Prophetie entscheidend ist, was diese Studie in den folgenden Teilen unterstreichen wird, wurde als Unterschied zur Mari-Prophetie gesehen.[51] Doch gibt es auch in den Mari-Texten durchaus Hinweise auf die Erfüllung älterer Ankündigungen zur Stärkung der neuen, wie es Charpin unterstreicht.[52] Es handelt sich in diesen Texten nicht um ein Kriterium, das für die Zukunft aufgestellt wird, sondern um eine Bestätigung der prophetischen Glaubwürdigkeit durch die Erfüllung in der Vergangenheit.[53] Hierbei ist auf die Warnung vor einem Bündnis mit Ešnunna ohne eine göttliche Zustimmung zu verweisen, die mit dem Blick auf ein analoges Bündnisverbot mit den (Ben-)Jaminiten in der Vergangenheit begründet wird (ARM 26, 199). Ebenfalls im Kontext mit der Warnung vor einem Bündnis mit Ešnunna verweist auch der Briefeschreiber Šamaš-naṣir im Namen Dagans auf eine bereits stattgefundene Zerstörung, in diesem Falle Ekallatums.[54] Zwar wird hier kein älteres

---

wortung für die Richtigkeit der Botschaft somit von sich selbst fernhalten, so schickt er Locke und Gewandsaum mit. Sie repräsentieren somit den Propheten, der selbst zur Verantwortung gezogen werden kann. Dies ist auch auf der Ebene der Medien bemerkenswert, wird somit doch die Verantwortung für die Botschaft, die durch das Medium Brief repräsentiert wird, durch die stärkeren Repräsentationsformen, die mit diesem Schreiben mitgesandt werden, überschrieben.

[49] Zu dieser Notiz siehe K. KOCH, Briefe, 71, der mehrere Möglichkeiten der Interpretation abwägt, und bestätigend für das Verständnis der Rechtschaffenheit als interpretatorischen Schlüssel NOORT, Untersuchungen, 85. DURAND, Kommentar zu ARM 26, 233, S. 474, übersetzt nach oben, auf OPPENHEIM, Archives, 131, zurückgehenden Lesart, mit „vu que cet homme représente un cas sûr".

[50] LYNCH, Prophet's *šārtum*, 12–16, spricht sich dagegen aus, Haar und Gewandsaum allein als Zeichen für die rechtliche Verantwortung und damit Schuldigkeit des Propheten zu verstehen.

[51] Vgl. MALAMAT, Mari, 79.

[52] Vgl. dazu CHARPIN, Gods, 56f. Zur theologischen Interpretation der Vergangenheit in den Mari-Texten siehe insgesamt a.a.O., 86–89. Das Motiv der Erfüllung älterer Botschaften als Argument lässt sich für spätere Zeiten auch anhand prophetischer Zitate erkennen, wie M. WEIPPERT, Das Frühere, sowohl für die neuassyrische als auch die alttestamentliche Prophetie unterstreicht.

[53] Analogien finden sich hier zum Umgang mit dem in Jer 26 zitierten Michawort aus Mi 3,12. Siehe dazu ausführlich unten Kap. 3.2.2.2.

[54] ARM 26, 196. Vgl. dazu STÖKL, Völker, 219f. Dieser führt aus: „Der Geschichtsverweis ist hier nicht der theologisch verständlich motivierte, aber praktisch absolut nutzlose deuteronomische Prophetenbeweis (Dtn 13 und 18), sondern der Gottesbeweis: Du kannst mir

Prophetenwort zitiert, doch zeigt Dagans Handeln in der Geschichte seine Macht in der Gegenwart an und damit auch die Vertrauenswürdigkeit der nun in seinem Namen sprechenden Propheten.

Neben diesen Texten aus Mari, die sich mit dem Geschichtsverlauf auseinandersetzen, gibt es einige weitere Fälle der mesopotamischen Prophetie, in denen der Verlauf der Geschichte verbunden mit Ankündigungen dargestellt wurde.[55] Sprachlich werden in diesen Texten, die als politische Reflexionen zu lesen sind, historiographische und divinatorische Aspekte verbunden.[56] So wird etwa in der Marduk- und Šulgi-Prophetie in prophetischer Form das weitere Schicksal bzw. die Aufgaben der Könige und des Landes illustriert, wobei die Form an ein Heilsorakel erinnert.[57] Insgesamt handelt es sich um vier Texte, die aus den neuassyrischen Archiven in Ninive stammen und evtl. bis in das späte 2. Jt. v. Chr. zurückreichen (Texte A und B und die bereits genannte Marduk- und Šulgi-Prophetie).[58] Hinzu kommen die so genannte Uruk-Prophetie und die Dynastische Prophetie, die allerdings aus hellenistischer Zeit stammen.[59] Die Texte werden als *vaticinia ex eventu* eingestuft[60] und dienen der Legitimation des idealisierten Herrschers, auf den sie zulaufen, wobei vorherige Herrschaftsperioden sowohl als katastrophal als auch als vorbildlich dargestellt werden können.[61] Bei der auf die Seleukidenzeit zulaufenden Dynastischen Chronik ist dies etwa an der Darstellung Nabonids und Kyros' erkennbar. Klassisch wurden die Texte als „Akkadian Prophecies" (Grayson/Lambert) betitelt, um die Perspektive der Vorhersage, aus der sie geschrieben sind, zu unterstreichen.[62] Da-

---

vertrauen, weil ich bereits in der Vergangenheit so gehandelt habe." (a. a. O., 232). Doch ist zu beachten, dass an dieser Stelle die Glaubwürdigkeit Dagans auf dem Spiel steht, nicht sich die des Propheten selbst erweist. Insofern lägen die Parallelen hier in den göttlichen Geschichtsbeweisen, wie sie bei Deuterojesaja eine Rolle spielen, und nicht bei Dtn 18.

[55] Zu den Texten siehe CANCIK-KIRSCHBAUM, Weissagungen, 4–10, insgesamt in diesem Aufsatz zur Zuordnung zu Gattungen.

[56] Vgl. CANCIK-KIRSCHBAUM, Weissagungen, 3.

[57] Vgl. M. DIETRICH, Prophetie in den Keilschrifttexten, 20–25; zum Text siehe BORGER, Gott.

[58] NISSINEN, Neither Prophecies, 88, fasst aber auch die Möglichkeit ins Auge, die Texte vor dem neuassyrischen Hintergrund zu verstehen. STÖKL, Prophetic Hermeneutics, 272–276, weist im Vergleich zur alttestamentlich-deuteronomistischen Theologie auch auf neuassyrische Texte hin (v. a. SAA 9, 7), die auf der Idee beruhen, dass aus den Berichten aus der Vergangenheit Verlässlichkeit für die Zukunft abgeleitet wird (vgl. a. a. O., 272).

[59] Ein Hintergrund in der Seleukidenzeit ist wahrscheinlich.

[60] BORGER, Gott, 21, verbindet den Marduk-Text mit Nebukadnezar I, so geht es um die vierte Rückführung der Marduk-Statue, die mit diesem König verbunden ist. Borger selbst lässt offen, ob der Text vor der Rückführung oder danach verfasst wurde.

[61] CANCIK-KIRSCHBAUM, Weissagungen, 20 f., zeigt diesen Geschichtsbezug der Texte und beschreibt als ihren darstellerischen Fokus, dass „die Gegenwart bzw. die zu erwartende Zukunft als Klimax der Historie erscheint." (a. a. O., 21).

[62] Für einen Überblick über die zur Diskussion stehenden Texte siehe schon NÖTSCHER, Prophetie, 249–258, der trotz der Unterschiede gerade in diesen Texten Parallelen zur alttestamentlichen Prophetie sieht. Allerdings wird bei seinem Vergleich zugleich deutlich, dass

neben werden sie jedoch auch als Apokalypsen bezeichnet, wodurch der Zielpunkt der Texte, der idealisierte Herrscher, zum interpretatorischen Schlüssel gemacht wurde. Maria de Jong Ellis spricht sich hingegen für eine Einsortierung als „literary predictive texts" aus.[63] Damit betont sie gleich zwei wichtige Merkmale der Texte: Es handelt sich zum einen um *literarische* Texte und nicht um die Aufzeichnung prophetischer Aktivität. Zum anderen werden die Ankündigungen an sich so unterstrichen.[64] Durch die Verwendung dieses Terminus wird bis zu einem gewissen Grad auch eine Parallele zu den Texten des Alten Testaments deutlich, die sich ebenfalls deutend mit der eigenen Geschichte auseinandersetzen. Insbesondere gilt dies für die deuteronomistisch geprägten Königebücher, die ebenfalls durch prophetische Elemente strukturiert ist.

2.3 Neuassyrische Prophetie: Rebellion, Prophetische Konflikte und Königskritik

2.3.1 Neuassyrische Prophetie

Zwischen den Mari-Briefen aus dem 18. Jh. v. Chr. und den Belegen für Prophetie in neuassyrischer Zeit aus dem 7. Jh. v. Chr. tut sich für den mesopotamischen Raum eine große Lücke auf. Die wenigen Hinweise, die es gibt,[65] sprechen nicht dafür, dass Prophetie vollständig an Bedeutung verlor. Doch wie es bereits bei den Mari-Briefen der Fall war, sorgten zumeist spezifische politische Konstellationen (Krisenzeiten und notwendige Prozesse der Legitimierung) und vor allem äußere Umstände dafür, dass die prophetischen Aussprüche ver-

---

gerade die vorausgesetzte Prägung der alttestamentlichen Prophetie einen großen Einfluss darauf hat, was als parallel angesehen wird. Dies wird erkennbar, wenn er neben der mangelnden „sittlich-religiösen" (a. a. O., 258) Ausrichtung der mesopotamischen Texte auch ihre Prägung als *vaticinia ex eventu* als Unterschied ansieht. Gerade ein Verständnis alttestamentlicher Prophetie als geschichtsgebunden und geschichtsdeutend, wie es in der hier vorliegenden Studie unterstrichen wird, zeigt die engeren Parallelen zu dieser Gattung der altorientalischen, prophetischen Geschichtsdarstellung. Auch aus Ägypten sind Texte bekannt, die prophetische Botschaften in der Gestalt von *vaticinia ex eventu* beinhalten. Zu diesen Texten siehe unten Kap. 2.6.

[63] ELLIS, Observations, 146–157. Zu dieser Gattung siehe auch WILSON, Prophecy, 119–123, CRYER, Divination, 183–187, GRABBE, Priests, 93 f. (gerade im Vergleich mit alttestamentlicher Prophetie), und NISSINEN, Ancient Prophecy, 111–115.

[64] NISSINEN, Neither Prophecies, schließt sich der durch Ellis vorgeschlagenen Bezeichnung an und zeigt die Unterschiede zu apokalyptischen und prophetischen Texten im engeren Sinne auf. Auch in der Ägyptologie ist die gleiche Nomenklatur-Diskussion um die so genannten *ex eventu*-Texte, die ebenfalls auch als Apokalypsen und Prophetien bezeichnet wurden, zu erkennen. Siehe dazu und zu diesen in ihrer Funktion und ihrem Aufbau den hier genannten mesopotamischen ähnlichen Texten unten S. 55–58.

[65] Auch FRAHM, Art. Prophetie, 10, sieht die wenigen Hinweise als ausreichend an, um von einer „Kontinuität prophetischer Traditionen im Alten Orient" ausgehen zu können.

schriftlicht (Abwesenheit des Königs von Mari) und aufbewahrt wurden und somit von späteren Ausgräbern und Ausgräberinnen wieder ans Licht gebracht werden konnten. Für die neuassyrische Zeit ist dies durch das große Archiv von Ninive der Fall, das die Korrespondenz gerade Asarhaddons und seines Nachfolgers Assurbanipals bis zur Ausgrabung konservierte. So sind zahlreiche Dokumente erhalten, die auf Propheten, Prophetinnen und Prophezeiungen Bezug nehmen. Zwar lassen sich auch in anderen Epochen der mesopotamischen Literaturgeschichte Hinweise finden, jedoch liegen aus dieser Zeit eine größere Menge an Korrespondenzliteratur, die prophetische Themen behandelt, und zudem spezifisch prophetische Sammeltafeln vor. Durch diese Kodifizierung der prophetischen Texte, die es ermöglicht, ältere Worte erneut heranzuziehen, entstehen zudem erste Strukturen von Schriftprophetie.[66] Die Briefe gewähren einen Einblick in die Interaktion zwischen divinatorischem Personal und dem König. Zwar finden sich auch Texte, die literarisch überformt sind, und es gibt zudem Hinweise auf Gottesbriefe, die das Produkt von Schreibern waren und somit nicht direkt die prophetische Interaktion abbilden, doch spiegeln auch diese Schriftstücke den Umgang mit Prophetie wider, sind damit Teil eines prophetischen Geschehens und sollten nicht ausgeschlossen werden.[67]

---

[66] Vgl. NISSINEN, References, 172, DERS., Prophets and Prophecy, 97f., und DERS., Oracles, 52–54. Nissinen beschreibt, wie sich durch das Medium auch die Funktion der Prophetie ändert. Die Sammeltafeln wurden auch als Grundlage anderer Texte (Asarhaddons Ninive-Inschrift A) herangezogen (so a.a.O., 53). Zum Sammeln und Zusammenstellen der prophetischen Texte auf Sammeltafeln vgl. auch M. DIETRICH, Prophetie in den Keilschrifttexten, 40–43, und M. WEIPPERT, Jahwe, 33. Der Rückbezug auf frühere Ankündigungen zeigt sich z.B. auch im Orakel von Tašmetu-ereš von Arbela (SAA 9 6). Allerdings ist der Text so fragmentarisch erhalten, dass man über den Inhalt und die Sprecher – eventuell waren es rivalisierende Propheten, wie Parpola es zumindest erwägt – nichts sagen kann. Zum Text, der Rekonstruktion und dieser Überlegung vgl. PARPOLA, Assyrian Prophecies, 35. VAN DER TOORN, Mesopotamian Prophecy, nennt die zeitübergreifende Perspektive, die sich für die neuassyrische Prophetie zeigt, als einen der Hauptunterschiede zur altbabylonischen Prophetie. „Oracles have durative value, transcending the limits of the historical situation in view of which they were originally spoken." (a.a.O., 87). Zum Phänomen der Verschriftlichung im Alten Testament und dem altorientalischen Raum siehe auch JEREMIAS, Rätsel, mit den durch KRATZ, Rätsel, vorgenommenen Richtigstellungen.

Auch in sprachlicher Hinsicht zeigen sich einige Parallelen zwischen den neuassyrischen und alttestamentlichen prophetischen Texten. Zu Ähnlichkeiten im Aufbau und der Formelsprache (z.B. die Fürchte-Dich-nicht-Formel, Selbstprädikationen) zwischen den neuassyrischen prophetischen Texten und der alttestamentlichen Prophetie (ausgeführt am Beispiel von Deuterojesaja) siehe exemplarisch M. WEIPPERT, Jahwe, 37–55.

[67] FRAHM, Art. Prophetie, 8, trennt aufgrund Manfred Weipperts Definition von Prophetie, die auf das Geschehen zwischen Propheten und offenbarendem Gott abzielt, sowohl die *literary predictive texts* als auch die von Schreibern produzierten Briefe von denen ab, die direkte prophetische Sprüche enthalten. Doch gerade im Vergleich zur alttestamentlichen Prophetie sollten auch diese Texte nicht aus dem Blick geraten, um das breite Spektrum des Umgangs mit prophetischer Motivik zu bewahren. Zu den Gottesbriefen und Königsberichten als literarisierte Formen der Kommunikation auch, aber nicht nur in neuassyrischer Zeit siehe PONGRATZ-LEISTEN, Herrschaftswissen, 210–265, zur Verschriftung siehe a.a.O., 266–276.

Die in den neuassyrischen Texten häufigste Bezeichnung für den Propheten ist *raggimu* bzw. *ragintu* für die Prophetin.[68] Im Gegensatz zu den Experten der instrumentellen Mantik spielen im Bereich der Prophetie im mesopotamischen Bereich insgesamt die Frauen eine größere Rolle.[69] Der Begriff beinhaltet den Aspekt des laut-Aussprechens oder Verkündens.

Dass besonders unter Asarhaddon die Prophetie einen hohen Stellenwert bekam, lag wohl nicht zuletzt an der notwendigen Legitimierung seiner eigenen Thronbesteigung als *jüngster* Sohn Sanheribs und der nahen Verbindung zum Kult der Göttin Ištar von Arbela, in dem prophetische Äußerungen verankert waren.[70] So finden sich auffallend viele prophetische Sprüche, von den unterschiedlichsten Personen gesprochen, die die Stabilität der Herrschaft Asarhaddons verkünden.[71] Das Heilsorakel ist die vorherrschende Form dieser prophetischen Texte.[72]

Neben diesen stark legitimierenden Sprüchen geht es in den Ankündigungen um aktuelle rituelle, militärische und soziale Themen, bei denen die Prophetinnen und Propheten als Ratgeber fungieren. Doch unterliegt die Akzeptanz eines Prophetenspruchs und in gewisser Weise seine Ratifizierung zumindest in letzter Instanz dem König. So verweisen zahlreiche Briefe auf prophetische Ankündigungen, bei denen der König abwägen muss, welche Konsequenzen zu ziehen sind und ob den impliziten Aufforderungen Folge zu leisten ist.[73] Dass politisches Kalkül und Prophetie in diesem Kontext eng verbunden sind, liegt auf der Hand.

---

[68] Zum Begriff PARPOLA, Assyrian Prophecies, XLV–XLVII. Parpola bietet in diesem Kontext, a. a. O., XLVIII–LII, auch einen Überblick über die 13 Propheten und Prophetinnen, die in den von ihm herausgegebenen prophetischen Texten vorkommen. Breiter zu den Bezeichnungen äußert sich WILSON, Prophecy, 111–115.

[69] Zum Gender-Aspekt in der mesopotamischen, aber auch griechischen Prophetie siehe NISSINEN, Prophecy, 297–315, generell zur Wahrnehmung von Prophetinnen im altorientalischen Raum bereits NÖTSCHER, Prophetie, 241–244.

[70] Zur Verbindung zwischen der neuassyrischen Prophetie und dem Ištar-Kult siehe PARPOLA, Assyrian Prophecies, XLVIIf. Gerade die schriftliche Fixierung und Aufbewahrung sorgte dafür, den König auch vor späteren Kritikern zu schützen, vgl. VAN DER TOORN, Mesopotamian Prophecy, 74f.

[71] Auch das religiöse Element in der Zuschreibung von Lüge zu den politischen Gegnern ist in dieser Zeit besonders ausgeprägt, wie PONGRATZ-LEISTEN, Lying King, 227–231, zeigt.

[72] Zur Gattung siehe M. WEIPPERT, Prophetien, 25–27.

[73] Dies zeigt etwa der kurze Brief (SAA 13 37) von Adad-aḫu-iddina an Asarhaddon, der dem König den Spruch einer Prophetin ausrichtet. Diese prophezeit, er solle den Thron aus dem Tempel – für ein Ritual – nach Akkad schicken; die Tafel weist im Rahmen der Prophezeiung leider fünf unlesbare Zeilen auf. Die Entscheidung, ob der Thron nun wirklich geschickt wird, liegt bei Asarhaddon. Und so endet der Brief mit Adad-aḫu-iddinas Bitte um eine Entscheidung: „Ohne Genehmigung des Königs, meines Herren, sollte ich den Thron nicht herausgeben. Wir werden gemäß dem Befehl des Königs handeln." Zum Text siehe NISSINEN, Prophets and Prophecy, 167f.

Die Fundsituation der Texte in einem königlichen Archiv darf bei der Interpretation der Texte nicht übergangen werden. Gerade die hier angestrebte Suche nach falscher Prophetie und Sprüchen, die gegen den König gerichtet sind, stößt an ihre Grenzen, da insbesondere die Texte aufbewahrt wurden, die dem König dienlich waren.[74] So wurden lange die Heilsorakel und unterstützenden Aussagen als Kern der neuassyrischen und genereller gesprochen der nicht-alttestamentlichen Prophetie ausgemacht, doch gibt es zumindest Spuren für prophetische Opposition und den Umgang mit unheilvollen Vorzeichen.[75] Zwar wird dabei nicht etwa das ganze Königtum in Frage gestellt, sondern im äußersten Falle der aktuelle Machthaber, doch sind diese Hinweise gerade wegen der Fundsituation beachtenswert. Texte mit kritischer Perspektive werden im Folgenden anhand dreier einschlägiger Beispiele aus der Zeit Asarhaddons genauer analysiert. Dabei spielen auf der Ebene der Methodik und der Nomenklatur auch die in verschiedenen Übersetzungen und der Forschungsdiskussion verwendeten Bezeichnungen „Lüge" und „Falschprophetie" eine entscheidende Rolle. Am Beispiel der neuassyrischen Prophetie können so Zuschreibungen diskutiert werden, die im weiteren Verlauf dieser Studie auch für die Einordnung der alttestamentlichen Prophetie von grundlegender Bedeutung sind.

2.3.2 Königskritische und falsche Prophetie

Im Adê-Text bzw. Nachfolge- oder Vasallenvertrag Asarhaddons – und damit in einem Rechtsdokument und nicht in einem Brief – werden verschiedene Propheten in § 10 explizit genannt. Hier heißt es (Z. 108–119):

Wenn ihr ein übles, schlechtes, unpassendes Wort (*lā ṭābtu lā de'iqtu lā banītu*), das für Assurbanipal, den Kronprinzen des Nachfolgehauses, den Sohn Asarhaddons, des Königs von Assyrien, euren Herrn, nicht angemessen (*lā tarṣatūni*), nicht gut (*lā ṭābatūni*) ist, sei es aus dem Mund seines Feindes oder aus dem Mund seines Freundes oder aus dem Mund seiner Brüder oder aus dem Mund seiner Söhne oder aus dem Mund seiner Töchter oder aus dem Mund seiner Brüder, seiner Onkel, seiner Cousins, seiner Familie, Familienmitglieder väterlicherseits oder aus dem Mund eurer Brüder, eurer Söhne, eurer Töchter, oder aus dem Mund eines Propheten (*ina pî raggimi*), eines Ekstatikers (*maḫḫê*),[76] eines

---

[74] Durch die Bibliothek sicherte der König zudem seine Kontrolle über das Wissen, gerade das Geheimwissen der divinatorischen Spezialistinnen und Spezialisten, wie PONGRATZ-LEISTEN, Herrschaftswissen, 300, unterstreicht.

[75] Zu diesem Umschwung in der altorientalischen Prophetieforschung und einigen herrschaftskritischen prophetischen Texten aus Mari und der neuassyrischen Zeit siehe NISSINEN, Potential. Dass das Verhältnis zwischen König und Prophet trotzdem unterschiedlich dargestellt wird, zeigt der Vergleich von KNOPPERS/WELCH, Elijah, 227–239, zum Elia-Elisa-Zyklus gerade an der direkten Kritik, die gegenüber den Herrschenden ausgesprochen wird.

[76] Die Benutzung des aus Mari bekannten Terminus *maḫḫû* (ekstatischer Prophet) ist eine Ausnahme in den neuassyrischen Texten, die ansonsten *raggimu* als Bezeichnung der Propheten benutzen, was auch in VTE § 10 als zusätzlicher Parallelbegriff verwendet wird. Zur Ersetzung

Befragers des Gotteswortes hört, so dürft ihr es nicht verheimlichen, sondern ihr sollt kommen und es Assurbanipal, dem großen Kronprinzen des Nachfolgehauses, dem Sohn von Asarhaddon, König von Assyrien, anzeigen.[77]

Eine lange Kette potentieller Quellen für ein Wort, das für Assurbanipal „nicht gut" ist, wird genannt. Auffälligerweise finden sich hier nicht nur Feinde, sondern zudem auch enge Familienmitglieder sowohl des Kronprinzen als auch dessen, der die Worte zu hören bekommt und nicht verschweigen soll. Wie in dem in diesem Zusammenhang häufig diskutierten parallelen alttestamentlichen Gesetz in Dtn 13 werden hier explizit auch die eigenen engsten Familienmitglieder nicht ausgenommen.[78]

Die Vertragspartei verpflichtet sich, die gehörten Worte nicht zu verschweigen, sondern sie zu melden. Analog wird dies aus der Perspektive der Vasallen auch in § 57 (Z. 500f.) noch einmal unterstrichen. Hier geht es ebenfalls um *ša amāt lemutti lā ṭābtu lā banītu dabāb surrāti (u) lā kīnāti* „böse, schlechte und unschöne Worte und lügnerisches, unwahres Gerede"[79] gegen den Kronprinzen Assurbanipal. Auch in diesem Paragraphen, in dem keine Propheten genannt werden, wird das Verschweigen dieser Worte thematisiert, das verboten bzw. in der Selbstverpflichtung ausgeschlossen wird.

Im Mittelpunkt von § 10, der die prophetischen Quellen nennt, stehen die Worte selbst, die weiterzugeben sind. Dies hebt den Abschnitt zum einen vom vorhergehenden ab (Z. 101–107), in dem der Akt der Rebellion thematisiert wird. Dass die Propheten an dieser Stelle vorkommen, liegt somit an ihrer Verortung in der (mündlichen) Kommunikation. Zum anderen geht es um den Inhalt der Worte und in erster Linie nicht um die Personen, die sie gesprochen haben. Es

---

des Begriffs *maḫḫû* durch *raggimu* in neuassyrischer Zeit siehe PARPOLA, Assyrian Prophecies, XLVf.

[77] Zum Text vgl. SAA 2 6, PARPOLA/WATANABE, Neo-Assyrian Treaties, 33, sowie WATANABE, *adê*-Vereidigung, 148f., und WISEMAN, Vassal-Treaties, 37f. Übersetzung zudem in Anlehnung an E. OTTO, Deuteronomium, 58, und NISSINEN, Falsche Prophetie, 176f.

[78] Zu Dtn 13 im Kontext falscher Prophetie siehe unten Kap. 3.2.1.2. Die Gefahr, die gerade durch Propheten für die Stabilität der Herrschaft bzw. der Identitätsstabilität besteht, hat VEIJOLA, Wahrheit, bes. 291–301, für Dtn 13 und die neuassyrische Prophetie am Beispiel des Nachfolgeeids aufgezeigt. Zur umstrittenen literargeschichtlichen Verbindung der beiden Texte siehe jüngst STEYMANS, Deuteronomy 13. Spricht man auch nicht von einer „Übersetzung" der VTE in Dtn 13, wie es E. OTTO, Deuteronomium, 68f., stark gemacht hat (zur Kritik auch SCHMID, Literaturgeschichte, 106), ist doch die Annahme der Kenntnis des assyrischen Texts auch bestärkt durch die Funde in Tell Tayinat wahrscheinlich zu machen. Siehe dazu R. EBACH, Fremde, 116–119.

[79] So nach der Übersetzung von WATANABE, *adê*-Vereidigung, 167. Deutlich radikaler ist dies übersetzt bei PARPOLA/WATANABE, Neo-Assyrian Treaties, 50 (SAA 2 6): „instigation to armed rebellion, agitation or malicious whispers, evil, unseemly things, or treacherous, disloyal talk". Schon hier wird deutlich, dass die Übersetzung sowohl in der Qualifizierung der Worte als Lüge als auch in der politischen Ausrichtung der Begriffe intensiv zur Interpretation beiträgt. Im Gegensatz zu § 10 ist dieser Abschnitt auch bei den in Tell Tayinat gefundenen Tafeln erhalten geblieben. Zum Text LAUINGER, Esarhaddon's Succession Treaty, 104.

erfolgt weder eine allgemeine Strafansage für die Sprecherinnen und Sprecher noch eine Aufforderung, diese gefangen zu nehmen oder zu töten, sondern nur zur Offenlegung der Botschaften.[80] Nun könnte man überlegen, ob die Meldung selbst bereits beinhaltet, dass es zu einem Strafhandeln kommt. Sieht man sich jedoch den folgenden Abschnitt an, der ausdrücklich die Rebellion thematisiert (Z. 130–146), so wird unmittelbar deutlich, dass konkrete Aufforderungen zum Töten der gegnerischen Parteien explizit formuliert werden. Sobald es sich um Rebellen handelt, die gegen den König agieren, sind diese zu töten, entweder durch eigene Hand oder, wenn dies nicht gelingt, mit Hilfe des königlichen Strafapparates.[81] In diesem Abschnitt, wie auch in allen anderen des Vertrags, werden prophetische Figuren *nicht* erwähnt. Besondere Aufmerksamkeit verdient daher die Feststellung, dass prophetische Worte ausschließlich an der Stelle im Vertrag vorkommen, an der es um die Offenlegung der Worte geht. Wer zur Rebellion aufruft (Stichwort *bārtu* wie in Z. 133)[82] überschreitet eine politische Grenze, die unausweichlich zur Tötung führt. Dies ist jedoch nicht ohne Weiteres gleichzusetzen mit der Formulierung negativer prophetischer Ankündigungen für den König. Die Kenntnis der „schlechten Worte" durch den Herrscher scheint also das Ziel des § 10 zu sein. Diese Interpretation kann durch einen zweiten Text untermauert werden.

Der Astrologe Bel-ušezib fordert in einem Brief an Asarhaddon (SAA 10 109; ABL 1216) mehr Anerkennung und begründet dies mit seinem Handeln im Vergleich zu seinen Vorgängern. So erinnert er den König an einen sehr misslichen Vorfall: Ein gewisser Kalbu hatte die Schreiber und Orakeldeuter gegen den König verschworen, indem er sie aufforderte:

Wenn ein ungünstiges (*lā banīti*) Zeichen auftritt, sagen wir einfach zum König, dass ein undeutbares (*ešîti*) Zeichen aufgetreten ist.

Und so zensierte dieser alle Berichte.[83] Nach schlechten Entwicklungen – dem Auftauchen eines Dämons – erlässt der König die, leider im Folgesatz auf der Tafel abgebrochene, Grundregel:

---

[80] Daher greift LANGE, Wort, 90, etwas zu kurz, wenn er gleich VTE § 12 f. 130–161 zur Basis macht und auf die Tötung der Propheten hinweist. Im Rebellionsabsatz werden prophetische Worte oder Propheten gar nicht mehr genannt.

[81] Im Zakutu-Vertrag (SAA 2 8,7–27; PARPOLA / WATANABE, Neo-Assyrian Treaties, 64) wird ebenfalls der Bericht von bösen Taten und Vorhaben für die Königin befohlen. An dieser Stelle wird zudem explizit dazu aufgefordert, diejenigen zu töten, von denen man hört, dass sie eine Rebellion planen.

[82] Zur Terminologie siehe JUHÁS, bārtu, 21–34, der sich ausführlich mit den im Kontext der Rebellion verwendeten Begriffen in neuassyrischer Zeit beschäftigt.

[83] MAUL, Wahrsagekunst, 104–109, setzt sich mit den Möglichkeiten auseinander, die es im Umgang mit auftretenden schlechten Zeichen in der altorientalischen Mantik gab. Bei Opferschauen war es möglich, bei schlechten Zeichen die Prozedur bis zu dreimal zu wiederholen, bis ein günstiges Zeichen zu erkennen war. Nach Ablauf einer gewissen Zeitspanne konnte auch eine erneute Omendeutung vorgenommen werden, um so die erhoffte positive Ant-

Wenn ein Zeichen gegen mich erscheint und ihr es mir nicht berichtet, dann …

Von nun an wurde, so der Brief weiter, es sehr ernst genommen, dem König ohne Zensur jedes Zeichen auszurichten. Eine stabile Herrschaft des Königs war die Folge.[84] Deutlich ist, dass das Vorgehen, die schlechten Omen nicht auszurichten, keine Rebellion gegen den König bedeutet und kein gegen ihn gerichteter Akt war. Aus Angst oder um dem König nicht zu schaden, wurden die unguten Zeichen verschwiegen.[85] Die Qualifizierung der Zeichen verläuft an dieser Stelle sprachlich analog zu der der Worte gegen den Kronprinzen, die es nach VTE § 10 unbedingt auszurichten gilt.

Die Stoßrichtung dieses Briefes unterstreicht folglich, dass es für den König und die Stabilität seiner Herrschaft unerlässlich ist, alle Vorhersagen zu erfahren, um entsprechend handeln zu können.[86] Diese speziellen Kenntnisse, die der König durch die Propheten erlangt, ermöglichen sein „Herrschaftswissen", um Beate Pongratz-Leistens Begriff aufzunehmen. Sie stellt in ihrer Studie zum Herrschaftswissen in Mesopotamien die Herrschaft des Königs über die verschiedenen Spezialisten und Spezialistinnen heraus, die er einerseits kontrolliert, deren Wissen bezüglich der unterschiedlichen divinatorischen Techniken aber andererseits seine Herrschaftsausübung ermöglicht. Es handelt sich also um „Wissen zur Identitäts- und Herrschaftssicherung".[87]

Ein inhaltliches Ausschlusskriterium für prophetische Botschaften wird im Brief des Astrologen betont negiert. Bezogen auf die herrschaftskritischen prophetischen Aussagen heißt dies dann aber doch gerade auch, dass der König diese hören muss, da es sich nicht um *falsche* Prophetie, sondern um für ihn *gefährliche* Prophetie handelt, gerade weil sie *wahr* ist oder werden kann. Nur mit vollständiger Kenntnis kann politische Entscheidungsfindung gelingen.[88]

---

wort zu bekommen. Doch hatten diese Prozeduren Grenzen. Blieb es bei schlechten Vorzeichen, so war es nur möglich, sich vor den schlechten Ankündigungen in Maßen durch Amulette und therapeutische Prozeduren zu schützen.

[84] Vgl. NISSINEN, Prophets and Prophecy, 152–155.

[85] Zur Überprüfung der Spezialisten durch den König siehe MAUL, Wahrsagekunst, 308–312.

[86] In dieser Hinsicht unterscheiden sich die für den König kritischen Passagen nicht von der generellen Funktion der Prophetie, die besonders dem Ziel dient, dem König eine stabile Herrschaft zu ermöglichen. Vgl. auch STÖKL, Service, 107.

[87] PONGRATZ-LEISTEN, Herrschaftswissen, 288. Jennifer SINGLETARY stellt in ihrer noch nicht abgeschlossenen Studie – Esteemed Colleagues or Ignoramuses? Rivalry and Collaboration in Ancient Near Eastern Divination. Ancient Magic and Divination; Boston/Leiden – zu den mantischen Spezialistinnen und Spezialisten im Alten Orient die sozialen und gesellschaftlichen Prozesse im Konflikt zwischen verschiedenen Prophetinnen und Propheten bei ihren Versuchen in den Vordergrund. So thematisiert sie die Rhetorik, die das Ziel hat, die Empfänger zu überzeugen, und auch Manipulationsprozesse bei der Erzeugung und Weitergabe göttlicher Botschaften. Gerade der Einfluss interprophetischer Rivalitäten und Gegnerschaften auf die prophetischen Texte selbst ist auch für das Verständnis der alttestamentlichen Prophetenkonflikte weiterführend.

[88] Auch CANCIK-KIRSCHBAUM, Prophetismus, 51–53, weist auf das kritische Korrektiv hin,

Spuren dieses Phänomens finden sich auch in 1 Kön 22, wo der kritische Micha ben Jimla zu den stets Heil vorhersagenden Propheten hinzugeholt wird, um die Entscheidung zu einer gelingenden Kriegsführung fällen zu können. So handelt es sich in diesem Text weniger um eine generelle Kritik an der Heilsprophetie als um eine Problematisierung des Herrschaftshandelns des nordisraelitischen Königs, der sich gerade darin vom judäischen König unterscheidet, dass er den Unheilspropheten nicht hören will, und darum zur falschen politischen Entscheidung kommt.[89]

Vergleicht man nun die Terminologie im § 10 des Nachfolgeeids mit der auf die Zeichen bezogenen im Brief des Astrologen Bel-ušezib, so fällt auf, dass sich auch dort *lā banītu* – nicht gut – als Qualifizierung findet. Dies legt nahe, auch die in § 10 angesprochene Problematik nicht auf die Offenlegung einer *Rebellion* zu beschränken, auch wenn dieser Aspekt ohne Frage ein Kernanliegen und vor allem die größte Gefahr für den amtierenden und kommenden König darstellt. Die Forderungen des Abschnitts stellen aber genereller gesehen die für das Herrschaftswissen der Könige so unverzichtbare Kenntnis *aller* den König betreffenden Worte sicher. So wie die neuassyrischen Könige positive Worte zur Stabilisierung benötigen, so unverzichtbar ist es für diese Herrscher auch, auf negative Ankündigungen zu reagieren. Damit liegen die Texte auf derselben Ebene wie die im vorherigen Kapitel besprochenen Briefe aus Mari, die ebenfalls die notwendige Kenntnis des Königs aller Worte betonen.

Diese negativen Worte sind in ihrer Funktion wahrzunehmen. So greift Nissinen zu kurz, wenn er königskritische Worte sogleich zur Falschprophetie erklärt und ausführt: „a prophecy against the ruling king is false, no matter who the proclaimer is and what powers he or she claims to be vested with".[90] Der Zusammenhang müsste gedreht werden: Gerade damit die Worte nicht wahr werden, was sie können, muss der König sie kennen.[91]

---

das gerade die altorientalischen Propheten und Prophetinnen bilden konnten, da sie in einer größeren Distanz zum König standen als das andere divinatorische Personal.

[89] Zu 1 Kön 22 und dem Umgang der beiden Könige mit den Aussagen der befragten Propheten siehe unten Kap. 3.3.2.

[90] NISSINEN, References, 167. In dieser Linie formuliert auch KRATZ, Propheten, 26: „Wer das Gegenteil behauptete und dem herrschenden Königtum den Untergang weissagte, war ein ‚falscher' Prophet." Nissinen betont in neueren Studien in Abgrenzung zu eigenen älteren Arbeiten zunehmend auch selbst das kritische Potential altorientalischer Prophetie. Vgl. NISSINEN, Ancient Prophecy, 261.269–280, und ausführlich mit verschiedenen Beispielen aus den Mari-Briefen und den neuassyrischen Briefen DERS., Potential. So kommt er zu dem wichtigen und weitreichenden Schluss, dass die Propheten durch den Kontext des Herrschaftswissens eine entscheidende Funktion hatten: „Eben in dieser Rolle waren sie aber auch geradezu dazu verpflichtet, den König zu mahnen, zu warnen und nötigenfalls auch zu kritisieren." (a.a.O., 192).

[91] Dass die gefährlichen Propheten Wahres vorhersagen können, zeigt ja gerade Dtn 13, wenn man den Text als Parallele zulässt. So soll man die zum Abfall von Jhwh aufrufenden Propheten explizit auch dann nicht folgen, wenn ihr Wort oder ihr Zeichen eintrifft.

2.3 Neuassyrische Prophetie

Die Entdeckung der königskritischen Prophetie ist als notwendiger Bestandteil gelingender Regierung auch auf das Verständnis von falscher Prophetie zu beziehen und somit die oben zitierte Gleichung in Frage zu stellen. Der Unterschied zwischen der hier vorliegenden Betrachtung von falscher Prophetie und den im Vergleich zur alttestamentlichen Prophetie von Nissinen unterstrichenen Ergebnissen liegt besonders in der Verwendung des Begriffs „falsch".[92] Dies wird schon im Vergleich der deutschen und kürzeren englischen Version von Nissinens Artikel zu diesem Phänomen deutlich. Ist dieser im Deutschen mit „Falsche Prophetie in neuassyrischer und deuteronomischer Darstellung" betitelt, heißt der Beitrag im Englischen schlicht „Prophecy Against the King in Neo-Assyrian Sources". Die inhaltliche Füllung des Begriffs „falsch" wird besonders in Nissinens abschließenden Worten deutlich, so gibt er zu bedenken: „Es kommt nun schließlich darauf an, wer und mit welchem Recht die Macht besitzt, die Wahrheitskriterien zu bestimmen und zu sanktionieren".[93] Da er zudem die inhaltliche Füllung des Prophetenwortes zum bestimmenden Kriterium macht, setzt er faktisch Rebellion und Falschprophetie in eins. Dieser Zusammenhang lässt sich, folgt man Nissinens Argumentation, von der neuassyrischen Königsideologie her begründen, da der König als König durch die Götter legitimiert ist und insofern kein wahres göttliches Wort gegen ihn vorgebracht werden kann.[94] Aus dieser Argumentationskette folgen jedoch zwei Konsequenzen: Zum einen wird so die Prophetie letztlich doch anderen Kriterien als andere divinatorische Formen unterworfen. Denn ungünstige Vorzeichen für den König, auch wenn sie nicht unbedingt sein Königsein in Frage stellen, spielen, wie oben gezeigt, durchaus eine Rolle in der neuassyrischen Divination. Zum anderen werden durch die Zuspitzung der Falschprophetie die alttestamentlichen Texte zur engsten Parallele, in denen es ebenfalls um Rebellion geht. Dies ist in Dtn 13 besonders gut greifbar, werden doch auch hier der Inhalt der Rede – das Folgen anderer Götter – und damit die Rebellion zum Grund gemacht, diese Propheten als gemeinschaftsgefährdend einzustufen und sie deswegen sogar zu töten.[95]

---

[92] Kritisch bezüglich Nissinens Nomenklatur und der Auswahl der Belege äußert sich auch M. DE JONG, Fallacy, 2–4, und zum Begriff „false prophets" KNOPPERS/WELCH, Elijah, 240–246, auch mit Bezugnahme auf die in diesem Abschnitt diskutierten neuassyrischen Texte. Knoppers und Welch verwenden unter anderem den Begriff „rogue prophet", der in seinem breiten Spektrum sowohl das Element des Fehlerhaften abdeckt als auch das politische Problem des Außer-Kontrolle-Geratenen. Gerade dies zeigt die Verbindung zwischen den in der neuassyrischen Prophetie aus königlicher Sicht problematisierten Propheten und alttestamentlichen Propheten, die sich gegen den König stellen (im Falle von Knoppers und Welch illustriert an Elia und Elisa).
[93] NISSINEN, Falsche Prophetie, 195. A. a. O., 175, führt er aus, dass von der Anerkennung des Inhalts die Wahrhaftigkeit und Falschheit der Prophetie abhängig sei.
[94] NISSINEN, Falsche Prophetie, 189, vergleicht schon die Erwägung, ob eine Prophezeiung gegen den König wahr sein könne, mit der Frage, „ob die Götter wirklich Götter seien".
[95] Siehe dazu unten Kap. 3.2.1.2. NISSINEN, Falsche Prophetie, 179, geht noch einen Schritt weiter, indem er die Propheten als „betrügerisch" bezeichnet. Dies setzt voraus, dass die

Doch liegt hier nur ein Bestandteil deuteronomistischer Theologie vor, in dem die unbedingte Forderung alleiniger Zuwendung zu Jhwh den Kern bildet. Das deutlich stärkere Element der *Erfüllung* prophetischer Worte in der alttestamentlichen Theologie sollte bei dieser Betonung nicht zu schnell übergangen werden.

In einem dritten neuassyrischen Beispiel, auf das auch Nissinen im Kontext der Betrachtung falscher Prophetie detailliert eingeht,[96] ist der Umgang mit königskritischer Prophetie besonders gut greifbar.[97] Der königliche Mitarbeiter Nabû-reḫtu-uṣur schreibt einen Brief an Asarhaddon (SAA 16 59/ABL 1217+),[98] in dem er über beunruhigende Ereignisse in Verbindung mit einem Prophetenspruch berichtet. So hat, im Namen des Gottes Nusku, eine Dienerin (*amtu*) über einen politischen Gegenspieler des Königs folgenden positiven Ausspruch gesagt (Z. 4 f.):[99]

Dies ist das Wort Nuskus: Das Königtum ist für Sasî. Ich werde den Namen und Samen Sanheribs zerstören.

Diese Ankündigung stellt Asarhaddons Herrschaft als Sanheribs Sohn eindeutig in Frage und proklamiert sogar das vollständige Ende der Dynastielinie. Mehr kann für Asarhaddon nicht auf dem Spiel stehen. Der Briefschreiber führt auch sogleich aus, dass die Sprecherin der Prophezeiung gesucht und für sie bzw. ihre Prophezeiung eine Omendeutung – vermutlich als Leberschau – vollzogen wird.[100] Gegen die Unruhestifter wird vorgegangen, ihr Namen und Samen soll – in Umkehrung der von ihnen genutzten Prophezeiung – zerstört werden.[101]

Propheten, die gegen den König weissagen, wussten, dass sie kein wirkliches Gotteswort wiedergaben. Ob dies der Fall war, ist aus den behandelten neuassyrischen Texten schwer zu entscheiden und auch in Bezug auf die alttestamentlichen Texte zu diskutieren. Siehe dazu auch die Ausführungen zu Ez 13,1–16 unten Kap. 3.2.3.2.

[96] Vgl. NISSINEN, Falsche Prophetie, 182–195, dort auch zur politischen Konstellation und der Beziehung zu Harran, die im Hintergrund des Textes gestanden haben kann (bes. 189–193).

[97] Zu den Briefen als Quelle zum besseren Verständnis von altorientalischer Prophetie siehe NISSINEN, Ancient Prophecy, 73–93.

[98] Vgl. NISSINEN, Prophets and Prophecy, 170–172. Zu dieser Episode und dem subversiven Aspekt der Prophetie, der hier zum Tragen kommt, siehe DIRVEN, Astronomical Diaries, bes. 170–173.

[99] Dabei ist *sarḫat* vermutlich als G stat. in der Bedeutung „entrückt, ergriffen" zu verstehen (parallel zum syrischen Begriff *šrḥ*). Vgl. auch NISSINEN, Prophets and Prophecy, 172. Somit wird ein zwar unüblicher, aber zur neuassyrischen Prophetie durchaus passender Ausdruck verwendet. KLAUBER, Politik, 238 Anm. 17, erwog hingegen noch, sie könne auch krank oder schwanger sein, und verbindet dies mit dem im Folgenden vollzogenen Ritual. Allerdings bezeichnet er diese Annahme wegen der unklaren Ableitung des Begriffs selbst als „raten".

[100] NISSINEN, Falsche Prophetie, 188 f., unterstreicht an dieser Stelle, dass es sich hierbei nicht um die Überprüfung des Wortes selbst handelt, da dessen Falschheit außer Frage stehe und es zudem der einzige Beleg einer Überprüfung des Gotteswortes im neuassyrischen Bereich wäre. Die Möglichkeit bleibt jedoch denkbar und für Assurbanipal ist eine Überprüfung eines göttlichen Wortes auf dem Assurbanipal-Prisma T (II, 9–19) belegt (zum Text BORGER, Beiträge, 140 f., und mit Text, Transliteration und Übersetzung NOVOTNY, Inscriptions, 7–10.53–61.88–92). Siehe dazu VILLARD, Prophéties, 81 f. Hier berichtet Assurbanipal, dass

Nissinen sieht hier einen nicht anzuzweifelnden Fall von falscher Prophetie, da der Briefschreiber eindeutig den Prophetenspruch als *falsch* einstufe. Doch ist dem entgegenzuhalten, dass zumindest explizit im Text nichts Derartiges steht. Dass die Sprecherin als Dienerin bezeichnet wird, ist zwar auffällig, doch zeigen parallele Formulierungen, dass es sich hier nicht um eine Abwertung ihrer prophetischen Fähigkeiten handelt.[102] Sie wird nicht getötet, der Briefschreiber setzt ihr jedoch pointiert die günstigen Prophezeiungen für Asarhaddon entgegen und bittet in der parallelen Formulierung zum referierten Spruch (Z. 10):

Mögen Bel und Nabû den Namen und den Samen des Königs, meines Herrn, in Ewigkeit aufrichten.

Hier wird also Prophetie gegen Prophetie gesetzt. Die herrschaftskritische Prophetie wird dem König berichtet und er muss entscheiden, wie er auf sie reagiert und wie er seine Herrschaft sichern kann. Das größte Problem im Umgang mit prophetischen Sprüchen und Prophetinnen und Propheten für den neuassyrischen König liegt in ihrem Einfluss und in ihrer Rolle im Kontext von Rebellion.

Im Umgang mit den Beispielen aus der neuassyrischen Prophetie wird ein Problem deutlich, das in gleicher Weise auch für die Auslegung der alttestamentlichen Texte besteht: die Konnotation des Wortes „falsch" und damit die Einstufung als falsche Prophetie. Dies meint nicht nur die bereits thematisierte inhaltliche und strukturelle Füllung von falscher Prophetie, sondern auch die

---

die Göttin Šarrat-Kidmuri ihm immer wieder durch Propheten und Träume Botschaften geschickt habe. Um diese Nachrichten zu überprüfen, fragte er – die divinatorische Technik wird leider nicht genauer beschrieben – Šamaš und Adad, die ihm mit einem klaren „Ja" antworteten.

Dass gerade in Krisenzeiten verschiedene Propheten und Prophetinnen, aber auch unterschiedliche divinatorische Spezialistinnen und Spezialisten herangezogen wurden, zeigt ein Beispiel aus dem Jahre 611 v. Chr., also den letzten Tagen vor dem Untergang Ninives, aus Tušḫan. Hier wird neben Propheten auch ein Wahrsager genannt, der für seine Dienste bezahlt wurde. NISSINEN, Ancient Prophecy, 258 f., führt zu diesem Text aus: „the city in distress needed every divine instruction they could get, and augury may have been used to verify the message delivered by the prophet". Diese Absicherung und Überprüfung eines prophetischen Wortes ist zeitlich bereits mit dem Zusammenbruch der staatlichen Struktur verbunden. Zum Text und seiner historischen Verortung siehe genauer NISSINEN, Prophet and the Augur. Zur seltenen Absicherung durch Orakel und der damit verbundenen Hochschätzung der Prophetie vgl. HUFFMON, Company, 61.

[101] Wer die Tötung durchführen wird, ist nicht klar. So wird es in Z. 10 als Wunsch formuliert (*liḫliq*), die Unterstützung des Königs wird im folgenden Satz den Göttern (Bel und Nabû) ans Herz gelegt. In dem Satz, der die Aufforderung zur Durchführung beinhaltet haben mag (Z. 20), fehlt das entscheidende Verb.

[102] Zahlreiche Prophezeiungen, die anerkannt wurden, wurden einfach von Frauen gesprochen, ohne dass sie als Prophetin bezeichnet werden würden. Vergleicht man dies zudem mit dem Sprachgebrauch in den Mari-Prophezeiungen, so ist dort die Bezeichnung als „dein Diener" mit derselben Wurzel nicht unüblich. Und somit steht hier zwar die Frage nach Loyalität auf dem Spiel, indem die Sprecherin eben nicht Asarhaddon als Herren zugeordnet ist, doch handelt es sich wohl eher nicht um eine Herabsetzung ihrer prophetischen Fertigkeiten.

Übersetzungspraxis selbst. So können die semitischen Begriffe – Analoges gilt auch für das Wortfeld ψευδο- in den griechischen Texten – sowohl mit dem generellen Aspekt der Falschheit als auch mit dem spezifischen der Lüge verbunden und dementsprechend übersetzt werden. Im Deutschen besteht zwischen diesen Wortfeldern jedoch ein erheblicher Unterschied, da die Lüge das aktive Wissen um die Falschheit durch die Sprechenden und zudem das Element des Betrugs enthält.[103] Ob jemand eine Lüge formuliert oder etwas Falsches sagt, ist somit fundamental unterschiedlich.

Falschheit, Lüge, oder besonders für den akkadischen Bereich auch Rebellion werden mit den gleichen Begriffen verbunden. Die Schwierigkeit zwischen Falschheit, Unzuverlässigkeit und Lüge zu unterscheiden, zeigt sich auch in der einschlägigen Begriffsstudie von Kai Lämmerhirt zu „Wahrheit und Trug" im Alten Orient. So findet sich beim Wortfeld *s-r-r* in Bezug auf die Kombination mit *awātum* eine Mischung der drei Begrifflichkeiten, die jedoch in der Qualifikation der Worte eigentlich voneinander zu trennen wären.[104] Insgesamt hält er fest: „Das Adjektiv *sarrum/sartum* (Sg. Mask./fem.) wird ebenso wie *lul* im Sinne von ‚falsch, trügerisch', aber auch von ‚aufständisch, rebellisch' verwendet."[105] Gerade die Verbindung von *verba dicendi* mit der adverbiellen Bestimmung (*sarrātim*) hat dann häufig die Bedeutung „lügen".[106] Hier ist vor allem darauf zu achten, dass es einen Unterschied gibt, ob ein *Wort* und damit der Inhalt der Rede als falsch bezeichnet wird oder eine Person. Dieser Gedanke ist auch für das Alte Testament weiterführend, wo ein Terminus für den falschen oder lügnerischen Propheten gerade fehlt, während seine Worte immer wieder entsprechend evaluiert werden.

Pongratz-Leisten weist auf einen entscheidenden Aspekt in der Konnotation der Lüge hin, den sie ebenfalls mit Fragen der Begrifflichkeit verbindet. So illustriert sie in ihrem Artikel „‚Lying King' and ‚False Prophet'" das Motiv der Lüge, das im Rahmen der Propaganda gebraucht wird. Auch sie zeigt eine doppelte Verwendung des Wortfelds auf, da sowohl falsche Dinge im Allgemeinen entsprechend bezeichnet werden können („to tell untruthfull things") als auch spezifische Sachverhalte und somit, vor allem in Verbindung mit Rebellion, Sachverhalte als böse und als Lüge qualifiziert werden („to tell evil things"/

---

[103] Zur Lüge in sprachlichen Aussagen samt dem Element der Selbsttäuschung siehe die Überlegungen von Weinrich, Linguistik, 38–41.

[104] Vgl. Lämmerhirt, Wahrheit, 372 f. In Bezug auf *sartu* und *sarrātum* („Verbrechen; Betrug, Lüge") zeigt er eine Entwicklung der Bezeichnungen auf (a. a. O., 374–376). Insgesamt bezieht sich seine Begriffsuntersuchung auf den Zeitraum zwischen 2500–1600 v. Chr., also weit vor den in dieser Studie untersuchten alttestamentlichen Texten. Doch bemerkt er zumindest in seinem Ausblick (a. a. O., 414–417), dass „die Semantik jeweils relativ stabil ist" (a. a. O., 414).

[105] Lämmerhirt, Wahrheit, 401.

[106] Vgl. Lämmerhirt, Wahrheit, 401.

„to lie").[107] Die Verbindung zwischen Rebellion und Lüge zeigt sie sprachlich auf geographisch und zeitlich breiter Basis.[108] Gerade der Aspekt des Lügens wird – als Gegenbild zum Wahrheit repräsentierenden König – den Feinden zugeschrieben. „In summarizing the evidence drawn from Mesopotamian and Persian sources we can establish that throughout the millennia the motif of the lie represents a central rhetorical device within the context of the literary narrative of disloyalty and rebellion against an overlord, i.e., within the context of breaking a treaty in the ancient Near East."[109] Ab den Sargoniden bekommt der Vorwurf des Lügens und des Anzettelns einer Rebellion zudem eine religiöse Qualifizierung, indem der Zorn der Götter gegen den Vertragsbruch und die Unwahrheit zur Bestrafung führt.[110] Der Zusammenhang zeigt sich noch grundsätzlicher an der Darstellung der Feinde (Wortfeld *nakrūtu*) in assyrischen Inschriften, die mit den moralischen Topoi der Rebellion und Lüge verbunden werden und sich somit als paradigmatische Gegenspieler als notwendige Antagonisten herausstellen.[111] Bei der neuassyrischen Darstellung der Feinde geht es also weniger um das konkrete Handeln einzelner Personen oder Völker, sondern vielmehr um die Definition des Feindlichen als der Kraft, die dem amtierenden assyrischen König und damit der gottgewollten Stabilität gegenübersteht. Auf das Motiv der Lüge, die den (politischen) Gegenspielern zugesprochen wird, lohnt es sich genauer einzugehen. Dies wird unten mit Blick auf die altpersischen Inschriften geschehen.[112]

Insgesamt konnte für die neuassyrische Zeit die große Bedeutung von Prophetie für die stabile und informierte Herrschaftsausübung des Königs herausgestellt werden. Dabei ist die Kenntnis positiver und negativer Ankündigungen für sein Handeln unerlässlich. Die Forderung, auch negative Zeichen und Worte dem König zu überbringen, die sich als Motiv auch schon in der altbabylonischen Prophetie erkennen lässt, zeugt von der Zurückhaltung der Spezialisten, dem König kritische Worte zu überbringen. Der Vorwurf gegenüber den Heilspropheten in

---

[107] Vgl. dazu PONGRATZ-LEISTEN, Lying King, 217.
[108] PONGRATZ-LEISTEN, Lying King, 218–242. Dabei bringt sie Beispiele aus der altakkadischen Literatur und den Ur III-Texten, der altbabylonischen Zeit, den Amarnabriefen, hethitischen Dokumenten und – für den Fokus dieser Studie besonders wichtig – mittel- und neuassyrischen Inschriften und Texten aus der persischen Zeit.
[109] PONGRATZ-LEISTEN, Lying King, 236.
[110] Vgl. dazu PONGRATZ-LEISTEN, Lying King, 225–231. Insgesamt spricht sie von „an increasing sophistication and growing theologization" (a.a.O., 242) des rhetorischen Arguments der Lüge der Gegenspieler.
[111] Siehe zu diesem Aspekt, der zu den Mechanismen der Identitätsbildung und -stabilisierung gerechnet werden kann, FALES, Enemy, bes. 429 f. Er plädiert für „a view of the *nakru* as an ideological role" (a.a.O., 426). Ebenso wie Pongratz-Leisten weist auch Fales auf den propagandistischen Effekt der Zuschreibung von Lüge hin (vgl. a.a.O., 425). Breiter zu den Feinden und Gegenspielern in den neuassyrischen Inschriften und den dort verwendeten Begriffen siehe NOWICKI, Enemies.
[112] Siehe dazu unten Kap. 2.5.2.

alttestamentlichen Texten, nicht der Wirklichkeit gemäß zu sprechen, sondern dem König nur Heil anzusagen und somit – gerade in der Beurteilung durch die Micha-, Jeremia- und Ezechieltradenten – zum Untergang des Nord- und vor allem Südreichs beigetragen zu haben, ist in diesem Kontext zu verstehen und damit kein Spezifikum der alttestamentlichen Prophetie, deren oppositioneller Charakter auf Grund des Geschichtsverlaufes und der Kanonbildung stärker ausgeprägt ist als es die erhaltenen mesopotamischen Texte abbilden.

2.4 Neubabylonische und spätbabylonische Belege für Prophetie

Belege für prophetisches Wirken in der neubabylonischen Zeit sind spärlich, prophetische Briefe oder Orakeltexte wurden bisher nicht gefunden. Wie sich in Bezug auf Mari in altbabylonischer und Ninive in neuassyrischer Zeit gezeigt hat, führten meist spezielle Ausnahmesituationen dazu, dass prophetische Aussprüche verschriftlicht und archiviert wurden.

Die wenigen Hinweise, die es aus dieser Zeit auf prophetische Aktivitäten gibt, stellt Nissinen zusammen:[113] Neben einigen Rechtsdokumenten, in denen Personen als Sohn eines Propheten (*mār maḫḫê*) bezeichnet werden, gibt es eine lexikalische Liste aus Nippur und eine Liste von Tempelopfern, die auch den Propheten (*maḫḫû*) aufführt, und einen Ritualtext aus Uruk, der das Mitwirken eines Propheten nennt.[114] Über den Inhalt des prophetischen Redens liefern diese Fundstücke keine Hinweise. So ist auf der einen Seite davon auszugehen, dass es auch bei den Neubabyloniern Prophetinnen und Propheten gab, die ähnliche Funktionen wie die neuassyrischen hatten,[115] genauere Aussagen – insbesondere zum Umgang mit kritischer oder falscher Prophetie – lassen sich auf der anderen Seite auf dieser Basis jedoch nicht treffen.

Erst aus spätbabylonischer Zeit gibt es – wiederum neben einer lexikalischen Liste – Hinweise auf das Wirken von Propheten. Der aussagekräftigste Beleg ist ein astronomischer Bericht (ADART 3, 132), der Ereignisse aus dem Jahr 133 v. Chr. schildert.[116] So wird berichtet, dass ein Schiffer – bzw. ein Nachkomme eines solchen, wenn die Bezeichnung als Eigenname zu verstehen ist – in Babylon ein Podest errichtete, dort opferte und zudem einen prophetischen Ausspruch

---

[113] NISSINEN, Ancient Prophecy, 349. Die von Jursa für die TUAT-Reihe zusammengestellten Texte und Briefe aus neubabylonischer Zeit enthalten keine Hinweise auf Propheten (vgl. JURSA, Briefe, und DERS., Texte).

[114] LKU 51. Siehe zu diesem Text NISSINEN, Ancient Prophecy, 70 f.

[115] Auch M. WEIPPERT, Jahwe, 58, geht von prophetischen Aktivitäten in dieser Zeit aus, auch wenn sein Urteil zur Quellenlage noch radikaler ausfällt, wenn er festhält: so „sind uns babylonische Propheten im ganzen 1. Jahrtausend v. Chr. nicht bezeugt."

[116] Zu Text und Übersetzung siehe neben dem Aufsatz NISSINEN, Prophetic Riot, besonders SACHS/HUNGER, Astronomical Diaries III, 208–235, die sich jedoch selbst mit einer Deutung des Textes zurückhalten (vgl. a. a. O., 218).

tat: „Bel ist nach Babylon gekommen". Die Nachricht wird explizit als gut (ṭēmu ṭābu) klassifiziert und wird vom Volk positiv aufgenommen. Später verkündet er eine weitere Botschaft: „Nanaya ist nach Borsippa und Ezida gekommen". Das Volk und der Prophet – er bezeichnet sich selbst als „Bote von Nanaya" ([mār] šip[r]i ša Nanāya) – ziehen daraufhin nach Borsippa, wo sie jedoch im Tempel nicht willkommen sind. Stattdessen wird das Volk aufgefordert, zurückzukehren und die Stadt nicht der Plünderung auszuliefern, und der Schiffer wird diskreditiert. Was mit diesem passiert, bleibt unklar. Ein zweites Fragment, das die Ereignisse in Kurzform wiedergibt, bietet die zusätzliche Angabe, dass jemand getötet wurde, es bleibt jedoch offen, um wen es sich handelt.[117] Die kurze Episode, die viele Fragen gerade bezüglich der genannten Gottheiten bzw. Beschreibungen des Göttlichen offenlässt,[118] ist in zweierlei Hinsicht von Belang. Zum einen ist durch sie prophetische Aktivität, die sich in der Form nicht von früheren Beschreibungen prophetischen Auftretens und Sprechens unterscheidet, auch für die spätbabylonische Zeit belegt. Zum anderen unterstreicht die Episode noch einmal die Macht eines Prophetenspruches und dadurch die Gefahr, die diese Worte für die etablierte Herrschaft bilden. So bleibt zwar unklar, warum der Tempelrat von Borsippa so ablehnend auf die Nachricht reagiert,[119] doch wird durch die harsche Reaktion und die Diskreditierung des Schiffers deutlich, wie heikel das Auftreten dieses Mannes ist.[120]

Aus Uruk ist im Rahmen der Beschreibung eines Akitu-Rituals ein Spruch überliefert, der im Namen des Gottes Bel die Stabilität des Königtums ansagt und mit der aus dem prophetischen Bereich bekannten „Fürchte dich nicht"-Formel beginnt. Doch wird dieser Spruch vom Hohepriester und nicht von einem Propheten gesprochen. Dies kann ein Hinweis darauf sein, dass alte prophetische Texte bzw. ihre Gattung in spätbabylonischer Zeit einen Ort im liturgischen Kontext bekamen.[121]

---

[117] NISSINEN, Prophetic Riot, 71, sieht hier die Folge des Aufstands angegeben „that cost some people, if not Boatman himself, their lives".
[118] Zur Diskussion siehe NISSINEN, Prophetic Riot, 69 f.
[119] Vgl. dazu NISSINEN, Prophetic Riot, 70 f.
[120] Zu dieser Episode und dem subversiven Auftreten des Propheten siehe auch DIRVEN, Astronomical Diaries, bes. 164–174.
[121] Siehe dazu NISSINEN, Ancient Prophecy, 71.

2.5 Divination und die Achämenidenherrscher: Die politische Gefahr durch Lüge und Trug und die zentrale Stellung des Gesetzes

Die Rolle der Divination bei den achämenidischen Herrschern zu erkennen, ist aufgrund der Quellenlage deutlich erschwert.[122] So gibt es zwar Darstellungen von mantischen Fähigkeiten des Königs selbst, doch stammen diese aus griechischer Perspektive – aus Xenophons Kyropaedie. In den altpersischen Inschriften selbst fällt hingegen das Fehlen mantischer Motive und divinatorischer Spezialistinnen und Spezialisten auf. Doch ist Vorsicht geboten, zu weite Schlüsse aus dieser Lücke zu ziehen, da die Inschriften nur einen kleinen Teil der schriftlichen Gattungen darstellen, die in altpersischer Zeit verfasst worden sind, und schriftliche Zeugnisse zudem nur einen Ausschnitt der tatsächlichen gesellschaftlichen Vorgänge abbilden.[123] Ein kurzer Blick auf die Kyropaedie und die Inschriften ist aber unter Beachtung dieses methodischen Vorbehalts dennoch hilfreich. In einem zweiten Schritt stehen sodann das Motiv der Lüge, das für diese Studie ebenso zentral ist, und die Zuschreibung dieses Aspekts zum jeweiligen Gegenspieler im Mittelpunkt.

2.5.1 Divination in der Achämenidenzeit

Xenophon berichtet in der Kyropaedie (1.6.2.), dass Kyros selbst Kompetenzen im Opfern und der Zeichendeutung besaß, die sein Vater ihm beigebracht hatte. Diese Unterweisung geschah aus zwei Gründen: Zum einen war es für den künftigen König von hoher Relevanz, den göttlichen Willen zu kennen, um ihm dann auch folgen zu können. Zum anderen sorgte die königliche Kom-

---

[122] Zur Schwierigkeit der Identifizierung persischer Mantik vgl. auch R. SCHMITT, Mantik, 27. Auch die Datierung und Verortung avestischer Texte und somit zoroastrischer Motive ist gerade aufgrund der großen Lücke zwischen der Abfassung der Texte und den schriftlichen Funden erschwert. Für eine ausführlichere Darstellung siehe BURKERT, Griechen, 109–113. Zarathustra selbst stellt keine Prophetenfigur dar, doch sind mit ihm als (mythischer) Figur durchaus Aspekte der Kommunikation zwischen menschlicher Sphäre und Gottheit (Ahuramazdā) verbunden. Zu einer jungavestischen Form der Kommunikation im liturgischen Sinne siehe CANTERA, God.

[123] Nimmt man die von Koch angestellte Auswertung von elamischen Verwaltungstäfelchen aus Persepolis aus der Zeit zwischen 509–486 v. Chr. aus der Regierungszeit Darius' des Großen hinzu, so kommen zwar kultische Spezialisten hinzu (etwa Priester und der „Feuerschürer"), doch spielen diese Personen eine stärkere Rolle im Opferkult (bes. im Kontext des *lan*-Opfers), und nicht im divinatorischen Bereich im engeren Sinne. Zu diesen Opferspezialisten und allgemeiner zur „Religion" der Achämeniden siehe H. KOCH, Religion, bes. 397–399, und DIES., Götter, 245–247. Auch KUHRT, Persian Empire, 559–561, führt in ihrer Quellensammlung neben den griechischen Belegen (Herodot und Xenophon) zu den Magiern nur eine kurze Nennung auf einem elamischen Täfelchen aus der Zeit von Darius I. auf (Nr. 45). Auf diesem Täfelchen wird jedoch lediglich erwähnt, dass ein Magier Material für eine kultische Zeremonie bekam.

petenz in der Omendeutung dafür, dass Kyros eine gewisse Unabhängigkeit von den mantischen Spezialistinnen und Spezialisten hatte. So war er in der Lage, den göttlichen Willen zu erkennen, wenn gerade keine Mantiker in der Nähe waren.[124] Zudem war Kyros von ihren Interpretationen nicht abhängig, die nach der Erklärung seines Vaters die Gefahr des Betrugs bergen:

> … damit du nicht den Sehern ausgeliefert bist, die dich betrügen wollen und deshalb nicht das verkünden, was die göttlichen Zeichen wirklich sagen (μὴ ἐπὶ μάντεσιν ᾖς, εἰ βούλοιντό σε ἐξαπατᾶν ἕτερα λέγοντες ἢ τὰ παρὰ τῶν θεῶν σημαινόμενα).[125]

Die Darstellung in dieser Passage weist sicherlich eine griechische Perspektive auf, doch passt die Betonung der Selbstständigkeit des Achämenidenherrschers in Fragen des Erkennens und der Interpretation des göttlichen Willens und die Ausrichtung der eigenen Taten an diesem zu dem Befund, der aus den altpersischen Inschriften selbst erhoben werden kann.[126] Dies gilt auch für die grundsätzliche Legitimation, die Kyros durch seine göttliche Verbindung erhält, wie es der engen Verbindung der persischen Könige mit Ahuramazdā entspricht.[127]

Denn die Möglichkeit, den göttlichen Willen zu erkennen, und damit die Möglichkeit der Kommunikation zwischen göttlicher und menschlicher Sphäre, erhellt die so genannte *Daiva*-Inschrift des persischen Königs Xerxes (XPh).[128] In dieser Inschrift beschreibt Xerxes, dass er mit der Hilfe Ahuramazdās ein Land erobert hat, in dem es *Daiva*-Stätten gab, an denen kultische Vollzüge stattfanden.[129] Diese zerstörte er und sorgte für die Verehrung Ahuramazdās (§ 5). Angesprochen wird nun (§ 6) ein späterer Rezipient, der vor die Wahl gestellt

---

[124] An dieser Stelle spricht Xenophon von μάντις, doch können damit in der breiteren Perspektive der Kyropaedie durchaus die μάγοι verbunden werden. Siehe dazu DEGEN, Traditions, 200.

[125] Xen. Kyr. 1.6.2; Übersetzung NICKEL, Xenophon, 71.

[126] Zugleich erwähnt Xenophon in der Kyropaedie (8.1.23), dass Kyros selbst zum ersten Mal die Magier am Hof etabliert habe. Diese Notiz dient der Betonung seiner vorbildlichen Frömmigkeit. Dass ein so großer Teil der Informationen über die Perser und ihre religiösen Vollzüge von griechischen (und später auch römischen) Autoren stammt, sorgt für die methodische Notwendigkeit, zwischen der griechischen Beschreibung eines religiösen Phänomens – der etischen Perspektive – und den mit Vorsicht zu rekonstruierenden persischen Eigensichtweisen – der emischen Perspektive – zu unterscheiden. Die Übertragung der eigenen Systeme zeigt sich bereits an der *interpretatio graeca* der persischen Gottheiten. So werden, wie A. DE JONG, Traditions, 29–34, aufführt, vermehrt griechische Götternamen übertragen.

[127] Zur Einbettung dieser Perspektive aus griechischer Sicht in altorientalische Herrscherideologie siehe DEGEN, Traditions, 199–202.

[128] Zum Text und den verschiedenen Versionen siehe R. SCHMITT, Altpersische Inschriften, 164–169.

[129] Es ist umstritten, wie diese Bezeichnung zu verstehen ist, und damit, auf welchen Kult und welches Gebiet sich der Text bezieht (Babylon, Athen, Iran [in Auseinandersetzung mit zoroastrischen Elementen]). Siehe dazu PONGRATZ-LEISTEN, Lying King, 235 f. Aus der Sicht des Xerxes handelt es sich um Götzen. Zu dieser Inschrift siehe H. KOCH, Persische Inschriften, 390–392.

wird. Will er im Leben und Tod glücklich sein, so soll er Ahuramazdā mit dem rechten Zeremoniell verehren und seinen Gesetzen folgen:

> Der Mann, der das Gesetz befolgt, das Ahuramazdā erlassen hat, und (der) Ahuramazdā verehrt zur rechten Zeit und mit rechtem Zeremoniell, der wird sowohl lebend (im Leben) glücklich werden wie auch tot (nach dem Tod) selig werden.[130]

In dieser wie in allen altpersischen Inschriften kommt kein divinatorisches Personal vor, das zwischen Ahuramazdā und dem König oder den Menschen stehen würde. Betont wird nur die Notwendigkeit des adäquaten Rituals in der Verehrung. Durch die Orientierung des Menschen am Gesetz des Gottes ist das Erkennen des göttlichen Willens jedoch direkt möglich.[131] Damit ist Wahrheit kein Konzept mehr, das nur mit Hilfe der Götter erkannt werden könnte, sondern das Prinzip wird durch das Gesetz auf die Erde gebracht.[132] Es geht um das innerweltlich gesetzmäßige Handeln. Durch diese Transformation liegen aber auch die Kriterien, wer die Wahrheit verkörpert, stärker auf der Hand. Der König ist nicht nur durch sein göttlich legitimiertes Amt gut und gerecht, er handelt gemäß dem Gesetz. Verbunden mit der Ausweitung, dass nicht nur Ritualspezialisten den göttlichen Willen erkennen können, sondern jede und jeder, ist in diesem Text eine in achämenidischer Zeit erfolgende Eschatologisierung erkennbar. Das aktuelle Handeln wird nach dem Tod Folgen haben. Die Hochachtung des Gesetzes, die sich hier zeigt, und die Konsequenz für die Wahrnehmung von Prophetie erinnert strukturell an Aushandlungsprozesse innerhalb der deuteronomistischen Prophetie. Diese zeigen sich sowohl in der Beschreibung des Propheten in Dtn 18 wie Mose[133] als auch in der Nennung der Tora in Jer 26.[134]

An dieser Stelle ist noch eine weitere griechische Perspektive zu nennen. So kommt Herodot in seinen Historien immer wieder auf die Perser zu sprechen. Doch ist auch hier auffällig, dass zwar Opfer eine gewisse Rolle spielen,[135]

---

[130] Übersetzung R. SCHMITT, Altpersische Inschriften, 168. Die Rolle des Gesetzes, das bei den Menschen ist und somit die aktive Wahl von Leben und Tod ermöglicht, hat ihre alttestamentliche Parallele in Dtn 30.

[131] Diese Inschrift bietet die einzigen schriftlichen Hinweise auf die Durchführung von Ritualen in den altpersischen Inschriften, die im Text jedoch nicht beschrieben werden. So hat H. KOCH, Persische Inschriften, 392, vermutlich mit ihrem Urteil Recht: „Für die Perser der damaligen Zeit wird das völlig eindeutig gewesen sein und bedurfte daher keiner Erklärung."

[132] Zur Ersetzung des in den avestischen Schriften grundlegenden Prinzips *aṣ̌a* (Wahrheit/ Ordnung) durch *dāta* (Gesetz), die in der Achämenidenzeit stattfindet und für eine enorme religionsgeschichtliche Veränderung steht, siehe die Ausführungen von KÖNIG, Studien, 117–126, breiter zum Gesetz a. a. O., 126–140.

[133] Siehe dazu unten S. 117.

[134] Zur Tempelrede und dem Zusammenhang von Tora und aktueller Prophetie siehe unten S. 145 f.

[135] Vgl. Hdt. 1.131 f. in der Beschreibung der persischen Sitten. Zur Funktion der Magier auch 1.140. Dass Omen eine gewisse Rolle spielten, kann aus Hdt. 7.31, erschlossen werden.

Seher und Propheten jedoch nicht. Die Deutung zweier Träume wird in Herodots Darstellung jedoch zum entscheidenden Ausgangspunkt für die persische politische Geschichte. Da Prophetie und Traumdeutung eng miteinander verwandt sind, ist der Umgang, der hier beschrieben wird, von Bedeutung. So träumt der Mederkönig Astyages, dass von seiner Tochter so viel Wasser ausgehen würde, dass seine Hauptstadt und ganz Asien überflutet werden würden und dass aus dem Schoß seiner Tochter ein Weinstock wachsen würde, der Asien vollständig bedecke. Diese Träume teilt er seinen Magiern (μάγος) mit, die ansonsten im Kontext der persischen Opfer genannt werden.[136] Er selbst deutet den Traum dahingehend, dass das Kind seiner schwangeren Tochter an seiner Stelle König werden würde. So will er das Kind töten lassen. Dieses Kind, der spätere Perserkönig Kyros, wird aber gerettet durch Harpagos, versteckt und als Hirtenkind aufgezogen, trifft jedoch als 12-Jähriger wieder auf Astyages, der ihn erkennt, als er sich im Spiel als König ausgibt. In Absprache mit seinen Magiern erkennt Astyages in diesem spielerischen Königstitel die Erfüllung des in seinen Augen irreführenden Traumes und ist beruhigt, wird jedoch später von Kyros und dem persischen Heer gefangen und besiegt (Hdt. 1.106–130). Auffällig an dieser Darstellung ist der Umgang mit Träumen, der bezüglich der Magier beschrieben wird.[137] So betonen diese, dass sich Träume und Worte oft als verhältnismäßig bedeutungslos herausstellen (Hdt. 1.120), und Astyages betont Kyros gegenüber sogar, dass es sich um einen fälschlichen Traum – δι' ὄψιν ὀνείρου – gehandelt habe (Hdt. 1.121). Auch Kyros selbst hat gegen Ende seiner Herrschaft einen Traum, misst ihm Bedeutung bei, legt ihn aber selbst aus und irrt sich in der Auslegung (Hdt. 1.209 f.). Nun zeigt der Hergang gerade der Geschichte zwischen Astyages und Kyros, dass Herodot selbst anders über Träume und Vorhersagen urteilt,[138] doch mag sich hier bei aller Polemik doch eine gewisse Geringschätzung von Träumen und Ankündigungen bzw. von Spezialisten, die sie auslegen

---

Vgl. zu dem hier genannten besonderen Schutz für den vermutlich mit einem Omen verbundenen Baum durch Xerxes ACHENBACH, Religionspolitik, 259–261.

[136] Zum Verständnis des persischen Begriffs und späteren Lehnworts Mag(i)er als (priesterliche) Funktionsträger und Herkunftsbezeichnung, ihrer umstrittenen Stellung im und zum Zoroastrismus und dem zu erkennenden Bedeutungswandel gerade in den griechischen Quellen siehe A. DE JONG, Traditions, 387–413, und BURKERT, Griechen, 115–133. So handelt es sich bei Herodot noch stärker um eine Beschreibung des Tuns der persischen μάγοι, während der Begriff bei Sophokles, Aischylos und Euripides bereits einen pejorativen Charakter hat (so A. DE JONG, a.a.O., 387). Grundsätzlich umschreibt A. DE JONG, a.a.O., 390, den Arbeitsbereich dieser Funktionsträger wie folgt: „They certainly were the main (possibly the only) religious specialists in the realm, and had ritual and theology as their special domains of interest." Aus dem Bereich der Divination können von ihren Tätigkeiten neben der Traumdeutung Astrologie – man denke nur an die spätere Nennung der überaus berühmten μάγοι in Mt 2 –, Feuerrituale und die Kommunikation mit der Unterwelt genannt werden (a.a.O., 397–399).

[137] Zwar handelt es sich hier um die Meder und nicht die persischen Truppen, die Kyros dann anführt, doch ist dennoch von einer gewissen Kontinuität auszugehen.

[138] Zu Herodots Historien und den Umgang mit Orakelsprüchen siehe unten Kap. 2.7.2.

könnten, durch die Meder und Perser spiegeln, die zu den obigen Überlegungen zur Rolle der Divination unter den Achämeniden durchaus passen würde. In jedem Fall zeigen die Darstellungen Herodots (vgl. auch Hdt. 1.107), dass die Magier der Perser eng mit der Traumdeutung verbunden waren und dieser Bereich wohl den Schwerpunkt der persischen Divination bildete.[139]

2.5.2 Die politischen Gegner als Lügner

Gibt es, wie der vorherige Abschnitt thematisiert hat, keine belastbaren Hinweise für Prophetie und somit Hinweise auf den Umgang mit falscher oder trügerischer Prophetie aus altpersischer Zeit, so spielt doch das Element der Lüge im politischen Kontext eine wichtige Rolle, wie es oben bereits für die neuassyrische Zeit skizziert wurde. Weitet man den Blick ein wenig über prophetische Konfliktsituationen aus und nimmt politische Gegenspieler hinzu, ergeben sich fruchtbare Vergleichspunkte. Da die Prophetie im Alten Orient eng mit Politik verbunden war, ist diese Ausweitung hilfreich. Gerade Darius I., dessen Herrschaftsübernahme – wie bei Asarhaddon – nicht unumstritten war, unterstellt seinen politischen Gegnern zu lügen.[140] Doch bekommt das Motiv der Lüge (*drauga*) unter Darius in den persischen Inschriften als Oppositionsbegriff zu *arta* (dem Richtigen) eine weit fundamentalere Bedeutung als dies in neuassyrischer Zeit der Fall war.

Dieser Zusammenhang kann besonders gut anhand der Bīstun-Inschrift (DB) aufgezeigt werden.[141] In dieser betont Darius seine eigene legitime Herrschaft, die ihm, wie gehäuft wiederholt wird, durch Ahuramazdā gegeben wurde (vgl. nur § 5 f.). Das Motiv der Lüge wird zunächst für die Zustandsbeschreibung des Landes benutzt, nachdem Kambyses es verlassen hatte und nach Ägypten aufgebrochen war. So wird das Land treulos und es verbreitet sich Lüge (*drauga*; § 10). Dabei ist *drauga* „eine kosmische bzw. mythologische Kategorie, ist ‚die Lüge' schlechthin, die wie ein Krankheitsdämon in die Welt einbricht und diese vollständig zu überziehen droht".[142] In diesem Zustand tritt nun der erste Gegenspieler auf, der Magier Gaumāta, der selbst mehrfach als lügend dargestellt wird

---

[139] Vgl. dazu WIESEHÖFER, Art. Divination, 708.

[140] Die Parallelen zu Asarhaddon in der schriftlichen Selbstdarstellung zur Eigenlegitimation unterstreicht besonders PONGRATZ-LEISTEN, Lying King, 233. Sie sieht das Gegenüber von Lüge und Wahrheit (*artā*) im Kontext der königlichen Stellung gegenüber den Rebellen weniger in avestischen Dualismus-Konzeptionen verankert als vielmehr in einer Traditionslinie mit den neuassyrischen Inschriften, die die rebellischen Gegenspieler ebenfalls gehäuft mit dem Aspekt der Lüge verbinden (vgl. a. a. O., 237).

[141] Im Folgenden zitiert nach R. SCHMITT, Altpersische Inschriften, 36–96. Zum Motiv des Lügens und des Trugs gerade in der Bīstun-Inschrift sei weiterführend auf KÖNIG, Studien, 126–130, verwiesen.

[142] KÖNIG, Studien, 127 (Hervorhebung i. O.).

(§ 11; *avaθā adurujiya*). Auf sein falsches Wort folgt die Rebellion des Volkes gegenüber Kambyses. Auch wenn es sich bei den Magiern nicht um Propheten handelt und Gaumāta kein göttliches Wort vorbringt, sondern das Volk über seine Abstammung täuscht, wird doch die Gefahr der falschen und das Volk täuschenden Rede für den herrschenden König an dieser Stelle besonders greifbar. Gaumāta wird König über Medien und Persien und Darius betont, dass nur er mit Ahuramazdās Hilfe die Herrschaft wieder den rechtmäßigen Regenten und auch die einzelnen Besitztümer den wirklichen Besitzern aus dem Volk zurückbringen konnte (§ 13 f.). Das ordnende Handeln des Königs und sein Gesetz bringen somit den göttlich legitimierten Zustand der Welt zurück.[143] So stehen sich der durch den König legitimierte Bereich des Gesetzes und der Bereich der Lüge gegenüber und bilden damit eine Opposition, die im Bereich des Rechts und der Politik zu verorten ist.[144]

Doch auch nach seiner Herrschaftsübernahme standen Darius in seiner Darstellung immer wieder Gegenspieler gegenüber, die das Volk belogen und somit zur Rebellion brachten (vgl. § 16; 49; auch an diesen Stellen stets in der gleichen Formulierung: *avaθā adurujiya*; ähnlich auch in § 50). In § 52 erfolgt der Vorwurf der Lüge neunmal in Folge und wird durch die stets gleiche Formulierung „er log" (*avaθā aθanha*) besonders prägnant.[145] Auch an den Stellen, an denen diese nicht als Lügner bezeichnet werden, ist doch stets der Mechanismus der gleiche: Mit einem Wort, einer Selbstvorstellung und damit Selbstlegitimation bringen diese Führungsgestalten das jeweilige Volk zum Abfall vom König. All diese Gegenspieler und ihre wichtigsten Mitverschwörer besiegt Darius und erweist sich so als der wahre von Ahuramazdā legitimierte Herrscher. Auch für kommende Könige gibt Darius den Rat, sich besonders vor Trug (*drauga*) zu schützen (§ 55 f.).

Betrügerische Rede stellt, wie der Durchgang durch die Bīstun-Inschrift zeigen konnte, eine der größten Gefahren für das stabile Herrschen der Könige dar. Dabei sind Trug und Lüge in der Zeit des Darius der Inbegriff der „Illoyalität gegenüber einer innerweltlich geschaffenen Instanz (,mein Gesetz')".[146] Die Verbindung zwischen dem Vorwurf der Lüge und der politischen Rebellion ist also, wie es für die neuassyrische Zeit der Fall war,[147] auch bei den achämenidischen Herrschern greifbar, doch wird durch den Bezug zum Gesetz und der eigenen

---

[143] Die Wiederholung, dass der durch ihn hergestellte Zustand dem entspreche „wie es früher war", legitimiert durch den für sich reklamierten Traditionsbezug sein Handeln und die Übernahme der Herrschaft.

[144] Vgl. KÖNIG, Studien, 128, der diese Opposition von der späteren avestischen dualistischen Weltsicht abhebt.

[145] Der Paragraph besteht insgesamt aus 51 Zeilen. Die Wiederholung der immer gleichen Formulierung zeigt, dass die Zuschreibung der Lüge einen Topos darstellt und sich nicht aus dem Charakter der Einzelpersonen generiert.

[146] KÖNIG, Studien, 151.

[147] Siehe dazu oben Kap. 2.3.2.

möglichen Erkenntnis deutlicher der Aspekt des aktiven Lügens unterstrichen. Ahuramazdās Verehrung ist dabei mit der Loyalität zum persischen König verbunden.[148]

2.6 Ägyptische Belege: Prophetie und/oder Apokalyptik?

Die im Einleitungsteil zitierte Forderung Herrmanns der Wahrnehmung der israelitischen Prophetie im Kulturraum „von Mari bis nach Memphis und Theben"[149] lässt den Blick auch auf Israels süd-westlichen großen Nachbarn fallen. Schaut man sich griechische Beschreibungen aus dem Ägypten der hellenistischen Zeit an, so stößt man auf den Begriff προφήτης.[150] Ein genauerer Blick auf das dahinterstehende ägyptische Wort ḥm-nṯr (wörtlich übersetzt: Gottesdiener) zeigt jedoch, dass es sich bei diesen Figuren um Priester und nicht um Propheten im alttestamentlichen Wortsinn handelte.[151] So kann Schipper pointiert zusammenfassen: „‚Prophetie' im strengen Sinne gab es in Ägypten nicht."[152] Und er warnt davor, alle möglichen Phänomene – auch im Kontext der Apokalyptik – als Prophetie zu bezeichnen.[153] Aus dem ägyptischen Raum sind keine Belege für inspirierte Botschaften im Namen einer Gottheit zu finden.[154]

---

[148] So PONGRATZ-LEISTEN, Lying King, 234 f.

[149] S. HERRMANN, Prophetie, 189.

[150] Siehe zu diesem Begriff unten S. 64.

[151] Zur genaueren Darstellung seiner Funktionen siehe SCHIPPER, Prophetie, 12 f.

[152] SCHIPPER, Prophetie, 12. Vgl. hierzu aber die Überlegungen von T. SCHNEIDER, Land, der dafür plädiert auch die Möglichkeit in Betracht zu ziehen, dass die entsprechenden Texte noch nicht gefunden sind und es prophetische Phänomene durchaus auch vor der hellenistischen Zeit im ägyptischen Kulturraum gab. Einen anderen Weg geht GOFF, Prophetie, der in seiner Studie zu Prophetie und Politik in Israel und Ägypten, die stark vom griechischen Denken beeinflusst ist, das Phänomen „Prophetie" besonders von der Mahnung zur Gerechtigkeit herleitet (vgl. exemplarisch a. a. O., 62 f.) und somit eher eine Untersuchung von Königtum und Gerechtigkeit/Weltordnung/Maat unternimmt.

[153] Vgl. SCHIPPER, Apokalyptik, 38 f.

[154] Dies sind die Hauptgründe, die nach GRABBE, Priests, 86 f., dafür sprechen, dass es das gesellschaftliche Phänomen der Prophetie in Ägypten nicht gab. Zur Mantik in Ägypten und der fehlenden Bearbeitung dieses Themas in ägyptologischer Literatur R. SCHMITT, Mantik, 17 f., zur umstrittenen Zuordnung einzelner Texte zur Gattung Prophetie siehe schon NÖTSCHER, Prophetie, 216–225. Explizit für die Wahrnehmung der Prophezeiung des Neferti und weiterer ägyptischer Texte als *Prophetien* spricht sich, in Auseinandersetzung mit den kritischen Gegenstimmen, BLUMENTHAL, Prophezeiung, 13–17, aus. Sie plädiert für die Wahrnehmung ägyptischer Prophetie und prophetischer Gattungen aus sich heraus und wendet sich damit gegen die alttestamentliche Prophetie als einzige Folie für Prophetie: „Gleichzeitig erhebt sich die grundsätzliche Frage, ob das Vorhandensein ägyptischer Prophetie ausschließlich nach dem Maßstab der israelitischen Schriftprophetie beurteilt werden darf, die auch in Israel nicht das Normale, sondern das Außerordentliche gewesen ist." (a. a. O., 15). WEEKS, Predictive and Prophetic Literature, sieht das Potential eines Vergleichs alttestamentlicher Literatur mit Texten wie den Sprüchen des Neferti zur besseren Erhellung auch der alttestamentlichen Prophetie gerade darin, dass somit das prophetische Spektrum selbst, gerade in der Kategorie des Berichts,

Und dennoch kann der Blick auf einige ägyptische Texte hilfreiche Vergleichspunkte für ein besseres Verständnis von Prophetie liefern.

Im Gegensatz zu prophetischen Botschaften im engeren Sinne, sind Orakel durchaus belegt. Als Beispiel eines Orakeltexts ist auf den Brooklyn Papyrus aus Theben (Papyrus Brooklyn 47.218.3) zu verweisen, da er neben dem Wortlaut auch Angaben zur Durchführung enthält. In diesem Papyrus, der in die Zeit der 26. Dynastie, die Mitte des 7. Jahrhunderts v. Chr., datiert werden kann, wird beschrieben, wie ein Orakelspruch im Rahmen einer Prozession eingeholt wird.[155] Auf dem Papyrus selbst findet sich eine Abbildung der Barke, in der der Gott in einer Prozession getragen wird. In dieser dynamischen Situation ist das Einholen eines Orakelspruches möglich. Zudem ist die lange Liste an Zeugen, die den kurzen Text abschließt, aufschlussreich. So findet sich hier ein Moment der Verifizierung von Gottesbotschaften, das auch aus Mesopotamien bekannt ist. Die Zeugen stehen für die Verlässlichkeit der Botschaft und geben dieser so Gewicht.

Neben dem Blick auf den Umgang mit Orakeltexten gibt es eine Textgattung, die für den Vergleich mit alttestamentlicher Prophetie und den Aspekt der Erfüllung im Besonderen weiterführend ist. So werden unter der Kategorisierung *vaticinium ex eventu* Texte zusammengefasst, die im Stile der Vorhersage die jeweils aktuelle Situation erklären und so auch legitimieren. In diesen Texten – Schipper spricht sich für die Bezeichnung „weisheitliche Prophezeiung" aus –[156] wird also nicht die Zukunft in den Blick genommen, sondern die Gegenwart durch die Darstellung der Vergangenheit. Dass hierbei die Erfüllung der Ansagen eine Schlüsselrolle spielt, liegt auf der Hand, wird doch so die Rechtmäßigkeit der Entwicklungen dargestellt. So heißt es als Schlusssatz vor dem Kolophon in der Prophezeiung des Neferti (Z. 70 f.):[157]

Der Verständige wird [für mich Wasser] vergießen, [Wenn er erkennt, daß das, was ich erzählt habe], geschehen ist.[158]

---

ausgeweitet werden kann. Deutlich wird bei beiden, dass vor allem die Füllung des Begriffs Prophetie und die Einordnung prophetischer Ansagen in den größeren Bereich der Divination auch in ihrer literarischen Gestalt die entscheidenden Punkte sind.

[155] Zum Text und auch der leider gerade im Bereich der Barke stark zerstörten Abbildung siehe PARKER, Saite Oracle. Dieser deutet die bereits genannten Gottesdiener als Propheten. Die Prozession als Gelegenheit der Einholung eines Orakels ist auch für die Göttin Hathor belegt. Siehe dazu VERNUS, Oracle. Orakeltexte bzw. Hinweise auf den Umgang mit und die Funktion von Orakeln bei der Entscheidungsfindung finden sich bei KAMMERZELL/STERNBERG, Prophetien, 111–137. Siehe CRYER, Divination, 217–223, zum Orakel als einziger genuiner Form der Mantik in Ägypten.

[156] Vgl. SCHIPPER, Apokalyptik, 38 f. Auch QUACK, Einführung, 188–211, ordnet die im Folgenden besprochenen Texte als „Prophetische Texte" ein. Zu diesen Texten siehe auch FRENSCHKOWSKI, Prophetie, 23–25.

[157] Zum Text siehe KAMMERZELL/STERNBERG, Prophetien, 102–110.

[158] Übersetzung KAMMERZELL/STERNBERG, Prophetien, 110. Vgl. zu diesem Zielsatz des Textes S. HERRMANN, Prophetie, 182.

Der Text handelt von den Vorhersagen, die der Priester Neferti dem Gründer der 4. Dynastie, König Snofru (um 2700 v. Chr.), über das weitere Schicksal Ägyptens machte. So werden chaotische Zustände folgen bis ein König aus dem Süden mit Namen Ameni kommen und die kosmische Ordnung (*Ma'at*) wiederherstellen wird.[159] Gerade die negativen Beschreibungen sind in diesem Text äußerst radikal und ausführlich und die mit diesen Zeiten verbundenen Regierungen somit eindeutig diskreditiert. Hier dient die Prophetie – in der Retrospektive – gerade nicht der Betonung der Stabilität unter den Herrschern und erinnert in ihren Ankündigungen dadurch stark an die Motive alttestamentlicher Unheilsprophetie. Die genaue Nennung dieses Herrschers (Amenemhet I.), der die Heilszeit einleiten wird, lässt erkennen, dass der Text aus seiner Regierungszeit stammt und den König als den Heilsbringer darstellt, der schon mehr als 800 Jahre zuvor angekündigt wurde.[160] Damit erfüllt der Text zwei Funktionen, die auch von den prophetischen Texten des Alten Orients bekannt sind: Er preist und legitimiert dadurch gerade den König, dessen Herrschaft nicht unhinterfragbar war, denn Amenemhet war der Gründer der neuen 12. Dynastie.[161] Zudem wird in diesen Texten die Geschichte als Ort der prophetischen Erfüllung greifbar.

Nun liegt die Abfassungszeit der Prophezeiung des Neferti weit vor der der alttestamentlichen prophetischen Texte, doch zeigen Belege aus deutlich späterer Zeit eine Kontinuität der *vaticinium ex eventu*-Texte. Und auch die so genannte demotische Chronik, die aus der Ptolemäerzeit stammt, zeigt die

---

[159] Zu Aufbau und Inhalt siehe BLUMENTHAL, Prophezeiung, 1–13. In der Funktion ähnlich ist auch die vierte Geschichte, die im Papyrus Westcar berichtet wird. Auch hier dient die Ansage der kommenden Herrschenden, in diesem Falle der V. Dynastie, der Legitimation und dem Aufweis des Wechsels von guten und schlechten Perioden in der Geschichte. Vgl. MATHIEU, Contes, 35. Er spricht an dieser Stelle von Geschichtsschreibung (a. a. O., 37). LEPPER, Untersuchungen, 305 f., kommt in ihrer detaillierten Studie zu diesem schwer zu datierenden Text dazu, diese Passagen der Gattung Prophetie zuzuordnen. Auch sie weist auf die Krisenzeiten hin, in denen prophetische Elemente in der Literatur auftauchen. Zu diesem Zusammenhang auch DEVAUCHELLE, Prophéties, 6, der im Folgenden die in Rahmen einer Diskussion um Prophetie in Ägypten immer wieder thematisierten Texte einführt: Die Prophetie des Neferti und der Papyrus Westcar als ältere Texte und die demotische Chronik und die Prophetie des Lammes als jüngere Texte.

[160] Siehe SCHIPPER, Prophetie, 13 f.

[161] Vgl. auch KAMMERZELL / STERNBERG, Prophetien, 102, und ausführlich zur Funktion des Textes BLUMENTHAL, Prophezeiung, 22–24.

Von einer ganz besonderen Beziehung zwischen Orakelstätten und dem herrschenden ägyptischen König berichtet Herodot (Hdt. 2.174) mit einem gewissen Befremden über den Ägypter Amasis aus der Ramessidenzeit. Dieser habe, bevor er König wurde, Diebstähle begangen, da ihm als Mitglied einer armen Familie die finanziellen Mittel fehlten, um seine Zecherei zu bezahlen. Er sei aber trotz dieser Taten durch verschiedene Orakel immer wieder vom Vorwurf der Schuld befreit worden. Als er dann Pharao wurde, bedachte er gerade nicht die Orakelstätten, die ihn durch ihre Sprüche unterstützt hatten, da deren Orakel falsch (ψευδής) und die dort verehrten Götter nicht zu verehren waren. Die Orakelstätten hingegen, die ihn als Dieb identifiziert hatten, unterstützte er und er opferte an diesen Stätten, da dort wahre Götter verehrt wurden und richtige Sprüche entstanden.

Hochschätzung der Erfüllung von Ankündigungen in der politischen Geschichte. So werden hier zahlreiche, nicht immer verständliche (Orakel-)Sprüche[162] und ihre Deutungen, die mit der Erfüllung in der ägyptischen Geschichte korrespondieren, nebeneinandergestellt und auch die Möglichkeit der Erfüllung in Gegenwart und Zukunft angekündigt.[163]

Zwei andere Texte aus der Ptolemäerzeit, das Orakel des Töpfers[164] und die Prophezeiung des Lammes des Bokchoris,[165] sind ebenfalls als Ankündigungen aus der Vergangenheit stilisiert und verweisen auf die Unheilszeit. Anders als die Prophetie des Neferti liegt der Beginn der Heilszeit, in der die Lüge vergehen und Recht und Gesetz herrschen werden (so in der Prophezeiung des Lammes 2,22), jedoch nicht in der Gegenwart und wird auch nicht mit einem konkreten König verbunden, sondern wird als neue Heilszeit in die Zukunft verlegt.[166] In diesen Texten wird die Ordnung der Geschichte als grundlegendes Prinzip (weniger das aktive göttliche Eingreifen wie in den alttestamentlichen Geschichtstheologien) noch deutlicher als in der Prophezeiung des Neferti.[167] Die Verknüpfung der politischen Anspielungen in beiden Texten mit konkreten

---

[162] Kritisch zur Interpretation der Aussprüche als Orakel FELBER, Chronik, 71 f.

[163] Zum Text siehe die erste kritische Edition von SPIEGELBERG, Chronik, und als Neuübersetzung mit ausführlichem Kommentar aus neuerer Zeit, der die breit vertretene Annahme einer nationalistischen Ausrichtung des Textes in Frage stellt, sei auf FELBER, Chronik, und HOFFMANN/QUACK, Anthologie, 244–251.410 f., verwiesen. Felbers zusammenfassende Charakterisierung der im Text vorkommenden Prophezeiungen und der Funktion der demotischen Chronik zeigen die Parallelen zur Prophetie des Neferti: „Die Prophezeiungen erfolgen meiner Interpretation des Textes zufolge alle *ex eventu* und haben in erster Linie die Absicht, die Herrschaft der Ptolemäer als dem Ideal des wohltätigen Herrschers verbundene und dem Wort der Götter ergebene zu charakterisieren. Man mag das als Propaganda bezeichnen, man kann es aber auch einfach als Legitimierung und Preisung neuer Herrscher verstehen." (a.a.O., 110; Hervorhebung i.O.). Zur Einordnung des Textes in die ägyptische Geschichte und die Literatur- und Textgeschichte siehe QUACK, Einführung, 196–202.

[164] Siehe HOFFMANN, Töpferorakel, und KÖNEN, Apologie. Dieser (a.a.O., 172–179) unterstreicht die Übereinstimmung in Form und Inhalt – gerade bei den Unheilsschilderungen – zwischen dem Töpferorakel und der Prophetie des Neferti und spricht sich für die Einordnung in die Gattung aus, die er als „prophetische Königsnovelle" bezeichnet (a.a.O., 173). Durch diese Kategorisierung wird neben dem Aspekt der sich erfüllenden Ansagen zudem die Funktion in der Legitimierung des Königs unterstrichen. Zum Text siehe HOFFMANN/QUACK, Anthologie, 252 f.412, und zur historischen Einordnung des Textes siehe QUACK, Einführung, 193–196.

[165] Zu diesem Text siehe HOFFMANN/QUACK, Anthologie, 241–243.407–410 (Text und Kommentar), THISSEN, Lamm, zur Einordnung als Prophezeiungen *ex eventu* und der Verbindung mit der Prophetie des Neferti a.a.O., 133 f., sowie QUACK, Einführung, 190–192, und DERS., Orakel.

[166] SCHIPPER, Prophetie, 14 f., unterstreicht die Parallelen zwischen diesen Texten und Jes 19, einem späten Text des Jesajabuches, der sich mit Ägypten – in Heils- und Unheilsperspektive – auseinandersetzt.

[167] So R. MEYER, Wende, 178. Er zeigt auf, wie es zu einer „Theologisierung der Geschichte" (a.a.O., 186) in Ägypten kam.

Ereignissen und Herrschern ist umstritten.[168] Festzuhalten ist aber, dass die Deutung der Konflikte mit den Nachbarn und damit die politische Geschichte eine entscheidende Rolle spielt. Diesen Aspekt der Geschichtsdeutung teilen alttestamentliche Prophetie und diese gräko-ägyptischen Texte.

Im Vergleich der ägyptischen Texte mit der alttestamentlichen und breiter altorientalischen Prophetie fällt auf, dass es keine Analogie zu prophetischen Figuren gibt, dass jedoch die Textgattungen und ihre Funktionen selbst durchaus Anknüpfungspunkte bieten.[169] Die Wahrnehmung der Geschichte, in der sich die Ankündigungen erfüllt haben, die als Legitimation der Herrschaft in der Gegenwart dient, verbindet die Texte etwa mit den akkadischen *literary predictive texts*.[170]

2.7 Griechische Divination: Die Rolle der Mantiker in der politischen Entscheidungsfindung

Bei der Skizzierung des kulturellen Umfelds und des Rahmens, in dem die alttestamentliche Prophetie wahrzunehmen ist, ist auch auf den griechischen Raum einzugehen. Ein Vergleich lohnt nicht erst ab der hellenistisch geprägten Zeit auf israelitischem Boden, sondern bereits für die früheren Phasen der alttestamentlichen Prophetiegeschichte und damit vor allem mit der klassischen, aber auch der archaischen Zeit in Griechenland.[171] Diese Ausweitung des Fokus ist zwar in

---

[168] Siehe dazu auch die Neuedition von CHAUVEAU, Agneau, mit den Konsequenzen zur historischen Einordnung der Figuren 59–61.

[169] Hierbei ist jedoch auch den Unterschieden Rechnung zu tragen. So werden immer wieder spezifische Begriffe der alttestamentlichen Forschung auf die Texte übertragen. Dieser Vorgang wird besonders gut greifbar bei einer literargeschichtlichen Überlegung zur Prophezeiung des Lammes durch R. MEYER, Wende, 179.196–200, der eine Unterscheidung zwischen Proto-, Deutero- und Trito-Lamm und (strukturelle) Parallelen mit dem Jesajabuch diskutiert. Dabei sieht er gerade Protojesaja „als nächste[n] religionsgeschichtliche[n] Verwandte[n] des Lamm des Bokchoris" (a.a.O., 201). Kritisch dazu THISSEN, Lamm, 121. Auch die Interpretation der demotischen Chronik von ASSMANN, Ägypten, 418–430, hat von ägyptologischer Seite viel Kritik für die Verwendung alttestamentlich-exegetischer Begriffe und Kategorien und die damit verbundenen Deutungsmuster erfahren. So erkennt Assmann in dem Text neben Elementen des „Messianismus" wegen der Wertschätzung des Gesetzes auch Züge eines „Deuteronomismus". Assmann versteht unter Deuteronomismus im weiteren Sinne die „Sinngebung der Geschichte als Verschuldung" (a.a.O., 425). Vgl. zu Assmanns Einordnung die kritische Auseinandersetzung bei FELBER, Chronik, 74, und THISSEN, Lamm, 128f.

[170] Siehe dazu oben S. 32f. Die Ähnlichkeit betont auch WILSON, Prophecy, 124, zu den ägyptischen Texten insgesamt 124–128.

[171] Die einflussreiche und ausführliche Studie von FLOWER, Seer, zu den griechischen Sehern beschränkt sich aufgrund der Beleglage auf die Jahrhunderte zwischen 800 und 300 v.Chr. (vgl. a.a.O., 4). Damit deckt er jedoch einen Zeitraum ab, der für das Alte Testament ebenfalls von entscheidender Bedeutung ist.

den vergangenen Jahren in der alttestamentlichen Forschung im Allgemeinen[172] und der Prophetie-Forschung im Besonderen von einigen Forschenden vollzogen worden.[173] Gerade für die Untersuchung des Umgangs mit prophetischen Sprüchen und den Mechanismen der Erfüllung und Nichterfüllung birgt dieser Vergleich allerdings noch erhebliches Potential. So geht es im Folgenden verstärkt um strukturelle Analogien und weniger um die Frage eines direkten Einflusses. Aspekte der griechischen Geschichte der Divination aus verschiedenen Epochen können als Denkfiguren strukturell nebeneinandergestellt werden, ohne damit eine Gleichförmigkeit des facettenreichen Kulturbereichs zu suggerieren. Die folgende Darstellung zeichnet somit weder umfassend noch stringent diachron die griechische Mantik nach, sondern unterstreicht diejenigen Punkte, vor deren Hintergrund sich die alttestamentliche Prophetie besser verstehen lässt, ohne dabei beide Systeme zu vermengen.[174] Im Mittelpunkt stehen also sowohl Überschneidungen als auch Divergenzen und im Speziellen Entwicklungslinien, die sich aus der Analyse der griechischen Mantik selbst ergeben. Besonders im Fokus liegen daher die Verankerung der prophetischen Diskussion in der Öffentlichkeit, die Funktion von prophetischer Ankündigung und Erfüllung in literarischen Texten und die Deutungen, die bei einer nicht eintreffenden Ankündigung vollzogen werden.

Im Bereich der Mantik und Divination gab es große und grundlegende Abweichungen zwischen dem griechischen Raum und Israel trotz des internen Facettenreichtums, den beide aufweisen. So ist vor allem das Moment der Rätselhaf-

---

[172] Vgl. stellvertretend die Studie HAGEDORN, Moses, für den gesetzlichen Bereich, und GERHARDS, Homer, für den spezifischen Vergleich alttestamentlicher Texte mit homerischer Literatur. Für die Auswertung kultureller Bezüge und die gemeinsame Nutzung altorientalischer Motive in beiden Literaturwelten siehe a. a. O., 8–40. So verortet Gerhards „Griechenland an der Peripherie des kulturellen Ausstrahlungsbereichs des Alten Orients" (a. a. O., 39) und geht auch von einem griechischen Einfluss durch Söldner auf den Alten Orient aus.

[173] Vgl. für die Ausweitung des Fokus etwa NISSINEN, Ancient Prophecy, zur methodischen Klarstellung bes. 6–10, der die griechische Orakel-Mantik als Teil der gleichen Landschaft in „geographical and phenomenological terms" kategorisiert, und den Sammelband STÖKL (Hg.), Prophets Male and Female. Zu den Unterschieden im Propheten- bzw. Seher-Verständnis vgl. vor allem LANGE, Greek Seers, der vor einer zu schnellen Gleichsetzung warnt (zu den Studien, von denen er sich dadurch absetzt, siehe a. a. O., 462) und die Proprien der Systeme unterstreicht. So betont er zum einen die höhere Relevanz der deduktiven Mantik für die griechischen Seher und zum anderen, dass, auch wenn das Motiv der intuitiven Mantik zumindest in der archaischen Zeit durchaus vorkommt, hier eher die Vorstellung einer Gabe durch die Götter vorliegt, es aber im divinatorischen Akt zu keinen Visionen oder Auditionen kommt, somit also kein göttliches Wort direkt durch die Sehergestalten übermittelt wird. In dieser Hinsicht stellt Lange einen entscheidenden Punkt heraus, der nicht übersehen werden darf, doch geht es in diesem Vergleich eher um den prophetischen *Umgang* mit Sprüchen als um den Akt der *Entstehung* dieser Sprüche. Zudem wird der politische Aspekt des prophetischen Geschehens stärker in den Mittelpunkt gestellt.

[174] Diese Grundsätze gelten für alle in diesem Kapitel vorgelegten Beschreibungen, doch sind sie in Bezug auf Griechenland noch einmal besonders zu betonen, da die israelitische Prophetie in den Grundstrukturen als altorientalische Prophetie wahrzunehmen ist.

tigkeit[175] und Deutungsbedürftigkeit den griechischen Orakelsprüchen inhärent und wurde besonders für das im Rückblick generierte Image griechischer Orakel prägend, während in der alttestamentlichen Prophetie der Gottesspruch selbst in der Regel klar formuliert ist. Doch zeigt ein genauerer Blick zum einen, dass auch alttestamentliche Propheten eine *deutende* Rolle übernehmen. Zum anderen wird deutlich, dass die Entzogenheit der Kommunikation zwischen Gott und Propheten dazu führt, dass für die Rezipientinnen und Rezipienten der prophetischen Botschaft eine Situation bei sich widersprechenden prophetischen Sprüchen entsteht, die der gleicht, wenn ein Orakel von zwei Sehern unterschiedlich ausgedeutet wird. Die Entzogenheit des göttlichen Wortes für die Rezipienten bleibt das Hauptproblem der politischen Entscheidung aufgrund göttlicher Weisung. Der hiermit angesprochene Aspekt der *politischen Entscheidung*, der, wie es in dieser Studie immer wieder zu zeigen gilt, für die Interpretation der Funktion alttestamentlicher Prophetie grundlegend ist, tritt in der griechischen Literatur deutlicher zu Tage und kann somit genauer analysiert werden.

2.7.1 Das Orakel in Delphi und die divinatorischen Spezialistinnen und Spezialisten

Griechische Divination ist eng mit Orakeln verbunden, die es weiterzugeben und auszulegen gilt. Die berühmteste Orakelstätte – gerade vom 6.–4. Jh. v. Chr. – war das Orakel von Delphi,[176] das der Tradition zufolge auf eine Gründung des Gottes Apollon selbst zurückging:

> [287]Hier gedenke ich wirklich den schönsten Tempel zu bauen. [288]Stätte der Weissagung werd er den Menschen, sie sollen mir allzeit [289]Hierher treiben vollendete Hekatomben, soviele [290]Heimat haben im fetten Gefilde der Insel des Pelops, [291]Alle auch in Europa und rund auf den Inseln des Meeres. [292]Fragen werden sie mich – und ich werde ehrlichen Ratschlag (νημερτέα βουλὴν) [293]Allen nach Recht und Fug orakeln im schatzreichen Tempel.[177]

An diesem Ort konnten – gegen Bezahlung – Apollon Fragen gestellt werden und seine „ehrlichen Ratschläge" eingeholt werden. Diese wurden durch die jeweilige Priesterin bzw. Prophetin, die Pythia, formuliert und an die Fragenden

---

[175] BOWDEN, Athens, 48–51, macht jedoch deutlich, dass auch die verbreitete Wahrnehmung der griechischen Orakelsprüche als ambigue die Funktion nicht vollständig trifft.

[176] Es gab neben Delphi weitere Orakelstätten, vor allem die Heiligtümer in Dodona, Olympia, sowie östlich des Mittelmeeres Claros und Didyma. Zur Abnahme der Bedeutung von Orakeln siehe PARKER, States, 320–324. Er geht von einem langsamen Niedergang aus, der nicht auf ein Ereignis oder einen Zeitpunkt limitiert werden kann.

[177] Übersetzung von Anton WEIHER des Homerischen Hymnos an Apollon Hom. h. 3,287–293.

weitergegeben.[178] Katastrophen, Hungersnöte, Kriege, Führungsstreitigkeiten, Stadt- und vor allem Koloniegründungen[179] und religiöse Anliegen waren typische Gründe, das Orakel in Delphi zu befragen.[180] Sowohl Einzelpersonen als auch die Vertretungen ganzer Städte konnten so die göttlichen Hinweise einholen. Im Kontext politischer Beratungen waren Orakel zur Legitimation der (militärischen) Aktionen unerlässlich.[181] Dies galt insbesondere in Kriegen und so wurden von weither Gesandte nach Delphi geschickt, die um einen Orakelspruch baten. In mehreren Fällen wurde, wenn der erste zu negativ ausfiel, die Prozedur auch wiederholt.[182] Einen Beleg für ein aktives Handeln entgegen den Orakelsprüchen gibt es nicht,[183] doch war die Deutung der Sprüche von hoher Relevanz. So lenkten gerade die Orakelsprüche aus Delphi und ihre verschiedenen Deutungen die politische Geschichte Griechenlands, wie im Folgenden an verschiedenen Beispielen gezeigt wird.[184]

Neben den Orakelsprüchen selbst und eng mit diesen verbunden spielten die divinatorischen Spezialistinnen und Spezialisten eine entscheidende Rolle im Prozess der (politischen) Entscheidungsfindung. Dabei führt Aischylos die Mantik auf Prometheus selbst zurück, der sie als Kunst (τέχνη, Z. 476) nach der Medizin der Menschheit gab und damit Ordnung in die Interpretation der Erscheinungen brachte (τρόπους τε πολλοὺς μαντικῆς ἐστοίχισα, Z. 484).[185] Eine Definition der Divination findet sich bei Cicero *De Divinatione*, der den stoischen Philosophen Chrysippus aus dem 3. Jh. v. Chr. zitiert:

Divination (*divinationem*) ist das Vermögen, Zeichen zu sehen, zu verstehen und zu deuten (*vim cognoscentem et videntem et explicantem signa*), die den Menschen durch die Götter gegeben sind.[186]

Zudem gehört es zu den Aufgaben des Sehers, im Voraus die Haltung der Götter den Menschen gegenüber zu kennen und somit auch zu wissen, wie man Götter

---

[178] Zum (weiteren) Personal an diesem Apollon-Heiligtum und dem Ablauf der Befragung, die bei Plutarch ausführlich beschrieben wird, siehe BOWDEN, Athens, 14–25.

[179] Zu den Koloniegründungen, die mit einem Orakelspruch aus Delphi legitimiert wurden, siehe PARKER, States, 306 f., und bezogen auf die athenischen Gründungen und die direkten Aufforderungen durch Orakelsprüche, die etwa von Herodot und Diodor beschrieben werden, IGELBRINK, Kleruchien, 2.122 f.274 f. u. ö.

[180] Für eine übersichtliche Zusammenstellung von überlieferten Fragen und Antworten siehe BOWDEN, Athens, mit Blick auf die Athener 109–133, mit der Überblickstabelle 161–167, und vor allem die Kataloge der Antworten aus Delphi und Didyma bei FONTENROSE, Delphic Oracle, 240–429. Zu den Gründen einer Befragung a. a. O., 39–41, und PARKER, States, 304–320.

[181] Vgl. BOWDEN, Athens, 148–150.

[182] Siehe zu einer wiederholten Orakelanfrage auch unten S. 69.

[183] So PARKER, States, 298.

[184] Xenophon (Xen. mem. 1.4.15) gibt die Erkenntnis, was zu tun und was zu lassen ist, als Ziel an. Zur Rolle der Diskussion um Orakel in der Politik siehe BOWDEN, Oracles, 270–272.

[185] Aischyl. Prom. 476–506.

[186] Cic. div. 2.130. Siehe dazu FLOWER, Seer, 73.

besänftigen und drohendes Unheil noch abwenden kann. Die Divination schafft eine Verbindung zwischen den Menschen und den Göttern.

Schon in dieser Definition wird die Rolle der Zeichen, deren Deutung für Griechenland wie für den mesopotamischen Raum grundlegend ist, unterstrichen und die Ausrichtung auf die Zukunft festgehalten. Entscheidend ist aber zudem, dass neben dem *Erkennen* und *Sehen* der Zeichen auch die *Deutung* selbst zu einem divinatorischen Prozess elementar dazugehört. Dies verbindet alle mantischen und divinatorischen Spezialisten im griechischen Raum, egal, ob es um die Deutung von Zeichen[187] oder die Anwendung von Orakeln geht.[188]

Besonders drei Personen(gruppen) sind im divinatorischen Prozess von vorrangiger Bedeutung: μάντις, (ἀνήρ) χρησμολόγος und der προφήτης. Hinzu kommen Situationen, in denen einzelne Personen, die nicht zu diesen Gruppen gehören, eigenständig Zeichen oder Träume erhalten und deuten. Besonders von hohen Amtsträgern werden diese mantischen Aktivitäten berichtet.

An erster Stelle steht der μάντις,[189] im Folgenden wie gebräuchlich mit Seher wiedergegeben, der Zeichen und Orakel *deutet* und auch im Kontext von Opfern genannt wird.[190] Die Füllung des Begriffs weist jedoch eine große Bandbreite auf.[191] Die Techniken des Sehers konnten erlernt werden, wurden bisweilen in Familien vererbt, als Seher wurden aber auch besonders begabte Personen bezeichnet. Gerade in öffentlichen Angelegenheiten – besonders bei militärischen Operationen – spielten die Seher eine wichtige Rolle als Ratgeber und Zeichendeuter. Eng mit dem Seher verbunden – und bisweilen auch austauschbar verwendet –[192] ist der (ἀνήρ) χρησμολόγος,[193] der Orakel sammelt,

---

[187] Die Deutung von Zeichen spielt im Alten Testament eine weit geringere Rolle. Die Abkehr von instrumenteller Mantik wird vor allem im Prophetengesetz in Dtn 18 formuliert. Vgl. dazu unten Kap. 3.2.1.1.

[188] Gerade HARRISON, Divinity, 122–130, zeigt auf, dass alle Formen der Divination zumindest in der Darstellung bei Herodot in der Funktion nahe beieinander liegen und der Weg der Erkenntnis meist austauschbar ist. Dies gilt für Orakel, Träume, Prophezeiungen – durch Mantiker oder andere Personen – und auch für Zeichen und ihre Deutungen.

[189] Zu den Sehern vgl. die genauen Beschreibungen bei FLOWER, Seer, insbesondere 22–71, und für einen kurzen Überblick über die wichtigsten Gestalten ROSENBERGER, Orakel, 25–28, sowie PARKER, Mantik. Auch Götter selbst werden durch das Stichwort μάντις beschrieben, dies gilt – neben Zeus – insbesondere für Apollon, wie es etwa bei Platon geschieht (vgl. Plat. leg. 686a).

[190] Zu seiner Rolle als Deuter siehe auch BREMMER, Art. Divination, 710f.

[191] Genauer zu den Funktionen und Aufgabenbereichen der Seher siehe die Ausführungen von BOWDEN, Oracles, 257–260.

[192] Vgl. dazu DILLERY, Chresmologues, 170.

[193] Zu den Chresmologen – gerade im Vergleich mit den Sehern – vgl. FLOWER, Seer, 60–65, BOWDEN, Oracles, 260–264, DILLERY, Chresmologues, und – mit Bezug auf spezifische Vertreter der Gruppe – FONTENROSE, Delphic Oracle, 152–158. Zu den von ihnen angelegten Orakelsammlungen siehe a. a. O., 145–152.158–165, BOWDEN, Oracles, 264–270, und LANGE, Prophecy, 264–273, der aus den Nennungen der Orakelsammlungen den möglichen Inhalt dieser verlorenen Dokumente rekonstruiert.

rezitiert[194] und ebenfalls auslegt. Der Ruf der Chresmologen wurde ab dem späten 5. Jh. zunehmend schlechter und die in den Komödien häufig vorkommenden Vorwürfe im Großbereich der Divination zielen besonders auf diese Gestalten.[195]

Die griechischen Seher stehen als Verbindung zwischen den Menschen und den Göttern, von denen die Orakel stammen, wobei die meisten Orakel mit Apollon verbunden sind. Die Orakel werden beim jeweiligen Heiligtum erfragt oder wurden bereits gesammelt und sind durch die hier im Mittelpunkt stehenden Spezialisten auszulegen. Für einen Vergleich mit der alttestamentlichen Prophetie ist die Betrachtung des Umgangs mit Orakeln und die Generierung von Deutungen von elementarer Bedeutung. Diese Vorgänge gehörten zu den genuinen Aufgaben der Seher, die Omen deuteten, und in geringerem Maße auch der Chresmologen. So beschäftigen sich beide Gruppen mit bereits vorliegenden oder für die aktuelle Situation eingeholten Orakeln, im Allgemeinen bringen sie damit aber nicht ein neues Gotteswort hervor. Michael Flower hält nach einem Vergleich zwischen verschiedenen Typen von Propheten im Alten Testament und der griechischen Literatur, der viele Gemeinsamkeiten aufzeigt und zugleich eindrücklich vor Augen führt, dass auch innerhalb der beiden kulturellen Räume große Unterschiede in der Beschreibung der divinatorischen Spezialisten bestehen, als wichtigen Unterschied fest: „The Greek seer is not the messenger of the gods, but rather an interpreter, even if a potentially inspired one, of sign".[196] Der Umgang mit bereits vorgegebenen Ankündigungen sollte aber nicht zu sehr von neuen prophetischen Aussagen abgehoben werden, zeigt doch die alttestamentliche Prophetiegeschichte mit ihrer Entwicklung zur traditionsgebundenen und literarischen Prophetie, dass die Deutung in der aktuellen Situation einen höheren Rang hat als die Neuheit des Wortes selbst. Insgesamt haben die Seher in Griechenland, gerade im politischen Bereich, eine Funktion, die der der Propheten im Alten Testament am nächsten kommt, sodass sich auch die folgenden Darstellungen hauptsächlich auf diese beziehen.[197] Die Rolle der Chresmologen veränderte sich mit der zunehmenden Verschriftlichung der Orakel und der Entstehung und Verbreitung von Orakel-Sammlungen.[198]

---

[194] Vgl. u. a. Thuk. 2.8.2; 2.21.3.
[195] Siehe dazu unten S. 75 f. BOWDEN, Oracles, zeigt jedoch, dass diese Kritik nicht deckungsgleich mit der Wahrnehmung der Chresmologen in der griechischen Antike war, sondern ihr Ruf zunehmend ruiniert wurde.
[196] FLOWER, Seer, 30.
[197] Wie nah die Analogie werden kann, zeigt sich schon daran, dass beispielweise Georg Peter LANDMANN in seiner Übersetzung des Peloponnesischen Krieges von Thukydides (Sammlung Tusculum, ältere Ausgabe), den Begriff μάντις mit „Prophet" übersetzt (vgl. etwa Thuk. 8.1.1.). In der neuen Übersetzung von WEISSENGERBER wird der Begriff „Zeichendeuter" verwendet.
[198] Zur Verschriftlichung von Orakelsprüchen und Orakelsammlungen siehe genauer LANGE, Literary Prophecy – auch im Vergleich zur alttestamentlichen Prophetie – und ROSENBERGER, Orakel, 166–172. Die Fixierung von Orakeln setzte früh in der Geschichte der Schriftlichkeit

Nun lag ihre Aufgabe stärker in der Auslegung als im reinen Bewahren und in Erinnerung-Rufen der Orakel, die öffentlich zugänglich wurden.

Gerade in späterer Zeit tritt der Begriff προφήτης hinzu,[199] dessen inhaltliche Füllung sich im Laufe der griechischen Zeit ändert.[200] So bezeichnete er häufig diejenigen Personen, die an den Orakelstätten den Willen der Götter als erbetene Antwort an die Fragesteller aussprechen oder die Worte in eine gedeutete Form bringen.[201] Dies ist auch die Grundlage für die Semantik des Begriffs, die sich ursprünglich nicht auf das *Vorhersagen* bezieht, sondern auf das *laute Aussprechen* anstelle eines anderen.[202] Die Propheten waren im Gegensatz zu den meist stärker unabhängigen Sehern mit einer Gottheit oder einem Kult verbunden.[203] Die Übersetzung der Septuaginta von נביא mit προφήτης und auch die Benutzung im ägyptisch-hellenistischen Raum zeugen bereits von einem veränderten Sprachgebrauch.[204]

Wie in Assyrien gab es auch in Griechenland neben den Sehern durchaus Seherinnen, auch abgesehen von der berühmten Pythia vom Orakel in Delphi.[205] Im Gegensatz zu den mesopotamischen Orakelspezialisten und ihrer breiten Fachliteratur sind die griechischen Seher eher durch persönliche Fähigkeiten denn durch eine längere Ausbildung definiert. Auch andere Funktionsträger konnten, wie bereits erwähnt, mantische Fähigkeiten beweisen, die meist in Ausnahmesituationen auftraten. Die Seher waren, gerade im Gegensatz zu den Priestern, unabhängig und gehörten nicht einem speziellen Heiligtum an. Diese

---

ein, die Orakel selbst wurden bis auf die (mythische) Frühzeit zurückgeführt und der göttliche Einfluss bei der Anlegung dieser Sammlungen betont.

[199] Zur Veränderung der Begrifflichkeit siehe BREMMER, Art. Prophet, 422, und zum Bedeutungsspektrum siehe insgesamt FRENSCHKOWSKI, Prophetie, 33–38. Als früherer Beleg für das Verb, allerdings in anderer Konnotation, da es der näheren Beschreibung der Rolle des Dichters als Sprachrohr der Musen gilt, ist das Pindar-Fragment 150 (SNELL) zu nennen (μαντεύεο, Μοῖσα, προφατεύσω δ᾽ ἐγώ). Insgesamt zur Verwendung des Begriffs siehe KRÄMER, Art. προφήτης, 783 f., zur Klassifizierung der Dichter als Propheten a.a.O., 792 f., sowie FRENSCHKOWSKI, Prophetie, 48–51, der die Verbindung zur Inspiration herausstellt.

[200] So kann KRÄMER, Art. προφήτης, 794, zusammenfassen: „προφήτης κτλ ist eine ebenso durch Feierlichkeit wie durch inhaltliche Leere gekennzeichnete Wortgruppe; sie drückt lediglich die formale Funktion des Aussprechens, Verkündens, Bekanntmachens aus."

[201] Plat. Phaidr. 244a. Zur Verbindung zum Orakel in Delphi und den weiteren Orakelstätten sowie zu einer Vielzahl an Belegen siehe KRÄMER, Art. προφήτης, 784–792.

[202] Konrad Schmid beschreibt diese Doppelfunktion, die im griechischen Begriff steckt, sich aber auch mit den Rollen der alttestamentlichen Propheten deckt, mit dem Wortpaar *Vorhersagen* (bzw. Voraussagen) und *Hervorsagen*. So etwa in SCHMID, Prognosis, 120, DERS., Theologie, 297 f. Dabei lässt sich, gerade wenn man den Prophetenfiguren die ihnen zugeordneten Bücher gegenüberstellt, eine Entwicklung hin zur Zukunftsorientierung und damit der temporalen Vorhersage erkennen.

[203] Vgl. DILLERY, Chresmologues, 171.

[204] So ist im fünften Kapitel dieser Arbeit, das sich mit der Rezeptionsgeschichte befasst, nach dem Umgang mit προφήτης und dann vor allem den ψευδοπροφήτης zu fragen. Zum Begriff προφήτης in der ägyptischen Literatur siehe oben S. 54.

[205] Zur Rolle der Seherinnen vgl. HAGEDORN, Role, und FLOWER, Seer, 211–239.

Unabhängigkeit, die gerade im Vergleich mit der neuassyrischen Prophetie zu betonen ist, bezog sich auch auf die Herrschenden, denen die Seher ebenfalls in der Regel nicht unterstellt waren. Diese waren Adressaten neben anderen.[206] Das mit dieser Unabhängigkeit verbundene Element des Außen-Stehens und Von-Außen-Kommens wird gerade bei den Sehern unterstrichen, die durch die Lande ziehen.[207] „The independent religious expert, be he *mantis* or chresmologue, was always precisely that, independent."[208] So gewinnen sie eine Position der Objektivität, die aus der Perspektivgebung resultiert und in der Regel der Glaubwürdigkeit der Orakeldeutung zu Gute kommt.[209]

Mit dem fehlenden institutionellen Status ging jedoch auf der anderen Seite einher, dass sich ein Seher durch die Zuverlässigkeit seiner Deutungen erweisen musste. So stellt Anselm Hagedorn heraus, dass die Seher/Propheten ihr Prestige im Gegensatz zu den Priestern gerade aus der Verlässlichkeit ihrer Worte generierten.[210] Hier zeigt sich, dass das Eintreffen der Deutungen von großer Wichtigkeit für die Seher selbst war. Eine Parallelität zum deuteronomistischen Erfüllungskriterium für Prophetie lässt sich erkennen.[211] Dabei waren das rhetorische Geschick der Seher und die Plausibilität ihrer Deutungen von hoher Relevanz, da sie diejenigen, die letztlich die Entscheidung zu treffen hatten, überzeugen mussten.[212]

Orakel und Seher spielen in den verschiedenen griechischen Gebieten und Gemeinschaftsformen eine große Rolle.[213] Den Rat eines Sehers nicht zu be-

---

[206] Zur Verbindung zwischen Propheten und Königen siehe NISSINEN, Ancient Prophecy, 280–289. „Greek prophecy never became a royal institution comparable to its Mesopotamian and West Semitic counterparts" (a.a.O., 284). Zu diesem Unterschied der Verortung im gesellschaftlichen Gefüge gerade im Vergleich zum mesopotamischen Raum vgl. auch FLOWER, Seer, 30f., und zum Verhältnis zwischen Heerführer und Seher a.a.O., 153–187, und DILLERY, Chresmologues, 172, der das Gegenüber von Seher und König/politischem Führer besonders im Mythos unterstreicht.

[207] Einige einflussreiche griechische Seher kamen aus dem nichtgriechischen Ausland, wie PARKER, States, 300, unterstreicht.

[208] DILLERY, Chresmologues, 184 (Hervorhebung i.O.), siehe auch a.a.O., 178, zum Seher als Außenseiter.

[209] Vgl. zu dieser Funktion des Anderen in der Anwendung auf das nachexilische Deuteronomium R. EBACH, Fremde, 258–262. Die Unabhängigkeit alttestamentlicher (Unheils-) Propheten (vgl. nur Am 7,10–17), die oft in Opposition zu den am Hof beheimateten Heilspropheten illustriert werden, ist ein Merkmal der alttestamentlichen Prophetenliteratur, durch das sie sich besonders – wenn auch nicht vollständig – von den schriftlichen Belegen der mesopotamischen Prophetie unterscheidet.

[210] Vgl. HAGEDORN, Role, 101–103, und FLOWER, Iamidae, 189f.

[211] Siehe zu diesem Kriterium ausführlich unten Kap. 3.2.

[212] Die Deutung der Zeichen und Orakel bedarf einer klugen und für den Rezipienten plausiblen Interpretation, die Seher arbeiten somit nicht gegen die Rationalität. Vgl. FLOWER, Seer, 14, und PRICE, Delphi, 148, der die Notwendigkeit logischer Argumente in einem Entscheidungsprozess unterstreicht.

[213] FLOWER, Seer, 3, betont, dass die Seher eine weit größere Rolle gespielt haben als die Anzahl der Belege bezeugt: „They are always lurking just beneath the surface of historical texts;

folgen und auch vor Kriegen nicht die von ihm ebenso empfohlenen Opfer zu bringen, führt in der griechischen Literatur immer zum politischen Misserfolg. Der damit angesprochene Einsatzbereich der Seher und Chresmologen und so auch ihre Rolle in der Gesellschaft bietet einen guten Anknüpfungspunkt für einen Vergleich mit der alttestamentlichen Prophetie. So sind diese divinatorischen Spezialisten in politischen Prozessen der Entscheidungsfindung beteiligt, denen im Folgenden ebenfalls näher nachgegangen wird.

Gerade in Krisenzeiten spielen Seher und Orakel eine besondere Rolle. Hierbei treten immer wieder sich widersprechende Seher auf, sodass es für alle politischen Möglichkeiten unterstützende Wahrsagungen, Seher und Chresmologen gab.[214] So lag es an den jeweiligen Entscheidungsträgern, die passende Deutung des Orakels und damit eine überzeugende Situationsanalyse und eine passende Handlungsoption auszuwählen. Schon in den homerischen Werken werden die Orakel in der Öffentlichkeit vorgetragen und diskutiert, so wie in späterer Zeit die Entscheidungsfindung in der öffentlichen Diskussion stattfindet.[215] Die Einbindung der Öffentlichkeit und nicht nur der Machthaber unterscheidet griechische von mesopotamischer Mantik, wie Kai Trampedach unterstreicht.[216] Gerade dieses Element kann jedoch durchaus in den Texten um prophetische Auseinandersetzungen im Alten Testament gefunden werden. Dies gilt besonders für Jeremia (vgl. Jer 7; 26–28 u. ö.). Durch die öffentliche Diskussion auch politisch-militärischer Entscheidungen kam es in Griechenland auch zu destabilisierenden Prozessen für die aktuellen Machthaber. Das destabilisierende Element von Mantik ist generell in Griechenland weit stärker ausgeprägt als in Mesopotamien, sodass sie seltener zur langfristigen Legitimation von Herrschaftsverhältnissen eingesetzt wurde. Die Entzogenheit einer königlichen Kontrolle verbindet die griechische Diskussion um Mantik mit der Entwicklung alttestamentlicher Prophetie ab der Exilszeit.

---

they rear their heads only when they are involved in some extraordinary action." In den Darstellungen gibt es sowohl namentlich genannte Einzelgestalten als auch kollektiv bezeichnete Gruppen von Sehern und anonyme Gestalten. Die einzelnen griechischen Schriftsteller maßen den Sehern eine unterschiedlich große Rolle zu. So spielt die Divination bei Xenophon eine größere Rolle als bei Thukydides, der diese vor allem thematisiert, wenn Ratschläge zu verhängnisvollen oder zumindest misslichen Situationen führten. Vgl. dazu FLOWER, Seer, 16.

[214] Siehe dazu FLOWER, Seer, 139. Vgl. beispielsweise Thuk. 2.8, der die Omnipräsenz von Orakeldeutern betont, und zudem (2.21) deutlich macht, dass eigentlich jeglicher Inhalt verkündet und bereitwillig aufgenommen wurde (χρησμολόγοι τε ᾖδον χρησμοὺς παντοίους, ὧν ἀκροᾶσθαι ὡς ἕκαστος ὥρμητο).

[215] Vgl. dazu TRAMPEDACH, Mantik, 481 f.
[216] So TRAMPEDACH, Mantik, 552.

2.7.2 Literarische Funktionen von Orakelsprüchen

Blickt man auf die Texte, in denen griechische Mantiker und Mantikerinnen eine wichtige Rolle spielen, so ist auffällig, dass das Image der Orakeldeuter und der Orakel selbst stark von der literarischen Gattung abhängt. Das Motiv des missverständlichen Orakels, das sich gegen die Erwartung und gegen das Bestreben der Protagonistinnen und Protagonisten erfüllt, ist ein prägendes Motiv der Gattung der griechischen Tragödien. So sollte nicht vorschnell aus diesen Texten auf die allgemeine Funktion griechischer Mantik geschlossen werden. Generell spielt der Einsatz von Mantik in Erzählungen eine große Rolle. Trampedach fasst zusammen: „Die Mantik ist ein hervorragendes Instrument, um die Erwartungen der Rezipienten zu steuern und ihnen die Notwendigkeit des Geschehenen zu vermitteln."[217] Neben Orakelsammlungen und spöttischen Aussagen über die Seher in den Komödien, auf die bei der allgemeinen Durchsicht der Aussagen zu unerfüllten Ankündigungen und dem Image der Seher in den nächsten Unterkapiteln zurückzukommen ist, finden sich Orakel besonders in den Historien von Herodot. Allein das Orakel in Delphi nennt Herodot mehr als 100mal.[218] Wie in anderen Erzählungen strukturieren die Orakelsprüche auch in diesem Werk die Narration und zeigen zudem die Verknüpfung der Götter mit den innerweltlichen Geschehnissen.[219] In der Regel erfüllen sich die von Herodot genannten Orakel.[220] Julia Kindt hat in ihrer breiten Analyse besonders deutlich machen können, wie die Kategorien von „prediction" und „fulfilment",[221] die durch den Einsatz von Orakelsprüchen in die herodotische Geschichtserzählung Eingang finden, neben der Strukturierung der Erzählung zu einem chronologischen Gerüst beitragen. So entsteht für die Lesenden eine kohärente Erzähllinie.[222] Durch die Erfüllungsnotizen (vgl. z. B. Hdt. 9.64) werden Handlungsstränge abgeschlossen und auf diese Weise auch der historische Fortgang gerechtfertigt.

---

[217] TRAMPEDACH, Mantik, 554.
[218] Zu Herodot und dem Orakel in Delphi siehe BOWDEN, Athens, 67–73.
[219] So auch BOWDEN, Athens, 72 f. HARRISON, Prophecy, spricht sich für die Wahrnehmung theologischer Gründe für Herodots Geschichtsschreibung als ganzer aus. Dabei betont er, dass sich in Herodots Werk hauptsächlich prophetische Ankündigungen finden, die sich bereits erfüllt haben oder sich in seiner Zeit erfüllen, es also kein prophetisches Buch für die Zukunft ist. Doch kann das Wirken der Götter durch die Orakel in der Geschichte als Prinzip erkannt werden (vgl. v. a. a. a. O., 252–255).
[220] Vgl. dazu NISSINEN, Ancient Prophecy, 286–289, und ausführlich zur Funktion der Orakel bei Herodot HARRISON, Divinity, bes. 122–157. Eine besondere Orakeldichte weist die Erzählung rund um Krösus auf. Siehe zu diesem Aspekt KINDT, Revisiting, 20–28.
[221] Zu den verschiedenen Weisen der Erfüllung siehe HARRISON, Divinity, 137–139.
[222] KINDT, Revisiting, 16–54. Für den Vergleich mit dem alttestamentlichen Umgang mit prophetischen Ankündigungen und ihrer Erfüllung ist ihre Analyse von Herodots Erzähltechnik weiterführend: „Herodotus' *Histories* offer an early and powerful example of how productive it is to search for the meaning of oracles beyond the question of their authenticity" (a. a. O., 53, Hervorhebung i. O.).

„[T]he telling of oracle stories helps Herodotus to focus his historical narrative on key events, to add narrative depth to the events of the war and to retain a divine presence on the battlefield."[223] Durch die Orakel werden Vergangenheit, Gegenwart und Zukunft miteinander verbunden, sodass der Umgang mit den Orakeln dem Arbeiten Herodots und seinem Ziel der *Historiae* entspricht.[224] Die strukturellen Parallelen zum so genannten Deuteronomistischen Geschichtswerk liegen auf der Hand, auch wenn Vorsicht bei einer Gleichsetzung der Kategorie Geschichtsschreibung für beide Texte angebracht ist.[225]

Die Wahrnehmung der Intention des Einsatzes von Orakelsprüchen und ihrer späteren Erfüllung, die in der Prägung des Erzählfadens liegt, im Gegensatz zur Reduktion der Perspektive auf die Historizität und delphischen Authentizität der Orakelsprüche selbst, führt dazu, den Eigensinn der Texte stärker wahrzunehmen.[226] Trampedach konnte eine ähnliche narrative Funktion für die Seher in den homerischen Schriften zeigen. „The epic seers, whose prophecies always prove to be right, represent the poet within the narrative. Their knowledge, which transcends ordinary temporal perception, characterizes the narrator and the seer in exactly the same way."[227]

2.7.3 Unerfüllte Prophetie und die Diskussion um die richtige Auslegung

Im Mittelpunkt dieser Studie steht der Umgang mit Ankündigungen, die sich nicht erfüllt haben bzw. als nicht erfüllt angesehen wurden. In Bezug auf die griechischen Seher lohnt die Verfolgung folgender drei Fragestellungen:

---

[223] KINDT, Revisiting, 46. Nicht selten sind mit der Erfüllung der Orakel Folgen verbunden, die Herodot zu seinen Zeiten und damit auch die Rezipientinnen und Rezipienten noch selbst erkennen können (vgl. Hdt. 8.39 und 8.122). So haben die Erzählungen zum einen ätiologischen Charakter und so belegen die noch sichtbaren Ergebnisse zum anderen die Realität der erzählten Geschehnisse.

[224] Vgl. besonders KINDT, Revisiting, 23.

[225] Vgl. dazu die Studie NIELSEN, Tragedy, der sich detailliert mit den Überschneidungen zwischen den Historien und dem Deuteronomistischen Geschichtswerk auseinandersetzt und dabei besonders auf die tragischen Motive in beiden Geschichtswerken hinweist. Zu den Unterschieden zwischen den literarischen Formen der „Geschichtsschreibung" in Griechenland und dem Alten Testament gerade in Bezug auf die (textimmanente) Rolle der Autoren und die Textpragmatik siehe BLUM, Historiographie.

[226] FLOWER, Seer, 14, formuliert pointiert: „Homer, Herodotus, the tragedians, all manipulate divination so as to make it conform to their own authorial voice and the needs of their story. And so they are not a mirror that exactly reflects the practices of divination and the personae of seers", doch fährt er fort: „yet they do refract attitudes and methods that must have had resonance for their audiences". Vgl. auch a.a.O., 17. Diese Beschreibung ist ebenso passend für die alttestamentlichen Prophetendarstellungen und das Deuteronomistische Geschichtswerk im Besonderen.

[227] TRAMPEDACH, Authority, 224. Die überzeitliche Perspektive zeigt sich gut in der Beschreibung des Sehers Kalchas in der Ilias (1.70), der Wissen hat über alles, was ist, sein wird und vorher war (ὃς ᾔδη τά τ'ἐόντα τά τ'ἐσσόμενα πρό τ'ἐόντα).

1. Wie wurden Deutungen diskutiert?
2. Welche Gründe wurden angeführt, um eine Nicht-Erfüllung zu erklären?
3. Was geschah mit den Sehern, die eine falsche Deutung vortrugen?

Herodot selbst kommt auf die Sprüche (χρησμός) des Bakis zu sprechen, die so klar seien, dass weder er noch irgendjemand anderer Widerspruch gegen sie erheben sollte (Hdt. 8.77).[228] Doch bildeten Sprüche dieser Art eine Ausnahme und nicht selten gab es eine (öffentliche) Diskussion um die richtige Deutung eines Orakels. Ein oft herangezogenes Beispiel hierfür ist die Diskussion um die richtige Auslegung des Orakelspruchs, den die Athener vom Orakel in Delphi um 480 v. Chr. im Rahmen der Perserkriege gegen die Truppen von Xerxes bekommen haben.[229] So sollte ihnen gemäß dem Spruch eine hölzerne Mauer (τεῖχος ξύλινον) Schutz bieten. Dies war bereits der zweite Orakelspruch, den sie in dieser Situation einholten, der erste erschien den Fragenden zu ungünstig.[230] Unter den athenischen Chresmologen wurde der Spruch mit vielen unterschiedlichen Meinungen diskutiert, besonders zwei Ausdeutungen wurden als wahrscheinlich angenommen:[231] Die Deutung der hölzernen Wand auf Athen und seine (vormals vorhandenen) Holzzäune um die Akropolis selbst und die

---

[228] Diese hier angenommenen Sprüche sind den alttestamentlichen Prophetensprüchen näher als die zu deutenden Orakelsprüche. Diese Orakel aus Sammlungen hatten jedoch ein geringeres Gewicht in politischen Diskussionen als neu eingeholte Orakelsprüche. So konnten die Bakis-Orakel als Argument neben anderen herangezogen werden, während es bei Delphi-Orakelsprüchen in der Diskussion um ihre richtige Auslegung und nicht um die Geltung des Spruches selbst ging. Vgl. dazu PARKER, States, 298.

[229] Nach der Darstellung von Herodot (7.141–144). Siehe dazu und zu Herodots (legendarisch-literarischer) Erzählweise FONTENROSE, Delphic Oracle, 124–128, BOWDEN, Athens, 100–107, und DILLERY, Chresmologues, 209–213, und zur Diskussion des Orakelspruchs in der Gemeinschaft BOWDEN, Oracles, 272–274.

[230] So lautet Herodots eigenes Urteil an den Historien (Hdt. 7.140). DILLERY, Chresmologues, 217, hebt hervor, dass Herodot nur beim zweiten Orakelspruch die Verschriftlichung erwähnt und somit den höheren Rang dieses Wortes auch durch die Wahl des Mediums unterstreicht. Vgl. zu den beiden Orakeln auch TRAMPEDACH, Mantik, 398 f. Die Praxis, mehrere Orakel einzuholen und zu prüfen, welche man für sich selbst als am günstigsten ansah, ist auch in Herodots Darstellung bezüglich Krösus' Umgang gerade mit dem Delphischen Orakel zu finden. Vgl. dazu auch NISSINEN, Ancient Prophecy, 287–289, FLOWER, Seer, 83 f., und PRICE, Delphi, 146–148. Umgekehrt vermerkt Herodot auch die Annahme eines Spruches, wenn der Empfänger diesen verstanden hatte, wie es etwa für Peisistratos beschrieben wird, der durch das korrekte Verständnis Athen erobern konnte, vgl. Hdt. 1.62. EIDINOW, Oracle, macht plausibel, dass das erneute Einholen eines Orakelspruches beim selben Orakel oder einem anderen zum besseren Verständnis dessen, was zu tun ist, kein Akt des Misstrauens gegen die Orakel war, sondern zum menschlichen Verantwortungsbereich zur Vermeidung von Missverständnissen, wie sie etwa Krösus unterliefen (siehe dazu unten S. 76 f.), gehörte. Gerade in den Darstellungen Herodots spielen die wiederholten Orakelanfragen eine wichtige Rolle, wie EIDINOW, a. a. O., 55–60, aufzeigt.

[231] PARKER, States, 301 f., stellt an diesem Beispiel fest, dass sich die Ebene der politischen Diskussion durch das Orakel verschob. Diskutierte man zuvor über die politischen Optionen und die Taktik, kam es nun zu einer philologischen Diskussion.

Deutung der hölzernen Mauer als Schiffsflotte. An diesem Beispiel zeigt sich zunächst eine größere Offenheit der Deutungen. Orakelsprüche – und analog auch Zeichen – konnten verschieden interpretiert werden und Orakelsprüche sogar erneut eingeholt werden. Es griffe somit viel zu kurz, die griechische Divination und Mantik ausschließlich mit dem Aspekt des unausweichlichen Schicksals zu verbinden.[232] Am Ende der von Herodot berichteten Diskussion setzt sich der griechische Befehlshaber Themistokles durch, der auch vorher bereits ein kluges politisches Geschick bewiesen hatte. Themistokles kritisiert die Auslegung der Chresmologen und argumentiert detailreich und begründet für eine Deutung des Orakelspruches auf die hölzerne Flotte.[233] Die sich daraus ergebende Strategie, die zur Seeschlacht von Salamis führt, hatte Erfolg. Julia Kindt verweist darauf, dass es letztlich nicht darum ginge, ob dies die korrekte Interpretation des Zeichens war – hierzu äußert sich auch der Erzähler Herodot nicht –, sondern darum, dass Themistokles seine Deutung am überzeugendsten vertreten konnte: „he has the more convincing story to tell".[234] Hinzu kommt, dass er und die Athener durch seine Deutung Erfolg hatten. Sie fasst überzeugend zusammen: „The successful interpretation *is* the right interpretation."[235] So zeigt erst der Verlauf der Geschichte und vor allem die Interpretation der Ereignisse aus dem Rückblick, welche Interpretation sich als belastbar herausgestellt hat.

Göttliche Unheilsankündigungen treffen auf jeden Fall ein, es sind keine konditionierten Ankündigungen, die von menschlicher Seite[236] noch aufzuhalten wären.[237] Fraglich ist nur, ob sie korrekt verstanden werden, ob die Deuter also mit ihren Auslegungen das ursprünglich Gemeinte treffen. Gerade im Orakelwesen geht es darum, dass eine falsche Deutung vorgebracht wurde, nicht, dass

---

[232] Das unausweichliche Schicksal und die klassische Fehlinterpretation eines Orakels sind besonders in der Gattung der Tragödie präsent, deren Funktion und innere Logik mit zu beachten sind. Doch gab es zugleich Wege, auf die Orakel zu reagieren. So konnte zum einen durchaus gegen ein Vorzeichen gearbeitet werden, indem entsprechende Opfer gebracht wurden, und zum anderen ermöglichte die richtige Interpretation das kluge Handeln. Zum Umgang mit nicht erwünschten Orakelsprüchen siehe auch PRICE, Delphi, 150 f.

[233] Zu seinem Verhalten passt die Beschreibung eines guten Sehers von BREMMER, Art. Divination, 711: „Um erfolgreich zu sein, mußte ein Seher über Erfahrung verfügen und seine differenzierte Auffassungsgabe in der Konstruktion verschiedener Möglichkeiten umsetzen können."

[234] KINDT, Revisiting, 167, vgl. auch a.a.O., 50–52.

[235] KINDT, Revisiting, 168 (Hervorhebung i.O.). Vgl. zu dieser Episode NISSINEN, Ancient Prophecy, 140. Auch FLOWER, Seer, 6–8, problematisiert die Kategorie der Wahrheit für die Kategorisierung griechischer Mantik und zeigt die Offenheit von Deutungssystemen. PARKER, States, 301 f., betont, dass die argumentative Diskussion zum Orakelwesen selbst gehörte. Im Vergleich zu den alttestamentlichen Prophetenerzählungen fällt das Muster eines namentlichen Protagonisten auf, der gegen eine große Anzahl anders votierender namenloser divinatorischer Spezialisten argumentiert. Zum Motiv der namenlosen Gegenspieler siehe unten S. 87 f.

[236] Anders gestaltet sich dies bei Flüchen, die im mesopotamischen Raum durch Rituale mit göttlicher Hilfe wieder aufgehoben werden konnten. Siehe dazu KITZ, Cursed, 321–348.

[237] Vgl. TRAMPEDACH, Mantik, 395.

die Botschaft an sich falsch war. Dies heißt jedoch nicht, dass ein Orakel sozusagen zur Passivität führt, da das Schicksal nicht zu ändern ist, besteht doch eine wichtige Funktion von Orakelsprüchen im Einholen strategischer Ratschläge vor einem Krieg oder einer Schlacht, um diese zu gewinnen bzw. um begründet das Vorhaben aufzugeben, bevor es zu einer Niederlage kommen kann. Doch auch hier gilt es, die korrekte Interpretation des Spruchs zu finden und somit die richtige Handlungsanweisung. So kann Lisa Maurizio plausibel machen, dass das Axiom, dass ein göttliches Orakel richtig/wahr ist, nicht dazu führte, dass dem Wort sklavisch zu folgen war, sondern dazu, dass die Kategorie der Interpretation gestärkt wurde.[238]

Die Hochschätzung der Kategorie der Interpretation beschränkt sich nicht nur auf die Orakelsprüche, die sich unmittelbar erfüllten. Maurizio betont, dass die Veränderung, Interpretation und Weitergabe, gerade als Reaktion auf *nicht erfüllte* Orakel, deren Deutung zu modifizieren ist, Teil des prophetischen Prozesses sind und nicht nur, wie es in älteren Veröffentlichungen geschah, als Verfälschung gedeutet werden sollten. Auch hier greift also die auch in der Auslegung alttestamentlicher Texte immer wieder zumindest implizit vorausgesetzte Faustregel „Eine falsche Ankündigung ist eine authentische und alte Ankündigung" zu kurz. Auch die Identifikation als nicht erfüllt ist etwas, auf das sich die rezipierende Gemeinschaft einigt. Dieser Prozess geschieht oft im Nachhinein, sodass, nachdem ein Orakel als nicht erfüllt erkannt wird, die Ambiguität des Orakelspruchs bemerkt oder auch kreiert wird.[239] „The oracles were authentic by virtue of their authentication by the community."[240]

Erfüllte sich eine Deutung nicht, so wurden verschiedene Gründe vorgebracht, die die einzelne Abweichung erklärten, ohne das Gesamtsystem der Mantik in Frage zu stellen. Denn in einem Prozess, in dem die überzeugendste Deutung letztlich von der Gemeinschaft ausgewählt wird, gibt es notwendigerweise auch Deutungen, die sich als falsch erweisen. Dies gilt auch für Deutungen, die in diesem Prozess ausgewählt wurden. So gab es Gründe, warum ein einzelner Seher irren konnte, da er stets als fehlbarer Mensch wahrgenommen wurde.[241]

---

[238] Vgl. Maurizio, Prophecy, 70–73.
[239] Vgl. dazu Maurizio, Prophecy, 67 f.
[240] Nissinen, Ancient Prophecy, 141.
[241] So Flower, Seer, 108 f., in Anschluss an die Arbeiten des Anthropologen Meyer Fortes. Vgl. auch Flower, a.a.O., 137: „It is one thing to doubt the integrity of a particular seer or even of bird divination as a legitimate skill, but quite another to doubt the validity of oracles. If the gods do not have the power either to deliver true oracles or to ensure that those oracles come to pass, then the whole belief structure of Greek religion would collapse." Und noch pointierter: „If a decision taken on the basis of divination leads to a disadvantageous result or even to catastrophe, one can attribute this to the incompetence or dishonesty of the seer who had been consulted rather than to a fault in the system itself. Thus divination, as a means of communication between supernatural powers and human beings, cannot easily be falsified within a community that practices it." (a.a.O., 244).

Als Fallbeispiel von Sehern, die eine verhängnisvolle Fehlinterpretation eines astrologischen Zeichens gegeben haben, nennt Flower[242] die des Nikias als Ratgeber der Athener im Kampf gegen die Syrakuser (Sizilien) im Jahre 413 v. Chr. So raten die Seher aufgrund der Veränderung des Mondes dazu, länger zu bleiben und nicht nach kurzer Zeit nach Athen zurückzukehren. Die Athener folgen dem Rat, erleiden dadurch aber eine Niederlage. Hier wird deutlich, dass nicht die Vorzeichen selbst falsch waren, sondern die Seher sie falsch auslegten, wäre aufgrund der Vorzeichen doch eine deutlich kürzere Verweildauer ratsam gewesen. Die mangelnde Kompetenz der Seher wird dadurch unterstrichen, dass der kompetenteste von ihnen, der namentlich genannte Stilbides, kurz zuvor verstorben war, wie weit später Plutarch berichtet.[243] Die Episode zeigt die Relevanz guter Seher für politische Entscheidungen. Die Betrachtung der Fehler bezieht sich aber nicht auf das System als Ganzes oder die Fähigkeit der dahinterstehenden Götter, sondern auf die Reputation des einzelnen Sehers. „If a particular diviner was proven wrong, it was because he did not practice his art well: the failure of the individual practitioner does not undermine or disprove the system as a whole."[244] Dies führte in der Interpretationsgeschichte dazu, dass Gründe für sein Scheitern gesucht wurden, die bis zur Bestechung durch die Syrakuser reichten.[245] Die Suche nach Gründen für zweifelhafte Aussagen hat Parallelen in der alttestamentlichen prophetischen Kritik gerade an den Heilspropheten, doch ist in diesem Fall der griechischen Literatur die Fehlbarkeit der Seher als Menschen viel entscheidender. Eine wichtige Überschneidung ist an dieser Stelle jedoch zu unterstreichen: So stellt Flower heraus, dass der längere Aufenthalt und damit eine verzögerte Rückkehr nach Athen ohne Erfolgsmeldung ganz im Sinne des Feldherren Nikias war. Hier liegt es folglich nahe, dass der Rat des Sehers zumindest auch durch die Wünsche des Strategen beeinflusst wurde.[246]

In Anschluss an Thomas Harrisons Studie zur Religion bei Herodot, aber über diese Textbasis hinaus, können verschiedene Erklärungsmodelle aus der griechischen Literatur zusammengetragen werden, um die Nichterfüllung eines Orakels einzuordnen:[247]

1. *Die Erfüllung verzögert sich nur, am Ende wird sich das Wort als wahr erweisen.* Dies ist ein klassisches Erfüllungskriterium mit unbestimmter Dauer. In der Ilias wird beim Seher Kalchas thematisiert, ob seine Prophezei-

---

[242] Vgl. FLOWER, Seer, 114–119. Vgl. Thuk. 7.50.4.
[243] Vgl. Plut. Nikias 23.5 f.
[244] FLOWER, Seer, 13.
[245] So etwa bei GREEN, Armada, 297 f.
[246] Die Nähe zur Kritik an den alttestamentlichen Propheten ist erkennbar, die demjenigen Frieden ansagen, der ihnen etwas zu essen gibt. Vgl. als prominenten Text Mi 3; siehe zu diesem Kritikpunkt unten Kap. 3.1.
[247] HARRISON, Divinity, 130–157.

ungen wahr seien. Und so bittet Odysseus in einer langen Rede um ein wenig Geduld, um das mögliche Eintreffen der Ankündigungen und damit den Beleg für die Kompetenz des Sehers zu erleben (2.299 f.).[248] Dieses Element ist für die Erzählung eines abgeschlossenen Prozesses gut zu handhaben. Auch Herodot erzählt seine Episoden mit Kenntnis des Endes. Fragt man dann aber nach dem politischen Umgang mit Orakeln, bei dem in einer akuten Situation eine schnelle Entscheidung zu fällen ist, stellen sich die gleichen Probleme wie im Alten Testament. Schon Aristoteles problematisiert, dass Orakelsprecher sich nie konkret zum Zeitpunkt der Erfüllung äußern.[249]

2. *Die Befragung des Orakels war falsch oder der Ausleger selbst von geringer Kompetenz.* Ein guter Orakeldeuter ist in der Lage, die Situation zu erkennen und die göttliche Botschaft somit situationsbezogen auszulegen.[250]

3. *Es kam zu einer Fehlinterpretation.* Dies wundert auch deshalb nicht, da gerade die Orakelsprüche, die auf Apollon zurückgeführt wurden, einen Ruf der Zweideutigkeit, des Trugs und der Unverständlichkeit hatten.[251]

4. *Die divinatorischen Spezialisten waren unzuverlässig oder korrupt.* Für Herodot gilt dies besonders für den athenischen Chresmologen Onomakritos (Hdt. 7.6).[252] An seinem Beispiel wird dargestellt, dass das Verändern und Auswählen von Orakeln ein schwerwiegender Akt ist. So wurde er aus Athen verbannt, als er dabei erwischt wurde, ein Orakel in seine Sammlungen bzw. beim Rezitieren einzufügen (ἐμποιέων ἐς τὰ Μουσαίου χρησμόν).[253] Auch in seiner Verbannung verfälschte er Orakel weiter – nun allerdings nicht mehr im Gegenüber zu den Griechen, sondern den feindlichen Persern. Er trug dem persischen König Xerxes in Susa, zu dem er nun kam, nur die günstigen Orakel vor (ὁ δὲ τὰ εὐτυχέστατα ἐκλεγόμενος) und nicht die

---

[248] Siehe dazu Trampedach, Authority, 213.
[249] Aristot. rhet. 1407 a31–b6. Aristoteles sieht in den offenen Formulierungen der Orakelsprüche also die Absicht, die Götter vor der Falsifizierung ihrer Aussagen zu schützen.
[250] Siehe dazu Trampedach, Mantik, 483. Es geht also nicht um eine zeitlose Deutung eines Zeichens, sondern gerade um die der aktuellen Situation angemessene. Dies gilt auch für die alttestamentliche prophetische Rede. Siehe dazu mit Bezug auf Jeremia und Hananja in Jer 28 unten Kap. 3.2.2.1. Zum Misslingen einer Orakeldeutung aufgrund der geringen Kompetenz des Deuters siehe Parker, States, 302 f.
[251] Siehe dazu Trampedach, Mantik, 425–430. Gerade dies führte zunehmend zu einer Skepsis gegenüber der Mantik.
[252] Siehe zu dieser Episode Dillery, Chresmologues, 189–192, und Fontenrose, Delphic Oracle, 157.
[253] Redaktionelle Ergänzungen sind jedoch auch in anderen Orakelsammlungen wahrscheinlich, wie Fontenrose, Oracle, 159 f., für die Bakis-Sprüche plausibel macht. Vgl. dazu auch Lange, Prophecy, 265 f. Lange betont in diesem Kontext, dass somit auch Onomakritos Ergänzungen als prophetischer Akt zu verstehen seien. Die Diskrepanz zwischen der kritischen Darstellung der Ergänzung von Orakelsprüchen und dem faktischen Vorkommen redaktioneller Erweiterungen mag analog zur Verwendung der Kanonformel in alttestamentlichen Texten, die durchaus literarisch gewachsen sind, verstanden werden. Gerade die Praxis der Erweiterung führt zur Warnung vor dieser. Siehe dazu auch im Folgenden Anm. 255.

Unheilsankündigungen. Diese Praxis veranlasste wiederum diesen, neben anderen Argumenten von Fürsprechern, gegen Athen zu ziehen, obwohl er eigentlich nur gegen Ägypten ziehen wollte.[254] Dies zeigt, dass die Auswahl aus prophetischen Sprüchen, die selbst auch wahr sind, aber losgelöst von den kritischen Vorzeichen zum Unheil führen, eine große Gefahr birgt.[255] Hier ist also genau jenes Vorgehen beschrieben, das in dem neuassyrischen Brief des Astrologen Bel-ušezib[256] als Problem vorgetragen wird – wenn es auch da aus guten Absichten geschah – und das sinnvolle politische Entscheiden verhinderte. Auch dort wird das Ausrichten nur positiver Zeichen als Grund der politischen Katastrophe gesehen. Für die Befehlshaber ist es essentiell, dass die Seher nicht das sagen, was die Herrscher hören wollen, sondern dass sie die Omen korrekt deuten (so bei Xenophon).[257]

Oft führten die Interessen und Hoffnungen der Herrschenden und auch der Orakeldeuter selbst zu einer positiven Deutung der Zeichen. Dies wird bei Thukydides scharf kritisiert, da durch solche Orakel Hoffnungen bei den Athenern geweckt wurden, die keine Grundlage hatten, und somit das Unheil verstärkt wurde.[258] So beschreibt er den Zorn der Athener auf ihre Chresmologen und Seher, da sie ihnen durch die Prophezeiungen Hoffnungen gemacht hatten, sie könnten Sizilien einnehmen (413 v. Chr.).[259] Dass man generell lieber positive Zeichen haben möchte und Seher, die Unheil ansagen, nicht gern gehört wurden, zeigt die Reaktion Agamemnons auf seinen Seher Kalchas in der Ilias:

Oh Seher der schlechten Dinge (μάντι κακῶν), der mir niemals etwas Gutes gesagt hat. Immer die bösen Dinge erfreut sich dein Herz zu verkünden, aber ein gutes Wort hast Du noch nie gesprochen oder vollendet.[260]

---

[254] Herodot berichtet von Xerxes sowohl, dass er sich von Träumen beeinflussen ließ, als auch, dass er viele eindeutige Zeichen auf seinem Eroberungszug gegen die Griechen ignorierte. Hierzu zählen die Zeichen einer Kuh, die einen Hasen gebar, und einer Maultierstute, die ein Junges zur Welt brachte, das sowohl männliche als auch weibliche Geschlechtsteile hatte. Auch in den Diensten von Kyros war ein griechischer Orakelspezialist, der Seher Silanos, der dem Perser vor einer Niederlage ebenfalls gute Orakel verkündete, wie Xen. an. 1.7.18, berichtet. Siehe dazu DILLERY, Chresmologues, 198.

[255] Ähnliches gilt für die verkürzte oder verlängerte Wiedergabe eines Orakels, die ebenfalls dazu führt, dass aus dem Orakel nichts Gutes folgen kann, wie Theognis festhält (Thgn. 804–809). Die Aufforderung, nichts hinzuzufügen oder wegzulassen, erinnert an die deuteronomistische Kanonformel in Dtn 4,2; 13,1 u. ö. bzw. an ihre altorientalischen Parallelen. Siehe dazu OEMING, Kanonformel, und auch oben Anm. 253.

[256] Vgl. dazu oben S. 38–40.
[257] Vgl. FLOWER, Seer, 173.
[258] So bei Thuk. 5.103.2. Siehe dazu TRAMPEDACH, Mantik, 431.
[259] Thuk. 8.1.1. Zu der Episode siehe unten S. 77 f.
[260] Hom. Il. 1.105–108. Siehe dazu FLOWER, Seer, 80. DILLERY, Chresmologues, 172, hält mit Blick auf diese Episode fest, dass somit die erste Beschreibung eines Sehers in griechischer Literatur eine negative ist.

Verbunden mit der Klage über die schlechten Prophezeiungen ist der Vorwurf, dass es dem Seher Freude bereiten würde, solche Nachrichten zu überbringen. Dass sich umgekehrt der Seher – in Analogie zum alttestamentlichen Boten – schützen muss, wenn er schlechte Nachrichten überbringt, zeigt sich wiederum an der Absicherung Kalchas bei Achill, bevor er zu reden beginnt.[261]

Noch radikaler wird der Vorwurf, wenn es um den Profit des Sehers geht, sich dieser also als bestechlich erweist, ein Vorwurf, der sich in der griechischen Literatur immer wieder findet.[262] Klassisch formuliert ist dies in der Kritik an Teiresias durch den Tyrannen Kreon „Das ganze Geschlecht der Seher ist silberverliebt."[263] Auch Oedipus erhebt einen ähnlichen Vorwurf, wenn er in einer langen beschimpfenden Anklage formuliert, Teiresias achte nur auf Profit, in seiner Kunst aber sei er blind (ὅστις ἐν τοῖς κέρδεσιν μόνον δέδορκε, τὴν τέχνην δ᾽ἔφυ τυφλός).[264] Beide zeigen im Verlauf der Tragödien aber durchaus auch Respekt für diesen Seher und Teiresias selbst antwortet gerade Kreon mit strukturgleichen Vorwürfen.

Die Kritik an Sehern und Chresmologen nahm im Laufe der griechischen Geschichte weiter zu und schlug sich vor allem in den Komödien nieder.[265] Dabei ist ein entscheidender Unterschied zwischen den auftretenden Sehern in der klassischen Literatur und den Sehern sowie vor allem Chresmologen in den Komödien auffällig. So erweisen sich die Ansagen der Orakelspezialisten in den Epen und Tragödien am Ende als wahr, während die Seher in den Komödien falsch liegen.[266] Besonders der Komödienschreiber Aristophanes gab

---

[261] Hom. Il. 1.73–92.
[262] Siehe dazu PARKER, Polytheism, 116–118. Auch Aristoteles sieht in seiner Nikomachischen Ethik (1127b) die Mantik – neben Philosophie und Medizin – als einen Bereich an, in dem für Profit viel geprahlt und vorgetäuscht wird. Platon beschreibt, wie die Mantiker ihre Dienste nur an den Türen der Reichen anbieten (Plat. rep. 364b–c); vgl. DILLERY, Chresmologues, 199 f. Im Derveni-Papyrus, § 66–68, wird ebenfalls ein finanzieller Vorwurf erworben, der sich an dieser Stelle gegen jene richtet, die andere im Weiheritus unterrichten und ihnen Geheimwissen versprechen. Zu Text und Übersetzung siehe KOTWICK, Papyrus, 92 f., zum Papyrus selbst FUNGHI, Derveni Papyrus, und HAGEDORN, Moses, 164 f. Zu der Rolle von Magiern in der Darstellung des Derveni-Papyrus siehe BURKERT, Griechen, 126–128.
[263] Soph. Ant. 1055: τὸ μαντικὸν γὰρ πᾶν φιλάργυρον γένος.
[264] Soph. Oid. T. 380–403. Vgl. dazu FLOWER, Seer, 135 f. Zur Anzweiflung der Unparteilichkeit und Unbestechlichkeit von Sehern in der homerischen Literatur siehe TRAMPEDACH, Authority, 226.
[265] Kritik an Sehern ist dabei keine neue Erfindung, sondern wird bereits in den homerischen Schriften durch verschiedene Protagonisten formuliert. Siehe zu den Veränderungen im Ansehen und der Darstellung der Seher besonders HARRIS, Reputation, aber auch FLOWER, Seer, 133, TRAMPEDACH, Authority, 225, und BREMMER, Art. Divination, 712 f.
[266] So zusammenfassend FLOWER, Seer, 19, mit Verweis auf PARKER, Miasma, 15: „While in high literature the seer is always right, in comedy he is always wrong." Für die erste Gruppe verweist Parker auf Pouldramas und Teiresias, für die zweite Gruppe auf die Darstellung der Seher in den Komödien von Aristophanes, Kratinos, Kallias u.v.m. Bei Aristophanes zeigt sich, dass die Chresmologen einen weit schlechteren Ruf als die Seher hatten (vgl. Aristoph. Pax 1043–1047, und dazu DILLERY, Chresmologues, 194 f.). Zum spöttischen Umgang mit

einzelne Seher und vor allem Chresmologen immer wieder der Lächerlichkeit preis.[267] Doch gibt es kritische Töne und berichtete Abneigungen wie erwähnt durchaus auch bei Homer und bei Euripides. So sagt Achilleus in Euripides' Iphigenia Aulidensis in Bezug auf den Seher Kalchas: „Was ist ein Seher (μάντις) anderes als ein Mann, der wenig Wahres doch und vieles Falsches (πολλὰ δὲ ψευδῆ λέγει) schwatzt, und, hat er sich geirrt, sich aus dem Staube macht?"[268]

Wiederum ist jedoch darauf zu achten, dass diese Kritik nicht unbedingt gegen Divination als solche gerichtet ist und auch Aristophanes die Orakelzentren niemals kritisiert, wie Flower unterstreicht: „[M]any Greeks may have questioned the ability or honesty of individual seers, but very few indeed doubted the validity of divination itself".[269]

5. Es gibt neben diesen Erklärungen, die sich auf die Fehlbarkeit des Menschen beziehen, durchaus auch das Motiv, dass ein *Gott einen Menschen absichtlich täuscht*. Dies geschieht in der Ilias durch Zeus an Agamemnon und nach Herodot wird Xerxes durch einen Traum getäuscht.[270] Aischylos hält fest, dass sich ein Gott von „gerechter Täuschung" nicht fernhält (ἀπάτης δικαίας οὐκ ἀποστατεῖ θεός).[271] Wichtig hierbei ist das Element der Gerechtigkeit. Durch Täuschung werden hochmütige Menschen von den Göttern für ihre Hybris bestraft. Auch Krösus beschwert sich bei Apoll nach seinem fatalen Missverständnis des Orakelspruchs der Pythia in Bezug auf seinen Feldzug gegen Kyros bei Apollon, er wäre durch das trügerische Orakel getäuscht worden.[272] Apollon verteidigt sich jedoch mit drei Argumenten:

---

der Verwendung von Orakelsammlungen in Aristophanes Komödien siehe LANGE, Prophecy, 267–272.

[267] Siehe dazu NISSINEN, Ancient Prophecy, 142 f., und SMITH, Diviners. Gerade Smith stellt dabei heraus, dass der Missbrauch ihrer Rolle durch die Orakeldeuter selbst und vor allem durch die politisch einflussreicheren Kräfte, die diese zu ihrem Vorteil einsetzten und damit zum Nachteil des Volkes (aus-)nutzten, den Kern der Kritik bei Aristophanes darstellen.

[268] Eur. Iph. A. 956–958. Übersetzung TRAMPEDACH, Mantik, 494. Ähnliches zeigt sich auch bei Eur. frg. 973 (Nauck), der den als besten Seher bezeichnet, der gut rät.

[269] FLOWER, Seer, 13.

[270] Vgl. dazu TRAMPEDACH, Mantik, 402–412. „Wenn die Götter in der Kommunikation mit den Menschen Betrug und List anwenden, dann in der Regel, um dem Schicksal Bahn zu brechen, oder als gerechte Strafe für Hybris und Dummheit." (a. a. O., 410.).

[271] Aischyl. frg. 601 f. (Mette). Es handelt sich hierbei zwar nur um ein Fragment, das keiner Tragödie oder einem anderen breiteren Kontext zugeordnet werden kann, doch wird es in der antiken Rezeptionsgeschichte mehrfach mit dem Hinweis auf Aischylos als Verfasser zitiert. So liegt die Vermutung nahe, dass es sich um eine Art geprägte Wendung und ein Sprichwort handelte, die durchaus breiter bekannt war. Zu den fünf Belegen siehe METTE, Fragmente, 217 f. Dieses Motiv ist durchaus auch alttestamentlich belegt, man denke nur an Ez 14,9 und 1 Kön 22. Siehe zum Motiv des verleitenden Gottes im Alten Testament unten Kap. 3.3.

[272] Hdt. 1.90 f. Vgl. dazu TRAMPEDACH, Mantik, 396–398. Dabei hatte Krösus selbst nach Herodots Darstellung (1.46) vorher die Orakel getestet, um erkennen zu können, an welcher Stätte die höchste Kompetenz zu vermuten war.

1. Das Schicksal sei auch durch einen Gott nicht zu ändern;
2. Apollon selbst habe sich bei den Schicksalsgöttinnen sogar für Krösus eingesetzt und – für die hier gewählte Fragestellung besonders wichtig –
3. Krösus trage eine Mitverantwortung, da er nicht weiter nachgefragt habe und selbst den Spruch fehlinterpretiert habe! An diesem dritten Argument lässt sich erkennen, dass die Orakeldeutung im prophetischen Prozess eine entscheidende Rolle spielt und zu einer gelungenen prophetischen Interaktion hinzugehört.[273]

Doch was geschah mit den Sehern, die falsche Deutungen vortrugen und somit zum Teil zu einem erheblichen Schaden beitrugen? In dieser Hinsicht fällt vor allem das Fehlen von Konsequenzen auf. Die Seher bekommen zwar Probleme bezüglich ihrer Glaubwürdigkeit und damit auch bezüglich ihrer eigenen Versorgung, da sie auf den Lohn für ihre Dienste angewiesen waren,[274] doch werden sie für Fehldeutungen nicht aktiv bestraft.

Dies kann durch eine Episode illustriert werden, die Thukydides erzählt. Gerade Thukydides betont die öffentliche Diskussion um politische Entscheidungen. Anders als Herodot bezieht er sich in seinen geschichtlichen Darstellungen deutlich weniger auf Orakel und zeigt eine kritischere Haltung gegenüber divinatorischen Spezialisten.[275] An diesem Beispiel, in dem die Spezialisten in seiner Darstellung jedoch eine wichtige Rolle spielen, gerade weil ihre falschen Deutungen und somit der politische Misserfolg grundlegend sind, kann die Frage nach misslingender prophetischer Beratung beleuchtet werden.

Thukydides beschreibt den Zorn der Athener über den erfolglosen Versuch, am Ende des 5. Jahrhunderts im Rahmen des Peloponnesischen Krieges Sizilien zu erobern.[276] Als man von der Niederlage hört, ist man erzürnt gegenüber allen Spezialisten der Orakeldeuter, die die Athener durch göttliche Vorzeichen in dem Plan bestärkt hatten, die Eroberung zu wagen. Doch nennt Thukydides an erster Stelle, also noch vor diesen, eine andere Gruppe, die den Zorn hervorrief: die Redner. So wird deutlich, dass der Zorn gegenüber all denjenigen besteht, die in der Diskussion Argumente für die falsche Entscheidung geliefert hatten – seien es nun Redner oder Mantiker:

> Als sie es erkannten, zürnten sie den Rednern (τῶν ῥητόρων), die sich für die Ausfahrt eingesetzt hatten – als hätten sie sie nicht selbst beschlossen – und waren erbost gegenüber

---
[273] Zur Mehrdeutigkeit und Missverständlichkeit griechischer Orakelsprüche vgl. auch TRAMPEDACH, Mantik, 418–435. Insgesamt zu den griechischen Orakeln vgl. ROSENBERGER, Orakel.
[274] PARKER, Polytheism, 118, spricht diesbezüglich vom „risk of unpopularity created by failure".
[275] Zu Thukydides' skeptischer Haltung gegenüber Divination gerade im Vergleich mit Herodots Historien siehe BOWDEN, Athens, 73–77.
[276] Vgl. dazu NISSINEN, Ancient Prophecy, 142. Thuk. 8.1.1.

den Chresmologen (χρησμολόγοις) und Sehern (μάντεσι) und allen Weissagungsgebern (θειάσαντες), die sie in der Hoffnung bestärkt hatten, Sizilien zu erobern.

Noch entscheidender ist jedoch ein Halbsatz, den Thukydides hinzufügt. Die Athener seien erzürnt über die Redner, als ob sie nicht selbst darüber abgestimmt hätten. Deutlich wird hier, dass alle Redner und auch die prophetischen Auslegungsspezialisten dem Prozess der Entscheidungsfindung dienen, für den dann jedoch die Entscheidungsträger selbst die Verantwortung haben.[277] Der Zorn ist hier also ungerechtfertigt. So ist es auch nur folgerichtig, dass Konsequenzen für die verschiedenen Berater und damit auch die Mantiker ausbleiben. Als Ergebnis hält Thukydides lediglich fest, dass alle sehr betrübt und bestürzt waren.

Trotzdem gab es Fälle, in denen Mantiker bestraft und sogar getötet wurden. Doch ist, wie bei der Behandlung der neuassyrischen Propheten und wie für den Umgang mit Propheten im Alten Testament in dieser Studie gezeigt wird,[278] relevant, auf die Gründe zu achten. Herodot berichtet von der Praxis der Skythen, die eine große Anzahl Seher hatten.[279] Wurde der König krank, so wurde ein Schuldiger unter den Sehern gesucht. Dabei benannten zunächst drei Seher den Schuldigen, diese Schuld musste dann jedoch durch sechs weitere Seher unabhängig bestätigt werden, widersprachen sie, wurden weitere Seher hinzugerufen, bis nach einem langen Prozess der Verursacher feststand. Dieser wurde als falscher Seher (ψευδομάντιας) bezeichnet, bei lebendigem Leibe verbrannt und seine Söhne getötet. Dieses Vorgehen ist jedoch keine Beschreibung tatsächlicher Vorgänge, Dillery bezeichnet diese Episode als „ethnographic fantasy"[280] von Herodot, durch die der Kontrast zu den eigenen Sehern und zu ihrer Unabhängigkeit deutlicher wird. Durch diese Kontrastierung wird jedoch deutlich, dass das Töten von Sehern zu kritisieren ist.[281]

Wie auch bei den Neuassyrern war die Verstrickung in eine Rebellion die Grenze der Deutungsfreiheit griechischer Seher und zeitigte massive Konsequenzen, die bis zur Tötung des Sehers reichten. So berichtet Xenophon vom Seher Tisamenus, der Teil einer Verschwörung war und deshalb mit den anderen Konspiranten getötet wurde.[282] Das Vergehen des Sehers lag also nicht in der

---

[277] In ähnlicher Weise argumentiert auch BOWDEN, Oracles, 273, mit Blick auf die Auslegung des Orakelspruchs um die „hölzerne Wand" (siehe dazu oben S. 69 f.): „It is the people as a whole who make the decision in the end, having listened to the debate."

[278] Siehe zu den neuassyrischen Propheten oben Kap. 2.3.2, zu den alttestamentlichen Propheten besonders unten Kap. 3.2.1.2 und 3.2.1.3 und zur nachalttestamentlichen Rezeption Kap. 5.2.2.

[279] Hdt. 4.68 f.

[280] DILLERY, Chresmologues, 215.

[281] Ähnliches zeigt sich auch in Bezug auf den Umgang mit alttestamentlichen Propheten. Gerade die Herrscherinnen und Herrscher, die einen Propheten töten lassen (Jojakim und Isebel), erweisen sich schon dadurch als kritikwürdig. Siehe dazu unten Kap. 3.2.1.3.

[282] Xen. hell. 3.3.11. Vgl. dazu und zum ebenfalls mit einer Verschwörung in Verbindung gebrachten Seher Theokritus FLOWER, Seer, 157–159.

Güte seiner mantischen Fähigkeiten, sondern in dem politischen Aufruhr selbst. Ein ähnlicher Fall ist in der homerischen Odyssee zu finden. So wird zwar nur von erfüllten Deutungen und Vorhersagen der Seher berichtet, doch können ihre Einstellung und Unparteilichkeit in Frage gestellt werden. In diesem Kontext kommt es ebenfalls zur Tötung eines der Mantiker: Der Orakelschauer Leiodes wird getötet, weil Odysseus ihm vorwirft, er hätte Gebete gegen seine Heimkehr gesprochen.[283] Zum einen zeigt dies den Vorwurf der Verschwörung gegen den Befehlshaber, eine Tat, die hart bestraft wird, zum anderen wird deutlich, dass die Fähigkeiten selbst nicht in Frage gestellt werden, sondern gerade aus diesen die Gefahr erwächst. Trampedach folgert für sie: „Ihr Sehertum trägt den mantischen Spezialisten keinen selbstverständlichen Respekt und keine *sacrosanctitas* ein."[284] Und doch ist die Zurückhaltung gegenüber Prophetentötungen und die Begründung über den Vorwurf der Rebellion stärker zu beachten als es oft geschieht.

Auch an anderer Stelle berichtet Herodot von einem getöteten Seher und stellt das Ergehen und die mantischen Fähigkeiten des Telliaden Hegesistratos von Elis dar.[285] Dieser wird durch die Spartaner gefangen und am Ende getötet, nachdem sie ihn bereits einmal inhaftiert hatten und er auf spektakuläre Weise entfliehen konnte: Er trennte sich selbst seinen halben Fuß ab, an dem er festgekettet war. Entscheidend ist hier jedoch wiederum der genannte Grund. So hatten die Spartaner durch ihn „viel Feindliches erfahren" (ὡς πεπονθότες πολλά τε καὶ ἀνάρσια ὑπ᾽ αὐτοῦ). Seine seherischen Qualitäten werden also auch hier nicht in Frage gestellt, aber die politischen Ergebnisse, die dadurch entstanden, führen zum Verlangen, diesen Gegner zu töten.[286]

Eine letzte und durchaus besondere Episode kann diesen Überblick über den Tod von Sehern in der griechischen Literatur abschließen. So gibt es eine Legende über einen Seher-Wettstreit zwischen den beiden Propheten Kalchas und Mopsus, der tödlich für den unterlegenen Kalchas ausgeht.[287] Diese Legende wird bei unterschiedlichen Autoren in leicht variierenden Fassungen wiedergegeben. In allen Versionen geht es um die Bestimmung der korrekten Anzahl von Feigen an einem wilden Feigenbaum. In der einen – vermutlich älteren – Form, die Strabon in seiner Geographica von Hesiod berichtet, endet der Text mit Hesiods Kommentar, dass sich die Anzahl, die Mopsus genannt hat, als richtig erwiesen habe und Kalchas in den Todesschlaf überging. Zuvor war bereits der Grund seines Todes angegeben „διὰ λύπην ἀποθανεῖν" – er starb aus

---

[283] Hom. Od. 22.310–326. Vgl. dazu TRAMPEDACH, Mantik, 485.
[284] TRAMPEDACH, Mantik, 485 (Hervorhebung i. O.).
[285] Hdt. 9.37. Siehe dazu DILLERY, Chresmologues, 207 f.
[286] Ähnliches gilt für den Seher Philochorus aus dem 3. Jh. v. Chr., der ebenfalls aus politischen Gründen getötet wurde, vgl. DILLERY, Chresmologues, 221.
[287] Zu diesem prophetischen Wettstreit vgl. LANGE, Greek Seers, 476 f., dessen Augenmerk auf der Art der Divination liegt.

Betrübnis und damit ohne fremdes Eingreifen.[288] Strabo berichtet zudem, dass andere Varianten dieser alten Erzählung, wie es etwa bei Sophokles der Fall ist, einen Orakelspruch erwähnen, nachdem es Kalchas vorhergesagt war, dass er sterben werde, sobald er einen fähigeren Seher treffen wird.[289] Pseudo-Apollodorus bietet eine jüngere Variante, in der zudem die Anzahl an Ferkeln in einer Sau anzugeben ist, auch dies wird bei Strabo als Variante zu Hesiod erwähnt. Hier wird als Grund des Todes angegeben, dass er nach dem Eintreffen der Worte an Niedergeschlagenheit verstarb (ὧν γενομένων Κάλχας ἀθυμήσας ἀπέθανε).[290] Zudem folgt eine Bestattungsnotiz, die eine Art der Ehrerbietung impliziert.[291] In dieser Legende geht es also nicht um die Bestrafung eines Sehers, sondern um die Verhältnisbestimmung zweier Seherfiguren und die Ablösung durch einen kompetenteren Nachfolger.

Wie die vorhergehenden Darstellungen mit den an manchen Stellen bereits integrierten Verweisen auf die alttestamentlichen Propheten zeigen, gibt es durchaus Überschneidungen zwischen den griechischen Chresmologen und Sehern auf der einen und den alttestamentlichen Propheten auf der anderen Seite. Dies trifft auf die Vorwürfe, die Propheten gemacht wurden, ebenso zu wie auf die Notwendigkeit, dass sich in der Geschichte selbst zu zeigen hat, welchem prophetischen Rat gerechtfertigt zu folgen war. Durch die Diskussionen um die korrekte Auslegung von Orakelsprüchen gerade in ihrer politischen Dimension konnte zudem deutlicher die Rolle der nichtköniglichen Entscheidungsträger aufgezeigt werden, die in alttestamentlichen Texten, besonders im Jeremiabuch, ebenfalls eine grundlegende Rolle im Umgang mit prophetischen Wirklichkeitsdeutungen spielen, wie es im Verlauf dieser Studie zu zeigen gilt. Letztlich ging es stets darum, die aktuelle Situation zu deuten und adäquate Handlungsoptionen zu evaluieren.[292]

---

[288] Strab. 14.1.27.
[289] So auch bei Pseudo-Apollodorus (Epitome 6.2.).
[290] Ps.-Apollod. Epit. 6.4.
[291] Die Bestattungsnotiz eines anderen Sehers zeigt noch deutlicher dessen vorbildliches Verhalten an. So berichtet Xen. hell. 2.4.18 f., von einem Seher, der seinen eigenen Tod ansagt und sich dann sehr schnell selbst in der Schlacht opfert, da dies nach seinem Spruch den Sieg für seine Seite bringen werde. Wieder erfolgt eine Erfüllungsnotiz, die bestätigt, dass er nichts Falsches gesprochen habe (καὶ οὐκ ἐψεύσατο) und dann die Bestattungsnotiz. Vgl. zu dieser Episode FLOWER, Seer, 194, und DILLERY, Chresmologues, 204.
[292] Die mit Blick auf das Alte Testament in dieser Studie folgenden Ausführungen zum Umgang mit sich widersprechenden prophetischen Sprüchen wird zeigen, dass der Schlusssatz, mit dem TRAMPEDACH, Mantik, 564, seine Studie zur griechischen Mantik abschließt, auch für die Entwicklung im Alten Testament einen wichtigen Punkt trifft. Trampedach charakterisiert sein Fazit selbst als paradoxen Befund: „Während die in der anthropologischen Forschung vielfach bezeugten praktischen Funktionen der Mantik bei der Entscheidungsfindung in den griechischen Stadtstaaten zunehmend an Bedeutung verloren oder desintegrative Wirkungen hervorbrachten, trugen ihre kognitiven, kommunikativen und semantischen Strukturen zur Aus-

2.8 Prophetie im Alten Orient, Ägypten und Griechenland: Ansatzpunkte für die Beschreibung falscher und unerfüllter Prophetie im Alten Testament

Der Überblick über Grundzüge der Prophetie bzw. Divination in verschiedenen zeitlichen und geographischen Abschnitten der Antike unterstreicht die hohe Relevanz, die prophetische Aktivitäten im Rahmen der politischen Entscheidungsfindung hatten. Dies gilt für das Erlangen des notwendigen Wissens zur Abwägung politischer Optionen und damit die Kompetenz der korrekten Gegenwartsdeutung auf der einen Seite und für die Legitimation des Herrschenden bzw. der Entscheidungsträger auf der anderen Seite. Die Wahrnehmung von Frauen als gleichbedeutende Expertinnen im Vergleich zu ihren männlichen Kollegen ist im Alten Orient deutlicher greifbar, jedoch auch im Alten Testament bei einigen Figuren zu erkennen, man denke nur an die hohe Relevanz und Anerkennung von Huldas Kompetenz bei ihrer Ankündigung an Josia.[293] Propheten und Prophetinnen sind eng mit den Herrschenden verbunden, haben aber durch ihre Abhängigkeit von der göttlichen Offenbarung zugleich eine gewisse Distanz zu diesen. So sind sie es, die als kritisches Korrektiv dienen *können*. Diese Funktion ist für den König von hoher Relevanz, da auch die Ankündigung von möglichen Gefahren für ihn herrschaftswichtig ist. Gehen die Propheten jedoch in eine grundsätzliche Opposition zu ihm oder rufen sie zur Rebellion gegen den Herrscher auf, so birgt ihr Handeln durch prophetische Kommunikation für diesen ein nicht als zu niedrig einzuschätzendes Konflikt- und Gefahrenpotential. Gerade für die Neuassyrer und für die griechische Literatur hat sich in diesem Zusammenhang jedoch eine Auffälligkeit ergeben. So werden Propheten und Seher aufgrund ihrer (falschen) Botschaften nicht getötet. Gerade für Griechenland zeigte sich die Verteilung der Verantwortung für die durch prophetische Rede beeinflusste Entscheidungsfindung auf die Entscheidungsträger. Dieses Phänomen hat jedoch in allen hier behandelten Kulturen eine scharfe Grenze: Sobald aktiv zur Rebellion aufgerufen wird, sorgt der Herrscher dafür, dass dem Treiben ein Ende gesetzt wird. Dieser konkrete Inhalt von Botschaften sollte jedoch nicht mit dem Phänomen von falscher Prophetie gleichgesetzt werden. Wie sich dies für die alttestamentlichen Texte gestaltet, gilt es genauer zu diskutieren.[294]

In diesem Zusammenhang ist es von Bedeutung, die Rechtmäßigkeit des hinter dem prophetischen Ausspruch stehenden Gotteswortes zu erkennen. Dies

---

bildung einer spezifisch politischen Rationalität bei." In dieser Richtung auch PARKER, States, 322–324, der das langsame Aufgehen der Divination in anderen institutionalisierten Prozessen in einer demokratischen Gesellschaftsstruktur beschreibt.

[293] Zu Hulda siehe unten S. 250 Anm. 137, zur Polemik gegen Prophetinnen in der alttestamentlichen Exegese siehe auch die Auslegung zu Ez 13,17–23 in Kap. 3.2.3.3.

[294] Vgl. dazu besonders die Überlegungen zu Dtn 13 und 18 (Kap. 3.2.1), zu Jer 28 (Kap. 3.2.2) und Ez 13 (Kap. 3.2.3.2), aber auch zur frühen Rezeptionsgeschichte zum Motiv der falschen oder unerfüllten Prophetie (Kap. 5).

geschieht durch das Ansehen der Person und mögliche Überprüfungsmechanismen durch andere divinatorische Techniken. Gerade an diesem Punkt wird deutlich, dass Prophetie als ein Aspekt eines breiteren Spektrums von Divination wahrzunehmen ist und nicht von anderen Medien der Wissensübermittlung zwischen göttlicher und menschlicher Sphäre kategorisch zu trennen ist. Die Überprüfung durch Eingeweideschauen etc., wie sie in Mari und in geringerem Umfang auch für die neuassyrische Zeit herausgestellt wurde, ist für die alttestamentliche Prophetie in deuteronomistischer Färbung nicht möglich. So ist umso mehr nach der Person der Prophetinnen und Propheten zu fragen. Die Vorwürfe der Lüge, Korruption und Inkompetenz, die gerade aus dem griechischen Raum bekannt sind, aber auch in den anderen Kulturen zumindest Spuren hinterließen, können auch für das Alte Testament in den weiteren Teilen dieser Studie erfasst werden. Hierbei handelt es sich um Erklärungsmöglichkeiten für eine sich nicht erfüllende Deutung oder Ansage. Diese Frage, warum sich ein Wort nicht erfüllt, wird im Alten Testament auf verschiedenste Weise beantwortet, auch diesen Erklärungsmodellen ist vor dem nun aufgespannten größeren prophetischen Horizont nachzugehen.

Die Lüge, die in alttestamentlichen Konflikten den jeweiligen prophetischen Gegenspielern unterstellt oder diesen auch direkt vorgeworfen wird, sollte, wie die Überlegungen zu diesem Motiv beispielhaft an den altpersischen Texten herausgestellt haben, auch in ihrer rhetorischen Funktion wahrgenommen werden. So werden gerade im politischen Bereich alle Antagonisten in den Bereich der Lüge und oft auch der Rebellion gerückt. Dies wird im Folgenden für das Alte Testament sowohl für das Verhältnis von König und oppositionellem Propheten als auch für die Darstellung der verschiedenen, sich widersprechenden Propheten in Konfliktsituationen gezeigt. In diesen Kontext gehört auch die Frage, wer das Recht und den Einfluss hat, ein prophetisches Wort für falsch oder auch für unerfüllt zu erklären. So hat sich in Bezug auf den griechischen Umgang mit Orakelsprüchen herausgestellt, dass die Wahrnehmung als erfüllt oder unerfüllt letztlich durch die Deutung der Geschichte bzw. ihre narrative Wiedergabe erfolgt. Dieses Phänomen kann im Alten Testament dadurch präziser untersucht werden, dass nach dem literarischen Umgang mit unerfüllten prophetischen Ankündigungen gefragt wird, wie es im vierten Kapitel besonders mit Blick auf die Prophezeiungen im Kontext des Todes der Könige im Deuteronomistischen Geschichtswerk und dem Jeremiabuch geschieht.

Das Moment der Konfliktsituation hat sich für viele prophetische Konstellationen als wegweisend erwiesen. So spielt Prophetie traditionell und kulturübergreifend dann eine größere Rolle, wenn die Entscheidungsfindung gerade in (politischen) Krisenzeiten schwierig und von großer Bedeutung ist.[295] Dies gilt

---

[295] Dies mag ein Grund für zwei Sprüche aus der Gattung der Šumma Alu-Städteomina sein, in denen es für weibliche und männliche Propheten / Ekstatiker jeweils heißt: „Wenn in einer Stadt viele Propheten (bzw. Prophetinnen) sind, wird die Stadt untergehen." (Zeile 101 f.). Zum

für die in den Mari-Texten beschriebenen Situationen,[296] die neuassyrische Zeit als Blütephase der Prophetie, ägyptische *ex eventu*-Texte und auch für die alttestamentliche Prophetie nicht nur, aber besonders im Kontext der assyrischen und babylonischen Eroberungen und des Exils.

Gerade im Kontext der alttestamentlichen Exilsverarbeitung sind die prophetischen Ankündigungen in ihrer literarischen und zugleich politischen Funktion wahrzunehmen. Die Frage, ob sich ein prophetisches Wort erfüllt und damit seinen wahren Ursprung offenbart, ist für die altorientalische Prophetie kein vorherrschendes Thema.[297] Sie wird aber an den Stellen sichtbar, an denen Prophetie und Geschichtsschreibung miteinander verbunden werden, da sich hier das göttliche Handeln in der Geschichte zeigt. Dies gilt für Herodots Historien ebenso wie für die Akkadian Prophecies bzw. *literary predictive texts* und die *vaticinium ex eventu*-Texte aus Ägypten. Dieser Aspekt ist für das Verständnis deuteronomistischer Theologie maßgeblich,[298] aber auch breiter für das Verständnis alttestamentlicher oder zumindest deuteronomistischer Prophetie als Geschichtsprophetie.[299]

Ein letzter Aspekt wurde im Rahmen der obigen Darstellung schon angesprochen, ist aber für das Alte Testament und seine Auslegungsgeschichte noch genauer zu untersuchen: die Konnotation der Worte, die zur Qualifizierung der Prophetie und der Propheten benutzt werden, die kritisiert werden. Für die Ausgangssprachen bezieht sich dies vor allem auf das Wortfeld שקר und die mit dem Präfix ψευδο- gebildeten Begriffe, jedoch ist dies ein Problem, das in den Übersetzungen, die einen Unterschied zwischen Falschheit und Lüge machen, noch deutlicher zu Tage tritt.

Auf dieser Basis kann sich nun der falschen und unerfüllten Prophetie im Alten Testament zugewendet werden.

Text siehe NISSINEN, Prophets and Prophecy, 189–192, und im Rahmen der breiteren Studie zu den Städteomina S. FREEDMAN, City, 32 f.

[296] Vgl. NOORT, Untersuchungen, 90–92.

[297] Die sumerische Keilschrifttafel YBC 7352 führt die Wahrheit eines Wortes auf die Götter zurück und verheißt einem gerechten und wahr sprechenden Menschen ein gutes Geschick, doch geht es hier generell um eine gute Rede, nicht um Prophetie im Speziellen. Dazu KITZ, Prophecy, 34.

[298] Siehe dazu unten Kap. 4.

[299] Siehe dazu unten insgesamt Kap. 6.3.

3. Kriterien zur Beurteilung von Prophetie und Propheten

Den Propheten und Prophetinnen des Alten Testaments wird eine große Verantwortung in der Kommunikation zwischen göttlicher und menschlicher Sphäre und somit für eine gelingende Gemeinschaft zugesprochen. Sie sind es, die bisweilen den göttlichen Willen kommuniziert bekommen und somit ihrerseits in die Lage versetzt werden, die Menschen entsprechend zu informieren und adäquate Reaktionen zu ermöglichen. So geht es insbesondere in deuteronomistisch geprägten Texten gerade nicht um ein unausweichliches Schicksal, da die Kommunikation des göttlichen Willens verständlich erfolgt. Am 3,7 hält fest:[1]

Denn der Herr Jhwh tut nichts, es sei denn, er hat seinen Ratschluss seinen Dienern, den Propheten, enthüllt.

Die Propheten haben sodann das Wort dem Volk und den Machthabern mitzuteilen. Kommen sie dieser Aufgabe jedoch nicht nach, tragen die Propheten eine Mitschuld an den eintretenden Katastrophen. Zwar gehen die Vergehen selbst meist auf das Konto des Volkes oder zumindest der Machthaber, doch führt das Verschweigen von Kritik durch die Propheten mit zum Untergang der Gemeinschaft, da, gerade bei konditionierten Gottesworten, eine Reaktion auf die göttlichen Strafandrohungen verhindert wird und somit die Möglichkeit der Umkehr entfällt.

Auch die Ansage von nicht adäquaten Heilsworten wird kritisiert. So ist der Vorwurf, Schuld nicht aufgedeckt, sondern übertüncht zu haben, einer der schwersten, der gegen die Propheten des Alten Testaments erhoben wird (vgl. Klgl 2,14, Ez 13,1–16 u. ö.). Diese Unterlassung ist zumeist mit der Ausrichtung auf Botschaften des Heils verbunden, die zum einen nicht immer der Gegenwart

---

[1] Der Vers ähnelt 2 Kön 17,13. Dort wird betont, dass Israel auf die von Jhwh geschickten Propheten nicht gehört hat, was zum eigentlich zu verhindernden Untergang des Nordreiches führte. Zur deuteronomistischen Prägung von Am 3,7, die sich insbesondere durch die Umkehrprophetie zeigt, und der Verknüpfung mit 2 Kön 17, die insgesamt für das deuteronomistische Vierprophetenbuch auffällt, siehe Wöhrle, Sammlungen, 81 f.258 f., zur dtr Prägung auch schon Wolff, Dodekapropheton 2 (BKAT 14/2), 225 f., und Jeremias, Prophet Amos (ATD 24/2), 36 f. Zur Verbindung des in Am 3,7 geoffenbarten Ratschlusses (סוד) und dem Stehen im Rat (סוד) in Jer 23 siehe unten S. 98 f.

und der Zukunft angemessen sind und damit mit dem göttlichen Plan nicht übereinstimmen und zum anderen den Interessen der Herrschenden entsprechen. So müssen sich die Propheten die Nachfrage gefallen lassen, ob sich nicht der Wunsch, die Herrschenden zu erfreuen, gegenüber der eigentlichen göttlichen Botschaft verselbstständigt habe. Die Kritik an einem solchen Fehlverhalten findet sich sowohl für die alttestamentlichen Propheten als auch genereller für die altorientalischen und antiken Mantiker.[2]

Das folgende Kapitel setzt den Fokus auf die Vorwürfe, die diesen kritisierten Propheten gemacht werden, und fragt in einem zweiten Schritt nach den im Alten Testament diskutierten Möglichkeiten, die falschen prophetischen Botschaften erkennen zu können. Den Propheten werden moralische Defizite, besonders fehlende Aufrichtigkeit und Gewinnsucht, neben einer unpassenden inhaltlichen Ausrichtung zugeschrieben. Die Darstellung dieser kritisierten Propheten erfolgt im Alten Testament zumeist aus der Perspektive der jeweiligen Gegenspieler. Damit weisen sie den Blickwinkel der Tradenten der bereits als „wahre" Propheten anerkannten Protagonisten der jeweiligen Texte auf.[3] Diese Kontrastierung hat unmittelbaren Einfluss auf die Wertung der jeweils kritisierten Gegenüber. Die Vorrangstellung der Unheilspropheten, die zudem in Opposition zu den Herrschenden stehen, die das Alte Testament prägt, ist als Produkt dieser Auseinandersetzungen und der zentralen Rolle des Untergangs des Nord- und des Südreichs für die Prägung von Prophetie, zu erklären.[4] Positionen der Gegenspieler sind nur dort vorhanden, wo sie als *Gegen*position Eingang in den Kanon gefunden haben,[5] ihre Überzeugungen und Standpunkte können also nur aus sehr verkürzten und auf Schlagworte begrenzten Darstellung ihrer Gegner re-

---

[2] Siehe zu diesem Aspekt oben S. 73–76.

[3] Ein größeres Bild ergibt sich jedoch, wenn man das Alte Testament als Kanon wahrnimmt und die sich in verschiedenen Büchern findenden theologischen Positionen miteinander in Beziehung setzt. Gerade im Pentateuch stehen die Positionen v. a. der priesterlichen und deuteronomistischen Linien noch im „gefrorenen Dialog" nebeneinander, so in der von Rainer Albertz geprägten Begrifflichkeit (vgl. ALBERTZ, Religionsgeschichte, 31). Solch widerstreitende Aussagen im breiteren Kanon nimmt auch BRENNEMAN, Canons, zum Ausgangspunkt, wobei er stark auf die theologischen Probleme für die aktuellen Rezipienten und Rezipientinnen ausgerichtet ist, die sich aus einer sich widersprechenden Glaubensgrundlage ergeben (vgl. etwa a. a. O., 13–16).

[4] Es bleibt essentiell, zwischen der alttestamentlichen Darstellung von Prophetie und der israelitischen Prophetie als Gesamtphänomen zu unterscheiden, die den größeren Rahmen bildet. So ist trotz der Prägung der alttestamentlichen Bücher zumindest für das vorexilische Israel mit KNOPPERS/WELCH, Elijah, 248, festzuhalten: „Most prophets in one way or another supported the major initiatives of the state, were loyal to the crown, and provided oracles of encouragement and direction for royal initiatives."

[5] Einen Versuch der Rekonstruktion der theologischen Positionen der durch Micha kritisierten Propheten unternimmt VAN DER WOUDE, Micah, und stellt dabei heraus, dass sich ihre theologischen Positionen zwar unterscheiden, die grundsätzlichen Muster jedoch parallel sind.

konstruiert werden.⁶ Prägnante Beispiele aus dem Jeremiabuch sind die Doppel-Rufe „Friede, Friede" (שלום שלום) in Jer 6,14, sowie „Ich habe geträumt, ich habe geträumt!" (חלמתי חלמתי) als Element in der breiten Prophetenkritik in Jer 23,25⁷ und der sogar dreifache Ruf „Der Tempel Jhwhs, der Tempel Jhwhs, der Tempel Jhwhs ist es!" (היכל יהוה היכל יהוה היכל יהוה המה) in Jer 7,4, der die von Jeremia in der Tempelrede kritisierte falsche Sicherheit ausdrückt, auf die andere Propheten das Volk vertrauen lassen. Dass sich hinter diesen kurzen Rufen reflektierte religiöse und theologische Positionen verbergen, wird auf der Textoberfläche nicht kenntlich gemacht. Diese Kürze fällt gegenüber den breiten Begründungen und Ausführungen der jeremianischen Positionen auf, wodurch das Gewicht der jeremianischen Theologie gestärkt wird.

Der Antagonist wird zudem immer wieder mit dem Motiv des Trugs oder sogar der Falschheit belegt. Von diesem Phänomen zeugen assyrische und persische Inschriften⁸ genauso wie die prophetischen Konflikttexte im Alten Testament. Bei diesen ist jedoch durch die Ausrichtung auf das prophetische Wort das Motiv des Trugs auch sachlich mit der Kritik an den Gegenspielern verbunden. Hier mischt sich folglich eine politische-identitätskonturierende Funktion mit einem inhaltlichen Vorwurf. So beginnen die folgenden Ausführungen mit der Betrachtung der moralischen und inhaltlichen Vorwürfe, die gegenüber den Propheten vorgebracht werden (Kapitel 3.1). In diesem Kontext fällt bereits die im Masoretischen Text benutzte Begrifflichkeit auf, auf die im Rahmen der Auslegung von Jer 28 breiter eingegangen wird. So werden, wie es im Folgenden immer wieder zu Tage tritt, die prophetischen Gegenspieler nicht als *Falsch*propheten bezeichnet, wie es in der Septuaginta, großen Teilen der exegetischen Literatur und auch den Zwischenüberschriften in modernen Bibelausgaben geschieht. Sie werden stets als Propheten bezeichnet. Jedoch sind sie Propheten, deren Handeln zu kritisieren ist.

Nur selten werden die Mitglieder der Gegenparteien in den prophetischen Konflikten mit Namen versehen.⁹ Dies geschieht im Jeremiabuch besonders in

---

⁶ Dieses Phänomen ist kein Alleinstellungsmerkmal des Alten Testaments. Analoges geschieht etwa in der Alten Kirche – man denke nur an die Auswirkungen der *damnatio memoriae* für die Rekonstruktion der Theologie Marcions – aber auch bei den Gegenspielern im Neuen Testament. Zu deren Darstellung siehe insgesamt TILLY / MELL, Gegenspieler, und besonders WISCHMEYER, Gegenspieler.

⁷ Siehe dazu unten Kap. 3.1.2.

⁸ Vgl. FALES, Enemy, bes. 429 f. Siehe zu den persischen Inschriften auch oben Kap. 2.5.2.

⁹ Durch diese Namenlosigkeit und verstärkt durch die große Menge, in der sie auftreten (vgl. u. a. 1 Kön 22,6.12), wird den Propheten in der Darstellung ihre Individualität entzogen, zugleich aber auch den späteren Generationen die Möglichkeit genommen, sich auf diese zurückzuberufen. Dies ist gerade bei Traditionsliteratur eine große Einschränkung. Zudem können die Texte somit besser als Folie für spätere Konflikte dienen, da das Augenmerk auf dem Inhalt der Botschaften und dem Verhalten der Propheten liegt und weniger auf ihrer konkreten Person.
Hiervon zu unterscheiden sind Einzelpersonen, deren Name zwar nicht genannt wird, die aber eine entscheidende Funktion in der Erzählung haben können. Durch diese werden etwa

Jer 28 (Hananja) und Jer 29 (Ahab, Zedekia, Schemaja), doch erfolgt zumeist der kollektive Vorwurf an eine ganze Gruppe. Der einzelne Prophet, der durch den Text ins Recht gesetzt wird, steht immer wieder einem (prophetischen) Kollektiv gegenüber.[10]

Die deuteronomistische Ablehnung anderer divinatorischer Formen als der Prophetie, die in Dtn 18 formuliert wird, wirkt sich auch auf die Wege der Absicherung der prophetischen Botschaften und ihres korrekten Verständnisses aus. In den Mittelpunkt tritt das Erfüllungskriterium, das die Identifizierung der richtigen Ankündigungen aus der Retrospektive zum Kern hat (Kapitel 3.2). Dieses Kriterium wird zunächst in der juristischen Form von Dtn 18 dargestellt, der literarische Umgang mit diesem Prinzip wird anhand der Kontroverse zwischen Jeremia und Hananja (Jer 28), der Aufnahme von Mi 3,12 in Jer 26 und einem Blick auf die Wahrnehmung Jonas als Prophet oder Falschprophet ausgeführt. Durch die Reduktion auf das Wort und den Ausschluss großer Bereiche der Divination in der deuteronomistischen Prophetie, ergeben sich Probleme der Absicherung des göttlichen Wortes. So ist von außen nicht erkennbar, ob die Propheten einen göttlichen Auftrag zur Rede hatten, oder „aus eigenem Herzen" sprachen. Die kritische Selbstüberprüfung der Propheten und der Fragesteller werden aus diesem Grund zentral. Ausgehend von der in dieser Hinsicht thematisch einschlägigen Komposition in Ez 12,21–14,11 wird in diesem Kontext die Verantwortung der Propheten und der anderen am prophetischen Kommunikationsprozess beteiligten Akteure unterstrichen. Der Schlussabschnitt widmet sich der göttlichen Beteiligung an einer Prophetie, die zur Täuschung des Menschen wird, wie es in Ez 14,1–11 und der Thronratsszene in der Erzählung um Micha ben Jimla (1 Kön 22) thematisiert wird (Kapitel 3.3).

---

durchaus positive theologische Kernpunkte durch die Erzähler in der Beschreibung figuriert, wie BEMBRY, Unnamed Prophets, für die namenlosen Propheten des Deuteronomistischen Geschichtswerks zeigt. REINHARTZ, Name, 3–15, weist darauf hin, dass durch die Namenlosigkeit die *Rolle* der Figur in den Mittelpunkt gestellt wird und somit grundsätzlichere Erörterungen ermöglicht werden. Dies gilt in gleicher Weise für positiv konnotierte Figuren wie auch für die Masse der prophetischen Gegenspieler.

[10] Das Stilmittel der Gegenüberstellung des einen namentlich Genannten gegen die vielen zeigt sich auch in 1 Kön 18 bei Elia und den 400 Baalspropheten oder in 1 Kön 22 bei Micha ben Jimla und der großen Gruppe an Propheten, die Ahab unterstützen. Analoges kann aber auch in Auseinandersetzungen um die richtige Orakelinterpretation in Texten aus Griechenland beobachtet werden. So steht etwa Themistokles einem Kollektiv an anders Deutenden gegenüber. Siehe dazu oben S. 69 f.

3.1 Das Verhalten der Propheten und der Inhalt ihrer Botschaft als Kriterium

Die Kernaufgabe der Propheten liegt, wenn sie dazu beauftragt werden, in der vermittelnden Kommunikation der göttlichen Botschaften an die anderen Menschen. Weichen sie von dieser Aufgabe ab, so ergibt sich der Vorwurf der Verbreitung von Trug und Falschprophetie. Innerhalb des Alten Testaments werden verschiedene Gründe für das Verkünden des Falschen genannt.

Die kritisierten Propheten, die Fehlbotschaften verbreiten, handeln, wie es ein zentraler Vorwurf ist, aus niederen Beweggründen. Sie wollen den Machthabern gefallen, sind auf Profit aus und zeichnen sich im Allgemeinen dadurch aus, dass sie unter moralischen Gesichtspunkten fragwürdig agieren.[11] Diesen Vorwurf teilen sie sich zumeist mit den Priestern. So einfach erscheinen die Zusammenhänge bei einem Blick auf Textpassagen wie Zeph 3,1–4 oder Jer 6,13 f. Zeph 3,1–4 charakterisiert im Rahmen der breiteren Schilderung Jerusalems als Ort voller Missstände und fehlender Umkehr auch die Propheten als leichtfertig und treulos.[12] In der Missachtung ihrer religiösen Funktion missachten sie zugleich die Tora.[13]

In Jer 6,13 f. ist der Vorwurf der Profitgier ebenfalls in eine breitere Anklage gegen das ganze Land integriert:

[13]Ja, von ihrem Kleinsten bis zu ihrem Größten sind sie alle vollständig auf Gewinn ausgerichtet, und vom Propheten bis zum Priester praktizieren sie alle Trug (שקר). [14]Und sie haben den Bruch meines Volkes nur oberflächlich geheilt, indem sie sprachen: „Friede, Friede", aber es war kein Friede.

Vorgeworfen wird den Propheten wiederholt das Verkünden von Frieden, wo es keinen Frieden gibt bzw. geben wird (vgl. Jer 4,9 f.; 14,13–16; Ez 13,10.16; Mi 3 und in der Sache auch Jer 28).[14] Diese prophetische Ankündigung trifft nicht die

---

[11] Unter diese Kategorie lässt sich auch der Vorwurf der Trunkenheit der Propheten in Jes 28,7 f. subsummieren. Zu Jes 28,7–10, der schärfsten prophetischen Kritik im Proto-Jesajabuch, siehe neben den Kommentaren bes. HIBBARD, To Err, 32–36. Insgesamt zu den moralischen Vorwürfen gegen Propheten siehe MÜNDERLEIN, Kriterien, 23–41.

[12] PARPOLA, Assyrian Prophecies, XIII, übersetzt im Mottowort seiner Studie die Notiz in Zeph 3,4, es seien treulose Männer (אנשי בגדות), frei mit „no true prophets".

[13] Die in diesen Versen erkennbare Prophetenkritik, der Bezug auf die Tora und das Motiv der Umkehr sind typisch für deuteronomistische Texte. Zur deuteronomistischen Herkunft von Zeph 3,1–4 siehe WÖHRLE, Sammlungen, 208–213. Im Nahkontext rechnet er Zeph 3,1–4.6–8a.11–13 dieser Überarbeitung zu und schließt sich damit, in Auseinandersetzung mit Theorien, die hier noch Teile der alten Grundschicht erkennen, ALBERTZ, Exilszeit, 172 f., an, der darauf verweist, dass die deuteronomistischen Verse des Abschnitts – es handelt sich erkennbar durch den Sprachgebrauch zumindest um V. 2 und 7 – nicht vom unmittelbaren Kontext zu lösen sind.

[14] Zur Ansage von Frieden im Jeremiabuch siehe auch ROM-SHILONI, Prophets, 351 f.

Wirklichkeit und ist somit שקר Trug.[15] Martin Klopfenstein votiert in seiner ausführlichen Monographie zur Lüge im Alten Testament dafür, gerade bei שקר und besonders im Jeremiabuch die *aktive Lüge* zu hören, jedoch wird dies den Texten nicht vollständig gerecht.[16] Denn der schillernde Begriff שקר sollte im Alten Testament nicht flächendeckend mit Lüge gleichgesetzt werden, da die Bezeichnung längst nicht immer das Element der aktiven Täuschung bezeichnet. Selbst Klopfenstein fügt seinem Plädoyer für das Verständnis als Lüge und Betrug im „positiv-aktiven Sinn" die Bemerkung zu den so bezeichneten Propheten bei „mag auch der Lügenprophet in guten Treuen weissagen"[17] und begründet seine Interpretation damit, dass die Worte faktisch zum Unheil führen. Doch liegt gerade hier, wie es im Folgenden immer wieder deutlich wird, ein entscheidender Unterschied. Betont man die Verantwortung der Propheten für die von ihnen gesprochenen Worte, ist es von großer Bedeutung, ob ein Prophet aktiv lügt oder seine Worte aus anderen Gründen die Wirklichkeit nicht treffen. Dies betrifft sowohl seine Beweggründe als auch die göttliche Reaktion auf sein Handeln. Die Übersetzung als Trug legt sich für die meisten Stellen, auch im Jeremiabuch nahe, in dem das Stichwort sowohl für die frühe Überlieferung als auch die deuteronomistischen Redaktionen prägend ist.[18] Diese falschen Ankündigungen können durch die Wünsche des Volkes hervorgerufen werden und – zumeist damit verbunden – durch die eigenen Interessen der Propheten. Sie können sowohl absichtsvoll gesprochen werden als auch unbeabsichtigte Fehldeutungen darstellen.

---

[15] W. H. SCHMIDT, Wahrhaftigkeit, 151 mit Anm. 26, unterstreicht die Verbindung von in sozialer Hinsicht kritisiertem Handeln und Trug in den Schauungen. Dabei liegt der Trug in der „mangelnden Erkenntnis der Situation". Zur Problematisierung eines Propheten, der שקר spricht, vgl. auch Jes 9,12–15. Der Vorwurf in Jes 9,14 selbst gehört im Jesajabuch zu späteren Hinzufügungen, vgl. neben anderen HIBBARD, To Err, 36 f.

[16] Siehe dazu auch BERGEY, Prophètes, 24.

[17] KLOPFENSTEIN, Lüge, 102. Auch spricht er a. a. O., 95 Anm. 411 (S. 384), davon, dass der Prophet auch eigentlich nicht als Pseudoprophet bezeichnet werden sollte, da dies eine Schöpfung der Septuaginta darstellt, benutzt diesen Begriff jedoch trotzdem. Dieses Phänomen findet sich gehäuft in der exegetischen Literatur. Neben vielen stellt auch BERGEY, Prophète, 20 f., dar, dass der Begriff falscher Prophet im MT nicht vorkomme, spricht dann aber weiter von den falschen Propheten. Insgesamt mag der Befund bei Klopfenstein methodisch damit zusammenhängen, dass seine Untersuchung nach den verschiedenen Begriffsfeldern für „Lüge" im Alten Testament fragt, in dieser Dimension somit der Zuordnung schon vorgreift. Ähnliches gilt auch für WILKE, Art. Lüge, die die Verwendung der Wurzel שקר ebenfalls enger auf den Aspekt der Lüge eingrenzt.

[18] Vgl. zum Begriff SEEBASS/BEYERLE/GRÜNWALDT, Art. שקר, zur Verwendung im Jeremiabuch 470 f. Ursprünglich ist die Bezeichnung vermutlich auf den rechtlichen Sprachgebrauch zurückzuführen und beschreibt den Vertrags- oder Treuebruch (vgl. auch die aramäischen Sefîre-Inschriften 222–224), siehe KLOPFENSTEIN, Art. שקר, und ausführlich zum vielschichtigen Begriff und den unterschiedlichen Konnotationen im Alten Testament DERS., Lüge, 1–175, speziell zur Sefîre-Inschrift a. a. O., 6–8, und bezogen auf das Jeremiabuch OSUJI, Truth, 273–279.

3.1.1 Das Volk sehnt sich nach Lüge

Werden die Propheten als Künder der oft unangenehmen Wahrheit angesehen, kann sich das Fehlverhalten auch auf der Seite des Volkes zeigen. So findet sich an verschiedenen Stellen der Vorwurf, dass sie diesen Propheten nicht zuhören wollen, sodass sie nicht auf die Warnungen reagieren (müssen).[19] Die Abwehr der von Gott gesandten Propheten und ihrer Botschaft, die auf das Heilsereignis des Exodus folgte, wird etwa in der deuteronomistischen Ergänzung der Israelstrophe in Am 2,10–12 herausgestellt:[20]

[10]Ich war es, der euch aus dem Land Ägypten heraufgeführt hat und euch geleitet hat in der Wüste, 40 Jahre lang, um das Land der Amoriter in Besitz zu nehmen. [11]Und ich ließ unter euren Kindern Propheten aufstehen und unter euren jungen Männern Geweihte. Ist es nicht so, Israeliten? – Spruch Jhwhs. [12]Ihr aber habt den Geweihten Wein zu trinken gegeben und den Propheten habt ihr befohlen: „Ihr sollt nicht weissagen!"

In dieser Szenerie haben die Propheten somit die Rolle der Mahner zur Umkehr, werden aber dieser Rolle durch das Volk selbst beraubt.[21] Besonders radikal formuliert ist dieser Vorwurf im Jesajabuch (Jes 30,8–14).[22] Im Rahmen des Schuldaufweises an das Volk, der in die Ankündigung des vollständigen Zusammenbruchs mündet, wird auch das Verhalten gegenüber den Propheten angeprangert:

[9]Denn ein widerspenstiges Volk ist es, verlogene Kinder, Kinder, die die Weisung Jhwhs nicht hören wollen, [10]die zu den Sehern (לראים) sprechen: „Seht nicht!" und zu den Visionen-Schauenden (ולחזים): „Schaut nicht für uns, was wahr ist, sagt uns Glattes (חלקות), schaut Täuschungen (מהתלות)!".

In dieser Beschreibung wird der formulierte Vorwurf deutlich, dass das angesprochene Volk die erwünschten Schauungen selbst als *Täuschungen* begreift und somit gegen besseres Wissen eine Prophetie erhofft, die ihre Wünsche zu göttlichen Ankündigungen erklärt. Das verwendete Vokabular zur Charakterisierung der Visionen ist auch aus Passagen bekannt, die deutlichere Kritik

---

[19] Vgl. auch Ez 2,4f. Wenn das Volk selbst auf die Propheten nicht hört, wie es diesem in deuteronomistischen Texten oft vorgeworfen wird, beruft sich Gott darauf, dass er die Propheten geschickt habe. Im Ezechielbuch wird an dieser Stelle schon das Motiv des Rückblicks deutlich, aus dem das Volk schließlich auf die eigenen Fehler schauen wird, ein Motiv, das ebenfalls für die deuteronomistische Jeremia-Prophetie typisch ist.

[20] Zur Zuordnung der Verse zum deuteronomistischen Vierprophetenbuch siehe WÖHRLE, Sammlungen, 98–100. Insgesamt zum Vierprophetenbuch siehe auch unten S. 219 Anm. 32.

[21] Zur positiven Rolle, die somit in Fortsetzung des Exodus-Geschehens der Prophetie zugeschrieben wird, siehe KÖCKERT, Gesetz, 148f.

[22] Insgesamt zur positiven und negativen Darstellung von Propheten und der prophetischen Kritik im Jesajabuch siehe HIBBARD, To Err, 32–37. Zur Auseinandersetzung mit falscher Prophetie in Jes 3,1–9.12; 28,7–13 siehe C. SCHNEIDER, Krisis, 33–35.

an Propheten beinhalten (vgl. Ez 12,24).[23] Doch steht in Jes 30 das Verhalten dieser divinatorischen Spezialisten gerade nicht im Mittelpunkt, ja, ein mögliches Fehlverhalten wäre sogar leichter entschuldbar. Es ist das Volk, das in Opposition steht und die realitätsfernen beruhigenden Botschaften gerne hören möchte.[24]

Der Vorwurf an das Volk, sich positive Ankündigungen zu wünschen, obwohl diese die Wirklichkeit nicht treffen und das gesellschaftsschädigende Tun nur überdecken, wird stärker als in den bisher behandelten Beispielen immer wieder mit dem Vorwurf des aktiven Fehlverhaltens an die Propheten selbst verbunden, wie der folgende Abschnitt zeigt.

3.1.2 Das fehlende göttliche Wort und die trügerische Friedensbotschaft (Mi 3,5–8 und Jer 23)

Schon der „Begründer der Falschprophetenkritik",[25] der Prophet Micha, verbindet seine harte Kritik an den Propheten trotz der in Mi 3 erkennbaren Schuldzuweisung an die führenden Gruppierungen mit einer Kritik am Volk, das diese berauschenden Falschaussagen gerne hören möchte (vgl. Mi 2,10f.). Dieses Motiv wird im Jeremiabuch breiter ausgeführt und mündet dort in dem Vorwurf, dass das Volk selbst die falschen Aussagen der Propheten begrüßen würde (Jer 5,31).

In Mi 3,5–8 wird das Handeln der Propheten als aktiver Betrug dargestellt, sodass sie einen bedeutenden Anteil an der kommenden Unheilszeit haben, die auch sie selbst hart treffen wird:[26]

⁵So spricht Jhwh über die Propheten (הנביאים), die mein Volk irreführen (המתעים את־עמי), die etwas zum Beißen zwischen den Zähnen haben und rufen: „Frieden!" Wer ihnen aber nichts in den Mund gibt, dem heiligen sie den Krieg. ⁶Darum wird es Nacht für euch,

---

[23] Siehe zu Ez 12,24 und der Konnotation der Beschreibung eines prophetischen Wortes als חלק unten S. 152 f.

[24] Zum vom Volk gewünschten Betrug siehe BEUKEN, Jesaja 28–39 (HThKAT), 155. Vgl. dazu auch WILDBERGER, Jesaja (BKAT 10/3), 1171–1173, der zudem darauf aufmerksam macht, dass gerade keine Propheten, sondern Seher (ראים) und Visionen-Schauende (חזים) genannt werden, da die Propheten im Jesajabuch als Widersacher Jesajas dargestellt werden.

[25] LANGE, Wort, 67.

[26] Der Ursprung des Textes reicht (zumindest) auf überlieferungsgeschichtlicher Ebene vermutlich bis in die Micha-Zeit zurück, vgl. JEREMIAS, Tradition, WÖHRLE, Sammlungen 153–156.188–191, und R. EBACH, Propheten, 353–356. Der Text weist noch keine klassische deuteronomistische Perspektive auf. So spielt etwa das Motiv der Umkehr in Mi 3 keine Rolle und die thematisierten verschiedenen Offenbarungswege werden nicht kritisiert. Da es eine Unheilsankündigung ist, dass die entsprechenden Wahrsager keine Antwort bekommen werden, setzt Mi 3 den Weg zur Offenbarung durch קסם sogar indirekt ins Recht. Auch im Proto-Jesajabuch ist קסם noch nicht negativ besetzt. Deutlich später verortet hingegen ARENA, Conflicts, 163–166, Mi 3,5–8 als Einschub in das Michabuch als prophetische Kritik in der persischen Zeit und damit als jüngeres Echo der Kritik an Friedenspropheten in Jer 23 (a. a. O., 171–175).

ohne Gesichte (מחזון), und sie ist finster für euch, ohne Wahrsagen (מקסם), und die Sonne geht über den Propheten unter und der Tag verdunkelt sich über ihnen. ⁷Und die Seher (החזים) werden beschämt und die Wahrsager (הקסמים) zuschanden. Sie werden alle den Bart verhüllen, denn es gibt kein Antworten Gottes. ⁸Ich aber bin erfüllt mit Kraft, dem Geist Jhwhs, und Recht (משפט) und Stärke, um Jakob seine Verfehlung zu erzählen und Israel seine Sünde.

Die in Mi 3,5–8 genannten Propheten, die von staatstragender Bedeutung sind,[27] künden Heil an, wo es kein Heil gibt, und machen sich dabei der Bestechlichkeit schuldig.[28] Damit verfolgen sie also nicht die Interessen des Volkes, sondern ihre eigenen. Das Volk ist, so der Tenor von Mi 3, das Opfer der gesellschaftlichen Schichten, die die Verantwortung tragen.[29]

Auch divinatorische Mittel werden in Mi 3 angesprochen, jedoch werden diese nicht kritisiert,[30] sondern ihr Fehlen wird für die Zukunft angesagt.[31] Da diese Propheten ihre Offenbarungsquellen nicht genutzt haben, sondern stattdessen den Inhalt ihrer Prophezeiungen an die Verköstigung durch ihre Auftraggeber gebunden haben, werden ihnen diese Wege in Zukunft nicht mehr offenstehen.[32] Dabei werden ihnen ihre prophetischen Fähigkeiten und damit ihre

---

[27] Vgl. dazu Utzschneider, Micha (ZBK 24/1), 78.

[28] Zum Motiv der Bestechlichkeit, das sich auch in Jer 6,13 und möglicherweise Ez 13,19 zeigt, siehe Münderlein, Kriterien, 23–32, und Hermisson, Kriterien, 123 f., zur Formulierung in Mi 3,5 siehe Smith-Christopher, Micah (OTL), 114 f., und Hibbard, To Err, 29, zur Kritik an diesen Propheten auch C. Schneider, Krisis, 30–33. Jeremias, Bücher (ATD 24/3), 162 f., verbindet die in Mi 3 vorgebrachte Kritik mit einem Grundproblem intuitiver Prophetie, da alle prophetischen Aussagen auch durch die Person des Propheten selbst geprägt sind. Gerade deshalb ist die kritische (Selbst-)Überprüfung von Prophetie, um dieser Verantwortung gerecht zu werden, so notwendig. Einen besonderen Fall falscher Prophetie durch eine „gekaufte" (שכר) Aussage ist in Neh 6,11–13 zu finden. Im Rahmen der Verschwörung von Tobia, Sanballat und weiteren gegen Nehemia wird diesem ein falsches Gotteswort gebracht, das sich die Verschwörer selbst ausgedacht haben, um Nehemia in eine Falle zu locken. In Neh 6,14 wird die Prophetin Noadja gemeinsam mit weiteren Propheten, deren Namen nicht genannt werden, dieser generischen Gruppe zugerechnet.

[29] So auch bei Jeremias, Propheten (ATD 24/3), 162.

[30] Vgl. Rudolph, Micha (KAT 13/3), 72, Jeremias, Bücher (ATD 14/3), 163, aber auch Hibbard, To Err, 30. Nogalski, Micah (Smyth & Helwys Bible Commentary), 547 f., spricht von einem „ironic verdict", dass gerade denen, die auf das Sehen angewiesen sind, diese Quelle entzogen wird. So handelt es sich gerade nicht um eine „general condemnation" dieser prophetischen Wege, wie es Smith-Christopher, Micah (OTL), 116, mit Verweis auf deutlich jüngere Texte wie das Prophetengesetz (Dtn 18,10) und Jes 44,25 annimmt.

[31] So auch Arena, Conflicts, 169, vgl. auch Carroll, Night, 78. Carroll sieht eine grundsätzliche Trennung zwischen Micha auf der einen und allen Propheten auf der anderen Seite. Somit deutet er Mi 3,5–8 nicht als innerprophetischen Konflikt um die Rolle der Prophetie und das adäquate Verhalten, sondern als Ablehnung der Prophetie als solcher. Auch wenn für Micha der Prophetentitel nicht verwendet wird, ist eine solch strikte Trennung, die Carroll auch auf andere prophetische Konflikte ausweitet, schwierig. So wird in Mi 3 wie auch im Jeremiabuch nicht die Prophetie an sich problematisiert, sondern das konkrete Missverhalten jener, die die falschen Worte an das Volk weitergeben.

[32] So auch Weiser, Propheten (ATD 24), 258, und Utzschneider, Micha (ZBK 24/1), 78 f.

Vollmacht gerade nicht abgesprochen.[33] Somit sind die Propheten, genau wie es der Text selbst tut, auch als Propheten, die sich falsch verhalten, wahrzunehmen und nicht als Falschpropheten zu bezeichnen. Aber, so wie der Zion wegen der Schuld der führenden Schichten zur Ruine werden wird, so werden auch die Wege der Prophetie zerstört und so wie Jhwh nicht auf das Schreien der Obersten hören wird (V. 4), so wird auch die Kommunikation mit den Propheten nicht mehr stattfinden.[34] Im Gegensatz zu diesen fahrlässig handelnden Propheten deckt Micha das praktizierte Unrecht der Oberschichten auf.[35]

Das Aufdecken der Missstände als Ziel der Prophetie wird im Jeremiabuch breit ausgeführt, wobei nun auch das Volk selbst einen Anteil an den Verfehlungen hat. Die Vorwürfe, die Propheten gemacht werden können, werden besonders in Jer 23 zusammengefasst, sodass eine genauere Beschäftigung mit diesem Text einen Überblick über die Vorwürfe an Heilspropheten bietet.[36] Denn (fast) alle Vorwürfe, die sich an anderen Stellen des Jeremiabuches finden (vgl. u. a. Jer 2,8; 6,13–15; 14,14; 27 f.),[37] aber auch Motive, die aus Mi 3 bekannt sind und oben bereits angesprochen wurden,[38] werden in diesem Kapitel in eine große Rede in verschiedenen Einzeletappen mit Schuldaufweis, Anklage und Strafandrohung gebettet.

Jer 23 nimmt insgesamt die Gruppen mit ausschlaggebender gesellschaftlicher Verantwortung in den Blick. Nachdem in Jer 23,1–4 die schlechten Hirten und damit im Anschluss an die königskritischen Passagen in Jer 22 die politische

---

[33] Vgl. JEREMIAS, Vollmacht, 316.

[34] Hierin liegt eine entscheidende Differenz zu Jer 23. W. H. SCHMIDT, Jeremia 21–52 (ATD 21), 34 f., verweist auf den Unterschied zwischen Jer 23 und Mi 3, dass die Propheten in Mi 3 durchaus Worte empfangen haben, es aber als Strafe nun nicht mehr werden, während es in Jer 23 keine Offenbarungen für diese Propheten gab und diese eine legitimierende göttliche Sendung fälschlich für sich in Anspruch nahmen.

[35] WOLFF, Micha, 404–407, zeigt, dass sich Micha gerade durch das Stichwort משפט in Mi 3,8 auch kontrastierend von den anderen Führungsschichten abhebt (vgl. V. 1.9.11), deren Aufgabe eigentlich darin bestand, das Recht zu wahren. Wolff selbst führt diese Beobachtung letztlich zur sozialen Verortung und zum Selbstverständnis Michas als Ältester, sodass er ihn stärker von den Propheten abhebt, ihm trotzdem aber ein gewisses prophetisches Charisma zuschreibt, das in der Grundgewissheit des kommenden Untergangs Jerusalems wurzelt.

[36] W. H. SCHMIDT, Jeremia 21–52 (ATD 21), 37, weist darauf hin, dass es in diesem Katalog keine objektiven Kriterien zur Identifizierung eines Falschpropheten gibt, sondern die Texte Ergebnisse eines Ringens um die strittige Wahrheit in der Situation selbst sind.

[37] Einen Überblick über die Anklagepunkte gegen die Propheten im Jeremiabuch gibt ROM-SHILONI, Prophets, 363–367. Ein sich durchziehendes Element betrifft die Legitimation der Propheten und vor allem die der jeweils gesprochenen Worte. Insgesamt zur Auseinandersetzung mit den Propheten in Jer 23 siehe EPP-TIESSEN, Prophets, 75–106, der die verschiedenen Anklagepunkte zusammenstellt und die Notwendigkeit, zwischen wahren und falschen Propheten unterscheiden zu können, betont. Dabei gibt er zwar zu bedenken, dass der Text selbst den Propheten ihr Prophetensein nicht abspricht (a. a. O., 105), bezeichnet sie dennoch durchgängig als „false prophets".

[38] Zur Verbindung von Jer 23 und Mi 3,5–8 siehe auch W. H. SCHMIDT, Jeremia 21–52 (ATD 21), 33–36.

Führung kritisiert wurden, schwenkt V. 9 über und die folgenden Verse nehmen Priester und besonders die Propheten in den Blick.[39] Die redaktionell nachgetragene Einleitung „Über die Propheten" (לנבאים)[40] dient als Überschrift über die gesamte Vorwurfsammlung in Jer 23,9–32. Abgeschlossen wird das Kapitel in V. 33–40 mit Erörterungen zur Last bzw. dem Ausspruch (משא) Jhwhs.[41] Die Sammlung beinhaltet spät-vorexilisches Gut, ist aber in ihrer jetzigen Form deuteronomistisch überarbeitet.[42] Dabei ist die deuteronomistische Prägung, wie die folgenden Ausführungen zeigen werden, umfassender als es etwa Thiel vorgeschlagen hat. Der Duktus des Texts, der in den stets als deuteronomistisch angesehenen zusammenfassenden V. 32 mündet, ist insgesamt durch die Verhinderung der Umkehr[43] durch die trügenden Aussagen der Propheten geprägt.

---

[39] In Jer 23,5f. und V. 7f. finden sich zwei auf die Zukunft ausgerichtete Heilsworte, in denen ein zukünftiger Herrscher und ein erneuter Exodus aus dem Exil (Land des Nordens) angekündigt werden. Beide Texte unterbrechen die Argumentation gegen die Führungsschichten in Jer 23 und gehören zu den jüngeren Heilsworten im Jeremiabuch.

[40] Zur Überschrift und den Verknüpfungen zu anderen parallel eingeleiteten Sammlungen, die sich auf die Könige (Jer 21,11) beziehen oder die jeweiligen Fremdvölkersprüche in Jer 46–48 einleiten (Jer 46,2: Ägypten; 48,1: Moab; 49,1: Amoniter; 49,7: Edom; 49,23: Damaskus), siehe LANGE, Wort, 107f. Zum redaktionellen Charakter der Überschrift siehe u. a. RUDOLPH, Jeremia (HAT 1/12), 149, HOSSFELD/MEYER, Prophet gegen Prophet, 73. W. H. SCHMIDT, Jeremia 21–52 (ATD 21), 39f., versteht V. 9 insgesamt als kleine abgeschlossene Einheit.

[41] Zur Doppeldeutigkeit dieser Bezeichnung und der Ausrichtung des Abschnitts siehe FISCHER, Jeremia 1–25 (HThKAT), 705. Zum Abschnitt siehe auch KELLY, Prophecy, 200–204, zur literargeschichtlichen Einordnung des Abschnitts als jüngere Ergänzung von Jer 23,9–32 siehe THIEL, Redaktion 1–25, 253.

[42] Auf eine Sammlung von Worten deutet neben den erkennbaren einzelnen Abschnitten schon die hochfrequente Nutzung der Gottesspruchformel hin, die im Jeremiabuch an vielen Stelle nah hintereinander wiederholt wird, in Jer 23 jedoch gleich siebzehnmal vorkommt. W. H. SCHMIDT, Jeremia 21–52 (ATD 21), 37–47, sieht in Jer 23 eine Zusammenstellung von Einzelworten, die redaktionell ergänzt wurden (in V. 14*.17f.22*.25–27.32), wobei er einer genauen Abtrennung der redaktionellen Elemente selbst zögerlich gegenübersteht, da diese in Jer 23 zumeist nicht mehr von der verarbeiteten Vorlage zu trennen sind. Gerade die Umkehrmotivik in V. 14 und 22 weist je jedoch eindeutig deuteronomistischen Verfassern zu. THIEL, Redaktion 1–25, 249–253, sieht die Arbeit der deuteronomistischen Redaktion als nur auf V. 17 und 32 beschränkt an. Die Aufnahmen aus dem Jeremiabuch und dem Deuteronomium (Dtn 13; 28f.; 32f.) aber auch aus der Erzählung um Micha ben Jimla (1 Kön 22) führen FISCHER, Jeremia 1–25 (HThKAT), 712f., dazu, den Text auf einer fortgeschrittenen Stufe der Traditionsbildung um falsche Prophetie zu verorten und hier eine Verdichtung der Vorwürfe zu sehen. Mit einem vorexilischen Kern rechnen neben anderen WEISER, Jeremia (ATD 20/21), 201, ALBERTZ, Exilszeit, 246f., der Jer 23,9–22 als von JerD[1] aufgenommene Sammlung bestimmt, und LANGE, Wort, 107f.128f. Die Verse V. 17bα.25–28a.32 weist dieser der deuteronomistischen Überarbeitung zu, die Verse 10aα.19f.33–40 noch jüngeren Redaktionen. Siehe auch a. a. O., 108f., für eine genaue Analyse der textkritisch auffälligen Passagen in Jer 23. CARROLL, Jeremiah (OTL), 449f., erwägt eine Datierung des Textes in eine Zeit, in der auf die spät-vorexilischen Konflikte bereits zurückgeblickt wird.

[43] Zum Umkehrmotiv in der jeremianisch-deuteronomistischen Prägung in V. 14 und 22 siehe auch W. H. SCHMIDT, Propheten, 251 f.

Nachdem Jeremia seine elende Verfassung wegen des Zustands der Gesellschaft geschildert hat (V. 9f.), erfolgt der erste Vorwurf an die Priester und Propheten aus der Perspektive Jhwhs:[44]

[11]Denn sowohl die Propheten als auch die Priester sind ruchlos – auch in meinem Haus habe ich ihr Böses (רעתם) gefunden – Spruch Jhwhs. [12]Darum wird ihr Weg für sie wie ein glatter Weg (כחלקלקות) sein, auf dem sie im Dunkeln ausrutschen und fallen. Denn ich will über sie Böses (רעה) kommen lassen, das Jahr ihrer Heimsuchung – Spruch Jhwhs.

Die erste Anklage beschreibt zunächst im Allgemeinen das desaströse Verhalten der Priester und Propheten, deren Schlechtigkeit sogar im Tempel selbst zu finden ist. Ein genauer Anklagepunkt fehlt an dieser Stelle, doch reagiert Jhwh spiegelbildlich auf ihr Verhalten. Sie haben Böses, Übel, in sein Haus gebracht, er wird Böses über sie bringen. Das Stichwort (רע(ה)) zieht sich als Leitwort durch das ganze Kapitel und bezeichnet sowohl die Taten der angeklagten Propheten als auch die Reaktion Gottes sowie den eigentlich zu verkündenden Inhalt der angemessenen Prophetie, den diese Propheten jedoch verschweigen.

Die angekündigte Strafe, das Ausrutschen und Fallen auf dem Weg, hat, wie oft vermerkt wird,[45] begrifflich die nächsten Parallelen in Ps 35,6; 73,18, jedoch führt es weiter, auch die Anklänge an Vorwürfe, die den Propheten an anderen Stellen gemacht werden, mit in den Blick zu nehmen. So sind es ihre glitschigen (Stichwort חלק) Worte, die in Jes 30,10 und Ez 12,24 die Menschen, die ihnen trauen, zum Ausrutschen bringen.

In einer zweistufigen Steigerung wird im Folgenden das kritisierte Handeln genauer beschrieben.[46] So haben auch die Propheten Samarias sich anstößig verhalten, im Namen Baals prophezeit und Israel verführt. Die Jerusalemer Propheten übertreffen diese jedoch noch.[47] Dies ist wegen der gängigen Kritik an Samaria und dem auch an dieser Stelle genannten Vorwurf der Verehrung Baals bemerkenswert. Die Gräuel der Jerusalemer Propheten bestehen im Ehebruch, darin, dass sie mit Trug umhergehen (והלך בשקר) und dass sie gerade diejenigen stärken, die Böses begehen, sodass keine Umkehr ausgelöst wird (V. 14). Ihre Bosheit strahlt in das ganze Land aus (V. 15). Somit fügt sich das Bild in den sich

---

[44] Zur oft kombinierten Kritik an Priestern und Propheten im Jeremiabuch (vgl. Jer 6,13; 8,10 u.ö.) siehe KELLY, Prophecy, 161–176. So kann Kelly durch den Vergleich der Vorwürfe und die gehäufte gemeinsame Nennung zeigen, dass die Funktionsbereiche von Priestern und Propheten in der Darstellung des Jeremiabuches sich in großen Teilen überlappen. Als Mitglieder der entscheidungstragenden Gruppen – neben den Obersten und dem König – in der israelitischen Gesellschaft werden sie für die aktuellen Missstände zur Verantwortung gezogen. Eine ähnliche Zusammenstellung zeigt auch der Schuldaufweis in Mi 3.

[45] Vgl. nur CARROLL, Jeremiah (OTL), 453, und FISCHER, Jeremia 1–25 (HThKAT), 692.

[46] So auch FISCHER, Jeremia 1–25 (HThKAT), 692f. Gerade LANGE, Wort, 111f., kann zeigen, dass sich die Vorwürfe sowohl auf ethische Dimensionen als auch auf kultische Frevel beziehen (vgl. zur Beziehung zum Götzendienst Jer 18,13–15). Für die Wahrnehmung der kultischen Dimension spricht sich auch KELLY, Prophecy, 159f., aus.

[47] Vgl. CARROLL, Jeremiah (OTL), 455f.

durch das deuteronomistische Jeremiabuch ziehenden Vorwurf des Redens von Trug durch die Propheten ein (vgl. Jer 3,10; 5,12–14; 14,11–16 u. ö.).

Vor den so handelnden Propheten ist größte Vorsicht geboten. Die Frage, worin eine Botschaft besteht, die die Umkehr unmöglich macht, beantwortet der nächste Vorwurf:[48]

¹⁶So spricht Jhwh Zebaoth: Hört nicht auf die Worte der Propheten, die euch prophezeien! Sie täuschen euch, Visionen ihres Herzens sprechen sie, nicht aus dem Mund Jhwhs. ¹⁷Sie versichern[49] jenen, die mich verwerfen, „Jhwh hat geredet: Friede wird für euch sein". Und allen, die in der Verstockung ihres Herzens wandeln, sagen sie: „Böses wird nicht über euch kommen".

Die Propheten sprechen das, was sie in ihrem eigenen Herzen finden, was also nicht auf eine göttliche Offenbarung zurückzuführen ist (vgl. Jer 14,14 und Ez 13,2.17). Die Radikalität des Aufrufs zum Nicht-Hören zeigt sich durch die gängige gegenteilige Aufforderung, auf die von Gott geschickten Propheten zu hören (vgl. Jer 7,2.23 u. ö.) und den Vorwurf an die Machthaber und das Volk, eben dies nicht getan zu haben, wie im Schuldaufweis in 2 Kön 17,14 formuliert (vgl. auch im Jeremiabuch Jer 7,24–28).[50] Das Hörmotiv ist eng mit dem Umkehrmotiv verbunden. Die Aufforderung, nicht auf einen Propheten zu hören, findet sich hingegen in Dtn 13,4, da hier der Prophet zum Abfall von Jhwh aufruft. So zeigt sich die ambivalente Kraft der Prophetie, die sich durch das Hören entfaltet und auf die Annahme angewiesen ist, solange es sich nicht um nur von Gott gewirkte Handlungen handelt, wie es bei radikalen Unheilsworten der Fall sein kann.

Das Motiv der heilsverheißenden Propheten ist aus Jer 6,14 bekannt,[51] doch kommen in Jer 23 zwei Anklagepunkte hinzu: Die Propheten verkünden zum einen Visionen ihres Herzens und nicht das, was Jhwh spricht. Zum anderen verkünden sie ihre Heilsbotschaften denen, die wegen ihrer Taten eigentlich Unheilsworte hören müssten. So gibt es eine Friedensbotschaft trotz des Missverhaltens der Fragenden.[52] V. 18 beginnt mit einer Frage, deren Antwort unklar ist:

---

[48] Einen Überblick über die verschiedenen literarkritischen Zuordnungen von Jer 23,16–32, bietet LANGE, Wort, 113–122.

[49] Gebraucht ist die *figura etymologica* אמרים אמור.

[50] Vgl. dazu I. MEYER, Jeremia, 126, FISCHER, Jeremia 1–25 (HThKAT), 694, und W. H. SCHMIDT, Jeremia 21–52 (ATD 21), 44. Der Inhalt der in Dtn 18; Jer 7 und auch 2 Kön 17 gesprochenen prophetischen Worte bezieht sich auf das Gesetz selbst, das als leitender Ratgeber bei Entscheidungen zu nutzen ist. Die Propheten sind somit unmittelbar mit dem mosaischen Gesetz verbunden, vgl. auch RÖMER, Character, 129.

[51] Vgl. dazu I. MEYER, Jeremia, 67–110.

[52] Radikaler wird das Verhältnis zwischen der Auskunft der Propheten und den kritisierten Fragestellern in Ez 14,1–11 dargestellt. So wird dem Propheten jede Auskunft an diese Personen verboten und nicht nur eine unpassende Heilsbotschaft kritisiert. Zu Ez 14,1–11 und der Diskussion, auf welche Botschaften sich das Redeverbot bezieht, siehe unten Kap. 3.2.3.4.

¹⁸Ja, wer hat im Rat (סוד) Jhwhs gestanden und gesehen und sein Wort gehört? Wer hat sein⁵³ Wort wahrgenommen und gehört?

Die Frage wurde bisweilen als rhetorisch verstanden, sodass deutlich würde, dass auch die (wahren) Propheten keinen direkten Zugang zu den göttlichen Entscheidungen hätten.⁵⁴ Die Vision des Micha ben Jimla in 1 Kön 22,⁵⁵ aber auch Nennungen des Rates in der Deir ʿAlla-Inschrift (dort in polytheistischem Setting) und in mehreren neuassyrischen Texten legen jedoch nahe, dass der Zugang von Propheten in diese Sphäre durchaus als gegeben angesehen wurde.⁵⁶ Auch die Fortsetzung in Jer 23 führt dazu, dass man davon ausgehen sollte, dass die Möglichkeit des Stehens im Rat gegeben ist. Denn die Botschaft, die mit einem Zugang zum himmlischen Thronrat verkündigt würde, entspricht der jeremianischen:

²¹Ich habe die Propheten nicht geschickt (לא־שלחתי), aber sie eilten; ich habe nicht zu ihnen geredet (לא־דברתי), aber sie prophezeiten. ²²Und wenn sie in meinem Rat gestanden haben, dann sollen sie meine Worte mein Volk hören lassen und sie umkehren lassen von ihren bösen Wegen und von ihrem bösen Tun.

Die Verknüpfung zwischen Propheten und dem Rat im Kontext der Erkenntnis ist noch auf einer anderen Ebene zu erkennen. So hält Am 3,7 fest, dass Jhwh nichts tut, es sei denn, er hat seinen Ratschluss (סוד) seinen Propheten offen-

---

⁵³ Durch die Parallele im ersten Satzteil legt es sich nahe, hier der Qere-Form zu folgen und דברו statt דברי zu lesen. Die LXX bietet eine kürzere Satzkonstruktion, in der das Objekt des Hörens nur einmal erwähnt wird, dort jedoch auch bezogen auf die 3. Person Singular (τὸν λόγον αὐτοῦ).

⁵⁴ So etwa bei DUHM, Buch Jeremia (KHC 11), 187, aber auch EPP-TIESSEN, Prophets, 87. Schon WEISER, Jeremia (ATD 20/21), 205–207, gibt jedoch zu bedenken, dass zumindest Jeremia selbst dieses Verständnis ablehnen würde. Auch W. H. SCHMIDT, Propheten, 250, sieht hier einen Zweifel ausgedrückt, dass ein Mensch Gottes Entscheidungen überhaupt erkennen könne.

⁵⁵ FISCHER, Jeremia 1–25 (HThKAT), 695, vermutet hier eine direkte Anspielung auf die Thronratsvision Micha ben Jimlas in 1 Kön 22,19–23.

⁵⁶ Zu den altorientalischen Texten sei auf die ausführlichen Darstellungen bei NISSINEN, Prophets and the Divine Council, verwiesen. KELLY, Prophecy, 184 f., weist mit Recht die Interpretation des Himmlischen Rates durch MOBERLY, Prophecy, 73–88 (dort auch ein Überblick über die Interpretationsgeschichte des Motivs), zurück, der die Aussage als Bild und somit als Beschreibung des engen Verhältnisses zwischen dem Propheten und Gott interpretiert. Insgesamt sind Moberlys Analysen zu Jer 23 hauptsächlich durch eine äußerst kritische Auseinandersetzung mit Carroll geprägt. Zu alttestamentlichen Texten, die vor dem Hintergrund einer Vorstellung des himmlischen Rates verstanden werden können (vgl. Gen 1,26; 1 Kön 22,19–23; Jes 6,8–11; 40; Hi 1 f.), und Verknüpfungen mit Propheten (Am 3,7; Jes 6; Ez 1–3) siehe CARROLL, Jeremiah (OTL), 462 f. Zur Verbindung des Stehens im Rat und der Inspiration durch einen Traum, die auch in Jer 23 vorkommt, siehe GORDON, Mari, 73. Gerade hier ist jedoch zu fragen, ob die von ihm genannte Verbindung der Vision bzw. des Traumes mit dem göttlichen Rat nicht dafür sprechen würde, dass der Traum in Jer 23 als Offenbarungsweg gerade nicht kritisiert wird. Siehe dazu genauer im Folgenden.

bart.⁵⁷ Der in der Rede vom Rat im Zentrum stehende Zugang zum göttlichen Plan ist somit auch an dieser Stelle in deuteronomistischem Kontext belegt. Die richtige Botschaft, die die Propheten nach Jer 23 zu verkünden haben, ist die, die zum Ablassen von den bösen Wegen und damit zur Umkehr führt. Dies ist ein entscheidender Tenor des deuteronomistischen Jeremiabuches. Im Kontrast zu den kritisierten Propheten wird somit deutlich, worin der eigentliche Sinn der Prophetie besteht. Gerade hier zeigt sich, dass die deuteronomistische Prägung von Jer 23 das gesamte Kapitel bestimmt. Auch wenn, gerade im ersten Abschnitt (Jer 23,9–15),⁵⁸ erkennbar ältere Worte verarbeitet wurden, ist die Gesamtkomposition des Kapitels und besonders V. 16–32 durch die Ausrichtung auf die Umkehr geprägt und damit nicht zum vorexilischen Jeremiabuch zu zählen, sondern setzt bereits eine deuteronomistische Redaktion voraus. Dies zeigt auch ein weiterer Bezug der Verse. So ist das Gegenbild der Propheten, die nach Jer 23,21 nicht von Jhwh geschickt sind und doch eilen,⁵⁹ besonders in der Berufung Jeremias in Jer 1,1–10 greifbar. In dieser perspektivgebenden Einleitung in das Jeremiabuch werden Jeremias Sendung und die Weitergabe des göttlichen Wortes durch diesen Propheten für das Jeremiabuch festgelegt,⁶⁰ wie Jer 1,7 festhält:

Überallhin, wohin ich dich schicke (אשלחך), sollst du gehen (תלך) und alles, was ich dir befehle, sollst du reden (ואת כל־אשר אצוך תדבר).

Die inhaltliche und zugleich sprachliche Überschneidung im zweiten Teil zum deuteronomistischen Prophetengesetz fallen auf.⁶¹ So legt Dtn 18,18 fest, dass Jhwh einem zukünftigen Propheten die Worte in den Mund legen werde, sodass er all das sagen wird, was Jhwh ihm befielt (ודבר את כל־אשר אצונו).⁶² Das Schicken des Propheten erinnert an die Version des Erfüllungskriteriums aus Jer 28,9.

---

⁵⁷ Auch WOLFF, Dodekapropheton 2 (BKAT 14/2), 226, verbindet Jer 23,18.22 und Am 3,7 und sieht den deuteronomistischen Vers Am 3,7 als insofern schon auf Vorstellungen wie in Jer 23 reagierend an, als es nun nicht um den Rat selbst als Ort, sondern um das dort Besprochene, also den Plan selbst, geht. In jedem Fall hängen beide Vorstellungen zusammen. Zur Verknüpfung beider Stellen siehe auch JEREMIAS, Prophet Amos (ATD 24/2), 37.

⁵⁸ Hier zeigt sich eine deuteronomistische Prägung besonders in V. 14, doch kann der Aufruf zur Umkehr an dieser Stelle durchaus als begrenzter redaktioneller Eingriff angesehen werden.

⁵⁹ Zur ironischen Steigerung vom zu erwartenden Gehen (הלך) zum in V. 21 genannten Eilen (רוץ), das den Eifer dieser Propheten beschreibt, obwohl sie gar keinen Auftrag haben, vgl. auch W. H. SCHMIDT, Propheten, 251.

⁶⁰ Vgl. auch Jer 5,14 und 15,19. Zu den kontrastierenden Stichwortverknüpfungen zwischen Jer 23,21 und Jer 1,1–10 siehe FISCHER, Jeremia 1–25 (HThKAT), 697.

⁶¹ Breiter zu den Anklängen an das Prophetengesetzes in Jer 23 siehe R. SCHMITT, Mantik, 133–135.

⁶² Zum Prophetengesetz und der Moseberufung in Ex 3 f. als Vorlagen für die Jeremiaberufung und zu dem sich daraus ergebenden Bild Jeremias als Moses legitimer Nachfolger siehe GRÄTZ, Propheten.

Die fehlende göttliche Offenbarung und Sendung sind in diesem Abschnitt von Jer 23 so grundsätzlich behandelt, dass es sich eher nicht um eine direkte jeremianische Auseinandersetzung mit einer speziellen Gruppe handelt.[63] Die Perspektive des Rückblicks auf die politische Situation vor der Eroberung Jerusalems ist für das Verständnis des Umkehrmotivs leitend. So zeigt das deuteronomistisch geprägte Jeremiabuch auf, dass das Volk und die politischen Führer den falschen Ratschlägen gefolgt sind und die führenden Ratgeber korrupt waren. So wird die Katastrophe des Exils zum einen erklärt, zum anderen aber auch der Weg aufgezeigt, wie so etwas in Zukunft zu verhindern wäre. Die Propheten hätten es besser wissen können, in Jer 23,22 f. rückt die Frage nach diesen Erkenntnismöglichkeiten in den Blick.

Im Rahmen der universalistisch geprägten Beteuerung, dass Jhwh die ganze Erde erfülle, sodass sich keiner vor ihm verbergen könne, werden die Adressaten gefragt:

[23]Bin ich ein Gott aus der Nähe – Spruch Jhwhs – und nicht (auch) ein Gott aus der Ferne?

Die Frageform wird in der Septuaginta-Tradition und auch der Peschita nicht übernommen und in diesen Fassungen somit allein Gottes Nähe festgehalten:[64]

[23]Ein naher Gott bin ich, spricht der Herr, und nicht ein ferner Gott (θεὸς ἐγγίζων ἐγώ εἰμι λέγει κύριος καὶ οὐχὶ θεὸς πόρρωθεν).

Durch den Kontext wird jedoch ersichtlich, dass durch die Frage Gottes Anwesenheit in der Nähe, aber auch aus der Ferne festgehalten werden soll, es sich also um eine doppelte Beschreibung handelt.[65] So werden dem Duktus des Kapitels entsprechend wiederum die Ausrichtung auf Heil, wie es die anderen Propheten unterstreichen, und Gericht in den Mittelpunkt gestellt, dieses Mal dargestellt an der psalmenartigen Rede der Nähe und Ferne Gottes (vgl. Ps 22,10–12; 34,19).[66] Die Festlegung Gottes auf die heilvolle Nähe, die durch die

---

[63] LANGE, Wort, 122 f., bezieht die Fragen in V. 18.22 hingegen auf eine konkrete Auseinandersetzung mit Propheten, die genau dies, die Anwesenheit im himmlischen Thronrat, für sich beanspruchten, um auf diese Weise ihre Botschaft zu legitimieren. Durch die Zusammenstellung mit den Passagen, die sich genereller auf Heilsansagen beziehen, wurde diesem konkreten Konflikt das historische Setting entzogen (vgl. a. a. O., 127 f.). Auch LANCKAU, Herr, 111 f., macht einen konkreten Bezugspunkt der Rede von der Nähe Gottes aus und verbindet dies mit der Anwesenheit im Jerusalemer Tempel, dem nun eine göttliche Omnipräsenz entgegengestellt werde. Bei dieser Verbindung bleibt allerdings zu erklären, warum die Rede von der Nähe und Ferne mit dem Motiv des sich Versteckens und dem gerichtlichen Handeln Jhwhs verbunden wird.

[64] Zur Textkritik und der Ursprünglichkeit der Frageform siehe LANGE, Wort, 124–126.

[65] Zur Mehrdeutigkeit des Verses vgl. WANKE, Jeremia 1,1–25,14 (ZBK 20/1), 215 f., der die Verse auch wegen der wiederholten Gottesspruchformel auf eine mehrschrittige redaktionelle Arbeit zurückführt, die den Kontext zu kommentieren sucht, und CARROLL, Jeremiah (OTL), 464–468, der in einem breiteren Forschungsüberblick die verschiedenen Interpretationen des Nähe-Ferne-Motivs aufzeigt. Vgl. auch W. H. SCHMIDT, Propheten, 252 f.

[66] Vgl. dazu auch W. H. SCHMIDT, Jeremia 21–52 (ATD 21), 47 f.

3.1 Das Verhalten der Propheten und der Inhalt ihrer Botschaft als Kriterium 101

kritisierten Propheten proklamiert wird, wird somit kontrastiert. Die offene Frage lässt sich jedoch auch auf eine andere Art lesen, so bedeutet die Nähe Gottes nicht unbedingt ein heilvolles Eingreifen, vielmehr steht im Jeremiabuch das direkte Handeln im Gericht im Vordergrund. Das geprägte Bild der unheilvollen Ferne Gottes illustriert sein fehlendes Eingreifen zum Heil. Nimmt man nun jedoch auch sein unheilvolles Eingreifen hinzu, so kann die Nähe Gottes, vor der man sich, wie V. 22 betont, nicht verstecken kann, zur Gerichtsbotschaft werden.[67]

Auch der vorletzte Anklagepunkt gegen die Propheten (V. 25–29) ist durch den Vorwurf der Verkündigung des Trugs im Namen Gottes geprägt, der jedoch nur auf das eigene Herz zurückzuführen ist.

[25]Ich habe gehört, was die Propheten gesagt haben,[68] die in meinem Namen Trug prophezeien: „Ich habe geträumt, ich habe geträumt!" [26]Wie lange noch? Haben die Propheten etwas im Herzen, die Trug prophezeien und Betrugsprophetie ihres Herzens? [27]Und diejenigen, die meinen Namen vergessen machen wollen bei meinem Volk mit ihren Träumen, die einer dem nächsten erzählt, so wie ihre Vorfahren meinen Namen durch Baal vergessen haben?

Die Anklage verschärft sich durch die Einordnung der falschen Verkündigung als bewusste Tat, die das Vergessen Jhwhs zum Ziel hat (V. 27). Gerade V. 26 macht deutlich, dass das Herz mit dem Verstand verknüpft ist, der Ort der prophetischen Botschaft insofern mit einem diesbezüglichen Durchdenken verbunden sein müsste. In V. 27 tritt jedoch zusätzlich die *Art* der Offenbarung in den Mittelpunkt, da die Propheten ihre Träume berichten. In diesem kurzen Abschnitt fallen als Leitworte gehäuft Begrifflichkeiten, die mit den Wurzeln חלם, נבא und ab V. 28 דבר verbunden sind.

	חלם	נבא	דבר
V. 25	2	2	
V. 26		3	
V. 27	1		
V. 28	2	1	3
V. 29			1

---

[67] FISCHER, Jeremia 1–25 (HThKAT), 699, betont die Hoffnung etwa für die Exilierten, die in dem Element der Ferne liegt, das einen großen Überblick und das Eingreifen über Distanz beinhaltet. So ist es Jhwh auch möglich, in der Ferne und damit unter den Exilierten zu handeln. Das universalistische Setting lässt sich gut mit V. 22 verbinden, die implizite Verheißung von Heil entspricht jedoch nicht dem Duktus des Textes, der schonungslos das Gericht ankündigt.

[68] Mit W.H. SCHMIDT, Propheten, 253 mit Anm. 71, kann das Perfekt auch iterativ verstanden werden, sodass hier noch deutlicher eine verbreitete und gängige Praxis illustriert würde. Dieses Zusammenspiel aus vergangenen Aktionen der Propheten, die jedoch zugleich einen Zustand beschreiben, der sich grundsätzlich und immer wieder entsprechend zeigt, zieht sich durch das ganze Kapitel und seine Verbformen.

Die Fragen Gottes, ob denn wirklich etwas im Herzen der Propheten, die von ihren Träumen berichten, sei, verweist auf die Quelle des prophetischen Ausspruchs. Wie aber verhalten sich die in V. 27 genannten Träume und die Prophetie zueinander?

[28]Der Prophet, der Träume hat, soll Träume erzählen, und der mein Wort hat, soll mein Wort wahrheitsgetreu sprechen. Was ist Getreide in Bezug zu Stroh? – Spruch Jhwhs.
[29]Ist nicht mein Wort wie Feuer – Spruch Jhwhs – und wie ein Hammer, der Felsen zerschmettert?

Die Rolle von Träumen, die im Alten Orient nah mit der Prophetie im Bereich der intuitiven Mantik verbunden sind, wird im Alten Testament unterschiedlich bestimmt.[69] So sind Bezugnahmen auf Träume und ihre Deutungen im Alten Testament in der überwiegenden Zahl positiv besetzt und die Verbindung Gottes zu den Menschen durch den Traum und damit die Möglichkeit, den Geschichtsverlauf zu erkennen, wird betont (vgl. besonders die symbolischen Träume der Josefsgeschichte[70] und des Danielbuches).[71] Auf der anderen Seite wird der Traum in der Auslegung deuteronomistischer (und jeremianischer) Texte zumeist als mindere und abzulehnende Offenbarungsform angesehen und in Jer 23,28 eine harsche Gegenüberstellung zwischen dem Traum auf der einen Seite und der wahren Prophetie auf der anderen gesehen.[72] Schaut man sich

---

[69] Die auch in dieser Arbeit verwendete Definition von Prophetie durch Manfred Weippert (siehe dazu oben im Rahmen der Einleitung S. 3), sieht Prophetie als Offenbarung *durch* Traum, Vision oder Audition an.

[70] Gerade in der Josefsgeschichte wird deutlich, dass die Träume zugleich der Leserlenkung durch die Erzählung dienen, da sich durch die Mitteilung der Träume und die jeweiligen Erfüllungen ein Spannungsbogen ergibt. Somit haben die Träume durch das Verheißung-Erfüllung-Schema literarisch die gleiche Funktion wie prophetische Ankündigungen im engeren Sinne in den Königebüchern (siehe dazu unten Kap. 4.1) oder auch der Einsatz der Orakel bei Herodot (siehe dazu oben Kap. 2.7.2).

[71] Vgl. vor allem die Träume von Abimelech (Gen 20), Jakob (Gen 28,12; 31), in der Josefsgeschichte (Gen 37; 40–42), in Ri 7,13–15, dem Danielbuch (Dan 1,17; 2), Joel 3,1 als Folge der Geistausgießung im Nebeneinander von prophezeien, Visionen und Träume haben, aber auch das Fehlen an Antworten im Traum für Saul (1 Sam 28) und Salomos Traum (1 Kön 3) gerade im Kontext seiner Kommunikation mit Jhwh. Koh 5,8 formuliert hingegen eine Warnung und der deutlich jüngere Text Sir 34,1–8 eine deutliche Kritik am Traum, allerdings auch an anderen Offenbarungsweisen. Allein im Zentrum steht an dieser Stelle das göttliche Gesetz, das als einziges nicht fehlleiten kann.

[72] Besonders intensiv und mit harten Worten gegen die vertretene Gegenposition äußert sich E. EHRLICH, Traum, 156f. In dieser Linie unterstreicht I. MEYER, Jeremia, 133–138, die scharfe Polemik gegen den Traum als Offenbarungsmittel in Jer 23. „In prinzipieller Weise ist hier der Prophet des Traumes dem echten Verkünder des Wortes gegenübergestellt." (a.a.O., 137). HAUSMANN, Prophet, 167f., sieht in den Versen eine vollständige Bestreitung des Traums als legitimes Offenbarungsmittel, von dem sich Gott selbst distanziert. Vgl. auch R. SCHMITT, Mantik, 135. WEISER, Jeremia (ATD 20/21), 210, spricht von einer scharfen Trennlinie im Jeremiabuch zwischen Gottes Wort auf der einen und Träumen auf der anderen Seite (so auch in Dtn 13,2–6 und Sach 10,2). Auch W.H. SCHMIDT, Jeremia 21–52 (ATD 21), 49–51, urteilt, dass der Traum *vorher* Offenbarungscharakter gehabt habe, nun in Jer 23 aber mit Lüge ver-

den Umgang mit Träumen im Jeremiabuch und der deuteronomistischen Literatur jedoch genauer an, fallen einige Besonderheiten ins Auge, die die strikte Trennung zwischen Traum und legitimer Prophetie in Frage stellen.

Im Jeremiabuch wird neben Jer 23 an zwei weiteren Stellen auf Träume Bezug genommen.[73] Alle drei Belege finden sich im Kontext der kritischen Auseinandersetzung mit gegnerischen Propheten. Daraus ist nicht zu schließen, dass Träume nur als Bestandteil jener Prophetie gesehen werden, die Jeremia ablehnt, auch wenn Träume im Jeremiabuch nicht als Quelle für Jeremia selbst vorkommen. Vielmehr weisen die Belege darauf hin, dass Träume durchaus ein gängiger Weg des Offenbarungsempfangs waren, der nun, wie auch die Prophetie, in seinen Ergebnissen kritisch beleuchtet wird.[74] So wird etwa in Jer 27,9 vor *allen* divinatorischen Spezialisten gewarnt, die abstreiten, dass man dem babylonischen König untertan sein werde. Im Blick sind hierbei (auch) die anderen Völker (Moab, Edom, Ammon, Tyros, Sidon), die im Setting von Jer 27 zur Beratung in Jerusalem versammelt sind. Dass in diesem Kontext ein ganzes Ensemble an divinatorischen Spezialisten genannt wird, überrascht schon aus diesem Grund nicht. Entscheidender ist jedoch die Zielrichtung der Kritik, die gerade nicht auf den Praktiken liegt. Der Fokus ist eindeutig auf dem Inhalt der Botschaft, der antibabylonischen Propaganda,[75] und nicht auf dem Offenbarungsweg.[76] Der dritte Beleg findet sich im Sendschreiben an die Exilierten

---

bunden wurde; vgl. auch ROM-SHILONI, Prophets, 366 f. WANKE, Jeremia 1,1–25,14 (ZBK 20/1), 217, sieht in V. 28 f. eine noch radikalere Bearbeitung am Werk, die „den Träumen grundsätzlich jeden Offenbarungscharakter" abstreite. Auch WESSELS, Prophets, 148–150, betont die dtr Ablehnung der Träume und zeigt anhand dieser gerade die positionelle Gebundenheit der insgesamt in Jer 23 gegebenen Prophetenkritik. ARENA, Conflicts, 76–78, betont die Verwendung von Stereotypen in der hier verwendeten Kritik am Offenbarungsweg.

[73] Zum Traum in Israel und dem Alten Orient siehe den Überblick bei LANCKAU, Art. Traum / Traumerzählung, zum Traum im Alten Testament R. SCHMITT, Mantik, 55–61, und zum Traum im Alten Orient sei auf die ausführliche Studie ZGOLL, Traum, sowie PONGRATZ-LEISTEN, Herrschaftswissen, 96–127, verwiesen.

[74] So hält auch LANCKAU, Herr, 110, zu Jer 23 fest: „Es handelt sich jedoch nicht um Aussagen über Träume und Traumoffenbarungen an sich, sondern explizit um Aussagen über die Legitimation gegnerischer Propheten." Vgl. auch GRABBE, Priests, 146.

[75] So die Charakterisierung bei STIPP, Jeremia 25–52 (HAT 12/2), 142 f. Stipp deutet den in V. 10 formulierten Vorwurf, שקר zu reden, als „heimtückische Absicht, die Adressaten den babylonischen Massendeportationen auszuliefern" (a. a. O., 143). Dies liegt jedoch an dem vorausgesetzten Verständnis von שקר als aktive Täuschung und der Zuordnung der divinatorischen Spezialisten zu den Nachbarländern. Näher liegt es, den Vorwurf so zu deuten, dass durch das trügerische Reden die Deportation die Folge sein wird, dies aber nicht die Absicht der Redenden ist.

[76] Anders urteilt E. EHRLICH, Traum, 158 f., der wie auch in Jer 23 den Traum als Offenbarungsmittel in Jer 27,9 f. als grundsätzlich abgelehnt sieht. So votiert auch HUSSER, Songe, 164–166, der aus dem Fehlen der Träumer in Dtn 18 im Gegensatz zu den anderen divinatorischen Spezialisten, die auch in Jer 27,9 genannt werden, schließt, dass Jeremia die Kritik am Traum in die deuteronomistische Kritik an Offenbarungswegen erst einführe.

in Jer 29,8. Hier wird wiederum vor Propheten und anderen divinatorischen Spezialisten, die täuschen können, gewarnt:

⁸Denn so spricht Jhwh Zebaoth, der Gott Israels: Lasst euch nicht täuschen von euren Propheten, die in eurer Mitte sind, und euren Wahrsagern und hört nicht auf eure Träume,⁷⁷ die ihr träumen lasst (ואל־תשמעו אל־חלמתיכם אשר אתם מחלמים), ⁹denn trügerisch prophezeien sie euch in meinem Namen, ich habe sie aber nicht geschickt – Spruch Jhwhs.

Gleich in mehrfacher Hinsicht ist diese Aufforderung auffällig. Zum einen ist auf der grammatikalischen Ebene zu vermerken, dass sich an dieser Stelle die einzige Form von חלם im – etwas unregelmäßig gebildeten – Hiphil (מַחְלְמִים) findet.⁷⁸ Somit geht es um das Träumen-Lassen, die Beeinflussung des Traumes oder zumindest die Erwartung des Traums.⁷⁹ Zum anderen verwundert die Zuordnung der Träume zur angesprochenen Gruppe und damit nicht zu den Propheten, die in Jer 29,8 als Objekte genannt sind. Schmidt ändert – in Anschluss an den Vorschlag im textkritischen Apparat der BHS – den Text in „ihre" Träume, die „sie träumen".⁸⁰ Allerdings geht diese Änderung nur auf *eine* Version in der Septuaginta-Tradition zurück,⁸¹ in der Regel findet sich in den Textzeugen der Septuaginta – und auch in der Vulgata – in diesem Versteil der Bezug auf das angesprochene „ihr" (2. Ps. Pl.), auf „eure Träume, die ihr träumt": καὶ μὴ ἀκούετε εἰς τὰ ἐνύπνια ὑμῶν, ἃ ὑμεῖς ἐνυπνιάζεσθε.⁸² So warnt Jer 29,8 vor täuschenden Propheten, anderen trügenden Wahrsagern und vor Träumen, die negativ beeinflussen können und zugleich beeinflussbar sind. Propheten

---

⁷⁷ Gerade in der Parallele zu Jer 27,9 kann auch an ein personales Verständnis als „Träumer", parallel zu den anderen Spezialisten, gedacht werden. Für 27,9 schlägt dies etwa STIPP, Jeremia 25–52 (HAT 12/2), 132, in Anschluss an die antiken Übersetzungen vor und geht von einem Buchstabenausfall aus. WANKE, Jeremia 25,15–52,34 (ZBK 20/2), 257, übersetzt auch in Jer 29,8 mit „eure Träumer", nicht mit „eure Träume". An dieser Stelle wird das Verständnis als Traum jedoch auch durch die LXX gedeckt.

⁷⁸ Vgl. auch Ges¹⁸ 357. SOGGIN, Old Testament, 238–240, diskutiert die vorgeschlagenen Änderungen und Übersetzungen und zeigt, dass die Bewahrung des Hiphils – auch als *lectio difficilior* gegen die antiken Varianten – ratsam ist und sich das Verständnis als „träumen lassen" nahelegt. Der Beleg in Jes 38,16 ist auf חלם II zurückzuführen und bedeutet somit im Hiphil „gesund machen".

⁷⁹ An dieser Stelle ist eine Verbindung zu Techniken der Inkubation möglich. Zu dieser gängigen Praxis im altorientalischen Raum vgl. ZGOLL, Traum, 309–351, zu den wenigen Belegen im Alten Testament (besonders in 1 Kön 3) siehe R. SCHMITT, Mantik, 58–61.

⁸⁰ Vgl. W. H. SCHMIDT, Jeremia 21–52 (ATD 21), 96, und auch CARROLL, Jeremiah (OTL), 551–553.

⁸¹ Nur die LXX-Handschrift 26 (siehe Apparat der BHS) bietet die Wiedergabe in der 3. Ps. Pl.

⁸² In Jer 36,8 (LXX) und auch 34,9 (LXX) werden die genannten Propheten wie in der LXX üblich als οἱ ψευδοπροφῆται bezeichnet (siehe zu diesem Phänomen unten S. 131–136 ausgehend von Jer 28). Auffälligerweise findet sich diese Bezeichnung jedoch nicht in Jer 23. Auch daran wird deutlich, wie grundsätzlich die Überlegungen zur Prophetie in diesem Kapitel sind.

und Träume werden somit auf der gleichen Ebene genannt.[83] Es sind Träume, die auf den Wünschen des Volkes beruhen, dies kann sowohl für die Version des Masoretischen Texts („die ihr träumen lasst") als auch für die der Septuaginta („die ihr träumt") festgehalten werden.[84] Diese Träume gehören also nicht zur göttlichen Kommunikation mit seinen Propheten. Die Belege aus Jer 27,9 und 29,8, deren deuteronomistische Prägung Thiel gezeigt hat,[85] können folglich nicht als Belege für eine grundsätzliche Kritik an Träumen als Offenbarungsweg dienen, sondern wenden sich gegen falsche Ankündigungen durch Propheten[86] und die damit verbundenen Wünsche des Volkes.[87]

Neben den Texten aus dem Jeremiabuch wird auch auf Dtn 13,2–6 als Beleg für die Kritik an Träumen verwiesen. Die Argumentation in Dtn 13 läuft jedoch nicht auf eine Kritik an den Offenbarungswegen hinaus, sondern an dem Inhalt, der verkündet wird.[88] So bezieht sich das Tötungsgebot für Propheten und Träumer allein auf diejenigen, die zum Abfall von Jhwh aufrufen.[89] Auch bleibt es festzuhalten, dass das Stichwort Traum im Prophetengesetz in Dtn 18,9–14 nicht fällt, dieser Offenbarungsweg also nicht ausgeschlossen oder kritisiert

---

[83] Dass die Propheten an diesen Stellen stets im selben Atemzug mit den Träumen genannt werden, bleibt beachtenswert, da die Texte somit gerade *keinen* Kontrast zum Empfang des direkten Gotteswortes herstellen, wie es jedoch HAUSMANN, Prophet, 168, stark macht. Alle Wege der Prophetie, die benutzt werden, um falsches Heil zu verkünden, stehen in der Kritik. Traum und Lüge werden somit nicht ineinander angesehen, wie LANCKAU, Herr, 116, in Anschluss an Hausmann festhält, sondern beeinflusste Träume werden zur Lüge, zum Trug.
[84] So bleibt die Beobachtung bestehen, wenn man in Anschluss an die LXX auch den MT entsprechend ändert, wie es neben anderen STIPP, Jeremia 25–52 (HAT 12/2), 168.170, tut, der die Form auf eine Dittographie zurückführt. Dass die Träume mit den angesprochenen Deportierten verbunden werden, führt STIPP (a.a.O., 180) darauf zurück, dass es im Exil unter dem babylonischen Einfluss zu einer regelrechten Epidemie gekommen sei und die divinatorischen Praktiken nicht mehr nur den Spezialistinnen und Spezialisten vorbehalten war.
[85] Vgl. THIEL, Redaktion 26–45, 5–8.14f. STIPP, Jeremia 25–52 (HAT 12/2), 142f.179f., verweist ebenfalls auf den redaktionellen Charakter von Jer 27,9–10a.12–15* sowie 29,8f. und ordnet die Verse seiner in der Golah schreibenden zweiten Falschprophetenredaktion zu.
[86] In dieser Linie liegt auch Sach 10,2. Die hier kritisierten nichtigen Träume entsprechen wiederum den anderen falschen prophetischen Aussagen. Besonders weit in der Auslegung von Jer 29 geht HUSSER, Songe, 165, der hier die schärfste und grundsätzlichste Kritik an Traumdeutung gegeben sieht.
[87] Die enge Verknüpfung zwischen den Wünschen des Volkes und den kritisierten prophetischen Äußerungen wurde oben bereits aufgezeigt.
[88] STEYMANS, Deuteronomy 13, 120f., erwägt eine Abhängigkeit der Nennung dessen, der Träume träumt, in Dtn 13 von der doppelten Nennung des prophetischen Personals in VTE § 10 (siehe zum Text oben S. 36f.). Diese im Alten Testament singuläre Bildung führt er darauf zurück, dass der sonst zu erwartende Befrager (Wurzel שׁאל) im Gegensatz zur traumgebundenen Divination positiv besetzt wäre. Auch bei dieser Vermutung lässt sich jedoch fragen, ob die Annahme einer negativen Konnotation des Traums nicht in den Text eingetragen wird.
[89] Auch JEREMIAS, Theologie, 186, sieht in Dtn 13,2 den Traum als gleichwertig mit dem Wortempfang dargestellt. Vgl. auch LANCKAU, Herr, 109f. Die Nennung der Träumer in Dtn 13 als postdeuteronomistischen Einschub anzusehen, wie es HUSSER, Songe, 159–162, vorschlägt, ist am Text selbst nicht plausibel zu machen.

wird, was bei der reichen Fülle an verbotenen mantischen Techniken durchaus bemerkenswert ist.[90]

Es bleibt allein die hier im Mittelpunkt stehende Passage in Jer 23,25–32 als möglicher Beleg für eine generelle Bewertung des Traums als illegitime Offenbarungsweise übrig. So sieht etwa Jeremias in diesem Abschnitt eine für das Alte Testament parallelenlose Infragestellung der Legitimität des Traums als Offenbarungserfahrung durch Jeremia und begründet dies damit, dass ein Traum in der Krisenzeit *„nicht mehr eindeutig genug"* war.[91] Die damit verbundene Gefahr der Beeinflussung der eigenen Träume im Vorgang des Träumens, Erzählens und Erinnerns ist aus der jeremianischen Perspektive zu unterstreichen.[92] Jedoch zeigt sich im Jeremia- und Ezechielbuch sowie im Prophetengesetz in Dtn 18 und damit gerade in den Konflikten der sich widersprechenden Propheten, dass zum einen auch die Prophetie sich erst im Nachhinein legitimieren muss, und zum anderen gerade im Jeremiabuch, dass die Gegenparteien auch in der Verkündigung der Träume *konkrete* Heilsansagen machen.[93] Nicht die Schwierigkeiten der Traumdeutungen stehen in den Texten im Fokus, sondern die Gefahr der Anfälligkeit der Traumoffenbarungen für Beeinflussungen.[94] Dass eigene Hoffnungen die Träume beeinflussen, beschreibt auch Jes 29,8. Die Hungernden träumen von Brot, die Durstigen von Wasser, doch bringt dies beim Erwachen keine Sättigung. Analog verhält es sich mit den Träumen, die Propheten verkünden, wenn sie dort Heil ansagen, wo es der Realität nicht entsprechen wird.

In der Gefahr der Anfälligkeit, dort die eigenen Hoffnungen zu verkünden, wo eigentlich harte Kritik vonnöten wäre, unterscheidet sich der Traum aber *gerade nicht* vom Empfang des Wortes, da eine Selbstprüfung des Propheten in beiden Kategorien fundamental ist.[95] Jer 23; 27 und 29 problematisieren die trügerischen Träume analog zu trügerischen prophetischen Aussprüchen. Mit

---

[90] Und so ist mit LANCKAU, Herr, 117, festzuhalten, dass sowohl im Deuteronomium als auch breiter im Deuteronomistischen Geschichtswerk die Traumoffenbarung ein legitimer Weg der göttlichen Kommunikation bleibt.

[91] JEREMIAS, Theologie, 186 (Hervorhebung i. O.), so auch HAUSMANN, Prophet, 172, und die jeremianische radikale Abqualifizierung jedes Traumes besonders betonend KLOPFENSTEIN, Lüge, 104–106.

[92] Die Beeinflussbarkeit des Traumes hebt auch WILLI, Anhaltspunkte, 98, hervor, aber auch sie sieht hierin einen Unterschied zum Wort Gottes. Doch sollte Prophetie und das Wort Gottes gerade nicht gleichgesetzt werden.

[93] VON RAD, Theologie II, 217, problematisiert, dass sich Jeremias prophetische Gegenspieler auf Träume und eben nicht auf Gottes Wort berufen, doch ist dieser Trennung entgegenzuhalten, dass sie Gottes Wort aus den Träumen wiedergeben.

[94] Ähnlich gestaltet sich der Zusammenhang auch in Koh 5,6. Zudem wird die Flüchtigkeit des Traums problematisiert, vgl. HAUSMANN, Prophet, 164.

[95] BUBER, Propheten, 135 f., kommt ausgehend von der Auseinandersetzung zwischen Jeremia und Hananja auf für ihn aktueller politischer Ebene in eindringlichen Worten auf die Notwendigkeit zu sprechen, die „Illusionspolitiker", als die er die falschen Heilspropheten bezeichnet, zur Selbstüberprüfung zu bringen: „Er wird das Auge nicht niederschlagen. Aber wenn er das nächstemal wieder seinen Traum träumt, wird er sich mitten darin vielleicht von

Meyer kann also festgehalten werden, dass der Missbrauch des Mediums Traum durch die Propheten eine Gefahr darstellt,[96] nicht aber der Traum selbst.[97]

So bietet es sich an, den Abschnitt und das Bild des Traums auf eine andere Weise zu verstehen. Die Aussage der Propheten „Ich habe geträumt, ich habe geträumt!" stellt nicht das Problem, sondern einen legitimen Bezug dar.[98] Kritisiert wird jedoch, dass sie dann Träume berichten und untereinander austauschen,[99] die die Wahrheit und damit den aktuellen Zustand der Gesellschaft und den kommenden geschichtlichen Verlauf nicht treffen.[100] Somit ist die Beteuerung, es geträumt zu haben, parallel zur Versicherung dieser Propheten in V. 31 zu verstehen, Jhwh hätte ihre Botschaft gesprochen (וינאמו נאם).

[31]Siehe, ich bin gegen diese Propheten – Spruch Jhwhs –, die ihre Zunge nutzen und sprachen: Spruch (וינאמו נאם).

Schon an diesem Zusammenhang lässt sich erkennen, dass der Widerspruch nicht in Jhwhs Wort und dem Traum besteht, sondern im von diesen Propheten verkündeten Inhalt und dem, was Jhwh wirklich gesprochen hat. Auch auf der Basis des Traums hätte die Gerichtsbotschaft verkündet werden können, wenn dieser kritisch geprüft worden wäre.[101] Kelly konnte zeigen, dass Vers 28 nicht aus einem Gegensatzpaar „Traum – göttliches Wort" besteht, sondern eher aus

---

deinem Blick getroffen fühlen und aufschrecken. Und wenn er das nächstemal wieder seinen Traum als das Wort Gottes erzählt, wird er sich vielleicht verheddern und innehalten."

[96] Vgl. I. MEYER, Jeremia, 134, siehe auch FRETHEIM, Jeremiah (Smyth & Helwys Bible Commentary), 338 f. Auch Kimchi und Calvin hatten schon darauf hingewiesen, dass nicht der Traum an sich ein Problem darstellt, sondern der lügnerische Traum. Siehe dazu LUNDBOM, Jeremiah 21–36 (AncB 21B), 205.

[97] Somit bleibt auch festzuhalten, dass sowohl der Traum als auch die Verkündigung des göttlichen Wortes als prophetische Handlungsweisen beschrieben werden. Kritisch hierzu äußert sich jedoch FISCHER, Jeremia 1–25 (HThKAT), 702 f. Dass sowohl Zeichen und Träume als auch Worte wahr oder falsch sein können, zeigt CARROLL, Jeremiah (OTL), 473: „The forms of revelation are not defective in themselves, though they may become false when used in certain ways or by certain people". Genau wie deshalb nicht alle prophetischen Worte als Gattung falsch sind, sind es auch nicht alle Träume, legitime Techniken werden durch ihren Missbrauch diskreditiert.

[98] Die Formulierung weist durchaus Parallelen zur Kommunikation und Deutung prophetischer Träume etwa in Mari auf, vgl. HUSSER, Songe, 163 f. So sollte die Redeeinleitung nicht als „form of satire or sarcasm", wie es EPP-TIESSEN, Prophets, 91, beschreibt, eingeordnet werden.

[99] Die Reproduktion von bereits bestehenden Worten wird hier den Propheten vorgeworfen. GRESSMANN, Geschichtsschreibung, 279, spricht von fehlender „Originalität" und beschreibt das Verhältnis von Heils- zu Unheilspropheten durch das von Rückständigkeit und Fortschritt in der Geschichte. Ein ähnlicher Vorwurf wird auf den Propheten Hananja (Jer 28) bezogen, der alte Worte des Heils in einer Situation wiederholt, in der sie nicht angemessen sind.

[100] So verweist auch EPP-TIESSEN, Prophets, 93, darauf, dass das Gegenüber nicht zwischen Wort und Traum besteht, sondern aus dem Gegenüber der jeweils verkündeten Botschaften. Gute prophetische Wege werden somit durch die, die sie unrechtmäßig oder falsch verwenden, verunglimpft.

[101] Vgl. LANCKAU, Herr, 112 f. Gegen eine scharfe antithetische Kontrastierung von Traum und göttlichem Wort richtet sich auch ZGOLL, Traum, 256 f., auf Grundlage der mesopota-

zwei parallelen Ausdrücken, deren zweiter Teil eine Konkretisierung bedeutet.[102] Somit wird das Wort unmittelbar mit dem Traum verbunden und dieser Offenbarungsweg nicht grundsätzlich kritisiert. „Dreams are firmly considered to be a part of prophetic behaviour."[103] Beide parallelen Satzteile verstärken sich, gefordert wird die Kommunikation des göttlichen Willens, wie er in der Offenbarung empfangen wurde.[104] Nicht die Offenbarungsweise wird kritisiert,[105] sondern der verkündete Inhalt, der durch die trügerische Heilsbotschaft zum Abfall von Gott führt und nicht auf diesen zurückgeht.[106] Letztlich geht es also um einen Konflikt zwischen Worten, die die Propheten und Jeremia sprechen, denn auch die kritisierten Propheten benutzen Worte.[107] Die abschließende Charakterisierung des göttlichen Wortes als Hammer, der zerschlägt, verweist wiederum auf den Inhalt der Ansagen: es geht um die kommende Zerstörung, die die Propheten und das ganze Volk betreffen wird, nicht um Heilsverkündigung!

Die Notwendigkeit, Träume kritisch zu prüfen, wird im gesamten Alten Orient betont. Das sumerische Lugalbanda-Epos warnt davor, dass die Träume falsch wie der Lügner sein können, der sie träumt.[108] Hier zeigt sich in Jer 23 also eher eine Verbindung zu den altorientalischen Nachbarkulturen als dass ein Spezifikum der israelitischen Prophetie in Abgrenzung zur Bedeutung von Träumen im mesopotamischen Raum zu erkennen wäre.[109] Ein Brief aus Mari

---

mischen Texte aber auch des Alten Testaments: „oft mag ein ‚Gotteswort' das Destillat aus einem geträumten Traum gewesen sein." (a.a.O., 257).

[102] Vgl. KELLY, Prophecy, 192f.198f.

[103] KELLY, Prophecy, 192.

[104] Im Gegensatz dazu betont E. EHRLICH, Traum, 157, dass im Traum gerade nicht das Wort Gottes zu finden sei.

[105] In der Version der LXX wird auch sprachlich das Element, das immer wieder zur Annahme geführt hat, die Traumeinleitung wäre eine ironische Darstellung, eindeutiger zu einer gängigen Einleitung, so heißt es dort in V. 25 gerade nicht doppelt: „Ich habe geträumt, ich habe geträumt" (חלמתי חלמתי), sondern schlicht „Ich träumte einen Traum" (ἠνυπνιασάμην ἐνύπνιον).

[106] QUELL, Propheten, 164, dreht somit den Sachverhalt, wenn er festhält, dass der Traum, auch wenn er Wahrheit enthalten könne, nicht zähle, da er nur Stroh sei.

[107] Vgl. dazu CARROLL, Jeremiah (OTL), 470f.

[108] Lugalbanda-Epos I Z. 337 (in der Ausgabe von VANSTIPHOUT, Reflections, 405–412), siehe dazu ZGOLL, Traum, 353 Anm. 671. Die Einleitung des Traums beschreibt die unterschiedliche Funktion der Träume je nach moralischer Beschaffenheit des Träumenden, so sieht der Lügner im Traum Lüge und der Wahrheitsliebende die Wahrheit (Z. 337). In diesem Epos fungiert der Traum als literarisches Mittel zur Erfahrung des göttlichen Willens und zur Strukturierung der Erzählung, da er implizite Elemente der Berufung enthält und mit der Charakterentwicklung des Protagonisten Lugalbanda einhergeht (VANSTIPHOUT, Reflections, 402). Der dort beschriebene Traum ist für einen Vergleich mit Jer 23 auch deshalb von Interesse, da es sich nicht um symbolische Bilder, sondern um einen gesprochenen göttlichen Text handelt, der sich direkt an den Träumenden richtet (vgl. a.a.O., 399).

[109] Zur notwendigen Überprüfung der Träume im Alten Orient siehe ZGOLL, Träume, 353–368. Dass Träume zugleich den Ablauf der Geschichte ankündigen und fehlgedeutet werden können, zeigt auch Herodots Darstellung der Funktion der Träume bei den Persern. Siehe dazu oben S. 50–52.

beschreibt, dass zu überprüfen sei, ob ein Traum wirklich „gesehen" (*šuttum šī naṭlat*) wurde.[110] Durand konnte zeigen, dass bei diesen gängigen Überprüfungsverfahren nicht überprüft wurde, ob der Träumer gelogen hatte, sondern die „réalité ominale" des Traumes auf dem Prüfstand stand.[111] So gab es durchaus auch Träume, die keine Bedeutung für die Gegenwart oder Zukunft hatten und auch nicht auf einen göttlichen Ursprung zurückzuführen waren. Wer also einen Traum ohne Prüfung für ein göttliches Wort hielt, handelte fahrlässig, wer Träume missachtete, tat es jedoch auch, da sie durchaus göttliche Ankündigungen oder Omen enthalten konnten. Zwar liegen die Texte aus Mari zeitlich weit vor den diskutierten deuteronomistischen Texten, doch deuten die etwas spärlichen Belege aus der neuassyrischen Zeit zumindest darauf hin, dass die Überprüfung von Träumen auch in den folgenden Jahrhunderten ein fester Bestandteil der Divination blieb.[112] So wird in einem Gebet an Šamaš die Bestätigung eines Traumes von Assurbanipal erbeten.[113] Zudem wird in einer Eingeweideschau ebenfalls ein Traum bestätigt, der sich auf die Göttin Ištar von Arbela, die auch eng mit Prophetie verbunden war, bezog.[114]

Auch im griechischen Kulturraum spielte die Einordnung von Träumen eine wichtige Rolle, da es, wie Penelope im 19. Gesang der Odyssee am Vorabend des großen Wettkampfes dem von ihr noch nicht erkannten Odysseus erklärt, höchst verschiedene Träume gibt.[115] Die einen täuschen und zeigen Dinge, die sich

---

[110] ARM 26, 239, vgl. ZGOLL, Traum, 353–355. Es geht in diesem Traum um die adäquate Benennung einer Tochter. Weitere Überprüfungen finden sich bei ARM 26, 82.142.226–228.231.233.236–240. Siehe dazu im Überblick ZGOLL, Traum, 358–360. Die Überprüfung von Träumen ist aber auch in den sumerischen Texten belegt (vgl. a.a.O., 360–362).

[111] Vgl. DURAND, Archives (ARM 26/1), 456. Neben der Prüfung, etwa durch eine Eingeweideschau, konnte auch das Wiederkehren eines Traums als Bestätigung gelten (so belegt es ARM 26, 234). Ein Kriterium für die Güte und Relevanz des Traumes war auch die Person des Träumers (vgl. a.a.O., 476f.) oder auch der Zeitpunkt des Traums in der Nacht; vgl. zu diesen bestätigenden Faktoren ZGOLL, Traum, 357.363–365.

[112] Vgl. dazu ZGOLL, Traum, 362. Einen besonderen Eindruck der Deutung von symbolischen Träumen bietet das neuassyrische Traumbuch, veröffentlicht von OPPENHEIM, Interpretation. So wird durch diese Funde belegt, dass sich die sumerische Traumdeutungstradition auch in der neuassyrischen Zeit fortsetzt. Anders als die oben genannten Träume gehören diese jedoch in den engeren Kontext der Omendeutung bzw. beschreiben, durch welche Rituale unheilvolle Träume noch abgewendet werden können, und unterscheiden sich somit von den im Traum übermittelten Botschaften, die in naher Parallele zu der in Jer 23 geschilderten und problematisierten Praxis liegen. Insgesamt zum Umgang mit Träumen im politischen Kontext bei den Neuassyrern und damit auch der Übermittlung von Botschaften in der Gestalt von Worten, siehe PONGRATZ-LEISTEN, Herrschaftswissen, 111–127.

[113] Zum Text siehe STARR, Queries, 203 (Nr. 202), jedoch gehört der Bezug zum Traum zu den vom Herausgeber rekonstruierten Passagen des kurzen und zudem abgebrochenen Texts. So ist auch nicht mehr erkennbar, worin der Traum des Kronprinzen bestand.

[114] Der leider nur fragmentarisch erhaltene Text ist abgedruckt bei STARR, Queries, 294f. (Nr. 316).

[115] Homer (Od. 19.559–567), erläutert dies anhand des Bildes von zwei Pforten, aus denen

nicht erfüllen (ἐλεφαίρονται, ἔπε᾽ ἀκράαντα φέροντες), die anderen deuten die Wirklichkeit an und erfüllen sich, wenn man sie sieht (ἔτυμα κραίνουσι, βροτῶν ὅτε κέν τις ἴδηται). Penelope hatte von einem Adler geträumt, der ihre 20 Gänse tötete (Od. 19.535–553). Der Traum ist jedoch kein reiner Symboltraum, eine Kategorisierung, die ohnehin mit Problemen belastet ist, da der Adler selbst – noch im Traum – eine Deutung gibt und diesen als Göttergesicht klassifiziert.[116] Dabei gibt er sich als zurückgekehrter Odysseus zu erkennen, der die Freier getötet hat. So handelt es sich also auch hier um ein ausgeführtes Wort mit göttlicher Herkunft. Für das Verständnis von Jer 23 weiterführend ist, dass bei der hier vorgestellten Traumkategorisierung keine Unterscheidung in „wahr" und „falsch" angemessen ist, sondern in „bedeutungsvoll" und „bedeutungslos".[117] So treffen die einen die Realität und die anderen nicht, sind also, im hebräischen Wortsinn שקר.

Die Interpretation von Jer 23, die nicht eine grundsätzliche Ablehnung des Traums als Offenbarungsmittel als Ziel sieht, muss sich jedoch auch mit dem göttlichen Vergleich zwischen Stroh und Getreide in V. 28 verbinden lassen.[118] Schon die ungewöhnliche Satzkonstruktion – מה־לתבן את־הבר – erschwert das genaue Verständnis der Verhältnisbestimmung zwischen Stroh und Getreide/Korn. Zum einen bleibt unterbestimmt, ob sich die Verbildlichung auf das Verhältnis zwischen Traum und Wort oder aber Gott und sein Wort bezieht, zu der dann die Qualifizierung des Wortes als Feuer und Hammer in der Fortsetzung passen würde. Zum anderen ist die Konnotation der beiden Begriffe unklar, die nur an dieser Stelle im Jeremiabuch vorkommen. So interpretiert etwa Wanke den Ausdruck: „Traum und Wort Jahwes entsprechen sich wie die wertlose Spreu und das lebenserhaltende Getreide."[119] Beide wertenden Adjektive sind jedoch nicht im Text enthalten und auffälligerweise wird auch nicht das Vokabular benutzt, das die Hinfälligkeit von Spreu im Normalfall bezeichnet. So wären für diesen Aspekt viel eher die Bezeichnungen קש oder מץ (vgl. Jer 13,24; Ps 35,5 u. ö.) zu erwarten und nicht wie in Jer 23,29 תבן. Stroh (תבן) ist im gesamten Alten Testament nicht negativ besetzt, sondern bezeichnet eine wichtige Ver-

---

die beiden Traumarten kommen, dabei ist die Beschaffenheit der Pforten aus Elfenbein und Horn wortspielartig mit der Kategorie der Träume verknüpft.

[116] Zur Rolle der Figuren in den Träumen bei Homer siehe DODDS, Griechen, 57, und zur direkten Offenbarung (ohne symbolische Darstellung) des Kommenden im Traum und damit der Kategorie des gottgesandten Traums (etwa im Gegensatz zum Albtraum) siehe a. a. O., 59–62, und zum Rückgang der Annahme der göttlichen Botschaften durch den Traum besonders in den Abhandlungen zum Traum bei Aristoteles a. a. O., 70 f.

[117] So bei DODDS, Griechen, 58 f. Vgl. dazu auch ZGOLL, Traum, 368. Vgl. auch STÖKL, Service, 89, zur Unterscheidung in „significant" und „nonsignificant" dreams.

[118] KELLY, Prophecy, 199 Anm. 212, dessen Verständnis von Jer 23,28 f. dem hier vorgeschlagenen sehr nahe ist, verweist selbst nur kurz auf den Satzteil und beschreibt ihn als vage, da keine Parallelen zu diesem Vergleich im Jeremiabuch vorkommen.

[119] WANKE, Jeremia 1,1–25,14 (ZBK 20/1), 217. In dieser Richtung auch FISCHER, Jeremia 1–25 (HThKAT), 702 f.

sorgung und Nahrungsquelle für die Tiere (vgl. zur Versorgung Gen 24,25.32; Ri 19,19; 1 Kön 5,8 und besonders in den Visionen des Tierfriedens Jes 11,7; 65,25 als Nahrungsquelle).[120] Das Getreide oder Korn (בר) dient als Nahrung der Menschen (vgl. Gen 41,35; Joel 2,24; Am 8,5 f. u. ö.). Beide Begriffe bezeichnen folglich wichtige Getreide(produkte), die dem Lebenserhalt dienen bzw. in der Produktion eingesetzt werden. Deutlicher wird der Zusammenhang, wenn man neuassyrische und neubabylonische Texte hinzunimmt. Genau wie im Alten Testament wird *tibnu* sowohl als Tierfutter als auch als Baumaterial für Ziegel benutzt. Man kann also begründet davon ausgehen, dass eine Vergleichbarkeit auch in der Verwendung und Konnotation besteht. Gerade in den Schriftstücken, die den Handel und Besitz betreffen, kommen Stroh und Gerste gehäuft als Paar vor, die beide gerecht aufgeteilt werden müssen, Wert besitzen und beide auch als Geschenk dienen können. Auch Steuern müssen für beide gezahlt werden.[121] Von einem Gegensatz ist hier nichts zu spüren. Weder kann man aus dem Vergleich ziehen, dass beide nichts miteinander zu tun haben – es ist kein Vergleich zwischen den sprichwörtlichen Äpfeln und Birnen – noch, dass die Trennlinie zwischen wertvoll und wertlos und damit bedeutungsvoll und bedeutungslos verliefe. Es handelt sich zwar nicht um Synonyme, aber auch nicht um ein Gegensatzpaar mit disqualifizierender Funktion für den einen Bestandteil. Stroh und Getreide/Korn, Traum und Wort haben einen Wert, wenn man sie wahrheitsgemäß berichtet, wozu der Vers aufruft. Das Reine – das Korn – ist das göttliche Wort, das möglicherweise subordinierte, aber dennoch wertvolle Element der Traum, wenn man aus ihm das göttliche Wort herausschält.[122]

In diesem Zusammenhang trifft sich die Verhältnisbestimmung mit der zumeist als positiv eingestuften Beschreibung des Traums als prophetischer Offenbarungsweg in Num 12,6–8.[123] Nachdem Mirjam und Aaron in der Aus-

---

[120] Zudem gehört es zu den Bestandteilen, die zur Anfertigung von Ziegeln nötig sind (vgl. Ex 5,7–18). Der einzige Beleg, der auf die Hinfälligkeit deuten könnte, ist Hi 41,19.

[121] Vgl. für einen Überblick über die Stichworte, die Angaben in CAD 18, 380–385.

[122] So trifft die Feststellung, die MÜNDERLEIN, Kriterien, 58, in Bezug auf Num 12 trifft, auch auf die Aussage von Jer 23 zu: „Träume können eine Offenbarung Jahwes enthalten (Nu 12), im Zweifelsfalle ist aber immer die Wortoffenbarung vorzuziehen." W.H. SCHMIDT, Propheten, 255 mit Anm. 84, verweist auf die zusätzliche Verbindung zwischen Spreu, Weizen und Feuer in V. 28, wie sie auch in Mt 3,12 und parallel Lk 3,17 begegnet. Der Vergleich ist jedoch schwer zu übertragen, so geht es dort um das Verbrennen der Spreu im Feuer, das vorher vom Weizen getrennt wurde. LUNDBOM, Jeremiah 21–36 (AncB 21B), 208, verweist auf den Umgang mit diesem Sprichwort im Talmud (Nedarim 8a–b). So wird hier aus der Tatsache, dass kein Korn ohne Stroh vorkommt, für den Traum geschlossen, dass eben auch in diesem unbedeutsame Elemente vorkommen. Im Umkehrschluss zeigt dies aber, dass der Traum selbst ebenfalls bedeutsame Aspekte beinhaltet, die jedoch herauszuschälen sind. In diesem Sinne trifft sich diese Deutung mit der hier vorgeschlagenen Verbindung zwischen Traum und göttlichem Wort.

[123] Zur Rolle des Traums in Num 12,6–8 siehe LANCKAU, Herr, 103–106, sowie HUSSER, Songe, 137–143.

einandersetzung um Moses kuschitische Frau angemerkt hatten, dass auch sie das göttliche Wort empfangen haben, setzt Jhwh selbst die prophetischen Offenbarungswege in ein Verhältnis zueinander:

> [6]Und er sprach: Hört doch meine Worte: Wenn bei euch ein Prophet Jhwhs ist, will ich mich ihm in einer Schauung zu erkennen geben und im Traum mit ihm reden. [7]Nicht so bei meinem Knecht Mose. In meinem ganzen Haus ist er beständig. [8]Von Mund zu Mund werde ich mit ihm reden und in einer Schauung und nicht in Rätseln und er wird die Gestalt Jhwhs sehen.

Mirjam und Aaron werden wegen ihrer Vorwürfe gegenüber Moses kritisiert und Mirjam mit Aussatz bestraft. Der Traum wird jedoch zugleich parallel zur Vision als prophetischer Offenbarungsweg ins Recht gesetzt und der mosaischen direkten Kommunikation mit Jhwh subordiniert.[124] Dabei ist bezeichnend, dass Mose an dieser Stelle als Diener Jhwhs (עבדי משה) und nicht als Prophet bezeichnet wird.[125] Den Propheten steht (nur) die vermittelte Offenbarung offen. Jeremia, der vom deuteronomistischen Jeremiabuch immer wieder als legitimer Nachfolger Moses stilisiert wird,[126] steht in ähnlicher Weise den anderen Propheten gegenüber.

Der die breiten Ausführungen in Jer 23 über die Propheten, die falsches Heil verkünden, abschließende V. 32 führt die Aussagen des Abschnitts prägnant zusammen:[127]

> [32]Siehe, ich bin gegen die, die Trugträume weissagen – Spruch Jhwhs – und die sie erzählen und mein Volk durch ihre Falschheiten und ihre Betrügereien in die Irre führen. Ich aber habe sie nicht geschickt und ich habe ihnen nicht befohlen und sie sind diesem Volk nicht nütze! – Spruch Jhwhs.

Propheten, die dem Volk etwas sagen, wozu sie von Jhwh nicht gesandt wurden, helfen dem Volk nicht, führen es sogar in die Irre. Und weil sie nicht von Jhwh

---

[124] So spricht auch HAUSMANN, Prophet, 167, von einer Relativierung der Bedeutung des Traums als Offenbarungsmittel, ohne diesen grundsätzlich als illegitime Praktik zu betrachten. Die Ergebnisse der direkten mosaischen Kommunikation sind dabei mit der Tora zu assoziieren, sodass die Prophetie der Tora untergeordnet wird (vgl. auch LANCKAU, Herr, 104 f.). Hier zeigt sich ein sich in der Entwicklung verstärkender Grundzug der deuteronomistischen Prophetentheorie, in der das Gesetz selbst als regulierender und Orientierung bietender Maßstab gilt, wie es etwa in Jer 26,4 f. greifbar ist (siehe dazu unten S. 145 f.).

[125] Damit unterscheidet er sich von den Propheten und die Unmittelbarkeit seiner Kommunikation mit Gott wird nicht als normaler Aspekt der Prophetie präsentiert. Zur Verwendung des עבד-Titels siehe auch LANCKAU, Herr, 105 f.

[126] Vgl. GRÄTZ, Propheten.

[127] Dieser Vers muss wegen seiner Funktion als Zusammenfassung nicht einer späteren Schicht zugeordnet werden, wie es THIEL, Redaktion 1–25, 252, und W. H. SCHMIDT, Jeremia 21–52 (ATD 21), 51, vorschlagen. Gerade dieser deuteronomistische Vers schließt harmonisch an den Rest des Kapitels an und zeigt so, dass es eine breitere deuteronomistische Bearbeitung in Jer 23 gibt als es Thiel annimmt, der das Eingreifen der deuteronomistischen Redaktion auf V. 17 und eben diesen Vers 32 beschränkt.

geschickt wurden und ohne Legitimation sprechen, sind diese konkreten Träume, die trügerisches Heil verheißen, zu kritisieren.[128] Sie sprechen trügerische Botschaften, unabhängig davon, mit welchem prophetischen Offenbarungsweg sie diese verbinden. Durch ihr Handeln wird die im Geschichtsverlauf noch mögliche Umkehr des Volkes unmöglich gemacht.[129] Dies ist die Hauptaussage von Jer 23 und eine der Kernbotschaften der jeremianischen Prophetenkritik. So wird gerade anhand dieses Textes deutlich, dass sich die den Propheten gemachten Vorwürfe inhaltlicher und moralischer Art nicht voneinander trennen lassen. So wie in Mi 3 der Vorwurf der Bestechlichkeit mit dem der falschen Heilsbotschaft verbunden wird, wird auch in Jer 23 das Verkünden der eigenen Wünsche und der Wünsche des Volkes mit der kritisierten Heilsbotschaft verbunden.

3.2 Der Verlauf der Ereignisse als Argument: Das deuteronomistische Erfüllungskriterium

Neben den in den vorangegangenen Abschnitten thematisierten Kriterien, die sich aus dem Verhalten oder der Person des Propheten ableiten, und dem inhaltlichen Kriterium der Ausrichtung auf die Unheilsprophetie, gibt es im Alten Testament ein Kriterium zur Identifizierung wahrer Prophetie, das sich aus der Wahrnehmung der Ereignisse selbst speist: Das Erfüllungskriterium. Erfüllt sich eine prophetische Ankündigung, so handelte es sich um ein Wort, das der Prophet auf Geheiß Jhwhs gesprochen hat, so halten es besonders das deuteronomistische Prophetengesetz in Dtn 18 und die Erzählung um die Propheten Jeremia und Hananja in Jer 28 fest. Dieses *ex post*-Kriterium wurde in der Forschung immer wieder auf seinen praktischen Nutzen hin kritisch befragt und sogar mitverantwortlich für das Ende der Prophetie gemacht, gibt es doch in der Situation selbst keine Handreichung zur Entscheidung, welchem Propheten zu trauen sei. Und so kommt etwa Carroll nach der Analyse von Dtn 13; 18; Jer 23; 28 und Ez 12–14 zu dem Schluss, dass die versuchten Kriterien zu unklar, zu vereinfachend und zu impraktikabel waren, um wirklich bei prophetischen Konflikten urteilen zu können. Gerade deshalb wurden seines Erachtens in nachexilischer Zeit die Weisheit und priesterliche Kategorien leitend und nicht mehr prophetische Ratschläge.[130]

---

[128] Vgl. LANCKAU, Herr, 114.
[129] FISCHER, Jeremia 1–25 (HThKAT), 711 f., problematisiert die Ableitung eines Kriterienkatalogs, an dem diese verwerflich handelnden Propheten zu erkennen wären. Das beste Anzeichen sieht er an den Konsequenzen der Worte, da die Unheilsansagen mit Umkehrruf zur Verhaltensänderung führen würden. Somit steht der Inhalt der Worte an erster Stelle.
[130] CARROLL, Prophecy, 184–198. Zu weiteren kritischen Stimmen siehe die folgenden Ausführungen zum Prophetengesetz.

Eine erneute Betrachtung der Texte kann jedoch deutlich machen, dass das Erfüllungskriterium vereint mit der Analyse der eigenen Geschichte und Gegenwart als Grundlage für theologische Einsichten und politische Entscheidungen durchaus zu einem stimmigen Konzept von Prophetie führen kann. So werden im Folgenden zunächst die beiden Gesetze, die dieses Konzept thematisieren oder zumindest zu seiner Deutung herangezogen werden, in Dtn 13 und 18 in den Blick genommen. Jer 28, als narrative Verarbeitung des grundlegenden Gedankens eines Erfüllungskriteriums, hilft sodann, die Umsetzbarkeit des Konzepts und seine Grenzen zu erkennen. Anhand des Umgangs mit zwei Propheten werden im dritten Schritt die Herausforderungen aufgezeigt, die bei einer schematischen Anwendung des Erfüllungskriteriums als Basis wahrer Prophetie entstehen. Zunächst zeigt der Umgang mit Michas Ansagen zum Untergang des Zions (vgl. Mi 3) in Jer 26, dass durch das Motiv der Umkehr sowie der Konditionierung von Prophetie das Schema Ankündigung / Erfüllung modifiziert wird. Ein Blick auf den Propheten Jona und die Rezeption seiner Figur in den Kategorien der Falschprophetie zeigt die Probleme auf, die eine strikte Konzentration auf die Erfüllung eines Wortes hervorbringt, die nicht – wie in Jer 28 – zwischen Heils- und Unheilsprophetie unterscheidet. So kann die Gnade und das Erbarmen Gottes zum Fallstrick für den Unheilspropheten werden, dessen Wort sich, gerade weil es wirklich den göttlichen Willen verkündet, am Ende nicht erfüllt.

Dass das Anlegen eines Erfüllungskriteriums und die Konzentration auf Prophetie als Wortgeschehen in deuteronomistischer Weise Probleme birgt, wird in Ez 12,21–14,11 deutlich. Dieser Abschnitt des Ezechielbuches zeigt die Erfordernisse und Verantwortungsbereiche auf, die auf dieser Grundlage entstehen, und appelliert dabei, wie zu zeigen ist, an Gott, die Propheten und das Volk jeweils ihren Beitrag für eine gelingende prophetische Interaktion zu leisten.

3.2.1 Die Gesetze: Dtn 13 und 18

Zwei Gesetze im Deuteronomium spielen in der Diskussion um falsche und unerfüllte Prophetie eine maßgebliche Rolle: Die radikale Forderung zur alleinigen Bindung an Jhwh in Dtn 13 und vor allem das Gesetz über Prophetie und Propheten in Dtn 18. In beiden Texten wird das richtige Verhalten von Propheten und anderen mantischen Spezialisten thematisiert und kritisch hinterfragt. So legt Dtn 13 fest, dass ein Prophet unter keinen Umständen dazu aufrufen darf, anderen Göttern als Jhwh zu folgen. Dtn 18 fordert das Volk zur Distanzierung von divinatorischen Praktiken auf, die nicht in der reinen verbalen prophetischen Kommunikation bestehen, und thematisiert zudem die Möglichkeiten, ein Wort zu erkennen, das göttlichen Ursprungs ist, und damit die Legitimation eines Propheten bzw. seines Wortes zu prüfen. Zunächst lohnt es sich, dieses Kriterium genauer anzusehen, bevor im Vergleich zu Dtn 13 nach den zum Teil gravierenden Folgen für diejenigen Propheten gefragt wird, die sich den Forderungen widersetzen bzw. ihnen nicht gerecht werden.

3.2.1.1 Das Erfüllungskriterium und die Funktion von Prophetie

Nachdem im Rahmen der Ämtergesetze in Dtn 16,18–18,22 alle anderen Funktionsträger der Idealgemeinschaft bereits dargestellt sind (König, Richter, Priester), steht in Dtn 18,9–22 abschließend die Prophetie im Mittelpunkt. Im so genannten Prophetengesetz werden zunächst mantische Praktiken verboten, die andere Völker haben, die aber für Israel nicht gedacht sind (V. 9–14). Im zweiten Abschnitt (V. 15–22) geht es darauf aufbauend um Propheten im engeren Sinne und Jhwhs Ankündigung, einen Propheten wie Mose zu schicken, der seine Worte verkünden wird.[131] In diesem Zusammenhang wendet sich das Gesetz der praktischen Frage zu, wie ein solcher Prophet vom Volk erkannt werden kann. Somit wird ein zentrales Problem im Umgang mit prophetischen Botschaften angesprochen: Für die Rezipientinnen und Rezipienten sind der Akt der Übermittlung durch den Propheten und der Inhalt der Botschaft erkennbar, die Übermittlung durch die Gottheit jedoch nicht. Dtn 18,9–14 schließt die folgenden Wege der Divination für Israel aus:

> [9]Wenn du in das Land kommst, das Jhwh, dein Gott, dir gibt, dann lerne nicht, gemäß den Gräueln dieser Völker zu handeln. [10]Unter dir soll keiner gefunden werden, der seinen Sohn oder seine Tochter durchs Feuer gehen lässt, kein Wahrsager, Zeichendeuter, Beschwörer oder Zauberer, [11]kein Bannsprecher oder Totengeistbeschwörer oder Wahrsager oder einen, der die Toten befragt. [12]Denn jeder, der diese Dinge tut, ist ein Gräuel für Jhwh und wegen dieser Gräuel vertreibt Jhwh, dein Gott, sie vor dir. [13]Vollständig sollst du bei Jhwh, deinem Gott, sein. [14]Denn diese Völker, die du in Besitz nehmen wirst, hören auf Zeichendeuter und Wahrsager, aber du, dir hat Jhwh, dein Gott, so etwas nicht gegeben.

Die Techniken werden als Praktiken beschrieben, die die Völker betreiben, in deren Land Israel kommen wird, wie im Rahmen der historisierenden Gebotseinleitung festgehalten wird.[132] Im Deuteronomium gibt es eine klare Trennung zwischen Völkern, die Israel umgeben und mit denen man in der Fiktion des Buches auf dem Weg ins Land in Kontakt kommt – hier ist besonders auf Dtn 1–3 zu verweisen –, und jenen, die im Land selbst leben. Diese Völker werden als „diese Völker" (הגוים ההם/האלה; vgl. Dtn 18,9.14) beschrieben und in Dtn 7,1–3 im Rahmen des Banngebots auch namentlich aufgezählt (Hetiter, Girgaschiter, Amoriter, Kanaaniter, Perisiter, Hiwwiter und Jebusiter).[133] Zu diesen Völkern

---

[131] Beide Abschnitte sind eng miteinander verbunden und sollten auch als bewusste Einheit verstanden werden. Vgl. dazu NIHAN, Moses, 25–27, und KÖCKERT, Ort, 94 f.

[132] Zu den mit historisierenden Gebotseinleitungen verbundenen Texten und ihrer literargeschichtlichen Verortung siehe R. EBACH, Fremde, 224–239.

[133] Zu Dtn 7,1–3 und dem Verständnis der hier genannten Völker siehe R. EBACH, Fremde, 201–224.

im eigenen Land zeigen sich die radikalsten Forderungen der (gewaltsamen) Abgrenzung im Deuteronomium. Sie sind im Rahmen des Zusatzes zum Kriegsgesetz (Dtn 20,15–18) vollständig mit dem Bann zu belegen (vgl. auch Dtn 7,1–3) und ihre divinatorischen Techniken werden in Dtn 18,9–14 mit höchst negativen Wertungen versehen. Sie handeln nach V. 9 frevelhaft und wegen dieser Frevel (תועבה) wird Gott sie auch aus dem Land vertreiben, wie es V. 12 festhält. Diese Form der radikalen Kultkritik an nichtisraelitischen Völkern und nicht mit Jhwh verbundenen Kulten ist nicht typisch für das Deuteronomium und die deuteronomistischen Theologien, überrascht aber auch insgesamt im Rahmen des Alten Testaments. So liegt der Fokus des kultischen Handelns üblicherweise auf Israel selbst und die Forderungen der strikten Jhwh-Verehrung in angemessener kultischer Form werden sonst nur an die Israelitinnen und Israeliten gerichtet.

Schaut man sich auf Basis dieser Einsicht die verschiedenen Texte zu jenen Völkern im Deuteronomium an, hebt hervor, dass es sich um Völker *im* Land handelt und nicht um Völker, die Israel umgeben, und berücksichtigt die Redaktionsgeschichte des Buches, so legt es sich nahe, hier eher an Israeliten und Israelitinnen zu denken als an andere Völker. So sind die entsprechenden Texte Teil des nachexilischen Konflikts um das wahre Israel, der zwischen den heimkehrenden Exilierten und den Daheimgebliebenen geführt wird und sich an verschiedenen Stellen des Alten Testaments niedergeschlagen hat.[134]

Die in V. 9–14 verbotenen Praktiken gehören in den Bereich der instrumentellen Mantik.[135] Die etwa für den assyrischen und babylonischen Bereich typischen Eingeweideschauen spielen in Dtn 18,9–14 jedoch auffälligerweise keine Rolle.[136] Eher sind die genannten Techniken, besonders die nekromantische Ausrichtung, typisch für den kanaanäisch-israelitischen Raum und so wird auch durch die genannten Praktiken deutlich, dass es um eine neue Standortbestimmung der Divination innerhalb des Kultursystems Israels geht.[137]

---

[134] Texte, die dieses Setting spiegeln, sind etwa Ez 33,23–27, Esra 9 f. und Neh 13, aber auch die priester(schrift)lichen Passagen der Erzelterngeschichte. Für ausführlichere Begründungen und detailliertere exegetische Untersuchungen der einzelnen Texte sowie der Verortung dieser Gesetze in der nachexilischen innerisraelitischen Identitätsdebatte siehe R. EBACH, Fremde, 200–247, dort auch mit weiterführender Literatur.

[135] Die genaue inhaltliche Füllung und Verortung der Bräuche aus dem Bereich der Divination und Beschwörung bleibt schwierig. So verweist RÜTERSWÖRDEN, Gemeinschaft, 80, darauf, dass die in Dtn 18 benutzten Termini meist eine allgemeinere Bedeutung haben, hier jedoch vermutlich eine spezifische Tätigkeit beschreiben, die nur schwer und auch nur über die Etymologie zu erschließen ist. Siehe zur kulturellen Verortung R. SCHMITT, Magie, 339–345, DERS., Mantik, 121–124, RÜTERSWÖRDEN, Gemeinschaft, 79 f., ROSE, 5. Mose 12–25 (ZBK 5/1), 95 f., NELSON, Deuteronomy (OTL), 232–234, und E. OTTO, Deuteronomium 12,1–23,15 (HThKAT), 1494.

[136] Vgl. R. SCHMITT, Magie, 341 f. Diese Beobachtung führte Schmitt zu einer königszeitlichen Datierung, die er aber nun, Mantik, 122, revidiert hat, da er mittlerweile in Anschluss an Otto eine exilische Deutung favorisiert.

[137] Vgl. insgesamt zur Chiffrierung als „kanaanäisch" für innerhalb Israels unerwünschte

Israel soll sich von instrumenteller Mantik fernhalten und unterscheidet sich somit von den in Dtn 18 genannten Völkern und auch in religionsgeschichtlicher Perspektive von seiner altorientalischen Umwelt. Die einzige legitime Form des Erkennens des göttlichen Willens liegt in der Prophetie. In der Verwendung von Prophetie unterscheidet sich Israel dabei nicht von seiner Umwelt, jedoch in der ausschließlichen Zulassung dieses Weges. Somit entfallen zugleich auch alle Wege der Absicherung eines prophetischen Wortes durch die Kombination verschiedener divinatorischer Techniken.[138]

Eine an Mose (und damit zugleich auch der durch ihn repräsentierten Tora) orientierte Prophetie wird im zweiten Abschnitt zum Idealbild. Doch stellt sich bei einer Beschränkung auf Prophetie sogleich das genannte Problem einer Möglichkeit der Überprüfung. So war es im altorientalischen Kontext möglich, prophetische Worte durch andere divinatorische Techniken zu verifizieren oder auch ihre Deutung zu korrigieren.[139] Das Fehlen dieser Überprüfungswege wird gerade dann deutlich, wenn mehrere Propheten widersprüchliche Botschaften verkünden und damit unterschiedliche politische Ratschläge erteilen.[140]

Auf die sich unmittelbar ergebende Frage, wie die Botschaft zu erkennen sei, die wirklich auf Jhwh zurückgehe, gibt das Prophetengesetz eine Bewertungsleitlinie:

[20]Aber der Prophet, der ein Wort vermessen in meinem Namen sprechen wird, was ich ihm nicht geboten habe zu sagen, oder wenn er im Namen anderer Götter spricht, dieser Prophet wird sterben. [21]Und wenn Du in deinem Herzen sagst: „Wie kann ich erkennen, welches Wort Jhwh nicht geredet hat?" [22]Wenn ein Prophet im Namen Jhwhs spricht und es trifft nicht ein und erfüllt sich nicht, dann ist dies das Wort, das Jhwh nicht geredet hat. Der Prophet hat in Vermessenheit geredet, hab keine Angst vor ihm.

Wie oft gesehen liegt in dieser Handreichung das Problem eines *ex post*-Kriteriums. Das Urteil wäre also nur dann möglich, wenn es sich schon herausgestellt hat, dass das Wort sich nicht erfüllt hat. Für einen Entscheidungsprozess ist dieser Zeitpunkt dann aber bereits zu spät. So beschreibt etwa Julius Wellhausen dieses Kriterium als „recht allgemein und unpraktisch",[141] Martin Rose es als „ziemlich platt",[142] Ernst Würthwein nennt es „wirklichkeitsfremd",[143]

---

kultische Elemente R. SCHMITT, Krieg, 51, B. SCHMIDT, Canaanite Magic, 259, ALBERTZ, Religionsgeschichte, 269–275 (mit Blick auf Hosea), und STAUBLI, Antikanaanismus.
[138] Zu diesem Problem siehe unten im Kontext von Ez 13,1–16 in Kap. 3.2.3.2.
[139] Siehe dazu besonders zur altbabylonischen Prophetie oben Kap. 2.2.2.
[140] Siehe dazu unten zu Jer 28 in Kap. 3.2.2.1.
[141] WELLHAUSEN, Prolegomena, 402.
[142] ROSE, 5. Mose 12–25 (ZBK 5/1), 104.
[143] WÜRTHWEIN, Könige (ATD 11/2), 259. AMIT, Role, 86f., nennt das Erfüllungskriterium, das im DtrG benutzt wird, in dieser Linie „impractical" (86) – so auch bei ARENA, Conflicts, 5. Amit zeigt, wie die Chronikbücher, bei denen sich Ankündigung und Erfüllung direkt aneinanderreihen, das Problem umgehen und somit auch weit weniger als die deuteronomistischen Texte mit dem Phänomen der Falschpropheten zu kämpfen haben. Ein Wort, dessen Erfüllung

Martin McNamara verweist darauf, dass es von „beschränktem Nutzen"[144] sei und Jonathan Stökl spricht von einem „praktisch absolut nutzlose[n] deuteronomistische[n] Gottesbeweis".[145] Matthias Köckert resümiert, dass die Regel in Dtn 18 bei einem praktischen Vollzug im Rahmen eines Prozesses „entweder zum Weinen oder zum Lachen" nötige.[146] Eine Bankrotterklärung für Prophetie, zumindest nach deuteronomistischer Sicht, insgesamt? So spricht Gerhard Münderlein davon, dass somit „der Verkündigung jeder Sinn genommen" werde[147] und Christoph Schneider sieht den aktuellen Anspruch der Prophetie außer Kraft gesetzt.[148]

Auch noch grundlegender wurde die Bindung der Prophetie an die Geschichte als Problem wahrgenommen.[149] So urteilt Johannes Herrmann in Bezug auf das Ausbleiben von prophetischen Sprüchen im Ezechielbuch: „Es ist dem Prophetismus eigentümlich, daß er unbedingt sicher nur im religiös-sittlichen Urteil ist, nicht im geschichtlichen."[150] Doch ist gerade die Verortung der

---

sich verzögert oder sich auf weit entfernte Zeiten bezieht, gibt es in der Chronik nicht. Siehe insgesamt zur Rolle der Prophetie in der Chronik unten Kap. 4.4. OSUJI, Truth, 377–379, verweist auf die Problematik der zeitlichen Dimension eines solchen Kriteriums und sieht dabei besonders die Perspektive des Rückblicks, die nötig wäre, kritisch. Siehe zu dieser Perspektive aber im Folgenden.

[144] MCNAMARA, Kriterien, 572.

[145] STÖKL, Völker, 232. Zur Problematisierung der Gleichsetzung von Dtn 13 und 18 siehe auch im folgenden Abschnitt 3.2.1.2. Zudem geht es an dieser Stelle um die Legitimation des Propheten, nicht Gottes.

[146] Vgl. KÖCKERT, Ort, 93. In dieser Weise beschreibt auch BERGEY, Prophète, 22, dass man als Reaktion auf dieses Kriterium „un peu perplexe et même frustré" sein kann. KNAUF, 1 Könige 15–22 (HThKAT), 507, führt im Kontext seiner Auslegung der Micha ben Jimla-Episode in 1 Kön 22 aus, dass das im Prophetengesetz gegebene Kriterium nicht hilfreich für die im Text genannten Zuhörer, sondern „für die Begründung von Heiligkult an den Gräbern wahrer Propheten und die Kanonbildung ihrer Schriften" sei. Vgl. auch a. a. O., 508, wo er auf die Bedeutung des Kriteriums für das Prophetenbuch und nicht für den Propheten verweist. In ähnlicher Weise äußert sich auch EPP-TIESSEN, Prophets, 177, im Rahmen der Auslegung von Jer 28: „The criterion of fulfillment is useful only in hindsight and was probably the most important criterion for determining which prophets were eventually reckoned as canonical and which not."

[147] MÜNDERLEIN, Kriterien, 138. Vgl. auch a. a. O., 107–110. Er sieht den Vers als exilischen Zusatz an, der die Gemeinschaft angesichts falscher Unheilspropheten beruhigen soll.

[148] Vgl. C. SCHNEIDER, Krisis, 70–72. Dieser selbst weist jedoch auf die neue Funktion hin, in „nach-denkender" Art auf die erlebte Geschichte zu schauen.

[149] Diese Bindung an die Geschichte führt QUELL, Propheten, 46 f., in Blick auf das analoge Kriterium in Jer 28 zu einer harten Kritik: „Auf Geschichte zurückgreifen, wo es um Gegenwart und Zukunft, wo es um Existenz geht! Eine armselige, hilflose, auf so etwas wie eine Theorie gründende Antwort, eine Theorie vollends, deren peinliche Unzulänglichkeit in diesem Augenblick offenkundig ist, da es gilt und jedermann gespannt darauf wartet, die aktuelle Wahrheit zu finden, die Vollmacht gültig zu erweisen, während Wort gegen Wort steht und nur eines wahr sein kann." Die folgenden Ausführungen werden aber zeigen, dass gerade der Geschichtsbezug zu einer modifizierten Stärkung der Prophetie führen kann.

[150] J. HERRMANN, Ezechiel (KAT 11), 83. Die Auslegung von Ez 12,21–28, gerade im Kontext von Ez 12,21–14,11, kann jedoch deutlich machen, dass auch im Ezechielbuch die Er-

Prophetie in der Geschichte der Schlüssel zum Verständnis des Prophetengesetzes und des (deuteronomistischen) Neuentwurfes von Prophetie in der nachexilischen Zeit.[151]

So hat in neuerer Zeit Jakob Wöhrle herausgearbeitet, dass dieses Kriterium in Dtn 18 es in prophetischen Prozessen ermöglicht, freier und somit auch kontroverser über die richtigen politischen Maßstäbe zu diskutieren. Die Vorläufigkeit prophetischer Ankündigungen wird so – gerade in Abgrenzung zu den vermeintlich eindeutigeren Ergebnissen der instrumentellen Mantik, die im ersten Teil verboten wird – unterstrichen und damit Platz für eine Geschichtstheologie gemacht.[152] Prophetie ist Geschichtsprophetie, das Lernen aus der Geschichte ermöglicht das Handeln in der Gegenwart.[153] Wöhrle betont die Uneindeutigkeit historischer Ereignisse, die die Grundlage der Diskussionen um die richtige Deutung bildet. Das direkte Kommunikationsgeschehen zwischen Jhwh und Prophet ohne vermittelndes Medium wie in der instrumentellen Mantik ist ein Kernelement der Prophetie und wird auch durch die Analogie zu Mose (Dtn 18,15–18) unterstrichen.[154] Die Fokussierung auf Prophetie führt auch zu einer stärkeren Demokratisierung oder zumindest Loslösung von Expertenwissen für die korrekte Deutung der Vorzeichen.[155] So wird im Alten Testament vorausgesetzt, dass die Worte vom Machthaber, aber auch vom Volk verstanden

---

füllung von prophetischen Worten im geschichtlichen Ablauf zu einem Zeichen gelingender Prophetie wird – vgl. dazu ausführlich unten Kap. 3.2.3.1.

[151] Schon NOTH, Geschichte, 26, sieht das Vorkommen von falscher Prophetie, die in der Situation nicht zu erkennen ist, als ein Merkmal der Geschichtsgebundenheit der alttestamentlichen Prophetie: „Denn alle geschichtlichen Erscheinungen, wenn sie wirklich der menschlichen Geschichte angehören, sind vieldeutig, und mit äußeren Kriterien ist das Echte vom Unechten nicht wohl zu scheiden."

[152] WÖHRLE, Wort, 385, bezeichnet das Erfüllungskriterium als eine „‚theologische Notbremse' gegen die Überhöhung einer bestimmten theologischen Interpretation der jeweiligen geschichtlichen Situation." Dies gilt auch für die Loslösung eines Propheten, wie BEN ZVI, Prophets, 344, zum Erfüllungskriterium in Dtn 18,21 f. festhält: „No one in Israel can fully accept the independent authority of a contemporaneous prophet, for no one can know what prophecy will come true in the future." Ben Zvi deutet diesen Zusammenhang und die Betonung der Prophetentradition im DtrG als bewusst kritisch gegenüber allen jeweils zeitgenössischen Propheten, der Prophet wird zugleich zum Prediger (vgl. a.a.O., 344–346). Hiergegen kann jedoch eingewendet werden, dass die Interpretation der Geschichte auch diejenigen voraussetzt, die sie in der Situation selbst deuten.

[153] Vgl. WÖHRLE, Wort, bes. 382–386.

[154] Vgl. WÖHRLE, Wort, 383 f.

[155] Vgl. WÖHRLE, Wort, 382 f. Zudem unterstreicht Wöhrle die Objektivität, die durch die instrumentelle Mantik mit ihren konkreten Ergebnissen zumindest scheinbar erreicht wird. Die vielen Möglichkeiten, die aus dem mesopotamischen Raum bekannt sind, durch erneute Nachfragen die Ergebnisse zu modifizieren, zeigen, dass ebenfalls im Bereich der instrumentellen Mantik die Macht über die Anerkennung und Deutung der Ergebnisse von entscheidender Bedeutung war. Da dies den Experten und Expertinnen oblag, unterstreicht aber letztlich auch dieser Punkt die fehlende Integrations- und Verständnismöglichkeit derer, die nicht zum divinatorischen Expertenkreis gehörten.

werden können. Dass diese Abhängigkeit durchaus als Problem gesehen werden kann, zeigt sich auf der Ebene der Herrscher auch in der Umwelt des Alten Testaments. Gerade in der Kyropaedie wird der väterliche Rat an Kyros berichtet, sich in diesen Techniken ebenfalls firm zu machen, um nicht auf die Urteile der Mantiker angewiesen zu sein und sich so vor Betrug schützen zu können.[156]

Die Betonung der Offenheit in der Prophetie und Geschichtsdeutung führt unmittelbar zur Frage nach der Grundlage für Entscheidungen. Diese ist für das deuteronomistische Deuteronomium ohne Zweifel das Gesetz selbst, ein Zug, der enge Parallelen zur Stellung des Gesetzes bei den Achämeniden aufweist. Durch das Gesetz ist allen Menschen die Erkenntnis dessen, was zu tun ist, um ein gutes Leben zu führen, möglich.[157] Nach dem Prophetengesetz und dem postexilischen Deuteronomium im Ganzen vereinen sich in Mose die Rolle des *Propheten*[158] als unmittelbarer Künder des göttlichen Wortes, die des *Gesetzgebers*, durch den der göttliche Wille für alle verständlich in fester Form vorliegt und somit ausführbar ist,[159] und die des *Erzählers* der Geschehnisse der kollektiven Vergangenheit und der in Aussicht gestellten Zukunft. Aus dem Gesetz und der Geschichte – diese beinhaltet auch die Gegenwart – ist zu lernen.

3.2.1.2 Todesstrafe für falsche Propheten?

In Dtn 13 und 18 wird der Tod von kritisierten Propheten angekündigt und so werden beide Gesetze häufig dahingehend zusammengefasst, dass es (auch) um die Todesstrafe für falsche Prophetie ginge. Dies ist jedoch zu hinterfragen, da sich beide Texte im Detail deutlich unterscheiden.

In Dtn 13 wird die Gemeinschaft dazu aufgefordert, diejenigen Propheten zu steinigen, die zur Nachfolge anderer Götter als Jhwh animieren.[160]

---

[156] Xen. Kyr. 1.6.2. Siehe dazu oben Kap. 2.5.1.
[157] Siehe zu diesem Aspekt oben Kap. 2.5.1.
[158] Moses prophetische Rolle wird auch in Hos 12,14 betont.
[159] Diese Ausrichtung geht mit einem breiteren Trend in nachexilischer Zeit einher. So führt auch RÖMER, Formation, 179, aus, dass Jer 36 und 2 Kön 22 f. mit Hulda als Interpretin des Buches den Wechsel im prophetischen System hin zum Buch ankündigen: „after exile comes the book". Beide Texte verortet er in die persische Zeit.
[160] Dies gilt für alle Stufen von Dtn 13. Bereits die vermutlich in vorexilischer Zeit entstandene Grundschicht in Dtn 13,2–11*, die hier recte abgedruckt ist, beinhaltet den Vorwurf der Apostasie, der als Leit- und Kerngedanke des Textes zu erkennen ist. Zu der hier zu Grunde liegenden redaktionsgeschichtlichen Verortung und der Auseinandersetzung mit anderen literargeschichtlichen Verortungen dieses höchst umstrittenen Abschnitts siehe R. EBACH, Fremde, 108–115. Aber auch bei der Annahme eines weit jüngeren Datums von Dtn 13, vgl. v. a. (früh-)exilische Verortung der Grundschicht durch C. KOCH, Vertrag, 108–170, der neben dem Einfluss des neuassyrischen Vertragsrechts vor allem die Bezüge zu den hethitischen und aramäischen Vertragstexten (vgl. die Sefire-Inschriften) betont, und die nachexilische Verortung von VEIJOLA, 5. Buch Mose (ATD 8/1), 284–293, und auch bei der Annahme einer zeitlichen Entstehung nach dem Prophetengesetz in Dtn 13, wie es etwa KÖCKERT, Ort, 82–85, unter-

3.2 Der Verlauf der Ereignisse als Argument

²Wenn in deiner Mitte ein Prophet oder jemand, der Träume träumt, aufsteht und dir ein Zeichen oder Wunder gibt, ³und das Zeichen oder Wunder trifft ein, über das er zu dir gesagt hat: „Lasst uns anderen Göttern hinterherlaufen, *die ihr nicht kanntet, und ihnen dienen!"*, ⁴so sollst du nicht auf die Worte dieses Propheten oder dessen, der die Träume träumt, hören, *denn Jhwh, euer Gott, prüft euch, um zu erkennen, ob ihr Jhwh, euren Gott, mit eurem ganzen Herzen und eurem ganzen Leben liebt.* ⁵*Jhwh, eurem Gott, sollt ihr nachfolgen und ihn fürchten und seine Gebote bewahren und auf seine Stimme hören und ihm dienen und an ihm kleben.* ⁶Dieser Prophet oder der, der Träume träumt, soll getötet werden (והנביא ההוא או חלם החלום ההוא יומת), weil er Falsches/aufrührerisch (סרה)[161] geredet hat gegen Jhwh, *euren Gott, der euch aus dem Land Ägypten herausgeführt und dich aus dem Haus der Sklaven erlöst hat, um dich von dem Weg abzubringen, den Jhwh, dein Gott, dir zu gehen befohlen hat.* Du sollst das Böse aus deiner Mitte wegschaffen.

Im Rahmen des zweiten in Dtn 13,7–11 thematisierten Falles, dass die eigene engste Verwandtschaft zum Abfall von Jhwh aufruft, werden die Strafandrohungen noch expliziter:

⁹Dann gib ihm nicht nach und höre nicht auf ihn und hab keine Nachsicht mit ihm, hab kein Mitleid mit ihm und decke ihn nicht, ¹⁰sondern du musst ihn töten (כי הרג תהרגנו), deine Hand sei als erste an ihm, um ihn zu töten (להמיתו), und die Hand des ganzen Volkes danach. ¹¹Du sollst ihn steinigen, sodass er stirbt (ומת), *denn er hat versucht, dich von Jhwh, deinem Gott, der dich aus dem Land Ägypten, dem Haus der Sklaven, herausgeführt hat, abzubringen*.

Dtn 13 fordert – ohne Zweifel – die aktive Durchführung der Todesstrafe durch die Gemeinschaft. Dies wird im zweiten Fall sowohl durch die Aufforderung zum Töten (V. 10: הרג) ausgedrückt als auch durch die Steinigung als Angabe der Tötungsart (V. 11). In beiden Fällen wird der geforderte Tod zudem mit Formen des Verbs מות beschrieben. So formuliert V. 6 im Hophal (יֻמָת), dass der Prophet getötet werden wird, V. 10 gibt als Ziel der Handlung des in der zweiten Person Singular angesprochenen Adressaten und des Volkes לַהֲמִיתוֹ „um ihn zu töten" (Hiphil) an und V. 11 als Ziel der Steinigung das Sterben dessen, der zum Abfall aufruft (וָמֵת, Qal). Der Grund für die Tötung durch das Volk liegt im Inhalt seiner Rede, die Anstiftung zur Abkehr von Jhwh als Merkmal der Rebellion bildet eine Grenze, bei deren Überschreitung der Tod herbeizuführen ist.

---

streicht, bleibt der für die hier geführte Argumentation maßgebliche Punkt bestehen, dass beide Gesetze – Dtn 13 und Dtn 18 – einen unterschiedlichen Fokus haben.

[161] Grundsätzlich geht es um das „Falsche", das über den Höhergestellten geredet wird. Zur Wiedergabe als „Aufruhr" oder „Verrat" siehe E. OTTO, Deuteronomium 12,1–23,15 (HThKAT), 1214 f., vgl. aber auch C. KOCH, Vertrag, 160–162, der jedoch von einem allgemeinen Einfluss der neuassyrischen Terminologie auf die in Dtn 13 verwendete Sprache ausgeht und nicht von einer Übernahme aus VTE § 57. So oder so bleibt festzuhalten, dass die Herkunft von דבר סרה der akkadischen Formulierung *dabābum sa/urrātim* bzw. *dabāb surrāti* (VTE § 57) aus dem politischen Sprachgebrauch höchst wahrscheinlich ist, vgl. auch WEINFELD, Deuteronomy, 99.

Vergleicht man diese Ergebnisse mit dem Prophetengesetz in Dtn 18, so fallen einige kleine, aber für das Verständnis weitreichende Unterschiede auf. In V. 20 f. wird Folgendes über den Propheten und sein Schicksal festgehalten:

[20]Aber der Prophet, der ein Wort vermessen in meinem Namen spricht, was ich ihm nicht geboten habe zu sagen, oder wenn er im Namen anderer Götter spricht, dieser Prophet soll/wird sterben (ומת הנביא ההוא).

Das Prophetengesetz wird immer wieder als Aufforderung zum Töten von Falschpropheten verstanden und damit werden unerfüllte Prophezeiungen als Grundlage für die Todesstrafe ausgemacht.[162] Doch trifft dies bei genauerem Hinsehen den Text nicht exakt. Denn V. 20 verwendet gerade nicht wie Dtn 13 eine Hiphil- oder Hophal-Form von מות, fordert also folglich auch nicht unmittelbar zum Töten auf, sondern lautet schlicht: וּמֵת הַנָּבִיא הַהוּא – dieser Prophet wird/soll sterben.[163] Folgt auf die Qal-Form ein בערת-Gesetz, also „Du sollst das Böse aus deiner Mitte wegschaffen"[164] wie in Dtn 17,12 wo es auf diejenigen bezogen wird, die nicht auf den Priester hören, kann man den Satz implizit durchaus als Aufforderung verstehen, doch ergibt sich dies aus der folgenden Beschreibung und nicht aus der Formulierung selbst. Gerade in narrativen Zusammenhängen kommt die Konstruktion eher als Beschreibung der kommenden Ereignisse denn als Aufforderung vor. Jemand wird sterben. Wie dies geschehen wird oder wer ihn tötet wird nicht angegeben.[165] Diese Interpretation kann durch eine weitere Beobachtung noch verstärkt werden. In Dtn 18,20–22 geht es in der Konsequenz nicht um den Propheten, sondern um das Wort selbst. Nicht die Person, die falsche Worte spricht, ist zu identifizieren, sondern das Wort (דבר), das sich nicht erfüllen wird. Für den Umgang mit prophetischen Worten ist es wichtig, diese einordnen zu können, der Prophet selbst tritt in den Hintergrund. Der Mensch muss wissen, auf welche Worte er sich verlassen kann, die Sanktionierung eines

---

[162] Stellvertretend genannt seien hier NELSON, Deuteronomy (OTL), 235, HOSSFELD, Propheten, 142, und HIEKE, Alte Testament, 359 f., der neben Dtn 13 auch Dtn 18,20 mit dem Hinweis versieht, dass der falsche Prophet getötet werden soll, TEUPE, Todesstrafe, 41, der Dtn 18,20 ebenfalls bei den Belegen für die Todesstrafe aufführt, und SCHART, Gegenwartsorientierung, 74. Auch bei RÜTERSWÖRDEN, Deuteronomium (NSK.AT 4), 124, geht es um die Todesstrafe als Sanktion, auch wenn er nicht ausführt, wer diese ausführen soll.

[163] Auch ein Verständnis als generelle Aussage ist an dieser Stelle möglich.

[164] Zur בערת-Gesetzgebung siehe breiter R. EBACH, Fremde, 125–144.

[165] E. OTTO, Deuteronomium 12,1–23,15 (HThKAT), 1501, geht jedoch ebenfalls davon aus, dass die in Dtn 18,22 Schreibenden bewusst keine Sanktion vermerkten und weist auf die jüdische Rezeptionsgeschichte des Textes hin, in der diese Lücke bisweilen ausgefüllt wurde: „Der palästinische Talmud hat darin ein Lücke gesehen und aufgrund der Parallele von Dtn 18,22 mit Dtn 17,12 bezädôn »in Übermut« Dtn 17,12 entsprechend die Todessanktion vorgesehen; siehe ySanhedrin 19b, 26 ff.; anders dagegen SifreDeb § 178, die das Strafmaß offen lassen; siehe SifreBiet, 447." Die fehlende Tötungsart – im Unterschied zu Dtn 13 – merkt auch HIBBARD, Prophecy, 9 Anm. 29, an, ähnlich bei ROSE, 5. Mose 12–25 (ZBK 5/1), 99, der vermerkt, dass nur die „Todesverfallenheit" festgehalten wird, sodass Exekution und auch ein göttliches Eingreifen möglich bleiben.

Propheten, der sich anmaßt, das Falsche zu sprechen und damit gegen seinen eigentlichen Auftraggeber handelt, wird diesem überlassen.[166]

Verbindet man nun die sich in Dtn 18 zeigende Offenheit über den Tod des Propheten, der ein Wort redet, zu dem er nicht von Jhwh beauftragt wurde, mit dem oben diskutierten *ex post*-Kriterium, so wird eine Verbindung deutlich. Ermöglicht die zeitliche Verschiebung einer Beurteilung auf den Moment nach der Erfüllung einen prophetischen Diskurs in der Gegenwart, so wird dieser zugleich nicht durch eine menschlich durchgeführte Todesstrafe verhindert. Dass ein Prophet kein göttliches Wort spricht, kann vor dem Erfüllungszeitpunkt nur der Prophet oder Gott selbst wissen.[167] So kann die abschließende Aufforderung in Dtn 18,22, sich vor diesem Propheten nicht zu fürchten, auch die vorzeitige Entscheidung des Konflikts durch ein göttliches Eingreifen beinhalten.[168] Somit sorgt das hier vorgeschlagene Verständnis des Prophetengesetzes nicht dafür, die von den Verfassern gesehene Brisanz von Prophetie abzuschwächen. Es bleibt dabei, dass der Prophet, der dem Volk Worte verkündet, die nicht von Jhwh stammen, sterben wird.[169] Der Vergleich mit Dtn 13 und auch der zweite genannte Fall in Dtn 18,20, der offensichtlich die gleiche Stoßrichtung aufweist wie Dtn 13,[170] zeigen zudem deutlich eine Grenze des prophetischen Redens auf: das Reden im Namen anderer Götter bzw. die Aufforderung zur Apostasie und der Verehrung anderer Götter.[171]

---

[166] HERMISSON, Kriterien, 137–139, fragt breiter nach Sanktionen gegen Falschpropheten und kommt zu dem Schluss, dass man im Alten Testament sehr wenig davon hört. Die Beispiele, die er anführt – Amos Ausweisung in Am 7,10–17 und die Inhaftierung und Anklage Jeremias in Jer 7; 20; 26 –, weist er selbst der Auseinandersetzung mit Oppositionellen und nicht dem Umgang mit falschen Propheten im engeren Sinne zu.

[167] Vgl. zu der hiermit verbundenen Verantwortung der kritischen Selbstreflexion die Ausführungen zu Ez 13,1–16 unten (Kap. 3.2.3.2). Zum Aufruf in Sach 13,2–6 einen Propheten zu töten, siehe unten S. 295 Anm. 5.

[168] So stirbt Hananja nach Jer 28,17 weit vor der Zeit, in der sich seine prophetischen Ankündigungen als falsch herausstellen werden. DE VRIES, Prophet, 143, sieht wenig praktischen Nutzen in der Aufforderung, sich nicht zu fürchten, da die Unsicherheit ein Leben lang bleiben kann. Entscheidender ist jedoch, dass durch diese Beruhigung die Verantwortung der Prophetie-Empfänger reduziert wird. Auch PETERSEN, Prophecy, 31, verweist darauf, dass in Dtn 18 im Gegensatz zu Dtn 13 nicht spezifiziert wird, durch welche Hand der Prophet sterben wird, das Volk kann abwarten bis der Prophet stirbt: „Yahweh will requite the false Yahwistic prophet; the people should just ignore him."

[169] W. H. SCHMIDT, Jeremia 21–52 (ATD 21), 93, unterstreicht ebenfalls die Auffälligkeit, dass in Dtn 18,20 keine Todesstrafe ausgesprochen wird, sieht dies jedoch als Reaktion auf die Erzählung von Hananjas Tod in Jer 28,17.

[170] KÖCKERT, Ort, 85, sieht in Dtn 13 die Ausgestaltung der Möglichkeit zur Fremdgötterei, die in Dtn 18,20 nur am Rande angedeutet wird.

[171] An dieser Stelle besteht eine Analogie zu weiteren Texten außerhalb der deuteronomistischen Gesetzgebung, die andere Verfehlungen thematisieren, die ebenfalls zur Tötung führen. Stößt falsche Prophetie an Gotteslästerung, so ist die radikale Grenze übertreten (vgl. Lev 24,15 f. mit der Aufforderung zur Steinigung bei Gotteslästerung).

Ein weiterer grundlegender Unterschied zwischen Dtn 13 und Dtn 18 ist bei den Überlegungen zu falscher und unerfüllter Prophetie hinzuzunehmen. Denn beide Texte unterscheiden sich nicht nur im Umgang mit den genannten Propheten, sondern auch bezüglich des Elements der Erfüllung. Wird es in Dtn 18 zum Kernkriterium für von Gott beauftragte Worte, so kommt es in Dtn 13 eher im Rahmen der Begleiterscheinungen vor. Dtn 13,3 spricht von Zeichen und Wundern, die der Prophet oder Träumer gegeben hat. Die Problemlage besteht gerade dadurch, dass diese eintreffen.[172] Es liegt also keine Form unerfüllter Prophetie vor. Im Gegenteil, da der Prophet erfolgreich ist oder sein könnte, wird dieser Prophet zum Problem. An dieser Stelle zeigt sich eine enge funktionale Parallele zum Nachfolgeeid Asarhaddons. So geht es auch in § 10 des Nachfolgeeids, der immer wieder auf Grund seiner Überschneidungen zu Dtn 13 zur Interpretation und für literargeschichtliche Folgerungen herangezogen wird, darum, dass negative Worte aus prophetischem Mund dem König mitzuteilen sind, wie oben breiter dargestellt wurde. Die Verpflichtung zum Töten erfolgt dann jedoch, sobald zur Rebellion aufgerufen wurde.[173] Diskutiert wird also an beiden Stellen im Grunde die Grenze des Sagbaren. Ruft ein Prophet zur Rebellion auf – gegen Gott oder den assyrischen König –, wird er auf Grund dieser inhaltlichen Aussage getötet.

3.2.1.3 Getötete Propheten

Im Alten Testament werden – auch im Bereich der deuteronomistischen Traditionslinie – durchaus getötete Propheten erwähnt. Neben der Angabe, dass Isebel die Propheten Jhwhs töten ließ (1 Kön 18,4.13), wodurch der Konflikt zwischen der mit ihr verbundenen Baals-Verehrung und der Jhwh-Verehrung illustriert wird, kommt das Motiv in summarischen Vorwürfen vor. So geht es in 1 Kön 19,10.14, Jer 2,30 und Neh 9,26 um die Verfolgung und Tötung von Propheten als harten Kritikpunkt gegen das Volk, das auf die berechtigte Kritik der Propheten an seinem Verhalten mit dieser Gewalteskalation reagiert.[174] An diesen Stellen wird also gerade nicht zur Tötung von Propheten aufgerufen, sondern im Gegenteil an diesem Verhalten der moralische Verfall der Herrschenden oder des Volkes als Gesamtheit illustriert. Jenseits dieses generellen Vorwurfs sind es vor allem zwei breiter erzählte Episoden, die die Tötung eines

---

[172] Es ist wichtig, die Stoßrichtungen beider Texte voneinander zu trennen und sie gerade im Zusammenhang der Erfüllung nicht gemeinsam zu nennen. So gibt etwa GRABBE, Priests, 114, sowohl für das Kriterium falscher Prophetie, anderen Göttern zu folgen, als auch für das wahrer Prophetie, dass sie eintrifft, jeweils Dtn 13,2–6 und 18,15–22 gemeinsam an und auch STÖKL, Völker, 232, nennt in Bezug auf das Erfüllungskriterium Dtn 13 und 18 ohne Differenzierung.

[173] Siehe dazu oben Kap. 2.3.2 im Kontext der neuassyrischen Texte zum Umgang mit negativen (prophetischen) Ankündigungen. Auch in Bezug auf griechische Mantiker werden in den Erzählungen nur politische Elemente als Begründung für die Tötung von Sehern angeführt, siehe dazu oben S. 77–80.

[174] Siehe zu diesem Motiv vor allem STIPP, Israel, 60–77.

Propheten schildern. Um den in Dtn 13 und 18 herausgearbeiteten Umgang mit Propheten methodisch abzusichern, werden als Gegenprobe diese zwei Propheten oder Mantiker in den Mittelpunkt gerückt, deren gewaltsamer Tod durch israelitische Hände im Alten Testament erzählt wird: Bileam und Uria.

So wird berichtet, dass Bileam nach seinem Segen des israelitischen Volkes durch dieses getötet wird. Dieser Tod wird jedoch *nicht* in Num 22–24 geschildert, sondern erst in späteren Texten, die zwar eine Perspektive des Rückbezugs aufweisen, sich jedoch von der – ebenfalls vielschichtigen – Erzählung in Num 22–24 unterscheiden.[175] Num 31,8 nennt Bileams Tötung ohne gesonderte Begründung gemeinsam mit der der Midianiterkönige und zudem der des ganzen männlichen (Kriegs-)Volks. Vermutlich ist als Grundlage seine Beteiligung an der Verführung durch die Midianiterinnen in der Baal-Peor-Episode mitzudenken (Num 31,16), wodurch der Abfall der Israeliten von Jhwh hervorgerufen wird.[176] Auch in Jos 13,22 wird betont, dass Bileam wie die anderen Midianiter getötet wurde. Durch diese Parallelisierung wird deutlich, dass er als Nicht-Israelit angesehen wird und seine Tötung im Krieg geschieht.[177] In Jos 13,22 fällt jedoch zudem auf, dass Bileam mit der Bezeichnung „der Wahrsager" (הקוסם) versehen wird, die pejorativ verstanden werden kann.[178] Kleinere Hinweise auf eine solche Einordnung finden sich auch in Num 22,7 und 23,23, doch wird im Gegensatz zu Num 22–24 in Jos 13 die enge Bindung Bileams an Jhwh und die Kommunikation zwischen beiden nicht erwähnt. So wäre es zwar möglich, den Tod Bileams durch die im ersten Teil des Prophetengesetzes verbotenen Praktiken, die auch diese Form der Wahrsagerei ausschließen (vgl. Dtn 18,10.14), zu begründen, doch ist dieses Verbot auf die Israelitinnen und Israeliten beschränkt.[179] Dtn 18,14 hält sogar fest, dass andere Völker, mit denen

---

[175] Siehe zu den Entwicklungslinien FREVEL, Reasons, und ROBKER, Balaam, speziell zu Num 31 a. a. O., 209–218.

[176] Vgl. dazu GASS, Art. Bileam, 2.6., und BURNETT, Prophecy, 191–194, der explizit aufzeigt, dass Bileams Tod im Rahmen des Bannvollzugs geschieht und nicht durch Gesetze bezüglich falschen prophetischen Verhaltens wie in Dtn 13,1–8 und 18,9–22 begründet wird. Zur Verbindung Bileams mit den Midianitern siehe FREVEL, Reasons, 159–163.

[177] Der durch ihn gespendete Segen wird in diesen Traditionen zudem nicht als Verdienst Bileams angesehen, sondern seine eigene Absicht, Israel zu verfluchen, wird betont, die nur durch das göttliche Handeln durchkreuzt und in ihr Gegenteil verkehrt wurde (vgl. Dtn 23,6; Neh 13,2). Der im Neuen Testament (2 Petr 2,15; Jud 1,11) aufkommende Vorwurf der Bestechlichkeit und Habgier, der ein oft verwendeter Topos der Prophetenkritik ist, lässt sich aus Num 22–24 nicht belegen, wird doch hier das verlockende finanzielle Angebot bei einer Verfluchung Israels von Bileam gerade abgelehnt (vgl. Num 22,18).

[178] So bei BURNETT, Prophecy, 194 f.

[179] Diesen Weg beschreitet besonders FREVEL, Reasons, 169–187. Zudem unterstreicht Frevel die Verbindungen zum Banngebot im Rahmen des Einschubs in das Kriegsgesetz in Dtn 20,15–18 und die Verbindung zu dem in Dtn 13 verurteilten Aufruf zur Nachfolge anderer Götter. Doch auch bei diesen beiden Bezugspunkten ist die Verbindung mit einem Nichtisraeliten nicht unmittelbar aus den Texten zu erkennen.

man in Kontakt treten wird, auf derartige Mantikerinnen und Mantiker hören.[180] Bileam fällt also aus den im Prophetengesetz gegebenen Kriterien in mehrfacher Weise heraus. So ist erstens die außerisraelitische Divination nicht eingeschränkt, Bileam zweitens nicht als Prophet (נביא) bezeichnet[181] und sein Tod drittens nicht explizit über sein in Num 22–24 beschriebenes Verhalten, sondern den von Jhwh angekündigten Schlag gegen die Midianiter als Volk begründet.

Anders als bei Bileam gibt es im Alten Testament einen Fall, bei dem ein israelitischer Prophet durch den amtierenden israelitischen König getötet wird.[182] So erschlägt Jojakim den Propheten Uria nach Jer 26,20–23 mit dem Schwert. Diese Handlung des Königs ist schon allein deshalb nicht durch das Prophetengesetz gedeckt, da Uria aus der Erzählperspektive als Jhwh-Prophet mit richtiger Unheilsbotschaft dargestellt wird. Der König befindet sich somit durch die Tötung des Propheten in doppelter Weise im Unrecht, da er einen Prophetenmord befiehlt und durchführt und auf diese Weise einen wahren Propheten tötet.[183] In Jer 26 und im größeren Kontext des Jeremiabuches wird die Funktion dieser kurzen Episode deutlich. So werden die drei Propheten Uria, Jeremia und Micha als wahre Unheilspropheten parallelisiert. Hatte sich der

---

[180] Dies spricht gegen die Begründung von R. SCHMITT, Mantik, 129, der Bileam als Schadenszauberer stilisiert sieht, der seinen Tod gerade *wegen* seiner ausländischen Herkunft in Einklang mit Dtn 18 finden würde. H.-C. SCHMITT, Mantiker, der das unterschiedliche Bild Bileams in den verschiedenen postexilischen Schichten der Bileamerzählung aufzeigt, bezeichnet ihn der Darstellung der Texte folgend durchgehend als „heidnischen Mantiker", sowohl dort, wo sein Handeln kritisiert wird, als auch in den Momenten, in denen positive Elemente des Bileambildes aufscheinen.

[181] FREVEL, Reasons, 169–187, zeigt detailliert und unter Berücksichtigung der inneralttestamentlichen Entwicklung der Bileamgeschichte(n), dass Bileam nicht nur nicht als נביא bezeichnet wird, sondern zudem auch andere Anklänge an das Wirken wahrer Propheten vermieden werden. Verbunden wird Bileam neben seiner Schauung mit den Begriffen קסם und נחש, die zu den in deuteronomistischer Linie kritisierten mantischen Techniken gezählt werden können. Zu קסם siehe auch ROBKER, Balaam, 324–326, zu נחש a. a. O., 331–334. Auch in der Inschrift aus Tell Deir ʿAlla wird Bileam nicht als Prophet bezeichnet, sondern als Seher (Z. 1: אש חזה).

[182] Einen ähnlich gelagerten Fall berichtet 2 Chr 24,20–25. Auf Befehl des Königs Joasch wird Secharja, der Sohn des Priesters Jojada, gesteinigt. Dieser wird nicht als Prophet bezeichnet, doch spricht er, nachdem der Geist Gottes über ihn gekommen ist. Dieser Mord wird von Jhwh radikal gerächt, indem Joasch vom aramäischen Heer trotz numerischer Überlegenheit vernichtend geschlagen wird und dann Todesopfer einer Revolte seiner Dienerschaft wird. Diese Niederlagen werden als Gericht Gottes wegen des Abfalls und der Blutschuld an Jojadas Söhnen begründet. Zur Stelle siehe JAPHET, 2 Chronik (HThKAT), 303–305, und zur Rezeptionsgeschichte dieses Mordes, auf den auch im Neuen Testament (Mt 23,35, in Parallele zum vergossenen Blut Abels) Bezug genommen wird, SCHOEPS, Prophetenmord, 138–141. Zur Rolle der Propheten in der Chronik siehe unten Kap. 4.4. 1 Kön 18,4 hält zudem fest, dass Isebel Propheten töten ließ, doch ist auch ihr Handeln als Machthaberin eindeutig negativ konnotiert.

[183] SCHOEPS, Prophetenmorde, 127, spricht in Bezug auf Uria von „Justizmord". Er zeigt, wie in nachalttestamentlicher Zeit das Motiv des Prophetenmordes, das im Alten Testament gerade nicht ausgeprägt ist, stark gemacht wird und so auch Niederschlag im Neuen Testament findet (vgl. nur Apg 7,52; Hebr 11,36–38).

König Hiskia durch Michas Ankündigung korrekt verhalten und war umgekehrt (Jer 26,17–19), erweist sich Jojakim durch die Tötung Urias – durch seine eigene Hand – als frevelhafter König.[184] Dieses Verhalten unterstreicht im Jeremiabuch gerade durch den Kontrast Jojakims Grausamkeit und Sünde.[185]

Die Frage nach der Tötung von falschen Propheten bzw. Propheten, deren Worte sich nicht erfüllen, wird auch im Folgenden immer wieder eine ausschlaggebende Rolle spielen. So wird Hananjas Tod in Jer 28 berichtet, aber auch Ez 13 und Ez 14 sprechen mit jeweils unterschiedlicher Schwerpunktsetzung von Propheten, denen Jhwh den Tod ansagt. Kapitel 5 zeigt zudem den Umgang mit Dtn 18 und den Schutz der Propheten im Rahmen der frühen Rezeptionsgeschichte.

3.2.2 Das Erfüllungskriterium und seine Einschränkungen

Neben der Festlegung des Erfüllungskriteriums in gesetzlicher Form in Dtn 18 dient es als Grundlage in erzählten Auseinandersetzungen im Bereich der Prophetie, die im Folgenden im Fokus stehen. So zeigen gerade die beiden großen Prophetenbücher Jeremia und Ezechiel, dass das Motiv der Erfüllung und damit eine Prophetie, die sich in ihrem Bezug zur Geschichte und dabei auch im Rückblick auf die Ereignisse auszeichnet, als Reaktion auf die Katastrophen des Exils zum Modell der Zukunft wird.[186] Die damit zusammenhängende Vorläufigkeit von Prophetie, die sich im Widerstreit prophetischer Worte niederschlägt, ließ sich anhand von Dtn 18 zeigen, ist in Bezug auf die Auseinandersetzung zwischen Jeremia und seinem prophetischen Gegenspieler Hananja in Jer 28 aber ebenso erkennbar.[187]

Die Entscheidung, ob sich ein prophetisches Wort erfüllt hat, liegt im rückblickenden Auge des Betrachters und damit der Deutung des geschichtlichen Verlaufs. Hat sich Michas Wort des Untergangs des Zions erfüllt oder ist er trotz der Bewahrung Jerusalems bei der neuassyrischen Belagerung 701 v. Chr. ein wahrer Prophet? Und in welchem Licht erscheint Jona, der in einem nicht konditionierten Unheilswort den Untergang Ninives ankündigt, der dann nicht ein-

---

[184] Zu dieser Dreiprophetengeschichte und der Aufnahme von Mi 3,12 in Jer 26 und dem Element der Umkehr im Kontext des Erfüllungskriteriums siehe R. Ebach, Propheten, sowie weiter unten Kapitel 3.2.2.2.
[185] Dass sich Jojakims Grausamkeit im Jeremiabuch gerade im Kontrast zeigt, wird durch die explizite und implizite Gegenüberstellung mit seinem Vaters Josia deutlich. Dies bezieht sich auf die Darstellung von dessen sozial gerechten Handeln in Jer 22 und implizit auch auf dessen ideale Reaktion auf ein Schriftstück, wie es 2 Kön 22 f. beschreibt, im Gegenbild von Jojakims Handeln in Jer 36. Siehe zu Jojakim auch unten Kap. 4.2.2.3.
[186] Zu Ez 12,21–14,11 siehe im folgenden Kapitel 3.2.3.
[187] Siehe dazu Wöhrle, Wort, 379 f.

trifft? Eine Betrachtung der Einschränkungen des Erfüllungskriteriums in den prophetischen Büchern runden die Erörterungen ab.

3.2.2.1 Jer 28: Prophetie im direkten Konflikt

Der Abschnitt Jer 27–29 setzt sich insgesamt mit prophetischen Gegenspielern Jeremias auseinander.[188] Während diese in Jer 29 bereits in der Situation des Exils auftreten, verkünden sie in Jer 27f. in Jerusalem prophetische Botschaften, die zu denen Jeremias im Widerspruch stehen.[189] In Jer 27 kommen die kritisierten Propheten anonym und als Gruppe vor, in Jer 28 findet eine direkte prophetische Auseinandersetzung vor den Augen des Volkes zwischen den beiden Propheten Jeremia und Hananja statt.

In Jerusalem diskutieren verschiedene Gesandtschaften über das politisch geratene Verhalten am Beginn des 6. Jh. v. Chr. Die in Jer 28 geschilderte Szene setzt, zumindest thematisch, die Geschehnisse aus Kapitel 27 fort, wenn auch unterschiedliche Schwerpunkte gesetzt werden. Beide Kapitel verbindet das Motiv der Zeichenhandlung des Propheten Jeremia, der, beauftragt durch Jhwh, ein hölzernes Joch bzw. mehrere hölzerne Joche in Jerusalem herstellt und auf seinem Nacken trägt, um auf die kommende babylonische Herrschaftsübernahme hinzuweisen, sie als von Gott gegebene sichtbar zu machen und die friedliche Unterwerfung der Jerusalemer Bevölkerung und der sich in Jerusalem befindenden Gesandtschaften zu fordern.

Jer 27 schildert die Beauftragung Jeremias durch Jhwh und seinen Redeauftrag. Die aufgetragenen Worte bzw. das angefertigte Joch soll Jeremia, mit verschiedener Spezifizierung, den sich in Jerusalem befindenden Gesandtschaften der möglichen antibabylonischen Koalitionspartner, dem judäischen König Zedekia, der judäischen Priesterschaft und der ganzen judäischen Bevölkerung überbringen. Proklamiert wird die widerstandslose Fügung unter die babylonische Herrschaft, in deutlicher Abgrenzung zu den Worten der anderen einheimischen und ausländischen divinatorischen Spezialisten, die den nahenden Frieden weissagen.[190] Ihnen wirft Jeremia diese Friedensfixierung vor, die

---

[188] Die religiöse und kulturelle Dimension prophetischer Konflikte unterstreichen besonders die ausführliche Studie CRENSHAW, Conflict, und B. LONG, Social Dimensions. Long führt einen räumlich und zeitlich sehr ausgeweiteten Kreis an Vergleichskulturen an, in denen der Konflikt eine wichtige Rolle spielt, um die grundlegende Relevanz deutlich zu machen. Letztlich weist jedoch auch er auf die Notwendigkeit hin, die spezifischen sozialen Konflikte hinter den Texten in die Interpretation miteinzubeziehen. Für den altorientalischen Raum sei verwiesen auf die noch nicht erschienene Studie von Jennifer SINGLETARY „Esteemed Colleagues or Ignoramuses? Rivalry and Collaboration in Ancient Near Eastern Divination. Ancient Magic and Divination".

[189] Zu den verschiedenen Verortungen der Widersacher siehe auch STIPP, Jeremia 25–52 (HAT 12/2), 133.

[190] Zu den in Jer 27,9 genannten Propheten, Zeichendeutern und Träumen und ihrer inhaltlichen Ausrichtung siehe auch oben S. 103.

sie nicht aus göttlichen Worten ableiten und erinnert sie an ihre Aufgabe als Fürbitter.[191] Mit einer neuen Zeitangabe, aber der gleichen vorausgesetzten Situation und thematisch an das Vorherige anschließend, setzt Kapitel 28 und damit der Auftritt des Propheten Hananja ein, der ein Gotteswort bietet:

²So spricht Jhwh Zebaoth, Gott Israels: Ich zerbreche das Joch des Königs von Babel. ³Innerhalb zweier Jahre werde ich an diesen Ort alle Utensilien des Tempels Jhwhs zurückbringen, die Nebukadnezar, der König von Babel, von diesem Ort genommen hat und die er nach Babel gebracht hat. ⁴Und Jojachin (Jechonjah), Sohn Jojakims, König von Juda, und alle Weggeführten Judas, die nach Babel gekommen sind, bringe ich an diesen Ort zurück – Spruch Jhwhs –, denn ich werde das Joch des Königs von Babel zerbrechen.

Auf diese Ansage reagiert auch der Prophet Jeremia:

⁶Und der Prophet Jeremia sagte: Amen, so soll es Jhwh machen! Jhwh richte deine Worte auf, die du über das Zurückbringen der Utensilien des Tempels Jhwhs und der ganzen Wegführung aus Babel an diesen Ort geweissagt hast.

Jeremia unterstreicht somit seinen eigenen Wunsch nach der Erfüllung des von Hananja gegebenen Gotteswortes, gibt diesem und dem anwesenden Volk jedoch eine Handreichung, an der man einen von Gott gesandten Heilspropheten erkennen kann:

⁸Die Propheten, die vor mir und vor dir waren seit Urzeiten, weissagten über viele Länder und große Königtümer über Krieg und Hungersnot und Pest.[192] ⁹Für den Propheten, der über Frieden weissagt,[193] gilt: Durch das/Im Eintreffen des Prophetenworts erkennt man den Propheten, den Jhwh in Wahrheit geschickt hat.

Hananja zerbricht das Joch mit deutendem Wort als Symbolhandlung für das Zerbrechen des Jochs auf dem Nacken aller Völker und Jeremia geht wortlos. Eine neue Szene beginnt mit einem neuen Gotteswort an Jeremia, das sich dieses Mal direkt auf seinen prophetischen Gegenspieler bezieht:[194]

---

[191] Zum fehlenden Einsatz dieser Propheten als Fürbitter siehe auch KELLY, Prophecy, 222–224, und STIPP, Jeremia 25–52 (HAT 12/2), 146 f. Auch diesen Propheten wird der Tod angekündigt. Sie werden gemeinsam mit dem Volk, das sie getäuscht haben, untergehen. Diese Szenerie erinnert an die parallele Ankündigung in Ez 13, dass die Propheten, die fälschlich dem Volk den Frieden verkündigt haben, bei der Eroberung umkommen werden. Siehe dazu unten Kap. 3.2.3.2.
[192] Die LXX bietet an dieser Stelle nur εἰς πόλεμον und stärkt damit das Gegensatzpaar Krieg und Frieden.
[193] FISCHER, Jeremia 26–52 (HThKAT), 65, übersetzt נבא an dieser Stelle vergangenheitlich mit „Der Prophet, der prophezeite Frieden/Heil ..." und verlegt das Auftreten eines Heilspropheten mithin zumindest auch in die Vergangenheit, doch legt sich eine präsentische (oder futurische) Übersetzung näher. Diese kann auch eine generelle Aussage enthalten.
[194] An dieser Stelle zeigen sich Differenzen in der an Jeremia übermittelten Botschaft zur von ihm an Hananja ausgerichteten. Siehe zu den Gestaltungsspielräumen im prophetischen Reden in der Einleitung S. 2 f. Anm. 2. Man kann versuchen, das Phänomen in Jer 28 durch einen Hinweis auf Erzählökonomie und gelingende Erzähltechnik zu lösen, sodass Doppelungen vermieden würden. Doch bleiben die Differenzen bemerkenswert. Wenn Redeinhalte

¹³Geh und sprich zu Hananja: So spricht Jhwh: Ein hölzernes Joch hast du zerbrochen und an seiner Stelle ein eisernes Joch gemacht.[195] ¹⁴Denn so spricht Jhwh Zebaoth, Gott Israels: Ein eisernes Joch habe ich auf den Nacken all dieser Völker gelegt, indem sie Nebukadnezar, dem König von Babel, dienen *und sie dienen ihm und auch alle Lebewesen des Feldes gab ich ihm.*[196] ¹⁵Da sprach der Prophet Jeremia zu dem Propheten Hananja: Höre doch Hananja, Jhwh hat dich nicht geschickt und du hast dieses Volk auf Trug vertrauen lassen. ¹⁶Darum spricht Jhwh so: Siehe, ich schicke dich[197] dieses Jahr von der Erdoberfläche weg, du stirbst *denn du hast aufrührerisch über Jhwh gesprochen.*[198] ¹⁷Und der Prophet Hananja starb in diesem Jahr im siebten Monat.

Beschränkt man die Sicht auf Jer 28, so lassen sich, neben kleineren Zusätzen,[199] drei Textstränge ausmachen. Entscheidend für die Trennung ist das doppelte Deutewort in den Versen 2–4 und 11, das Hananja gibt. In den Versen 1–9 finden sich zudem die deutlicheren deuteronomistischen Bezüge. So spricht viel dafür, dass ein ursprünglicher Konfliktbericht zwischen zwei Propheten mit Zeichenhandlung in den Versen 10–14 direkt an Jer 27,2 f.11 anschloss.[200]

---

zwischen Gott und Prophet geschildert werden und dann der Prophet diese an das Volk wiedergibt, sieht man, dass es deutliche Abweichungen und eigene Formulierungen gibt. Dies zeigt, dass es nicht um das einfache Ausrichten geht. Abweichungen lassen sich etwa auch in den Redegängen in 2 Kön 9 aufzeigen. Ein anderes Phänomen im Zusammenhang der prophetischen Eigenformulierungen kann in Ex 33,12.17 entdeckt werden, wird doch da vor Mose ein Gotteswort zitiert und als solches kenntlich gemacht, das Jhwh selbst jedoch nicht formuliert hatte. Vgl. dazu WEINGART, Erkennst du auch, 156–160. An dieser Stelle, im direkten Gespräch zwischen Mose und Jhwh, steht auf der Ebene der Erzähllogik außer Frage, dass auch das zitierte Wort ein Gotteswort sein muss.

[195] Die LXX-Tradition und der MT variieren bei der Angabe, wer das eiserne Joch anfertigt. Der MT bietet עשית, bezieht es somit auf Hananja, und die LXX ποιήσω, bezieht die Anfertigung also auf Jhwh. Da der MT die *lectio difficilior* bietet, folgt ihm die hier gegebene Übersetzung. Die Version der LXX gleicht den Text an die Aussagen in Dtn 28,48 an.

[196] Dieser spätere Zusatz ist in der LXX nicht bezeugt und lässt sich als eine Angleichung an Jer 27,6 verstehen.

[197] Diese auf den ersten Blick etwas sperrige Übersetzung soll das makabre hebräische Wortspiel mit dem Verb שלח ‚schicken' in den V. 15 (Qal) und 16 (Piel) auch in der deutschen Übersetzung deutlich erkennbar machen.

[198] Die Begründung, die in der LXX nicht bezeugt ist, ist eine späte, leicht veränderte Übernahme aus Dtn 13,6 und im Kontext sekundär (vgl. auch Jer 29,32). Siehe dazu auch MASTNJAK, Deuteronomy, 89 f. Zur Übersetzung siehe oben S. 121 Anm. 161.

[199] Hierzu gehören die verknüpfende Zeitangabe „innerhalb zweier Jahre" in V. 11 und die Textteile V. 14b.16bβ, die sich in der LXX nicht finden.

[200] So WANKE, Jeremia 25,15–52,34 (ZBK 20/2), 247, der auch Jer 27,12b statt V. 11 als Grundtext für möglich hält, HOSSFELD/MEYER, Prophet gegen Prophet, 90–93, und W. H. SCHMIDT, Jeremia 21–52 (ATD 21), 84. HOSSFELD/MEYER, a. a. O., 92, halten es zudem für möglich, dass bereits dieser kurze Text auf verschiedene Stufen zurückgeht, u. a. wegen des unterschiedlichen Gebrauchs der Benennung des Königs von Babel, sodass das Gotteswort Jer 27,2 f.11 als selbstständige kleine Notiz existiert haben kann. So auch bei WANKE, Jeremia 25,15–52,34 (ZBK 20/2), 247, und W. H. SCHMIDT, Jeremia 21–52 (ATD 21), 84. Auf überlieferungsgeschichtlicher Ebene ist dies durchaus möglich, doch würde dem Gotteswort jede Einbettung in einen Kontext fehlen. Der Hauptteil von Jer 27 weist trotz des ähnlichen Themas und der korrespondierenden Szenerie große Unterschiede zu Jer 28 auf und erweist sich so als

Wie in Jer 27,2 f.11 bilden im Deutewort in Jer 28,11 und auch in Jeremias prophetischem Gegenwort (V. 14) die Völker den entscheidenden Horizont, während in V. 2–4 der Fokus auf Juda liegt. Auf dieser Ebene gehören weder der Ausgang des Konflikts noch eine grundlegendere Kriterienbildung zur Erzählung. In einem zweiten Schritt wird durch V. 1–9 eine theologische Deutung eingezogen und durch V. 15–17 der Ausgang des Konflikts geschildert.[201] Die Unheilsprophetie ist in der in V. 8 gegebenen Skizzierung der Prophetie bereits ins Recht gesetzt und der Rückblick auf die prophetischen Ankündigungen im Erfüllungskriterium in V. 9 weist auf eine Datierung nach dem Untergang Jerusalems, vermutlich sogar auf die nachexilische Zeit als Abfassungszeit.[202]

Für die Frage nach falscher und unerfüllter Prophetie sind zwei Aspekte aus Jer 28 genauer in den Blick zu nehmen. So stellt sich zunächst die Frage, ob Hananja ein Falschprophet war bzw. im Text als solcher gezeichnet wird. Die Frage nach der Erfüllung eines prophetischen Wortes als Kriterium für ein auf Jhwh selbst zurückzuführendes Wort wird in einem zweiten Schritt in den Mittelpunkt gestellt.

a) נביא *und* ψευδοπροφήτης

Die Erzählungen in Jer 28 (MT) und Jer 35 (LXX) variieren leicht.[203] Der bei weitem tiefgreifendste Unterschied liegt dabei in der Bezeichnung und damit auch der Charakterisierung der beiden Protagonisten. So werden im Masoretischen Text Jeremia und Hananja beide durchgängig als Prophet, als נביא, bezeichnet und diese Parallelität wird noch dadurch unterstrichen, dass beide Protagonisten je sechsmal mit dieser Rollenbezeichnung versehen werden. Sogar bei Hananjas Todesnotiz (V. 17) hat dieser seinen Titel „Prophet" nicht verwirkt.[204] Bezeichnenderweise kommt der Titel נביא jedoch in der direkten Gottesrede ge-

---

eigenständige Redaktionsschicht. Stipp, Jeremia 25–52 (HAT 12/2), 150 f., geht von einer eigenen Entstehung von Jer 28 aus, doch sei der ursprüngliche Erzählanfang verloren gegangen, sodass die Episode nun auf die Einleitung in Jer 27 angewiesen sei. Dabei verortet er die Entstehung der breiten Grundschicht von Jer 28 noch vor dem Untergang Jerusalems, da das Eintreffen der Ankündigung Jeremias nicht notiert wird, und vermutet Baruch als Verfasser (vgl. a.a.O., 164–167).

[201] Wanke, Jeremia 25,15–52,34 (ZBK 20/2), 247, und Hossfeld/Meyer, Prophet gegen Prophet, 93–99, rechnen die Verse jedoch zur gleichen deuteronomistischen Entstehungsstufe. Ganz anders urteilt Schreiner, Jeremia 25,15–52,34 (NEB), 164 f., der gerade umgekehrt die Ausrichtung auf die Völker als sekundär ansieht und die Grundschicht in Jer 28,1b–3a.10 f.15–17* ausmacht.

[202] Vgl. zur Datierung auch Wanke, Jeremia 25,15–52,34 (ZBK 20/2), 247.252.

[203] Siehe dazu oben die Anmerkungen auf S. 130 zum Text.

[204] Fischer, Jeremia 26–52 (HThKAT), 79, urteilt, dass der in Jer 28,17 berichtete Tod Hananjas zeige, dass Jeremia im Gegensatz zu diesem rechtmäßig Prophet genannt wurde. Doch bleibt es bemerkenswert, dass im MT auch bei der Todesnotiz Hananja diesen Titel noch zugesprochen bekommt. So bleibt er ein Prophet, auch wenn das von ihm gesprochene Wort nicht göttlichen Ursprungs war. Zur parallelen Benutzung des Titels und der Darstellung der beiden Prophetenfiguren siehe auch Osuji, Truth, 215–219.

rade nicht vor (V. 13), innerweltlich scheint die Kategorisierung jedoch offen zu sein. Die Frage, wer von beiden Kontrahenten wirklich ein Gotteswort spricht und welchem Ratschlag die Entscheidungsträger also folgen sollten, muss sich, unter Anwendung der gegebenen Kriterien, auf der inhaltlichen Ebene klären bzw. lässt sich für diese sogar erst nach Ausgang des Konflikts erkennen. Die Einschätzung der Propheten und ihrer Worte vor dem aktuellen Hintergrund und damit die zu fällende politische Entscheidung liegt bei der Zuhörerschaft.

Diese Schwierigkeit, oder Autonomie, nimmt die Septuaginta-Version den Adressatinnen und Adressaten von Anfang an ab. Bei seinem ersten Auftreten in V. 1 wird Hananja gleich als ψευδοπροφήτης, als Falschprophet, eingeführt.[205] Jeremia selbst wird ohne Berufsbezeichnung genannt. Der Konflikt ist also bereits entschieden, bevor er beginnt. Die beschriebene textliche Variante zwischen Masoretischem Text und Septuaginta ist nicht singulär, die Differenz in der Kategorisierung trifft – in der Zählung des Masoretischen Textes – auf Jer 6,13; 26,7.8.11.16; 27,9; 28,1 und 29,1.8 zu.[206] Diese Praxis bildet ihren deutlichen Schwerpunkt im Jeremiabuch.[207] Außerhalb des Jeremiabuches kommt der Begriff und das gleiche Phänomen der Übersetzung nur in Sach 13,2 f. vor.[208] An dieser Stelle gibt der Masoretische Text das Ende der Propheten an und verbindet erst die über diesen Tag hinaus Wahrsagenden mit dem Stichwort שֶׁקֶר, während die Septuaginta nur das Ende der Falschpropheten für diesen Zeitpunkt angekündigt.[209] Doch auch schon auf der Ebene des hebräischen Textes kann an

---

[205] Auch W. H. Schmidt, Jeremia 21–52 (ATD 21), 36, unterstreicht, dass im MT im Gegensatz zur LXX die Wahrheit sich erst durch den weiteren Verlauf der Ereignisse zeigen wird. Zur Bezeichnung ψευδοπροφήτης als gegenüber dem MT jüngere Bildung und Konzeption vgl. auch Osswald, Prophetie, 7, zur Übersetzungspraxis Klopfenstein, Lüge, 174 f. Jacob, Remarques, 479, illustriert, wie die Bezeichnung in der LXX zu einem „jugement de valeur absolu" geworden ist. Auch Hippolyt, Chronik (GCS Hipp. 4, 102 f.), spricht von Hananja als Pseudoprophet. Eine solche Kategorisierung geschieht auch bisweilen in Zwischenüberschriften, die dem Text hinzugefügt werden. Dies trifft auf gängige Bibelausgaben zu (ZUR: „Jeremia und der falsche Prophet Chananja"), findet sich aber etwa auch bei Schreiner, Jeremia 25,15–52,34 (NEB), 164: „Der falsche Prophet Hananja" (vermutlich als Übernahme aus der Einheitsübersetzung). LUT 2017 betitelt die Szene offener und damit passender mit „Jeremia und Hananja".

[206] Ähnlich gelagert ist auch Jer 17,15.

[207] Schart, Art. Prophetie, Abschnitt 2.1, führt aus, dass die LXX „[i]n allen Fällen", wenn נביא einen falschen Propheten bezeichnet, der nicht von Jhwh geschickt wurde und somit anmaßend ein Gotteswort spricht, mit ψευδοπροφήτης übersetzt würde. Dies ist jedoch nur für das Jeremiabuch der Fall und auch dort gibt es durchaus Fälle, an denen die Prophetenbezeichnung auch in der Septuaginta verwendet wird (vgl. Jer 5,13.31; 14,13; 23). Eine solche Verwendung gibt es etwa im Ezechielbuch trotz gleicher Charakterisierung dieser Propheten nicht.

[208] Hinzu kommen die Belege im Neuen Testament, auf die in Abschnitt 5.3.1 genauer eingegangen wird, sowie n.a. Did 11,5–10.

[209] Aufschlussreich ist die Behandlung im Sacharjakommentar von Paul Lamarche. So übersetzt er zwar mit ‚prophètes' spricht aber, ohne Hinweis auf die LXX, im Folgenden immer nur von den ‚faux prophètes' (Lamarche, Zacharie, 88–90). Deutlich weiter differenziert ist der Textbefund für die נביא/ψευδοπροφήτης-Varianten im Targum Jonathan. In Jer 27,9 steht נבייכון

dieser Stelle erwogen werden, ob es tatsächlich um das Ende der Propheten geht, die Trug weissagen, da die Nennung des Geistes der Unreinheit in Sach 13,2 in diese Richtung weist.[210] Die Verwendung von הנביאים ohne nähere Qualifizierung deutet jedoch darauf hin, dass in Sach 13,2 die Prophetie als Ganze gemeint ist,[211] und erst diejenigen bezichtigt werden, Trug zu weissagen, die fortan prophezeien.[212]

In der Auseinandersetzung zwischen Jeremia und Hananja, aber auch mit Blick auf den Brief an die Exilierten in Jer 29, wird deutlich, dass der Begriff ψευδοπροφήτης im Jeremiabuch immer dann verwendet wird, wenn es sich um prophetische Gegenspieler handelt.[213] Das Motiv, dass den jeweiligen Gegenspielern trügerische Worte, Falschheit oder gar Lüge vorgeworfen wird, ist ein kulturübergreifendes Gemeingut in allen antiken Gemeinschaften, wie es im Einleitungskapitel zur Prophetie im Alten Orient gezeigt und am Beispiel der Perser genauer ausgeführt wurde.[214] Als Gegenspieler sind sie per se mit dem Stichwort der Falschheit verbunden, da sie dem Richtigen gegenüberstehen und damit werden im Septuaginta-Jeremiabuch alle einzelnen Propheten, die in Opposition zu Jeremia stehen, als Falschpropheten bezeichnet.[215] So handelt es sich bei der Qualifizierung als Falschprophet etwa nicht um ein Urteil über das moralische Verhalten der Propheten, das, wie oben gezeigt,[216] an anderen Stellen durchaus auch im Mittelpunkt stehen kann. Zu der genannten Ausrichtung auf den Konflikt tritt ein inhaltliches Argument, denn die harte Kategorisierung wird im Jeremiabuch dann verwendet, wenn es um die korrekte Verhaltensweise im Gegenüber zu den Babyloniern geht.[217] Dieses Kriterium alleine reicht

---

דשקרא und in 29,8 לכון נבייצון דשקריא. Hier bezeugt der aramäische Text also die Variante der LXX und weist zudem bereits einen Terminus für den ‚Lügenpropheten' auf. Ähnliches gilt für die hier fokussierte Stelle Jer 28,1 (LXX 35,1). Bei Sach 13,2 gestaltet sich der textliche Befund ein wenig anders. Dort heißt es im aramäischen Text, dass es keine נביי רוח שקרא mehr geben werde. Es wird also das Motiv des רוח שקר aufgenommen, das aus 1 Kön 22,22 bekannt ist. Der Geist der Täuschung wird zur kosmischen Macht, dem sogar Propheten zugehören können. Zudem gibt es eine dritte Variante in der Textwiedergabe, die in Jer 6,13; 26,7.8.11.16 belegt ist. Dort, wo im MT die Berufsbezeichnung נביא steht (und im Text der LXX ψευδοπροφήτης), steht an allen Stellen im Targumtext der Begriff ספריא. Damit findet also eine Gleichsetzung der Falschpropheten mit den Schriftgelehrten statt. Es wird deutlich, wie sehr, gerade hier, Politik und Theologie die Textübersetzung bzw. die modifizierte Wiedergabe des Textes, beeinflussen.

[210] Vgl. dazu auch Sach 10,1 f.
[211] Vgl. neben anderen PETERSEN, Zechariah 9–14 (OTL), 127 f., und KLEIN, Art. Prophetie, 3.7.
[212] Zur Diskussion der Deutungsmöglichkeiten siehe WÖHRLE, Abschluss, 110.
[213] Vgl. CRENSHAW, Conflict, 1.
[214] Siehe dazu oben besonders Kap. 2.5.2.
[215] Zur späteren Verwendung des Begriffs ψευδοπροφήτης siehe unten Kap. 5.3.
[216] Vgl. dazu insgesamt Kap. 3.1.
[217] So konnte WERSE, Literary Function, plausibel machen, „that each use of ψευδοπροφήτης identifies a ‚false' prophet that trivialized the threat that Babylon posed to Jerusalem" (a.a.O., 14). Aus seiner Wortstudie und seinem Überblick über die Forschungslage kann man ablesen, dass strukturell die gleichen Vorschläge für die Verwendung des Begriffs ψευδοπροφήτης in der

jedoch nicht, so bezeichnet auch die Septuaginta die kritisierten Propheten in Jer 23 durchgehend als Propheten. Daran zeigt sich, dass auch die Septuaginta einen Unterschied zwischen der Anklage eines Einzelnen und der generellen Aufforderung an die Propheten macht, ihren Aufgaben gerecht zu werden. Es wird deutlich, dass Prophetie in Krisenzeiten und in ihrer retrospektiven theologischen Bearbeitung eine entscheidende Rolle spielt und gerade dann die Abgrenzung von gegnerischen Positionen von grundlegender Deutung ist. In diesem Kontext ist somit auch die Entwicklung des neuen Begriffs ψευδοπροφήτης zu verstehen.

Im Masoretischen Text fällt das Stichwort שקר in der Konfliktbeschreibung in Jer 27 f. an zwei Stellen. In Jer 27,14 f. wird den Propheten vorgeworfen, sie hätten Trug geweissagt:

¹⁴Und hört nicht auf die Worte der Propheten, die euch sagen: Ihr werdet dem König von Babel nicht dienen! Denn Trug ist es, was sie euch weissagen (כי שקר הם נבאים לכם).
¹⁵Denn ich habe sie nicht gesandt – Spruch Jhwhs – und sie weissagen in meinem Namen auf Trug Bezogenes (והם נבאים בשמי לשקר), damit ich euch verstoße und ihr zugrunde geht, ihr und die Propheten, die euch weissagen.

Mit שקר ist etwas bezeichnet, das die Wirklichkeit nicht trifft, das in diesem Sinne Trug ist. Entscheidend ist hierbei jedoch, dass diesen Propheten ihr fehlender Einsatz für das Volk zum Vorwurf gemacht wird, so legen sie nach V. 18 keine Fürbitte ein, die das Volk (und die Tempelgeräte) vor weiterem Unheil bewahren könnte.[218]

Das Stichwort שקר fällt in Jer 28 selbst nur in V. 15 in dem Vorwurf Jeremias, Hananja habe das Volk auf Trug vertrauen lassen.[219] Dieses Falsche bezeichnet aber weder Hananja als Propheten, noch muss es als Lüge enggeführt werden, es bezeichnet wiederum etwas, was die Wirklichkeit nicht trifft. So ist der Beschreibung Hananjas durch Schmidt zuzustimmen: „Vom Ausgang des Geschehens wie der Erzählung her erscheint Hananja eindeutig als ‚Prophet' ohne Auftrag, der nicht die der Situation angemessene Wahrheit vertritt."[220] Dies wird jedoch erst am Ende deutlich. Die Anwesenden der Szene haben keine Grundlage, auf der sie entscheiden könnten, welchem prophetischen Wort zu trauen ist.[221] Beide Propheten geben ein direktes Gotteswort wieder, deutlich erkennbar an der beide Reden einleitenden Botenformel (V. 2.11.13.16), ohne dass erkenn-

---

Septuaginta gemacht werden, wie sie als Kriterien für die Identifizierung von falscher Prophetie im Alten Testament und seiner Auslegungsgeschichte thematisiert werden („content, conflict, or character"; a.a.O., 10).
[218] So auch LANGE, Wort, 243 f.
[219] Insgesamt zum Begriff und zu seiner Verwendung zur Diskreditierung von prophetischem Handeln KLOPFENSTEIN, Art. שקר.
[220] W.H. SCHMIDT, Jeremia 21–52 (ATD 21), 89.
[221] So auch RUDOLPH, Jeremia (HAT 1/12), 180, und W.H. SCHMIDT, Jeremia 21–52 (ATD 21), 89.

bar wäre, dass Hananja sich die Worte selbst ausdenken würde. Beide Propheten vollziehen eine Symbolhandlung.

Gerade Georg Fischer unterstreicht jedoch die Unterschiede zwischen den beiden Protagonisten.[222] Schon in Hananjas Namen (חנניה – Jhwh ist gnädig) sieht er das Programm des Propheten angedeutet,[223] der den Erwartungen der Leute entspreche und auch bei eindeutigem Fehlverhalten der Menschen nur die Gnade ankündige. Zudem unterstreicht er die Gewalttätigkeit in Hananjas Auftreten, der Jeremias hölzernes Joch zerbricht. Als dritten Punkt verweist er auf die fehlenden Argumente und die ebenfalls mangelnde Diskussionsbereitschaft. Auch den öffentlichen Auftritt und damit die Wertschätzung von Publikum sieht er als kritisches Zeichen. Doch stellt sich die Frage, ob eine solche Einordnung in der Szene selbst zu erkennen ist. Denn gerade das Zerbrechen des Joches ist inhaltlich von der Botschaft her bestimmt und nicht mit brutaler Gewalt gleichzusetzen.[224] Auch das Auftreten vor dem Volk gehört zur Grundgestaltung des Jeremiabuches, geht es doch etwa auch in der Tempelrede (Jer 26) um das Verhalten der Entscheidungsträger und des Volkes. Gerade dessen Verhalten dient als Folie für die Rezipienten und Rezipientinnen des Textes, die in neuer politischer Situation aus dem Verhalten lernen können. Fischer unterstreicht zwar, dass Jeremia stärker mit dem Motiv des Hörens verbunden sei (vgl. V. 7), jedoch setzt der symbolische Akt des Jochtragens eine visuelle Wahrnehmung durch das Volk durchaus voraus.

Schon Gottfried Quell stellt sich mit harschen Worten gegen eine zu negative Wahrnehmung Hananjas in Jer 28. So hält er es für eine „peinliche Simplifizierung des Kernproblems von Prophet und Pseudoprophet",[225] wenn Hananja nur in negativem Licht gezeichnet wird, ihm seine gute Absicht abgesprochen wird und er als aufgestellter Gegenprophet gegen Jeremia politisch diskreditiert wird.[226] Die Offenheit des Konflikts wird im Text selbst in Szene

---

[222] Vgl. FISCHER, Jeremia 26–52 (HThKAT), 79–82.

[223] Auch BRANDSCHEIDT, Konflikt, weist auf die unterschiedlichen theologischen Ausrichtungen der beiden Propheten hin.

[224] Ein Blick auf die Rezeptionsgeschichte dieses Textes zeigt jedoch, dass Hananjas Gewalttätigkeit in der szenischen Darstellung betont wird. Als aktuelles Beispiel sei auf die entsprechende Szene in der von Harry Winer geleiteten Verfilmung Jeremiah (mit Patrick Dempsey, Oliver Reed und Klaus Maria Brandauer) aus dem Jahr 2010 verwiesen, die Hananja als brutalen und sichtbar verlogenen Gegenspieler darstellt.

[225] QUELL, Propheten, 50.

[226] QUELL, Propheten, 55, unterstreicht, dass Hananja „nicht nur ein echter, sondern auch ein wahrer Prophet gewesen sei." Schließlich haben sich im weiteren Verlauf der Geschichte auch seine Worte erfüllt. Vgl. auch a. a. O., 65. In dieser Sicht muss jedoch über die von Hananja formulierte Zeitangabe hinweggesehen werden. Dass Prophetien jedoch auf spätere Zeiten bezogen und somit rückblickend doch als wahr eingestuft werden können, ist im Alten Testament gängig. Auch KELLY, Prophecy, 233–243, wendet sich gegen eine Reduktion der beiden Propheten auf die Aspekte wahr und falsch. Zudem versteht er die Angabe des Prophezeiens לשלום als eine Situierung der Prophetie und nicht als Inhaltsangabe.

gesetzt, indem Jeremia nach dem Zerbrechen seines Jochs durch Hananja zunächst schweigend die Szene verlässt.[227] In der Erzähllogik des Jeremiabuches kann dies nicht auf die Ermangelung eines passenden Gotteswortes zurückgeführt werden,[228] denn Jhwh hatte Jeremia zugesagt, dass es einen solchen Mangel nie geben werde (Jer 15,16–18 und Jer 18,18). Jeremia fällt also nicht einfach gerade keine passende Erwiderung ein, sondern er tut das der Situation Angemessene.[229] Wenn er selbst das von ihm vorgebrachte Erfüllungskriterium ernst nimmt, so kann er an dieser Stelle nichts antworten. Die Zukunft wird zeigen, wer die wahre Prophezeiung gesprochen hat, und nicht die (gewalttätigen) Aktionen in der Gegenwart. Davon zu trennen ist jedoch die Frage, ob Jeremia weiß, ob er Recht behalten wird, eine Frage, die zu viel Spekulationen angeregt hat, die jedoch ohnehin stärker auf das Gefühlsleben eines realen Menschen ausgerichtet ist als auf die hier vorliegende literarische Zeichnung einer Figur, die sich möglicherweise an einem historischen Propheten orientiert.

Die Differenz zwischen den beiden Propheten liegt in ihrer inhaltlichen Ausrichtung, die, wie Fischer zeigt, auch mit den Namen der beiden Propheten verbunden ist.[230] Hananjas Ankündigung ist eine Botschaft der Gnade, er tritt als Heilsprophet auf. So richtet sich Jeremias Gegenrede nicht nur gegen seine konkrete Botschaft, die Reflexion über Prophetie bezieht sich breiter auf Unheils- und Heilsprophetie.

b) Die Kriterien in Jer 28,8f.

Die in Jer 28 gesprochenen Worte Jeremias und die dort aufgestellten Kriterien zeichnen sich zunächst durch das aus, was sie *nicht* beinhalten. Denn anders als beispielsweise in Jer 23 bringt Jeremia an dieser Stelle keine moralisch-sittlichen Anklage- und Erkennungspunkte gegen den Propheten vor, an denen man erkennen könnte, dass das von ihm gesprochene Wort nicht auf Jhwh zurückzuführen ist. Und auch die in Jer 27 angeprangerte fehlende Fürbitte steht nicht im Hintergrund.[231] Über den Lebenswandel des Propheten Hananja

---

[227] QUELL, Propheten, 45–47, ist noch sehr auf das Seelenleben des Propheten ausgerichtet und sieht in Jeremias Antwort auf Hananja und den gegebenen Kriterien Jeremias Zweifel, ob sein Wort das richtige sei. Er bezieht seinen Weggang darauf, dass Jeremia sein Schicksal in Einsamkeit tragen wolle. Und er fährt fort, dass im Moment des Weggangs Jeremia jedem Zeugen, dem Erzähler und auch sich selbst als Pseudoprophet erschien (a.a.O., 49).

[228] So z.B. RUDOLPH, Jeremia (HAT 1/12), 165.

[229] Anders WESTERMANN, Jeremia, 83, der diesen wortlosen Moment mit den Worten „der schwerste Augenblick im Leben Jeremias" beschreibt.

[230] Ob dies bei Hananja eine literarische Gestaltung ist oder hier ein tatsächlicher historischer Gegenspieler genannt ist, muss letztlich offenbleiben. Der Name Hananja – ein Dankname – ist im israelitisch-judäischen Onomastikon breit vertreten und sowohl alttestamentlich als auch epigraphisch häufig belegt. Zu den Belegen siehe ALBERTZ/SCHMITT, Family, 300f.538f.

[231] Die von BLENKINSOPP, History, 155f., insgesamt für die Heilspropheten als Gegenspieler Jeremias betonte Übereinstimmung zu diesem in Sprache und Auftreten zeigt sich an dieser Episode in besonderem Maße.

gibt es in Jer 28 ebenfalls keine Informationen. Wie Jeremia stammt er aus dem Stamm Benjamin und sein Heimatort Gibeon liegt in der Nähe von Anatot, dem Heimatort Jeremias. Bereits durch diese Verortung wird eine Vergleichbarkeit der beiden Propheten erzeugt. Der angegebene Heimatort Gibeon blickt zudem auf eine lange Kulttradition zurück (1 Kön 3; 1 Chr 21,29; 2 Chr 1). Seine Einführung als „der Prophet Hananja" lässt darauf schließen, dass es sich um keinen unbekannten Mann in Juda handelt bzw. er vom Erzähler als eine bekannte Größe eingeführt wird. Auch das Verhalten der beiden Propheten weist deutlich analoge Züge auf, wie oben herausgestellt. Beide sprechen Prophezeiungen im Namen Jhwhs und beide verbinden diese mit Symbolhandlungen, in deren Mittelpunkt das Joch steht. Auch eine Entlarvung Hananjas als Prophet, der die Herrschenden unterstützen will und so gegen jede Art der Umwälzung der Verhältnisse spricht, so wie es gerade im Jeremiabuch vielen Propheten vorgeworfen wird, gelingt nur schwerlich. Auch politisch ist seine Ankündigung brisanter als die Friedensbotschaft auf den ersten Blick scheint. So hätte die angekündigte Rückkehr des vormaligen Königs Jojachin unmittelbare Folgen für die Herrschaft seines Nachfolgers Zedekia und damit des amtierenden Königs.

Die von Jeremia aufgestellten Kriterien, um denjenigen Propheten zu erkennen, der das Gotteswort spricht, sind von besonderer Art. Bezeichnend ist bereits die Weise, in der diese eingeführt werden, denn die Kriterien, die Jeremia nennt, sind in Jer 28 nicht von Gott legitimiert. Jeremia spricht in der ersten Person und gibt kein Gotteswort wieder und auch an keiner anderen Stelle des Kapitels werden die Kriterien von Gott direkt bestätigt. Damit sind zwangsläufig auch die Kriterien an die Person Jeremia und an den Beweis seiner Sendung gebunden. Erst durch den Tod Hananjas bestätigt Gott Jeremia in der Erzählung als den wirklich von ihm geschickten Propheten und legitimiert somit im Umkehrschluss auch die von ihm aufgestellten Kriterien.

Die Beschreibungen in Jer 28,8 f. beziehen sich auf die Propheten, die Krieg und Unheil angesagt haben, auf der einen Seite und den Propheten, der von Frieden spricht, auf der anderen.[232] Jeremias Rede beginnt dabei mit einem Rückblick auf die Prophetentradition, die ihn mit Hananja verbindet, indem er die Propheten nennt, die vor ihm *und* Hananja waren (הנביאים אשר היו לפני ולפניך). In der Darstellung dieser gemeinsamen Traditionslinie kommen jedoch ausschließlich Propheten vor, die Unheil angesagt hatten. Dabei stellt sich zunächst die Frage, wem diese Unheilsandrohungen galten. Die Ausdrücke ‚viele Länder' (ארצות רבות) und ‚große Königreiche' (ממלכות גדלות) deuten auf eine Perspektive, die nicht nur Israel bzw. Israel und Juda im Blick hat.[233] Gerade

---
[232] ROM-SHILONI, Prophets, 355–363, macht deutlich, dass hinter der prophetischen Ausrichtung auf Heil und Unheil letztlich auch ein Unterschied in der Wahrnehmung der Beteiligung Gottes im Krieg gegen Israel steht.
[233] SEEBASS, Jeremias, 451 f., geht sogar so weit, dass er hier ausschließlich Fremdvölkersprüche in den Blick genommen sieht und somit Jeremia als den Propheten identifiziert, dessen

wenn die Präposition אל, parallel zu Jer 25,30; Ez 37,9 u. ö., als Angabe des Prophetie-Empfängers aufgefasst werden kann, wird die universalistische Perspektive dieses Propheten für die Völker (נביא לגוים/Jer 1,5) deutlich.

Jeremia steht gut erkennbar in der unheilsprophetischen Tradition, wie es Jer 26 und der Rückbezug auf den Propheten Micha, der zu Jeremias Rettung führt, zeigen.[234] Doch endet die Rede Jeremias in Jer 28 an dieser Stelle gerade nicht. Die Tradition kann nicht außer Acht gelassen werden, aber sie ist nicht die immer und allgemeingültige Legitimationsquelle für alle prophetischen Aussprüche. Hier differieren nun die prophetischen Positionen der Kontrahenten. In den Blick kommen im folgenden Vers die Propheten, die לשלום weissagen. Stellte Jer 28,8 eher eine Situationsbeschreibung als ein hart formuliertes Kriterium dar, so ändert sich dies in V. 9 deutlich. Ein klares konsekutives Verhältnis zwischen zu beobachtendem Verhalten und transzendent legitimierter Mission wird aufgemacht.

Bei einem Propheten, der (über) Frieden weissagt, gilt das Erfüllungskriterium:[235] Im Eintreffen des Wortes, zeitlich und sachlich, wird man den Propheten erkennen, den Jhwh wirklich gesandt hat. Die betonte Stellung des באמת am Ende des Satzes und die suffigierte Form שלחו unterstreichen diesen Zusammenhang. Auffällig ist der Wechsel in den Singular, so geht es nun nicht mehr um alle bisherigen Propheten, sondern um jeden kommenden und den mit Hananja gegenwärtigen Einzelpropheten, der im Namen Jhwhs den Frieden prophezeit.

Das Erfüllungskriterium hat eine deuteronomistische Prägung und kommt neben der Episode um Micha ben Jimla in 1 Kön 22,28[236] vor allem im deuteronomistischen Prophetengesetz in Dtn 18,20–22 vor. Gerade die Überschneidungen und Differenzen zum Prophetengesetz und damit die Frage der literarischen Abhängigkeit wurden breit diskutiert.

Prophetie, weil er den Frieden für die Babylonier weissagt, mit den angegebenen Kriterien zu überprüfen ist.

[234] Vgl. dazu unten Kap. 3.2.2.2.

[235] M. DE JONG, Fallacy, 9–11, bezieht die Ansage des Friedens jedoch auch auf die in V. 8 genannten Länder und sieht die Differenzen somit in den Ankündigungen von Krieg und Frieden an die *anderen Länder* – es ginge also eigentlich um Fremdvölkerorakel. Somit wäre in der Folge Jeremia der zweiten und damit unüblicheren Kategorie zuzuordnen, da er Heil für Babylonien ansagt. Eine solche Prophetie bedarf der göttlichen Bestätigung, die sich in der Erfüllung zeigt. Somit würde in V. 9 ein Kriterium gegeben, das als erfüllt gelten könnte, und Jeremia am Ende als den ausweise, der das wahre Gotteswort gesprochen hat. V. 15–17 sieht er als jüngere Ergänzung an, die die Stoßrichtung ändert (a. a. O., 19–26). Die Ausrichtung von V. 8 f., die De Jong vorschlägt, erscheint schwierig, doch kann diese Beobachtung insofern aufgenommen werden, dass auch Jeremia – allerdings in seinen Heilsworten – an den Kriterien zu messen sein wird.

[236] Siehe dazu unten Kap. 3.3.2.

Dtn 18,22	Jer 28,9
אֲשֶׁר֩ יְדַבֵּ֨ר הַנָּבִ֜יא בְּשֵׁ֣ם יְהוָ֗ה וְלֹֽא־יִהְיֶ֤ה הַדָּבָר֙ וְלֹ֣א יָב֔וֹא ה֣וּא הַדָּבָ֔ר אֲשֶׁ֥ר לֹא־דִבְּר֖וֹ יְהוָ֑ה בְּזָדוֹן֙ דִּבְּר֣וֹ הַנָּבִ֔יא לֹ֥א תָג֖וּר מִמֶּֽנּוּ׃	הַנָּבִ֕יא אֲשֶׁ֥ר יִנָּבֵ֖א לְשָׁל֑וֹם בְּבֹא֙ דְּבַ֣ר הַנָּבִ֔יא יִוָּדַ֣ע הַנָּבִ֔יא אֲשֶׁר־שְׁלָח֥וֹ יְהוָ֖ה בֶּאֱמֶֽת׃

Jer 28,8f. wurde sowohl als älterer Vorläufer des in Dtn 18 systematisierten Kriteriums angesehen als auch als spätere Einschränkung des Kriteriums auf die Heilsprophetie.[237] So hält auf der einen Seite Werner H. Schmidt Dtn 18,16–22 für den jüngeren Text, der die im Jeremiabuch gebrauchte Regel erweitere. Denn hätte es das Gesetz bereits gegeben, so der Grundgedanke, wäre es in Jer 28 zu begründen gewesen, dass Jeremia mit den Propheten, die Unheil ansagen, gerade sich selbst von der Überprüfbarkeit durch die gegebenen Kriterien ausschließt. Denn nach Dtn 18 unterliegt jede Prophetie dem Erfüllungskriterium.[238]

Auf der anderen Seite sieht etwa Thomas Römer, in Anschluss an die Überlegungen von Todd Hibbard,[239] in Jer 28 in der Modifizierung des Kriteriums aus Dtn 18 eine Infragestellung des deuteronomistischen Erfüllungskriteriums. Römer betont dabei, dass in Jer 28 Gott selbst vor dem Ablauf der zwei Jahre, die es eigentlich gebraucht hätte, damit erkennbar würde, dass sich Hananjas Ankündigung nicht erfüllt, eingreife und diesen töte.[240] Wie der obige Abschnitt zu Dtn 18 jedoch zeigt, liegt an dieser Stelle gerade kein Widerspruch und somit auch keine Infragestellung des Erfüllungskriteriums vor, da der Tod des Propheten in göttlicher Hand liegt – und damit auch dessen zeitlichen Entscheidungen unterworfen ist.[241]

Dtn 18,20–22 ist in persischer Zeit verfasst worden. Beide Texte – und auch 1 Kön 22,28 – stehen in der gleichen Traditionslinie, die die Verknüpfung von Prophetie und Geschichte und das Moment des Rückblicks zur Beurteilung betont. Von einer direkten literarischen Abhängigkeit muss wegen der Differenzen in der Formulierung – z.B. in der Ausrichtung auf die Erfüllung (Jer 28) und Nichterfüllung (Dtn 18) – und der fehlenden Spezifik des gemeinsamen Vokabulars nicht zwingend ausgegangen werden.[242] Hossfeld/Meyer sehen etwa

---

[237] Vgl. HIBBARD, Prophecy, 9–11. FISCHER, Jeremia 26–52 (HThKAT), 82, betont die Abhängigkeit von den beiden Prophetentexten des Deuteronomiums (Dtn 13; 18). Die Abhängigkeit von Dtn 13 entsteht jedoch erst durch die späte Einfügung des Abfall- und Rebellionsmotivs in Jer 28,16 (siehe oben Anm. 198 zum Text).
[238] Vgl. W.H. SCHMIDT, Jeremia 21–52 (ATD 21), 91 mit Anm. 57.
[239] Vgl. HIBBARD, Prophecy.
[240] Vgl. RÖMER, Prophète, 119.
[241] Siehe dazu oben zur Auslegung des Prophetengesetzes Kap. 3.2.1. Einen Unterschied sehen etwa HOSSFELD/MEYER, Prophet gegen Prophet, 98, die ausführen: „Was hier Gebot ist, erscheint in Jer 28 als von Jahwe selbst gewirktes Gericht." Auch die Untersuchung zu Ez 12–14 zeigt, dass die Propheten, die das Falsche gesprochen haben, sterben, aber nicht als Strafe von den Menschen getötet werden (siehe zu Ez 13,1–16 Kap. 3.2.3.2).
[242] So bei STIPP, Jeremia 25–52 (HAT 12/2), 161 Anm. 9, sowie bei KELLY, Prophecy, 238–

das Erfüllungskriterium als eine in deuteronomistischen Kreisen bekannte Regel, die dann „ad hoc" in verschiedenen Kontexten eingesetzt wird und sich somit je nach Kontext für die Auseinandersetzung mit Unheilspropheten (Dtn 18) und Heilspropheten (Jer 28) eignet.[243]

Wie in Bezug auf das Prophetengesetz stellt sich bei Jer 28 die Frage nach dem Sinn eines Kriteriums, das erst im Nachhinein zeigt, welchem Wort man trauen konnte.[244] Nicht im Moment des Prophezeiens und weder an der Form der Prophetie, den Begleitumständen noch dem Inhalt ist der wahre Heilsprophet zu erkennen, sondern erst retrospektiv nach dem bzw. *im* Eintreffen (בבוא) des von ihm angesagten Friedens. Hiermit ist sowohl das Eintreffen selbst gemeint als auch die Art, in der das Wort sich erfüllt. Beide Lesarten fallen in der Präposition ב zusammen. Denn wie der Umgang mit Ankündigungen im Deuteronomistischen Geschichtswerk zeigt, werden die Prophetenworte selbst durch das Geschehen, das man als Erfüllung wahrnimmt, verändert.[245]

In diesem Kontext entfaltet sich ein Zusammenhang zur im Jeremiabuch mehrfach betonten Verschriftlichung der Botschaft (vgl. Jer 25,13; 30,1; 45,1). Die Worte müssen gesammelt werden, um sie dann im Nachhinein prüfen und neu verstehen zu können und um auf dieser Basis aus der Geschichte zu lernen. Dabei verlieren die prophetischen Worte jedoch nicht ihre Zeitgebundenheit, so ist gerade das Jeremiabuch keine Sammlung von Prophetenworten, sondern eine Reflexion auf die geschichtlichen Ereignisse um den Untergang Jerusalems in prophetischer Perspektive. Dies gilt auch für Jeremias Worte des Heils, die sich unmittelbar an Jer 28 anschließen. So bildet das Kapitel – spätestens auf der Ebene des Endtextes – ein Scharnier und die Kriterien lassen sich ebenso auf Jeremia beziehen.

Die Verbindung des Erfüllungskriteriums mit der Beurteilung der Heilsprophetie hat jedoch noch eine weitere entscheidende Folge. Dadurch, dass die Erfüllungsnotwendigkeit nur für die Ankündigung des von Gott versprochenen

---

241, und M. DE JONG, Fallacy, 11–13. Allerdings interpretiert De Jong die gegebenen Kriterien auch auf unübliche Weise, siehe dazu oben Anm. 235.

[243] HOSSFELD/MEYER, Prophet gegen Prophet, 96 f.

[244] So wendet sich etwa KELLY, Prophecy, 246–250, gegen das Erfüllungskriterium als probates Mittel zur Bewertung von Prophetie. BUBER, Glaube, beschreibt die Problematik beider von Jeremia vorgebrachten Kriterien, die er seines Erachtens beide bereits der Tradition (Mi 2,11; Dtn 18,21 f.) entnimmt. Neben der nicht vorhandenen Möglichkeit, in der Situation zu wissen, was sich erfüllen wird, und auf dieser Grundlage zu urteilen, betont er die Offenheit des prophetischen Wortes und die stets veränderliche Zukunft, die ein Erfüllungskriterium aushebeln. „Aber schon der offenkundig oder heimlich alternativische Charakter nahezu aller echten Weissagung verbietet die Anwendung dieses Kriteriums; das prophetische Theologumenon von der Zukunft, die durch die menschlichen Entscheidungen mitbestimmt wird, wie wir es auch bei Jeremia selbst als seiner Haltung zugrundeliegend finden, steht im Gegensatz zu aller Behauptung einer Vorhersage im apodiktischen Sinn." (a. a. O., 221). Die Notwendigkeit der Erkenntnis der Geschichtlichkeit betont er ebenfalls in DERS., Propheten.

[245] Zu diesem Zusammenhang siehe das Kap. 4.2.2.

3.2 Der Verlauf der Ereignisse als Argument 141

Friedens gilt und nicht für das von ihm angekündigte Unheil, wird sowohl für eine mögliche Reue Gottes Platz geschaffen als auch für die erhoffte Umkehr des angesprochenen Volkes, die im Jeremiabuch eine entscheidende Funktion spielt, wie es besonders gut greifbar in der Rezeption des Micha-Spruches in Jer 26,17–19 deutlich wird. Umkehr und Beeinflussbarkeit Gottes durch die Fürbitte der Propheten sind zentrale jeremianische Themen.[246] Im Blick ist, neben dem Umkehrmotiv, also bereits die Möglichkeit zur Heilsprophetie und eine universalistische Ausweitung der jeremianischen Botschaft, sodass sich eine Zuordnung zu einer fortgeschrittenen deuteronomistischen Jeremiaredaktion nahelegt.[247]

Die Zusammenstellung des Traditionskriteriums und des Erfüllungskriteriums schließt nicht aus, dass es vor Jeremia und Hananja bereits Heilspropheten gegeben hat. Sie entzieht diesen Ankündigungen lediglich die Legitimation über die Tradition.[248] Ohne Frage vertreten beide Propheten Positionen, die für die israelitische Prophetiegeschichte prägend waren. Die beiden Propheten stehen sich, mit Schmidt formuliert, „im Binnenraum der Glaubenstradition des Volkes"[249] gegenüber. Oft wurden die Parallelen zwischen Jesaja und Hananja sowie den anderen prophetischen Gegenspieler Jeremias unterstrichen (vgl. Jes 7; 9,3; 10,27; 14,25). Martin Buber spricht von Hananja sogar pointiert als „Papagei Jesaias"[250]. Und so fragt Hans-Walter Wolff: „Mit welchem Recht nennen wir Chananja einen falschen, Jeremia einen wahren Propheten, wenn doch Chananja eigentlich in Jesajas Nachfolge steht?"[251] Der Schlüssel liegt in der Beurteilung der Situation. So wie שקר nicht eine zeitlose Lüge bezeichnet, sondern das, was einer Situation nicht angemessen ist, sind auch Jesajas prophetische Worte seiner Zeit angemessen, treffen aber nach dieser deuteronomistisch-jeremianischen Sicht nicht das politisch Geratene im frühen 6. Jh.[252] Ein wahres Prophetenwort

---

[246] Anders WENDEL, Jesaja, 158, die die Umkehr des Volkes als reale Möglichkeit im Jeremiabuch ausschließt: „Der Prophet Jeremia scheint ebensowenig [wie Jesaja, R. E.] auf die Umkehr seiner Zeitgenossen zu hoffen wie sie in diesem Sinn zu ermahnen". Doch geht es in den deuteronomistischen Texten weniger um die Zeitgenossen als um die, die aus dem Geschenen lernen und dann selbst ihr Tun verändern. Dass Jeremias Zeitgenossen selbst nicht gehört haben und den Untergang Jerusalems erleiden mussten, steht im deuteronomistischen Jeremiabuch schon außer Frage.

[247] Diese Tendenzen lassen sich mit ALBERTZ, Exilszeit, 250–255, der zweiten deuteronomistischen Bearbeitung des Jeremiabuches zuordnen.

[248] Auch in rhetorischer Hinsicht hat dieser Traditionsentzug Folgen, da er die Position Hananjas schwächt. So böte die vorexilische Zionstheologie eine Menge an Beziehungspunkte, die jedoch nicht in den Blick geraten.

[249] W. H. SCHMIDT, Wort, 112.

[250] BUBER, Propheten, 133.

[251] WOLFF, Hauptprobleme, 228. Und so hält auch BUBER, Propheten, 133, fest, dass Hananja zwar ein falscher Prophet sei, aber nicht lüge. VALETON, Prophet, 46, spricht von der „subjektiven Wahrhaftigkeit" dieser Propheten.

[252] OSSWALD, Prophetie, 21, pauschalisiert dieses Problem für die Heilspropheten wie folgt: „Ihr Irrtum läge also darin, daß sie ein liebgewordenes Dogma vom Bund oder der Erwählung

ist nach dieser Konzeption keine zeitlose Wahrheit, sondern besteht aus der Verkündigung der richtigen Worte zu passender Zeit.[253] Den Umgang mit einem Traditionskriterium erläutert ein anderer Text im Jeremiabuch genauer, den es sich darum im Folgenden anzusehen lohnt.

3.2.2.2 Die Möglichkeit der Umkehr (Mi 3 in Jer 26)

Die Auseinandersetzung mit Jer 28 hat gezeigt, dass Prophetie geschichtsbezogen ist und sich gerade die Heilsprophetie am Eintreffen des Gotteswortes beweisen muss. Die Tempelrede in Jer 26 lässt den Einsatz des Traditionskriteriums im Rahmen der Unheilsprophetie erkennen.[254] Wiederum ist die Gefahr durch die Babylonier die geschichtliche Folie, vor der die Auseinandersetzung zu verstehen ist. An diesem Beispiel wird unmittelbar deutlich, dass gelingende Prophetie auch und gerade dann in der Geschichte gesehen werden kann, wenn sich das angesagte Wort nicht erfüllt hat. So geht es nicht nur um die Ereignisse, sondern um die *Deutung* der Geschichte.

Jeremia wendet sich gegen die Heilssicherheit des Volkes und gegen die Entscheidungsträger – den König Jojakim, die Priester und die Propheten –,[255] indem er gerade auf dem Tempelvorhof den Untergang des Tempels und Jerusalems, so wie es in Schilo geschah, ankündigt. Eine Rettung ist nur dann noch möglich, wenn der Ruf zur Umkehr befolgt wird.[256] Im Wechsel wird im Folgenden das Todesurteil und dessen Aufhebung durch die Priester und Propheten auf der

---

weitergeben, aber unter ausschließlicher Betonung der Verheißung und Verzicht der Herausstellung der sich daraus ergebenden Forderungen." Und auch VRIEZEN, Hoffnung, 582, sieht das Grundproblem im Festhalten an älteren Gottesworten zu anderen Gelegenheiten: „Das war der große Irrtum der sog. falschen Propheten – soweit sie nicht völlig der national-politischen Bewegung angehörten –, daß sie Gottes heiliges und lebendiges Wesen vergaßen und ihn binden wollten an ihre eigenen, aufgrund der Offenbarung festgelegten Dogmen." BUBER, Glaube, 218–222, stellt den Bezug des Gotteswortes zur jeweiligen Gegenwart in den Mittelpunkt.

[253] Vgl. z. B. JACOB, Remarques, 484. HARDMEIER, Prophetie, 385 f., vertritt ein Modell, in dem die Darstellung der Bezug der beiden großen Propheten und ihrer Theologie noch einmal neu ausgemacht wird. Für ihn ist die Zeichnung des Propheten Jesaja in 2 Kön 18 f.* die kritische Auseinandersetzung mit der jeremianischen Theologie. Die Rabschakeepisode in 2 Kön 18 f. würde damit als Gegenbild zum Jeremia-Hananjakonflikt in Jer 28 fungieren und damit als politische Gegenoption in den Streitigkeiten der spätvorexilischen Zeit. Vgl. dazu auch FISCHER, Jeremia 26–52 (HThKAT), 82. Die Parallelen bzw. genaue Spiegelungen zwischen beiden Episoden sind deutlich erkennbar. Bleibt man bei der jüngeren Datierung für Jeremia bzw. für die hier vorliegende deuteronomistische Jeremiaschicht, so spräche dies für eine bewusste Stilisierung Jeremias als Gegenfigur zu Jesaja.

[254] Siehe zum Umgang mit Mi 3,12 in Jer 26, der redaktionsgeschichtlichen Verortung beider Episoden und der ursprünglichen Funktion von Mi 3 im entstehenden Michabuch insgesamt die ausführlicheren Ausführungen bei R. EBACH, Propheten.

[255] Wie in der Auseinandersetzung zwischen Jeremia und Hananja spricht die LXX auch an dieser Stelle von Falschpropheten (οἱ ψευδοπροφῆται). Siehe zu diesem Phänomen oben Kap. 3.2.2.1.1.

[256] Zu Jeremia als erfolgreichen Umkehrprediger siehe FISCHER, Jeremia 26–52 (HThKAT), 38.

einen Seite und die Obersten auf der anderen Seite beschlossen, während das Volk als Kollektivgröße seine Meinung auffällig ändert.

Nachdem das Todesurteil eigentlich schon aufgehoben wurde, verweisen die Ältesten schließlich auf ein Wort des Propheten Micha und sprechen so das einzige namentliche Prophetenzitat im Alten Testament.

[17]Da standen Männer der Ältesten des Landes auf und sprachen zur ganzen Volksversammlung: [18]Micha von Moreschet hat in den Tagen Hiskias, des Königs von Juda, geweissagt und hat über das ganze Volk Judas gesagt: So spricht Jhwh Zebaoth: Zion wird zum Feld umgepflügt werden und Jerusalem wird zum Trümmerhaufen und der Tempelberg zu Waldeshöhen werden. [19]Haben ihn Hiskia, König von Juda, und ganz Juda etwa getötet? Hat er nicht Jhwh gefürchtet und Jhwh besänftigt und hat Jhwh sich nicht des Bösen gereuen lassen, das er über sie geredet hatte? Wir aber bringen ein großes Böses auf unser Leben.

Von dieser Erinnerung wechselt der Fokus auf den Propheten Uria, der zeitgleich mit Jeremia wirkt, ebenfalls Unheil ansagt und vom König Jojakim eigenhändig getötet wird.[257] Deutlich ist bei dieser Dreiprophetengeschichte (Jeremia, Micha, Uria), dass das Verhalten des Königs im Mittelpunkt steht. Im Gegensatz zum König Hiskia, der durch seine Gottesfurcht und die Beachtung der von Micha gesprochenen prophetischen Worte das Schicksal des Untergangs Jerusalems noch hatte abwenden können, hat sich Jojakim durch den Prophetenmord bereits diskreditiert.[258]

Die Erinnerung an Micha gehört zur deuteronomistischen Fassung des Textes, die bereits auf den Untergang des Tempels zurückblickt, sodass Jeremias Rede bereits bestätigt wurde.[259] Im Rückblick illustriert Jer 26 somit das adäquate Verhalten gegenüber Unheilspropheten und die Möglichkeit, Unheilsprophetie noch aufzuhalten. Die auffallend häufige Nennung des ganzen Volkes, das an dem stattfindenden Beurteilungsprozess beteiligt ist, fällt in diesem Zusammenhang ins Gewicht (vgl. Jer 26,7.8[doppelt].9.11.12.16.17.18). Dass das prophetische Wirken vor den Augen (und Ohren) des Volkes stattfindet, wurde schon in Jer 28 gezeigt. Jer 26 unterstreicht zusätzlich ihre aktive Involvierung in den Prozess der Entscheidungsfindung. Dies wird gerade im Vergleich mit Mi 3 deutlich, wo die Anklage den Führungspersonen galt. Eine solche Veränderung in der Rolle der Prophetie lässt sich gut vor einem exilischen und nachexilischen Hintergrund erklären. Denn durch die Abwesenheit des Königs, der mit Hilfe seiner Propheten Kenntnisse zur stabilisierenden Herrschaftsausübung erlangte (Herrschaftswissen), rücken nun neben Priestern, Propheten

---

[257] Zu diesem Prophetenmord siehe oben Kap. 3.2.1.3.
[258] Vgl. auch WEISER, Jeremia (ATD 20/21), 234, zu Hiskia als Idealbild.
[259] Vgl. HOSSFELD/MEYER, Prophet vor dem Tribunal, 32–42 (dtr Überarbeitung), STIPP, Jeremia, 17–72, und MAIER, Jeremia, 142–146 (dtr Grundschicht). E. OTTO, Pentateuch, 250–265, und KNOBLOCH, Prophetentheorie, 19–72, sehen Jer 28 hingegen als weitgehend literarisch einheitlichen post-deuteronomistischen Text an.

und Ältesten auch die Mitglieder des Volkes im Ganzen in den Kreis der politischen Entscheidungsträger vor.[260] Diese müssen die Worte der Propheten hören und auf dieser Grundlage zu Entscheidungen kommen. Dies gilt für die aktuellen Entscheidungen, aber auch für die Bewertung des Verhaltens in der Vergangenheit. Es ist das Volk, das anhand von Jer 26 lernen soll. Aspekte einer demokratischen Struktur und die Lösung vom König sind in deuteronomistischen Texten im Deuteronomium und bei Jeremia zu erkennen.[261] Die Darstellung des Volkes als kollektive, einheitliche Größe ist dabei überraschend, wäre es doch durchaus möglich, verschiedene Gruppierungen mit unterschiedlicher Einschätzung der Situation darzustellen. Nur bei den Ältesten wird von einigen Männern und damit einer Untergruppierung gesprochen. Die Beschreibung des Volkes wird dabei analog zur Beschreibung des ganzen Volkes Judas in Jer 26,18 gebraucht, dem Micha das Unheil angesagt hatte, das aber ebenfalls als Kollektivgröße den Propheten nicht getötet hatte. Auffällig ist dies, da sich hier ein entscheidender Unterschied zu Mi 3 zeigt, bezieht sich dort die Anklage explizit auf verschiedene Führungsschichten. Insgesamt wird so das kollektive Versagen des Volkes vor der babylonischen Eroberung Jerusalems in der Sicht des Jeremiabuches unterstrichen.

Im Vergleich zwischen Jer 26 und dem ursprünglichen Kontext des mit Micha verbundenen Wortes in Mi 3,12 fällt auf, dass die für Jer 26 so zentrale Möglichkeit der Umkehr in Mi 3 gerade nicht gegeben ist und damit auch nicht eingetragen werden sollte. Aufgrund des gesellschaftlichen Unrechts, das die Führenden in Jerusalem begangen haben, und damit aufgrund des kollektiven Versagens der Führungsschicht, wird der Zion zerstört werden. Pointiert schließt Mi 3,4 die Möglichkeit, Jhwh könne sich umstimmen lassen, aus.[262] Im Kontext der Belagerungsgeschehnisse um 701 v. Chr. (vgl. Mi 1) wird somit in diesen ältesten Passagen des Michabuches die Zerstörung des Zion als unausweichlich angesagt.[263] Da sich dies zu diesem Zeitpunkt nicht erfüllte, Mi 3 jedoch keine Zeit für die Erfüllung des Wortes angibt, wurde das Michabuch erst in exilischer Zeit und damit nach dem Untergang des Zions weiterbearbeitet, in der man an die erfolgte Zerstörung Jerusalems und des Tempels anknüpfen konnte.

Im Gegensatz dazu bezieht Jer 26 die Geschehnisse, auf die durch das Zitat aus Mi 3,12 angespielt wird, konkret auf die neuassyrische Belagerungssituation unter Sanherib. Durch diese zeitliche Festlegung wird das Michawort jedoch zu einer unerfüllten Prophetie und ist keine noch offene Ankündigung mehr.

---

[260] Die Rolle des Volkes als Entscheidungsträger wird besonders in griechischen Texten erkennbar, da es – im Gegensatz zu den altorientalischen Nachbarkulturen – Entscheidungsfindungen ohne die Beteiligung des einzelnen Herrschers gibt. Vgl. dazu oben Kap. 2.7 S. 77f.

[261] Auch an dieser Stelle zeigen sich Unterschiede zur Grundausrichtung des Deuteronomistischen Geschichtswerkes. Siehe dazu unten S. 218f.

[262] Vgl. dazu auch CORZILIUS, Michas Rätsel, 255f.

[263] Zur Datierung siehe auch WÖHRLE, Sammlungen, 153–156.188–191.

Die jeremianische Aufnahme löst das Problem der Nichteroberung Jerusalems am Ende des 8. Jh. v. Chr. jedoch auf eine andere Weise. Denn gerade durch die Bewahrung des Zion erweist sich Micha in der Darstellung von Jer 26 als wahrer Prophet, konnte er den König Hiskia durch sein Wort doch zur Umkehr bewegen und somit eine der entscheidenden Funktionen der Propheten in der Darstellung des Jeremiabuches erfüllen. So urteilen Freedman und Frey: „instead of saying Micah is a false prophet, he is seen as an even truer prophet because he is the one who relates God's warning and averts disaster."[264] Wird die Unheilsprophetie richtig wahrgenommen und ändern das Volk und die Entscheidungsträger ihr Verhalten, so führt sie zum Leben.[265] Die in Mi 3 selbst schon verspielte und darum ausgeschlossene Möglichkeit zur Bewahrung durch Verhaltensänderung wird in Jer 26 zur Interpretationsgrundlage. Dass ein starres Erfüllungskriterium für *Unheils*prophetie somit den Sinn einer Prophetie, die zur Umkehr führen soll, zerstören würde, wird an diesem Beispiel deutlich.[266] Auch die Rolle der Interpretationsgemeinschaft tritt anhand des Umgangs mit Mi 3,12 in Jer 26 zu Tage. So zeigt sich, dass die Entscheidung, ob eine Ankündigung als wahr beurteilt wird, letztlich eine Konstruktionsleistung ist. Dies ist gerade ein Merkmal von prophetischen Worten oder divinatorischen Ankündigungen, die in größeren literarischen Zusammenhängen ihren Ort haben, wie es auch am griechischen Umgang mit Orakelsprüchen etwa in Herodots Historien bemerkt werden kann.[267]

Jer 26 beinhaltet – zumindest auf der Endtextebene – einen Hinweis auf die zentrale Frage nach einer Orientierung im Umgang mit widerstreitenden prophetischen Aufforderungen. So betonen V. 4 f. neben den Propheten, die Jhwh immer wieder als Hilfe geschickt hat, Jhwhs Weisung, die den Israelitinnen und Israeliten vorliegt (בתורתי אשר נתתי לפניכם). Auf Grundlage der Tora kann somit eine Gegenwartsanalyse gelingen und auf diese Weise entschieden werden, welche prophetischen Worte dieser Gegenwart angemessen sind. An dieser Stelle

---

[264] FREEDMAN / FREY, False Prophecy, 84. Zur Wahrnehmung des Michawortes durch die Rezeption in Jer 26 vgl. bereits KUENEN, Prophets, 161–163.

[265] So auch JEREMIAS, Propheten (ATD 24/3), 167: „Gottes Plan, den die Propheten übermitteln, ist kein ehernes Gesetz, sondern zielt auf das Leben seiner Menschen." Somit wird der menschliche Einfluss auf den Verlauf der Geschichte betont. Vgl. KESSLER, Micha (HThKAT), 170, der hierin den Grund für die Überlieferung des Michawortes trotz der Bewahrung Jerusalems im Jahr 701 v. Chr. sieht.

[266] Zur Möglichkeit der Umkehr des Volkes (שוב) und des Erbarmens Gottes (נחם) in Jer 26 in der Rezeption der Prophetie Michas vgl. auch HIBBARD, Prophecy, 11–17. Ein uneingeschränktes Erfüllungskriterium wie in Dtn 18 wird durch diese Motive ausgehebelt. Dies betont besonders KNOBLOCH, Prophetentheorie, 230–259, ausgehend von Jer 26, der darin eine deutliche Infragestellung des Erfüllungskriteriums sieht, das er unter das Stichwort „Wahrsagebeweis" fasst.

[267] Analog führt MAURIZIO, Prophecy, 67, zum Umgang mit nichterfüllten Prophezeiungen (insbesondere mit Blick auf das Delphische Orakel) aus: „For believers, a disconfirmed prophecy that is reinterpreted is not disconfirmed at all."

sind deutliche Strukturparallelen zum persischen Umgang mit dem Gesetz zu erkennen, das ebenfalls die Menschen befähigt, zwischen dem Rechten und dem Falschen zu unterscheiden, wie es etwa die *Daiva*-Inschrift des persischen Königs Xerxes zeigt.[268] Wer sich an das Gesetz Ahuramazdās hält, wird im Leben glücklich werden und kann den göttlichen Willen erkennen.[269] Im Gegensatz zum Jeremiabuch tritt durch diese Festlegung das divinatorische Personal in den Hintergrund, während in jeremianischer bzw. deuteronomistischer Theologie die Propheten in der Linie Moses (vgl. nur Jeremias mosaische Darstellung im Berufungsbericht in Jer 1) mit dem Gesetz verbunden werden können.[270]

3.2.2.3 Unerfüllt und doch wahr? Jona als Prophet

Anhand des Rückbezugs auf den Propheten Micha in Jer 26 konnte bereits gezeigt werden, dass das Motiv der Umkehr und der zugehörigen Reue Gottes dazu führen kann, dass eine sich nicht erfüllende Unheilsansage trotzdem als wahre Prophetie verstanden werden kann. Der Fall des Propheten Jona und besonders seine Beurteilung in der frühen Rezeptionsgeschichte verschärfen das Problempotenzial der Anwendung des Erfüllungskriteriums.[271] So steht Jonas Glaubwürdigkeit als wahrer Prophet auf dem Spiel.

Jona wird von Jhwh beauftragt gegen Ninive zu sprechen. So verkündigt er dem assyrischen König und den Stadtbewohnern den Untergang in 40 Tagen (Jon 3,4), ohne diese Gerichtsbotschaft mit der Möglichkeit ihrer Abwendung zu versehen.[272] Die Niniviten reagieren auf die radikale Ankündigung des fremden Propheten mit Fasten, Klage und Selbsterniedrigung und erhoffen die Möglichkeit der göttlichen Beschlussänderung (V. 9). Bewegt von dieser radikalen Umkehr, bereut Jhwh seinen Entschluss (V. 10), ändert sein Urteil und verschont die Stadt – zu Jonas Missfallen, der mit einem solchen Gesinnungswandel bereits gerechnet hatte.

Im Gegensatz zur Neuinterpretation von Mi 3,12 wird zum einen Jonas Klage über die Reue Gottes geschildert. Es war also nicht Jonas Absicht, das frevelhafte Verhalten der Stadtbewohner zu verändern. Zum anderen zeigt das Motiv der Reue (V. 10), dass es nach dem Jonabuch zumindest auch nicht dem ursprünglichen göttlichen Plan entsprach, die Niniviten zur Umkehr zu bewegen.[273] Ver-

---

[268] XPh § 5. Siehe dazu oben Kap. 2.5.1.
[269] Konzeptionelle Parallelen sind auch im Vergleich zu Dtn 30 zu erkennen. Auch hier ist es die Tora, die Weisung – mit ihren gesetzlichen Anteilen –, die den Menschen vorliegt und auf deren Basis sie sich aktiv für das Leben entscheiden können.
[270] Vgl. auch E. OTTO, Pentateuch, 259.
[271] KLEIN, Art. Prophetie, 3.6, spricht davon, dass die Jonaerzählung das deuteronomistische Erfüllungskriterium kritisiere.
[272] Vgl. auch WEIMAR, Jona (HThKAT), 313 f.
[273] Dieser göttliche „Willenswandel", sein Aufatmen, zeigt nicht an, dass sein vorheriger Entschluss falsch war, es kann aber implizieren, dass es eine göttliche Hoffnung gab, den rechtmäßigen Vernichtungsbeschluss nicht ausführen zu müssen, wie JEREMIAS, Propheten (ATD

steht man Jona also als erfolgreichen Propheten, so hat er gegen seinen erklärten eigenen Willen nicht nur diese, sondern dadurch letztlich auch Gott selbst zur Umkehr gebracht.[274]

Das mit Jona verbundene Prophetenbild ist somit problematisch. Denn legt man das deuteronomistische Erfüllungskriterium (Dtn 18,21 f.)[275] an, so ist das von Jona übermittelte Wort nicht auf Gott zurückzuführen, da sein Wort, zumindest im Rahmen des Jonabuches, nicht in Erfüllung geht und Ninive gerade nicht zerstört wird.[276] Assurs Untergang tritt innerhalb des Zwölfprophetenbuches erst im Nahumbuch ein. Dass diese Problemanzeige nicht nur eine neuzeitliche Konstruktion ist, die zu sehr an der Systematisierung von Kriterien gebunden ist, zeigt die antike Rezeptionsgeschichte der Jonafigur:

In den *Vitae Prophetarum*, einer Sammlung legendarischer Erzählungen um die Propheten, die aus den ersten nachchristlichen Jahrhunderten stammt,[277] wird Jona in höchst kritischer Weise dargestellt. Er selbst beurteilt seine Ansage an Ninive als falsche Prophetie:

Denn er sagte: So kann ich meine Schmach tilgen, weil ich falsch[278] geweissagt habe gegen die große Stadt Ninive.

Im Gegensatz zu ihm wird im folgenden Absatz die Erfüllung der Ansage des Untergangs durch Nahum betont („Dies geschah auch so"). Im Gegensatz zu Jona stirbt Nahum in Frieden und wird bestattet.

Einen anderen Weg des Umgangs mit der Jonafigur und ihrer Ankündigung des Untergangs wählt die Tobiterzählung, indem Jonas Misserfolg in der Kategorie der Erfüllung übergangen wird. So erklärt Tobit in seiner Abschieds-

---

24/3), 103, betont. Dies beinhaltet aber nicht, dass das göttliche Unheilswort von Anfang an auf die Umkehr der Niniviten ausgerichtet war.

[274] EAGLETON, Austin, 233, verweist auf den Erfolg, der in der Nichterfüllung von Unheilsankündigungen liegt: „All good prophets are false prophets, undoing their own utterances in the very act of producing them." Der kurze Aufsatz versucht sehr emotional Jonas Lage nachzuzeichnen, da Gottes Abkehr von seinem Vernichtungsplan „leave him looking a complete idiot." (ebd.). Die Lösung dieses Dilemmas gründet Eagleton auf Erkenntnisse der Sprechakttheorie. Kritisch zum Image des Propheten HOUSTON, Prophets, 148 f.

[275] Die in Jer 28,8 f. gegebenen Kriterien sind nicht eindeutig auf die Situation anwendbar, da sich das Erfüllungskriterium dort auf Botschaften des Friedens bezieht.

[276] Auch RUDOLPH, Joel (KAT), 362, spricht von der Nichterfüllung von Jonas Weissagung. Rudolph sieht Jona insgesamt in einem sehr schlechten Licht dargestellt, wie sich gerade an seiner nur fünf Worte umfassenden Gerichtsbotschaft gegen Ninive zeige: „liederlicher kann ein Prophet seine Aufgabe nicht erfüllen. Was er tut, grenzt an Sabotage" (a. a. O., 357). Gegen diese Charakterisierung wendet sich WEIMAR, Jona (HThKAT), 312.

[277] Zur Einordnung des Textes und der Frage nach seiner christlichen Prägung siehe KAISER, Art. Vitae Prophetarum, zum Text selbst SCHWEMER, Vitae Prophetarum, 617–621 (Jona-Vita) und 622 f. (Nahum-Vita).

[278] SCHWEMER, Vitae Prophetarum, 619, übersetzt an dieser Stelle mit „denn ich habe gelogen". Wiederum zeigt sich das Problem der Zuordnung zu Falschheit oder Lüge, doch hat Jona zumindest in der Darstellung des Jonabuches keine Lüge vorgebracht, sondern das göttliche Wort treu ausgerichtet.

rede in Tob 14,3 f. nach der griechischen Fassung G¹, dass er davon überzeugt sei, dass der Prophet Jona darin recht hätte, dass Ninive zerstört würde (ὅτι πέπεισμαι ὅσα ἐλάλησεν Ιωνας ὁ προφήτης περὶ Νινευη ὅτι καταστραφήσεται). An der gleichen Stelle findet sich in der anderen, längeren und einflussreichen, griechischen Fassung G² der Verweis auf den Propheten Nahum und damit gerade nicht auf Jona (ἃ ἐλάλησεν Ναουμ).[279] Die Zerstörung wird als zukünftig angesehen, das Motiv der Umkehr der Niniviten nicht erwähnt. So unterstreicht V. 8 die Überzeugung, dass alles eintreffen werde, was der Prophet Jona geweissagt habe (ὅτι πάντως ἔσται ἃ ἐλάλησεν ὁ προφήτης Ιωνας). Einen ähnlichen Weg geht auch Josephus, der Jona ebenfalls als wahren Propheten betrachtet und das Motiv der Reue auf Seiten der Niniviten auslässt (Ant. 9,206–214).[280] In beiden Texten können Nahums und Jonas Botschaft des zukünftigen Untergangs Ninives als parallel angesehen werden, da die Fortsetzung der Jonageschichte ausgelassen wird.[281]

Blickt man in das Jonabuch selbst, so ist die Ankündigung des Untergangs auffällig. Sie bietet bei einem genaueren Blick eine Pointe, die die Grenzen der erfüllten und unerfüllten Prophetie noch einmal verschiebt. So ist Jonas Gerichtsbotschaft zwar eindeutig nicht konditioniert, doch birgt sie eine entscheidende Doppeldeutigkeit. So lautet die prophetische Botschaft in Jon 3,4:

Noch vierzig Tage, dann ist Ninive zerstört (עוֹד אַרְבָּעִים יוֹם וְנִינְוֵה נֶהְפָּכֶת).

Mit dem an dieser Stelle verwendeten Verb הפך, das hier als Partizip für die Beschreibung der künftigen Lage dient, wird besonders die Zerstörung von Sodom und Gomorra angekündigt (vgl. Gen 19,25.29). Und doch beinhaltet ein wörtliches Verständnis noch eine zweite Dimension. So bezeichnet הפך in der Grundbedeutung erst einmal das radikale Umwenden eines Sachverhalts. Dies kann neben dem politischen Umsturz auch die grundlegende Veränderung von

---

[279] Vgl. dazu NOGALSKI, Book, 50–58, mit einem Fokus auf Hieronymus' Interpretation des Jonabuches und der angekündigten Zerstörung Ninives im Rahmen des Zwölfprophetenbuches. EGO, Repentance, 156, SCHÜNGEL-STRAUMANN, Tobit (HThKAT), 178, und LITTMAN, Tobit (SCS), 155, sprechen sich für G² als älteren Text und damit die Nennung Nahums als ursprüngliche Version aus. Das Fehlen beider Namen in der Vulgata und Vetus Latina bringt FITZMYER, Tobit, 325 f., zu der Annahme, dass sowohl G¹ als auch G² an dieser Stelle einen als passend erscheinenden Namen eingefügt haben.

[280] Siehe zu Josephus' Interpretation der Jonageschichte BEGG, Classical Prophets, 552 f., der jedoch erwägt, ob dadurch die Diskrepanz zwischen dem wirklich erfolgten Niedergang Ninives und der Gnadenankündigung Gottes zu lösen gesucht werde. Doch geht es an dieser Stelle stärker um die Glaubwürdigkeit des Propheten selbst, da es keine immerwährende göttliche Heilszusage an Ninive gibt, sodass ein späterer Untergang nicht im Widerspruch zur früheren göttlichen Rettung stünde. So erklärt der Targum Pseudo-Jonathan Nah 1,1, dass sich die Niniviten nach Jonas Ankündigung gebessert hätten, später aber wieder zu sündigen angefangen hätten, sodass Nahums Unheilsankündigung nötig wurde (vgl. auch Pirqe R. El. 43).

[281] Siehe dazu auch bei BEGG, Classical Prophets, 551–553, EGO, Repentance, 244, und SCHART, Entstehung, 28.

Fluch in Segen (Dtn 23,6 in der Beschreibung der göttlichen Verwandlung des Fluches durch Bileam) oder Trauer in Freude (Jer 31,13) bezeichnen. Und somit kann die Ankündigung auch auf den Sinneswandel der Niniviten bezogen werden.[282] Nach Ablauf der Frist wird sich somit etwas Grundlegendes verwandelt haben: das Stadtbild durch den Untergang oder aber das Verhalten der Niniviten, in beiden Fällen jedoch die Machtstellung Ninives in der Welt. Diese Zweideutigkeit wahrnehmend kann Jonas Ankündigung in gewisser Weise als erfüllt angesehen werden, wenn auch auf einer anderen Ebene als es Jona und die Rezipientinnen und Rezipienten erwarten.

Die Bewohner Ninives verstehen die prophetische Botschaft eindeutig als Gerichtsankündigung und reagieren mit Buße. Dies bedeutet jedoch nicht, dass das andere Verständnis des Verses auf einer weiteren Ebene nicht mitschwingt.[283] Denn auf diese Weise setzt sich die Dimension der Sinnesänderung durch. Durch den göttlichen Plan erweist sich damit das Wort als erfüllt, der Weg dorthin verlief über die Wahrnehmung als Ankündigung des Untergangs.

Ausgehend von diesen Überlegungen zum Jonabuch, aber auch über diese hinausführend, kann zweierlei festgehalten werden. Zum einen liegt die Wahrnehmung einer Figur als Prophet mit erfüllter oder unerfüllter Botschaft sowohl an der Darstellungsweise der Erzähler als auch in den Augen der Rezipientinnen und Rezipienten und kann somit in der Interpretationsgeschichte sichtbar gemacht werden. So kann durch selektives Erzählen und die Eröffnung eines neuen zeitlichen Horizonts der Bezugsrahmen einer Botschaft modifiziert werden. Zum anderen weist die Doppeldeutigkeit auf die Notwendigkeit, gerade bei prophetischen Worten auf sprachliche Feinheiten und offene Leerstellen zu achten. So ist diese Verwendung von Doppeldeutigkeit im Alten Testament keineswegs singulär und wird im Rahmen dieser Studie auch beim Hulda-Orakel in 2 Kön 22 und der Episode um Micha ben Jimla in 1 Kön 22 als eine Möglichkeit der Interpretation aufgezeigt.[284]

3.2.3 Ez 12,21–14,11: Verbrecherische Propheten und eine gelingende prophetische Interaktion

Innerhalb des Ezechielbuches befasst sich ein Abschnitt, Ez 12,21–14,11, besonders mit Problemen im Kontext der Erscheinungen der Prophetie und legt

---

[282] Zu dieser Deutungsmöglichkeit siehe WEIMAR, Jona (HThKAT), 314–316, und im Vergleich des Prophetenverständnisses der Figuren Jona und Kassandra J. EBACH, Kassandra, 110–113. Diese Verständnismöglichkeit wird auch bei Pseudo-Philo, De Jona, angenommen, vgl. NOGALSKI, Book, 54.
[283] Dies ist gegen den Einwand von WOLFF, Dodekapropheton 3 (BKAT 14/3), 123 f., zu erwidern, die Fortsetzung der Geschichte zeige klar, dass die Bewohner den Spruch richtig verstanden haben.
[284] Siehe dazu unten Kap. 3.3.2 und Kap. 4.2.2.1.

dabei den Fokus auch auf die Frage nach falscher Prophetie.[285] So geht es um Worte, die sich nicht erfüllen, um Propheten, die Falsches sehen und dem Volk mitteilen, um Prophetinnen, die rituelle Handlungen mit Bändern durchführen, und um Anfragen an Propheten, die diese nicht beantworten dürfen. Ein genauerer Blick auf die Texte zeigt auf der einen Seite, dass es durchaus inhaltliche Verknüpfungen und konkrete Stichwortbezüge zwischen allen Abschnitten gibt, alle Abschnitte aber auf der anderen Seite zugleich eigene Prägungen aufweisen, die auf eigene Vorstufen und geprägtes Material hinweisen. Insgesamt ist der Abschnitt als gewachsene Einheit anzusehen.[286] Gerade die Perspektiven auf das Land – von außen aus der Diaspora oder aus dem Land selbst – und das Verhältnis zu den beiden Exilierungen wechseln in den Texten auffällig oft. Als Gesamtkomposition ist Ez 12,21–14,11 jedoch mit Sicherheit erst ab der exilischen Zeit plausibel zu verorten. Der Textkomplex steht in der Tradition der Prophetenkritik im Jeremiabuch, die sich besonders in den Vorwürfen in Ez 13 niedergeschlagen hat. Es geht um trügerische Schauungen, falsche Heilsbotschaften und Bestechlichkeit und damit um Motive, die sich in ähnlicher Weise in der deuteronomistisch überarbeitete Anklagesammlung gegen Propheten in Jer 23 finden.[287]

Die Abgrenzung des Abschnitts nach vorne – zu den Zeichenhandlungen in Ez 12 – und nach hinten – zum Thema der Rettung durch Gerechte ab Ez 14,12 – ist leicht erkennbar. Die Zusammenstellung der Themen und Texte ist, wie das Folgende zeigen wird, nicht zufällig, sondern folgt einem durchdachten Aufbau und deckt das Ganze einer gelingenden prophetischen Interaktion ab.[288]

3.2.3.1 Ez 12,21–28: Das sich verzögernde Eintreffen der Prophetenworte

Das Eintreffen prophetischer Worte in der Gegenwart wird in Ez 12,21–28 von einem Gegenüber in zwei geprägten Aussprüchen bestritten. Der Abschnitt beginnt in Ez 12,21–28 mit zwei Disputationsworten,[289] die in Inhalt, Aufbau und

---

[285] NIHAN, Ezechiel, 417, betitelt den Abschnitt in seiner Gliederung mit „12,21–14,11: Reihe von Offenbarungen über die wahre und falsche Prophetie".

[286] So zeigt sich auch eine größere Unsicherheit der Exegetinnen und Exegeten in Bezug auf die Textgenese, die auch unmittelbare Auswirkungen auf die Datierung hat, die ebenfalls nur mit größter Zurückhaltung vorgenommen wird. Siehe dazu im Folgenden.

[287] Insgesamt zu Bezügen zwischen dem Jeremia- und dem Ezechielbuch siehe die vergleichende Studie VIEWEGER, Beziehungen. Zu Jer 23 und der dort vorgebrachten Prophetenkritik siehe oben Kap. 3.1.2.

[288] Die Abfolge der Abschnitte ist bei HOSSFELD/MEYER, Prophet gegen Prophet, 113–145, die thematisch vorgehen, ihres inneren Zusammenhangs ein Stück weit beraubt (Ez 14,1–11; 12,21–25; 22,23–31 und 13).

[289] Die Disputationsworte sind von grundlegender theologischer Bedeutung und kommen im Ezechielbuch an mehreren Stellen vor, so in Ez 11,2–13; 11,14–17; 18,1–20; 20,32–38; 33,23–29; 37,11–14.

Formulierung aufeinander abgestimmt sind.²⁹⁰ Nach der Festlegung des Wortereignisses an Ezechiel (V. 21/26) folgt jeweils ein Ausspruch mit Einleitung (V. 22/27), den der Prophet im Auftrag Jhwhs kritisch erwidern soll (V. 23–25/28). Beide kurzen Disputationsworte enden mit der Gottesspruchformel:

²¹Und das Wort Jhwhs erging an mich: ²²Mensch(ensohn), was ist das für ein Sprichwort bei euch im Land Israel?: „Die Tage werden lang und jede Vision geht zugrunde!" ²³Darum sprich zu ihnen: So spricht der Herr Jhwh: Diesem Sprichwort mache ich ein Ende, und man wird es in Israel nicht mehr sprichwörtlich gebrauchen, sondern sag zu ihnen: Nahe sind die Tage und das Wort jeder Vision! *²⁴Denn es wird keinerlei nichtige Vision und keine glatte Wahrsagung mehr geben inmitten des Hauses Israel,* ²⁵denn ich, Jhwh, werde reden, was ich reden werde, ein Wort, und es wird ausgeführt, es wird sich nicht mehr verspäten. Denn in euren Tagen, Haus der Rebellion, werde ich ein Wort reden und es ausführen! Spruch des Herrn Jhwh.

²⁶Und das Wort Jhwhs erging an mich: ²⁷Mensch(ensohn), siehe, das Haus Israel, sie sagen: „Die Vision, die er schaut, gilt weit entfernten Tagen, und für ferne Zeiten weissagt er." ²⁸Darum sprich zu ihnen: So spricht der Herr Jhwh: Alle meine Worte werden sich nicht mehr verspäten. Das, was ich reden werde, ein Wort, und es wird ausgeführt! Spruch des Herrn Jhwh.

Beide zitierten Aussprüche beziehen sich also auf das Ausbleiben der Erfüllung in der aktuellen Gegenwart, doch unterscheiden sie sich bei genauerem Hinsehen in ihrer zeitlichen Dimension, in ihrer Ausrichtung und so auch in ihrer Funktion. Moniert Ez 12,21–25 als Gegenwartsdiagnose das Ausbleiben der Worte, wird dieses Ausbleiben selbst im zweiten Ausspruch gedeutet – die prophetischen Ankündigungen beziehen sich nicht auf die Gegenwart, sondern die ferne Zukunft. Schon inhaltlich zeigt sich somit eine Abhängigkeit des zweiten Disputationswortes vom ersten, bildet es doch einen Lösungsvorschlag für das im ersten Fall thematisierte Problem. Dieser Problemlösung widerspricht die zweite göttliche Reaktion jedoch ebenfalls. Die Abhängigkeit zeigt sich auch an der Form des zweiten Wortes selbst.²⁹¹ So ist es gut vorstellbar, dass das in Ez 12,22 zitierte Sprichwort (משל) unter den Israeliten und Israelitinnen kur-

---

²⁹⁰ Diese Beobachtung spricht nicht zwingend für eine zeitgleiche Entstehung, aber dafür, dass nicht zwei unabhängige Worte zusammengestellt wurden. Die Diskussionen um die Einheitlichkeit des Abschnitts kann weitgehend auf die Frage beschränkt werden, ob beide Abschnitte in ihrer Entstehung zusammenhängen oder der zweite Fall, der sich konkret mit Ezechiel auseinandersetzt, eine jüngere Ergänzung darstellt. So z. B. bei POHLMANN, Hesekiel (ATD 22/1), 183 f., der dann jedoch beide Teile zeitlich nah beieinander verortet. Dass zwei ähnliche Fälle hintereinander behandelt werden, ist im Ezechielbuch kein Zeichen einer Doppelung, sondern eher als Stilmittel zu verstehen. Vgl. nur den Aufbau des folgenden Abschnitts Ez 13.

²⁹¹ Im Papyrus Chester Beatty (bzw. p967) finden sich die Verse Ez 12,26–28 nicht. Dies kann wegen der repetitiven Struktur der beiden in Ez 12 zitierten Worte auf einen Abschreibefehler hinweisen (*homoioteleuton*) oder auch, wie im Moment für p967 im Allgemeinen breiter diskutiert, auf ein älteres Textstadium. Zur Diskussion siehe LILLY, Books, 116–119.

sierte.²⁹² Das zweite Wort bezieht sich hingegen unmittelbar auf Ezechiel und seine Verkündigung selbst. Entsprechend wird der Ausspruch auch nicht allgemein als Sprichwort bezeichnet, sondern nur durch „sie sagen / man sagt" (אמרים) eingeleitet. Der eher allgemeine erste Teil wird folglich im zweiten zu einem speziellen Fall. Hier geht es um die Aussagen Ezechiels selbst.²⁹³

Die im ersten Fall verwendete Bezeichnung משל sollte nicht despektierlich als „Spottwort" verstanden werden.²⁹⁴ Gerade im Gesamtsprachgebrauch des Ezechielbuches wird deutlich, dass diese zitierten Sprichworte theologische Kernbotschaften enthalten. Alban Rüttenauer bezeichnet sie mit Blick auf ihre rhetorische Funktion im Ezechielbuch treffend als „repräsentative Redensarten".²⁹⁵ Mit diesen setzen sich die Verfasser auseinander und schildern, dass sich Jhwh auf diese theologisch prägnanten Sätze einlässt. Doch nimmt er sie zum Ausgangspunkt, um ihre Geltung zu widerlegen oder diese für die Zukunft außer Kraft zu setzen.²⁹⁶

Um diesen Prozess verstehen zu können, ist zunächst ein Blick auf die literarische Einheitlichkeit des ersten Abschnitts (V. 21–25) vonnöten. Denn Ez 12,24 fällt im Ablauf der Argumentation auf, da sich durch den Hinweis auf die nichtigen Visionen die Ausrichtung des Textes verschiebt. So geht es in V. 21–25 eigentlich um das Problem, dass eine Schauung nicht gleich eintrifft, und um Gottes Zusage, dass er sie schnell erfüllen werde. In V. 24 werden diese Visionen nun jedoch qualifiziert: Sie sind חלק und שוא. Die genaue Konnotation dieser Worte ist nicht eindeutig festzulegen. שוא hat entweder oder zum Teil etwas mit Nichtigkeit zu tun oder auch schärfer mit Lüge.²⁹⁷ Das Adjektiv, das die Wahrsagung und damit den Sprechakt in Ez 12,24 kennzeichnet, חלק,

---

²⁹² Einen Überblick über die alttestamentlichen Belege für solche „Volkssprichworte" gibt EISSFELDT, Maschal, 45–52.

²⁹³ Vgl. auch ZIMMERLI, Ezechiel 1–24 (BKAT 13), 279, der sich gegen die Deutung als Nachtrag oder Wiederholung ausspricht und den eigenen Beitrag der Verse betont, die den Fokus auf Ezechiel richten.

²⁹⁴ So etwa bei EICHRODT, Hesekiel 1–18 (ATD 22/1), 84, der in Anschluss an EISSFELDT, Maschal, durchaus auf das an anderen Stellen im Alten Testament passende Verständnis als Weisheitsspruch, Rechtsspruch, o. ä., ja als krafterfülltes und wirksames Wort hinweist, sich hier aber für ein Verständnis als das „kurze, scharf geprägte Spottwort" ausspricht, und FUHS, Ezechiel 1–24 (NEB 7), 69. Bei EISSFELDT, Maschal, 7 f.45, selbst kommt Ez 12,22 jedoch in der Kategorie „Volkssprichwort" und nicht „Spottlied" vor.

²⁹⁵ Vgl. bereits den Untertitel der gesamten Studie RÜTTENAUER, Land, und seine Ausführungen zu Ez 12,22: „Mit dem Verbot der Redensart und ihres Gebrauches soll eigentlich das Verhalten und die Einstellung untersagt werden, die die Redensart *repräsentiert*" (a.a.O., 141, Hervorhebung i.O.).

²⁹⁶ Zum Sprichwort in Ez 18 siehe im Folgenden S. 157. Wenn ZIMMERLI, Ezechiel 1–24 (BKAT 13), 275, das Wort in Ez 12,22 als „menschliche Fehlaussage", auf die Gott dann antwortet, einstuft, bekommt das Sprichwort eine zu negative Reputation, so verweist es ja in der gegenwärtigen Lage tatsächlich auf eine Realität, die es aber zu ändern gilt, wie in der folgenden Analysen herausgestellt wird.

²⁹⁷ Ges¹⁸, 1327, nennt beide Wortfelder der Nichtigkeit und Lüge.

bezeichnet in seiner Grundaussage einen Zustand der Form und qualifiziert etwas als glatt, weich, ja glitschig.[298] Spricht jemand mit einem Gaumen, der als glatt bezeichnet wird (vgl. Prov 5,3), führt dies zur Verführung und in der Bildwelt zum Ausrutschen. Eine derartige Rede birgt eine große Gefahr und entsprechend bittet Ps 12,3 f. um die Beendigung eines Zustandes, der durch Nichtigkeit (שוא) und glattes (חלק) Gerede geprägt ist:

³Nichtiges (שוא) reden sie – jeder mit seinem Nächsten –, glatte (חלק) Lippe, in doppeltem Herzen reden sie. ⁴Jhwh vertilge alle glatten (חלק) Lippen, die Zunge, die große Dinge redet.

Wie auch in Jes 30,10 ausgeführt sind solche Schauungen und solches Reden im prophetischen Kontext gefährlich.[299] Es ist also deutlich erkennbar, dass es sich um eine negative Wertung der Visionen handelt, die nichtig und trügerisch sind, oder die zumindest die Gefahr bergen, dass man auf ihnen oder durch sie ausrutscht. Solche Visionen und ein solches Weitergeben, das das Fehlverhalten von Propheten unterstreicht, wird es laut V. 24 nicht mehr geben.

Diese Botschaft stößt sich jedoch mit der sonstigen Ausrichtung des Disputationswortes, gerade in der Verbindung mit dem zweiten Wort in V. 26–28, in dem das Eintreffen der Worte positiv konnotiert ist. Aus diesem Grund hat Ehrlich gegen dieses negative Verständnis von V. 24 ein anderes vorgeschlagen.[300] Die Qualifizierung der Visionen, die es nicht mehr geben wird, übersetzt und versteht er als „eitel" und „leer". Da es diese leeren Prophezeiungen nicht mehr geben wird, würde also unerfüllte Prophetie beendet bzw. von Gott versprochen, dass er alles erfüllen wird und nichts Leeres mehr gesehen wird. Insofern wäre dies allein die Aussage, dass Gott unerfüllte Visionen beenden wird. Und so übersetzt auch Leslie Allen in Ez 12,24 mit „revelation spoken in vain" und „divination be devoid of reality" also als vergebliche und wirklichkeitsferne Offenbarungen. Die Betrachtung der Parallelstellen führt jedoch eher zur oben gegebenen Deutung, da beide Begriffe im Kontext von Rede deutlich negativ konnotiert sind und den Sprechern ein diesbezüglicher Vorwurf gemacht wird. Auch die Wiedergabe der Septuaginta weist in diese Richtung und sieht Lügen-/Trugschauungen (ὅρασις ψευδής).[301]

---

[298] Ps 73,18 nennt den glatten Boden, auf dem man ausgleiten kann, in Jes 57,6 werden glatte Steine als חלק bezeichnet.

[299] Vgl. auch die etwas andere Formulierung in Jer 23,12, das Ausgleiten auf glitschigem Weg, das als Strafandrohung an die Propheten ebenfalls im prophetischen Bereich erscheint; siehe dazu oben S. 96.

[300] A. Ehrlich, Randglossen 5, 42 f. Diesem Vorschlag folgen in neuerer Zeit – implizit oder explizit – Blenkinsopp, Ezekiel (IBC), 68, Allen, Ezekiel 1–19 (WBC 28), 199, und Greenberg, Ezechiel 1–20 (HThKAT), 267 f.

[301] Zusätzlich wird in der LXX-Version das gerade aus dem Jeremiabuch und der Prophetenkritik in Mi 3 bekannten Phänomen der zielgruppenorientierten Weissagung unterstrichen, da sie nun μαντευόμενος τὰ πρὸς χάριν. Siehe dazu für das Alte Testament oben S. 92 f. und zu dem klassischen Vorwurf in der griechischen Seherkritik S. 73–76.

Weit näher als eine semantische Umdeutung liegt es, den Vers, der erkennbar den Zusammenhang unterbricht, als Überleitung zu den Themen in Ez 13 zu verstehen,[302] vermutlich als singuläre Ergänzung späterer Bearbeiter, die die Verbindung der Kapitel unterstreichen wollten und sich in der Formulierung an den Kontext angepasst haben. So ist wohl Hossfeld und Meyer recht zu geben, wenn sie analysieren: „Der Glossator ist im Gegensatz zu Ezechiel ein engagierter Kämpfer gegen die Falschprophetie, der hier eine Möglichkeit sah, seinem Anliegen Gehör zu verschaffen."[303] Die Verknüpfung mit dem Jeremiabuch, die sich durch das Motiv der fehlleitenden prophetischen Rede ergibt, passt zum folgenden Kapitel Ez 13, einem Abschnitt, dessen inhaltliche Überschneidung mit Jer 23 schon lange hervorgehoben wurde. Auch in Ez 13 werden ähnliche Schauungen, in leicht anderer Benennung, im Kontext der kritisierten Propheten in den Blick genommen. Spätestens in der Zusammenstellung beider Kapitel dient V. 24 eindeutig als verknüpfende Brücke.[304]

Das in diesem Abschnitt genannte Sprichwort wird mit dem Land Israel verbunden. Hierbei ist nicht eindeutig, welche Beziehung על אדמת ישראל andeutet. So kann es sich um ein Sprichwort *im* Land handeln oder um eines, das das Land *betrifft*. Beide Varianten können durch Parallelen plausibel gemacht werden. Die Septuaginta entscheidet sich für über ἐπὶ τῆς γῆς, doch legt sich eine Übersetzung hier und auch bei dem ebenso überschriebenen Sprichwort in Ez 18,2 mit „im Land" näher (vgl. auch Am 7,17; Jes 14,2). Zudem wäre es in Ez 12,22 nicht erkennbar, was das Sprichwort *über* das Land aussagen würde.[305] Die Verortung des Sprichworts im Land hat Folgen für die Verortung des Wortes selbst. So spricht der Landesbezug eher nicht dafür, das Sprichwort selbst genuin in der Diaspora beheimatet zu sehen.[306] Und so erkennt schon Alfred Bertholet[307] Jerusalem als Ursprungsort für das Sprichwort und die erste Auseinandersetzung an. In gleicher Weise argumentiert auch Pohlmann, der hier die alte Fortsetzung von Ez 7, einem Kapitel, das das Ende zum Thema macht, im alten Propheten-

---

[302] Vgl. auch Pohlmann, Hesekiel (ATD 22/1), 182, so auch bei Fohrer, Ezechiel (HAT 1/13), 67, der Ez 12, 24–25a als toraartigen Nachtrag versteht, und T. Krüger, Geschichtskonzepte, 459.

[303] Hossfeld/Meyer, Prophet gegen Prophet, 122 f. Vgl. auch Pohlmann, Hesekiel (ATD 22/1), 173, der den Vers ebenfalls als Überleitung zu den Aussagen in Ez 13 deutet.

[304] Dieses Problem sieht auch Allen, Ezekiel 1–19 (WBC 28), 199, doch versucht er es mit dem Verweis auf den unterschiedlichen Fokus zu lösen: „It overlaps in wording but is starkly different in meaning." Damit wird der Boden für dieses Verständnis jedoch dünn. Und so übersetzt Allen in Kap. 13 dieselbe Vokabel (im Falle von שוא) anders. Hier liegen nun nicht mehr „revelation spoken in vain" vor, sondern plötzlich „worthless revelations" und im zweiten Ausdruck – und hier liegt im Text ein wirklicher Vokabelunterschied vor – dann „false divinations".

[305] Für ein Verständnis als „über" vgl. jedoch Ez 16,44; Mi 2,4.

[306] Anders Zimmerli, Ezechiel 1–24 (BKAT 13), 279, der das in V. 27 genannte Haus Israel als einen Hinweis auf die „Exilsumgebung des Propheten" ansieht.

[307] Bertholet, Hesekiel (HAT 1/13), 47.

spruchgut sieht und diese ebenfalls im Land verortet.³⁰⁸ Neben der lokalen Verortung ist auch die temporale Verortung umstritten. Diese hängt jedoch eng mit der Deutung zusammen. Bezieht man die Worte auf die Heilsprophetie, so kommt eine exilische Datierung in Betracht.³⁰⁹ Bezieht sich das Wort allerdings auf Ankündigungen des Untergangs, so wäre eine Datierung vor 587 v. Chr. wahrscheinlich. In diesem Fall würde Jhwh in dieser Situation zusagen, den angekündigten Untergang auch herbeizuführen. Die Bezeichnung des Hauses Israel als rebellisch (V. 25) unterstützt diese Deutung.³¹⁰

Insgesamt ist die dargestellte Offenheit der Bezugspunkte gerade des ersten Disputationswortes bemerkenswert. Es lässt sich, wie gezeigt wurde, ohne V. 24 nicht mit Sicherheit sagen, ob er sich auf die Ankündigung von Heil oder von Unheil richtet. Und so ist es auch möglich, im Laufe der Redaktionsgeschichte von Ez 12,21–28 verschiedene Bezüge anzunehmen. Pohlmann diagnostiziert in der Endgestalt eine Stärkung der Hoffnungsperspektive der Gola, denen zugesagt werde, dass das Heil kommen werde. Somit wäre die Heilsprophetie die, die sich erfüllen muss. Damit wäre das Unheil bereits realisiert und das Heil stünde aus, begänne aber bereits, wie der zweite Fall unterstreiche. Im vorgola-orientierten Text sieht jedoch auch er das noch nicht eingetroffene Unheil gemeint und ordnet es den alten Prophetentexten zu.³¹¹ Eine *ursprüngliche* Ausrichtung auf unerfüllte Heilsprophetie ist weniger plausibel.

Für die Datierung von Ez 12,21–28 und damit das Verständnis des Spruches legt sich demnach ein Vorgehen nahe, das auch für die Einordnung der beiden folgenden Kapitel ratsam erscheint. So handelt es sich insgesamt in den Kapiteln, die sich mit der Erfüllung von Prophetie und falscher Prophetie beschäftigen, um mindestens exilische Bildungen, die aber auf älteren Kernen basieren.

---

[308] Allerdings lässt POHLMANN, Hesekiel (ATD 22/1), 181, mit guten Gründen letztlich offen, wie das Stichwort על אדמת ישראל ursprünglich gemeint war. Die Schwierigkeiten aus der Diasporaverortung werden bei ZIMMERLI, Ezechiel 1–24 (BKAT 13), 278, greifbar, der Zusatzüberlegungen annehmen muss: „Da sich keine zwingenden Gründe für eine Verlegung der Wirksamkeit Ez's nach Jerusalem ergeben, wird man hier entweder daran denken, daß dem Propheten Kunde über die Rede in dem Land Verbliebenen durch Nachrichten in der Weise von Jer 29 zugekommen sind, oder aber, daß er Israel in seiner Gesamtgeschichte vor Augen hat und bei dem allgemeinen, in 22 zitierten Wort an die abschätzige Weise denkt, in der Israel immer wieder seinen Propheten begegnet ist." ALLEN, Ezekiel 1–19 (WBC 28), 196, sieht die Propheten in und außerhalb des Landes als eine große Gruppe, weswegen er keine Probleme damit hat, dass beide Perspektiven hier gemeinsam vorkommen.

[309] So bei POHLMANN, Hesekiel (ATD 22/1), 181 f., im Rahmen seiner gola-orientierten Überarbeitung des Kapitels, auf die z. B. die Verortung im Land Israel zurückgeht. Dabei geht Pohlmann auch von einem älteren Kern aus, der sich ursprünglich auf die Ansage des Untergangs bezogen habe.

[310] ZIMMERLI, Ezechiel 1–24 (BKAT 13), 278: „Das Geschehen von 587, vor dessen Ablauf das vorliegende Wort zu datieren ist, hat in der Tat die Geschichtsmächtigkeit des Jahwewortes bald darauf in unüberhörbarer Weise zu erkennen gegeben."

[311] Bei HOSSFELD/MEYER, Prophet gegen Prophet, 122, geht es auch um aufgeschobene Unheilsprophetie: „Diese Frist, die eine Gnadenfrist sein konnte, wird jetzt radikal verkürzt."

Dieses Verständnis der Gesamtanlage nimmt die Beobachtungen auf, die dafür sprechen, das ursprüngliche Sprichwort auf die Zeit vor 587 v. Chr. zu datieren. Durch die Grundsätzlichkeit des Kapitels ergaben sich aber im Laufe der Geschichte neue Interpretationshorizonte. Im jetzigen Kontext geht es grundsätzlicher um das Problem der sich verzögernden Realisierung prophetischer Worte.

Ez 12,21–28 setzt sich mit einem Kernproblem einer Prophetie auseinander, die ihren Wahrheitsanspruch aus der Erfüllung ableitet. So wird in diesen beiden Disputationsworten nicht nach der Schuld der Propheten gefragt. Sie steht im folgenden Kapitel 13 im Mittelpunkt. Dieser Aspekt ist gegen Deutungen stark zu machen, die das Agieren der falschen Propheten zum Grund für den in Ez 12 aufgezeigten Missstand machen. So wird auf falsche Propheten verwiesen, die vorher Dinge angekündigt hätten, die nicht eingetroffen seien, und somit die Prophetie verunglimpft hätten.[312] Oder es werden die Menschen, die das Sprichwort benutzen, scharf kritisiert und ihnen gerade mit Blick auf V. 26–28 eine „Nach uns die Sintflut"-Haltung[313] nachgesagt oder eine „lachend-verharmlosende Abwehr"[314] der prophetischen Ankündigungen.[315] Doch werden diese im Text gerade nicht kritisiert. Ihr theologisches Verständnis ist falsch – dies gilt vor allem für die Deutung im zweiten Wort – bzw. soll sich *ab nun* als falsch herausstellen, doch ist dieser Wechsel allein an Gott. Nur er kann, laut Ez 12, dafür sorgen, dass sich die Worte, die er spricht, auch erfüllen – und das nicht in ferner Zukunft, sondern zum aktuellen Zeitpunkt.[316] Das Sprichwort wird also nicht, wie häufig angenommen, widerlegt oder korrigiert. Vielmehr wird sich die Realität ändern. Die Erfüllung des Prophetenwortes, wie es deutlich später auch in Sir 36,14 f. gefordert wird, liegt in Gottes Verantwortung:

---

[312] So bei MCKANE, Proverbs (OTL), 30, in seinen Ausführungen zur Verwendung von Maschal in Ez 12, der die Beibehaltung des Alten kritisiert sieht. Siehe aber die Kritik bei GREENBERG, Ezechiel 1–20 (HThKAT), 265. Etwas anders bei ZIMMERLI, Ezechiel 1–24 (BKAT 13), 277, der auf das Prophetentum verweist, das in „schmeichlerisch-glatter Anpassung" den Menschen nach dem Mund rede. Er sieht diese jedoch nicht als selbst gemeint, aber als mit Schuld an der Misere, weil auch sie die Gerichtsprophetie verharmlosten.

[313] POHLMANN, Hesekiel (ATD 22/1), 183, wehrt sich gegen diese vorschnelle Abqualifizierung und hält bezüglich der Auffassung schlicht fest: „sie beinhaltet ein bestimmtes Vorverständnis gegenüber einem Prophetenbuch."

[314] ZIMMERLI, Ezechiel 1–24 (BKAT 13), 277. Gerade die gehäufte Parallelisierung mit deutschsprachigen Sprüchen in der Auslegungsliteratur zeigt die Verharmlosung der sich in diesen Sprichworten ausdrückenden Gegenwartsanalyse. So vergleicht etwa ZIMMERLI, a. a. O., 276 f., mit „Es wird nichts so heiß gegessen, wie es gekocht ist."

[315] FUHS, Ezechiel 1–24 (NEB 7), 69, weist darauf hin, dass sich jede prophetische Äußerung letzten Endes als hinfällig erweisen wird, wenn man lange genug abwartet. Damit bringt er strukturell denselben Vorwurf vor, den schon Aristoteles (Aristot. rhet. 1407 a31–b6) formuliert. Die fehlende konkrete Festlegung auf einen Zeitpunkt beschreibt dieser jedoch durch den Versuch des Sehers, die Götter selbst vor der Falsifizierung ihrer Aussagen zu schützen.

[316] Im Gegensatz zu einem polytheistischen Setting kann auch nicht das Wirken eines anderen Gottes die Erfüllung der Ankündigung verhindern. Zu dieser Möglichkeit siehe ROBERTS, God, 213.

¹⁴Leg Zeugnis ab für das, was du am Anfang entschieden hast, erfülle die Weissagung, die in deinem Namen ergangen ist (δὸς μαρτύριον τοῖς ἐν ἀρχῇ κτίσμασίν σου καὶ ἔγειρον προφητείας τὰς ἐπ᾽ ὀνόματί σου). ¹⁵Gib denen ihren Lohn, die auf dich hoffen, und bestätige so deine Propheten (οἱ προφῆταί σου ἐμπιστευθήτωσαν)!

Die Funktion von Disputationsworte im Ezechielbuch, die sich auf Sprichworte im Land beziehen, die darin besteht, bisher gültige theologische Zusammenhänge für die Zukunft eine Absage zu erteilen, lässt sich auch an anderer Stelle zeigen. So setzt sich Ezechiel in Ez 18 mit dem Sprichwort der unreifen Früchte, die die Zähne stumpf machen, auseinander:

¹Und das Wort Jhwhs erging an mich: ²Was ist das bei euch, dass ihr dieses Sprichwort auf dem Boden Israels gebraucht: „Die Väter essen unreife Früchte, die Zähne der Söhne werden stumpf"? ³So wahr ich lebe, Spruch des Herrn Jhwh, dieses Sprichwort werdet ihr in Israel nicht mehr verwenden. ⁴Siehe, alle Leben gehören mir, so wie das Leben des Vaters auch das Leben des Sohnes. Das sündige Leben, es soll sterben.

Wie Jakob Wöhrle zeigen konnte, kann dieses Sprichwort im Rahmen der Auseinandersetzungen zwischen der Golah-Ezechielgruppe und den im Land Verbliebenen verstanden werden, was die Verortung des Sprichwortes im Land erklärt.[317] Auch in dieser Auseinandersetzung manifestiert sich der Bruch mit einem bisher bestehenden Deutungszusammenhang, auf den die Menschen im Land pochen.[318] Mag das Sprichwort auch bisher die Realität abgebildet haben, so werden ab nun neue Maßstäbe gelten. So wird nach Rodney Hutton die Gültigkeit des Zusammenhangs als „eternally valid principle"[319] – ausgedrückt durch die Imperfektform (יאכלו) in V. 2 – die Geltung abgesprochen.[320] In Ez 18 erklärt Gott die generationenübergreifende Schuld als beendet, in Ez 12 sagt er zu, das Sprichwort über das Ausbleiben der Erfüllung prophetischer Ansagen zu beenden.

Letztlich geht es in Ez 12,21–28 auch um Ezechiels Legitimation, der in der Logik eines Erfüllungskriteriums nur dann als überzeugender Prophet auftreten kann, wenn Gott auch wirklich handelt und seine Aufgabe, Worte eintreffen zu lassen, erfüllt. Aus diesem Grund ist der zweite Abschnitt (V. 26–28), der sich um Ezechiel selbst dreht, mit der ersten, eher grundsätzlichen Erörterung

---

[317] Vgl. WÖHRLE, Spruch, 335–340. Die These der Verortung in diesem Konflikt wird durch die von ihm unterstrichenen Parallelen in Ez 11,1–13 und 33,23–29 gestärkt.
[318] Vgl. WÖHRLE, Spruch, 337.
[319] HUTTON, Parents, 278.
[320] HUTTON, Parents, vergleicht den Text mit dem zweiten Beleg für das Essen der unreifen Früchte in Jer 31,29 f., bei dem die Perfektform (אכלו) benutzt wird. „The text is not about the adversarial rejection of their mistaken assumption captured in the parable of sour grapes. It is rather about the future overcoming the past, and the relegation of the proverb to the past." (a. a. O., 282). Zum Verständnis des Sprichworts in Jer 31 als von einer Partei gesprochen, die die Bedeutung des Wortes auf die Vergangenheit begrenzt, siehe vor Hutton schon SCHONEVELD, Jeremiah xxxi 29,30.

verbunden. Dass der Zusammenhang von Ankündigung und Erfüllung für die Hörenden zu einem großen Problem wird, wenn die Visionen gar nicht von Gott selbst kommen, was jedoch für die Zuhörenden nicht erkennbar ist, zeigt der sich in Ez 13,1–16 anschließende zweite Komplex innerhalb des Gesamtabschnitts.

3.2.3.2 Ez 13,1–16: Die nichtigen Worte

Wie Ez 12,21–28 besteht auch Ez 13 aus zwei Durchgängen mit unterschiedlicher Schwerpunktsetzung, die thematisch verbunden sind und sich vor allem im Aufbau stark ähneln.[321] Doch wendet sich nun der Blick von dem Problem des Nichteintreffens wahrer Prophetie hin zum prophetischen Fehlverhalten. Beide Unterabschnitte von Ez 13 behandeln prophetische Figuren, deren Handeln von Gott durch Ezechiel scharf kritisiert wird und deren Bestrafung angesagt wird. Zunächst (V. 2–16) geht es um Propheten, die sprechen und gesprochen haben, obwohl sie keine Offenbarung hatten, und das Volk so in falscher Sicherheit wiegen. Im zweiten Abschnitt (V. 17–21) kommen Prophetinnen und Praktiken des Bindens in den Blick. Der gesamte Abschnitt mündet in V. 22 f.

[22]Weil ihr dem Herz des Gerechten durch Trug Schmerzen zufügt[322] – ich habe ihm keine Schmerzen zugefügt! –, indem ihr die Hände des Frevlers stark macht, damit er nicht von seinem bösen Weg umkehrt, um am Leben zu bleiben, [23]darum werdet ihr nicht mehr Nichtiges schauen und nicht mehr Wahrsagerei (קסם)[323] treiben. Ich werde mein Volk aus eurer Hand retten, und ihr werdet erkennen, dass ich Jhwh bin!

Die Verse stellen eine Bündelung der Argumente dar und formulieren noch einmal pointiert die Zielangabe des göttlichen Strafhandelns, die den gesamten Abschnitt durchzieht. Es geht um die Gotteserkenntnis bei seinem Volk (V. 9.14.21; vgl. auch Ez 14,8).

Trotz dieses gemeinsamen Zielpunkts sind zwischen beiden Abschnitten, aber auch innerhalb von Ez 13,1–16 literarische Spannungen zu erkennen. Dies gilt insbesondere für den gehäuft vorkommenden Numeruswechsel und die unterschiedliche Anredesituationen, aber auch für die zeitliche und geographische narrative Verortung der Passagen. Insgesamt ergibt sich somit ein ähnliches Bild, wie es auch schon für Ez 12 aufgezeigt wurde. So wird zum einen in der jetzigen Form Unheil angekündigt und es zum anderen als bereits geschehen gekennzeichnet. Auffällig ist zudem auch in diesem Abschnitt wieder die doppelte Perspektive auf Vorkommnisse im Land, wie sie besonders

---

[321] ZIMMERLI, Ezechiel 1–24 (BKAT 13), 285, bezeichnet den Aufbau als „diptychonartig".

[322] Angesichts des parallelen Ausdrucks הכאבתי im folgenden Satzglied ist an dieser Stelle, mit dem Apparat der BHS, הכאיב statt הכאות zu lesen.

[323] ZIMMERLI, Ezechiel 1–24 (BKAT 13), 285, weist auf das Fehlen des Stichworts כזב hin, wie es in V. 6.7.9.19 in Ergänzung zu קסם vorkommt. קסם ist, wie er vermerkt, im Ezechielbuch nicht als Lügenorakel o. ä. konnotiert. In der Tat ist קסם nicht negativ besetzt und sollte auch nicht zwangsläufig so verstanden werden. Das Verwehren von auf dieser Weise generierten Ergebnissen durch Gott selbst dient in Mi 3,6 als Strafwort. Siehe dazu oben S. 92–94.

in V. 10–14 in den Fokus gerückt werden – die einstürzenden Mauern aus V. 14 werden sie treffen –, und denen aus der Perspektive der Diaspora. So formuliert etwa Ez 13,9 eindeutig aus einer Außen-Perspektive, denn es geht um das Hineinkommen in das Land.[324] Die Inkongruenzen führen die meisten Ausleger und Auslegerinnen zur Annahme eines Textwachstums, in dem ältere Teile aus dem Land mit golaorientierten Passagen verbunden wurden. Der jetzige Aufbau zeigt jedoch zugleich eine überlegte Komposition. Eine genaue Abgrenzung der Teile mag daher kaum gelingen.[325] Der Wechsel der Perspektiven – auch in zeitlicher Hinsicht – ist genuin im Text verankert. Was wirklich schon geschehen ist und was noch geschehen wird, ist stark vermischt.[326] So ist die Annahme einer Komposition, die älteres, mit dem Propheten Ezechiel verbundenes Gut vorgefunden und verarbeitet hat, plausibel, sodass der Text vor verschiedenen historischen Konstellationen zu lesen ist.[327] Damit wird der Text zu einer Grund-

---

[324] So auch Zimmerli, Ezechiel 1–24 (BKAT 13), 298, und Rost, Israel, 79 f. Greenberg, Ezechiel 1–20 (HThKAT), 273, macht eine striktere und wohl etwas zu starre Trennung im Text aus, indem er V. 10–14 dem Land zuschreibt und die Verse 2–9 als aus dem Exil stammend sieht, sodass der ganze Text sich um beide Prophetengruppen kümmere.

[325] Fohrer, Ezechiel (HAT 1/13), 66.68–72, hält im Anschluss an Bertholet an zwei eigenständigen Fäden in Ez 13,1 f.5.7 f. und 3 f.6.9 fest. Diese Aufteilung zerstört jedoch den parallelen Aufbau des Abschnitts.

[326] Dies erklärt auch, warum Zimmerli, wie in Anm. 327 dargestellt, sich nicht sicher ist, ob die Ereignisse um 587 v.Chr. vorauszusetzen sind oder nicht. Die Vermischung der Zeitperspektiven im Text spiegelt sich auch in den modernen Übersetzungen wider, in denen die Zeiten auffallend unterschiedlich verstanden werden.

[327] In dieser Richtung auch Hossfeld/Meyer, Prophet gegen Prophet, 126–139, die insgesamt eine zweigliedrige nachexilische Gesamtkomposition aufzeigen (auf das Konto von Redaktor und Kompositeur von 13 gehen: Ez 13,5.8aβ.b.9b.13.14*.17.18b.19a.21b.22.23), in der jedoch ein altes, vermutlich auf Ezechiel zurückgehendes Wort gegen die Propheten und gegen Hexen (Ez 13,2.3.7a.7aα.9a.10.18a.20.21a) aufgenommen wurde. Hinzu kommen dann noch eine ganze Reihe späterer Glossen (Ez 13,4.6.7b.11.12.14*.15.16.19b.20*.22*). Zimmerli, Ezechiel 1–24 (BKAT 13), 286 f.295, beschreibt V. 11 f. und 15 f. jeweils als überschüssig und die sonstige Symmetrie störend und wertet die Verse somit als Nachexegese. Den Grundtext sieht er in Ez 13,3.5.7a.8 f.10.13 f. und 18–21.22 f. mit einer vierteiligen Grundstruktur. Schon den Grundtext sieht er als von Jeremia her beeinflusst. Zimmerli lässt jedoch offen, ob für den Grundtext die Geschehnisse von 587 v.Chr. schon vorausgesetzt werden können. Pohlmann, Hesekiel (ATD 22/1), 186–191, betont ebenfalls den Personenwechsel als Kriterium und sieht in der Hauptgestalt wieder die gola-orientierte Redaktion am Werk, die an 12,21 ff. anknüpfte, jedoch altes Gut vorfand, das sich auf Jerusalem beziehe, aber vermutlich schon auf die Ereignisse von 587 v.Chr. zurückblicke. Als Nachträge beurteilt er V. 4 f. (Schakale und Trümmer), V. 7 (7b fehlt in der LXX) und V. 8 f., in dem es um das Kommen ins Land in einer kritischen Gola-Perspektive geht. So erwägt er, ob die gola-orientierte Redaktion selbst Gefahren sieht oder es ist um einen noch späteren kritischen Nachtrag. Bei der Zuordnung von V. 17–23* bleibt Pohlmann offen und erwägt sowohl eine Verortung im vorgola-orientierten Prophetenbuch als auch bei anderen Vorstufen, die im Land entstanden sein können. Auch eine Zuordnung zur diasporaorientierten Redaktion hält er für möglich. Allen, Ezekiel 1–19 (WBC 28), 197, geht von einem mehrstufigen Wachstum in Ez 13 aus und sieht etwa V. 16 als „post-fall comment" zum vorexilischen Orakel aus V. 10–15. Mit einem längeren Wachstum rechnet Arena, Conflicts, 128–138.

satzauseinandersetzung mit Propheten und nicht nur mit Propheten im oder außerhalb des Landes.[328]

Mit der Frage nach der Datierung werden auch Überlegungen zu Ezechiels Situation und vor allem zu seinen eigenen Erfahrungen mit Falschpropheten bzw. prophetischen Gegenspielern verbunden. Ez 13 stellt zum einen eine eher distanzierte und grundsätzliche Erörterung zum Thema Falschprophetie dar und steht zum anderen in der Motivik, trotz eigener Formulierungen, stark in der Tradition, die sich auch im Jeremiabuch niedergeschlagen hat. Dies führt etwa Hossfeld und Meyer dazu, keine konkrete eigene Auseinandersetzung hinter den Texten zu vermuten, sondern eher den Umgang mit einem „Schreibtischproblem".[329] Entsprechend überschreiben sie ihre Überlegungen zu Ez 12–14 und 22,23–31 mit „Konventionelle Prophetenpolemik".[330] Die Zusammenstellung in Ez 12–14 zeigt, dass die Probleme in der Prophetie systematisiert und als Gesamtkomplex wahrgenommen werden.[331] So sind es keine konkreten einzelnen Gegenspieler der Ezechielgruppen, die hier genannt würden. Es geht um grundsätzliche Überlegungen, die jedoch von aktuellen prophetischen Missständen ausgelöst sind. Die Verarbeitung der Rolle der Propheten bei den großen Katastrophen des beginnenden 6. Jh. v. Chr., die Jerusalem ereilt haben, und die hier aufgewiesene Verantwortung ist für die exilische Zeit und auch die nachexilisch verfassten Neuentwürfe durchaus ein konkretes Problem. Gleiches gilt für die Frage, welche Aspekte der Divination ab jetzt zur eigenen Frömmigkeit gehören sollen.[332] Die Zukunft der Prophetie steht ganz real auf dem Spiel, sodass zur Identitätssicherung und -bildung Grenzen zu ziehen sind.

Auf Grundlage dieser aufgedeckten Intention des Kapitels, können die kritisierten Propheten genauer in den Blick genommen werden. In Ez 13 spielen insgesamt drei Gruppen eine Rolle, die oder deren Handeln durch die Wurzel נבא, die als Leitwort des Abschnitts dient, gekennzeichnet werden: Ezechiel selbst, die Heilspropheten und die Prophetinnen, die Bänder herstellen.[333] In

---

[328] So auch ZIMMERLI, Ezechiel 1–24 (BKAT 13), 289, der vom „Prophetenwesen bzw. -unwesen im Gottesvolk in seiner Gesamtwirklichkeit" spricht. Auch im Exil gibt es prophetische Gegenspieler, wie es Jer 29 zeigt, und dies bleibt auch für die nachexilische Zeit bestehen. So geht es in Ez 13 nicht nur um einen Rückblick, sondern auch um aktuelle Rivalen, wie es etwa ALLEN, Ezekiel 1–19 (WBC 28), 196, sieht. Allerdings treten diese konkreten Konflikte hinter einer grundsätzlicheren Beschäftigung mit Prophetie zurück.

[329] Vgl. HOSSFELD/MEYER, Prophet gegen Prophet, 141.

[330] Vgl. HOSSFELD/MEYER, Prophet gegen Prophet, im Inhaltsverzeichnis. Ez 22,23–31 behandelt ebenfalls das Problem der nichtigen Schauung. Ähnlich auch LANGE, Wort, 78 f.

[331] In diese Richtung weist auch das Fehlen von Namen der hier kritisierten Gegenspieler, wodurch die Grundsätzlichkeit betont wird. Vgl. dazu MOSIS, Ezechiel 13, 52. Auch C. SCHNEIDER, Krisis, 63 f., betont die Nähe zu Jeremia, wodurch es erstaune, dass Ezechiel ein negatives Licht auf die ganze Prophetie im Land werfe.

[332] Diesen Zug sehen auch HOSSFELD/MEYER, Prophet gegen Prophet, 141, als konkretes Problem für Ezechiel an.

[333] Vgl. auch SEDLMEIER, Füchse, 305.

Ez 13,1–16 werden die Propheten, die eine Heilszeit ansagen, obwohl diese nach Ezechiel nicht kommen wird, angeklagt, weil sie im Namen Gottes sprechen, ohne dass er sie gesandt hätte. Dadurch, dass das Volk auf sie vertraut, setzt es auf ein brüchiges Gerüst und wird so ins Unheil gestürzt.[334] Die Bezüge zu Jeremia, gerade zu Jer 23, sind lange aufgefallen, wobei zu beachten ist, dass diese Vorwürfe im Ezechielbuch gerade im Gegensatz zu den Darstellungen im Jeremiabuch als – zumindest größtenteils – vergangener Konflikt dargestellt werden.[335] Es geht also darum, ab jetzt anders zu handeln und nicht in erster Linie darum, einen schwelenden Konflikt zu lösen. Auf der literarhistorischen Ebene überschneiden sich darin jedoch der hier diskutierte Abschnitt und Jer 23. Auch dort liegt die Pragmatik des Textes im Rückblick auf das Verhalten der Propheten im Kontext des Untergangs.[336]

Neben dem konkreten Vorwurf, Friede angesagt zu haben, als kein Friede war und kam, der vor allem im zweiten Unterabschnitt thematisiert wird (V. 10.16), stellt Ez 13 – wie in der Ergänzung in Ez 12,24 –[337] die prophetische Vision selbst und den Umgang der Propheten mit einer solchen auf den Prüfstand:

⁶Sie schauten Nichtiges und Trugwahrsagung, die sprechen: „Spruch Jhwhs", obwohl Jhwh sie nicht gesandt hatte; und dabei erwarteten sie, dass er ein Wort eintreffen lässt. ⁷Habt ihr nicht eine nichtige Vision geschaut, und Trugwahrsagung betrieben und gesprochen: „Spruch Jhwhs"? Aber ich habe nicht geredet! ⁸Darum, so spricht der Herr Jhwh: Weil ihr Nichtiges redet und Falsches schaut, darum, siehe, bin ich gegen euch – Spruch des Herrn Jhwh.

Thematisiert wird also, dass diese Propheten unter Benutzung der Gottesspruchformel eine Weissagung tätigen, die Jhwh nicht ausgelöst hat. Und sie werden in direkten Fragen angesprochen und nach ihrer Schauung befragt. Fraglich ist nun aber, wie die Verantwortung dieser Propheten gedacht wird. Sprachen sie wirklich in böser Absicht, in moralischer Verworfenheit, wie es zumeist dargestellt wird? So spricht etwa Robert Brunner von einer „Fälschung" des Gotteswortes, wenn er ausführt: „man hielt sich Propheten, Männer und Frauen, die das nicht waren, was sie vorgegeben haben zu sein".[338] In dieser

---

[334] Gerade das in die Bresche-Springen der Propheten für ihr Volk spielt eine grundlegende Rolle, die insbesondere bei Mose auch eng mit der Fürbitterfunktion verbunden ist. Vgl. zu diesem Aspekt Mosis, Ezechiel 13, 53–56. Der Vorwurf der fehlenden Fürbitte der Heilspropheten findet sich auch in Jer 27,18. Die besondere Verantwortung von Propheten, ihre Schauungen auszurichten und selbst wenn sie Unheil beinhalten, sich danach zu richten, zeigt sich kulturvergleichend in Bezug auf griechische Seher. So werden besonders diejenigen hervorgehoben, die sich wegen eines Orakelspruches im Kampf an vorderer Front geopfert haben. Vgl. dazu oben S. 80 Anm. 291.
[335] So GREENBERG, Ezechiel 1–20 (HThKAT), 276. Zu den Bezügen zum Jeremiabuch und besonders dem Motiv der Friedensankündigung siehe auch ARENA, Conflicts, 144–151.
[336] Zu Jer 23 und der Prophetenkritik siehe genauer oben Kap 3.1.2.
[337] Siehe zu Ez 12,24 oben S. 152 f.
[338] BRUNNER, Ezechiel 1–24 (ZBK 22/1), 142.

Linie qualifiziert er den Vorgang als „dreisten Zugriff von seiten des Menschen nach dem Göttlichen".[339] Georg Fohrer wird noch deutlicher, indem er festhält: „Sie sind überhaupt keine Propheten und üben Betrug, wenn sie ihre Worte als ‚Spruch Jahwes' bezeichnen."[340]

Diese Sichtweise ist jedoch zu problematisieren. Denn Ez 13 bezeichnet die Angeredeten durchgehend als Propheten.[341] Gerade deshalb stehen sie in der Verantwortung für das von ihnen an das Volk gegebene Wort. Zu prüfen ist, ob sie in böser Absicht handeln bzw. wissentlich und absichtsvoll lügen. Ez 13 hält fest, dass diese Propheten ihre Sprüche in ihrem Herzen und zudem Nichtiges und Falsches sehen. Armin Lange konnte zeigen, dass in der Terminologie jeweils gerade die neutraleren Begriffsvarianten zur Beschreibung des Falschen, das sie sehen, gewählt wurden.[342] Und so redet Ez 13 auch nicht von aktiver Täuschung. „Ebenfalls im Unterschied zu Jeremia bemüht sich Ezechiel bei seiner Beschreibung um ein theologisch neutraleres Vokabular: Statt שֶׁקֶר benutzt er שָׁוְא und כָּזָב und statt תעה verwendet er טעה."[343] Sie haben eigentlich nicht gesehen. Dies korrespondiert mit dem Vorwurf in V. 3, dass ihre Prophetie dem eigenen Herzen entspringt. Die Dimensionen von Irrtum und Selbsttäuschung sind im Text durchaus mitzuhören. In Jer 14,13–16, einem Text, der vermutlich im Hintergrund von Ez 13 steht, ist der Vorwurf an die Propheten weiter ausgeführt.

Ez 13,6b und seine Rezeption in der exegetischen Literatur sind besonders aufschlussreich:

⁶Sie schauten Nichtiges und Trugwahrsagung, die sprechen: „Spruch Jhwhs", obwohl Jhwh sie nicht gesandt hatte; und dabei erwarteten sie, dass er ein Wort aufrichtet/eintreffen lässt (ויחלו לקים דבר).

Was diese Propheten erwarten, ist nicht eindeutig zu bestimmen, da das Subjekt, wer das Wort erfüllen oder – genauer – aufrichten soll, nicht eindeutig erkenn-

---

[339] BRUNNER, Ezechiel 1–24 (ZBK 22/1), 145. Jedoch schränkt er dies selbst, a. a. O., 149, mit Blick auf V. 6 f. ein: „Er macht hier deutlich, daß er sie nicht einfach zu plumpen Betrügern und religiösen Hochstaplern machen will. Er billigt ihnen schon zu, daß sie es offenbar ehrlich meinen, indem sie nämlich auch etwas geschaut haben."

[340] FOHRER, Ezechiel (HAT 1/13), 71.

[341] MÜNDERLEIN, Kriterien, 103, und HOSSFELD/MEYER, Prophet gegen Prophet, 143, bezeichnen Ezechiels prophetische Gegner in Ez 13 generell als „Pseudopropheten", wie auch im Blick auf Jer 28 und Hananja gilt es festzuhalten, dass der hebräische und in Ez 13 auch der griechische Text dies gerade nicht tun. Vgl. zur Verwendung der Bezeichnung auch S. 90 Anm. 17.

[342] LANGE, Wort, 142, zeigt diese neutralere Betrachtung der Falschprophetie als verbindendes Glied zwischen V. 3–6 und V. 10 auf.

[343] LANGE, Wort, 146. Damit wird das Verständnis als Lüge nicht ausgeschlossen, vgl. nur Ez 21,33 f. Gerade כזב hat diese Bedeutungsmöglichkeit. Dennoch bleibt es betonenswert, dass die Breite der Konnotationen in Ez 13 noch etwas größer ist als im Jeremiabuch. Doch auch in Bezug auf die Benutzung des Begriffs שקר im Jeremiabuch und gerade in Jer 23 ist deutlich, dass ein Verständnis als Trug dem Text näher kommt als eine Festlegung auf eine aktive Lüge. Siehe dazu oben Kap. 3.1.

bar ist. Es kann Gott sein oder die Propheten selbst.[344] Entscheidender noch ist jedoch die Konnotation der Hoffnung, die diese Propheten auf die Erfüllung des Wortes setzen. In der klassischen Auslegung wird ihre Lüge, die sie in der nicht gegebenen Prophezeiung verbreiten, durch diese Hoffnung als noch schlimmer angesehen.[345] Man könnte dies im Sinne von „und dann erwarten sie auch noch, dass es eintrifft!" paraphrasieren. In dieser Linie liegt etwa Walther Eichrodt, aber auch die Kommentare von Hans Ferdinand Fuhs und Brunner interpretieren den Vers entsprechend.[346] So führt Eichrodt aus: „Die Eigenwilligkeit wächst sich zum fanatischen Festhalten an der falschen Heilshoffnung aus."[347] Die fehlende Begründung, warum diese Propheten falsche Prophezeiungen an das Volk geben, wird gerade in den alten Übersetzungen deutend eingefügt. So sieht Martin Luther in seiner Übersetzung von 1545 hier den Vorwurf der Profitgier, indem er דבר als das Gut versteht, das die Propheten bekommen möchten.[348] Die King James Version fügt den Vorwurf der Verführung anderer ein.[349]

In Ez 13,6 wird jedoch lediglich festgehalten, der Prophet erwarte, dass das Wort, das er spricht, eintreffe. Diese Haltung gehört zu allen (legitimen) prophetischen Aussprüchen und entspricht etwa auch Jeremias Wunsch in Jer 28,6, Gott möge das Wort Hananjas aufrichten. An beiden Stellen wird dies mit einer Hiphilform von קום ausgedrückt. Nur so können sich gemäß Jer 28 die Heilspropheten als Propheten ausweisen.[350] Zudem bezeichnet das in Ez 13,7 verwendete Verb יחל gerade im Piel nicht nur ein neutrales Warten oder

---

[344] Um sich nicht festlegen zu müssen, wird zuweilen auch eine passivische Übersetzung der eigentlich aktivischen Form gewählt.

[345] EICHRODT, Hesekiel 1–18 (ATD 22/1), 89 f., äußert sich scharf gegen die Vermessenheit dieser Propheten, die sich nicht scheuen, ihre eigenen Sprüche mit der Gottesspruchformel zu versehen. C. SCHNEIDER, Krisis, 61, führt aus: „Den gegnerischen Propheten wird das prophetische Erleben offensichtlich nicht als ein ihnen begegnendes Widerfahrnis zuteil. Wohl mag ihnen solches Erleben nicht völlig abgehen, aber es kann sich gegenüber ihrer Person nicht durchsetzen, ereignet sich lediglich innerhalb der Vordergründigkeit eigenen Wollens und Denkens und wird wegen derartiger Begrenzung auf das eigene Ich als ‚Trug' und ‚Lüge' qualifiziert."

[346] Vgl. EICHRODT, Hesekiel 1–18 (ATD 22/1), 91, der auf die „Torheit" hinweist, auf eine solche Erfüllung zu warten. Auch die Übersetzung der Neuen Zürcher Bibel zeugt mit einem eingefügten „und *dann* erwarten sie" von dieser negativen Perspektive.

[347] EICHRODT, Hesekiel 1–18 (ATD 22/1), 91. Ähnlich auch FUHS, Ezechiel 1–24 (NEB 7), 72, der ein „schon abergläubiges Vertrauen auf den Tempel" als grundlegendes Problem der Heilspropheten ansieht.

[348] ⁶Ihr Gesicht ist nichts, und ihr Weissagen ist eitel Lügen. Sie sprechen: Der HErr hat's gesagt, so sie doch der HErr nicht gesandt hat, und mühen sich, daß sie ihre Dinge erhalten.

[349] ⁶They have seen vanity and lying divination, saying, The LORD saith: and the LORD hath not sent them: and they have made others to hope that they would confirm the word.

[350] An diesem Zusammenhang ist erkennbar, dass die Überarbeitung in Ez 13 theologisch auf der Linie der deuteronomistischen Überarbeitungen von Jer 28 liegt. Ähnlich urteilt auch GREENBERG, Ezechiel 1–20 (HThKAT), 280, wenn er im Glauben an das Eintreffen einen Hinweis darauf sieht, „daß diese Propheten aufrichtig waren und an ihre Sendung glaubten".

Erwarten,[351] sondern wird in den Psalmen theologisch für das Vertrauen und Harren auf das Wort Gottes und damit in diesem parallelen Kontext erkennbar positiv verwendet.[352] Die Propheten, die das Heil verkünden, vertrauen also gerade auf Gottes Eingreifen in die Geschichte.[353] Iain Duguid fasst den Problemzusammenhang treffend zusammen: „[T]he problem is not that they see visions – so also does Ezekiel – nor that they engage in Divination, for that too can be an accurate means of guidance. […] No, the problem was that, however confident they were of the validity of their words, they preached the wrong message at the wrong time because Yahweh had not sent them."[354]

Der Vorwurf an diese Propheten in Ez 13,12–15, dass sie durch das eigentlich nicht von Gott stammende Wort eine rissige Mauer vertüncht haben und so kein kluger und realitätstreffender Rat von den Propheten ausging, wiegt schwer. Ähnlich ist dann auch das Bild der Tünche in Ez 22,28 in einem allgemeineren Katalog der Vorwürfe an die verschiedenen einflussreichen Gruppen (Ständepredigt) zu verstehen, in dem dies der einzige Vorwurf an die Propheten ist. Die vielen Fragen an die Propheten sind rhetorisch auffällig. So geht es in der Konsequenz um kritische Selbstüberprüfung, die ab nun von allen Propheten gefordert wird.[355] So ist auch die Frage in V. 7 an die Propheten als Auftrag zur Selbstprüfung ernst zu nehmen und nicht als polemisch zu verstehen.[356] Nur sie können, indem sie kritisch abwägen, ob sie nicht doch aus sich selbst heraus sprechen, das wahre Gotteswort erkennen und so ihre auch politische

---

[351] Das Verb kann sowohl das Warten – so in der Mehrheit der Fälle – als auch das Erwarten bezeichnen, wie es etwa in Hi 30,26 der Fall ist, einem Vers, in dem ebenfalls das Zusammenspiel von Erwartung und wirklichem Eintreffen thematisiert wird: Erwarten des Guten, es kam das Böse, vgl. auch Ps 31,25; Klgl 3,24; Mi 7,7 u. ö. Gerade im Piel wird der Aspekt des Wartens mit einer Haltung verbunden und das Vertrauen, Harren und damit verbundene Hoffen ausgedrückt.

[352] Warten auf dein Wort: Ps 119,74.81.114.147; 130,5.

[353] Man kann das allgemein formulierte Wort von VRIEZEN, Hoffnung, 582, zu falschen Propheten in Ez 13,6 am Text festmachen: „Die falschen Propheten stehen fest in ihrer Glaubensgewißheit, weil diese sich auf einen, in historisch-konfessionellem Sinne, legitimen Glauben stützt."

[354] DUGUID, Ezekiel, 94 f. In dieser Linie unterstreicht auch SEDLMEIER, Füchse, 308, dass es nicht um die Absicht der Propheten gehe, sondern um die Folge ihres Redens: „Den falschen Propheten wird nicht vorgehalten, dass sie subjektiv unehrlich sind, sondern dass ihr Wort nicht trägt, weil es mit der Realität nicht übereinstimmt." Analog argumentiert auch MOSIS, Ezechiel 13, 60 f., der unterstreicht, dass es nicht um eine Diskrepanz zwischen Denken und Reden bei den Propheten gehe, sondern um eine Diskrepanz zwischen dem Inhalt ihres Schauens und Redens auf der einen Seite und der Wirklichkeit auf der anderen Seite.

[355] Neben diesen Propheten kann nur Jhwh selbst wissen, ob er das Wort gesprochen und diesen ihren Auftrag gegeben hat. Und so übernimmt er im Kontext des gleichen Vorwurfs in Jer 29,23 die Zeugenschaft gegen diese Propheten. Doch auch seine Zeugenschaft benötigte eine prophetische Vermittlung, um den Menschen offenbar zu werden, für die dann die gleichen Zweifel an der Echtheit bestünden.

[356] Als polemisch versteht die Frage etwa C. SCHNEIDER, Krisis, 61.

Verantwortung wahrnehmen.[357] Damit stehen die Propheten in der Tradition der altorientalischen Prophetie, die eine Überprüfung des auf verschiedenen Wegen erkennbar gewordenen Gotteswortes immer wieder vorsah.[358] Zumeist wurden andere divinatorische Techniken für diesen Akt der Verifikation genutzt – insbesondere aus dem Bereich der Eingeweideschau. Da diese Möglichkeit durch das Ausschließen anderer mantischer Bereiche in Israel zumindest für die deuteronomistisch gefärbte Prophetie nicht möglich war, kam der Selbstprüfung eine Schlüsselrolle zu.[359]

Eine Überprüfung eines göttlichen Wortes anhand des Erfüllungskriteriums und damit eine Art prophetische Selbstprüfung wird in Jer 32,6–8 beschrieben. So erkennt Jeremia den göttlichen Auftrag zum Kauf des Ackers in Anatot daran, dass der im Gotteswort angekündigte Schallum-Sohn Hanamel wie angekündigt bei ihm erscheint und um die Ausübung der Löserfunktion bittet. Der Abschnitt schließt mit Jeremias daraus folgenden Erkenntnis, dass es ein Jhwh-Wort war (ואדע כי דבר־יהוה הוא). Aus dieser kurzen Sequenz lässt sich schließen, dass selbst der Prophet Jeremia, dessen Rechtmäßigkeit aus der Erzählperspektive des Jeremiabuches außer Frage steht, so dargestellt wird, dass er die göttliche Herkunft der sich ihm ereignenden Worte nicht immer sicher erkennen kann. Vor diesem Hintergrund gewinnt die durch die Fragen kreierte Aufforderung an die Propheten in Ez 13,1–16, aber auch die Prophetenkritik im Jeremiabuch an Kontur.

Sollte diese Selbstüberprüfung, die sich aus Ez 13 für alle Propheten als nötig erweist, ergeben, dass die Propheten tatsächlich aktiv falsche Gottesworte kreieren, und trotzdem weiter dem Volk Heil ansagen, so wird sie der göttliche Zorn treffen und sie werden sterben. Täuschung in der Prophetie ist neben dem Aufruf zur Rebellion der schwerwiegendste Tatbestand, den Propheten erfüllen können.[360] Die Propheten sterben nach Ez 13 durch die Eroberung, deren Kommen sie ausgeschlossen hatten, und insofern letztlich durch das göttliche Geschichtshandeln im Geschichtsverlauf. Die Analogie zu Hananjas Tod ist deutlich erkennbar. Dass an dieser Stelle, wie bei den Propheten in Dtn 18 und Hananja in Jer 28, nicht zum Töten der Propheten, die nicht von Gott geschickt waren, aufgerufen wird, hängt damit zusammen, dass nur die Propheten in

---

[357] Auch ZIMMERLI, Ezechiel 1–24 (BKAT 13), 290 f., betont die mangelnde Wahrnehmung der prophetischen Verantwortung, indem sie den Visionen unkritisch gegenüberstanden, und schreibt entsprechend zu V. 7: „Stattdessen überlassen sich die Propheten Israels unkritisch ihrer trügerischen Schau (מחזה שוא) und reden daraufhin, vielleicht persönlich ganz gutgläubig, ihren lügnerischen Spruch (מקסם כזב)."

[358] Zu diesem Aspekt der altorientalischen Divination gerade bei den Mari-Texten siehe ausführlich oben Kap. 2.2.2.

[359] Ähnliches findet sich im Mari-Dokument ARM 26, 239. Hier wird die kritische Überprüfung eines Traums im Kontext der Benennung eines Kindes gefordert. Siehe dazu im Rahmen der Auslegung zu Jer 23 oben S. 109 mit Anm. 110.

[360] Vgl. auch Jer 14,13–16 und 29,23.31 f.

kritischer Selbstprüfung und zudem Gott selbst wissen können, ob sie eine göttliche Sendung hatten.[361]

Dass die Heilspropheten am Ende Unrecht hatten und dass sie in der Tat wie in Ez 13 und parallel in Jer 6,14 ihnen vorgeworfen wird, Frieden diagnostiziert haben, wo kein Frieden war, steht an dieser Stelle im Ezechielbuch bereits außer Frage. So geht es in Ez 13 nicht mehr um die Frage, wer am Ende recht behalten wird, sondern im Kontext von Ez 12–14 um die Verbesserung des prophetischen Systems. Und so werden in Ez 13,3 die Propheten in einer textkritisch auffälligen Glosse wiederum im späten Rückblick kategorisch als „verbrecherische" Propheten bezeichnet.[362] Liest man den jetzigen hebräischen Text, so werden die Propheten gleich in Vers 3 als törichte oder verbrecherische[363] Propheten bezeichnet.

³So spricht der Herr Jhwh: Wehe den verbrecherischen (הנבלים) Propheten, die ihrem Geist (רוחם) nachgehen und das ohne etwas gesehen zu haben!

Der Begriff נבל (töricht / verbrecherisch) beinhaltet moralische Verworfenheit, wie Jes 32,6 zeigt.

Denn ein Tor redet Törichtes. Und sein Herz bereitet Unheil, um Gottloses zu tun und Irreführendes über Jhwh zu reden, um die Kehle des Hungrigen leer zu lassen und dem Durstigen den Trank zu verwehren.

Textkritisch untersucht erweist sich das Adjektiv נבל in Ez 13,2 allerdings als eine späte Ergänzung, die in der Septuaginta noch fehlt. Im Targumtext wird, wie meist, gleich von den נביי שקרא, den Falschpropheten, gesprochen.[364] So wurde terminologisch, wie es analog in Jer 28 beim (Falsch-)Propheten Hananja geschah, gleich am Anfang der Szene festgelegt, welchen Propheten kategorisch nicht zu trauen ist.[365] Für die Situation, die im Text beschrieben ist, ist eine solche Festlegung gerade nicht möglich. Im Vollzug ist eine etwaige Lüge von Seiten eines Propheten nicht zu erkennen. Gerade darin ist die hohe Verantwortung der Propheten begründet, die Ez 13 unterstreicht.

Ez 13,1–16 macht deutlich, dass sich im Konflikt selbst weder ablesen lässt, wessen Wort zu folgen ist, noch dass die eine Partei als illegitime Lügner zu qualifizieren wäre. Angesprochen sind die Propheten selbst und sie sollen Jhwh

---

[361] Siehe zu diesem Zusammenhang für Dtn 18 Kap. 3.2.1.2 und für Jer 28 S. 136–142.

[362] In der jetzigen Gestalt des Textes ist wiederum klar, wer hier die wahre Prophezeiung tätigt, denn der Text ist rückblickend geschrieben und entfaltet seine Wirkung als Teil des Ezechielbuches. Doch auch hier zeigt die Textgeschichte, dass eine Vereindeutigung erzeugt wurde. Vgl. zu diesem Aspekt der Textgeschichte in Ez 13,3 auch ZIMMERLI, Ezechiel 1–24 (BKAT 13), 289.

[363] So bei GREENBERG, Ezechiel 1–20 (HThKAT), 269.

[364] Der Abschnitt ist in den Texten aus der judäischen Wüste nicht belegt.

[365] Analoges gilt im Vergleich mit der LXX-Version auch für V. 2, in dem die Aussage des Redens aus eigenem Herzen nicht belegt ist.

3.2.3.3 Ez 13,17–23: Prophetinnen, Hexen oder Ritualspezialistinnen

Im Vergleich zum vorangehenden Abschnitt wechseln ab V. 17 die prophetischen Gegenspieler, mit denen sich Ezechiel auseinandersetzt. Nun kommen Frauen in den Blick, die ebenfalls prophetische Tätigkeiten ausführen. Ez 13,17–23 weist einen parallelen Aufbau zum ersten Abschnitt des Kapitels auf. Somit ergibt sich wie in Ez 12,21–28 eine zweiteilige Argumentationsstruktur. Wiederum geht es um prophetische Kräfte, denen sich Ezechiel nun zuwenden soll (V. 17 / V. 2), um Menschen, die aus ihrem Inneren heraus prophezeien (V. 17 / V. 3). Wiederum erfolgt ein Weheruf (V. 18 / V. 3) und die Botenformel wird verwendet (V. 18 / V. 3). Auch in diesem Abschnitt läuft die Argumentation auf die Erkenntnis Gottes heraus (V. 21 / V. 9.14 und dann im das ganze Kapitel abschließenden Vers 23).[366]

[17]Und du, Mensch(ensohn), wende dich den Töchtern deines Volkes zu, die aus sich heraus weissagen (המתנבאות מלבהן), und weissage (והנבא) gegen sie, [18]und sprich:

So spricht der Herr Jhwh: Wehe denen, die Binden (כסתות) nähen für jedes Handgelenk und Kopfbedeckungen (מספחות) machen für Köpfe jeder Größe, um Leben (נפשות)[367] zu jagen. Leben meines Volkes jagt ihr, aber Leben, die zu euch gehören, lasst ihr leben. [19]Und ihr entweiht mich bei meinem Volk für ein paar Handvoll Gerste und für einige Bissen Brot, indem ihr Leben tötet, das nicht sterben soll, und Leben leben lasst, das nicht leben soll, indem ihr mein Volk belügt, das auf Lüge[368] hört. [20]Darum, so spricht der Herr Jhwh: Seht, ich bin gegen eure Binden, mit denen ihr Leben jagt als wären sie Vögel. Ich werde sie euch von den Armen abbinden und die Leben wegschicken, die Leben, die ihr jagt, dass sie wegfliegen. [21]Und ich zerreiße eure Kopfbedeckungen, und rette mein Volk aus eurer Hand. Sie werden nicht mehr zur Beute in eurer Hand und ihr werdet erkennen, dass ich Jhwh bin.

[22]Weil ihr dem Herz des Gerechten durch Trug Schmerzen zufügt – ich habe ihm keine Schmerzen zugefügt! –, indem ihr die Hände des Frevlers stark macht, damit er nicht von seinem bösen Weg umkehrt, um am Leben zu bleiben, [23]darum werdet ihr nicht mehr Nichtiges schauen und nicht mehr Wahrsagerei treiben. Ich werde mein Volk aus eurer Hand retten, und ihr werdet erkennen, dass ich Jhwh bin!

---

[366] Zum parallelen Aufbau siehe die detaillierte Darstellung bei Hossfeld/Meyer, Prophet gegen Prophet, 127–133.

[367] Die Wiedergabe von נפש stellt (auch) an dieser Stelle vor Probleme. So geht es um das Ganze des Menschen, das hier gefangen wird, ohne dass damit körperlich der Mensch gemeint wäre.

[368] Zur Verwendung des Begriffs כזב an dieser Stelle siehe Klopfenstein, Lüge, 187–192, der jedoch sehr das aktive Element des Lügens betont.

Bei einem genaueren Blick auf die Verknüpfungen zum Kontext fällt jedoch auf, dass zum einen die Bezüge zum ersten Abschnitt von Ez 13 in der Einleitung und dem Schluss des Abschnitts (V. 22 f.) besonders eng sind, die innerhalb des Wortes beschriebenen Techniken jedoch deutlich abweichen. Gerade die V. 22 f. mit ihren engen Beziehungen zu Ez 12,24 und 13,6–9 weisen eine Perspektive auf den Gesamtkomplex auf, die nicht direkt zu den Vorwürfen an die Frauen zu passen scheint.[369] Zum anderen folgen diese Verse nach der Gotteserkenntnisformel, die in V. 21 bereits den Zielpunkt markiert hatte, und laufen in V. 23 auf eine erneute Erkenntnisformel hinaus. Dies spricht dafür, dass V. 22 f. das Kapitel Ez 13 insgesamt abschließen und nicht nur den Abschnitt über die Prophetinnen.[370] Innerhalb dieses Abschnitts ist zudem ein Personenwechsel auffällig: Zeigen die Pronomen und Possessivendungen bis zur Mitte von V. 20 noch wie in den vorigen Versen 18–19a einen Bezug auf die angeredeten Frauen, wechseln die Bezüge bis zum Ende von V. 21 unvermittelt zum Maskulinen. So ist auch hier von einem mehrstufigen Wachstum des Kapitels auszugehen, an dessen Anfang die Kritik an den Techniken dieser Prophetinnen stand und das in einer engen Verbindung mit den weiteren Themenkomplexen und dem Leitgedanken in Ez 12,21–14,11 mündete.[371] So bildet der Text in seiner finalen Form eine Art Scharnier zwischen 13,1–16 und dem falschen Prophezeien auf der einen Seite und der Verwendung von zusätzlichen mantischen Elementen wie den גלולים in Ez 14,1–11 auf der anderen Seite. Diese hatten zumindest in dieser Krisenzeit in Israel Einfluss und passen nicht zum ausschließlichen Bezug zu Jhwh und vor allem zur Prophetie im engeren Sinne als einzige Form der Kommunikation zwischen göttlicher und menschlicher Sphäre.

Für die Analyse der Grenzen der Prophetie und der prophetischen Auseinandersetzungen ist genauer nach den in Ez 13,17–21 kritisierten divinatorischen Spezialistinnen zu fragen. Gerade der Umstand, dass diese nicht einfach als Prophetinnen bezeichnet werden (נביאה), wie es sonst durchaus im Alten Testament der Fall ist – vgl. Mirjam in Ex 15,20, Debora in Ri 4,4, Hulda in 2 Kön 22,14 und 2 Chr 34,22, Noadja in Neh 6,14 und Jesajas Frau in Jes 8,3 –, sondern in V. 17 als „Töchter deines Volkes", die prophetisch auftreten (בנות עמך המתנבאות), beschrieben sind, führte schon lange und immer wieder dazu, dass diesen Frauen ein minderer prophetischer Rang zugesprochen oder ein

---

[369] Ähnliches gilt auch für Ez 13,19b und den Vorwurf, dass das Volk auf Trug (כזב) vertraut. Auch an dieser Stelle ist zudem ein Wechsel zu maskulinen Angesprochenen erkennbar. Für die Einordnung als spätere Kommentierung vgl. ZIMMERLI, Ezechiel 1–24 (BKAT 13), 284.

[370] In Ez 13,22 fällt zudem zum einzigen Mal im Ezechielbuch das Stichwort שקר, das als Leitwort im Jeremiabuch für die Kritik an Propheten dient.

[371] POHLMANN, Hesekiel (ATD 22/1), 194, hält als Datierung der Textstufen sowohl eine Verortung im vorgaloorientierten Ezechielbuch als auch im Rahmen der diasporaorientierten Überarbeitungen für möglich. Auch er sieht V. 22 f. auf einer anderen Stufe der Textentwicklung als V. 17–21.

prophetischer Rang sogar gänzlich abgesprochen wurde.[372] So sieht etwa Pohlmann in der Verwendung der Verbform statt des Substantivs ein „deutliches Signal der Geringschätzung".[373] Die Folgen, die dies für die Interpretation des Kapitels und die Wertung dieser Personen hat, sind am auffälligsten im Kommentar von Brunner zu greifen. Dieser hält die von ihm – ohne Nennung der Quellen – referierte These, dass hier gar keine Frauen angesprochen würden, sondern Männer, die eben noch als Füchse beschimpft worden waren (V. 4), nun, um sie noch stärker polemisch zu diffamieren, als Frauen angeredet würden, zwar selbst für nicht überzeugend. Er hebt dann aber die Haltung Calvins positiv hervor, nachdem er fragt: „Hängt es zusammen mit der weiblichen Psyche, daß Missbräuche in den Händen von Frauen an Mißlichkeit bedeutend gewinnen?".[374] Der Reformator beruft sich – dies ist zumindest auch vor dem Hintergrund der eigenen religionspolitischen Aktivitäten zu deuten – positiv auf Ezechiels Verhalten und macht die „bittere Bemerkung": „Wenn also – um das Bild zu gebrauchen – Flöhe aus der Erde kröchen und der gesunden Lehre widersprächen, so dürfte einer, der aufbauen will, auch keine Bedenken tragen, den Kampf mit diesen Flöhen auf sich zu nehmen. Es ist also ein Zeichen von des Propheten Bescheidenheit, daß er sich auf Gottes Geheiß nun gegen diese Weiblein wendet, um auch sie zu widerlegen."[375]

Dies ist zweifellos ein radikales Beispiel aus der Auslegungsgeschichte – und Brunners Kommentar stammt ursprünglich aus dem Jahre 1944 – doch wird den in Ez 13 genannten weiblichen Figuren auch in einigen neueren Veröffentlichungen immer noch ein niederer Rang zugewiesen. So sprechen etwa Hossfeld/Meyer in Bezug auf Ez 13,17–21 von einem „Hexenorakel" und schreiben dem Redaktor von Ez 13 die Leistung zu: „Im zweiten Teil des Kapitels hat er die Hexen unter das Phänomen der Falschprophetie subsumiert und diese auf das Niveau ihrer männlichen Kollegen angehoben."[376]

Die Rolle dieser prophetischen Gegenspielerinnen in Ez 13 ist auf verschiedenen Ebenen zu betrachten. Zunächst stellt sich die Frage der Bezeichnung

---

[372] Eine sehr kritische Sicht auf Frauen im Bereich der Prophetie im Alten Testament und auch dem Alten Orient arbeitet hingegen R. SCHMITT, Magie, 361, heraus.
[373] POHLMANN, Hesekiel (ATD 22/1), 192 Anm. 934.
[374] BRUNNER, Ezechiel 1–24 (ZBK 22/1), 152.
[375] Die Übersetzung zitiert nach BRUNNER, Ezechiel 1–24 (ZBK 22/1), 152 f. Der Text entstammt dem Ezechielkommentar von Calvin (Praelectiones in Ezechielis Prophetae. Viginti Capita Priora) zu Ez 13,17 f.: „Ergo si emergerent pulices (ut ita loquar) e terra, et obstreperent sanae doctrinae, quisquis aedificandi studio ducetur non dubitabit certamen cum ipsis pulicibus suscipere. Perspicitur itaque prophetae modestia, quod Dei mandato sese converterit ad mulierculas, ut eas quoque refelleret."
[376] HOSSFELD/MEYER, Prophet gegen Prophet, 142. Kritisch zu der sich hier zeigenden Differenz in der Wertung von Prophetie und Mantik äußert sich BERLEJUNG, Prophetinnen, 186 f.

der Figuren. So werden die Frauen gerne als Zauberinnen[377] oder auch Hexen[378] angesehen und betitelt und nicht als Prophetinnen. Dies wird durch Ezechiels kritische Haltung, durch die mit den Frauen verbundenen Techniken und dabei auch durch ihr Geschlecht begründet. Nun ist darauf zu achten, dass Ezechiel durch seine Polemik gegen diese Ritualspezialistinnen jene durchaus diffamiert. Zwischen seiner Darstellung und den dahinterstehenden Personen und Riten ist jedoch zu unterscheiden.

So ist das rituelle Wirken dieser prophetisch agierenden Frauen zu beleuchten. Der Vorwurf, der diesen Spezialistinnen gemacht wird, liegt darin, dass sie verschiedene Binden für den Körper herstellen, mit denen sie dann das Leben der Israelitinnen und Israeliten beeinflussen. Die Bedeutungen beider in V. 18 gebrauchten Begriffe für ihre Produkte sind nicht eindeutig zu bestimmen, doch sind sie mit Verben des Bindens kombiniert. Gerade der erste Begriff כסתות hat eine für das Verständnis wichtige Parallele im akkadischen Begriff *kasîtu* (Verb: *kasû*), der aus Ritualtexten bekannt ist und Binden bezeichnet.[379] Bowen zeigt in diesem Kontext und genereller für das in Ez 13 beschriebene divinatorische Wirken Parallelen zu den akkadischen *Maqlû*-Texten auf und verortet das Handeln der Frauen als „kind of ritual medical activity".[380] Es geht insgesamt

---

[377] So FOHRER, Ezechiel (HAT 1/13), 74–76, der aber mit Blick auf V. 17–18aα.22 f. von Prophetinnen spricht (a. a. O., 73 f.). MOSIS, Ezechiel 13, 57–60, unterstreicht hingegen, dass es mit כשף (Piel) im Hebräischen einen spezifischen Terminus für das Betreiben von Zauberei gegeben habe, der in Ez 13 jedoch nicht verwendet werde.

[378] So bei HOSSFELD / MEYER, Prophet gegen Prophet, 142, und BLOCK, Ezekiel (NICOT), 410, der den Abschnitt mit „Abusive Witchcraft" überschreibt.

[379] Vgl. STÖKL, 64, מתנבאות. Siehe auch R. SCHMITT, Magie, 284 f. Zu einem Überblick über die verschiedenen Vorschläge zum Verständnis der Taten siehe BERLEJUNG, Prophetinnen, 188–190, und für die benutzten Begriffe a. a. O., 193–197.

[380] BOWEN, Daughters, 425. Ihre genaue Verortung im Bereich der Schwangerschaft und Geburt erscheint zwar als etwas zu verengend, die Einordnung als in Mesopotamien gängige Praxis innerhalb des Systems der Divination jedoch überzeugend. Kritisch zur Bowens methodischer Vorgehensweise äußert sich SEDLMEIER, Füchse, 313 f. Auch R. SCHMITT, Magie, 360, spricht von therapeutischer Magie und Schadenszauber. STÖKL, מתנבאות, verortet das Wirken – nach der Darstellung im Grundtext – im Kontext der Nekromantie, wie es bereits KORPEL, Spirits, vorgeschlagen hat und nun auch HAMORI, Divination, 167–183, vertritt, was jedoch nicht gänzlich zufrieden stellt. Zwar kann durch diesen Lösungsansatz die Betonung der נפש im Text erklärt werden, doch ist die Herleitung des Verständnisses von מתנבאות über das in Texten aus Emar belegte *munabbiātu*, die einen neuen Bedeutungsaspekt gegenüber der sonstigen Verwendung von נבא im Text einführt, sehr hypothetisch und auch das Verständnis von *munabbiātu* selbst unklar (was STÖKL, a. a. O., 75, selbst auch vermerkt). STEINER, Nefesh, versucht in seiner Studie eine Deutung des Textes im Kontext des Traumes. So ginge es um die Seele im Schlaf und die Fabrikation von rituellen Kopfkissen (vgl. bereits seine Übersetzung, a. a. O., 5 f.). Die Verbindung der Bänder mit einem Kopfkissen kann sich auf die Ableitung von כסתות von כסת stützen, wie es auch die LXX (προσκεφάλαιον) versteht, doch sind die akkadischen Parallelen deutlich überzeugender. Auf die Sphäre des Traums verweist der Text selbst jedoch nicht. Kritisch dazu NIHAN, Femmes, der eine detaillierte Auseinandersetzung mit vorgeschlagenen religionsgeschichtlichen Einordnungen bietet, sich mit dem im Text in polemischer Weise transportierten Bild der Mantikerinnen auseinandersetzt und für eine Ein-

um das Binden und Lösen von Abhängigkeiten, das durch die hergestellten Binden symbolisiert wird.[381] Bowen stellt zudem überzeugend heraus, dass die Kategorisierung etwas über diejenigen aussagt, die sie anwenden. Dies gilt für die Interpretationsgeschichte des Textes, aber auch schon für die Verfasser selbst, die das jeweilige Gegenüber exkludieren und die gängigen Praktiken als nicht-Jhwh-gemäß brandmarken.[382] Doch sind es zum einen die Töchter des Volkes selbst, die diese Techniken durchführen, und zum anderen geht es um die Einbindung Jhwhs in die Handlung, die zurückgewiesen wird. Es handelt sich also nicht um die Zurückweisung einer fremden Technik oder sogar von fremden Gottheiten.[383]

Für die Wahrnehmung des Textes ist die Wertung der Praktiken von der Wertung des Geschlechts derer zu trennen, die sie durchführen.[384] So wendet sich Ezechiel ohne Zweifel scharf gegen diesen rituellen Umgang mit Binden, der anscheinend hauptsächlich von Frauen durchgeführt wurde. Diese Abgrenzung ist aber aus Ezechiels und der deuteronomistischen Konturierung von Prophetie als Wort-Prophetie ohne instrumentelle Mantik zu erklären.[385] Dies setzt aber zugleich voraus, dass die kritisierten Frauen durchaus Expertinnen

---

ordnung der eigentlich gespiegelten Techniken im therapeutischen Kontext ausspricht. KITZ, Cursed, 275–296, beschreibt die Verwendung von Schnüren, das Bild der Netze, die auf die Götter zurückgehen, und auch die Verwendung von Mehl im Rahmen altorientalischer Flüche. In ihrer Darstellung wird deutlich, wie eng die irdische Verwendung des Materials mit den göttlichen Handlungen verbunden ist. NISSINEN, Why Prophecy Is (Not) Magic, 217–226, macht deutlich, dass gerade im Bereich der Heilung die Bereiche der Divination, auch in der engeren Form der Prophetie, und Magie besonders nah aneinanderrücken. Die weitere Suche nach Parallelen im Alten Orient ist für die Auslegung des Textes von großer Bedeutung, bleibt das Verständnis allein aus diesem Text wegen der fehlenden Parallelen im Alten Testament doch unklar. POHLMANN, Hesekiel (ATD 22/1), 193 Anm. 939, betont den Mangel an weiterführendem religionsgeschichtlichen Vergleichsmaterial. Dieser Befund spricht jedoch nicht für die Aufgabe der komparativen Perspektive, sondern gerade für die Notwendigkeit der weiteren Suche nach erhellenden Parallelen.

[381] In den *Maqlû*-Texten (II, 162.164; VII, 86) findet sich auch eine Ez 13,17–23 entsprechende Jagdmetaphorik mit Netzen und Bildern des Vogelfangs. Vgl. zu den Texten BERLEJUNG, Prophetinnen, 202–204, und bereits J. HERRMANN, Ezechiel (KAT 11), 84.

[382] Zu diesem Gedanken siehe auch R. EBACH, Fremde, 232–236, und oben Kap. 3.2.1.1, in Bezug auf die Exklusion induktiver Mantik im Prophetengesetz. R. SCHMITT, Magie, 361, weist in diesem Zusammenhang auch auf die soziale Dimension der Stigmatisierung in Ezechiels Vorwurf hin. Denn durch die an dieser Stelle geforderte gesellschaftliche Ächtung der Prophetinnen kann ihre Tätigkeit unterbunden werden.

[383] Vgl. dazu R. SCHMITT, Magie, 286 f.

[384] So unterstreicht STÖKL, מתנבאות, 61 f., zurecht, dass wahrzunehmen ist, dass die Frauen parallel zu den vorher genannten Männern diskutiert werden und sie erst in der Rezeptionsgeschichte degradiert wurden, sie somit also keinen niederen Rang aufweisen. Zugleich ist jedoch zu beachten, dass es gleichzeitig außer Frage steht, dass die von ihnen angewandten Techniken aus Ezechiels Perspektive scharf kritisiert werden.

[385] R. SCHMITT, Magie, 360, betont, dass die genaue Darstellung der Praktiken dafür spreche, dass der Text sich hier mit konkreten Vorkommnissen auseinandersetze. Vgl. auch POHLMANN, Hesekiel (ATD 22/1), 194.

waren und auch als solche wahrgenommen wurden.[386] Indem nun aber ihre Techniken diffamiert werden und gegen ihre eigene Intention als Bindung der Leben und nicht Befreiung – im exorzistischen Sinne – dargestellt werden, mindert Ez 13 den Rang der Prophetinnen. Mit dem Text ist somit von den Verfassern eine aktive Stigmatisierung im Kontext der Schadenszauberei intendiert.[387] Auch die Bemerkung in V. 19, dass sie Naturalien (Gerste und Brot) für ihre Dienst bekommen, hat polemische Aspekte.[388] Der parallele Aufbau des Kapitels sowie das für Ezechiel und seine Gegenspieler und Gegenspielerinnen verwendete Verb נבא zeugen jedoch eigentlich von einer innerprophetischen Grenzziehung und damit von einer gleichberechtigten Wahrnehmung der verschiedenen divinatorischen Spezialistinnen und Spezialisten. Eine Abwertung kann auch nicht allein durch den Hinweis auf die unübliche Hitpael-Form des Partizips המתנבאות, die in V. 17 verwendet wird, begründet werden. Zwar gibt es Belege für eine kritische Konnotation (Jer 23,13; 29,26 f. u. ö.), in Ez 37,10 wird jedoch Ezechiels Wirken selbst und aus der Eigenperspektive mit der Hitpael-Form von נבא beschrieben (והנבאתי). Dies zeigt, dass die Verwendung nicht zwangsläufig zu einer Disqualifizierung der prophetischen Kompetenz führt.[389]

Eine weitere Beobachtung zur Einschätzung der in Ez 13 beschriebenen Techniken ist für die Suche nach falscher Prophetie bedeutsam. So hält Ezechiel die Praktiken der Prophetinnen in Ez 13 für *wirksam*.[390] Die Überarbeitung betont zwar die Nichtigkeit und die Täuschung, doch erzeugen die Binderituale

---

[386] So sei die Frage erlaubt, ob es eine Fach-Diskussion über die Wertung des Geschlechts geben würde, wenn die in Ez 13,17–23 Angeredeten als „Söhne des Volkes" und nicht als „Töchter des Volkes" bezeichnet wären, oder ob die Konzentration in diesem Falle nicht allein auf den Praktiken liegen würde, die hier kritisiert werden. Zuweilen wird so eine Grenze eingezogen, deren Verlauf noch einmal kritisch zu prüfen wäre. POHLMANN, Hesekiel (ATD 22/1), 193, führt nach einem Überblick über den Einsatz von Gerste, wie sie in Ez 13 genannt ist, im kultischen Kontext am Alten Testament aus: „Hier und auch sonst sind allerdings nicht Frauen, sondern Propheten die Befragten." Er selbst gibt zu bedenken, dass am Beispiel Hulda gesehen werden könne, dass durchaus auch Frauen Prophetinnen sein können. Dies sollte in der Fachdiskussion um Ez 13 insgesamt zu einer Hinterfragung der Grenzlinien führen.

[387] So R. SCHMITT, Mantik, 144. Zur Stigmatisierung als Hexe vgl. auch DERS., Hexe, zu Ez 13 a.a.O., 183. BERLEJUNG, Prophetinnen, bezeichnet den Vorgang analog als „Dämonisierung" der Frauen. Sie zeigt auf, wie diese Prozesse der verzerrten Darstellung der Gegner in Konflikten eingesetzt werden (bes. a.a.O., 179–182).

[388] Das Motiv erinnert an den Vorwurf der Bestechlichkeit im Rahmen der gängigen prophetischen Polemik wie in Mi 3,5 oder auch an die neutrale Beschreibung der Bezahlung mit Naturalien in 1 Sam 9,7. Zum alternativen Verständnis dieser Nahrungsmittel als Opfergaben siehe BERLEJUNG, Prophetinnen, 197.

[389] Dazu auch SEDLMEIER, Füchse, 301–304, der unterstreicht, dass ähnliches auch für die Bezeichnung als Töchter des Volkes gelte. Der parallele Aufbau von Ez 13 legt es nahe, die männlichen und weiblichen Prophetenfiguren auch als parallel wahrzunehmen. Gegen beide Phänomene wendet sich Ezechiel und hat damit eine umfassende Perspektive auf diejenigen prophetischen Phänomene, von denen sich die wahre Prophetie in seinen Augen zu distanzieren hat. Zum Vergleich mit Ez 37,10 siehe auch HAMORI, Divination, 178 f.

[390] Vgl. FOHRER, Ezechiel (HAT 1/13), 74, und HAMORI, Divination, 180.

Ergebnisse, da sie offenkundig einen Einfluss auf das Leben und Sterben der Menschen haben. Damit wird die von Jhwh gestaltete Ordnung verdreht. Der Verlauf der Geschichte entspricht nicht mehr dem Plan, den Jhwh vorsieht. Nach diesem sollen, wie der erste Teil von Ez 13 aufzeigt, diejenigen sterben, die sich ihm widersetzen, sodass am Ende jene, die überleben, zur Gotteserkenntnis kommen. Dieser Plan wird durch die Rituale gefährdet und damit steht auch die Gotteserkenntnis als Ziel des göttlichen Wirkens in der Geschichte auf dem Spiel. Sie wird durch die Betrachtung der Ereignisse, wie sie in diesem Kapitel konturiert wird, unmöglich gemacht wird, da die falschen Personen am Leben bleiben.[391] Prophetie als Teil der Divination wird in der harten (deuteronomistischen) Linie durch Ezechiel als einzige Form unterstrichen.[392]

Ez 13 insgesamt thematisiert, so lässt sich zusammenfassen, zum einen das Problem von Prophezeiungen, die nicht die Wirklichkeit treffen und darum nicht eintreffen werden, auch wenn ihre Sprecher und Sprecherinnen darauf bauen. Anders als in Ez 12,21–28 wird das Problem nicht durch Gott gelöst. Vielmehr wird es der Verantwortung der Prophetinnen und Propheten unterstellt, genauer auf das zu achten, was Gott ihnen wirklich sagt. Zum anderen kommen Techniken in den Blick, die für die Israelitinnen und Israeliten im Bereich der Divination nicht angemessen sind, selbst wenn sie Wirkung zeigen. Propheten und Prophetinnen haben sich also auf den Offenbarungsweg des Wortes auszurichten und dabei die eigene Schauung kritisch zu beleuchten.

Neben den divinatorisch agierenden Personen und der Gottheit ist noch eine dritte Personengruppe an einem gelingenden prophetischen Geschehen beteiligt: diejenigen, die die Propheten befragen. Sie und ihre Verantwortung kommen im dritten Abschnitt des Themen- und Textkomplexes in Ez 14,1–11 in den Blick. In diesem Zusammenhang wird in Ez 14 auch die Möglichkeit aufgezeigt, dass Gott ein Wort gesagt hat, das den Menschen nicht zum Heil dient, und er somit seine Propheten negativ beeinflusst.[393]

---

[391] BERLEJUNG, Prophetinnen, 191 f., spricht sich hingegen für eine Kontrastierung zwischen dem Volk Jhwhs, dessen Leben von den Prophetinnen gejagt wird, und denen, die sie am Leben lassen, aus. Die Trennung innerhalb des Volkes, die sich ansonsten in Ez 13 zeigt, legt aber auch eine Binnendifferenzierung innerhalb des Volkes näher.

[392] Hier ist Vorsicht geboten, die Prophetie oder die intuitive Mantik zu schnell von allen anderen Formen der Divination zu trennen. Siehe in dieser Richtung auch bei STÖKL, מתנבאות, 66–69, und BOWEN, Daughters, 418–423. Gerade wenn die Rituale als „schwarze Magie" definiert werden, ist nach der Herkunft der Abgrenzung zu fragen.

[393] In Teilen der patristischen Rezeption – vor allem bei Procopius von Gaza (5./6. Jh. n. Chr.) in seinem Jesajakommentar (PG 87,2, 2413C) – wurde die Frage, wo eine falsche Vision herkommen mag, bereits mit Ez 13 verbunden und ein dämonisches Element hinzugefügt, das die falschen Propheten als Werkzeug benutzt und so betrügt. Siehe zu den patristischen Aufnahmen der „Falschpropheten im Alten Testament" mit einem Blick auf Ez 13 SIQUANS, Prophetinnen, 305–308. Für Ez 13 gibt es jedoch keinen Hinweis, dass das Motiv der Täuschung der Propheten im Hintergrund stand.

3.2.3.4 Ez 14,1–11: Die falschen Fragesteller

Auch in Ez 14,1–11 wird ein Problemfall im Kontext der Prophetie besprochen.[394] In diesem Abschnitt geht es um diejenigen, die eine Anfrage an den Propheten richten. Nach einer Einleitung, die im Vergleich zum Vorherigen eine neue Situation beschreibt, in der einige von den Ältesten zu Ezechiel kommen (V. 1), erfolgt wieder ein Wort Jhwhs an Ezechiel (V. 2; vgl. 12,21.26; 13,1) mit einer Problembeschreibung (V. 3) und eine längere Rede, die der Prophet denen gegenüber halten soll, die für dieses Problem verantwortlich sind.[395] Im Gegensatz zu Ez 13 sind dies jedoch nicht andere prophetische Gestalten, sondern die, die den Propheten befragen. Das Ziel des von Jhwh skizzierten weiteren Geschehens besteht wiederum in der Gotteserkenntnis (V. 8; vgl. Ez 13,9.14.21.23) und – zum Abschluss des Gesamtkomplexes in V. 11 – in der ausgeführten Bundesformel: Und sie werden mir zum Volk und ich werde für sie zum Gott.[396]

Die in Ez 14,1–11 beschriebene Problemlage bezieht sich auf die Fragenden, nicht auf den Inhalt ihrer Anfrage an den Propheten bzw. Jhwh.[397] So setzen die Fragesteller erkennbar auf ein Wort Jhwhs, es besteht kein Vorwurf der Fremdgötterei, und in auffälliger Weise wird im gesamten Abschnitt nicht erwähnt, wonach sie fragen. Das konkrete Thema dieser Befragungen bleibt im Dunklen, was deutlich macht, dass es trotz der konkreten Schilderung wie in Ez 12,21–28 und 13 auch in Ez 14,1–11 um eine viel grundsätzlichere Problembehandlung geht.[398] Die Kritik an den Ältesten wird durch die Art ihrer Befragung bzw. durch die von ihnen benutzten religiös-rituellen Objekte ausgelöst.

³Mensch(ensohn), diese Männer haben ihre Götzen (גלולים) in ihr Herz gebracht und den Anstoß zu ihrer Verschuldung vor sich hingestellt. Sollte ich mich da von ihnen befragen lassen?

Sie haben גלולים – Götzen – und benutzen diese offenkundig auch bei der Befragung. Dabei handelte es sich vermutlich um Amulette, die ursprünglich auf einen ägyptischen Einfluss zurückgehen. Sie konnten um den Hals – also auf dem Herzen – getragen werden, aber auch durch Stifte und Ständer auf-

---

[394] Zur Auslegungsgeschichte siehe NAY, Jahwe, 29–100.
[395] SCHREINER, Götzendiener, 168, verweist auf die Nähe zum Disputationswort, womit eine Parallele zu Ez 12,21–28 entsteht, auch wenn es in Ez 14 nicht um ein Wort der Fragenden geht, sondern um ihr Verhalten bei einer Anfrage.
[396] Zu Parallelen in der Szenerie in Ez 14,1–11 im Vergleich zu Ez 18; 20 siehe SEDLMEIER, Horizont, 129 f.
[397] Auch C. SCHNEIDER, Krisis, 65, betont die Haltung der Fragesteller als ausschlaggebenden Faktor für das Gelingen des Prozesses.
[398] HOSSFELD / MEYER, Prophet gegen Prophet, 121, betonen, dass es in Ez 14 nur um die *Möglichkeit* einer Falschprophetie gehe und nicht um reale Falschpropheten. Wie in der Ausführung zu Ez 13 ist es auch mit Blick auf Ez 14 ratsam, sowohl die konkreten Fälle als reale Probleme der spätvorexilischen und vor allem exilischen und nachexilischen Zeit ernst zu nehmen, als auch auf die Grundsätzlichkeit der Maßstäbe für Prophetie zu achten, die in Ez 12,21–14,11 entwickelt werden.

gestellt und so als kultische Objekte benutzt werden.[399] Der ägyptische Einfluss spricht nicht dafür, dass die Exilierten – oder auch die im Land Verbliebenen – diese Gegenstände durch den babylonischen Einfluss entdeckt hatten. Vielmehr handelt es sich wiederum um mantische Praktiken, die im Rahmen der Jhwh-Verehrung benutzt wurden. Durch die Thematisierung der Objekte in Ez 20,24 wird erkennbar, dass diese gerade keine neuen Errungenschaften sind, sondern schon mit den Vätern verbunden waren.[400] Die benutzte Bezeichnung zeigt jedoch die Abwertung und Verunglimpfung der verwendeten Objekte und damit auch derer, die Anfragen an Jhwh mit diesen Amuletten verbinden und ihnen Macht zusprechen.

Den so Fragenden soll, wenn sie dem in den folgenden Versen formulierten Umkehrruf nicht folgen,[401] durch den Propheten kein Wort Gottes zuteil werden, weil sie, wie die im Kapitel zuvor thematisierten Propheten und Prophetinnen, zu sehr an ihren eigenen Gedanken hängen und ihnen die Offenheit für Jhwhs Wort und die alleinige Konzentration auf dieses fehlt.[402] Indem sie ihre rituellen Gebräuche nicht ändern, den wort-prophetischen Weg also nicht in aller Konsequenz als einzig legitimen Zugangsweg zu Jhwh anerkennen, ihn aber weiter befragen, zeigt sich, dass sie ihre eigene Schuld am (politischen) Geschehen nicht anerkennen bzw. nicht die richtigen Konsequenzen daraus ziehen. Wie den divinatorischen Expertinnen in Ez 13,17–21 wird also auch den in Ez 14,1–11 fragenden Ältesten der richtige kultische Vollzug abgesprochen und ihre Praktiken und Gegenstände radikal abqualifiziert.

---

[399] Vgl. R. SCHMITT, Magie, 186, und DERS., Mantik, 103–105. Vgl. auch Ez 20,7.

[400] Dies ist gegen die Position von FUHS, Ezechiel 1–24 (NEB 7), 75, vorzubringen, der vermerkt: „Israel hat Jahwe den Rücken gekehrt und sich modern gebenden Welt- und Lebensentwürfen zugewandt" und „Jahwe als Lückenbüßer" ansieht. Auch C. SCHNEIDER, Krisis, 65, geht von einer Überfremdung des „alten" Jhwh-Kultes, wenn auch schon im Lande, aus. ZIMMERLI, Ezechiel 1–24 (BKAT 13), 313, sieht in dieser Vermischung aus Jhwh-Ausrichtung und Benutzung der kultischen Objekte eher ein Symptom dafür, dass die Mitglieder des Volkes die neuen theologischen Erkenntnisse durch das Exil noch nicht ganz verinnerlicht haben: „Aber sie möchten das Neue, ohne das Alte ganz fahrenzulassen".

[401] Mit ZIMMERLI, Ezechiel 1–24 (BKAT 13), 311, ist hierbei an der Ernsthaftigkeit des Umkehrrufes festzuhalten, der „nicht als sentimentale Inkonsequenz Jahwes zu verstehen" ist. In Ez 12,21–14,11 geht es um Rück- und Neuorientierung, die durch das Umkehrmotiv ausgedrückt werden. Das Ziel aller Erörterungen ist die (Wiederherstellung der) Gotteserkenntnis.

[402] BRUNNER, Ezechiel 1–24 (ZBK 22/1), 154, sieht die Schuld der Fragenden in einem anderen Bezugsrahmen, wenn er schreibt, dass es auch „am Hörer der göttlichen Predigt" liegen kann, „wenn das prophetische Wort verfälscht wird." Und er führt weiter aus: „Diese Predigthörer gleichen den falschen Propheten aufs Haar. Wie diese die Gedanken des eigenen Geistes als Worte Gottes verbreiten, so wollen jene als Gottes Wort nur anerkennen und annehmen, was zu den Gedanken ihres eigenen Herzens paßt" (a.a.O., 157). Gegen diese Deutung ist jedoch zu betonen, dass Ez 14 gerade den Wunsch der Fragenden nach einem Wort betont und nichts über ihre Auslegung angibt. Sollte das Wort verfälscht werden, so ist es nach dem zweiten Abschnitt sogar Gott selbst und sind es nicht die Fragenden.

Ez 14 verweist jedoch trotz des fehlenden Gotteswortes für diese Mitglieder des Volkes auf eine Reaktion Gottes auf ihre Anfragen. Er wird ihnen antworten,[403] aber ganz anders als gedacht, nämlich in der Tat und in einer unheilvollen Tat noch dazu, indem er ihre Schuld aktiv heimsuchen wird.[404] Dieses Tun soll schließlich in der Gotteserkenntnis enden, die für die Ältesten eigentlich bereits möglich wäre.

⁶Darum sprich zum Haus Israel: So spricht der Herr Jhwh: Kehrt um und wendet euch ab von euren Götzen und wendet eure Gesichter ab von all euren Gräueln (כל־תועבתיכם)! ⁷Wenn irgendjemand vom Haus Israel oder ein Fremdling, der in Israel weilt, sich von mir abwendet und seine Götzen in sein Herz bringt und den Anstoß zu seiner Verschuldung vor sich hinstellt, dann aber zum Propheten kommt, um mich für sich zu befragen, dann werde ich Jhwh ihm antworten: ⁸Und ich werde mein Angesicht gegen jenen Mann richten, und ich werde ihn zu einem Zeichen und zu Sprichworten (ולמשלים) machen, und ihn ausrotten aus der Mitte meines Volkes, und ihr werdet erkennen, dass ich Jhwh bin.

Die Vernichtung des Fragenden aus der Mitte des Volkes (V. 8) beinhaltet zugleich das Weiterbestehen des Volkes. So kommt es nicht zu einer Verwerfung des ganzen Volkes, sondern zu einer Tilgung des Einzelnen aus diesem Heilsraum.[405] Mit der wie in Ez 13 als Marker zur Beendigung eines Gedankenganges benutzen Erkenntnisformel kommt der Abschnitt zu einem ersten Zielpunkt. Doch schließt sich in den nächsten Versen direkt ein weiterer Fall an, der als Folgeproblem charakterisiert werden kann. Wenn ein Prophet entgegen dem Verbot Gottes doch den Menschen antwortet, wird er diesen verleiten, ihn also Falsches sehen lassen und so den Propheten und den Fragesteller vernichten.

---

[403] Die bei GREENBERG, Ezechiel 1–20 (HThKAT), 285, gewählte Überschrift „Gott wird nicht antworten" betont nur den ersten Schritt dieser misslingenden Kommunikation.

[404] Seit langer Zeit und besonders ausführlich begründet von ZIMMERLI, Ezechiel 1–24 (BKAT 13), 302–308, sowie genauer zu den form- und traditionsgeschichtlichen Hintergründen von Ez 14 DERS., Eigenart, wurden formgeschichtliche Überschneidungen mit Texten des Heiligkeitsgesetzes unterstrichen. Dies bezieht sich auf die rechtliche oder sogar sakralrechtliche Sprache des Kapitels, gerade bei der unpersönlichen Darstellung des zu strafenden Sachverhalts und der Einführung mit איש איש מבית ישראל in V. 4, und damit der entstehenden kasuistischen Struktur, die im zweiten Teil eine Strafdrohung mit dem Stichwort כרת enthält, die in einer prophetischen Sekundärverwendung auftaucht. Ez 14 wird nicht als literarisch abhängig vom Heiligkeitsgesetz gesehen, es geht vielmehr um eine gemeinsame Tradition, die sich später auch in diesem niedergeschlagen hat. Vgl. kritisch auch FOHRER, Ezechiel (HAT 1/13), 76. Auch C. SCHNEIDER, Krisis, 65, schließt sich der Einordnung als sakrale Sprache an, HOSSFELD/MEYER, Prophet gegen Prophet, 118 f., erkennen in Ez 14,1–11 einen juristischen Sprachgebrauch, GREENBERG, Ezechiel 1–20 (HThKAT), 288, verweist auf die Verbindungen zu Lev 17. Insgesamt zu den nicht einlinigen Abhängigkeiten zwischen den Texten des Heiligkeitsgesetzes und dem Ezechielbuch unter Berücksichtigung der Textgeschichte siehe NIHAN, Ezekiel. Die Verbindung zum Heiligkeitsgesetz müssen nicht über die Annahme einer literarischen Abhängigkeit gelöst werden. Entscheidender ist der Eindruck, der durch den unpersönlichen – in Anklängen rechtlichen – Stil in Ez 14 entsteht, wird doch so die Grundsätzlichkeit der Aussagen unterstrichen. Es geht in Ez 14 nicht (nur) um einen einmaligen konkreten Fall, sondern grundsätzlicher um das Verhalten des Volkes.

[405] Vgl. POHLMANN, Ezechielstudien, 7 f.

⁹Den Propheten, der sich überreden lässt und ein Wort spricht, den Propheten habe ich, Jhwh, überredet, und ich werde meine Hand gegen ihn ausstrecken und ihn aus der Mitte meines Volkes Israel vernichten. ¹⁰Tragen werden sie ihre Schuld. Wie die Schuld dessen, der fragt, wird die Schuld des Propheten sein, ¹¹damit das Haus Israel nicht mehr von mir abweicht und sie sich nicht mehr verunreinigen in all ihren Freveln. Und sie werden mir zum Volk und ich werde für sie zum Gott – Spruch des Herrn Jhwh.

Die Schuld *der Fragenden* konnte am Text aufgezeigt werden. Darüber hinaus stellt sich die Frage nach der Schuld *des Propheten* und noch grundsätzlicher nach der Person des Propheten, der in Ez 14,1–11 im Blick ist. So spricht Ez 14 nur von *dem* Propheten – im Singular im Gegensatz zu Ez 13 – oder vom angeredeten Du. Wie bei der Auslegung von Ez 12,21–28 geht es in Ez 14 sowohl um Ezechiel selbst als auch um grundsätzliche Überlegungen zur Rolle des Propheten.[406] Festzuhalten ist, dass der hier genannte Prophet nicht in seiner Verbindung zu Jhwh kritisiert wird. Er fungiert als Sprachrohr Gottes, doch nimmt er diese Rolle auch gegenüber den Befragern ein, denen er dezidiert keine Auskunft geben soll.[407] Durch die göttliche Lenkung bleibt seine Prophetie im Geschichtsplan sinnvoll, führt sie doch die „Richtigen" zum Gericht.[408] Somit verläuft das Geschehen genau umgekehrt zu den Konsequenzen, die sich aus den im vorherigen Kapitel kritisierten Praktiken der Prophetinnen ergeben. Für das Verständnis des göttlichen Handelns ist somit das Endergebnis und damit wiederum das Element des Rückblicks wichtig. Die Arbeit des Propheten kann also wegen ihres Ergebnisses, auch wenn oder gerade da sie zum Untergang führt, als göttlich legitimiert gelten. So gesehen ist die hier getroffene Aussage nicht singulär und sind die Parallelen nicht ausschließlich auf Micha ben Jimla und den Geist der Täuschung in 1 Kön 22,19–23 zu beziehen. Wie die Umkehr gelingen soll, wenn der Prophet nicht spricht, bleibt unklar, wenn man gerade nicht rückblickend auf die Szenerie blickt.[409]

---

[406] BOWEN, God, 356, betont, dass es sich bei diesem Propheten um einen anderen Propheten und gerade nicht um Ezechiel handele. Jedoch verweist sie auf Ez 3,26 und das Redeverbot an Ezechiel, aus dem diese anderen Propheten hätten lernen können. Gerade diese Verbindung spricht jedoch dafür, hier an eine grundsätzliche Aufforderung an Propheten zu denken und nicht an Maßstäbe für den Umgang mit anderen Propheten.

[407] BLOCK, Ezekiel (NICOT), 431 f., geht so weit, diese Propheten somit selbst zu falschen Propheten und zu Komplizen der in Ez 13 genannten zu machen.

[408] Auf das Motiv der Verleitung bzw. Überredung in Ez 14 geht das Kapitel 3.3.1 im Kontext der Frage nach Gott als Urheber falscher Prophetie genauer ein.

[409] NAY, Jahwe, 298 f., geht hingegen durch den Vergleich mit den Worten, die in Ez 14,1–11 wiederholt und damit faktisch ausgerichtet werden, davon aus, dass der Prophet den Ältesten nur das Heilswort aus V. 11 verschweigen solle. Zwar wird im Kapitel davor die Heilsprophetie kritisiert, doch nur, weil sie zu dieser Zeit nicht göttlich legitimiert ist und nicht das aktuelle Geschehen trifft. Eine strikte inhaltliche Einschränkung legt sich in Ez 14 wie in Ez 12 nicht nahe, da der Prozess der Prophetie in diesen Kapiteln weit grundsätzlicher überprüft und korrigiert wird.

Der Tod des Propheten wird, wie schon für Ez 13 bemerkt, nicht von den anderen Menschen gefordert oder durchgeführt. Es bleibt dabei, dass hier wie in Dtn 18 und Jer 28 Gott selbst den Konflikt lösen und den Propheten töten wird.[410] Diejenigen, die entgegen Gottes Anweisung mit Götzen zur Befragung kommen, werden durch das göttliche Eingreifen zum Zeichen und zum משל. Im Ezechielbuch kann dieser Begriff ein Gleichnis oder ein Rätsel (vgl. Ez 17,2; 21,5 und 24,3) bezeichnen und bei der Betonung der Parallelität zur Nennung des Zeichens (אות) legt sich eine solche Deutung nahe. Doch kommt zugleich durch die Verwendung des Begriffs eine weitere Dimension hinzu. Denn durch dieses Stichwort schließt sich am Ende der Ausführungen um Prophetie und Erfüllung eine Klammer, die durch die Verwendung des Begriffs משל in Ez 12,21–28 aufgemacht wurde. Auf diese Weise ergibt sich ein kompositorischer Bogen.[411] Es wird ein neues Sprichwort geben, das nun aber die Realität trifft, da es das Ergebnis des göttlichen Handelns ist.[412]

Auch in Bezug auf Ez 14 ist die Frage nach der zeitlichen und räumlichen Verortung sehr unterschiedlich beantwortet worden. Wiederum hängt einiges davon ab, ob man eine exilische oder judäische Perspektive des Textes annimmt. Ezechiel wird von Ältesten besucht, die Szene ist im Exil situiert.[413] Gerade die Nennung des Fremdlings (גר) *in* Israel in V. 7 führte aber viele zu einer Datierung in die vorexilische Zeit,[414] da man sich das Konzept nur dort als sinnvoll vorstellen konnte, oder zumindest nach Juda als Ort, den man sich für diese Redeweise vorstellen muss.[415] Die exilischen und nachexilischen Parallelen im Deuteronomium, die die gängige Redeweise vom גר auch in der exilischen Zeit beibehalten, und zwar gerade dessen aktive Rolle, sprechen aber gegen eine kategorische Festlegung auf die vorexilische Zeit.[416] Wie in den vorherigen Ab-

---

[410] EICHRODT, Hesekiel 1–18 (ATD 22/1), 105, betont hier das Austilgen ohne menschlichen Gerichtsvollzug. Zu dieser Thematik siehe die Ausführungen zu Dtn 13 und 18 oben Kap. 3.2.1.2.
[411] Vgl. auch BLOCK, Ezekiel (NICOT), 384.
[412] Vgl. dazu auch Mi 2,4.
[413] POHLMANN, Hesekiel (ATD 22/1), 198, beschreibt die Ältesten, die in V. 1–6 auftreten, als Repräsentanten der ersten Gola.
[414] FUHS, Ezechiel 1–24 (NEB 7), 76, verortet Ez 14,1–11 in die Zeit vor der Katastrophe, also vermutlich 587 v. Chr., und spricht den Text dem Propheten Ezechiel zu.
[415] POHLMANN, Hesekiel (ATD 22/1), 199, vgl. auch DERS., Ezechielstudien, 8, sieht älteres Gut in Ez 14,7–11 (zusammen mit 14,12–20), das sich mit der reinen Jhwh-Verehrung befasste, gerade durch den genannten Fremdling (גר) noch im Land zu verorten ist, aber schon mit Abstand zur Katastrophe im Jahr 587 v. Chr. verfasst ist und damit auf der gleichen exilischen Stufe steht wie Ez 13*. Die V. 1–6 wurden nach Pohlmann als Kommentierung hinzugefügt.
[416] Vgl. dazu im zusammenfassenden Überblick für die exilische und nachexilische Zeit R. EBACH, Fremde, 198–200. Im Land und außerhalb wurde von den Fremdlingen in Verbindung mit Israel gesprochen, doch bleibt es in diesem Zusammenhang bemerkenswert, dass diese nicht bei den Menschen sind, sondern *in* Israel. ZIMMERLI, Ezechiel 1–24 (BKAT 13), 303, gibt die schlüssigste Erklärung, indem er auf die geprägte Formelsprache verweist, auf die Ezechiel an dieser Stelle zurückgreift und die nicht unmittelbar zu einer Verortung im Land

schnitten legt es sich durch das literarkritisch nicht trennbare[417] Nebeneinander der Perspektiven im und außerhalb des Landes und durch die Grundsätzlichkeit der Erörterung in Ez 14,1–11 nahe, von verarbeitetem älteren Gut auszugehen, das in diesem Großabschnitt systematisiert zusammengestellt und kommentiert wurde. Zumindest für die Gesamtkomposition ist eine exilische oder sogar nachexilische Datierung wahrscheinlich.[418]

3.2.3.5 Die Bestandteile gelingender prophetischer Interaktion nach Ez 12,21–14,11

Ez 12,21–14,11 beschäftigt sich mit verschiedenen Problemen im Umgang mit nicht erfüllter Prophetie und falschem Verhalten im Kontext des prophetischen Geschehens. Sowohl literargeschichtlich als auch in Bezug auf Inhalt und Argumentation konnten Verbindungslinien erkannt werden, sodass es sich nicht um eine bloß thematische Sammlung von unabhängigen Worten handelt. Die Texte haben sich als Vereinigung von exilischen und landorientierten Perspektiven aus verschiedenen Zeiten erwiesen, Weissagungen im Land und in der Gola kommen gemeinsam vor. Die Gesamtkomposition in Ez 12,21–14,11 ist wegen dieses Nebeneinanders nicht vor der exilischen Zeit entstanden, nimmt aber ältere Traditionen, Themen und auch Textanteile auf. Inhaltlich geht es um grundlegende Modifikationen des prophetischen Interaktionsprozesses, um die geschehenen Katastrophen in Zukunft zu verhindern. Dabei tragen alle Akteurinnen und Akteure einen spezifischen Anteil an der Verantwortung.

Die drei Kapitel sind auch in ihrem Ablauf wahrzunehmen. Es geht um mehrere Probleme im Zusammenhang von Gotteswort und prophetischem Ausspruch und auch, aber längst nicht nur, um das Thema wahre und falsche Prophetie, unter das der Abschnitt gerne subsummiert wird. In drei Erzählgängen wird thematisiert, dass sich Worte aus verschiedenen Gründen nicht erfüllen oder sie sich als nicht gut herausstellen. In allen Fällen wird die Erfüllung des Wortes als Kriterium wahrer Prophetie vorausgesetzt und die Reinheit des prophetischen Prozesses in deuteronomistischer Spielart mit einer direkten Wortoffenbarung und ohne weitere divinatorische Techniken betont.

Ez 12,21–28 bearbeitet aufgrund eines kursierenden Sprichworts das Problem, dass sich Prophezeiungen nicht schnell genug erfüllen, obwohl sie auf Jhwh selbst zurückzuführen sind. Hier steht die Legitimation der Ezechielprophetie

---

führt. Zu den verschiedenen Verortungen des Fremdlings und damit auch des Verses siehe MOSIS, Ez 14,1–11, 218–220.

[417] Vgl. ZIMMERLI, Ezechiel 1–24 (BKAT 13), 307 f.

[418] Die Datierung hängt auch von der literargeschichtlichen Verortung von Jer 23 und der Wertung der Textbezüge ab. Denn auch für die Gesamtanlage von Jer 23 lässt sich die vorexilische Datierung nicht halten. Siehe dazu oben in Kap. 3.1.2. Zur Annahme einer mindestens exilischen Datierung passt auch das Motiv der Verleitung durch Gott selbst, auf das unten in Kapitel 3.3 (auf Ez 14 bezogen Kap. 3.3.1) zurückzukommen ist.

im Mittelpunkt, die auf dem Spiel steht, wenn sich Prophezeiungen verzögern. Dies zeigt auch ganz konkret die Zuspitzung im zweiten Teil. Die göttliche Zusage, die Ankündigungen, die er selbst Propheten aufgetragen hat, auch zu erfüllen, soll in Zukunft diese Schieflage ausgleichen.

Ez 13 nimmt nun die Propheten selbst in den Blick und ruft zur Selbstprüfung der Visionen auf. Entfallen andere divinatorische Möglichkeiten zur Überprüfung eines prophetischen Spruches und zeigt sich für die Empfänger der Botschaft letztlich nur am Eintreffen der Ansagen, dass es sich um Jhwh-Prophetie gehandelt hat, wird es unerlässlich, dass die Propheten ihre Schauungen kritisch hinterfragen. Sprechen sie dennoch etwas, was sie nicht gesehen haben, und geben damit Israel eine falsche Sicherheit, oder lassen sie Israel, wie im zweiten Abschnitt von Ez 13 anhand der Prophetinnen dargestellt wird, auf falsche Riten vertrauen, so gilt diesen Propheten und Prophetinnen die radikale Kritik und die kategorische Stigmatisierung. Sowohl in Ez 13 als auch in Ez 14,1–11 geht es intern um Israel und den Jhwh-Kult und nicht um die Verführung von außerhalb oder die Zuwendung zu anderen Göttern.

Ez 14,1–11 nimmt als dritte Gruppe im prophetischen Prozess diejenigen in den Blick, die um einen Gottesspruch bitten. Da sie die divinatorische und theologische Konzentrierung auf Jhwh und die reine Wort-Prophetie durch ihr Handeln nicht akzeptieren, werden sie keine heilsbringende Prophezeiung bekommen und durch die Prophetie selbst zugrunde gerichtet.

Ez 12,21–14,11 macht deutlich, dass Gott, Prophet und Volk gemeinsam ihren Beitrag in diesem komplexen Zusammenspiel der Prophetie zu leisten haben, damit sich wahre Prophetie erfüllt, den Menschen ausgerichtet und von diesen richtig aufgenommen wird. Andere Wege werden strikt ausgeschlossen. Es handelt sich in diesem Abschnitt folglich um die Thematisierung der Möglichkeit gelingender Prophetie unter deuteronomistischen Vorzeichen.

3.3 Die göttliche Verantwortung für falsche Prophetie: Jhwh verleitet die Propheten

In den besonders in Kapitel 3.1. besprochenen Vorwürfen an die Propheten wird ihre Verantwortlichkeit betont. Sie lügen aus niederen Motiven, sind profithungrig und möchten den Herrschenden gefallen. Bereits die vorangehenden Ausführungen zu Ez 12,21–14,11 haben jedoch gezeigt, dass diese Vorwürfe die komplexe Erscheinung von widersprüchlicher und sich nicht erfüllender Prophetie aus Sicht der alttestamentlichen Verfasser nicht vollständig erklären konnten. Davon ausgehend ist die Beteiligung Gottes an unerfüllter Prophetie dort in den Blick zu nehmen, wo die Prophetie keine Idealbedingungen vorfindet, sondern ihr Wesen zur Durchsetzung der göttlichen Gerechtigkeit durch Gott selbst pervertiert wird. So thematisieren Ez 14,9 und 1 Kön 22,1–38 die Möglichkeit der Verleitung durch Propheten, führen diese auf Jhwh selbst zurück und betonen damit die göttliche Einflussnahme.[419]

Mit der in diesen Texten verwendeten Wurzel פתה wird das aktive Einwirken gekennzeichnet, das der Meinungs- und Haltungsbeeinflussung dient. Beeinflusst Jhwh seine Propheten, dann kann der Prophet auch dies anklagend vor Gott bringen. So klagt Jeremia in Jer 4,10 unter Verwendung der Wurzel נשא:

> Und ich sprach: Ach, Herr Jhwh, wahrlich, du hast dieses Volk und Jerusalem tief getäuscht (השאת), indem du sprachst: „Frieden wird für euch sein" – aber das Schwert ist an der Kehle.

Propheten, die Heil ansagen und damit ein Gotteswort geben, das aber nicht zum Leben und zum Heil führt, sondern gerade im Gegenteil zum Untergang, sind eine grundsätzliche Infragestellung der Prophetie und ihres gesellschaftlichen Nutzens.[420]

3.3.1 Ez 14,1–11: Verleitung zur verbotenen prophetischen Rede?

In Ez 14,1–11 wird den Ältesten des Volkes, die zu Ezechiel kommen, um von ihm ein Gotteswort zu bekommen, angesagt, dass sie kein Wort bekommen werden und sogar Gott gegen sie vorgehen werde.[421] Der Grund für diesen harten Entzug eines heilsamen göttlichen Wortes ist ihre Befragung Gottes durch den Propheten, obwohl sie zugleich Götzen (גלולים) benutzen. Kehren sie nicht um, so werden sie vernichtet. Der zweite in Ez 14,1–11 diskutierte Fall betrifft nun jedoch nicht mehr die Fragenden selbst, sondern den Propheten, der befragt wird. Sollte er gegen das göttliche Schweigegebot verstoßen und den Fragenden Antwort geben, so wird auch er hart bestraft:

> ⁹Den Propheten, der sich überreden lässt (הנביא כי־יפתה) und ein Wort spricht, den Propheten habe ich, Jhwh, überredet (אני יהוה פתיתי את הנביא ההוא), und ich werde meine Hand gegen ihn ausstrecken und ihn aus der Mitte meines Volkes Israel vernichten. ¹⁰Tragen werden sie ihre Schuld. Wie die Schuld dessen, der fragt, wird die Schuld des Propheten sein, ¹¹damit das Haus Israel nicht mehr von mir abweicht und sie sich nicht mehr verunreinigen in all ihren Freveln. Und sie werden mir zum Volk und ich werde für sie zum Gott – Spruch des Herrn Jhwh.

---

[419] Es gibt einige altorientalische Divinations-Texte, die durchaus davon ausgehen, dass die Gottheit aktiv lügen kann, sodass immer wieder darum gebeten wird, wahre Ankündigungen zu machen, vgl. ROBERTS, God, 213–215.

[420] So gehen HOSSFELD/MEYER, Prophet gegen Prophet, 120, so weit, den Gedanken von durch Gott betörter Prophetie als Aufhebung von Prophetie zu bezeichnen. Am Ende steht das Gericht. Insgesamt zum Aspekt der göttlichen Verantwortung bei der Entstehung von falschen prophetischen Ankündigungen siehe CRENSHAW, Conflict, 77–90.

[421] Zu Ez 14,1–11 als Teil von 12,21–14,11 siehe die ausführlichen Ausführungen oben Kap. 3.2.3.4.

V. 9 stellt vor exegetische und theologische Probleme. So ist zum einen die Deutung des Verbs פתה im Piel und Pual genauer zu bestimmen. Zum anderen stellt sich die Frage, worin die Schuld des Propheten liegt und warum Gott ihn zu etwas anregt, das dieser selbst vorher verboten hat. Schließlich wird der Prophet zum Gerichtswerkzeug durch die absichtliche Beeinflussung seines Wortes durch Jhwh.[422]

Das Verb פתה im Piel bezeichnet das aktive, meist sprachliche Einwirken einer Person auf die andere, um ihre Handlung zu beeinflussen.[423] Dies kann im Sinne der Verführung (auch sexuell) geschehen wie in Ex 22,15 oder auch in der Verleitung zum Sündigen (vgl. Prov 16,29).[424] Doch kann, wie in Ri 14,15 oder Prov 25,15, auch ein Akt der Überredung entsprechend beschrieben werden. Neben Ez 14,9 kommt die Vorstellung, dass Gott einen Propheten überredet, auch in Jer 20,7 vor.[425] Im Rahmen der Konfessionen beklagt Jeremia, ein Opfer solch göttlicher Überredung geworden zu sein:

⁷Du hast mich überredet, Jhwh, und ich habe mich überreden lassen (פתיתני יהוה ואפת). Du bist mir zu stark gewesen und hast gewonnen; ich wurde jeden Tag zum Spott, und alle verlachen mich.

Inhaltlich geht es an dieser Stelle um die Unheilsbotschaften, die Jeremia vorbringen muss und durch die er zu einem verachtenswerten Objekt in seinem Volk geworden ist. Wie auch in Ez 12,21–28 wird im Jeremiabuch die Bitte um Erfüllung der göttlichen Ankündigungen zum Schlüssel für die Legitimation des Propheten. Die aktive und passive Doppelung des Verbs[426] fällt wie in Ez 14,9 auf und weist darauf hin, dass neben Jhwh auch der Prophet selbst einen Anteil an der durch den Akt des Überredens oder Verleitens ausgelösten Aktion hat. Somit trägt dieser zugleich Verantwortung und ist nicht als alleiniger Urheber seiner Entscheidung zu verstehen.[427] Die Schuld des Propheten liegt

---

[422] POHLMANN, Hesekiel (ATD 22/1), 195, versteht פתיתי als deklaratives Piel (vgl. Ges.-K.²⁸ § 52g), sodass er mit „ich, Jahwe, werde diesen Propheten für verführt erklären" übersetzt. Damit wäre die göttliche Tat als Strafe oder zumindest Folge und nicht als Grundlage des Sprechens entgegen Gottes Gebot zu verstehen. Bei dieser Deutung stellt sich jedoch die Frage, worin das göttliche Wirken bestünde. Hält er nur den bereits beschriebenen Sachverhalt fest oder liegt ein deklarativer Sprechakt vor, der dann jedoch auf diese Weise erneut ein göttliches Handeln bezeugen würde? Pohlmann äußert sich zur Bedeutung dieses Aspekts des Verses nicht genauer. Die Parallele zu Jer 20,7 legt es näher, an ein aktives göttliches Wirken zu denken.

[423] HALAT, 925 f., gibt „überreden" als vorrangige Bedeutung an. So auch SÆBØ, Art. פתה, 497, für die Pielform.

[424] Zur Verwendung von פתה siehe NAY, Jahwe, 312 f.

[425] Auch in Hos 2,16 wird das göttliche Handeln durch פתה beschrieben, doch steht hier in der Bildwelt von Hos 1–3 vermutlich auch die sexuell-konnotierte Nuance mit im Hintergrund und anders als in Jer 20,7 und Ez 14,9 spielt kein Prophet eine Rolle.

[426] Hinzu kommt in Jer 20,10 ebenfalls das Motiv, dass das Volk den Propheten zu überreden versucht (פתה Pual).

[427] Durch die auslösende Frage wird die Schuld zudem mit dem Volk verbunden, sodass ein Zusammenspiel aus mehreren Komponenten entsteht. Nach EICHRODT, Hesekiel 1–18 (ATD

nicht in dem, was er spricht, sondern darin, dass er spricht.[428] Innerhalb des Ezechielbuches ergibt sich so eine Querverbindung zur göttlichen Schweigeaufforderung an den Propheten Ezechiel in Ez 3,22–27. Auch dieses eigentlich widerprophetische Handeln sorgt für die Ermöglichung des göttlichen Gerichts an denen, die die Chance zur Umkehr ausgeschlagen und den faktischen Bundesbruch nicht erkannt haben.

Zwei besondere Deutungen des Verses und des Verbes פתה sind zu diskutieren, die sich gegen das Verständnis als Überredung / Verleitung durch Jhwh als Mitursache für das Reden des Propheten richten. Somit betreffen sie das in diesem Vers dargestellte Verhalten Gottes im Kern und verweisen zudem auf weitreichendere Konsequenzen für das Gottesbild.

Rudolf Mosis hat für Jer 20,7 und auch Ez 14,9 ein Verständnis der Verbform פתיתי und zugleich der Satzstruktur vorgeschlagen, das sich von den gängigen Deutungen grundlegend unterscheidet. So sieht er פתיתי in Parallele zu den folgenden Verben ונטיתי und והשמדתיו und geht zusätzlich von der mit dem Stamm פתי verbundenen Bedeutung „zum Toren machen" aus.[429] Für Ez 14,9 hieße dies zum einen, dass Gottes Handeln erst als Teil des *Strafspruchs* zu verstehen wäre und nicht als Ursache oder Begleiterscheinung des Redens selbst. So wird, nach diesem Verständnis, Gott den Propheten, der sich von den Menschen zum Sprechen hat verleiten lassen, zum Toren machen. Durch diese Interpretation entsteht zum anderen eine Parallele zum vorherigen V. 8 in dem der Mensch, der trotz Götzendienstes Jhwh befragt, zum Zeichen und Sprichwort wird.[430] Diese Deutung steht jedoch vor der Schwierigkeit, dass somit den beiden Nennungen von פתה in Ez 14,9 unterschiedliche Bedeutungen zugesprochen werden müssen.[431] Gerade der Vergleich mit Jer 20,7 legt es jedoch nahe, hier ein Korrespondenzverhalten der Verben zu erkennen. Auch das Element der Steuerung des Gegenübers, das mit פתה verbunden ist, würde bei der Bedeutung „zum Narren machen" vernachlässigt.[432]

22/1), 106, fallen also göttliche Verblendung des Menschen und menschliche Sünde zusammen. QUELL, Propheten, 100, sieht die Opposition noch stärker und bezeichnet sie als eine „heimliche und tückische Feindschaft" zwischen Gott und Propheten, der den Fragenden nachgibt und antwortet: „die Dämonie steht an der Stelle der Wahrheit, und der Dämon ist Gott selbst." SCHREINER, Götzendiener, 173, betont, dass die Erklärung, die für den Tod des Propheten gegeben wird, dem menschlichen Verstehen entzogen bleibt.

[428] Bisweilen wird auch eine Schuld beim Propheten angenommen, die diesem Handeln schon vorausging und in Ez 14,9 vorausgesetzt wird. Vgl. SMEND, Ezechiel (KEH 8), 82.

[429] Siehe zu dieser Deutung und der sprachlichen Analyse des Verses und seiner Struktur MOSIS, Ez 14,1–11, 203–213, und DERS., Art. פתה, 830.

[430] Vgl. MOSIS, Ez 14,1–11, 207.

[431] Mit diesem Problem setzt sich MOSIS, Ez 14,1–11, 212 f., selbst auseinander und wertet die doppelte Verwendung des Wortes als „wortspielartige[…] Transponierung".

[432] POHLMANN, Hesekiel (ATD 22/1), 200, folgt hingegen den Vorschlägen von Mosis und hält sogar fest, dieser habe eindeutig widerlegt, dass es sich um eine Verführung durch Jhwh handele.

Eine zweite Neudeutung der Satzstruktur und der Semantik des Verbs wurde von Reto Nay vorgeschlagen. So gibt nach seiner Interpretation פתה die *Hintergrundinformation*, den Umstand, an, weswegen der Prophet rede, und nicht den Grund, weswegen er zu bestrafen sei. Problematisch bei Nays Auslegungen ist jedoch, dass er davon ausgeht, dass das Gotteswort, um das es geht, in Ez 14 zu finden sein muss. Dies führt ihn zu der schwierigen Annahme, es wäre ein Heilswort, das der Prophet den Fragenden nicht ausrichten dürfe. Diese Grundannahme hat zudem auch Auswirkungen auf seine Interpretation des פתה, da er wiederum versucht, den Inhalt der Worte, die ein verleiteter Prophet sprechen würde, aus V. 6–8 zu erheben oder – gerade entgegengesetzt aber methodisch analog – aus der mutwilligen Verkehrung der Worte durch den Propheten ableitet.[433] Nay kommt zu dem Schluss, dass Gott den Propheten durch den in V. 9 beschriebenen Vorgang erst in die Lage versetze, etwas zu tun, und versteht פתה als „in Ekstase versetzen" oder als „ihm etwas eingeben". Infolgedessen übersetzt er den Vers mit: „Wenn der Prophet in Ekstase versetzt wird und ein Gotteswort spricht – und ich Jahwe es war, der diesen Propheten in Ekstase versetzt hat – dann …".[434] Der Prophet würde also gar nicht verleitet werden und es handelt sich somit nach Nays Interpretation folglich auch nicht um falsche Prophetie. Die Fokussierung auf Ekstase ist durch die parallelen Belege jedoch schwierig, zudem stellt sich in dieser Deutung verschärft die Frage nach dem göttlichen Wirken, der den zum Schweigen aufgerufenen Propheten in die Lage versetzt, zu reden.

So bleibt daran festzuhalten, dass der Prophet durch die göttliche Aktion zu dessen Werkzeug wird und die Aussagen somit letztlich auf Jhwh zurückgeführt werden.[435] Doch aus welchem Grund bringt dieser einen Propheten, der besser schweigen sollte, zum Reden? Zur Erklärung können zunächst religionsgeschichtliche Parallelen herangezogen werden, bevor ein Vergleich mit der in vielerlei Hinsicht ähnlichen Szene in 1 Kön 22 angestellt wird. So versteht Nancy Bowen das göttliche Handeln in der Verleitung als Strafhandeln an den Menschen, denen durch den Bundesbruch der Weg zum Heil bereits versperrt ist. Sie verweist auf altorientalische Parallelen, in denen das Motiv des göttlichen Handelnden als *trickster* auftaucht. So gelingt Enki im Atramḫasis-Mythos trotz seines Schweigegelübdes Enlil gegenüber die Menschenrettung durch einen Trick – er sorgt dafür, dass Atramḫasis das Vorhaben, die Menschen durch eine Flut zu vernichten, durch seine Wand hindurch zu Ohren kommt und verrät es ihm somit nicht direkt. Inanna wiederum bekommt in dem aus Uruk

---

[433] Vgl. NAY, Jahwe, 311. Insgesamt zu seiner Deutung von פתה und der Kommunikationssituation in Ez 14,1–11 siehe a. a. O., 307–317.
[434] NAY, Jahwe, 312.
[435] Vgl. dazu CRENSHAW, Conflict, 86 f.

stammenden Text Inanna und Enki[436] während eines Bier-Gelages alle 14 göttlichen Ordnungen / Weisheitstafeln (*me*) von ihrem Großvater Enki. Der Stadtgöttin von Uruk werden vom betrunkenen und durch ihre Schönheit betörten Enki unter anderem die Macht über das Schicksal, Weisheit, das Hohepriestertum zugesprochen, wodurch sich die irdischen Machtverhältnisse der Städte grundlegend ändern und Uruk aufsteigt. In beiden Texten wohnt dem göttlichen Handeln ein manipulierender Aspekt inne. Gerade in solchen Situationen des Übergangs wird somit, nach Bowen, eine kreative Lösung (*creative solution*) gefunden. In Hinblick auf die alttestamentlichen Belege – Ez 14,1–11, 1 Kön 22 und Jer 20,7–13 – erkennt sie als Funktion, die Bestärkung der Verworfenen und im alten Muster Handelnden in ihrem Tun weiterzumachen, sodass es zum Zusammenbruch des Systems kommt und ein neues entstehen kann.[437] Die von Bowen genannten Parallelen weichen in der Funktion und der inhaltlichen Füllung des Motivs jedoch von Ez 14 ab, da es in den altorientalischen Texten zum einen um das Handeln unter den Göttern geht und zum anderen keine Menschen aktiv verleitet werden.[438] Dennoch bereichern ihre Beobachtungen das Verständnis des alttestamentlichen Motivs der Verleitung, zeigen sie doch, dass auch die Götter bisweilen Wege zur Lenkung auch der innerweltlichen Geschicke gehen, bei denen die eigentlichen Ziele zunächst verschleiert, aber am Ende doch erreicht werden.

Zudem ist wie bei dem ähnlich zu deutenden Motiv der Verstockung (vgl. Jes 6)[439] die Rolle des Propheten in Ez 14 nur aus der Retrospektive zu verstehen. Es handelt sich also nicht um das Versuchen und aktiv zur Vernichtung Führen durch Gott, sondern um einen Weg durch die Propheten auch das Unheil hervorzurufen, wenn die Verfehlungen der Fragenden bzw. des Volkes zu groß sind. So besteht die Rolle des Propheten grundsätzlich darin, Mittel der Kommunikation mit den Menschen zu sein. Kommt es durch das Fehlverhalten der Menschen zu einer Störung, so liegt – in diesem Denkmodell – die Strafe darin, die Mittel zu verschärfen und somit die Rede des Propheten irrezuleiten.

---

[436] Der Text findet sich bei FARBER-FLÜGGE, Mythos. Zu diesem Text und Inannas Rolle als verleitende (*deceptive*) Göttin siehe FONTAINE, Goddess, 87–93. Sie hebt das Motiv vor allem im Kontext der Erzählungen um weibliche Gottheiten hervor und zieht Parallelen zu alttestamentlichen Protagonistinnen wie Rahel, Ruth, Jael und Zippora, die ebenfalls durch eine List ihre Ziele erreichen, und verbunden mit einer Szene, in der das Trinken von Alkohol eine Rolle spielt, Lots Töchter, Esther und Judith.
[437] BOWEN, God.
[438] Bis zu einem gewissen Grad sind diese Abweichungen durch das monotheistische Setting in Ez 14 zu erklären, doch zeigen sich bei Inanna und Enki andere Machtverhältnisse, wird Inanna von Enki doch als gleichgestellt angesehen.
[439] Zum Motiv der Verstockung siehe W. DIETRICH, Art. Verstockung, der die Rolle des Motivs besonders im Kontext der politischen Machthaber (Pharao in Ex 7–14 und Ahab in 1 Kön 22) herausstellt und mit dem Motiv der Macht verbindet: „Macht ist verführerisch, macht blind und taub." (a. a. O., Abschnitt 3).

Dass ein Gott zu einem guten Zweck die Menschen täuschen kann, ist besser durch eine andere Parallele aus den kulturellen Nachbarkontexten Israels zu erkennen. So betont Aischylos, dass sich ein Gott von „gerechter Täuschung" (ἀπάτης δικαίας) nicht fernhält[440] und auch bei Herodot und in der Ilias spielt das Motiv der Täuschung und Verleitung durch die Gottheit eine wichtige Rolle in der Durchsetzung des Gerechten durch die Götter in der menschlichen Welt.[441] Das Stichwort Gerechtigkeit ist dabei ein Schlüssel für die Interpretation auch von Ez 14, führt doch das Handeln Gottes zur Herstellung des Bundesverhältnisses und damit zum Überleben derer, mit denen neu anzufangen ist. Kann also ein Motivvergleich im altorientalischen Raum zeigen, dass auch Götter Techniken anwenden, die zumindest auf den ersten Blick als auf moralischer Ebene zu hinterfragender Trick erscheinen, zeigt die Verwendung in der griechischen Literatur, dass das Element der Täuschung durch die Götter dem Wohle derer dienen kann, die von den Göttern als gerecht angesehen werden.

Die prophetische Rede, die so entsteht, führt für die Fragenden nicht zum Leben, sondern zum Tod. Doch durch den auf diese Weise entstehenden Erkenntnisprozess kommt das Volk insgesamt, wie Ez 14,11 abschließt, dann doch zum Leben.[442] So beschreiben Hossfeld und Meyer die in Ez 14 auftretende Verkehrung der Prophetie überzeugend, wenn sie festhalten: „Betörte Prophetie ist die Aufhebung der Prophetie schlechthin und damit Gericht über das Volk als ganzes." Durch die „Pervertierung" der Prophetie wird das Gericht ermöglicht.[443]

Dieser Gedanke ist mit einem anderen Phänomen in dem durch verschiedene Stichworte (vor allem die גלולים) verknüpften Text Ez 20,23–25 zu verbinden. Nach Ez 20 hat Jhwh dem Volk Satzungen gegeben, die ebenfalls nicht zum Leben führten, da das Volk Frevel begangen hatte.

[23]Auch ich erhob ihnen gegenüber meine Hand in der Wüste, um sie unter die Völker zu zerstreuen und sie in die Länder zu verteilen, [24]weil sie meine Rechtssätzen (משפטי) nicht ausgeführt haben und meine Satzungen (וחקותי) missachtet und meine Sabbate entweiht haben und hinter den Götzen ihrer Vorfahren (גלולי אבותם) waren ihre Augen her. [25]Auch ich habe ihnen Satzungen (חקים) gegeben, die nicht gut waren, und Rechtssätze (ומשפטים), durch die sie nicht leben konnten.

Auch hier fällt die Verquickung aus menschlicher Versündigung und göttlicher Reaktion auf. Die Menschen haben die guten Dinge, die sie von Gott bekommen haben, missbraucht, sodass er im Gegenzug die gleichen Wege genutzt hat, um ihnen als Reaktion zu schaden. Doch auch in diesem Abschnitt ist das Ziel des

---

[440] Aischyl. frg. 601 (METTE). Siehe zu diesem überlieferten Satz oben S. 76 Anm. 271.
[441] Breiter zum Motiv der Täuschung in der griechischen Literatur oben S. 76 f.
[442] Gerade ZIMMERLI, Ezechiel 1–24 (BKAT 13), 313 f., macht diesen Aspekt stark, indem er als Gottes Intention angibt, er wolle „töten, um zu heilen" und zusammenfasst: „Es liegt ein ungelöstes Geheimnis über dem Wort 14 1–11 […] Und dieses ungelöste Geheimnis ist eine Verheißung."
[443] HOSSFELD/MEYER, Prophet gegen Prophet, 120.

göttlichen Handelns am Ende ein lebensförderliches. Denn in V. 26 folgt nach dem Gedanken der Verunreinigung, die ebenfalls durch Jhwh ausgelöst wurde, als Zielangabe seines Handelns die Formel der Gotteserkenntnis: Damit sie erkannten, dass ich Jhwh bin. Auch diese Ausrichtung verbindet den Text mit Ez 14,1–11.[444]

Beide Texte halten somit fest, dass die bestehenden und eigentlich guten Wege des Erkennens der göttlichen Weisung in Gesetz und Prophetie, wenn sie von menschlicher Seite zerstört werden, auch zum Werkzeug des göttlichen Unheilshandelns werden können. Erst wenn die Menschen ihre Schuld – schmerzhaft – erkennen, wird die Störung der Kommunikation aufgehoben werden. Ez 14,1–11 führt damit anhand des Redens des Propheten in doppelter Weise vor, dass Prophetie, wenn sie von menschlicher Seite zerstört wird, auch von göttlicher Seite verkehrt wird. Dieser entzieht zunächst seine Antwort in der rhetorischen Frage in V. 3, gibt sie dann jedoch, indem er als Antwort die so fragenden Menschen vernichten wird (V. 4; 7 f.). Analog dazu verbietet er seinem Propheten die Antwort, beteiligt sich an einer solchen doch und führt durch sie wiederum zur Vernichtung der Fragenden.

Die Verfälschung des prophetischen Redens wird in einem anderen Text ebenfalls auf die himmlische Sphäre zurückgeführt, jedoch nur indirekt durch Gott, sondern durch einen Mittler hervorgerufen. Das Auftreten eines Geistes der Täuschung in 1 Kön 22 und die prophetischen Ratschläge, die dem judäischen und israelitischen König gegeben werden, sind unter diesem Blickwinkel hinzuzunehmen.

3.3.2 *1 Kön 22: Ein Geist der Täuschung und das Herrschaftswissen der Könige*

Ein Geist der Täuschung, des Trugs oder der Falschheit (רוח שקר) beeinflusst Propheten in ihrer Rolle als königliche Berater. Die in 1 Kön 22,1–38 erzählte Geschichte um den israelitischen König Ahab und den judäischen König Joschafat und ihren Umgang mit dem prophetischen Wort von 400 Heilspropheten und dem des notorisch kritischen Micha ben Jimla berührt gleich zwei für die thematische Beschäftigung mit falscher und unerfüllter Prophetie grundlegende Fragen. So kann an diesem Text zunächst das gerade aus Mesopotamien bekannte Motiv des Herrschaftswissens im Kontext der politischen Divination am Hof betrachtet werden, denn ein Hauptaspekt der Erzählung liegt bei den

---

[444] Die Verbindung dieser beiden Passagen unterstreicht neben anderen auch CRENSHAW, Conflict, 87. Betont man den sakralrechtlichen Aspekt in Ez 14,1–11 stärker, so wird die Parallele zwischen den Texten noch enger. So spricht GREENBERG, Ezechiel 1–20 (HThKAT), 290, auch im Blick auf Ez 14 von einer neuen Tora, die erlassen wird. Weder in Ez 14 noch in Ez 20 wird jedoch der Inhalt einer solchen neuen Weisung genauer bestimmt.

verschiedenen Reaktionen der beiden Herrscher auf prophetische Worte. Sodann beleuchtet der Text, zumindest in seinem jüngeren Umfang, auch die Frage nach der negativen Beeinflussung der Prophetie durch Gott und seinen himmlischen Hofstaat. Diesen in Bezug auf Ez 14,1–11 bereits betrachteten Gedanken gilt es in diesem weit ausführlicheren Text weiter nachzugehen.

Um diese Dynamiken erkennen zu können, sei kurz der Ablauf der erzählten Ereignisse skizziert: Bereits zum dritten Mal kommt es laut 1 Kön 22 zu einer Auseinandersetzung mit den Aramäern unter der Herrschaft von Ben-Hadad. So führt die Frage der genuinen Zugehörigkeit von Ramot-Gilead den – an dieser Stelle wie fast durchgängig in 1 Kön 22,1–38 namenlosen – König von Israel zu dem Entschluss, einen Rückeroberungsfeldzug zu beginnen. Der judäische König Joschafat erklärt – als Vasall Israels – seine Unterstützung, besteht jedoch auf der Einholung eines göttlichen Wortes zur Absicherung des Vorhabens. Etwa 400 Propheten am Hof geben gemeinsam ein Wort, das, zumindest in der Interpretation der beiden Könige, den Entschluss zum kriegerischen Vorhaben bestärkt. Doch beharrt Joschafat auf einer weiteren Befragung. Micha ben Jimla, der vom israelitischen König als jemand eingeführt wird, der stets das Schlechte ankündigt, wird hinzugerufen. Die 400 Propheten wiederholen animiert durch eine äußerst heilsverheißende Symbolhandlung des Propheten Zedekia ihren Spruch. Bei der Befragung wiederholt auch Micha trotz seiner Ankündigung, das auszurichten, was Jhwh ihm sagen wird, den bereits bekannten Prophetenspruch. Erneut greift Joschafat ein und beschwört Micha, nichts als die Wahrheit zu sagen. Dieser gibt nun zwei Visionsschilderungen wieder. Zunächst das Bild der zerstreuten Herde ohne Hirten, das nun eindeutig als Unheilsankündigung zu identifizieren ist. Die zweite Schilderung betrifft eine Szene im himmlischen Hofstaat, bei der sich ein Geist anbietet, als Geist der Täuschung im Mund der Propheten dafür zu sorgen, dass, wie Jhwh es wünscht, Ahab in den Krieg zieht, um dort zu sterben. Es folgt die Kriegsschilderung, an deren Ende trotz einer Verkleidungslist – Joschafat und Ahab tauschen die Kleider – der israelitische König tödlich verwundet wird.

Bevor auf die Rolle der (falschen) Prophetie in 1 Kön 22 eingegangen werden kann, ist es unerlässlich, nach der Entstehung des komplexen Textes zu fragen. So wird sich zeigen, dass auf verschiedenen literarischen Ebenen unterschiedliche Grundfragen im Bereich der (politischen) Prophetie narrativ erörtert werden.

Die Entstehungsgeschichte von 1 Kön 22 wird seit langem kontrovers diskutiert. Auf der einen Seite wird die These einer fast vollständigen literarischen Einheitlichkeit des Textes vertreten. So spricht sich etwa Winfried Thiel für die Wahrnehmung des Textes als wohlkomponiertes Ganzes aus und verortet diesen im spätkönigszeitlichen Juda.[445] Insgesamt gibt es jedoch insbesondere fünf Auf-

---

[445] So bei THIEL, Könige (BKAT 9/2), 616–621, auch mit ausführlichem Forschungsüberblick. Als Ergänzungen betrachtet er lediglich V. 1.2a.28b.31a.35bβ.38. Zu den Begründungen

fälligkeiten, die im Laufe der Forschungsgeschichte zur literarischen Aufteilung der Texte führten und die bei der Annahme einer Entstehung in einem Zug zu erklären sind:

1. Zunächst fällt auf, dass Micha ben Jimla in der Kriegsbeschreibung (V. 1–4; 29–38) selbst nicht (mehr) vorkommt und auch genereller das Thema Prophetie keine Rolle spielt. Micha verschwindet plötzlich aus dem Fokus der Erzählung.[446] Weder wird das Eintreffen des angekündigten Unheils in Bezug auf Michas Rolle reflektiert, wie von Micha in V. 28 als Erfüllungskriterium thematisiert, noch das Schicksal seines Kontrahenten Zedekias angesprochen, dem Micha in V. 25 Unheil angesagt hatte. Darüber hinaus ist die im Anschluss an V. 4 doppelte Redeeinleitung durch Joschafat mit erneuter Namensnennung in V. 5 auffällig. So wurde, besonders von Ernst Würthwein,[447] die Aufteilung in eine ältere Kriegserzählung und stufenweise hinzugekommene Erzählungen um das Thema Prophetie vorgeschlagen.

2. Während der König von Israel – mit Ausnahme von V. 20 – namenlos bleibt und nur mit seiner Amtsbezeichnung benannt wird, trägt der judäische König seinen Namen Joschafat.[448] So wurden verschiedene Schichtungen vor-

---

siehe a. a. O., 623 f. Zur Verortung des Textes a. a. O., 624. Für die literarische Einheitlichkeit des Kapitels votiert auch REHM, Das erste Buch der Könige, 215 f.

[446] So auch KNAUF, 1 Könige 15–22 (HThKAT), 486. H. WEIPPERT, Ahab, 459, weitet das merkwürdige Abtreten der Personen auch auf die anderen Protagonisten aus und unterstreicht damit die Anzeichen literarischen Wachstums. So stirbt Ahab gleich dreimal (V. 35.37.40), Jochafat kommt nach seinem Schrei (V. 32) nicht mehr vor und auch die an den Propheten gerichtete Drohung bezüglich seines Schicksals (V. 25) wird narrativ nicht mehr eingeholt.

[447] Vgl. WÜRTHWEIN, Könige (ATD 11/2), 255–260. Dieser grundsätzlichen Aufteilung folgen u. a. auch HOSSFELD/MEYER, Prophet gegen Prophet, 29–36, und SCHMITZ, Prophetie, 338, auf Grund der Gestaltung der Szenen, sowie FRITZ, Das erste Buch der Könige (ZBK 10/1), 195–199 (mit zudem sekundären Teilen in V. 10–12.19–23.24.25.). Eine alte Kriegserzählung als Grundschicht (aus dem 7. Jh. v.Chr.) erkennt auch KNAUF, 1 Könige 15–22 (HThKAT), 483 f., die dann durch eine Prophetenredaktion und eine in hasmonäischer Zeit entstandene Tora-Prophetenredaktion erweitert wurde. S. OTTO, Jehu, 214 f. (dort auch mit einem Forschungsüberblick), weist jedoch darauf hin, dass einer Grunderzählung ohne das Thema Prophetie und damit ohne Unheilsankündigung die Motivation zum Kleiderwechsel der Könige fehlen würde, sodass sie (in Anschluss an Hentschel) 1 Kön 22,2b–3.5 f.9–15a.17.24–28bα.29–35bα.36 f. als Grundschicht ansieht, die die ältere Tradition in V. 3.34–37* aufgenommen hat. Explizit gegen eine Schicht, in der Micha noch keine Rolle spielt, wendet sich DE VRIES, Prophet, 25–30, der – nach Abzug einiger von ihm textkritisch begründet als Nachträge angesehener Verse – zu einer Aufteilung in zwei Erzählungen kommt, wobei er der ersten Erzählung (Narrative A) 1 Kön 22,2b–4a.4bβ–9.15–18.26–37 zuordnet.

[448] Zum historischen Problem der Verknüpfung der Kriegserzählung, die nur namenlos vom König spricht, mit Ahab siehe die Ausführungen bei WÜRTHWEIN, Könige (ATD 11/2), 261 f. Zur Frage des historischen Gehalts der Erzählung um Ramot Gilead und der Berichte um den König Ahab siehe KNAUF, 1 Könige 15–22 (HThKAT), 489–492, zum Ort auch THIEL, Könige (BKAT 9/2), 632–634. HENTSCHEL, Israel, 196–198, bezieht die Erzählung in Anschluss an Schmitt auf den König Joram, dessen Konflikte mit den Aramäern und dessen Verbindung zu Ramot-Gilead auch an anderer Stelle genannt werden (vgl. 2 Kön 8,28; 9,14 f. und die Tell Dan-Stele).

geschlagen, in denen Joschafat erst später ergänzt wurde.[449] Da Joschafat als judäischer König deutlich positiver gezeichnet ist, wird hinter diesem Erzählzug eine judäische Perspektive vermutet. Mit Thiel ist jedoch daran festzuhalten, dass der judäische König für die Erzählung unentbehrlich ist.[450] Gerade die Dynamik zwischen den beiden Königen ist ein wesentliches Element des Textes, wie es im folgenden Abschnitt zur Rolle der Könige gezeigt wird.

3. Die Rolle des prophetischen Gegenspielers Zedekia, der eine vom restlichen Text abweichende Diskussion um den Geistbesitz hervorruft und dessen Schicksal im Kriegsbericht ebenfalls unerwähnt bleibt, sowie die Wiederholungen in der Beschreibung der Szenerie führen neben anderen Würthwein, Stipp und Oswald zur Annahme einer Zedekia-Bearbeitung (V. 10–12; 24 f.).[451]

4. Auch im Bereich der Visionen Michas sind Differenzen zu erkennen. So stehen in V. 17 und V. 19–23 zwei in Form und Inhalt unterschiedliche Schauungen hintereinander, die sich auch in ihrem zeitlichen Bezug unterscheiden.[452] Das Herdenbild zeigt die zu erwartende Zukunft an, während die Szene im himmlischen Hofstaat mit dem Element des Geistes der Täuschung eine Begründung für die bereits erfolgten Prophetenworte liefert und damit die hermeneutische Funktion einer Metareflexion bietet. Es erfolgt zudem keine inhaltliche Reaktion des Königs auf die zweite Schauung. Auffälligerweise wird nur in V. 20 Ahab mit seinem Namen genannt, worin sich der Abschnitt stilistisch von der gesamten restlichen Erzählung unterscheidet.[453] So empfiehlt es sich, die Verse 19–23 als Hinzufügung zu betrachten.[454]

---

[449] So – mit deutlichen Unterschieden in der Abgrenzung – bei SCHWEIZER, Versuch, STECK, Bewahrheitungen (auf überlieferungsgeschichtlicher Ebene), STIPP, Elischa, 176–229, und H. WEIPPERT, Ahab, 466–477. Zur Kritik an Weipperts Rekonstruktion, bei der eine sehr schmale Grundschicht (V. 3.11.29*.34.35aα.b) angenommen wird, siehe THIEL, Könige (BKAT 9/2), 618. Für einen Überblick siehe auch HENTSCHEL, Israel, 193–195.

[450] Vgl. THIEL, Könige (BKAT 9/2), 620.

[451] Vgl. WÜRTHWEIN, Könige (ATD 11/2), 259 f., STIPP, Elischa, 176–229, und OSWALD, Ahab, 3 f. Der Beurteilung schließt sich auch C. SCHNEIDER, Krisis, 25 f., für V. 11.24 f. an. Die Wiederholung des nun noch gesteigerten göttlichen Wortes durch die 400 Propheten setzt jedoch die Zedekia-Szene voraus, sodass eine Trennung zwischen V. 11 und V. 12 weniger überzeugt. STECK, Bewahrheitungen, 93 f., hält die Annahme einer Zedekiabearbeitung für möglich. Auch DE VRIES, Prophet, 25–30, kommt zu dem Schluss, dass die Szene um Zedekia einer anderen – und unabhängigen – Grunderzählung zuzuordnen ist, verbindet diese jedoch mit der himmlischen Thronratsszene. So besteht sein „Narrative B" aus 1 Kön 22,10–12a.14.19–25*.

[452] Hierzu gehört auch die Nähe zu Jes 6 – vgl. dazu HOSSFELD / MEYER, Prophet gegen Prophet, 33 f., und DAFNI, Prophetie, 381–385.

[453] THIEL, Könige (BKAT 9/2), 620, sieht hingegen in der einzigen namentlichen Nennung Ahabs in V. 20 einen Schlüssel zum gesamten Text und unter anderem deshalb den Abschnitt um die Thronratsvision als hermeneutischen und damit nicht literarkritisch heraustrennbaren Schlüssel für die Gesamterzählung an.

[454] Vgl. dazu WÜRTHWEIN, Könige (ATD 11/2), 260. Siehe auch die ausführliche Argumentation bei HOSSFELD / MEYER, Prophet gegen Prophet, 32–34, und R. SCHMITT, Mantik, 129.

5. Sicher ein späterer Zusatz ist der auch textkritisch beurteilt auffällige Höraufruf an die Völker in 1 Kön 22,28b (ויאמר שמעו עמים כלם). Er verbindet durch den Anklang an Mi 1,2, der in der Erzählung um Micha ben Jimla keine überzeugende Funktion hat, die Figur des hier vorkommenden Propheten Micha nachträglich mit dem Michabuch.[455]

Die genannten Auffälligkeiten führten Würthwein zur Rekonstruktion der Entstehung von 1 Kön 22,1–38 in vier Stufen, die auch den folgenden inhaltlichen Überlegungen in diesem Abschnitt zum Teil modifiziert zu Grunde gelegt wird.[456] In eine ältere Kriegserzählung (V. 2b–4.29–37*[38]), die das Thema Prophetie noch nicht berührt, wurde stufenweise eine Erzählung um die Auseinandersetzung zwischen Propheten eingefügt. Die Grunderzählung des Mittelteils (V. 5–9.13–18.26–28a) berichtet von den 400 Hofpropheten, die dem König Heil ansagen, und Micha, der dem König Unheil ansagt. In einem zweiten Schritt wurde der Konflikt mit dem Propheten Zedekia integriert, in der es um Geistbesitz geht (V. 10–12.24 f.) und erst als letzter Schritt die himmlische Hofratsszene (19–22.[23]).

3.3.2.1 Das Herrschaftswissen und die Rolle der Könige in 1 Kön 22

Der Fokus dieser Untersuchung liegt auf der Rolle der (unerfüllten) Prophetie und breiter dem Umgang mit prophetischen Worten in politischen Diskursen. So liegt es nahe, nicht bei einer möglichen Vorstufe, einer Kriegserzählung ohne Bezug auf die Propheten, einzusetzen, sondern auch literargeschichtlich an dem Punkt, an dem prophetische Aussprüche zum Diskussionspunkt der Erzählung werden. Zudem wird der Text schon in seiner Einbindung in den Kontext des Ersten Königebuches wahrgenommen.[457] Den folgenden Ausführungen liegt also 1 Kön 22,1–9.13–18.26–28a.29–38* und mit Einschränkungen die beiden Zedekiaszenen in V. 10–12.24 f. zu Grunde.

In dieser Erzählung geht es zentral um die Einbindung prophetischer Ratschläge bei der Kriegsführung. Die Notwendigkeit der Einholung eines Rats durch die divinatorischen Spezialistinnen und Spezialisten ist aus den alttestamentlichen Kriegsschilderungen bekannt. Auch in Mesopotamien und Griechenland war es unerlässlich, vor jeder politischen Entscheidung den Willen der Götter auf diese Weise zu ergründen. Nur mit Hilfe des Rats der Spezialisten und Spezialistinnen konnte der König genug Wissen haben, um eine Entscheidung zu fällen. 1 Kön 22 verbindet diese Ergründung mit den Mitteln der Prophetie und zeigt darin auch Unterschiede zu älteren Beschreibungen,

---

[455] Vgl. zu dieser weit akzeptierten Zuordnung stellvertretend THIEL, Könige (BKAT 9/2), 623, und H. WEIPPERT, Ahab, 477.
[456] Vgl. WÜRTHWEIN, Könige (ATD 11/2), 255–260.
[457] Zu den Verknüpfungen in 1 Kön 22,1 f. siehe THIEL, Könige (BKAT 9/2), 623.

die den Einsatz weiterer Orakelpraktiken erwähnen.[458] Die klare Ja oder nein-Frage, die Ahab den Propheten stellt, steht ganz in der Tradition altorientalischer Orakelbefragungen.[459] Im Ablauf von 1 Kön 22 fällt unmittelbar auf, dass die Initiative zu dieser unerlässlichen Befragung vom judäischen König Joschafat ausgeht. Und während Ahab zunächst bei seinen eigenen Propheten noch ohne Zögern zustimmt, sinkt diese Bereitschaft im Laufe der Erzählung merklich.[460] Entscheidend ist dabei, mit welchem Argument Ahab sich gegen die Befragung Michas stellt. So gibt er in V. 8 zu, diesen zu verabscheuen, weil er ihm nie gute (טוב), sondern stets schlechte Dinge (רע) ansage. Mit dieser Erklärung wird deutlich, dass Ahab die Prophetie nicht als unabhängige Stimme begreift, sondern als Instrument der Bestätigung seiner bereits vorher gefällten Entscheidungen. Dass Ahab den dann eingeholten wichtigen Spruch missachtet,[461] ist der in 1 Kön 22 behandelte Kernpunkt. Kritik an einer solchen Haltung gegenüber den divinatorischen Beratern und Beraterinnen lässt sich unmittelbar im Alten Orient finden.

So konnte im Rahmen der Ausführungen zur neuassyrischen Prophetie gezeigt werden, dass gerade die Notwendigkeit der Ausrichtung auch negativer Worte und Zeichen unerlässlich ist. Die im Brief des Astrologen Bel-ušezib verwendeten Qualifizierungen – und auch die gleiche Begrifflichkeit im neuassyrischen Nachfolgeeid Asarhaddons – zeigen, dass auch Ahab in 1 Kön 22 die nicht guten Worte hören muss, um ihnen entsprechend handeln zu können.[462] Bel-ušezib bittet in diesem Brief den König um einen höheren Lohn, da er im Gegensatz zu seinen Vorgängern, die Omenberichte für den König nicht zensieren würde und ihm auch die Zeichen ausrichten würde, die nicht gut für den König sind. Schlechte Zeichen hatten seine Vorgänger dem König als undeutbar berichtet, sodass er nicht auf diese reagieren konnte und der Einfall eines Dämons die Folge war.

Dass auch die Haltung des Königs, diese Ankündigungen nicht hören zu wollen, kein Einzelfall ist, zeigt die ebenso emotional-ablehnende Reaktion, die Agamemnon gegenüber dem Seher Kalchas formuliert:

---

[458] Zur Befragungspraxis siehe HOSSFELD/MEYER, Prophet gegen Prophet, 30. Insgesamt zur wichtigen Rolle der Mantik im Rahmen der Herrschaftsausübung R. SCHMITT, Mantik, 83–85.

[459] Vgl. dazu oben Kap. 2.2.2 zu den Mechanismen der Absicherung in der altbabylonischen Divination und der Notwendigkeit der überlegten Formulierung der Fragen.

[460] Zum unterschiedlichen Verhalten der beiden Könige gegenüber den Propheten siehe auch DAFNI, Prophetie, 368–372.

[461] Siehe dazu auch THIEL, Könige (BKAT 9/2), 668.

[462] Zum Brief (SAA 10 109; ABL 1216) und dieser Interpretation von § 10 des Nachfolgeeids siehe oben Kap. 2.3.2.

Oh Seher der schlechten Dinge (μάντι κακῶν), der mir niemals etwas Gutes gesagt hat. Immer die bösen Dinge erfreut sich dein Herz zu verkünden, aber ein gutes Wort hast Du noch nie gesprochen oder vollendet.[463]

Joschafat handelt somit in zweifacher Weise vorbildlich. So möchte er zum einen auch die Gefahr eingehen, die Worte zu hören, die nicht gut sind, und bestärkt dabei Micha in V. 16 sogar, ihm nichts als die Wahrheit zu sagen. Zum anderen beendet er seine Befragung nicht nach dem ersten prophetischen Wort, sondern holt weitere ein. Die Praxis einen weiteren Orakelspruch einzuholen, ist ebenfalls aus dem Alten Orient und vor allem aus dem griechischen Raum bekannt. Es besteht die Notwendigkeit der Absicherung durch erneutes Nachfragen und besonders durch die Kombination verschiedener divinatorischer Praktiken. Gerade der an Krösus gerichtete Vorwurf, er habe seinen eingeholten Orakelspruch nicht durch Nachfragen in der Deutung überprüft, ist in diesem Zusammenhang relevant, worauf zurückzukommen ist.[464]

Der Schlüssel zur Interpretation des Kapitels liegt in der dreimal vorkommenden prophetischen Aufforderung, in den Krieg zu ziehen, in V. 6 und 12 aus dem Munde der 400 Propheten und in V. 15 gesprochen von Micha. Auf die Frage des Königs, ob er nach Ramot-Gilead ziehen solle, antworten die Propheten:[465]

⁶Sie sprachen: Zieh hinauf und der/mein Herr wird/möge in die Hand des Königs geben (עלה ויתן אדני ביד המלך).

Auf den ersten Blick scheint es sich bei dieser Botschaft um ein Heilswort zu handeln, doch ist diese Zuordnung nicht so eindeutig wie es zunächst aussieht.[466]

---

[463] Hom. Il. 1.105–108. Siehe dazu oben S. 74 f. Vgl. dazu auch OSWALD, Ahab, 11 f. Dieser geht sowohl bei den Parallelen zu Herodot – siehe unten S. 197–200 – als auch zur Ilias davon aus, dass der Verfasser 1 Kön 22 Erzählungen und Motive aus dem Alten Orient kannte, die auch von Herodot benutzt wurden. Je später 1 Kön 22 datiert wird, desto plausibler wird auch ein griechischer Einfluss. Zum parallel formulierten Vorwurf an die beiden Seher/Propheten vgl. auch GERHARDS, Homer, 228 f., der jedoch auch auf die Differenzen im Setting hinweist und sich gegen die Annahme eines gleichen *plots* durch Oswald ausspricht. Geht es jedoch nicht darum, eine Gleichheit der Erzählungen herauszuarbeiten, sondern das Motiv des Vorwurfs der Regenten bezüglich schlechter Ankündigungen und herrschaftskritischer Sprüche breiter einzuordnen, so bleibt der Vergleich sinnvoll und weiterführend.

[464] Siehe dazu unten S. 199.

[465] Im babylonischen Talmud (Gemara) bSan 89a wird als kritisch angesehen, dass die Propheten alle im selben Wortlaut sprechen, zeichnet sich wahre Prophetie doch dadurch aus, dass die Formulierungen der Propheten variieren, wenn auch der Inhalt konstant bleibt. Diese Einschätzung wirft auch ein Licht auf die Freiheit der Propheten in der Formulierung ihres Wortes, siehe dazu oben in der Einleitung S. 2 Anm. 2.

[466] STIPP, Elischa, 181, sieht ein uneingeschränktes positives Wort in 1 Kön 22,6, und auch WÜRTHWEIN, Könige (ATD 11/2), 258, sieht die Ansage der Propheten in V. 6 als ein klares Ja an.

Der kurze Spruch weist mehrere Besonderheiten und Leerstellen auf, die dazu führen, dass die Ansage in mehrfacher Hinsicht doppeldeutig zu verstehen ist:[467]
1. Es fehlt ein Objekt der Übergabe.[468] So kann es sich um Ramot Gilead handeln, wie es die Frage nahelegt und auch Ahab es annimmt, doch kann es sich auch um das Du und damit den fragenden König handeln.
2. Der Titel המלך entspricht zwar der weitgehenden Namenlosigkeit des israelitischen Königs in 1 Kön 22, doch fällt bei der Betrachtung des Spruchs auf, dass nur von dem König gesprochen wird. Ist es Ahab oder doch Joschafat oder der König Arams?[469] Füllt man beide Leerstellen in dieser Richtung, so kann es sich auch um Ahab handeln, der in die Hand des Königs von Aram gegeben wird.[470]
3. Die Übergabeformel kann als Ergebnis, jedoch auch als Wunsch verstanden werden.[471]

Der israelitische König hört von einer Doppeldeutigkeit nichts. Baumgart bringt dies prägnant auf den Punkt: „Man ‚hört' bekanntlich entsprechend der eigenen Disposition, filtert aus und ‚hört heraus'."[472] Dies gilt jedoch nicht nur für den König, sondern auch für die Rezipientinnen und Rezipienten des Textes.[473] Zu diesem Punkt der Erzählung liegt es nahe, das Wort als Heilswort zu verstehen. Erst am Ende der Erzählung, im Rückblick, kann sich manches als trügerisch und zugleich doch als wahr erweisen. Dieser Zug der Erzählung ist keinesfalls singulär, er kann innerhalb des Alten Testaments in deuteronomistischen Kontexten etwa auch in Bezug auf die prophetischen Ankündigungen zum Schicksal Josias und Zedekias erkannt werden.[474]

---

[467] Auch in der Version der LXX ist diese doppelte Leerstelle erkennbar: ἀνάβαινε καὶ διδοὺς δώσει κύριος εἰς χεῖρας τοῦ βασιλέως.

[468] Vgl. CRÜSEMANN, Elia, 111–113, zum fehlenden Objekt in der Übergabeformel. SCHWEIZER, Versuch, 3, fragt in Bezug auf das fehlende Objekt in der Übergabeformel: „Ist Mehrdeutigkeit beabsichtigt?" Auch die Bezeichnung אדני ist in der Sprechsituation nicht eindeutig zuzuordnen. Handelt es sich um den irdischen Herrn oder die Gottesbezeichnung, die jedoch für die Königebücher in der Verwendung nicht typisch ist. Die Doppeldeutigkeit in der Benutzung von אדני, was auch eine Deutung auf den irdischen Herrn, also den König erlaubt, wird in einigen hebräischen Handschriften durch die Benutzung des Tetragramms in V. 6 – wie in V. 12 und 15 – aufgehoben.

[469] Beide Auffälligkeiten werden betont bei OSWALD, Ahab, 7. Kritisch gegen jede Doppeldeutigkeit wendet sich THIEL, Könige (BKAT 9/2), 641 f., der in der Bezeichnung „des Königs" statt der direkten Anrede den Hofstil erkennt.

[470] Vgl. dazu OSWALD, Ahab, 7 f.

[471] SCHMITZ, Prophetie, 248–250, unterstreicht, dass die Aussage der Propheten polysem formuliert sei. Dies bezieht sich auf das Verständnis als Ansage oder Wunsch, aber auch auf die Zuordnung der Objekte und Personen.

[472] BAUMGART, Ahab, 73. Für die Annahme der Zweideutigkeit vgl. auch a.a.O., 79.

[473] Vgl. SCHMITZ, Prophetie, 324 f.

[474] Siehe dazu unten insgesamt Kap. 4.

In der zweiten Wiederholung des Wortes in V. 12 – und damit wohl in der ergänzten Zedekia-Schicht – findet sich eine auffällige Erweiterung. Zunächst tritt Zedekia auf und spricht verbunden mit einem symbolischen Akt ein Gotteswort, das den Sieg eindeutig ansagt:[475]

[11]Und Zedekia, der Sohn Kenaanas, machte sich eiserne Hörner und sprach: So spricht Jhwh: Durch diese wirst du Aram niederstoßen, bis du sie vernichtest (באלה תנגח את־ארם עד־כלתם).

Von dieser Aktion angeregt sprechen nun auch alle Propheten:

[12]Und alle Propheten weissagten genauso und sprachen: Zieh hinauf nach Ramot Gilead und sei erfolgreich! Jhwh wird (es) in die Hand des Königs geben (עלה רמת גלעד והצלח ונתן יהוה ביד המלך).[476]

Einige Veränderungen fallen auf. Zum einen heißt es nun nicht mehr ויתן, sondern ונתן. Die Möglichkeit der Interpretation als Wunsch ist nun nicht mehr gegeben. Zudem wird neben der Angabe des geographischen Ziels ein weiterer Imperativ ergänzt: והצלח – sei erfolgreich. Wiederum fällt die Unpersönlichkeit der Formulierung auf, da der Urheber dieses Erfolgs nicht genannt wird.[477] Die Unbestimmtheit der Übergabeformel bleibt jedoch bestehen.

Dass es sich bei dieser Szenerie vermutlich um einen Einschub handelt, zeigt auch, dass der Ablauf auf Seiten der Könige ohne Veränderung in V. 13 fortgesetzt wird und unmittelbar an V. 9 angeknüpft wird. Die Szene auf der Tenne wirkt in der jetzigen Form als Ausschmückung der Pause bis zur Rückkehr des Boten und des nun neu auftretenden Micha ben Jimlas, der vom Boten gebeten wird, wie die anderen Propheten Gutes anzusagen. Micha weist dies mit dem Hinweis zurück, dass er genau das sagen werde, was Jhwh ihm auftragen werde. So erstaunt seine Ankündigung, denn ein drittes Mal wird das Wort nun wieder-

---

[475] Dabei verwendet Zedekia im Gegensatz zu den anderen Propheten nun die Botenspruchformel und markiert sein Wort somit eindeutig als Ausspruch Jhwhs. In babylonischen Talmud bSan 89a dient Zedekia jedoch als Beispiel für einen Falschpropheten, da er etwas prophezeit, was er nicht gehört hat.

[476] Auch in der LXX findet sich an dieser Stelle im Vergleich zu V. 6 die Ergänzung des Erfolgreich-Seins. Doch wird im Gegensatz zum MT hier nun deutlich, wer in wessen Hand gegeben wird. So wird auch der König Arams dem angeredeten König Israels übergeben werden: ἀνάβαινε εἰς Ρεμμαθ Γαλααδ καὶ εὐοδώσει καὶ δώσει κύριος εἰς χεῖράς σου καὶ τὸν βασιλέα Συρίας.

[477] Die hier verwendete Hiphil-Form sagt zunächst das Erfolgreich-Machen eines Gegenübers aus. So wird im Normalfall die auslösende Person genannt (vgl. Gen 24,21, Ps 118,25 mit Jhwh als Urheber des Erfolgs). Fehlt diese Angabe jedoch, so wird das eigene Erfolgreich-Sein ausgedrückt (vgl. u. a. Prov 28,13 und Jer 2,37 in der Negation). Eine Hiphil-Imperativform ohne Angabe des Verursachers gibt es neben den direkten Chronikparallelen (2 Chr 18,11.14) jedoch nur in 2 Chr 20,20. So bleibt die Verwendung dieser Form verbunden mit den weiteren fehlenden Elementen im Spruch durchaus bemerkenswert. So vermerkt auch BAUMGART, Ahab, 84, dass zumindest nicht explizit gesagt sei, dass Jhwh Ahab etwas gelingen ließe, oder man auch an Teilerfolge denken könnte.

holt. Dabei stimmt der Wortlaut abgesehen von der Nennung des Ortes exakt mit V. 12 überein.[478]

[15]Und er kam zum König und der König sprach zu ihm: Micha, sollen wir nach Ramot-Gilead zum Kampf ziehen oder sollen wir es unterbleiben lassen? Er sprach zu ihm: Zieh hinauf und sei erfolgreich! Jhwh wird (es) in die Hand des Königs geben (עלה והצלח ונתן יהוה ביד המלך).[479]

Michas Wiederholung des Spruches stellt vor Probleme.[480] Geht man davon aus, dass es sich um eine falsche Ankündigung handelt, so gilt es zu erklären, warum Micha dieses Wort nach der Beteuerung im vorherigen Vers, er würde das sprechen, was Jhwh ihm sagen würde, gibt. So wurde immer wieder betont, Micha wolle die anderen Propheten durch sein Wort nur imitieren und seine Äußerung müsse ironisch verstanden werden.[481] Doch müssen alle, die davon aus-

---

[478] So liegt es nahe, dass die beiden Worte, die sich von V. 6 unterscheiden, voneinander abhängig sind. Entweder wurde der Einschub in V. 12 nach dem Michawort gestaltet oder aber das Michawort an diesen angeglichen. Dies bezieht sich auf die veränderte Form von נתן, aber vor allem auf die Einfügung des והצלח. GRESSMANN, Geschichtsschreibung, 280, geht hingegen davon aus, dass, da Micha ja die Wahrheit sprechen muss, wie er es direkt zuvor selbst zugesagt hat, das von ihm gesprochene Wort in V. 15 dem der Propheten in V. 6 entsprochen haben muss und somit die gleiche Zweideutigkeit aufwies. Die Ansage des Erfolges – wie in V. 12 – hält Greßmann für eine spätere Einfügung, die den ursprünglichen Sinn somit verstellt hat. Diese Variante stärkt die – auch hier vertretene – These der Mehrdeutigkeit, doch muss sich die Annahme einer späteren Einfügung der Anfrage stellen, ob diese Rekonstruktion nicht vom erhofften Ergebnis her gedacht ist. Zudem bleibt die Änderung des נתן zu erklären. Da auf der jüngsten Textebene die Worte jedoch über den Geist der Täuschung erklärt werden, kann es auch in dieser Phase zu einer Angleichung und damit Verschiebung der Pointen gekommen sein.

[479] An dieser Stelle bietet auch die LXX erneut die aus V. 6 bekannte offenere Formulierung des zweiten Teils ἀνάβαινε καὶ εὐοδώσει καὶ δώσει κύριος εἰς χεῖρα τοῦ βασιλέως. Im Gegensatz dazu gibt 2 Chr 18,14 eindeutig an, in wessen Hand gegeben werden wird – in dieser Variante ist zudem ein Numeruswechsel zu erkennen. Der judäische König wird so in die Ansage integriert, wie es auch der vorherigen Darstellung von 2 Chr 18 entspricht: Und er kam zum König, und der König sprach zu ihm: Micha, sollen wir nach Ramot-Gilead zum Kampf ziehen (הגלד), oder soll ich es unterbleiben lassen (אחדל)? Und er sprach zu ihm: Zieht hinauf, und seid erfolgreich und sie werden in *eure* Hand gegeben werden (וינתנו בידכם).

Eine weitere Änderung zwischen 1 Kön 22 und 2 Chr 18,13 f. ist für das Verständnis der Geschichte in der Chronik-Version erhellend. So fehlt in V. 14 im Vergleich zur hebräischen Version in 1 Kön 22 die explizite Nennung Jhwhs und die Übergabeformel ist passivisch formuliert. MICHEEL, Seher- und Propheten-Überlieferungen, 28 f., sieht hier eine Abmilderung des Wortes gegeben, sodass der Spruch nicht ein Gotteswort durch Micha darstellt, sondern als Aufnahme der vorherigen Worte identifiziert werden kann. Auch MASKOW, Tora, 157 f., weist darauf hin, dass auf diese Weise Michas Verhalten vor dem Hintergrund des Prophetengesetzes besser zu rechtfertigen sei, da er so zumindest nicht missbräuchlich im Namen Jhwhs spreche.

[480] Geht man wie CRÜSEMANN, Elia, 111–113, davon aus, dass die Propheten in V. 12 durch die Einfügung der Verheißung des Erfolgs im Selbstzitat aus V. 6 eigenständig handeln, so würde Micha das falsche Wort zitieren. Da Crüsemann selbst den ersten Spruch als mehrdeutig ansieht, würde dies also in der Wiedergabe durch Micha verlorengehen.

[481] So WÜRTHWEIN, Könige (ATD 11/2), 258, der Michas Antwort als „ironisch nachäffend" versteht, die den König zum Nachfragen nötigt, und ähnlich auch VALETON, Prophet, 49, MOBERLY, God, 7, ROBERTS, God, 217, und REHM, Das erste Buch der Könige, 216, die

gehen, dass Micha die anderen Propheten nur in seinem Wort nachahmt, ignorieren, dass er sich in V. 14 bei Gottes Leben selbstverpflichtet, das zu sagen, was Jhwh ihm sagen wird. So muss das von ihm gegebene Gotteswort auch zu seinem folgenden Unheilswort (V. 17) passen.[482] Nimmt man die Mehrdeutigkeit des Spruchs ernst, die in Bezug auf V. 12 dargestellt wurde, so lässt sich auch der Fortgang der Geschichte widerspruchsfrei lesen.[483] Der Tod Ahabs ist durch die Ansage gedeckt. Diese Lesart würde auch die Fokussierung des Kampfberichtes allein auf Ahab und die fehlende Betonung des Ausgangs der Schlacht erklären, die sich allein aus dem Rückkehrruf im Lager ableitet.

Die These der Mehrdeutigkeit der Prophetenworte ist besonders durch einen Vergleich der Motivik mit griechischer Literatur plausibilisiert worden und kann noch weiter unterstrichen werden. So findet sich vermutlich der erste Hinweis

---

davon ausgehen, dass durch Michas Minenspiel, Tonlage oder andere Auffälligkeiten erkennbar war, dass seine Antwort nicht ernst gemeint war. Auch BRUEGGEMANN, 1 & 2 Kings (Smyth & Helwys Bible Commentary), 270, geht davon aus, dass für Joschafat die Falschaussage durchaus erkennbar war: „The prophet cannot lie with a straight face". THIEL, Könige (BKAT 9/2), 660, wendet berechtigt gegen solche Annahmen ein, dass der Text als literarisches Produkt dies hätte beschreiben müssen. So auch SCHMITZ, Prophetie, 270, die diese Überlegungen in den Bereich der Spekulation verortet. GERHARDS, Homer, 230 f., sieht in Michas Verhalten eine „Verhöhnung der Hofpropheten" (a. a. O., 231), die sich schon im Inhalt zeige und nicht aus Gesten oder Mimik erschlossen werden müsse. Auch HOSSFELD/MEYER, Prophet gegen Prophet, 31, gehen davon aus, dass Micha in V. 15 ironisch sprach und die Leute dies schon allein daran erkannt haben, dass er kein Prophet war, der sich auf Ja/Nein-Befragungen einließ. Diese Annahme setzt zum einen mehr Kenntnis über Micha voraus als aus dem Text erkennbar wäre und zum anderen eine negative Bewertung der klassischen altorientalischen Befragungstechnik. Zudem wird die Antwort der Propheten auf ein Ja reduziert. Auch an dieser Stelle ist es nicht eindeutig, ob dies die Nuancen des Textes abbildet. So ist auf dieser Ebene der Erzählung die Alternative, die KNAUF, 1 Könige 15–22 (HThKAT), 486.500, erkennt, es sei entweder Micha – im Wissen um Jhwhs Plan – oder Jhwh selbst, der lüge, (noch) nicht alternativlos. Zum Element der Täuschung durch Jhwh selbst siehe im folgenden Abschnitt Kap. 3.3.2.2.

[482] GERHARDS, Homer, 231, bezieht Michas Zusage nur auf die Worte, die Micha selbst als Gotteswort kennzeichnet. Da der König ihm in V. 15 die gleiche unpassende Frage stellt und wiederum, wie gegenüber seinen Hofpropheten in V. 6, nicht direkt um ein Gotteswort bitte, sei Micha an dieser Stelle also davon befreit, die Wahrheit zu sagen. SCHMITZ, Prophetie, 263 f., setzt sich explizit auch mit den Veränderungen des Prophetenwortes in V. 12 auseinander und zeigt auf, dass das zusätzliche והצלח im Rahmen der anderen Verschiebungen auch als Bedingung für die Folge des In die Hand-Gebens verstanden werden kann. Sie hält somit eine Mehrdeutigkeit auch in V. 12 reduziert aufrecht. Vgl. auch a. a. O., 322. Alle drei Worte können polysem gelesen und somit als Sieg- oder Niederlagenankündigung verstanden werden. Dieser Gedanke ist gerade darum von großer Bedeutung, da gerade bei denen, die die Mehrdeutigkeit in V. 6 betonen und zum Schlüssel für das Verständnis von 1 Kön 22 machen, die Aufnahme des Aufrufs zum Erfolg im Michaspruch übergangen wird.

[483] SCHMITZ, Prophetie, 277 f., zeigt, dass Michas Antwort in V. 15, die der Antwort der Propheten aus V. 12 entspricht, nur dann als wahr verstanden werden kann, wenn sie im Einklang mit seinem zweiten Spruch steht und somit in seinem Mund als Unheilsandrohung zu lesen ist. Damit wäre der in V. 6.12 und auch 15 genannte König der König von Aram. Die Doppeldeutigkeit würde bis zuletzt aufrechterhalten. Die Grenzen zwischen wahr bzw. richtig und falsch verschwimmen so, wie sie für alle möglichen Interpretationen des Michawortes in V. 15 im Kontext seines zweiten Wortes festhält.

auf die Zweideutigkeit des Orakels bei Hugo Greßmann.[484] Bereits er verweist auf die Parallele zum berühmten Wort des Delphischen Orakels an Krösus, dass er, wenn er den Halys überschreite, ein großes Reich zerstören werde. Wie sich herausstellte war dies jedoch nicht, wie von Krösus erhofft, das persische Reich unter Kyros, sondern Krösus' eigenes lydisches Reich.

Genau wie Krösus interpretiert Ahab den Orakelspruch zu seinen Gunsten und füllt damit die wichtigen Leerstellen.[485] Genau wie Krösus stand der Beschluss, in den Krieg zu ziehen, vor dem divinatorischen Rat bereits fest und degradiert diesen somit. Auch bei Krösus liegt, wie bereits erwähnt, der Vorwurf darin, dass er beim Orakel nicht weiter nachgefragt hatte, sondern vorschnell sich in der Rolle des siegenden Königs gesehen hatte.[486] Aus diesem Grund trage Krösus selbst einen Teil der Verantwortung für seine Niederlage, teilt ihm Apollon mit als sich Krösus über das fehlleitende Orakel beschwert.[487] Die Fehlinterpretation eines Orakelspruchs durch den König kann nicht den Göttern vorgeworfen werden.

Auch das Motiv, dem angesagten Schicksal zu entfliehen, das in 1 Kön 22 durch den Tausch der Kleider[488] ausgeführt wird, hat Parallelen in der griechischen Tragödie und auch bei Herodots Bericht über Krösus Sohn Atys, dessen im Traum angekündigten Tod Krösus ohne Erfolg zu verhindern sucht. Wie Ahab wird auch dieser trotzdem durch einen fehlgeleiteten Pfeil getötet.[489]

---

[484] Vgl. GRESSMANN, Geschichtsschreibung, 280.

[485] Die Parallelen zur Krösusdarstellung bzw. zu Überschneidungen zum Verständnis der Delphischen Orakelsprüche wurden seither immer wieder betont – vgl. etwa BLOCK, Ezekiel (NICOT), 434 – und ebenso oft abgelehnt, so z. B. bei THIEL, Könige (BKAT 9/2), 642. Besonders ausgearbeitet wurde der Vergleich bei OSWALD, Ahab, und mit abweichender Einschätzung GERHARDS, Homer, 225–230, der jedoch den entscheidenden Unterschied zwischen den mehrdeutigen Orakeln darin sieht, dass bei den Orakelsprüchen aus Delphi die göttliche Herkunft außer Frage stehe, während 1 Kön 22 offen lasse, ob die 400 Propheten überhaupt ein Gotteswort hatten. So bezeichnet Gerhards die Prophetenbefragung in V. 6 als „Farce" (a. a. O., 227). Auch KNAUF, 1 Könige 15–22 (HThKAT), 499 f., weist auf das Orakel von Delphi hin, allerdings polemisch in Bezug auf die 400 Heilspropheten, deren Ansage eigentlich eine Tautologie sei, die sich sicher erfülle – wenn man das „sei erfolgreich" als Voraussetzung der Übergabeformel liest.

[486] So auch GERHARDS, Homer, 226. Diese fehlende Überprüfung fällt auch im Vergleich zum Umgang mit prophetischen Sprüchen im altorientalischen Kontext auf, vgl. ROBERTS, God, 216.

[487] Hdt. 1.90 f. Siehe dazu EIDINOW, Oracles, 44–48.

[488] Die Verkleidungslist weist auch Parallelen zum assyrischen Ersatzkönig-Ritual auf; vgl. dazu KNAUF, 1 Könige 15–22 (HThKAT), 487. Doch ist das Eintreffen der negativen Ansagen trotz dieser List ein typisch griechisches Phänomen.

[489] Vgl. dazu OSWALD, Ahab, 10. Vgl. insgesamt zu den Motivüberschneidungen auch die Darstellung bei KERN, Zukunft, 151–153. Doch wendet sich diese, a. a. O., 153, gegen Oswalds Interpretation und sieht bei ihm einen erzähllogischen Bruch, da der König zu der Verkleidungslist greife, obwohl er die Ankündigung durch die Propheten als positiv verstanden habe. Doch zeigt sich hier kein wirkliches Problem. So liegt der Vorwurf an die Herrscher auch in Herodots Darstellung darin, dass sie es hätten besser wissen können und die nötigen Mechanismen der

Gerade durch den Vergleich zu den griechischen Texten ist der Begriff der Mehrdeutigkeit jedoch noch einmal zu hinterfragen bzw. seine inhaltliche Füllung zu präzisieren. So liegt die Pointe in der griechischen Literatur und gerade in der Gattung Tragödie gerade nicht darin, dass man ein Orakel eben auf verschiedene Weisen deuten kann und alle etwas Richtiges treffen, sondern darin, dass eine falsche Deutung aus der Formulierung geschlossen werden kann. Diese Deutung wiederum ist jedoch nötig, um auf einer höheren Ebene, die der Gesamterzählung entspricht, bei dem Zielpunkt des Erzählten anzukommen, wie Jürgen Ebach unterstreicht: Diese „Orakel waren *niemals* zweideutig in dem Sinne, daß sie zwei Möglichkeiten ließen. Vielmehr ist es die vom Orakelempfänger (man denke an Ödipus oder Kroisos) eindeutig verstandene Deutung, die ihn *eindeutig* das tun läßt, was *eindeutig* die gemeinte wahre Deutung erst ins Werk setzt."[490] Hinter diesem Kontext steht also die Vorstellung der bedachten Lenkung der Geschichte, die nicht immer von den Handelnden selbst erkannt werden kann. Genau dieser Aspekt, der schon Bestandteil der Grunderzählung ist, wird auf der nächsten literarischen Ebene durch das Motiv des täuschenden Geistes noch weiter unterstrichen.[491]

Die Dynamik in 1 Kön 22 betont jedoch dadurch nicht, dass der König dem Schicksal ausgeliefert war.[492] Denn im Gegensatz zu Herodots Krösus-Darstellung gibt es in 1 Kön 22 einen weiteren König – Joschafat. Dieser tut erneut das, was Krösus unterlässt, und fragt weiter nach. Er zeigt somit den Weg, wie der kluge Regent die korrekten prophetischen (oder breiter: divinatorischen) Antworten bekommen kann. Nach seiner Bitte, die ganze Wahrheit zu hören, breitet Micha die Vision der hirtenlosen Herde aus, die nun das Unheil eindeutig ansagt. Ab diesem Punkt wissen die Lesenden, dass die Erzählung für Ahab nicht heilvoll enden kann. Die folgende List des Kleidertauschs zeigt an, dass auch Ahab nicht als ahnungslos dargestellt wird. Er versucht jedoch in doppelter Weise dem Wort zu entfliehen: Er weist Joschafat an, seine Kleidung zu tragen, und er lässt Micha inhaftieren.[493] Dessen letztes Wort in V. 28a[494] dient jedoch als Brille für das nun im folgenden Vers unmittelbar beginnende Kampfgeschehen:

Überprüfung, um die es ja sehr wohl, initiiert durch den judäischen König, auch in 1 Kön 22 geht, ausgelassen werden. Nimmt man auf der jüngeren literargeschichtlichen Ebene noch hinzu, dass die Arbeit des Geistes der Täuschung in der Überredung und Irreführung besteht, spricht es sogar noch mehr für ein verleitetes Handeln, dass der König trotz seines Verständnisses Vorsichtsmaßnahmen ergreift und somit im Grunde Ahnungen unterdrückt.

[490] J. Ebach, Kassandra, 110 f. (Hervorhebung i. O.).
[491] Siehe dazu im folgenden Abschnitt 3.3.2.2.
[492] Zur Frage der Beeinflussbarkeit der Zukunft durch die Reaktion des Königs siehe auch Tiemeyer, Prophecy, 339–341.
[493] Zum schmählichen Ende Ahabs, das auch durch dessen List nicht aufgehalten werden kann, schreibt Fritz, Das erste Buch der Könige (ZBK 10/1), 197: „Gegen das von Gott bestimmte Todesgeschick ist der Mensch mit seinen Plänen machtlos, auch wenn sie scheinbar so gut überlegt sind wie die zunächst undurchschaubare Absicht Ahabs." Zu differenzieren ist jedoch zwischen dem unaufhaltsamen Schicksal, das durch die Taten hervorgerufen wurde, und

Micha aber sprach: Wenn Du wirklich im Frieden (wohlbehalten) zurückkehrst, so hat Jhwh nicht durch mich geredet (עם־שוב תשוב בשלום לא־דבר יהוה בי).

Micha selbst kommt in der Kriegsbeschreibung nicht mehr vor, doch sorgt das hier gegebene Erfüllungskriterium für eine Bewertungskategorie.[495] Am Ende wird sich zeigen, dass Micha Recht behalten wird. Hierbei muss nicht unbedingt an eine Art Zitat des Erfüllungskriteriums im Prophetengesetz (Dtn 18) gedacht werden,[496] doch ist der gleiche Grundgedanke erkennbar. Prophetie hat sich im Verlauf der Geschichte zu bewahrheiten. Dies gilt für die Ansagen selbst, aber auch und besonders in 1 Kön 22 für die Deutung prophetischer Worte.

Die Bestätigung eines prophetischen Wortes durch seine Erfüllung wird jedoch vermerkt. So heißt es in 1 Kön 22,38 nach dem Tod Ahabs durch seine Verwundung in der Schlacht:

Und man wusch den Wagen aus am Teich von Samaria, und die Hunde leckten sein Blut auf, und die Prostituierten badeten (darin), gemäß dem Wort Jhwhs, das dieser gesprochen hatte (כדבר יהוה אשר דבר).

An dieser Stelle erfüllt sich im Motiv der Blut-leckenden Hunde die Ankündigung durch Elia in 1 Kön 21,19.[497] Die Begründung für Ahabs Tod liegt damit in seinem frevelhaften Verhalten Nabot gegenüber.[498] Somit ergibt sich eine weitere Parallele zur Krösus-Figur. So sterben beide wegen begangenen Unrechts – in Krösus Fall durch das seiner Vorgänger.

Die Intention der Kontroverse zwischen den Propheten(gruppen) hängt von der Näherbestimmung ihrer Rollen ab. So unterscheidet etwa Fritz in der Szene die 400 Heilspropheten und den einzigen Vertreter der Jhwh-Prophetie.[499] Gerade die angegebene Zahl, die an den Konflikt zwischen Elia und den Baalspropheten erinnert, führt immer wieder zu der Annahme, es würde sich bei den 400 Propheten gerade nicht um Jhwh-Propheten handeln.[500] Doch ist diese

---

der Möglichkeit, durch Umkehr Gott selbst zur Änderung seiner Pläne zu bringen. Dies zeigt sich durch das Motiv von Ahabs Buße in 1 Kön 21,27–29.

[494] Zur Hinzufügung von V. 28b als Verknüpfung zu Mi 1,2 siehe oben S. 191.

[495] STECK, Bewahrheitungen, 87, vermerkt, dass dieses „Desinteresse" an Michas Ergehen ein Zeichen dafür sei, dass es weit grundsätzlicher um die Frage wahrer Prophetie gehe und eben nicht um den Konflikt um Micha im Speziellen.

[496] So auch THIEL, Könige (BKAT 9/2), 626.

[497] Zur mehrfachen Schilderung des Todes Ahabs und der Erfüllung der Ankündigung siehe unten S. 231–234 im Rahmen des Vergleichs zwischen Todesankündigungen und -erzählungen in den Königebüchern. So hält 1 Kön 22,40 mit der Notiz, dass Ahab sich zu seinen Vätern legte und sein Sohn Ahasja König wurde, eher einen natürlichen Tod fest. Vgl. dazu auch WÜRTHWEIN, Könige (ATD 11/2), 261 f.

[498] Vgl. OSWALD, Ahab, 9.

[499] Vgl. FRITZ, Das erste Buch der Könige (ZBK 10/1), 198.

[500] Zur Diskussion siehe THIEL, Könige (BKAT 9/2), 639 f. KNAUF, 1 Könige 15–22 (HThKAT), 486, geht sogar so weit, sie als Aschera-Propheten zu identifizieren. Es sind in 1 Kön 22 die 400 Propheten, „von denen die Hörerschaft weiß, dass es sich um die 400 Aschera-

Trennung kein Bestandteil des Textes. Die Propheten nennen – zumindest in V. 12 – Jhwh in ihrer Ansage, auch wenn sie ihr Wort nicht durch eine entsprechende Gottesspruchformel einleiten.[501] Für den Ablauf von 1 Kön 22 ist es sogar entscheidend, dass auch diese mit Jhwh verbunden sind.[502] Auch Ahabs Antwort in V. 8, dass es noch eine weitere Person gebe, durch die man Jhwh befragen könne, setzt voraus, dass die zuvor genannten 400 Propheten ebenfalls mit diesem Gott verbunden sind. In allen Stufen der Erzählung ist es somit ein Konflikt um das wahre Gotteswort innerhalb des Kreises der Jhwh-Propheten und keine Auseinandersetzung mit Propheten anderer Götter. Darin unterscheidet sich 1 Kön 22 grundsätzlich von der Erzählung um den Konflikt zwischen Elia und den Baalspropheten in 1 Kön 18.

Hat sich bereits die Trennung zwischen Micha als Jhwh-Prophet und den anderen Propheten als nicht überzeugend erwiesen, ist auch die kategorische Trennung zwischen den wahren und falschen Propheten in 1 Kön 22 zu hinterfragen.[503] So wird Micha zwar ohne Zweifel in der Opposition zu den Vielen dargestellt,[504] doch enthält der Text keinen expliziten Vorwurf an die Propheten.[505] Schmitz macht überzeugend deutlich, dass die Trennlinien, die zwischen den

---

Propheten handeln muss, die Elija am Karmel nicht getötet hat". Darin und dem nun neuen Propheten Micha, der diesen Propheten gegenübergestellt wird, erkennt er eine scharfe Ausrichtung dieser Redaktion gegenüber der Elia-Tradition.

[501] SCHMITZ, Prophetie, 248, unterstreicht, dass es keine Wiedergabe-Formel einer göttlichen Botschaft in V. 6.12 gibt und es sich somit eher um eine „politische Empfehlung" der Hofpropheten handele. Eine Trennung zwischen prophetischen Sprüchen und politischer Empfehlung scheint jedoch vor dem Hintergrund der Funktion altorientalischer Prophetie schwierig. Zudem ist im Erzählablauf durch die Einordnung als Anfrage an Jhwh deutlich, dass das göttliche Votum eingeholt wird.

[502] SCHMITZ, Prophetie, 146 f., spricht sich für die Möglichkeit der Assoziation der Lesenden mit Aschera-Propheten aus. Kritisch zu solchen Zuordnungen der 400 Propheten zu anderen Göttern auch THIEL, Könige (BKAT 9/2), 639 f., und auch W. H. SCHMIDT, Jeremia 21–52 (ATD 21), 33, weist den Konflikt dem Bereich der eigenen Prophetie und nicht der Auseinandersetzung mit anderen Göttern und ihrem divinatorischen Personal zu.

[503] BAUMGART, Ahab, richtet sich gegen die zu schematische Aufteilung der Prophetengruppen in 1 Kön 22 in wahr und falsch/lügend.

[504] QUELL, Propheten, 72–81, betont besonders das Auftreten im Kollektiv als Erscheinung des im Hintergrund stehenden „Dämonischen". Er findet die schärfsten Worte der Kritik für diese, in seinen Worten, „Massenpropheten" oder die „Vulgärprophetie". Doch unterstreicht auch er, dass die Propheten durch die Verleitung durch den Geist, der auf Jhwh zurückgeht, selbst das Geschehen nicht durchschauen: „Sie sind echt als Geistbesessene, aber unwahr als Propheten." (a. a. O., 81). Quells Studie zu wahrer und falscher Prophetie ist 1952 erschienen. Die Annahme, dass sich in diesen Passagen zu 1 Kön 22, in denen er sich in schärfsten Worten gegen diese „Massen" richtet, auch die eigenen Erfahrungen in Zeiten des Nationalsozialismus spiegeln, drängt sich auf. So war er nach einer Beinamputation als Folge des Kriegseinsatzes im 1. Weltkrieg nicht aktiv militärisch im 2. Weltkrieg eingesetzt, hat sich an der Universität Rostock wiederholt politisch kritisch geäußert und war auch an ihrem Wiederaufbau beteiligt. Vgl. dazu BUDDRUS/FRITZLAR, Professoren, 321 f.

[505] WERLITZ, Könige (NSK.AT 8), 196 f., nennt die 400 Propheten durchgängig den „Ja-Sager-Chor".

Propheten gezogen werden, immer wieder unterschiedlich bestimmt werden, aber vor allem nicht trennscharf verlaufen. Die 400 Propheten werden nicht einfach als Lügner dargestellt und ihre Form der Prophetie wird ebenfalls nicht kritisiert.[506] Letztlich geht es um gute und schlechte Worte und vor allem um deren Aufnahme durch die Entscheidungsträger. Der Wunsch, nur gute Worte zu hören, wird dem König Ahab zugeordnet. „Damit aber wird nicht das prophetische Wort, sondern die Politik qualifiziert, die letztlich kein wirkliches Interesse am Wort JHWHs hat, sondern unter der Brille der Nützlichkeit fragt, ob die Propheten für sie macht- und systemstabilisierend wirken oder nicht."[507] Geht es in Texten wie Ez 13,1–16 stärker um die Selbstprüfung der Propheten, wenn andere Mittel der Überprüfung durch die Fokussierung auf Prophetie ausfallen, geht es, der Anlage des Erzählwerks entsprechend, in 1 Kön 22 stärker um die Rolle der Könige. Joschafats Verhalten dient dabei als gutes, Ahabs als schlechtes Bild.

Nach der prophetischen Grunderzählung geben die 400 Propheten eine zweideutige Antwort, keinen falschen prophetischen Spruch. Sie lügen weder aktiv noch hängen sie den falschen Göttern an. Nur Zedekia wird kritisiert, der in seiner impulsiven Aktion die Heilsansage verstärkt, was dann wiederum die Propheten beeinflusst, und der gewalttätig gegen Micha vorgeht. Ihm wird in V. 25 durch Micha das Unheil angesagt. Das Auftreten Zedekias erinnert, gerade in der Verbindung aus symbolischem Akt und Heilswort an Hananja in Jer 28. So ist in Bezug auf beide zu vermerken, dass ihre prophetische Handlung selbst nichts enthält, das an Jhwh als Urheber der Prophetie zweifeln ließe. Zugleich ist durch die Konstellation deutlich, dass für die Rezipientinnen und Rezipienten Micha und Jeremia als die dastehen, die das richtige Wort verkündeten. Durch den gewalttätigen Akt gegen Micha verlässt Zedekia jedoch das Spielfeld der prophetischen Diskussion.[508] Damit liegt der Konflikt zwischen Micha und Zedekia jedoch auf einer anderen Ebene.

Wie es jedoch zu den als positiv deutbaren und darum trügenden Sprüchen der 400 Propheten und auch zu Michas gleichlautender Antwort in V. 15 kommen konnte, erklärt der Einschub in V. 19–23 und damit die jüngste größere Bearbeitung des Textes.

---

[506] C. Schneider, Krisis, 27, bezeichnet sie als „redliche Männer".
[507] Schmitz, Prophetie, 322. Vgl. insgesamt a. a. O., 319–329.
[508] Zur Notwendigkeit der Offenheit prophetischer Diskussionen nach dem Prophetengesetz in Dtn 18 siehe oben Kap. 3.2.1.1.

3.3.2.2 Jhwhs Rolle im Kontext falscher oder falsch verstandener Prophetie nach 1 Kön 22

Durch die Ergänzung von 1 Kön 22,19–23, der Szene im himmlischen Hofrat, erhält die Erzählung eine neue Dimension.[509] Ging es vorher noch um den Umgang mit Prophetie und die Doppeldeutigkeit prophetischer Sprüche, die es darum kritisch zu hinterfragen gilt, geht es auf dieser literargeschichtlichen Ebene um die Frage der aktiven Täuschung. Diese Täuschung geht jedoch nicht von den Propheten aus, sondern diese werden als Werkzeuge zur Durchsetzung des göttlichen Plans eingespannt.[510] So berichtet Micha von folgender Schauung:

[19]Und er sprach: Darum höre das Wort Jhwhs! Ich sah Jhwh auf seinem Thron sitzen, und sein ganzes Himmelsheer stand bei ihm, zu seiner Rechten und zu seiner Linken. [20]Und Jhwh sprach: Wer könnte Ahab überreden/verleiten (מי פתה), dass er hinaufzieht und in Ramot-Gilead fällt? Da sagte dies der eine und dies der andere. [21]Und der Geist kam heraus und stellte sich vor Jhwh und sprach: Ich werde ihn überreden/verleiten (אפתנו). Und Jhwh sprach zu ihm: Wodurch? [22]Und er sprach: Ich werde hinausgehen und werde ein Geist der Täuschung (רוח שקר) im Mund aller seiner Propheten. Da sprach er: Überrede/Verleite ihn (תפתה), du wirst es können. Geh hinaus und handle so. [23]Und nun siehe, Jhwh hat in den Mund aller dieser deiner Propheten einen Geist der Täuschung gegeben und Jhwh hat Böses (רע) über dich gesagt.

Ahab sollte also nach dem göttlichen Willen dazu gebracht werden, in den Krieg zu ziehen, um dort zu sterben. Durch diese Vision, die eine Metaebene einführt, verändert sich die Bewertung der Handlungen der in 1 Kön 22 vorkommenden Personen. Dass Ahab stirbt, wird nicht neu begründet, durch den Erfüllungsvermerk in V. 38 wird dies auch in den älteren Schichten als gerechte Strafe für sein ungerechtes Verhalten vor Beginn des Feldzugs bewertet.[511] Ahabs Haltung gegenüber den verschiedenen Problemen erhält durch die Vision jedoch einen anderen Kontext. Bereits vor der Einfügung der Thronratsszene war die Erzählung in 1 Kön 22 ein Text, der sich innerhalb der Jhwh-Prophetie abspielt,[512] nun kommt die Frage nach der Herkunft von täuschenden Aussagen hinzu.

---

[509] Das Motiv einer himmlischen Ratsversammlung ist im Alten Orient fest verankert, vgl. Nissinen, Prophets and the Divine Council, sowie Frenschkowski, Prophetie, 25–32, der besonders die Rolle des Geistes kulturvergleichend in den Blick nimmt. Für den westsemitischen Raum kann auch auf die Deir ʿAlla-Inschrift verwiesen werden, die eine göttliche Beratung schildert. Im monotheistischen Kontext von 1 Kön 22 ist Jhwh von seinem Hofstaat und insbesondere Geist-Wesen umgeben. Besonders Gerhards, Homer, 207–210, hat auf Parallelen zwischen den alttestamentlichen Thronratsszenen und der griechischen Götterversammlung verwiesen, die wiederum ein polytheistisches Setting prägt, wie sie etwa in der Ilias beschrieben wird, und einen genaueren Vergleich zu 1 Kön 22 etwa vor dem Hintergrund von Hom. Il. 4.1–72 angestellt (a. a. O., 210–242, bes. 240–242). Für einen strukturellen Vergleich siehe auch Neef, Art. Götterrat.

[510] In dieser Linie versteht auch Gerhards, Homer, 236–242, die mit der Einfügung der Thronratsvision verschobene Intention der Erzählung.

[511] Siehe dazu oben S. 232 f.

[512] Siehe dazu oben S. 200–202.

So liegt das Augenmerk nun nicht mehr auf der Notwendigkeit des korrekten Umgangs mit Prophetie, um korrekte politische Entscheidungen zu treffen. Vielmehr wird der schon vorher angelegte Grundgedanke, dass Ahab einer Fehlinterpretation verfallen ist, dadurch verstärkt, dass genau dies als göttlicher Plan dargestellt und somit auch legitimiert wird.[513] Die Lenkung der irdischen Geschicke und somit das göttliche Gerichtshandeln beinhaltet auch die aktive Beeinflussung zur Durchführung der Handlung, die zum eigenen Unheil führt. Das Ziel wird in V. 20 durch Jhwh selbst ohne Zweideutigkeit formuliert: Ahab soll in den Krieg ziehen, um zu fallen. Durch den Geist in Gestalt eines Geistes der Täuschung werden die prophetischen Aussagen zum Motivator und Ahab in seiner Entscheidungsfindung zu einem Gerichtswerkzeug zur Herbeiführung des eigenen Gerichts.[514]

Ebenso wie in Bezug auf Ez 14,1–11 und auch Ez 20,25 festgestellt, kommt es also zu einer Pervertierung der Institutionen, die dem Heil dienen sollten. Mit göttlichem Willen wird Prophetie zur Quelle der Täuschung.[515] Dass dies durch Täuschung geschieht und nicht durch Lüge, wird im Ablauf der Erzählung deutlich, zugleich aber auch, dass es sich an dieser Stelle um eine *bewusste* Täuschung handelt.[516] Durch die täuschenden Worte der Propheten wird der König in seinem Vorhaben bestärkt und zum kriegerischen Ausziehen überredet.

Meik Gerhards hat die Szene erhellend mit der himmlischen Diskussion um die Fortführung des Krieges gegen Troja bei Homer in der Ilias (Il. 4.1–72) verglichen.[517] Auf diese Weise kann er gerade das Wechselspiel deutlich machen, das zwischen der Verantwortung (des höchsten) Gottes – Zeus und Jhwh – für das moralisch fragwürdige Verhalten und der Beteiligung anderer himmlischer Wesen – Hera und der Geist –, die die Verleitung vorschlagen, besteht. So wird der Hauptgott zugleich als Urheber herausgestellt, sodass die Gerechtigkeit, die

---

[513] GRESSMANN, Geschichtsschreibung, 280, vermerkt zur Thronratsszene und dem Motiv der Betörung, die Szene zeichne sich „durch ihre köstliche Naivität aus, deren Reiz man sich nicht durch sittliche Betrachtungen verderben sollte". Von Naivität kann bei dieser Reflexion auf Prophetie nicht gesprochen werden, jedoch ist mit Greßmann Vorsicht geboten, den Sinn der Verleitung aus moralischen Überlegungen zu relativieren. Dass Jhwh hinter dem Ziel steht, Ahab in den Tod zu treiben, steht in 1 Kön 22,19–23 außer Frage, auch wenn der Geist der Täuschung den Weg zu diesem Ziel vorschlägt.

[514] Vgl. dazu HOSSFELD/MEYER, Prophet gegen Prophet, 36.

[515] CARASIK, Limits, 231, hält fest, dass die Propheten das Falsche unschuldig sprechen, da ihre Rede auf der göttlichen Lüge basiert. Er parallelisiert dies mit den Gesetzen, die ebenfalls nicht gut sind, in Ez 20,25, wie es auch in dieser Studie geschieht; siehe dazu oben Kap. 3.3.1.

[516] Die Täuschung durch Gott wird explizit auch in Jer 4,10 notiert. Auch auf der semantischen Ebene ist der Fokus auf Täuschung in 1 Kön 22,1–38 darstellbar. Zum Geist der Täuschung als Übersetzung von רוח שקר siehe BAUMGART, Ahab, 88 f., aber auch THIEL, Könige (BKAT 9/2), 598. Dieser sieht, a. a. O., 672, zudem die Verwendung von פתה analog zu שקר als Täuschung. Als Täuschungsgeist versteht auch SCHMITZ, Prophetie, 283 f., die Erscheinungsform des Geistes. SEEBASS/BEYERLE/GRÜNWALDT, Art. 471, שׁקר, sprechen von „Truginspiration".

[517] Siehe bei GERHARDS, Homer, 240–242.

sich im Ergebnis der Handlung zeigt, unterstrichen wird, und eine gewisse Distanz zur Handlung erzeugt.[518]

Auch auf der letzten literarischen Ebene von 1 Kön 22 sind die 400 Propheten also keine absichtlich Täuschenden und streng genommen auch keine Falschpropheten.[519] Eine Kritik an Heilsprophetie liegt ebenso wenig vor wie der Vorwurf der Abhängigkeit der Propheten von ihrem König, die zu einer falschen Botschaft führt. Im Gegenteil: Sie geben ihre Botschaft in guter Absicht und auf Gottes Geheiß hin, erkennen den Aspekt der Täuschung jedoch selbst nicht.[520] So vermerkt Konrad Schmid zu 1 Kön 22: „This complex notion of prophecy explains the phenomenon of false prophecy not by pointing to the prophets themselves",[521] stattdessen wird Gott selbst als Urheber ausgemacht.[522] Aufgehoben wird somit eigentlich auch der Unterschied zwischen Heils- und Unheilsprophetie. Gerade Micha bringt auf einer Ebene der Erzählung beides hervor, wenn man das Zitat in V. 15 (auch) in dieser Richtung deutet, und beides führt in der Konsequenz zum göttlich bereits beschlossenen Tod Ahabs.[523] Wie bereits für das vorhergehende Textstadium gezeigt, kann der Prophetenspruch

---

[518] GERHARDS, Homer, 242, hebt dabei hervor, dass somit auch negativen Erfahrungen in der Geschichte das hintergründige Handeln des Gottes unterstellt werden kann und an einer tieferen Gerechtigkeit festgehalten werden kann. Das Motiv der zusätzlichen Figur in diesem Gefüge kann auch mit der Rolle des Propheten selbst verbunden werden, der als ausführender Mittler zwischen Gott und Adressaten steht, wie es auch an den Zusammenhängen in Ez 14,9 abgelesen werden kann.

[519] KLOPFENSTEIN, Lüge, 98 f., hält fest: „So ist es nicht ein moralischer Defekt, der Ahabs Propheten faktisch eine falsche Weissagung aussprechen läßt, sondern ein überindividueller, irrationaler Zwang."

[520] Vgl. dazu neben anderen OSWALD, Ahab, 5. Auch CRENSHAW, Conflict, 84, kommt zu dem Schluss: „There can be no question about the fact that this story depicts the ‚false prophets' as men who gave in good faith the message conveyed to them, and portrays God as the source of this lie, even if mediated by a spirit."

[521] SCHMID, Prognosis, 109.

[522] C. SCHNEIDER, Krisis, 24–28.74–76, sieht in 1 Kön 22 den radikalen neuen theologischen Gedanken auf einer anderen Ebene. Durch die von ihm vertretene Verortung des Textes bereits in das 8. Jh. v. Chr. verweist er auf das hier verhandelte Novum einer von Gott selbst herbeigeführten Niederlage. Schon da sich diese Datierung nicht halten lässt, liegt die Besonderheit stärker in der Täuschung als in der Urheberschaft des Unheils selbst.

[523] In dieser Richtung versteht LANGE, Wort, 46–49, 1 Kön 22 nicht als Auseinandersetzung um wahre und falsche Prophetie, da auch Micha Worte beider Kategorien spricht, sondern vielmehr um das Gotteswort selbst. Zudem wird auch das Unheilswort an den König durch die Version legitimiert; vgl. RÖMER, Prophète, 114. THIEL, Könige (BKAT 9/2), 660 f.663.704, der sich gegen die Wahrnehmung der Mehrdeutigkeiten in den prophetischen Worten richtet, rechnet hingegen damit, dass Micha zunächst auch dem Geist der Täuschung unterliegt und erst nach der Aufforderung, die Wahrheit zu sprechen, sich von diesem Einfluss befreit. Nachdem er jedoch in V. 14 dem Boten gegenüber bereits betont hatte, das zu sprechen, was Jhwh ihm sage, wäre zwar gerade nicht das täuschende Wort, aber doch die durch Joschafats Worte ausgelöste Einsicht überraschend.

als wahr eingestuft werden. Dass Ahab – und auch die Lesenden –[524] dies nicht erkennen, liegt an der Beeinflussung durch die himmlischen Protagonisten.[525]

Hierin wird ein weiterer Zug in 1 Kön 22, der aus der griechischen Literatur bekannt ist, deutlich. Denn die Vorstellung des Geistes der Täuschung ist nicht fern vom Motiv der „gerechten Täuschung" (ἀπάτης δικαίας)[526] eines Menschen durch einen Gott. Herodot berichtet von der Täuschung Xerxes durch einen Traum, die Ilias lässt Agamemnon durch Zeus täuschen.[527] Das Verb ἀπατάω wird auch in der Septuaginta für die Wiedergabe von פתה gewählt (V. 20.21.22). Letztlich geht es in den Parallelen, genau wie in 1 Kön 22 bezogen auf Ahab und Ez 14,1–11 bezogen auf die zu Unrecht den Propheten Befragenden,[528] darum, dass Menschen, die bereits gefrevelt hatten, durch die Täuschung der Bestrafung zugeführt werden.

3.4 Unerfüllte Prophetie und falsche Propheten – Ergebnisse

Die Auswertungen der beiden die Prophetie betreffenden Gesetze des Deuteronomiums (Dtn 13; 18) und der prophetischen Konflikttexte im Jeremiabuch und in Ez 12–14 konnten zeigen, dass es in diesen Texten auf der Ebene des Masoretischen Textes nicht um Falschpropheten geht, sondern um trügende Aussagen von Propheten. Diese werden zwar ohne Zweifel hart kritisiert, ihr prophetischer Rang wird ihnen aber gerade nicht abgesprochen, sondern ihre Verantwortung für die Gesellschaft betont. Durch ihre Aussagen, die nicht auf ein göttliches Wort zurückgingen und somit auch die Wirklichkeit nicht trafen, haben sie das Volk getäuscht und eine mögliche Umkehr verhindert, wie es besonders Jer 23 breit ausführt. Der Hauptvorwurf liegt darin, dort Frieden anzusagen, wo es wegen der Verschuldung des Volkes und der Führungsschichten keinen Frieden geben wird. Das Volk hat diese Täuschung jedoch gerne hingenommen, durch die eigenen Wünsche erst hervorgerufen und bisweilen sogar bewusst bei den Propheten in Auftrag gegeben. Hier zeigt sich gerade in der jeremianischen Theologie die Rolle des Propheten als unbequemer Mahner, der ohne Rücksicht auf sein eigenes Ansehen schonungslos die gesellschaftlichen Missstände zu benennen hat. Dass sich in der exilischen Zeit gerade diese Op-

---

[524] Zur Übertragung auf die Lesenden vgl. BAUMGART, Ahab, 93.
[525] So auch bei OSWALD, Ahab, 8.
[526] So die Formulierung bei Aischyl. frg. 601: ἀπάτης δικαίας (METTE). Siehe dazu oben S. 76 Anm. 271 und S. 186.
[527] Vgl. dazu TRAMPEDACH, Mantik, 402–412. GERHARDS, Homer, 226 f., relativiert die Parallelen im Aufbau der beiden Erzählungen, wie sie von OSWALD, Ahab, 11 f., stark gemacht wurden. Das Motiv der Täuschung verbindet hingegen beide Szenen.
[528] In Ez 14,9 wird in der LXX jedoch abweichend das Verb πλανάω als Wiedergabe von פתה verwendet.

positionsposition durchsetzt, die sich gegen das Handeln des Königs richtet, liegt am Verlauf der israelitischen Geschichte. Das Grundmuster, dass ein politischer Entscheidungsträger alle Ankündigungen und nicht nur die herrschaftsfreundlichen hören muss, um verantwortlich zu regieren (so auch in 1 Kön 22), unterscheidet die israelitische Prophetie hingegen nicht von ihren Ausprägungen im Alten Orient.

Da diese Handlungsweisen zum gesellschaftlichen Niedergang und der Exilierung geführt haben, galt es, neue oder modifizierte Grundlagen für einen gelingenden prophetischen Prozess festzulegen. So führt die deuteronomistische Festlegung auf das Wort Gottes als einzige Quelle – zusammen mit der Tora als Richtschnur – und der Prophetie als einzigem Zugangsweg zu diesem Wort zur Notwendigkeit, einen prophetischen Konflikt wahrzunehmen und auszuhalten. Die Wege des prophetischen Prozesses, direkter Wortempfang, vermittelt durch Vision und Traum, konnten durchaus vielfältig sein, die Prüfung, ob es sich tatsächlich um ein göttliches Wort handelte, bildete ein zentrales Element. Dies gilt für die Anklage an die Propheten, Trug zu verkünden, ebenso wie für die Hochschätzung des Erfüllungskriteriums. Im Nachhinein konnte dann erkannt werden, welches prophetische Wort und damit auch welche politische Einschätzung die richtige war. Auf diese Weise wurde eine Geschichtstheologie merklich gestärkt. Das Lernen aus der Geschichte, das die Führungsschichten und gerade im deuteronomistischen Jeremiabuch auch das Volk betraf, ist im Prozess der Verarbeitung der Exilskatastrophen zu verorten. Die Erkenntnis, zum Teil sehenden Auges auf Trug gehört zu haben, betont die Verantwortung der Orientierung gebenden Prophetie, aber auch die des Volkes, nicht wieder auf derartige wirklichkeitsferne Heilsversprechen zu vertrauen. Dies gilt für eine Zionstheologie, die gegen den politischen Verlauf die Sicherheit an den Tempel bindet (vgl. Jer 26), wie auch für die Hochschätzung einer Stabilität betonenden Heilsprophetie, die die Verfehlungen nicht auf-, sondern überdeckt. Das Motiv der Umkehr (vgl. besonders Jer 23 und 26) ist somit sowohl ein Vorwurf an das eigene Verhalten in der Vergangenheit, da man das Unglück hätte aufhalten können, als auch ein Weg der Zukunft, durch das eigene Verhalten durchaus den Geschichtsverlauf positiv mitzubeeinflussen. Der Gott Israels lenkt nach deuteronomistischer Sicht die Geschichte gerade nicht im Verborgenen mit den menschlichen Akteuren als Statisten, sondern reagiert auf das Handeln der Menschen.

Da die politische Führung alle prophetischen Aussagen hören muss, um verantwortungsvoll handeln zu können, und da aus der Außenperspektive nicht erkennbar ist, welches prophetische Wort wirklich auf einen göttlichen Ursprung zurückzuführen ist, wird die Tötung eines Propheten auf Grund seiner Aussagen nur in einem Fall vorgesehen. So sind diejenigen – Propheten und Träumer, wie es Dtn 13 festhält – zu töten, die zum Abfall von Jhwh aufrufen. Alle anderen Propheten kommen in den alttestamentlichen Erzählungen und auch entsprechend dem deuteronomistischen Prophetengesetz (Dtn 18) ohne menschliches Eingreifen zu Tode, der Tod kann hingegen auf Jhwhs Eingreifen und die Konsequenzen des durch diese Propheten mitverschuldeten Geschichtsverlaufes bezogen werden (vgl. Jer 28 und Ez 13).[529] Hier zeigt sich ein Grundmuster des Umgangs mit Prophetie, das die altorientalischen Kulturen insgesamt und auch die griechische Praxis verbindet.

Das Motiv des Erfüllungskriteriums in den erzählenden Texten weist zugleich auf die Grenzen der Anwendung. So zeigt die Verwendung von Mi 3,12 in Jer 26, dass durch das Motiv der Umkehr die Erfüllung der Unheilsandrohung in der Geschichte ausgehebelt werden konnte (vgl. auch den Umgang mit Jona in der frühen Rezeptionsgeschichte). Es liegt an der Erzählgemeinschaft, welche Prophetie im Rückblick als ins Recht gesetzt angesehen wird und wo die Erfüllung als ausbleibend gedeutet wird. Grundsätzlich lässt sich – explizit formuliert in Jer 28 – für die Texte festhalten, dass sich Heilsprophetie stärker am Eintreffen erweisen muss als Unheilsankündigungen. Doch sind auch die Folgen gelingender Unheilsprophetie und damit die Worte, die sich wegen der Reue der Menschen oder Gottes gerade nicht erfüllt haben, in der Geschichte zu erkennen, wie an der in Jer 26,19 beschriebenen Umkehr Hiskias auf die Unheilsankündigung Michas gesehen werden kann.

Den Propheten kam die Aufgabe zu, ihre eigenen Aussagen kritisch zu prüfen, da in der deuteronomistischen Linie die im Alten Orient gängigen Legitimationsverfahren entfielen. So sollte der Vorwurf an die Propheten, sie würden שקר verbreiten, nicht mit dem Vorwurf der aktiven Lüge gleichgesetzt werden. Diese Propheten sagten Trug, doch konnte dies sowohl absichtlich geschehen und somit mit den Vorwürfen des moralischen Missverhaltens an die Propheten einhergehen als auch unbewusst und ohne böse Absicht. Diese Selbstprüfung, die sich in den kritischen Anfragen an die Propheten selbst ausdrückt, wurde in der deuteronomistisch geprägten Prophetie zum einzigen Weg, wahre Prophetie in der Situation und nicht erst aus dem geschichtlichen Rückblick zu erkennen. Die mit Mose verknüpfte Tora diente als zusätzlicher Maßstab.[530] Dem Prophet wird dabei eine gewisse rhetorische Eigenverantwortung zugesprochen.

Die Grenzen der Verantwortung der Propheten für trügerische Worte werden durch das Motiv der Überredung durch Gott (פתה im Piel) ausgedrückt. So konnten die Aussagen wie in Ez 14 und 1 Kön 22 auch auf diesen selbst zurückgeführt werden, der nach diesen Texten die Perversion der Prophetie zur Durchsetzung von Gerechtigkeit und als Reaktion auf den menschlichen Missbrauch der Prophetie einsetzen kann (vgl. auch Ez 20,23–25).

---

[529] Dort, wo wie in Jer 26 gegen diese Prinzipien verstoßen wurde, wird das Vorgehen als frevelhaft dargestellt.
[530] Vgl. auch HERMISSON, Kriterien, 136 f.

In 1 Kön 22 wird Ahabs Tod mit der Erzählung um Micha ben Jimla verbunden, jedoch als Erfüllung einer früheren göttlichen Ankündigung geschildert.[531] Das in diesem Kapitel diskutierte Erfüllungskriterium gewinnt erst dann wirklich Gestalt, wenn seine Anwendung im Alten Testament selbst abseits der Erörterungen über falsche Prophetie mit in den Blick genommen wird. Diese literarische Umsetzung zeigt sich besonders gut an den prophetischen Ankündigungen zum Tod mehrerer Könige und den dann geschilderten Umständen des Todes. Werner H. Schmidt fragt mit Blick auf Jeremia 28 und das Prophetengesetz: „Lässt sich von der späteren Wirklichkeit her eindeutig über die Wahrheit entscheiden?"[532] Die im nächsten Hauptkapitel folgenden Untersuchungen blicken literarisch auf diesen Zusammenhang und werden deutlich machen, dass Erfüllung stets etwas ist, das in der rückblickend deutend-erzählenden Perspektive entsteht.

---

[531] Siehe zu 1 Kön 22 Kap. 3.3.2.
[532] W. H. Schmidt, Jeremia 21–52 (ATD 21), 91.

4. Zum (literarischen) Umgang mit prophetischen Ankündigungen

Im vorausgehenden Kapitel wurden die im Alten Testament selbst gegebenen und diskutierten Kriterien für die Identifizierung von Propheten und Prophetinnen, denen ein Fehlverhalten attestiert wurde und / oder die nicht von Jhwh geschickt wurden, vorgestellt und in ihrer Funktion beleuchtet. Zugleich kamen die prophetischen Worte, die nicht auf einen göttlichen Ursprung zurückzuführen sind, selbst in den Blick. Es hat sich herausgestellt, dass verschiedene Faktoren für eine gelingende prophetische Interaktion zwischen Gott, Prophet, Herrscher und Volk eine Rolle spielen und dass gerade deuteronomistisch geprägte Prophetie das Erfüllungskriterium und damit den *Rückblick* auf das bisherige göttliche Handeln in der Geschichte zum Kernelement macht. In diesem zweiten Hauptteil wird nun in Anschluss an diesen Gedanken danach gefragt, wie in den Texten des Alten Testaments selbst mit prophetischen Ankündigungen und ihren Erfüllungen und Nichterfüllungen umgegangen wird, es findet somit sozusagen ein Wechsel von der Theorie in die (textliche) Praxis statt.[1]

Als Einstieg kann an einem Paradetext der korrigierten Ankündigungen das klassische Prinzip nachgezeichnet werden. Denn die Reaktion von Redaktoren auf politische Veränderungen, die zur Modifikation der geschichtlich orientierten Ankündigung führt, wird gut nachvollziehbar sichtbar an der sehr ausführlich und detailliert formulierten Ankündigung der Zerstörung von Tyros in Ez 26–28 in Verbindung mit Ez 29.[2] Dabei zeigt sich die Adaption an das jeweilige Zeitgeschehen an Veränderungen des dargestellten Eroberungsgeschehens sowie an kommentierenden Fortschreibungen, die einen Ausgleich in größerem Kontext ansagen. Wird, wie Markus Saur für den Zyklus zeigen konnte, in Ez 26,7–8a*.13 f.

---

[1] VON RAD, Theologie 2, 312–315, problematisiert das Kriterium der Erfüllung aus neuzeitlicher Sicht, da die Wahrnehmungen der Ereignisse durch die Empfänger des Wortes nicht mitüberliefert sind. Somit hängt das Verständnis eines Wortes als erfüllt und nichterfüllt von der Geschichtsrekonstruktion ab und es werden dabei zugleich Dimensionen des Verstehens ausgeblendet. Gerade dieser berechtigten Mahnung trägt dieses Kapitel Rechnung, indem nicht nur, wie im vorherigen Teil, nach den Kriterien der Erfüllung selbst gefragt wird, sondern der literarische Umgang und damit die Wahrnehmung der prophetischen Worte durch ihre Verwendung in den Texten zur Sprache kommt.

[2] Dieser Text wurde mehrfach als klassischer Text, an dem sich die Nichterfüllung prophetischer Botschaften zeigt, behandelt. Vgl. dazu schon KUENEN, Prophets, 103–111, aber auch FREEDMAN / FREY, False Prophecy, 85 f.

die Zerstörung durch Nebukadnezar, der als Werkzeug Gottes dargestellt wird, angekündigt, so reagieren die Redaktionen auf den fehlenden Erfolg auf drei Weisen. In Ez 29,17–21 wird der noch fehlende Lohn Nebukadnezars zur Begründung, dass er nun Ägypten einnehmen wird. Durch die Veränderung des Objekts wird somit ein geschichtstheologischer Ausgleich hergestellt.[3] In Ez 28,1–10 wird hingegen statt der konkret genannten Babylonier nur noch von Fremden gesprochen, die Tyros einnehmen werden, sodass die Erfüllung durch andere Völker ermöglicht wird.[4] Eine jüngere Redaktion, die die Ereignisse des späten 4. Jahrhunderts v. Chr. voraussetzt, hat in Ez 26 selbst eingegriffen und die Methoden der Eroberung verändert (Ez 26,5b.8b–12.14aγ). Hier sind besonders der beschriebene Damm und Wall auffällig. Diese militärischen Spezifika und der Ablauf der Ereignisse lassen sich vor dem Hintergrund der tatsächlichen Einnahme von Tyros durch Alexander den Großen verstehen. Durch diese Veränderung wird somit ohne Nennung der neuen Eroberer die Verzögerung des Eintreffens durch die Angleichung an die tatsächlichen Eroberungsdetails aufgegriffen.[5] Diese drei sehr unterschiedlichen Wege zeigen zwei Gemeinsamkeiten. Zum einen zieht sich das Motiv, dass Tyros den Untergang verdient hat und Jhwh selbst für die Ereignisse als Strafhandeln verantwortlich ist, durch den Grundtext und alle Erweiterungen. Auf dieser Ebene steht die Verbindung von prophetischer Ansage und Realisierung in der Geschichte, die für diesen Abschnitt dieser Studie zentral ist, im Vordergrund. Jedoch verbindet die drei Umgangsweisen eine zweite Gemeinsamkeit, die den Text von den im Folgenden im Mittelpunkt stehenden deuteronomistischen Texten abhebt. So zeigen die redaktionellen Eingriffe zwar, dass die Texte an die misslingende Eroberung angeglichen wurden, jedoch zeigt sich keine Problematisierung der nicht eingetroffenen Ansage. Auf das Problem des Misserfolgs geht Ez 29,17–21 zwar indirekt ein, hält jedoch nur fest, dass Nebukadnezar bisher seinen Lohn (שכר) noch nicht erhalten habe und aus diesem Grund nun Ägypten bekommen würde. Warum dieser Lohn trotz der eindeutigen göttlichen Ankündigung im Voraus jedoch ausblieb, Tyros also nicht erobert werden konnte, wird nicht problematisiert oder auch nur thematisiert. Dies ist in einem Kontext, der Jhwh eindeutig als Herr über den Geschichtsverlauf darstellt, durchaus bemerkenswert, zumal auch der Lohn eigentlich von Jhwh ausgeht (vgl. Jes 40,10; 62,11; Jer 31,16). So entzieht sich das göttliche Wirken in der Geschichte dem Verständnis.

Zeigt sich an diesem abgegrenzten Erzählzyklus die korrigierende Fortschreibung, ohne dass die Frage der fehlenden Erfüllung im Mittelpunkt stünde,

---

[3] Vgl. SAUR, Tyroszyklus, 61–63.182 f. Die Belagerungsschilderung findet sich auch bei Josephus (Ant. 10,227 f.), der sich auf Philostratos bezieht, und berichtet, dass Nebukadnezar 13 Jahre lang Tyros belagert habe als Ittobaal dort Herrscher war.

[4] Auch in Ez 26,1–6 scheinen eher die Seevölker als die Babylonier als kommende Eroberer im Blick zu sein.

[5] So bei SAUR, Tyroszyklus, 62 f.183–185.

wird gerade im Vergleich zum Deuteronomistischen Geschichtswerk deutlich, welchen Stellenwert das Korrespondenzverhältnis von Verheißung und Erfüllung in Erzählungen deuteronomistischer Färbung hat. So wird im Folgenden als Grundlage zunächst genereller nach dem Motiv der Erfüllung gefragt und dabei zugleich thematisiert, wie in der exegetischen Literatur das Motiv der (Nicht-)Erfüllung mit Datierungsvorschlägen verbunden wird. Auf dieser Basis werden dann Texte aus den Königebüchern sowie den Büchern Jeremia, Ezechiel und Amos in den Blick genommen. In einem ausführlicheren ersten Schritt wird der Zusammenhang anhand der Ankündigungen des Todes der Könige Israels und Judas und der Erzählungen der Todesumstände nachgezeichnet, zeigen sich hier doch immer wieder zugleich Erfüllungsnotizen und deutliche Modifikationen. Die Überlegungen zu Elisas Ankündigungen über den Tod des Aramäerkönigs Ben-Hadad (2 Kön 8,7–15) knüpfen an diese Überlegungen an, gehen jedoch zudem der Frage nach der menschlichen Verantwortung bei der Umsetzung des angekündigten Ergehens nach.[6] Um die Rolle der Propheten in der Strukturierung des Deuteronomistischen Geschichtswerks schärfer zu konturieren, schließt sich ein kürzerer Blick auf den in verschiedenen Dimensionen abweichenden Umgang mit prophetischen Ankündigungen und Prophetenfiguren in den Chronikbüchern an.

4.1 Die Korrespondenz von Verheißung und Erfüllung als Strukturmerkmal deuteronomistischer Erzählwerke

Der Zusammenhang von Verheißung bzw. Ankündigung und Erfüllung ist für das Alte Testament und besonders seine Erzählungen prägend, zeigt es doch das göttliche Handeln in der Geschichte an.[7] Gerhard von Rad spricht grundlegend von einem „Korrespondenzverhältnis von Jahwes Wort und der Geschichte in dem Sinne, daß Jahwes einmal gesprochenes Wort kraft der ihm eigenen Mächtigkeit unter allen Umständen in der Geschichte zu seinem Ziele kommt".[8]

---

[6] Die verschiedenen prophetischen oder breiter gefasst divinatorischen Figuren im DtrG weisen in diesem vielschichtigen Werk ein großes Spektrum auf. Dies gilt für die verwendeten Bezeichnungen wie auch für die Wege der Offenbarung und die Interaktion mit den Adressatinnen und Adressaten. Vgl. dazu KNOPPERS/WELCH, Elijah, 222–227. Im Mittelpunkt der Erörterungen dieses Kapitels stehen prophetische Ankündigungen und der Umgang mit ihnen, sodass nur ein kleiner Teil prophetischer Interaktion beleuchtet wird.

[7] Die prophetischen Ankündigungen, die das Verständnis des weiteren Werkes beeinflussen und auf die – bisweilen auf überraschender Ebene und mit veränderter Deutung – zurückgegriffen werden, kann man somit in Roland Barthes semiologischen System der strukturellen Analyse von Erzählungen (vgl. BARTHES, Abenteuer, 109–121) als Funktion (*fonction*), als distributionelle Einheit, verstehen.

[8] VON RAD, Geschichtstheologie, 55.

Dies gilt insbesondere für die theologischen Geschichtserzählungen, die sich in den Samuel- und Königebüchern finden.[9]

Dass die Bücher Deuteronomium, Josua, Richter und die Samuel- und Königebücher, oder zumindest die im Folgenden im Fokus stehenden Königebücher, eine deuteronomistische Prägung haben und gerade diese Elemente – auch für den breiteren Zusammenhang – strukturgebend wirken, kann seit den wegweisenden Überlieferungsgeschichtlichen Studien von Martin Noth als ein weitgehend stabiler Forschungskonsens festgehalten werden.[10] So verwies dieser, an ältere Thesen zum Einfluss des Deuteronomiums auf die Vorderen Propheten (de Wette) anknüpfend, besonders auf die deuteronomistische Sprache, die jeweiligen Einführungen mit der Angabe der Regierungszeit und der Bewertung der Könige und die programmatischen und periodisierenden Reden, die das zumeist ältere Material gliedern und auf diese Weise einen Gesamtzusammenhang der Geschichte des Volkes und der beiden Teilreiche Israels offenbaren. Die Intention dieses in exilischer Zeit entstandenen Werks liegt nach Noth in der Erklärung der beiden nationalen Katastrophen, für die die negative Bewertung der Nordreichkönige und die weitgehend negativen Bewertungen der Südreichkönige begründend wirken. Der Verlauf der Geschichte, der auf die göttliche Lenkung zurückgeht, dabei aber auf das Handeln der Menschen reagiert, bildet das Grundkonzept des Werkes.

Seit Noths Studien haben sich jedoch einige Anfragen und Modifikationen ergeben. Denn die Fragen, auf wie viele Hände diese prägenden Linien zurückgehen, ob an einem weitgehend einheitlichen Deuteronomistischen Geschichtswerk festzuhalten ist und wo dieses gegebenenfalls begonnen hat und zudem wie das Verhältnis zum Pentateuch bzw. Hexateuch zu fassen ist, sind Gegenstand breiter und andauernder Diskussionen.[11] Auch die grundsätzliche Intention des Werkes oder seiner Ausgaben und die Verteilung von stabilisierenden Elementen und Hoffnungen auf Restitution (gerade in Verbindung mit Jojachins Begnadigung in 2 Kön 25,27–30) auf der einen Seite, aber herrschaftskritischen Tendenzen und der Ausrichtung auf den Untergang des Staates auf der anderen Seite werden unterschiedlich bewertet. Als Grundlage für diese Studie sind einige Grundlinien kurz festzuhalten.

---

[9] Zur Ausrichtung der deuteronomistischen Literatur auf die Geschichte, auch im Kontrast zur Jerusalemer Kulttheologie, siehe SCHMID, Theologie, 294–297, der hier, entsprechend seiner Annahme eines deuteronomistischen Großgeschichtswerkes, den Zusammenhang von Ex–2 Kön im Blick hat.

[10] Vgl. NOTH, Überlieferungsgeschichtliche Studien.

[11] Für eine genaue Darstellung und Würdigung der Noth'schen These und ihres Beitrags für die exegetische Diskussion der vergangenen 70 Jahre, sowie der an sie gestellten kritischen Anfragen in neuerer Zeit siehe FREVEL, Deuteronomistisches Geschichtswerk. Kritisch zur Annahme eines oder mehrerer deuteronomistischer Geschichtswerke äußert sich etwa KRATZ, Komposition, 155–225, und DERS., Problem.

Den Zusammenhang des Werkes betonend, aber die doch vorhandenen Differenzen innerhalb des Gesamtzusammenhangs unterstreichend, wurden besonders zwei Linien für die Forschung prägend, die von verschiedenen Ausgaben und Schichten innerhalb der Bücher ausgehen. Die These von Frank Moore Cross, der sich für die Annahme zweier Blöcke des Deuteronomistischen Geschichtswerkes aussprach, hatte besonderen Einfluss auf den englischsprachigen Forschungsdiskurs. So kommt er zu dem Schluss, dass eine ältere Ausgabe in der Josiazeit als Propagandaschrift diente, während die jüngere in exilischer Zeit entstandene Ausgabe den schließlich doch folgenden Untergang Judas trotz der Josianischen Reform über die sich angehäuft habenden Freveltaten der königlichen Vorgänger und Nachfolger erklärte.[12] Besonders im deutschsprachigen und skandinavischen Raum entwickelte vor allem die auf Rudolph Smend und seine Schüler zurückgehende These *mehrerer* deuteronomistischer Redaktionen ab der exilischen Zeit (Göttinger Schichtenmodell) mit unterschiedlichen thematischen Ausrichtungen eine große Dynamik (DtrH, DtrP, DtrN [Veijola: DtrB]).[13] Für die hier vorliegende Untersuchung sind dabei gerade die Texte relevant, die in diesem Grundmodell Walter Dietrich der prophetisch orientierten deuteronomistischen Redaktion (DtrP) zuschreibt, die er zwischen dem noch in der späten Königszeit wirkenden Deuteronomistischen Historiker (DtrH), der das Grundgerüst des Erzählwerkes kreiert hat, und der nomistischen Redaktion DtrN in der Exilszeit verortet.[14] So hat Dietrich in seiner Studie zu „Prophetie und Geschichte" zeigen können, dass gerade durch die Einsetzung prophetischer Ankündigungen eine durchgehende Linie im Deuteronomistischen Geschichtswerk gebildet wird, die die Erfüllung des göttlichen Wortes in der Geschichte selbst betont. Die Korrespondenz sei zwar auch in von ihm als älteren Texten angesehenen Passagen gerade im Bereich der Elia- und Elisaerzählungen bereits greifbar, werde nun aber systematischer ausgebaut und sorge so für eine erkennbare Prägung des Gesamtwerkes.[15]

---

[12] Siehe zur genaueren Entfaltung der These Cross, Themes, und zu der von Cross angeregten Forschung W. Dietrich, Die vorderen Propheten, 179–182.

[13] Vgl. im Überblick zur Entstehung des DtrG und der Aufzeichnung der Querverbindungen im Gesamtwerk Smend, Entstehung, 111–125, sowie W. Dietrich, Die vorderen Propheten, 183–185, und mit stärkerem Fokus auf die prophetentheologischen Texte Ders., Prophetie und Geschichte, 139–148.

[14] Die genauen Datierungen der Redaktionen in den Phasen des Exils haben sich im Laufe der Modellbildung nach hinten verschoben, sodass Dietrich DtrP mittlerweile nicht mehr in der frühen (580–560 v. Chr., so in Ders., Prophetie und Geschichte, 143 f.), sondern der späten exilischen Zeit ansetzt. Vgl. dazu W. Dietrich, Die vorderen Propheten, 184.

[15] Vgl. W. Dietrich, Prophetie und Geschichte, und die Aktualisierung der These in Auseinandersetzung mit kritischen Anfragen und in Aufnahme neuer Entwicklungen Ders., Prophetie im DtrG. Auch Ben Zvi, Account, kommt bezogen auf die Episode über Manasse in 2 Kön 21 zu dem Schluss, dass sich an diesem Text die Zuordnung von Textschichten zu DtrH, DtrP und DtrN wahrscheinlich machen lassen. Zum Beitrag der prophetischen Redaktion siehe

Für die folgenden Überlegungen zur erfüllten und unerfüllten Prophetie im Rahmen der alttestamentlichen Erzählungen und zugespitzt auf die Beschreibungen des Todes der Regenten in den Königebüchern sind einige Grundbeobachtungen wichtig, die jedoch von der konkreten und in dieser Trennung auch zu problematisierenden Binnendifferenzierung des Göttinger Modells losgelöst werden können.[16] An erster Stelle steht die Wahrnehmung eines Zusammenhangs gerade der Königebücher, der auch durch das Auftreten von Prophetengestalten geprägt ist. Dabei ist die Erfüllung des Wortes in der Geschichte das entscheidende Element. Die Prägung des Deuteronomistischen Geschichtswerks durch prophetische Figuren wurde seit der Ausarbeitung der Theorie hervorgehoben, jedoch auf verschiedenen Ebenen der Entstehung verortet.[17] Gerade in den Königebüchern spielen Prophetengestalten und vor allem die von ihnen ausgesprochenen Ankündigungen eine ausschlaggebende Rolle, die den weiteren Verlauf der Geschichte aufgrund des Verhaltens des Volkes und der Herrschenden skizzieren und als Gottes Herstellung von innerweltlicher Gerechtigkeit kategorisieren.[18] Der Fortgang der Geschichte im doppelten Wortsinn – als der Geschichte, von der erzählt wird (*history*), und der Geschichte, die erzählt wird (*story*) – markiert dann das Eintreffen dieser Worte. Unterstrichen wird dies durch einen expliziten Erfüllungsvermerk. Auf diese Weise wird etwa

---

auch DERS., Prophets. Für eine kritische Sicht auf die Annahme eines DtrP siehe neben anderen STIPP, Ahabs Buße.

[16] Ausgelöst durch die theologische Nähe der Redaktionen DtrH und DtrP zueinander verweist selbst SMEND auf die Schwierigkeit, die Zuordnung in letzter Konsequenz exakt vorzunehmen, denn „[j]eder zeigt sich bis in Einzelheiten des Wortlauts hinein als Schüler seiner Vorgänger" (Entstehung, 124). Zum Problem der Differenzierung zwischen DtrG und DtrP mit einem Plädoyer für die Trennung siehe W. DIETRICH, Prophetie und Geschichte, 134–139. Eine stärker ausgleichende Position zur Entstehung des Deuteronomistischen Geschichtswerks vertritt Thomas RÖMER, Entstehungsphasen, und erneut mit detaillierterer Darstellung DERS., Deuteronomistic History (dort auch mit ausführlichem Forschungsüberblick), der den Zusammenhang des Deuteronomistischen Geschichtswerkes gegen kritische Stimmen verteidigt und drei Hauptausgaben des Werkes für wahrscheinlich hält. Alle drei Phasen können an dem programmatischen Kapitel Dtn 12 festgestellt werden. So ergibt sich eine erste Stufe in vorexilischer Zeit, die jedoch treffender als „deuteronomistische Bibliothek" zu bezeichnen ist, da es sich noch nicht um ein einzelnes zusammenhängendes Gesamtwerk handelte, sodann eine exilische Ausgabe, die gerade wegen der Ausrichtung auf die Begnadigung Jojachins als Hoffnungsschimmer im Gegensatz zu Noths Annahme außerhalb des Landes verortet wird, und schließlich eine perserzeitliche Edition. Zur Verortung der exilischen deuteronomistischen Redaktion im babylonischen Exil, gerade ausgehend von 2 Kön 25 als Zielpunkt der Komposition, vgl. auch POHLMANN, Erwägungen, 101–109, mit der Darstellung der älteren Forschungsdiskussion (besonders zur Verortung im Land bei Noth und Janssen und der Verortung in Babylonien bei Ackroyd, Nicholson und Soggin). Zur in dieser Arbeit angenommenen literargeschichtlichen Verortung der einzelnen Texte siehe in den jeweiligen Abschnitten.

[17] Vgl. etwa VON RAD, Geschichtstheologie, 55–58, WOLFF, Kerygma, 171 f.

[18] Diese gedeuteten Geschichtserzählungen sind rückblickend geschrieben und zielorientiert. So weisen die prophetisch geprägten Texte strukturelle Parallelen zu den mesopotamischen *literary predictive texts* (siehe dazu oben S. 32 f.) und den ägyptischen *ex eventu*-Texten (oben Kap. 2.6) auf.

die Korrespondenz zwischen 2 Sam 7,13 und 1 Kön 8,20, 1 Kön 14,7–13 und 1 Kön 15,29, 1 Kön 16,1–4 und 1 Kön 16,11 f., 2 Kön 21,10–14 und 2 Kön 24,2 unterstrichen.[19] Diese Markierung sichert zum einen ab, dass im Rückblick die Korrespondenz durch die Rezipientinnen und Rezipienten erkannt wird,[20] zum anderen werden Ankündigungen, die durch ihre Gattung nicht als solche zu erkennen sind, durch den Erfüllungsvermerk in dieser Funktion ersichtlich.[21] Bereits an dieser Stelle wird somit die Richtung deutlich, aus der das Wirken in seiner vollen Form erkannt werden kann. Die Prophetie ist Bestandteil der Geschichtstheologie.[22] Dies trifft sich mit dem Gesamtaufbau eines Deuteronomistischen Geschichtswerkes, in dem Reden als Reflexion auf und Deutung der Geschichte eine entscheidende Rolle spielen (vgl. Jos 23; 1 Sam 8; 2 Kön 17 u. ö.).[23] Die Geschichte muss erst gedeutet werden, um das göttliche Wirken als Reaktion auf das menschliche Tun verstehen zu können, und für diesen Prozess spielen auch die Propheten eine entscheidende Rolle.[24]

Dieses deuteronomistische Profil steht im Einklang mit den ebenfalls deuteronomistisch geprägten Texten, die das Erfüllungskriterium direkt thematisieren, und besonders mit den beiden Kerntexten Dtn 18 und Jer 28. Dabei ist das Prophetengesetz nicht der Ursprung des theologischen Grundgedankens, sondern fasst diesen vielmehr systematisierend zusammen.[25] Bei der Betonung der Rolle

---

[19] Siehe auch Jos 6,26 und 1 Kön 16,34; 1 Sam 2,27–36; 4,17 f.; 22 f.; 1 Kön 2,26 f.; 2 Kön 23,8 f. Zu Verheißung und Erfüllung siehe VON RAD, Geschichtstheologie, 55–59, und W. DIETRICH, Prophetie und Geschichte, 108, zu den Erfüllungsvermerken 22–26. Dieses wiederkehrende Schema verbindet W. DIETRICH, a. a. O., 105, besonders mit DtrP. Auch bei anderen literargeschichtlichen Annahmen ist festzuhalten, dass die Korrespondenz zwischen prophetischer Ansage und vermerkter Erfüllung im Geschichtsverlauf gerade für die Königebücher prägend ist. Auf die Rolle Elisas ist dabei noch einmal gesondert einzugehen; siehe unten Kap. 4.3. Zum Motiv der Erfüllung im Alten Testament siehe auch RÖSEL, Art. Verheißung/Erfüllung.

[20] So hat schon VON RAD, Geschichtstheologie, 57 f., darauf hingewiesen, dass das Schema innerhalb des DtrG als Grundprinzip an mehr Stellen erkennbar ist, als es die Erfüllungsnotizen anzeigen, dass diese aber gerade an den entscheidenden und nicht offensichtlichen Stellen das Korrespondenzverhältnis von Verheißung und Erfüllung und somit die göttliche Lenkung der Geschichte offenlegen. Als Beispiel sei auf 1 Kön 16,12 verwiesen, zur Stelle siehe unten S. 231.

[21] Auf die Fülle an Gattungen, die diese Funktion übernehmen können, hat vor allem H. WEIPPERT, Geschichten, 116 f., hingewiesen.

[22] Dies mindert nicht die Relevanz der Prophetie für die jeweilige Gegenwart, so kann mit W. DIETRICH, Prophetie im DtrG, 50 Anm. 19, festgehalten werden: „Die Bewahrheitung des Prophetenwortes in der Vergangenheit demonstriert dessen Bedeutsamkeit auch in der Gegenwart."

[23] Vgl. SCHMID, Theologie, 295 f.

[24] Motive der Geschichtsdeutung lassen sich auch in Bereichen der Prophetie finden, die nicht deuteronomistisch beeinflusst sind. Dies zeigt BLUM, Jesaja, etwa anhand der in seiner Sicht frühen Jesaja-Überlieferung in Jes 5,25–30; 9,7–20 und 10,1–4 mit ihrem deutenden Rückbezug auf die noch mündliche Amos-Überlieferung. Vgl. dazu auch SCHMID, Theologie, 298. Dieser verweist zudem (a. a. O., 300 f.) auch auf den Aspekt der Geschichtsdeutung im Bereich der weisheitlichen Schriften und bezieht sich dabei vor allem auf die Josephsgeschichte.

[25] Zu Dtn 18 siehe oben Kap. 3.2.1.1.

der Prophetie in diesen Kreisen fällt jedoch das fast vollständige Fehlen der aus den Schriftpropheten bekannten Figuren in den Königebüchern auf. Dieses Phänomen wird bereits von Noth benannt, jedoch auf die Quellen des Deuteronomisten zurückgeführt, in denen zwar die im Werk aufgenommenen Prophetengeschichten vorkamen, jedoch nicht die aus den Prophetenbüchern bekannten Propheten.[26] In Bezug auf Jeremia geht Noth zudem davon aus, dass es dem Deuteronomisten, obwohl er Teile des Jeremiabuches als Vorlage hatte, eben nicht um den Propheten ging, sondern nur um die öffentlichen Funktionsträger.[27] Gegen diese Annahme, die sich weitgehend auf die Hypothese des Fehlens in den Quellen stützt, hat sich besonders Klaus Koch ausgesprochen. So hält er es für unwahrscheinlich, dass dem Sammler die Schriftpropheten – bzw. die Vorstufen der prophetischen Bücher Amos, Jesaja, Jeremia – unbekannt waren,[28] und er kommt somit zu dem folgenschweren Schluss: „Dtr verschweigt absichtlich die Verkündigung der Schriftprofeten".[29] Als Gründe nennt er die Aspekte des Scheiterns, die bei den Schriftpropheten vorkommen, der Darstellung im Deuteronomistischen Geschichtswerk aber fremd sind, und die zu radikalen Gerichtsankündigungen der Schriftpropheten, vor allem in den unbedingten Unheilsankündigungen, die der Möglichkeit zur Umkehr in den deuteronomistischen Schriften gerade im Deuteronomistischen Geschichtswerk und dem deuteronomistischen Jeremiabuch gegenüberstehen.[30]

Die unterschiedliche Ausrichtung auch auf die maßgeblichen Protagonisten und vor allem die damit verbundenen unterschiedlichen Zuweisungen der Schuld am Untergang des staatlichen Gefüges sind wichtige Indizien für die Unterscheidung der verschiedenen Deuteronomisten oder Ausprägungen der deuteronomistischen Strömung, die das Deuteronomistische Geschichtswerk, das Jeremiabuch und auch das deuteronomistische Vierprophetenbuch prägen.[31] Welche Lehren die jeweiligen Deuteronomisten aus der Geschichte ziehen und dabei vor allem, wer die Verantwortung für die Katastrophe trägt, und damit, welche zukünftige Strukturierung der Gesellschaft als Hoffnungsperspektive die

---

[26] Vgl. NOTH, Überlieferungsgeschichtliche Studien, 97f.
[27] So bei NOTH, Überlieferungsgeschichtliche Studien, 87 Anm. 3.
[28] Vgl. K. KOCH, Profetenschweigen, 117f.
[29] K. KOCH, Profetenschweigen, 119.
[30] Vgl. K. KOCH, Profetenschweigen, 120–128. Zum Motiv der Umkehr siehe auch WOLFF, Kerygma, 177–186. Kritisch zu einem solchen inhaltlichen Auswahl- und Abgrenzungsprozess äußert sich W. DIETRICH, Prophetie im DtrG, 53–55. Er selbst hält bei der Verarbeitung prophetischer Quellen eher formal-pragmatische Gründe für ausschlaggebend, da nur Prosatexte übernommen wurden.
[31] Aus der Exilsperspektive des DtrG erklärt etwa POHLMANN, Erwägungen, 101–109, den fehlenden Bezug zu Jeremia, der auch nach seiner Einschätzung den Verfassern durchaus bekannt gewesen sein muss. An dieser Stelle zeige sich der unterschiedliche Fokus der Deuteronomisten des DtrG und des Jeremiabuches.

Texte prägt, ist in den verschiedenen Werken höchst unterschiedlich.[32] Bei allen Differenzen zwischen den verschiedenen Bearbeitungen der Königebücher und vor allem zwischen den verschiedenen deuteronomistisch gefärbten Büchern des Alten Testaments kann jedoch die Verknüpfung von Prophetie und Geschichte, gerade im Rückblick auf die Geschehnisse um den Untergang Jerusalems und der Monarchie, und die maßgebliche Rolle der Prophetenfiguren zumindest bei allen Entstehungsphasen ab der exilischen Zeit als große *Gemeinsamkeit* ausgemacht werden.

Auf Grundlage dieser einleitenden Worte kann nun das Korrespondenzverhältnis zwischen Verheißung und Erfüllung genauer in den Blick genommen werden. Als prägnantes Beispiel für dieses Schema eignet sich die in der Entfaltung literargeschichtlich sehr junge deuteronomistische Bezugnahme zwischen 1 Kön 13,1 f. und 2 Kön 23,16.[33] So kommt in 1 Kön 13 ein Gottesmann (איש אלהים) zum König Jerobeam nach Bethel.

²Und er rief (ויקרא) gegen den Altar mit dem Wort Jhwhs (בדבר יהוה) und sagte: Altar, Altar, so spricht Jhwh: Siehe, ein Sohn wird dem Haus Davids geboren werden, Josia ist sein Name, und er wird auf dir die Priester der Kulthöhen schlachten, die auf dir Rauchopfer darbringen, Menschenknochen werden sie auf dir verbrennen (ישרפו).

In 2 Kön 23,16 heißt es dann im Rahmen der Durchführung der josianischen Reformmaßnahmen:

¹⁶Und Josia drehte sich um und sah die Gräber, die dort auf dem Berg waren, und er schickte und nahm die Knochen aus den Gräbern und er verbrannte (וישרף) sie auf dem

---

[32] Zu den verschiedenen Prägungen der Deuteronomisten, die für das DtrG, das Jeremiabuch, das Vierprophetenbuch (Hos, Am, Mi, Zeph) und das Zweiprophetenbuch (Hag, Sach) verantwortlich sind, vgl. vor allem ALBERTZ, Deuteronomisten, und DERS., Intentionen. So setzten die Deuteronomisten des DtrG, die außerhalb des Landes bei Jojachin wirkten, ihre Hoffnungen auf die Restitution des Königtums. „Der entscheidende Zukunftsträger blieb für sie die Daviddynastie und aus dieser wiederum der nach Babylon deportierte König Jojachin." (ALBERTZ, Deuteronomisten, 286). Hingegen kritisierten die verschiedenen Bearbeiter des Jeremiabuches, die im Land arbeiteten, stärker das soziale Missverhalten der Könige und sahen zudem das Volk selbst stärker in der Verantwortung. Zu den Unterschieden zwischen den Jeremia- und DtrG-Deuteronomisten siehe auch unten Kap. 4.2.2. Das deuteronomistische Vierprophetenbuch betont hingegen das völlige Versagen der Oberschichten und setzt die Hoffnung auf den im Land verbliebenen Rest, sodass eine Restitution der vorherigen Verhältnisse, wie im DtrG, gerade nicht angedacht ist. Zum deuteronomistischen Vierprophetenbuch siehe WÖHRLE, Sammlungen, 51–284, sowie die Studie von WERSE, Reconsidering, der zwei Ausgaben eines deuteronomistischen Vierprophetenbuches rekonstruiert. Siehe dazu aber auch unten Anm. 95. Die im jüngeren Zweiprophetenbuch (Hag 1 f.*; Sach 1–8*) ausgedrückte Hoffnung ist an die Heilsfunktion des Tempels geknüpft. Für eine Differenzierung der deuteronomistischen Redaktionen der verschiedenen Prophetenbücher votiert auch U. BECKER, Deuteronomistische Redaktion.

[33] Der Text 1 Kön 13 und die beiden dort auftretenden namenlosen (Gottes-)Männer bzw. Propheten bieten für die Frage nach wahrer Prophetie noch weitere Aspekte, auf die im Rahmen der Betrachtung der Rezeption S. 327 eingegangen wird. Zur Namenlosigkeit vgl. BEMBRY, Unnamed Prophets, 262–264.

Altar und entweihte ihn gemäß dem Wort Jhwhs (כדבר יהוה), das der Gottesmann (איש האלהים) ausgerufen hatte (קרא), der diese Worte ausgerufen hatte (קרא).

Das Wort, das Jhwh in 1 Kön 13,2 einen Gottesmann sprechen lässt, wird durch Josias Tun bestätigt. Durch die inhaltliche Übereinstimmung, die Stichwortbezüge und vor allem die Kennzeichnung als Ereignis, das sich gemäß dem Wort Jhwhs gesprochen durch den Gottesmann realisierte, wird deutlich, dass die Texte aufeinander Bezug nehmen und als korrespondierend wahrgenommen werden sollen. Durch den so gespannten Erzählbogen wird erkennbar, dass Josias Handeln zum einen seit langem vorherbestimmt war und zum anderen als Ausführung eines wahren Gotteswortes zu werten ist.[34] Im Gegensatz zu anderen prophetischen Ansagen zeichnet sich dieses Wort sowohl durch die lange Spannweite bis zu seiner Erfüllung als auch durch die konkrete Namensnennung des entsprechend agierenden Königs aus. Gerade durch diese konkrete Angabe erweist sich die Ankündigung in 1 Kön 13 als spätere Einfügung mit Kenntnis der Geschehnisse.

Betrachtet man den Verlauf von 1 Kön 13, so fällt auf, dass der Gottesmann zusätzlich – oder literargeschichtlich ursprünglich nur – ein Zeichen gibt, das die göttliche Herkunft seiner Worte *sofort* bestätigt. So kündigt er als Zeichen das Zerbersten des Altars an (V. 3), das im Folgenden dann sogleich geschieht. Auch hierdurch wird deutlich, dass die Ankündigung in 1 Kön 13 ihren Zweck nicht in dieser Geschichte selbst hat, sondern erst in 2 Kön 23 als zusätzliche Legitimation des Handelns Josias.[35] Das Problem des Erfüllungskriteriums, das hier implizit vorliegt, dass die Bestätigung erst durch die Erfüllung eintrifft und dass das Kriterium in der Gegenwart keinen Hinweis auf die Glaubwürdigkeit des Wortes und des es sprechenden Propheten liefert, wird durch dieses doppelte Verfahren gelöst.

Das System der prophetischen Ansagen und der durch den Erzähler notierten Erfüllung findet sich in ähnlicher Weise in Herodots Historien (vgl. z. B. 9.64). So sorgt dieser durch die Orakelsprüche für ein chronologisches System, das eine Verbindung aus Vergangenheit, Gegenwart und Zukunft generiert, und einen stringenten Erzählfaden, der das göttliche Wirken in der Geschichte markiert.[36] Diese *narrative* Funktion ist in besonders intensiver Ausprägung im Deuteronomistischen Geschichtswerk erkennbar.[37]

---

[34] Vgl. dazu BRUEGGEMANN, 1 & 2 Kings (Smyth & Helwys Bible Commentary), 172 f. Der Zusammenhang der Texte als Sequenz wird durch die Erfüllung markiert. Zur Sequenz als Struktur der Erzählung mit Anfang und Ende siehe BARTHES, Abenteuer, 118–121 (exemplifiziert am Beispiel der Kampf am Jabboq-Erzählung a. a. O., 252–260).

[35] Zur Verknüpfung siehe auch EYNIKEL, Prophecy, 235 f.

[36] Zur Verwendung von Orakelsprüchen in Herodots Historien siehe genauer oben Kap. 2.7.2.

[37] Siehe dazu H. WEIPPERT, Geschichten, 118–131, die zugleich die textstrukturierenden Elemente nachweist und die Generierung eines übergreifenden Erzählzusammenhanges durch das redaktionell angewendete Schema illustriert.

Die Klassifizierung eines Ereignisses als erfüllt liegt jedoch nicht immer auf der Hand, wie das folgende Unterkapitel, das sich mit dem Tod der Könige im Nord- und Südreich näher befasst, zeigen wird. Liest man die Darstellung bei von Rad, so werden bereits dort Differenzen erkennbar. So zählt er zwar elf explizite Fälle auf, in denen ein Ereignis angesagt und später als erfüllt skizziert wird, und charakterisiert das prophetische Wort sogar als „sich zielsicher in der Geschichte erfüllend",[38] doch gibt er selbst zu bedenken, dass durch die Aufnahme von älterem Material, „das sich seinerseits nun nicht überall ganz spannungslos den theologischen Grundgedanken des Dtr. anpaßt"[39] und das „dann auch wieder spröde dem Dtr.-Schema gegenüber" steht, Spannungen entstehen. Die Prophetenlogien selbst hält von Rad für authentisch.[40] Diese Spannungen zwischen Ansage und Erfüllung als Problem anzusehen, statt sich auf das theologische Profil zu konzentrieren, hält von Rad jedoch für ein modernes Missverständnis, indem nach der „exakten Geschichtsschreibung"[41] gesucht wird. Doch geht es gerade nicht um eine historische Rekonstruktion, sondern um den literarischen Umgang mit unerfüllten Weissagungen und der Hermeneutik hinter „Weissagung und Erfüllung" selbst.

Vor methodische Herausforderungen stellt die Korrespondenz von Weissagung und Erfüllung bzw. Nichterfüllung, wenn aus dieser Kategorisierung eine *Datierung* des Textes abgeleitet wird. So gibt es, gerade wenn der Blick über das Deuteronomistische Geschichtswerk hinaus geweitet wird, durchaus entscheidende Differenzen zwischen den prophetisch angekündigten Geschehnissen und den erzählten Geschehnissen, die dann als Erfüllung des Wortes angesehen werden.[42] Wird eine Ankündigung als nichterfüllt betrachtet, so

---

[38] Von Rad, Geschichtstheologie, 58. Auch W. Dietrich, Prophetie und Geschichte, 105, führt aus, dass die Unheilsprophetie dem Erfüllungskriterium durchwegs Stand hält (anders als die Heilsprophetie). Auffällig ist jedoch, dass von Rad bei der Ankündigung von Josias Tod in seiner Wiedergabe das „in Frieden" weglässt. Gerade diese kurze Charakterisierung der Umstände oder der Zeit ist jedoch der Kernpunkt der Wahrnehmung des später berichteten Geschehens als Erfüllung oder gerade Nichterfüllung, da Josia durch Pharao Necho getötet wird. Siehe dazu unten Kap. 4.2.2.1.

[39] Von Rad, Geschichtstheologie, 58.

[40] Von Rad, Geschichtstheologie, 58, verweist dabei darauf, dass es wohl nicht eine unerschöpfliche Anzahl Prophetenlogien gegeben habe, weshalb der Deuteronomist die Ankündigung, von Hunden bzw. Vögeln gefressen zu werden, gleich in drei Szenen verankert habe; vgl. 1 Kön 14,11; 16,4; 21,24. Siehe zu diesen Ankündigungen an die Nordreichkönige unten Kap. 4.2.1.1.

[41] Von Rad, Geschichtstheologie, 52. In dieser Linie verweist Vriezen, Hoffnung, 579, auf einen Vortrag Walter Eichrodts „Israel in den Weissagungen des Alten Testaments", wonach sich die israelitische Weissagung in ihrer Hoffnungsperspektive dadurch von heidnischen Weissagungen unterscheide, dass es nicht um die reine Erfüllung, sondern die Prägung durch die Perspektiven des Heils und des Gerichts gehe, sodass Inhalt der Weissagungen im Grunde sei, dass Gott auch in Zukunft für das Geschick der Welt verantwortlich sei.

[42] Kuenen stellt in seiner ursprünglich aus dem Jahre 1875 stammenden Behandlung der Propheten, die sich gegen die Annahme übernatürlicher Erfahrungen und entsprechenden

wird diese zumeist als authentisch angesehen und ihr in der jeweiligen literargeschichtlichen Entwicklung des Textes ein hohes Alter zugesprochen. So formulieren David Freedman und Rebecca Frey plakativ: „‚failed prophecy' or ‚unfulfilled prophecy' is authentic".[43] Ein prophetisches Wort, das sich *nicht* erfüllte, ist gerade nicht als *vaticinium ex eventu* einzustufen.[44] Dies gilt zumindest, wenn der Sprecher der Ankündigung als positiv konnotierte Figur

---

Wissens durch die Propheten richtet, breit die nicht erfüllten Prophezeiungen in den Mittelpunkt und unterteilt diese in die Ankündigungen an andere Nationen (KUENEN, Prophets, 98–147), die Gerichtsankündigungen an Israel (a.a.O., 148–185) und die Ankündigungen, die die Zukunft Israels betreffen (a.a.O., 186–275). Zum exegetisch-theologischen Streit am Ende des 19. Jh. zwischen der Betonung der Nichterfüllung und der Erfüllung, wie es etwa Giesebrecht herausstellte, vgl. JENNI, Voraussagen, 8 f. Letztlich ging es in diesem Strang der alttestamentlichen Forschung um die Frage der Geistgaben der Propheten und genereller um das Offenbarungsverständnis. Jenni selbst – vgl. schon die Einleitung a.a.O., 5–11 – stellt die alttestamentlichen prophetischen Ankündigungen in einen anderen Kontext und begreift sie in ihrem Kern als „eschatologische Weissagung vom Kommen des richtenden und lebensschaffenden Herrn" (a.a.O., 9). So handelt es sich „um die Zukunft eben dieses göttlichen Herrn, der die Geschichte seines Volkes und aller Völker bisher geleitet hatte, und der nun daran war, diese Geschichte mit Macht vorwärtszutreiben und zu vollenden" (a.a.O., 7). Hierbei denkt Jenni vor allem an den Tag Jhwhs. In diesem Denken steckt die Grundannahme einer fortlaufenden Geschichte mit Zielpunkt, die für die Mehrheit der alttestamentlichen Texte nicht angemessen ist und eher die Brücke zum Neuen Testament in christlicher Perspektive herstellt. Doch schon Jenni selbst hebt von diesen Aussagen die politischen Ankündigungen der Propheten ab, um die er sich dann im Detail kümmert und bei denen ein Vergleich mit den historisch rekonstruierten Geschehnissen in seinen Augen durchaus angemessen sei. Deutlich wird jedoch, dass diese gegenüber der Ausrichtung auf das Kommende als Sonderfälle der Prophetie betrachtet werden, während in dieser Studie die politische Dimension der Prophetie und die Auslotung von Handlungsoptionen in der Gegenwart auch durch den Vergleich zur Divination im alttestamentlichen Umfeld als Kern der Prophetie begriffen werden.

[43] FREEDMAN/FREY, False Prophecy, 82.

[44] Auf dieser Grundannahme fußend spricht SCHMID, Theologie, 234, insgesamt davon sprechen, dass „die Exegese vor allem bei falschen Weissagungen methodisch in der Lage ist, über deren Echtheit und Unechtheit zu entscheiden". Siehe für diesen Zusammenhang die Ausführungen von FREEDMAN/FREY, False Prophecy. Ein gängiges Beispiel für eine überzeugende Datierung auf Grund des Vergleichs zwischen der Ankündigung und den sich ereignenden historischen Geschehnissen stellt die Grundschicht des Kyrosorakels in Jes 45,1–7 dar. Gerade in der Differenz von V. 1 und V. 2 in der Ankündigung der Einnahme als gewalttätig oder als freiwillig und damit friedlich zeigt sich die Differenz zwischen der Annahme für die Zukunft und der realen Übergabe Babylons an Kyros. Vgl. KRATZ, Kyros, 25–29, der unterstreicht, dass die Beschreibung der friedlichen Einnahme in V. 1b die Szenerie des Gewaltvollen (V. 2–3a) „einschlägig korrigiert" (a.a.O., 26), und so auch SCHMID, Literaturgeschichte, 132 f. Vorsichtiger zu einer solchen Trennung über die Unterscheidung zwischen einer friedlichen Übernahme und einer gewaltvollen Eroberung äußert sich LEUENBERGER, Jhwh, 52 f. Für einige methodische Überlegungen zur Unterscheidung von auf die Zukunft ausgerichteten prophetischen Ansagen von einem *vaticinium ex eventu* siehe SCHMID, Prognosis, 112–115. Bei sich erfüllenden Ansagen ist die Feststellung der Authentizität in jedem Fall mit Problemen belastet. So auch KRATZ, Propheten, 71, in Bezug auf die prophetische Ankündigung des Untergangs Judas: „Da sich die Erwartung erfüllte, läßt sich im Einzelnen vielfach nicht mehr sagen, ob die Weissagung und ihre Begründungen vor oder nach 587 zu datieren sind."

stilisiert wird.[45] Besonders Eva Osswald hat auf eine Vielzahl an Fällen gerade im Jeremia- und Ezechielbuch hingewiesen, in denen sich die politischen Ankündigungen nicht erfüllt haben.[46] Ob jedoch etwas als nichterfüllt wahrgenommen wird, ist weniger deutlich, als man meinen mag. So wird etwa im Nachhinein gerade bei der Unheilsprophetie durch das Element der Umkehr die Nichterfüllung geradezu zum Schlüssel gelingender Prophetie gemacht.[47] In dieser Richtung betonen Freedman und Frey die Effektivität von Unheilsprophetie, die zur Verbesserung der Lage beitragen kann. Ausgehend von der Rezeption von Mi 3 in Jer 26 führen sie weitergehend aus: „So either the prophecy is fulfilled or it is not, and if it is not it could be because the prophecy itself produced its own fulfillment."[48] An dieser Stelle ist jedoch genau zwischen der textimmanenten Interpretation einer Ankündigung als konditioniert bzw. dem allgemeinen Verständnis von Prophetie als auf die Veränderung des Handelns ausgerichtet auf der einen Seite und der literarischen Verwendung von Ankündigungen und berichtenden Texten auf der anderen Seite

---

[45] Siehe aber unten Kap. 4.2.1.2 zur möglichen Falschaussage Amazjas, die er selbst als Amoswort kennzeichnet.

[46] Vgl. OSSWALD, Glaube, 66 f. Neben dem angekündigten Eselsbegräbnis für Jojakim (2 Kön 24,6), verweist sie etwa auf die sich nicht realisiert habende Rückkehr der Nordreichbewohner (Jer 3,12 ff.; Ez 37,15 ff.), den Tyroszyklus (Ez 26–29), aber auch Jes 20,1–6 und Hos 1,4 und verschiedene Heilserwartungen (insbesondere die bei Deuterojesaja mit Kyros verbundenen Erwartungen). Osswald vergleicht an dieser Stelle jedoch die Ankündigungen mit der historischen Rekonstruktion der Ereignisse (ähnlich auch bei JENNI, Voraussagen, vgl. die Zusammenfassung zum Aspekt der erfüllten politischen Prophetie 111–114), während es in dieser Studie stärker um den inneralttestamentlichen Umgang mit unerfüllten prophetischen Ankündigungen selbst geht. So ist bei Osswalds Vorgehen deutlich, dass die Frage nach der Erfüllung in der Geschichte stark von der Datierung der Texte und somit der rekonstruierten historischen Situation abhängt. So geht es auch nicht darum, die durch den Propheten als menschlichen Faktor eingebrachten Fehlinterpretationen und damit auch Fehlwiedergaben des *wahren* göttlichen Wortes zu erkennen, wie es von ihr (a. a. O., 69 f.) noch überlegt wird. Der Umgang mit prophetischen Worten wird in seinen innerweltlichen Dimensionen beleuchtet. Die von Osswald (a. a. O., 67 f.) vorgenommene Fokussierung auf die Gefühlslage der Propheten, deren Ankündigungen sich nicht erfüllten, kann von den Personen gelöst werden und bleibt als theologisches Problem der Glaubwürdigkeit der prophetischen Tradition in anderer Form bestehen. So zeigt Ez 12,21–28, dass das Nichteintreffen des Wortes ein grundsätzliches Problem für eine Prophetie darstellt, die sich am Eintreffen der Worte messen lässt. Siehe dazu oben Kap. 3.2.3.1.

[47] HOUSTON, Prophets, 142–148, geht einen anderen Weg, indem er die kategoriale Unterscheidung zwischen illokutivem Akt und perlokutivem Effekt deutlich macht. So messe sich die Wahrheit des Prophetenwortes nicht daran, ob die Zuhörenden auf die Botschaft reagierten und damit auch nicht daran, ob ein prophetisches Wort letztlich zur Umkehr und Rettung oder zum Untergang führe. Der Sprechakt ist in der Ankündigung adäquat vollzogen, der Prophet hat korrekt als Gesandter gehandelt. Ein Problem dieser Deutung liegt jedoch an der engen Verknüpfung von Prophetie und Geschichte. So wäre eine Prophetie ohne Effekt kein probates Mittel der Geschichtslenkung. Dass Propheten auch in der Darstellung der Texte immer wieder unerhört blieben, steht dabei auf einem anderen Blatt, ist doch hier die Abweisung durch die Herrschenden und das Volk der Schlüssel für das Verständnis.

[48] FREEDMAN/FREY, False Prophecy, 83. Zur Verwendung des Michazitats in Jer 26 siehe ausführlich oben Kap. 3.2.2.2.

zu unterscheiden. Denn, als Warnung verstanden, sehen Freedman und Frey ein prophetisches Wort auch dann als konditioniert an, wenn keine Konditionierung explizit erwähnt wird.[49] Aber warum wird dann bei einer Nichterfüllung die vorherige Konditionierung nicht unterstrichen? Es gilt also, die Texte in Bezug auf die Kategorien der Erfüllung und Nichterfüllung noch einmal erneut zu untersuchen.

4.2 Der Tod der Könige

Der Tod eines Herrschers ist, wegen der politischen Folgen und der religiösen Dimension der göttlich legitimierten Herrschaft, ein zentrales Thema in altorientalischen Texten und so auch im Alten Testament. Zudem stellt sich, gerade in einem theologisch durch den Tun-Ergehen-Zusammenhang geprägten System, bei einem vorzeitigen Tod eines Königs die Frage nach seiner göttlichen Legitimation und damit der Bestätigung seiner Herrschaft. So ist die prophetische Ankündigung des Todes eines Herrschers ein Ausdruck fundamentaler Herrschaftskritik und somit von besonderer Bedeutung und Brisanz.[50] Gerade durch die divinatorischen Spezialistinnen und Spezialisten, die zumeist der Sicherung des adäquaten Herrschaftshandeln dienen, bekommt die Ansage eines gewaltsamen oder verfrühten Todes ein besonderes Gewicht. Dem Handeln der Könige und der zugehörigen Dynastie wird somit ein radikales Ende gesetzt. Gut greifbar wird dies in einem neuassyrischen Brief. Hier führt die prophetische Ankündigung von Sanheribs Dynastieende zu einer radikalen Bestrafung der Verschwörer – nicht der Prophetin – und der Einleitung ritueller Gegenmaßnahmen mit der betonten prophetischen Legitimation der herrschenden Dynastie.[51]

Schaut man auf die Königebücher, so findet sich als klassische Abfolge die Ankündigung des Todes des kritisierten Königs durch den Propheten und das spätere Eintreffen mit dem Verweis, dass Jhwh dies so geplant hatte. Erfüllung dient als Kernelement der Darstellung gelingenden prophetischen Wirkens in der Gegenwart und Vergangenheit. Dies wird etwa bei der Ankündigung des Todes

---

[49] Auch OSSWALD, Glaube, 68 f., weist auf die Rolle der Konditionierung und der Souveränität Gottes hin, sich gegen ein von ihm ergangenes Wort zu wenden. Doch hält auch sie fest, dass ein nicht-erfülltes Prophetenwort nicht zu schnell durch einen veränderten Beschluss Gottes zu erklären ist, da gerade die Betonung des Festhaltens an den eigenen Entscheidungen ein prägender Bestandteil der Prophetie und Theologie ist.

[50] LEUENBERGER, Problem, 172, macht gerade am Beispiel der Psalmen für die israelitische Religionsgeschichte des 1. Jahrtausends deutlich, dass ein vorzeitiger Tod als „Herzstück der Todesthematik" eine große theologische und soziale Dimension hat. Dies gilt für Könige wie auch für jeden einzelnen Menschen. Im Kontext des Versterbens von Königen kommt jedoch noch ein deutlicher politischer Aspekt hinzu.

[51] SAA 16 59/ABL 1217+. Siehe zu diesem Fall oben S. 42 f.

Ahasjas durch Elia in 2 Kön 1,2–17 deutlich. Nachdem Ahasja sich durch einen Sturz ernsthaft verletzt hatte, schickt er Boten nach Ekron, um den Baal-Zebub befragen zu lassen bzw. medizinische Hilfe von dort zu bekommen. Elia, von Gott beauftragt, stellt sich diesen in den Weg und kündigt den Tod des Königs gerade wegen dieser Befragung an (V. 6.16). In V. 17a folgt die Erfüllung seiner Ansage:

¹⁷Und Ahasja starb gemäß dem Wort Jhwhs (כדבר יהוה), das Elia geredet hatte.

Der Tod des Königs Ahasja entspricht, wie explizit festgehalten wird, dem göttlichen Plan und ist gerade nicht mit Gottesferne und Chaos verbunden, die einen vorzeitigen Herrschertod begleiten können.[52]

Durch das Element der Ankündigung und Erfüllung wird im Deuteronomistischen Geschichtswerk die göttliche Leitung in der Geschichte herausgestellt.[53] Zudem werden die Leserinnen und Leser durch die Großerzählung geleitet und deren Gesamtkomposition wird so unterstrichen. Erst wenn sich die göttlichen Worte erfüllt haben werden und dies auch festgehalten wird, zeigt sich ein Erzählzug als beendet. Diese Kompositionstechnik sowie die Betonung der Geschichte selbst stellt eine Verbindung zum Umgang Herodots mit Orakeln dar.[54]

Ein genauerer Blick auf die angekündigten Todesfälle unter den Königen und den dann beschriebenen Umständen führt jedoch vor Augen, dass sich in den entsprechenden Texten eine Reihe von Auffälligkeiten bis hin zu Widersprüchen finden. Diese werden im Folgenden genauer in den Blick genommen. Dabei gilt es genau zu überprüfen, ob es sich tatsächlich um Widersprüche handelt, auf welcher literarischen Ebene sie bestehen und an welchen Texten sprechende Lücken in den prophetischen Ankündigungen und auch den Beschreibungen des Erzählers vorkommen. In einem ersten Schritt bezieht sich dieser Vergleich besonders auf die Nordreichkönige (Kap. 4.2.1), in einem zweiten Schritt werden die letzten Südreichkönige (Kap. 4.2.2) in den Blick genommen. In Bezug auf beide Königsgruppen wird zunächst die Darstellung innerhalb des Deuteronomistischen Geschichtswerkes betrachtet und dann mit der Darstellung in Passagen korrespondierender Prophetenbücher (mit deuteronomistischer Prägung) verglichen (Am 7,10–17 und Jer).

---

[52] Diese Legitimation gilt analog auch für die ebenfalls politisch höchst brisante Tötung des Hauses des Vorgängers, wie es für die Nachkommen Jerobeams in 1 Kön 14,10 durch Ahija von Schilo angekündigt und von Baesa in 1 Kön 15,29 durchgeführt wird – gemäß dem Wort Jhwhs, das er durch seinen Knecht Ahija von Schilo geredet hat (כדבר יהוה אשר דבר ביד־עבדו אחיה השילני). Siehe zu diesen Texten die folgenden Ausführungen.

[53] Zur Geschichtstheologie der prophetischen Texte siehe W. DIETRICH, Prophetie und Geschichte, 107–109. So hält Dietrich mit Blick auf DtrP fest: Die Geschichte Israels „ist für ihn nichts anderes gewesen als das Wirkungsfeld zukunftsmächtigen Prophetenwortes." (a.a.O., 107).

[54] Vgl. dazu oben Kap. 2.7.2.

4.2.1 Der Tod der kritisierten Nordreichkönige und das Auslöschen ihrer Häuser – Jerobeam, Bascha und Ahab

Die Geschichte des Nordreichs Israel, wie sie in den Königebüchern dargestellt wird, enthält einige gewaltvolle Machtwechsel. Gerade bei Dynastiewechseln und irregulären Thronfolgen spielen Prozesse der prophetischen und damit göttlichen Legitimation eine herausragende Rolle.[55] Noch entscheidender sind diese Prozesse, wenn der Machtwechsel durch einen Putsch oder einen Aufstand erfolgte und der regierende König, der qua Amt eigentlich durch Gott in seiner Rechtmäßigkeit bestätigt war, getötet wurde. Der herbeigeführte Tod der jeweiligen Regenten (Jerobeam, Isebel, Bascha, Ahab) und dessen prophetische Legitimationen bieten somit einen guten Einstieg, um den Zusammenhang zwischen Ankündigung und Erfüllung innerhalb der Königebücher zu begreifen. Die Geschichte des Nordreichs wird auch durch das Element der prophetischen Ankündigung zu einer Geschichte des durchgängigen Scheiterns der aufeinander folgenden Dynastien.[56] Die im Folgenden diskutierten Texte weisen diesbezüglich auch sprachlich enge Verbindungen auf, die eine literarische Abhängigkeit überaus wahrscheinlich machen. Gerade die jeweils beschriebene Ausrichtung auf den Regenten selbst und auf sein Haus ist dabei in den Texten genau zu beachten.

Um eine sich nicht erfüllende prophetische Ankündigung nicht als falsch einstufen zu müssen, spielt der Faktor der Zeit eine entscheidende Rolle. Dies zeigt sich im altorientalischen Raum etwa bei der Korrektur von Ansagen, die man sich nicht erhofft hatte, durch das Aufstellen eines neuen Zeitrahmens in der wiederholten Fragenformulierung durch die divinatorischen Spezialisten und Spezialistinnen.[57] Auch die Verschiebung auf kommende Zeiten durch die Neuinterpretation der genannten bzw. angedeuteten politischen (Fremd-)Mächte, auf die sich die Ansagen beziehen, ist aus dem Danielbuch und seiner Rezeption ebenso bekannt wie aus dem Tyroszyklus in Ez 26–29.[58] Im Falle des angedrohten Todes der Könige sind die Zusammenhänge jedoch subtiler und zeigen die Verknüpfung des irdischen Geschehens mit einem die Geschichte lenkenden Tun-Ergehen-Zusammenhang. Denn es fällt auf, dass der Wechsel der Dynastien nicht bei den Königen geschieht, die im Mittelpunkt der stereotypen Kritik stehen, sondern sich immer wieder erst bei ihren Nachfolgern realisiert.[59] So

---

[55] Die Hochachtung der Prophetie in der Zeit Asarhaddons, dessen Machtübernahme als jüngster Sohn Sanheribs ebenfalls der besonderen Legitimation bedurfte, ist auch in diesem Zusammenhang zu verstehen. Zur neuassyrischen Prophetie siehe Kap. 2.3.
[56] Vgl. W. DIETRICH, Prophetie und Geschichte, 106.
[57] Siehe dazu MAUL, Wahrsagekunst, 123.
[58] Siehe dazu oben S. 211 f.
[59] Zum Motiv des Strafaufschubs bei den negativ beurteilten Königen des Nordreichs siehe VON RAD, Geschichtstheologie, 59.

werden Jerobeam seine Taten vorgeworfen und der Untergang seines Hauses angekündigt, doch tötet Bascha erst seinen Sohn und Nachfolger Nadab. Auch die Kritik an Bascha führt zur Ermordung seines Sohnes Ela durch den Diener Simri. Besonders auffällig ist der späte Wechsel der Omriden. So wird Ahab radikal kritisiert, das Ende seines Hauses erfolgt jedoch dann erst im Rahmen der Jehu-Revolution, der der übernächste König des Nordreichs Joram zum Opfer fällt. So haben gerade die im Deuteronomistischen Geschichtswerk negativ dargestellten Könige eine lange Regierungszeit (ca. 20 Jahre), die also im Rahmen des Tun-Ergehen-Zusammenhangs vor theologische Deutungs-Probleme stellt. Die getöteten Nachfolger haben jedoch stets nur wenige Monate oder Jahre regiert, wie eine Gegenüberstellung der Regierungsdaten deutlich macht:[60]

	Kritisierter König	Getöteter Nachfolger	Getötet durch
Jerobeam und sein Haus	Jerobeam I. 927–907 v. Chr.	Nadab 907–906 v. Chr.	Bascha
Bascha und sein Haus	Bascha 906–883 v. Chr.	Ela 883–882 v. Chr.	Simri
Ahab und sein Haus (Omriden)	Ahab 871–852 v. Chr.	Joram 851–845 v. Chr.	Jehu

Bei der Aufgabe, die Geschichte zu deuten, stehen die Deuteronomisten somit vor der Schwierigkeit, das lange Herrschen der Könige zu erzählen und zugleich mit den vor allem kultischen Anklagen gegen sie in Einklang zu bringen. Gerade die Aufrechterhaltung der Strafansagen für die folgenden Generationen, die es anhand dieser drei Beispiele im Folgenden genauer zu betrachten gilt, können als Schlüssel zum Nebeneinander der Untergangsansagen und der Todesnotizen, die auf ein friedliches Ableben der Könige hindeuten, ausgemacht werden.

4.2.1.1 Das Ende Jerobeams I., Baschas, Ahabs und ihrer Häuser in der Darstellung der Königebücher

Nach 1 Kön 14 erkrankt Jerobeams Sohn Abija schwer und Jerobeam schickt seine verkleidete Frau,[61] um den Propheten Ahija von Schilo, der Jerobeam einst das Königtum zugesagt hatte (vgl. 1 Kön 11,29–39), zu befragen (1 Kön

---

[60] Die in der Tabelle angegebenen Regierungsdaten richten sich nach FREVEL, Geschichte Israels, 423.
[61] Vermutlich verweist das Motiv der Verkleidung auf die Sorge Jerobeams, ein schlechtes Gotteswort zu erhalten, ohne dass diese explizit formuliert oder begründet würde. Wie bei Ahabs Verkleidungslist im Kampf gegen die Aramäer in 1 Kön 22 geht auch diese schief. Geradezu ironisch wird betont, dass Ahija ohnehin fast blind ist, ihm Jhwh aber selbst ankündigt, dass Jerobeams Frau in Verkleidung erscheint. CRANZ, Illness, 87 Anm. 11, diskutiert das Motiv der Verkleidung und sieht dadurch vor allem Gottes Allwissenheit unterstrichen, der den Plan offenbart.

14,1 f.).⁶² Dieser gibt nun jedoch auf Gottes Geheiß eine verhängnisvolle Unheilsbotschaft für Jerobeam und sein Haus (V. 7–16). Die Bestandteile seiner Ankündigung finden sich auch in den folgenden Androhungen an seine Nachfolger wieder:
1. Die Begründung (V. 7–9)
   Gott selbst hat Jerobeam das Königtum gegeben, dieser handelte jedoch nicht wie David, der die Gebote mit ganzem Herzen befolgte. Er verhielt sich schlimmer als alle Vorgänger und folgte anderen Göttern und baute Götzen.
2. Die Androhung (V. 10–11)
   Das Unglück wird kommen und alle männlichen Nachkommen Jerobeams werden ausgerottet:
   – Hinter seinem Haus wird ausgefegt werden (בער אחר) wie Kot weggefegt wird (בער).
   – Diejenigen, die in der Stadt sterben, werden von Hunden gefressen, die auf dem Feld, von Vögeln.

Direkt an die Königin gerichtet, gibt Ahija nun auch das erfragte Wort für den erkrankten Sohn. Abija, der Sohn Jerobeams, der als einziger gut gehandelt habe, wird sterben, jedoch wird er begraben und betrauert werden.⁶³ Ahijas Rede schließt mit der Ankündigung, dass ein neuer israelitischer König kommen und das Haus Jerobeams ausrotten wird.

Jerobeam selbst stirbt nach 22 Jahren Regierungszeit friedlich, er legte sich zu seinen Vorfahren (V. 20)⁶⁴ und sein Sohn Nadab übernimmt die königliche Herrschaft über Israel. Im Gegensatz zur Ankündigung des Begräbnisses und der Trauer für seinen positiv beurteilten Sohn Abija (V. 13) wird für Jerobeam gerade keine Beerdigung erwähnt. Diese Lücke in der Notiz ist für sich genommen nicht auffällig, doch deckt sich das Phänomen der fehlenden Beerdigung etwa auch mit dem Südreichkönig Jojakim in 2 Kön 24,6, dessen reguläre Beerdigung wegen des durch Jeremia angekündigten Eselsbegräbnisses vor Probleme gestellt

---

⁶² Die Episode findet sich in der LXX bereits in 3 Kön 12,24^(g–n) in einer etwas kürzeren Variante, in der die Ausrichtung auf das kommende Ende des Hauses Jerobeams deutlich kürzer ausfällt und der erzählerische Fokus noch stärker auf dem Kind liegt. Auch der Ablauf der Unheilsandrohungen bezüglich des kranken Jungen und Jerobeams samt seinem Haus variiert.

⁶³ Somit ist die Ankündigung des Todes eine Art Segen, wie es CRANZ, Illness, 94, kategorisiert. Zur gesamten Episode im Kontext des Motivs des kranken Herrschers siehe a.a.O., 85–94. Das Sterben vor dem Unglück und die Ankündigung einer Beerdigung verbindet Ahijas Ankündigung an Abija mit der der Prophetin Hulda an Josia, dessen Tod ebenfalls durch seinen Zeitpunkt positiv konnotiert ist. Vgl. dazu unten Kap. 4.2.2.1. W. DIETRICH, Prophetie und Geschichte, 52 f., macht die Beerdigungsnotiz in V. 13b als Nachtrag wahrscheinlich, die auf die angedrohte Nichtbeerdigung der männlichen Nachkommen Jerobeams in V. 11 reagiert.

⁶⁴ Vgl. auch MENSON, Unremembered Dead, 198–215, zur Androhung der Nichtbestattung bei Jerobeam und seinem Haus und den Konsequenzen für sein Ansehen, sowie ausführlich zur Begräbnisformel und ihrer Variation seit der Zeit Hiskias HALPERN/VANDERHOOFT, Editions, 183–197.

hätte.⁶⁵ Fehlt dort die Beerdigungsnotiz, um den Widerspruch zur prophetischen Ankündigung zu mindern, deutet das Fehlen auch hier darauf hin, das Ahijawort ins Recht zu setzen.

Dietrich konnte plausibel machen, dass das Prophetenwort in V. 7–11, das sich nicht auf die Episode um den kranken Königssohn bezieht, ein deuteronomistischer Text in älterem Kontext ist, der mit den parallel formulierten Androhungen an Bascha und Ahab in Verbindung steht. Er selbst weist die Verse seiner prophetischen Redaktion zu.⁶⁶ Im Gegensatz zur unmittelbaren und bis in die Details exakt übereinstimmenden Erfüllung der Ankündigung von Abijas Tod (vgl. V 12 f. und 17 f.), wird das Ende des Hauses Jerobeams erst in 1 Kön 15,28–31 geschildert.⁶⁷ Die Ankündigung erfüllt sich erst an Jerobeams Nachfolger Nadab, der ebenfalls negativ beurteilt wird und der von Bascha zusammen mit dem ganzen Haus Jerobeams getötet wird (1 Kön 15,28–31).⁶⁸ Die Legitimierung dieser Tat als Ausführung des von Ahija von Schilo gesprochenen Gotteswortes (כדבר יהוה אשר דבר ביד־עבדו אחיה השילני) wird in V. 29 explizit bestätigt.⁶⁹ Der Erzählfaden wird somit beendet. Der durch die Ankündigung an Jerobeam aufgemachten Linie kann nun bei den folgenden Dynastiewechseln weiter gefolgt werden.⁷⁰

---

⁶⁵ Siehe dazu ausführlich unten Kap. 4.2.2.3.
⁶⁶ Vgl. W. DIETRICH, Prophetie und Geschichte, 51–54. Zum Aufbau der Drohworte und ihrer Verbindung zu Unheilsankündigungen in prophetischen Büchern siehe a.a.O., 103–105. Die prophetischen Ankündigungen in den Königebüchern bringen nur kultische Anklagepunkte vor und üben anders als etwa im deuteronomistischen Jeremiabuch keine Sozialkritik. Zur Unterscheidung der deuteronomistischen Grundprägungen siehe ALBERTZ, Intentionen, und DERS., Deuteronomisten, und Anm. 32 sowie unten 243–246.
⁶⁷ WERLITZ, Könige (NSK 8), 140, spricht sich hingegen dafür aus, dass das Motiv des kranken Abija schon immer mit der Ankündigung des Dynastieendes verbunden war, da nur dies das Tradierungsinteresse erklären könne. Mit W. DIETRICH, Prophetie und Geschichte, 112–114, REHM, Das erste Buch der Könige, 147, und FRITZ, Das erste Buch der Könige (ZBK 10/1), 143–147, kann jedoch das Zusammenwachsen der beiden Motive wahrscheinlich gemacht werden. Die Grunderzählung ist somit in 1 Kön 14,1–6*.12–13a.17 f. zu finden.
⁶⁸ So verwundert es, dass FRITZ, Das erste Buch der Könige (ZBK 10/1), 155, zu 1 Kön 15,29 f. notiert, das hier genannte Wort Ahijas von Schilo liege nicht vor und entstamme dem generellen deuteronomistischen Grundgedanken, dass ein Dynastiewechsel per Prophetenwort göttlich legitimiert sein müsse.
⁶⁹ Ein ähnlicher kontinuierlicher Umdeutungsprozess ist auch bei einem anderen Wort des Propheten Ahija von Schilo zu erkennen. So geht es in 1 Kön 11,29–39 um die Reichsteilung als Strafe für Salomos Verhalten. Innerhalb des Textes wird die Wegnahme des Königtums von ihm sowie der Transfer dieser Strafe auf seinen Nachfolger begründet. Nach THIEL, Jahwe, 166, liegt der alte Kern der Geschichte in V. 31b* und damit der Ansage des Verlusts des Königtums an Salomo. Die harten kultischen Vorwürfe an Salomo können dies plausibel machen. Die Verlegung in die Herrschaft seines Sohnes Rehabeam ermöglicht sodann jedoch die Erfüllung des Wortes in der Geschichte. WÜRTHWEIN, Könige (ATD 11/1), 139–144, teilt 1 Kön 11,26–40 sehr strikt in zwei Schichten auf, die sich um unterschiedliche Fragen (Legitimation des Nordreichs und Bestand der Davididen) kümmern. Einen Widerspruch erkennt er im Gegensatz zu Thiel jedoch nicht, die Übergabe des Königtums erfolgt in beiden Schichten beim Salomo-Sohn.
⁷⁰ THIEL, Jahwe, 167, vermutet wegen des Fehlens deuteronomistischer Formulierungen in

Auch Bascha, dem König Israels, der die vorherige Herrschaftslinie des Hauses Jerobeams beendet hat, wird durch den Propheten Jehu der gewaltsame Tod angesagt, den er mit seinem ganzen Haus teilen werde. Die Begründung für diesen Abbruch der Dynastielinie erfolgt durch die Parallelisierung seines Handelns mit seinem Vorgänger Jerobeam (1 Kön 15,33; 16,1). Wie bereits bei Jerobeam und in den gleichen Formulierungen wird zunächst in 1 Kön 16,2 festgehalten, dass Jhwh Bascha aus dem Staub geholt und zum König gemacht hatte, dieser der Aufgabe aber keineswegs gerecht wurde und wie Jerobeam nicht nach dem göttlichen Willen handelte. Die Strafandrohung erfolgt, da er das Volk wie Jerobeam zur Sünde gebracht hat:

³Siehe, ich fege hinter Bascha und hinter seinem Haus aus und ich mache dein Haus wie das Haus Jerobeams, des Sohnes Nebats.

Seine Nachkommen und Anhänger werden zudem sterben und ihre Leichname in der Stadt von Hunden und auf dem Feld von Vögeln gefressen werden. Eine Beerdigung der Leichen wird somit negiert.[71] Auch diese Ankündigung entspricht der Strafandrohung an die Nachkommen Jerobeams.

Auf diese Ankündigung erfolgt jedoch gerade nicht die Beschreibung des Todes dieses Königs, sondern nach dem Hinweis auf weitere Taten des Königs, die in den Chroniken zu finden seien, die schlichte Notiz:

⁶Und Bascha legte sich zu seinen Vorfahren, und er wurde in Tirza begraben. Und Ela, sein Sohn, wurde an seiner Stelle König.

Der Kontrast zwischen der radikalen Unheilsandrohung und dem offenkundig friedlichen Sterben des Königs fällt unmittelbar ins Auge.[72] Doch ist der verwendeten Formulierung בער אחרי in V. 3 Rechnung zu tragen. So wird gerade nicht Bascha selbst weggefegt, wie etwa in der Zürcher oder neuen Luther-Bibel übersetzt, sondern *hinter* ihm.[73] Die Androhung bezieht sich also nicht auf den König selbst, sondern auf sein Haus. Erst sein Sohn Ela, dessen Regieren in gleicher Weise kritisch beurteilt wird, wird durch seinen Diener Simri getötet, der sodann auch alle männlichen Mitglieder des Hauses töten lässt und selbst

---

1 Kön 14,10f. die Aufnahme eines alten vor-deuteronomistischen Wortes, das in diesem Abschnitt deuteronomistisch eingebettet wurde und in dieser Linie auch auf die beiden späteren Könige übertragen wurde. Auch wenn das Wort selbst älter sein mag, hat es hier nun Bedeutung in seiner Einbettung in den deuteronomistischen Kontext und damit auch Argumentationszusammenhang.

[71] Zum Motiv des Nicht-Beerdigt-Werdens siehe unten S. 265f. Zur Androhung des Von den Tieren auf dem Feld verzehrt-Werdens in altorientalischen Flüchen siehe auch HILLERS, Treaty-Curses, 68f. Die Androhung erinnert zudem an den Fluch in Dtn 28,26, die Leichen würden ungeschützt liegen und von allen wilden Tieren gefressen werden.

[72] Auch HENTSCHEL, 1 Könige (NEB), 99–101, notiert den friedlichen Tod Baschas, wertet dies aber nicht systematisch aus.

[73] Diese Differenz wird gerade im Vergleich zu dem Ahab angesagten Unheil relevant, das diesen selbst treffen wird. Siehe dazu unten im Folgenden.

König wird. Dass das verwendete אחר eine zeitliche Dimension anzeigt, wird im Vergleich zum Wort an Jerobeam in 1 Kön 14,10 deutlich. So wird auch ihm gesagt, dass *nach* ihm ausgefegt wird, der Vergleich des Kotausfegens bietet dann jedoch kein אחר.

Die in V. 12 folgende klassische Erfüllungsnotiz steht somit *nicht* im Widerspruch zum Unheilswort, sondern hält ihm gemäß die Vernichtung der Nachkommen Baschas fest.

¹²Und Simri rottete das ganze Haus Baschas aus gemäß dem Wort Jhwhs, das dieser gegen Bascha durch Jehu, den Propheten, gesprochen hatte.

Und doch fällt eine Differenz auf: Die in 1 Kön 16,11 f. festgehaltene Vernichtung des *ganzen Hauses* Baschas, die eigentlich nicht den zuvor geschilderten Ereignissen, die nur den Tod des Königs festhalten, entspricht, deutet auf die kommentierende Arbeit einer deuteronomistischen Redaktion hin, die die Korrespondenz von Ansage und Erfüllung auf diese Weise unterstreicht.[74] So entsteht zwar kein eklatanter Widerspruch zum erzählten Geschehen, die Funktion des Erfüllungsvermerkes wird jedoch noch einmal deutlich. Gerade dort, wo die exakte Korrespondenz nicht evident ist, sorgt der Vermerk dafür, das Geschehen als gottgewollt und folgerichtig zu markieren. Das Eintreffen des Gotteswortes ist grundlegend.

Auch Ahabs Tod wird in 1 Kön 21 durch seine negativ beurteilten Taten in seiner Regierungszeit gerade im Umgang mit Nabot begründet und somit in eine Reihe mit Jerobeam und Bascha gestellt.[75] Die Ankündigung seines Todes verläuft in Motivik und sprachlicher Gestaltung ganz analog zu den beiden bereits thematisierten an Jerobeam und Bascha. Schon auf Grund dieser Parallelität und der Bezüge zu den Vorgängern, die die Worte analog erhalten hatten, legt es sich nahe, von einer schematisierten Darstellung auszugehen.[76]

²¹Siehe, ich bringe Unheil über dich und fege hinter dir aus. Ich werde von Ahab ausrotten, was gegen die Wand uriniert,[77] den Beherrschten und den Freien[78] in Israel. ²²Und ich mache dein Haus wie das Haus Jerobeams, des Sohnes Nebats, und das Haus Baschas, des Sohnes Ahijas, wegen des Zornes, zu dem du mich erzürnt hast, und weil du Israel zum Sündigen gebracht hast.

---

[74] Vgl. dazu W. DIETRICH, Prophetie und Geschichte, 23 f.
[75] Zur Darstellung der Verantwortung, die Ahab am Unrecht gegenüber Nabot trägt, siehe GERHARDS, Homer, 210–213. Zur deuteronomistischen Zuordnung von 1 Kön 21,17–24*.27–29 siehe BECK, Elia, 54–61.
[76] Zu den Texten siehe auch BEN ZVI, Prophets, 342 f.
[77] Dieses Bild bezeichnet wohl alle Männer.
[78] Der Ausdruck עצור ועזוב ist in seiner Deutung umstritten. Fest steht, dass zwei Gruppen genannt werden, die in oppositioneller Stellung zueinander stehen. Zu den Möglichkeiten der Wiedergabe siehe HALAT, 824.

Gerade durch die nahen Parallelen fällt jedoch auch der Unterschied unmittelbar ins Auge. So wird im Gegensatz zu seinen Vorgängern Ahab selbst durch Elia angekündigt, dass Gott das Unheil über *ihn* bringen werde. Nicht nur das Haus und damit erst die Nachfolger in späterer Zeit, sondern er selbst wird wegen des von ihm begangenen Unrechts bestraft werden.[79] Die sich anschließende Ankündigung an Ahabs Entourage und Nachkommen bezüglich der Leichname verläuft dann wieder analog zu der an Jerobeams und Baschas Haus:

[24]Wer von denen, die Ahab zugeordnet sind, in der Stadt stirbt, den werden die Hunde fressen, und wer auf dem Feld stirbt, den werden die Vögel des Himmels fressen.

Folgt man dem weiteren Verlauf der Erzählung, so können in verschiedenen Erzählzügen und auch redaktionellen Bearbeitungen sowohl Elemente der Nichterfüllung als auch der Erfüllung bemerkt werden. So wird im Gegensatz zu den erzählten Geschehnissen um Bascha das Motiv der Hunde im Folgenden (1 Kön 22,37f.) nun auch narrativ eingeholt,[80] wenn auch gebrochen. Denn nach der Episode um Micha ben Jimla[81] stirbt der König, der (fast) durchgängig nur mit seinem Amt bezeichnet wird, auf Grund seiner Verwundung im Krieg, sodass

---

[79] Vgl. zu diesem Unterschied STIPP, Ahabs Buße, 279f.

[80] Das Motiv findet einen weiteren narrativen Niederschlag, dort in der am weitest ausgebauten Szenerie. In 2 Kön 9f. wird zum einen in der nächsten Machtübernahme mit Dynastiewechsel im Nordreich durch Jehu das Ende des Ahabhauses berichtet. Bei der Salbung durch einen jungen Prophetenschüler Elisas wird Jehu der göttliche Auftrag zuteil, das Haus Ahabs so wie das Haus Jerobeams und Baschas auszurotten (2 Kön 9,6–10). Explizit wird das Fressen des Fleisches als Strafe für Isebel vorausgesagt, wie auch der Mangel an Personen, die sie begraben werden. Jehu tötet den Ahab-Sohn Joram, den amtierenden König von Israel, und auch die anderen Ahab-Söhne (Erfüllungsvermerk in 2 Kön 10,17) und lässt auch Isebel töten. Nachdem sie aus dem Fenster gestoßen wird, finden sich für die Beerdigung nur noch einzelne Teile, sodass die Erfüllung der Ansage des Fressens durch die Hunde aus dem Munde Elias festgehalten wird. Zu den Unterschieden, gerade in dem beschriebenen Setting, zwischen 2 Kön 9 und 1 Kön 21 siehe die Hinweise bei SEELIGMANN, Auffassung, 260–262, der sich insgesamt dafür ausspricht, das Schema von Verheißung und Erfüllung nicht als zu starr zu begreifen. Zum Motiv der Nichtbeerdigung, das der Prophetenschüler ankündigt, passt die Szene wiederum nicht, da in 2 Kön 9,34 Jehu explizit befiehlt, sie wegen ihrer königlichen Abstammung zu begraben. Auch Jehu bekommt ein Strafurteil, das jedoch gemischt ausfällt, da er nach 2 Kön 10 sowohl gute Taten vollbrachte (radikale Beseitigung der Baalspriester in 2 Kön 10,18–28) als auch, wie alle seine Vorgänger, weiter Sünden wie Jerobeam beging. So wird ihm Unheil angekündigt, das aber erst in der vierten Nachfolgegeneration auf dem Königsthron verortet wird (2 Kön 10,30). Wiederum kann somit der friedliche Tod eines Herrschers, wie er in 2 Kön 10,35 für Jehu festgehalten wird, und das politische Unglück in späteren Generationen in Einklang gebracht werden. Auch Hos 1,4f. vermerkt das kommende Ende des Hauses Jehu auf Grund der Jesreel-Schuld. Das hier reflektierte Jehu-Bild ist eindeutig negativer als das ambivalente, das 2 Kön 9f. zeichnet. Zu den Überschneidungen und Differenzen in Hos 1,4f. und 2 Kön 10 bezüglich des Schicksals Jehus und seines Hauses vgl. ROBKER, Art. Jehu (Jesreel und das Motiv des Bogens in Hos 1,5 und 2 Kön 9,24), und insgesamt zur Darstellung der Ereignisse in 2 Kön 9f. und Hos 1 O'BRIEN, Prophetic Stories, 180–182.

[81] Zu dieser Episode siehe oben Kap. 3.3.2.

sich auch Michas Ankündigung, dass er nicht aus dem Krieg zurückkehren werde, erfüllt:[82]

³⁷Und der König starb und man kam nach Samaria und sie begruben den König in Samaria. ³⁸Und man wusch den Wagen am Teich Samarias ab, und die Hunde leckten sein Blut auf, und die Prostituierten badeten darin, gemäß dem Wort Jhwhs, das dieser gesprochen hatte.

Deutlich erkennbar ist der Versuch eines Ausgleichs durch das Motiv der Hunde. So wird der König zwar begraben, das in 1 Kön 21,19 angekündigte Lecken des Blutes durch die Hunde wird jedoch indirekt bei der Waschung des Wagens realisiert.[83] Der an dieser Stelle beschriebene Tod steht nun aber im Widerspruch zu der sich anschließenden Notiz, durch die der Tod Ahabs im klassischen Formular festgehalten wird:

⁴⁰Und Ahab legte sich zu seinen Vorfahren. Und sein Sohn Ahasja wurde an seiner Stelle König.

Das Motiv des sich zu den Vätern Legens weist auch bei diesem König auf einen friedlichen Tod hin.[84] Den Widerspruch zwischen dem gewaltsamen Tod und der

---

[82] Josephus gleicht immer wieder die Ankündigungen verschiedener Propheten aus. So hält er fest, dass Ahabs Tod in Ramoth stattfand, wie es Micha angekündigt hatte (Ant. 8,417f.). Somit erfüllten sich gleich zwei prophetische Ansagen. Vgl. dazu DELLING, Prophetie, 116f., und BEGG, Classical Prophets, 561.

[83] Vgl. dazu WÜRTHWEIN, Könige (ATD 11/2), 257, der den Vers als späten Nachtrag begreift, der die deuteronomistischen Erfüllungsvermerke nachahme. FRITZ, Das erste Buch der Könige (ZBK 10/1), 195–197, sieht in 1 Kön 22,38 auch eine Ergänzung, um die Erfüllung des Prophetenwortes zu unterstreichen, deutet aber die ganze Erzählung mit der Intention, ein schmähliches Ende Ahabs zu inszenieren. Bereits die literargeschichtliche Verortung von 1 Kön 21,19b ist jedoch umstritten. So ordnet WÜRTHWEIN, Könige (ATD 11/2), 252, den Vers als post-deuteronomistisch ein, mit der Intention, die Drohung zu verschärfen, vgl. auch GERHARDS, Homer, 213 mit Anm. 30. Gerade umgekehrt löst THIEL, Könige (BKAT 9/2), 482–484 (mit ausführlichem Forschungsüberblick), das Problem auf überlieferungsgeschichtlicher Ebene und begreift V. 19b als vor-deuteronomistisch. Auch ALBERTZ, Elia, 69 f., kann den Vers als Zitat eines älteren Eliawortes plausibel machen, das durch die erneute Verwendung der Botenformel markiert ist, und begründet diese Annahme dadurch, dass sich das Wort nicht erfüllt habe. Dass es sich an dieser Stelle um eine individuelle Ankündigung des Unheils an Ahab handelt, setzt den Vers nicht vom Kontext ab, da gerade die Differenzen in V. 21 zur Ankündigung an Jerobeam und Bascha ebenfalls in der direkten Verbindung mit dem König selbst liegen.

[84] Vgl. zur Stelle HENTSCHEL, 1 Könige (NEB), 135: „Die Formel ‚er entschlief zu seinen Vätern' wird nur bei Königen gebraucht, die eines natürlichen Todes gestorben sind." Vgl. aber auch FRITZ, Das erste Buch der Könige (ZBK 10/1), 200. SURIANO, Politics, 73 f., sieht die standardisierte Formel, die nach dem bereits berichteten Tod des Königs folgt, auf ihre Rolle als Überleitung zum nachfolgenden König beschränkt. HENTSCHEL, Israel, 196, erkennt in der Angabe des friedlichen Todes die korrekte Wiedergabe des historischen Geschehens. Außerhalb des Alten Testaments ist die Formel auch in der Tell Dan-Stele belegt. Hier wird in der dritten Zeile über Hadad-Ezer aus der Perspektive des Sohnes ebenfalls berichtet, dass er sich niederlegte (וישכב), was als Todesnotiz gedeutet wird, wenn auch die folgende Textlücke Anlass zu unterschiedlichen Rekonstruktionen des zweitens Teil der Formulierung lässt. LEMAIRE, Tel

friedlichen Sterbenotiz führt Dietrich auf die spätere Einfügung der Episode um Micha ben Jimla und damit auch der mit dieser verbundenen Sterbenotiz zurück, die er DtrP zuschreibt: „DtrP entschloss sich, die prophetische und die geschichtliche Überlieferung nebeneinander stehen zu lassen und der Leserschaft die Spannung zwischen beiden zuzumuten."[85]

In der älteren Grunderzählung über Ahab, die die Episode in 1 Kön 22,1–39 und damit auch den gewaltvollen Tod des Königs noch nicht enthielt,[86] steht der friedvolle Tod *nicht* in Spannung zur radikalen Unheilsansage durch Elia.[87] So wird in 1 Kön 21,27–29 als Reaktion eine Buße Ahabs erwähnt, die parallel zu Josias Reaktion auf das Verlesen des gefundenen Buches verläuft.[88] Er zerreißt seine Kleider, fastet und trägt Trauergewänder. Die Reaktion ist ein erneutes Gotteswort, das die Aufschiebung des Unheils auf die Regierungszeit seines Sohnes festhält.[89] Somit wird durch diese Szene narrativ-theologisch eingeholt, was sich bereits für die Vorgänger gezeigt hatte. Das durch die Väter zu verantwortende Unheil, das sich in den Zeiten der Söhne realisiert, gehört zur absichtsvollen Geschichtslenkung. Die direkte Ankündigung des kommenden Unheils an Ahab selbst und nicht an sein Haus, die den Prophetenspruch von seinen Parallelen unterscheidet, bildet somit den Anker zur Erklärung aller Passagen.

Dan Stela, 3 f., und Kottsieper, Inschrift, 477 f., und entsprechend Ders., Inschrift (TUAT. Erg.), 176–179, rekonstruieren hier eine zur alttestamentlichen Notiz parallele Formulierung des Legens zu den Vätern. Zu dieser Notiz vgl. auch A. Krüger, Weg, 144. Gegen die Deutung als friedlichen Tod spricht sich Sweeney, I & II Kings (OTL), 262, aus, der in der Notiz nur festgehalten wissen will, dass Ahab von seinem Sohn Ahasja abgelöst wird.

[85] W. Dietrich, Prophetie im DtrG, 59 f. Hingegen geht Fritz, Das erste Buch der Könige (ZBK 10/1), 200, davon aus, dass der Bericht um Ahabs Tod, der bei ihm zur Grundstufe der Kriegserzählung in 1 Kön 22 gehört, bereits 1 Kön 22,39 f. vorlag: „Die übliche Erwähnung vom Tod Ahabs nimmt die Erzählung vom schrecklichen Ende dieses Königs in 21,34.35 nicht auf, sondern rechnet mit einem friedlichen Tod. Eine Bemerkung über das Begräbnis fehlt, weil dieses bereits in 22,37 berichtet war." Sollte die deuteronomistische Abschlussformel jedoch auf das zuvor Geschehene bereits reagieren, bliebe die Frage, warum der harte Widerspruch zum gewaltsamen Tod nicht gelöst, die Beerdigungsnotiz aber weggelassen wurde.

[86] Vgl. dazu Stipp, Ahabs Buße, bes. 284. Stipp selbst zieht daraus weitreichende Schlüsse für die Komposition der Königebücher, vgl. a.a.O., 285–290. Siehe auch Gerhards, Homer, 215.

[87] Vgl. dazu auch Beck, Elia, 56. Thiel, Jahwe, 167, verweist hingegen darauf, dass sich das Unheilswort an Ahab in 1 Kön 21,19b* schon deshalb als alt erweise, da es sich nach 1 Kön 22,40 gerade nicht erfüllt habe. Mit 22,38 sei es dann „notdürftig korrigiert" worden.

[88] S. Otto, Jehu, 120–129, sieht in diesem Motiv der Reue allerdings erst die deuteronomistische Redaktion am Werke, die das unerfüllte Ahabwort in 1 Kön 21,19 auszugleichen sucht, das sie – wie Thiel, siehe Anm. 83 – einer vordeuteronomistischen Schicht zuordnet. Die Verknüpfung zu den parallel formulierten Drohungen gegen die anderen Nordreichkönige und ihre Häuser führt jedoch auch bei Otto zur Annahme einer deuteronomistischen Herkunft des Restes (1 Kön 21,20bβ–24).

[89] Somit überzeugt die Zuordnung der Bußnotiz zur deuteronomistischen Komposition des Textes, wie es Stipp, Ahabs Buße, argumentiert.

4.2.1.2 Das Ende Jerobeams II. und seines Hauses nach Am 7,9.10–17

Schon innerhalb der Königebücher hat sich am Beispiel der Unheilsandrohungen an die Nordreichkönige Jerobeam, Bascha und Ahab das für das Verständnis und die Geschichtstheologie elementare Zusammenspiel zwischen dem kritisierten König und der Todesandrohung an seine Nachkommen gezeigt. Folgte aus dem frevelhaften Handeln der Könige, für das Jerobeam als negatives Vorbild diente, eigentlich als Konsequenz dessen Tod, wurde dieser schon in den Ankündigungen auf das zugehörige Haus und damit die Nachkommen übertragen. Die langen Regierungszeiten der scharf kritisierten Nordreichkönige und die kurzen Zeiten ihrer Nachkommen, von denen es wenig zu berichten gab, sowie die Dynastiewechsel durch Putsch und Rebellion wurden so durch die Erzählweise der Deuteronomisten in den Königebüchern in ein historisch und theologisch stimmiges Gesamtgefüge gebracht. Die Legitimation der Machtwechsel und die grundlegende Verkommenheit der Regenten wurden durch diese Darstellung der israelitischen Geschichte gleichermaßen unterstrichen.

Folgt man der Darstellung weiter, so ereignet sich ein erneuter gewaltvoller Dynastiewechsel, der dem König Jehu bereits in der Darstellung von 2 Kön 10 angekündigt wurde: Wegen seiner schlechten Taten wird Jhwh auch seine Dynastie beenden, wegen der Abschaffung des Baalskultes jedoch erst in der vierten Herrschaftsgeneration, sodass die Jehu-Dynastie insgesamt die meisten Könige eines Hauses im Nordreich gestellt hat. Auch diese Auffälligkeit wird somit geschichtstheologisch eingeholt.[90] Und so wird in 2 Kön 15,8–12 der gewaltsame Tod des israelitischen Königs Secharja durch Schallum, der dann selbst König wird, durch den Rückbezug von V. 12 auf 2 Kön 10,30 begründet:

¹²Es ist das Wort Jhwhs, das dieser zu Jehu gesprochen hatte: „Söhne bis in die vierte Generation von dir werden auf dem Thon Israels sitzen." Und so geschah es.

Auf Grund Jehus Taten stirbt somit sein Nachkomme Sacharja und beendet die Linie der Jehu-Dynastie, wie es auch im Einklang mit der Deutung der Jesreel-Schuld in Hos 1,1–5 steht.

Der Zusammenhang gestaltet sich noch einmal anders, wenn eine andere Todesdrohung an einen König der Jehu-Dynastie hinzugezogen wird. Denn Hosea ist nicht der einzige Nordreichprophet dieser Zeit. Das Amosbuch enthält in der kurzen Erzählung von Amos und Amazja in Am 7,10–17 ein Amoswort, das den Tod Jerobeams II., Secharjas Vater und Vorgänger, durch das Schwert ansagt. Der Priester am Staatsheiligtum in Bethel, Amazja, meldet seinem König Jerobeam, dass Amos gegen ihn rebelliere, und verweist zugleich Amos des Heiligtums und des Nordreichs. Als Begründung referiert er dabei ein Amoswort, nach dem dieser ankündigte, dass Jhwh Jerobeam mit dem Schwert töten und Israel gefangen wegführen werde (V. 11). Das Gotteswort, das Amos am Ende

---
[90] Vgl. dazu oben Anm. 80.

der kurzen Erzählung dann selbst spricht, sagt wiederum dem Priester Amazja die Deportation und den Tod seiner Familie durch das Schwert an und bestätigt die auch von Amazja als Botschaft des Amos zitierte kommende Wegführung Israels (V. 17).

In zweifacher Hinsicht wird über das hier gegebene Amoswort an Jerobeam im Kontext der nicht-erfüllten Prophetie diskutiert. So steht die Ankündigung zum einen im Widerspruch zu Jerobeams friedlichem Tod, wie er in 2 Kön 14,29 berichtet wird und der sich vermutlich auch entsprechend ereignet hat. Zum anderen wird im direkt vorhergehenden Vers Am 7,9 zwar die Zerstörung der Heiligtümer angekündigt, das Gerichtshandeln mit dem Schwert jedoch nicht auf Jerobeam selbst, sondern auf sein Haus bezogen (וקמתי על־בית ירבעם בחרב). So legt es sich nahe, Am 7,9 als späteren Ausgleich zu den Königebüchern zu verstehen, zumal der Vers auch im Vokabular wie etwa der Nennung der Kulthöhen im Kontext auffällig ist und eher an Hosea erinnert (במות, vgl. Hos 10,8).[91]

Gerade durch dieses Verständnis wird das Amoswort in V. 11 jedoch zu einem Problem, zu einem Beispiel falscher Prophetie, die sich in der Geschichte nicht erfüllt hat. Kategorisiert man das Wort in dieser Weise, so müsste es konsequenterweise Amos selbst zugesprochen werden. Denn es müsste zum einen in der Zeit *vor* dem friedlichen Tod Jerobeams entstanden sein und zum anderen

---

[91] Zur Zuordnung des Verses als sekundäre Ergänzung siehe WEISER, Propheten (ATD 24/1), 185; HARDMEIER, Exegese, 53, FLEISCHER, Buch Amos (NSK.AT 23/2), 244 (mit Hinweis auf die Verknüpfung mit Hos 10,8), JEREMIAS, Prophet Amos (ATD 24/2), 111 f., WÖHRLE, Sammlungen, 113, und WERSE, Reconsidering, 165 f., der den Bezug zu Hos 10,1–8 im Horizont des deuteronomistischen Vierprophetenbuches auslegt. HEMPEL, Wort, 311, verweist bereits auf den Ausgleich, den Amos' Schüler in V. 9 zwischen dem Amoswort in V. 11 und den wirklichen Ereignissen herstellen wollen. Auch WOLFF, Dodekapropheton 2 (BKAT 14/2), 340 f., spricht von einer Korrektur der Todesdrohung an Jerobeam in Bezug auf den friedlichen Tod Jerobeams in 2 Kön 14,29 und die Ermordung seines Sohnes in 15,10 und weist den Vers der Amosschule zu. Kritisch gegen die Annahme einer Korrektur durch V. 9 äußern sich ANDERSEN / FREEDMAN, Amos (AncB 24A), 767 f., die die Ankündigung an das Haus als Äquivalent zur Ankündigung an Jerobeam selbst sehen. Doch zeigt sich gerade bei den Ankündigungen an die Nordreichkönige, dass in den Kategorien der Ankündigung und Erfüllung die Generationenfolge eine entscheidende Rolle spielt. Siehe dazu im vorherigen Abschnitt 4.2.1.1. Eine ganz andere Erklärung für Am 7,9 schlägt EIDEVALL, Amos (AYB 24G), 201 f., vor. Er identifiziert den genannten König Jerobeam mit Jerobeam I., sodass der regierende König Jerobeam II. als Mitglied seines Hauses in eine Linie mit dem ersten König Israels gestellt würde. Auch Eidevall vermerkt, dass dies *genealogisch* nicht der Fall war, da Jerobeam II. zur Jehu-Dynastie gehörte, doch sieht er hier eine *ideologische* Verbindung, indem das sich fortsetzende Sündigen der Nordreichkönige seit Jerobeam I. und damit die sprichwörtliche „Sünde Jerobeams" betont würde. Weit näher liegt es jedoch, den angesprochenen Jerobeam mit dem regierenden König zu identifizieren und sein Haus als dessen Nachkommen zu verstehen.

Eine gewisse logische oder auch geschichtstheologische Spannung bleibt jedoch trotz der Korrektur im Vergleich zur Erklärung in den Königebüchern bestehen. So wird in 2 Kön 15,12 (vgl. 10,30) der Tod Secharjas nicht wie nach Am 7,9 mit den Taten Jerobeams verbunden, sondern mit denen des Dynastiegründers Jehu. In 2 Kön 15,10 wird zudem kein Schwert genannt, dort heißt es nur, dass Schallum ihn erschlug (נכה). Das Verb wird jedoch häufig mit dem Schwert als Waffe verbunden (vgl. nur Jos 11,12; 2 Kön 10,25 u. ö.).

mit so viel prophetischer Autorität verbunden gewesen sein, dass es von den Tradenten der Amosworte auch gegen den Geschichtsverlauf noch beibehalten worden oder sogar erst eingefügt worden wäre.

Dem entgegen steht jedoch die literarische Einordnung des Abschnitts. Denn Am 7,10–17 erweist sich gerade nicht als genuiner Bestandteil der älteren Texte des Amosbuches. Schon die im Amosbuch in dieser Weise singuläre erzählende Gattung fällt im Kontext der sonstigen Visionen und Völkersprüche auf. Gegenüber den Visionen, in deren Kontext der Abschnitt bewusst platziert ist, reagiert er zudem bereits begründend.[92] Dabei unterbricht die kurze Erzählung die dritte und vierte Vision, kann aber somit zugleich entfalten, warum Amos' Fürbitte nicht mehr angenommen wird. Denn die Schonung des Volkes durch Jhwh ist vorbei, die prophetische Botschaft wird nicht angenommen. Schon Wolff weist den Abschnitt Amos' Schülern zu, rechnet jedoch mit der Bewahrung eines alten Spruches, der auf Amos selbst zurückgeht. Die Schüler hätten also das Wort über den Tod Jerobeams und die Exilierung noch von Amos selbst gekannt und zitierten es deshalb trotz des mittlerweile eingetretenen Todes Jerobeams gegen besseres Wissen.[93] Die Datierung des Wortes bei Wolff – an dieser Stelle auf der überlieferungsgeschichtlichen Ebene – erfolgt erkennbar über die Einordnung als *unerfüllte* Prophezeiung.[94] Da sie sich nicht erfüllt hat, müsse sie zum einen alt sein – um das falsche Wort zu erklären – und zum anderen authentisch von Amos stammen – um zu erklären, warum das Wort trotzdem aufgenommen wurde.

Kann die Zuordnung zu den Schülern eine solche Tradierung des Wortes noch mit Einschränkungen erklären, verliert die Theorie mit einer noch späteren Datierung weiter an Überzeugungskraft. Doch die deuteronomistische Sprache, die Thematik der Prophetie und ihrer verweigerten Annahme, die zur Weg-

---

[92] Auf die Stichwortverbindung sowohl zum Ende der dritten als auch zum Beginn der vierten Vision, zwischen denen der Text steht, hat besonders UTZSCHNEIDER, Amazjaerzählung, 108–113, hingewiesen, vgl. aber auch JEREMIAS, Prophet Amos (ATD 24/2), 107, und WÖHRLE, Sammlungen, 111. So wird durch diese Erzählung das Ende der Verschonung, die bei den ersten Visionen durch Amos' Fürbitte ermöglicht wurde, begründet.

[93] Vgl. WOLFF, Dodekapropheton 2 (BKAT 14/2), 357. Dass Amos in einem einzigen Satz sowohl den Tod des Königs als auch die Exilierung des Volkes angesagt hätte, hält Wolff hingegen für wenig wahrscheinlich und vermutet hier, dass diese Zusammenfassung durch den Erzähler Amazja in den Mund gelegt wurde.

[94] Noch deutlicher formuliert ist dies bei FREEDMAN/FREY, False Prophecy, 86 f. So weisen sie darauf hin, dass die Ankündigung an Jerobeam (V. 9.11) nicht mit den in den Königebüchern erzählten Ereignissen übereinstimme. Somit folgern sie aus dem Fehlen einer direkten Erfüllung, dass es sich um ein authentisches Amoswort handeln muss. SCHART, Gegenwartsorientierung, 77 f., geht nicht auf die fehlende Erfüllung des Wortes ein, betont jedoch dass es sich bei diesem Abschnitt zwar um eine spätere Einfügung ins Amosbuch handelt, der Text oder zumindest die Szene selbst jedoch aus der Amoszeit stammen und auf Augenzeugenberichte oder eigene Anschauung zurückgehen. Er geht sogar so weit, in dem Bericht „ein Fenster in die Welt eines mündlichen Auftritts des Amos" (a. a. O., 78) zu erkennen. Zu seiner literargeschichtlichen Begründung siehe breiter DERS., Entstehung, 84–97.

führung der Nordreichbevölkerung führt und sich besonders in der Parallele zu 2 Kön 17 zeigt, sprechen für eine Zuordnung des Textes zum deuteronomistischen Vierprophetenbuch und damit in die exilische Zeit.[95] Gerade die doppelte Ankündigung der Wegführung aus dem Land, die den Abschnitt rahmt, weist spezifische Parallelen zu anderen deuteronomistischen Texten auf (vgl. 2 Kön 17,23; 25,21 mit der Parallele in Jer 52,27). Doch wie lässt sich bei dieser zeitlichen Verortung und der Annahme, dass das Vierprophetenbuch geradezu als eine Art Kommentar zum Deuteronomistischen Geschichtswerk zu lesen ist, die Differenz zu Jerobeams friedlichem Ableben in 2 Kön 14,29 erklären?[96]

In einem ersten Schritt ist zunächst die Intention der kurzen Erzählung in ihrem Kontext und dabei vor allem die Rolle des von Amaza zitierten Amoswortes zu klären, bevor in einem zweiten Schritt die sichtbar gewordene Intention breiter mit ihrer redaktionsgeschichtlichen Verortung verbunden werden kann. In der Diskussion, inwieweit sich in diesem Abschnitt historisch belastbare Hinweise auf das Leben des Propheten Amos finden, ist schon oft aufgefallen, dass das Schicksal der im Abschnitt vorkommenden Protagonisten gerade keine Rolle spielt.[97] Jerobeams Schicksal wird im Folgenden nicht mehr erwähnt, aber auch Amazjas Ergehen und Amos' Reaktion auf die Verweisung aus Bethel werden weder narrativ eingeholt noch in anderer Weise im Text aufgegriffen. So legt es sich deutlich näher, den Text als grundsätzlichere Erörterung um den Umgang mit Amos und den Propheten im Allgemeinen zu verstehen. Die im Mittelpunkt stehende Figur ist somit Amaza. *Seine* Botschaften an Jerobeam und Amos machen den Großteil des Textes aus und *sein* Schicksal steht im Gotteswort im Mittelpunkt. Stellt man die Rolle Rolle Amazjas in den Mittelpunkt, so ist auch das Verständnis des zitierten Amoswortes noch einmal neu zu überdenken.

---

[95] Zur literargeschichtlichen Zuordnung von Am 7,10–17 zum deuteronomistischen Vierprophetenbuch siehe insgesamt WÖHRLE, Sammlungen, 110–113. Dieser bezeichnet Am 7,10–17 geradezu als „erzählerische Ausführung" der im deuteronomistischen Programmtext 2 Kön 17 beschriebenen Ereignisse um den Untergang Israels (a. a. O., 112 f.). Insgesamt lässt sich der in dieser theologischen Linie bearbeitete Zusammenhang aus Hos, Am (Nordreich), Mi, Zeph (Südreich) als neu akzentuierter Kommentar zum DtrG lesen. Vgl. auch DERS., Future. WERSE, Reconsidering, 133–135.163–166, verweist ebenfalls auf die deuteronomistische Sprache in Am 7,10–17 sowie die Spezifika der Sprache und dabei vor allem auf die Überschneidungen innerhalb des Vierprophetenbuches (Verwerfung des Propheten in Am 7,16 und Mi 2,6).

[96] Gerade bei WERLITZ, Amos, bleibt offen, warum die exilisch-nachexilischen Verfasser von Am 7,10–17, die er zumindest in das Großfeld deuteronomistischer Kreise rückt (a. a. O., 246–251), eine solche harte Ankündigung an den König formulierten. So sieht er Am 7,9 als älteren Text (a. a. O., 245), auf den Am 7,10–17 bereits reagiert und das Unheilswort auf den König beschränkt. Doch hat sich gerade diese spezielle Ankündigung im Gegensatz zum Ende der Dynastie nicht erfüllt.

[97] Dieses offene Ende der Erzählung hat, gerade was Amos' Schicksal angeht, in der Auslegungsgeschichte zu verschiedenen Spekulationen geführt. So wurde sowohl Amos' freiwillige Reise in den Süden bzw. seine Deportation als auch sein Tod angenommen. Vgl. dazu JEREMIAS, Prophet Amos (ATD 24/2), 106.

¹⁰Und Amazja, der Priester von Bethel, schickte zu Jerobeam, dem König von Israel, folgende Botschaft: Eine Verschwörung (קשר) gegen dich betreibt Amos in der Mitte des Hauses Israel! Das Land kann all seine Worte nicht ertragen. ¹¹Denn so hat Amos gesprochen: Durch das Schwert wird Jerobeam sterben, und Israel wird ganz bestimmt aus seinem Land gefangen weggeführt.

Das Amoswort findet sich innerhalb der Nachricht, die Amazja an Jerobeam schickt. Durch die Einleitung mit כי כה אמר עמוס liegt es weit näher, den Vers als Bestandteil dieser Rede zu verstehen als ihn als Begründung auf der Ebene des Erzählers zu verorten.⁹⁸ So ist die Verwendung eines als Begründung herangezogenen Zitats – meist eines Jhwh-Wortes – üblicherweise Bestandteil einer direkten Rede (vgl. 1 Kön 11,31; 17,14; 2 Kön 4,43) und dabei häufig mit einer Aufforderung verbunden, die aus dem Zitat folgt.⁹⁹ Auch durch die Parallele in V. 17, dem Zitat des Gotteswortes im Amoswort, wird eine solche Zuordnung bekräftigt. Dabei handelt es sich in V. 11 um eine Verwendung der כי כה אמר-Formel als Einleitung eines Berichts, als Zitateinleitung.¹⁰⁰ Amazja gibt das wieder, was Amos gesagt hat oder, genauer formuliert, gesagt haben soll, ohne dass er einen Auftrag hat, dies auszurichten.

Ein genauer Vergleich zwischen diesen beiden zitierten Worten in V. 11 und V. 17 zeigt dann jedoch die entscheidenden Unterschiede, die als Korrekturen des Amazjazitates durch das von Amos weitergegebene Gotteswort verstanden werden sollten:¹⁰¹

Am 7,11
כִּי־כֹה אָמַר עָמוֹס בַּחֶרֶב יָמוּת יָרָבְעָם וְיִשְׂרָאֵל גָּלֹה יִגְלֶה מֵעַל אַדְמָתוֹ׃

Am 7,17
לָכֵן כֹּה־אָמַר יְהוָה אִשְׁתְּךָ בָּעִיר תִּזְנֶה וּבָנֶיךָ וּבְנֹתֶיךָ בַּחֶרֶב יִפֹּלוּ וְאַדְמָתְךָ בַּחֶבֶל תְּחֻלָּק וְאַתָּה עַל־אֲדָמָה טְמֵאָה תָּמוּת וְיִשְׂרָאֵל גָּלֹה יִגְלֶה מֵעַל אַדְמָתוֹ׃

Amos selbst gibt nun in seiner prophetischen Funktion das Wort wieder, zu dessen Ausrichtung er durch Jhwh beauftragt wurde. Nicht Jerobeam wird also nach V. 17 durch das Schwert sterben, sondern Amazjas Kinder.¹⁰² Über

---

⁹⁸ Diesen Weg geht etwa die Neue Zürcher Bibel, indem sie vorzeitig mit „denn so hatte Amos gesprochen" übersetzt. WOLFF, Dodekapropheton 2 (BKAT 14/2), 357, schreibt die genaue *Formulierung* des Wortes Amazja bzw. dem Erzähler zu (siehe oben S. 237), jedoch wäre dann noch erstaunlicher, wenn dieses radikale Unheilswort, das die Amosschule aufbewahrt hätte, nur in der Wiedergabe durch Amazja in das Amosbuch Eingang gefunden hätte.
⁹⁹ Vgl. A. WAGNER, Prophetie, 153–159.
¹⁰⁰ Siehe dazu A. WAGNER, Prophetie, 153–155.
¹⁰¹ Amos' Rede insgesamt ist als Reaktion auf alles, was Amazja zuvor gesagt hatte, ausgerichtet, so betont es neben anderen auch ZEVIT, Misunderstanding, 783 f., der sein Augenmerk besonders auf die viel diskutierte Frage der prophetischen Selbstlegitimation durch die verwendeten Begriffe נביא und חזה richtet. Die Verknüpfung mit Amos' Antwort gilt aber zudem auch für die Worte, die Amazja dem König hat ausrichten lassen.
¹⁰² WASCHKE, Prophet, 296, erklärt die Differenz mit dem Hinweis, dass sich Amos' Antwort

den König und sein Schicksal kündigt Amos nichts an. Im Gegensatz zu der fehlenden Ankündigung an Jerobeam wird jedoch die Wegführung Israels am Ende von V. 17 im Gotteswort bestätigt und bekräftigt.

Diese Differenz fügt sich gut in die Thematik des Amosbuches ein. Schon oft ist aufgefallen, dass zwar die Exilierung von Amos bereits mehrfach angekündigt wurde,[103] es – abgesehen vom jüngeren Vers in 7,9, der erst auf V. 11 reagiert – jedoch keinerlei Parallele zur Todesankündigung an Jerobeam gibt.[104] Und mehr noch, der König wird ansonsten nur in der Datierung des Buches im Am 1,1 genannt und spielt auch sonst keine Rolle im Buch. Nimmt man all diese Auffälligkeiten zusammen, so sollte V. 11 in keiner Hinsicht als authentisches Amoswort verstanden werden. Dies gilt in *historischer*, aber – anders als es üblicherweise ausgelegt wird – auch in *literarischer* oder erzählpragmatischer Dimension. Denn Amazja bringt hier ein Amoswort vor, das auch im Duktus des Buches nicht auf Amos zurückzuführen ist.[105] Amazjas Interesse, das er mit seiner Botschaft verfolgt, liegt darin, den König gegen Amos aufzubringen. Die Meldung von Aufstand und Verschwörung an den König gehört im ganzen Alten Orient zu den Aufgaben der von ihm Abhängigen.[106] Besonders greifbar ist diese Aufforderung in den Vasallenverträgen.[107] Diese Pflicht gilt aber auch für die Priesterschaft – gerade an den Staatsheiligtümern – und so ist das in V. 10 von Amazja verwendete Stichwort der Verschwörung (קשר) durchaus für seine

---

direkt auf das durch Amazja ausgesprochene Redeverbot beziehe. So bleibt es aber erklärungsbedürftig, warum der zweite Teil von V. 11 in V. 17 durchaus aufgegriffen wird.

[103] Vgl. Am 5,27; 6,7 und in loserer Verbindung Am 9,4. Zu den Stichwortverknüpfungen siehe breiter UTZSCHNEIDER, Amazjaerzählung, 109–111.

[104] Vgl. auch JEREMIAS, Prophet Amos (ATD 24/2), 108 f. Auch UTZSCHNEIDER, Amazjaerzählung, 106 f., hält fest, dass nur in Am 7,9.11 der König Jerobeam vorkomme, doch erkennt er in der kult- und sozialkritischen Ausrichtung des Amosbuch als Ganzem einen Bezug zum König, dieser muss jedoch erst erschlossen werden. WEISER, Propheten (ATD 24/1), 190 f., notiert ebenfalls, dass ein solches Amoswort im Buch nicht vorkommt, geht aber davon aus, dass es ein solches gegeben haben wird. Dies sieht er als Zeichen dafür an, dass es mehr Amosworte gab, die aber nicht Eingang in das Buch gefunden haben und somit nicht mehr erhalten sind.

[105] Auch A. WAGNER, Prophetie, 154 Anm. 26, gibt zu bedenken, dass es sich trotz der Gestaltung als Zitat nicht unbedingt um ein authentisches Amoswort gehandelt haben muss, denkt aber als Möglichkeit an eine „spätere idealtypische Zusammenfassung von Schülern". Das Fehlen von Worten an den König im Amosbuch spricht jedoch eher gegen eine solche Auffassung.

[106] ZSENGELLÉR, Scribe, 76–82, weist auch auf Parallelen zum Umgang mit dem prophetischen Wort zwischen der in Am 7,10 f. skizzierten Szene des Auftritts des Propheten vor dem Priester und Berichten aus Mari und aus der neuassyrischen Zeit hin. Zur Rolle der Briefe an den König in Mari siehe oben Kap. 2.2.1. Die Rolle des Tempels als Ort der Prüfung von Prophetie und der Weitergabe an den König unterscheidet sich damit nicht von anderen Konstellationen des Alten Orients. Gerade deshalb ist jedoch entscheidend, dass das Verhalten des Priesters im Umgang mit den Prophetenworten in Am 7 im Mittelpunkt steht.

[107] Zur Verschwörung auch JEREMIAS, Prophet Amos (ATD 24,2), 108. Siehe zu altorientalischen Parallelen auch EIDEVALL, Amos (AYD 24G), 206 f., zur Meldung von Verschwörungen an den König insgesamt auch oben besonders Kap. 2.3.2.

Funktion Jerobeam gegenüber kennzeichnend. Gesteigert wird diese Qualifizierung als Verschwörung in Amazjas Bericht durch die gemeldete Todesandrohung direkt an den Herrscher. Beides kann als rhetorische Finte zur Beeinflussung des Königs durch seinen Priester eingeordnet werden. Dass sich das Wort also letztlich nicht erfüllt hat, ist keine Anfechtung für den Propheten Amos und erst recht kein Hinweis auf das hohe Alter des Wortes, sondern liegt daran, dass es im Erzählablauf von Amazja selbst formuliert wird. Und man kann noch einen Schritt weiter gehen: Es ist Amazja, der aus politischen Gründen das Wort erdacht und Amos als *falsches Zeugnis* in den Mund gelegt hat.[108]

Am 7,10–17 hat somit das Verhalten des Hauptpriesters und seine Stellung zur Prophetie des Amos zum Thema und nicht das Schicksal Jerobeams.[109] Durch sein taktisches und politisches Agieren gegenüber dem König und Amos und durch seine Ablehnung der prophetischen Warnung, wird ihm selbst – und damit auch seinem Amt – die Rechtmäßigkeit entzogen. In dieser Richtung kategorisiert Wöhrle „Am 7,10–17 geradezu als Lehrstück über den Umgang mit dem prophetischen Wort".[110] Genau dies fügt sich in die Gesamtaussage des Deuteronomistischen Vierprophetenbuches, das den führenden Funktionsträgern gegenüber höchst kritisch gegenübersteht. In Am 7,10–17 wird der höchste Vertreter des nordisraelitischen Staatskultes diskreditiert. Da er Amos ein Weissagungsverbot erteilt und damit verhindert, dass die Schuld Israels aufgedeckt werden kann, wird auch ihm im Gegenzug durch Gott das weitere prophetische Reden über Israel für die Zukunft durch das Gotteswort verboten (V. 16). Die po-

---

[108] Die fehlende Erfüllung des Amoswortes sieht auch EIDEVALL, Amos (AYB 24G), 207, nicht als Problem für die prophetische Glaubwürdigkeit, sondern für die Zitiertechnik Amazjas, allerdings hält dieser V. 9 für die Grundlage des durch Amazja veränderten Zitats. A. EHRLICH, Randglossen 5, 249, sieht in V. 11 ebenfalls eine aktive Täuschung durch den Priester Amazja gegeben, doch weist er V. 9 noch als eigentliches Amoswort aus, das sich auf den Jerobeam-Sohn Sacharja bezog (vgl. 2 Kön 15,10). „Der Priester aber änderte dies in seinem Bericht an den König, weil er befürchtete, dass dieser um das, was seinem Sohne gedroht wird, sich nicht viel kümmern würde." Dass in Bezug auf ein prophetisches Wort gelogen wird, findet sich etwa auch in 1 Kön 13,18. Hier spricht ein Prophet ein falsches Gotteswort und verleitet somit den anderen Propheten / Gottesmann. Zu 1 Kön 13 siehe GROSS, Prophet, und mit besonderem Augenmerk auf das falsche Gotteswort und dessen Erkennbarkeit und Funktion BLUM, Lüge. Besonderes Gewicht auf die Wendepunkte in der Erzählung und die Korrespondenz von Reden und Handeln legt DOZEMAN, Way. Verknüpfungen zwischen den beiden Betheltexten 1 Kön 13 und Am 7,10–17 wurden auf breiterer Ebene lange gesehen (Verortung, Konflikt mit einem König Jerobeam, Essen des Brotes), vgl. ausführlich UTZSCHNEIDER, Amazjaerzählung, 114–117, aber auch EIDEVALL, Amos (AYB 24G), 203 f.

[109] Zu den Rollen von Amos und Amazja siehe auch HARDMEIER, Exegese, 57 f., und mit einer spezifischeren Ausrichtung auf die lokalen und zugleich sozialen Exklusionsmechanismen und Standortbestimmungen der beiden Gegenspieler WAZANA, Amos. Wie prägend die Auseinandersetzung zwischen Amos und Amazja auch für die Traditionsbildung war, zeigt der kurze Bericht über Amos aus den Vitae Prophaetarum, in dem nur seine Herkunft und dass Amazja ihn hinrichten lassen wollte, was dessen Sohn schließlich gelang und zu Amos' Tod führte, berichtet wird.

[110] WÖHRLE, Sammlungen, 112.

litische Erzählung weist somit auf die Schuld der hohen Kultvertreter hin. Somit wird auch erklärbar, warum Amazjas Schicksal in V. 17 mit der Bestätigung der kommenden Exilierung Israels einhergeht.

Die Zuweisung der Schuld am Untergang des Nord- und Südreichs an die verschiedenen Führungsschichten und die Exilierung gerade dieser Eliten, die sich in die Reihe der fortlaufenden Reinigungsgerichte einreiht und die nach dem deuteronomistischen Zephanjabuch am Ende den heilvollen Rest in Juda zurücklassen wird (Zeph 3,13), durch den ein Neuanfang ohne die bisher prägenden staatlichen Strukturen möglich wird, ist eine Grundtendenz des deuteronomistischen Vierprophetenbuches.[111] Dass in Amazjas Rede in Am 7,13 somit gerade die staatstragende Rolle des Heiligtums in Bethel betont wird (מקדש־מלך הוא ובית ממלכה הוא), passt gut zur kompositionsübergreifenden Kritik an den staatlichen Strukturen. Gerade die von Amazja genannten Strukturen bringen keine stabile Zukunft.[112]

Die Betrachtung des angekündigten Schicksals Jerobeams macht deutlich, dass die Einordnung in die Kategorien der Erfüllung und Nichterfüllung und die Datierung von Textstücken mit Vorsicht zu verbinden sind. Zwar zeigt der kommentierende und verbindende Vers Am 7,9 auf der einen Seite, dass den Verfassern an einem Ausgleich der verschiedenen bewahrten Worte und Traditionen, verbunden mit einer Angleichung an das reale politische Geschehen, gelegen ist. Der Vers muss dabei nicht als Korrektur des Amoswortes in V. 11 verstanden werden, was eine Wahrnehmung als „echtes" Amoswort durch den in V. 9 arbeitenden Redaktor nahelegen würde. Vielmehr hält V. 9, ausgelöst von der folgenden Erzählung, fest, was Amos als wahre Ankündigung über die Jerobeamfamilie sagen würde. Die vorgeschlagene Interpretation und Zuordnung zu Erzählebenen von V. 11 zeigt jedoch auf der anderen Seite, dass die narrativen Strukturen des Textes ein anderes Verständnis der Ankündigungen nahelegen als es zumeist angenommen wird. Gerade aus diesem Grund ist Vorsicht bei der Datierung des Textes auf Grund der attestierten Nichterfüllung geboten. Zwar wäre es unwahrscheinlich, dass Amos ein sich bereits nicht erfüllt habendes Wort nachträglich in den Mund gelegt würde, doch sollte diese grundsätzliche Feststellung nicht zu einer Frühdatierung des Wortes oder sogar der Erzählung führen, sondern zu einer bewussteren Wahrnehmung dessen, der Amos die Worte

---

[111] Für genauere Begründungen siehe WÖHRLE, Sammlungen, 275–282, vgl. zur Intention auch ALBERTZ, Streit, 7.

[112] In diesen Kontext passt auch die bereits erwähnte überraschende Nennung des Königs durch Amazja im Gegensatz zu den Amos-Sprüchen. Zeichnet sich das deuteronomistische Vierprophetenbuch ansonsten durch ein Königsschweigen in Bezug auf die positiv agierenden Könige aus, das dem Prophetenschweigen im DtrG korrespondiert, wie es an der fehlenden Nennung Josias in Zeph 1 deutlich wird – so eingeordnet bei WÖHRLE, Sammlungen, 277 –, wird der Bezug zum König hier nur dem durch den Erzähler deutlich kritisierten Amazja in den Mund gelegt.

in Am 7,10–17 in den Mund legt. Es geht um den *literarischen* Amazja und nicht um die *literargeschichtlich* zu rekonstruierenden Amosschüler. Der Notwendigkeit der Überprüfung einer literargeschichtlichen Zuordnung auf der Basis der Kategorisierung prophetischer Ansagen als erfüllt oder unerfüllt wird nun im nächsten Abschnitt genauer nachgegangen, in dem nach der narrativen Funktion der Ankündigungen des Schicksals der letzten Südreichkönige gefragt wird.

4.2.2 Das Schicksal der letzten Könige Judas (Josia, Jojakim, Jojachin und Zedekia) nach den Königebüchern und dem Jeremiabuch

Im vorherigen Kapitel lag der Fokus auf den Königen des israelitischen Nordreichs und ihrem Schicksal aus der Perspektive des Deuteronomistischen Geschichtswerks. Leitend für die Untersuchung war eine Diskrepanz zwischen der *negativen Beurteilung* der Könige, durch die jeweils radikale Unheilsansagen begründet wurden, und der einen friedlichen Tod voraussetzenden Sterbenotiz in den Königebüchern. Verheißung und Erfüllung konnten als Strukturmerkmale herausgestellt und aus diesem Prinzip folgende Ausgleichsversuche erkannt werden. Blickt man als zweiten Schritt vergleichend auf die letzten Südreichkönige, so lässt sich das Bild auch von dieser Seite her ergänzen und verstärken. So spielen nun auch *positiv bewertete Könige* und ambivalente Heilsankündigungen eine Rolle.

Wie bei Jerobeam II. liegen zudem für die letzten Südreichkönige Prophetenworte außerhalb der Königebücher, aber in ebenfalls deuteronomistischem Gefüge vor. Darum lohnt sich ein vergleichender Blick auf die Ankündigungen an Zedekia und Jojakim im Jeremiabuch und die erzählten Ereignisse in den Königebüchern, die deutliche Abweichungen aufzeigen, aber zugleich an verschiedenen Stellen durch ihre Darstellung eine Kenntnis des jeweils älteren Wortes erkennen lassen.[113]

Einige kurze Bemerkungen zum Verhältnis des Jeremiabuches und des Deuteronomistischen Geschichtswerkes sind als Grundlage für die folgenden Betrachtungen notwendig und an dieser Stelle zu bündeln.[114] Das Jeremiabuch deckt eine geschichtliche Epoche ab, die auch am Ende des 2. Königebuches beschrieben und theologisch gewertet wird. Daraus ergeben sich thematische Überschneidungen, die bis zu ganzen Textpartien reichen, die die Bücher gemein

---

[113] Auf den Konflikt zwischen prophetischen Ansagen und den Beerdigungsnotizen gerade der drei späten judäischen Könige Josia, Jojakim und Zedekia weist neben anderen CARROLL, Jeremiah (OTL), 643, hin. So lenkt er die Aufmerksamkeit auf die in allen drei Beispielen erkennbare Lücke zwischen „conventional oracles of the death and burial of kings and the actual fate of those kings".

[114] Insgesamt zum so genannten Deuteronomistischen Geschichtswerk und einigen Unterschieden zum deuteronomistischen Jeremiabuch siehe oben in der Einleitung zu diesem Kapitel in Kap. 4.1.

haben (vgl. nur Jer 52 und 39 und 2 Kön 25).[115] Die deutlichen Überschneidungen zeigen sich jedoch nicht nur an Einzeltexten, sondern deutlich breiter, etwa bei der Thematik und der Sprache, sowie bei dem sich entwickelnden Bild des Propheten selbst. So steht in den deuteronomistischen Ausgaben des Jeremiabuches der Prophet Jeremia in der Darstellung seiner Berufung in der deuteronomistischen Linie als prophetischer Nachfolger Moses, worauf etwa die Übereinstimmung zwischen seiner Ausstattung in der Berufung (Jer 1,7–9) und der Beschreibung der prophetischen Rolle Moses im Prophetengesetz (Dtn 18,18) hinweist. Beiden werden die Worte in den Mund gelegt und beide sollen gemäß dem göttlichen Befehl handeln. Dass das Jeremiabuch deuteronomistische Anteile hat, die auf eine oder mehrere Redaktionen zurückzuführen sind, kann als breiter Forschungskonsens angesehen werden.[116]

---

[115] Die Überschneidungen in diesen Texten sind so eng, dass mit Sicherheit von literarischen Abhängigkeiten auszugehen ist.

[116] Zur Forschungsgeschichte und der aktuellen Diskussion um deuteronomistische Anteile im Jeremiabuch siehe insgesamt RÖMER, Jeremia, 403–408, aber auch den Überblick bei MASTNJAK, Deuteronomy, 21–29, der für seine Studie die expliziten Bezüge zwischen Jeremia und dem Deuteronomium in den Mittelpunkt stellt. Schon MOWINCKEL, Komposition, sah, im Rahmen seiner Quellenhypothese für das Jeremiabuch, in den Prosareden des Jeremiabuches eine deuteronomistische Prägung (Quelle C). Für den Nachweis einer deuteronomistischen Redaktion sei hier jedoch auf S. HERRMANN, Jeremia (EdF 271), 66–87, als Überblick über die diesbezügliche Forschung und besonders die wegweisenden Arbeiten zu Jer 1–45 von THIEL, Redaktion 1–25, und DERS., Redaktion 26–45, verwiesen, die den redaktionellen Charakter deutlich machten. Doch sind die deuteronomistischen Texte im Jeremiabuch disparater als er dies herausstellt und somit auf verschiedene Redaktionen zu verteilen. Kritisiert wird die Identifizierung spezifisch deuteronomistischer Texte und Redaktionsschichten etwa von H. WEIPPERT, Prosareden, zusammenfassend 229, mit dem Hinweis auf eine ähnliche Erzählweise und die thematischen Überschneidungen auf Grund des gleichen Themas, doch spielt dies die engen Verknüpfungen der beiden Werke herunter. Auch SCHMID, Buchgestalten, 346–349, weist auf die Unterschiede im jeremianischen Material hin, das zwar eine deuteronomistische Diktion aufweist, jedoch inhaltlich abweichend ist. So erklärt er die Überschneidungen stärker auf traditionsgeschichtlicher denn auf redaktionsgeschichtlicher Ebene. „Sprachliche ‚Deuteronomismen' und sachliche ‚Deuteronomismen' sind voneinander zu trennen." (a. a. O., 349).

Besonders kritisch gegenüber der Annahme einer oder mehrerer deuteronomistischer Redaktionen im Jeremiabuch äußert sich FISCHER, Jeremia 1–25 (HThKAT), 104 f., der sich dafür ausspricht, die These in Gänze fallen zu lassen. Dabei verweist er besonders auf die Unterschiede zur deuteronomistischen Theologie, gerade am Beispiel des Neuen Bundes in Jer 31. Doch erklären sich zum einen die Unterschiede dadurch, dass zwischen den Deuteronomisten des Jeremiabuches und des DtrG (und des deuteronomistischen Vierprophetenbuches) zu unterscheiden ist, und zum anderen dadurch, dass von mehreren Redaktionen dieser theologischen Strömung auszugehen ist, die jeweils eigene Akzente setzen. Für Jer 31,31–34 macht KRAUSE, Bedingungen, 181–191, deutlich, dass die Klassifizierung dieses Textes als antideuteronomistisch nicht haltbar ist, sondern eine Auseinandersetzung mit älteren deuteronomistischen Strömungen vorliegt, die als Weiterentwicklung angesehen werden kann. Siehe insgesamt zu diesen Deutero-jeremianischen bzw. deuteronomistischen Texten die Diskussion zwischen MAIER, Nature, und RÖMER, Character.

Auf Grund dieser Gemeinsamkeiten hat es seit langem erstaunt, dass Jeremia selbst in den Königebüchern nicht vorkommt. Dieses Prophetenschweigen, das sich auf fast alle Schriftpropheten bezieht, lässt sich für das gesamte Deuteronomistische Geschichtswerk festhalten.[117] Gerade das Fehlen Jeremias im Bericht über die Josianische Reform – zumindest in der Variante der Königebücher – und die dort beschriebene Konsultation der ansonsten unbekannten Prophetin Hulda ist bemerkenswert.[118] Auch weitere grundlegende Unterschiede fallen trotz der Gemeinsamkeiten auf. So ist das deuteronomistische Jeremiabuch stark an der Rolle und dem Verhalten des Volkes interessiert, während die Königebücher den Fokus viel enger auf die Könige und einige führende Eliten legen. Gerade kultische Verfehlungen spielen dabei eine besondere Rolle. Letztlich geht es diesen um die Erklärung des staatlichen Untergangs und die Frage der Restitution jener nationalen Strukturen nach der Katastrophe des Exils. Der positive Weg wird durch die gelingenden kultischen Reformen in der Königszeit (Hiskia und besonders Josia), die den Untergang jedoch nicht aufhalten konnten, vorgezeichnet. Anhand dieser Zusammenhänge kann Rainer Albertz als Charakteristikum festhalten, die Position der Verfasser des Deuteronomistischen Geschichtswerkes erweise sich „als ausgesprochen konservativ, nationalstaatlich und staatskultisch".[119]

Im Gegensatz dazu verteilen die verschiedenen deuteronomistischen Redaktionen des Jeremiabuches die Schuld für den staatlichen Untergang anders. „Denn nach der Ansicht der JerD¹R waren nicht die Könige, sondern war das Volk selber für das Geschick Israels verantwortlich."[120] Die Umkehr des Volkes ist somit der Schlüssel für ein gelingendes Gemeinwesen nach der Katastrophe. Dieses politische Desaster hätte durch eine stärkere Unterwerfung unter die Babylonier durchaus vermieden werden können, sodass politisch aus diesem Verhalten gelernt werden kann.[121] Das deuteronomistische Jeremiabuch ist wie die Königebücher somit durch seine rückwärtsgewandte Perspektive geprägt, die sich auch im Prophetie-Verständnis zeigt. Die Vergangenheit, die zugleich kollektiv verarbeitet wird, dient als Lehrmaterial. In prophetischer Tradition

---

[117] Zu diesem Phänomen siehe den für die Forschungsdiskussion einflussreichen Aufsatz K. KOCH, Profetenschweigen, aber auch POHLMANN, Erwägungen.

[118] Siehe dazu auch unten Anm. 137 im Rahmen der Überlegungen zum Huldaorakel.

[119] ALBERTZ, Intentionen, 272. Er verortet die Redaktion im Exil, im Kontext des ehemaligen Königs Jojachin, mit dessen Rehabilitierung als Hoffnungsschimmer das Werk endet. Als verantwortlich für die Abfassung sieht er die Nachkommen der ehemaligen Funktionsträger, besonders unter den Hilkiaden. Zu den Trägergruppen, ALBERTZ, Intentionen, 272–276, und DERS., Deuteronomisten, 295–300.

[120] ALBERTZ, Streit, 9.

[121] Albertz rekonstruiert drei verschiedene deuteronomistische Redaktionen im Jeremiabuch (JerD¹⁻³), deren schaphanidische Verfasserkreise er im Land selbst, vermutlich in der Gegend von Mizpa, verortet. Siehe dazu genauer ALBERTZ, Exilszeit, 231–260, dort auch mit breiter Forschungsdiskussion zur Frage der deuteronomistischen Anteile im Jeremiabuch, bes. 232–236. Zu den Unterschieden zu den Redaktoren des DtrG auch DERS., Intentionen, 270f.

steht im Jeremiabuch allerdings die Sozialkritik viel stärker im Mittelpunkt als in den Königebüchern, wie es allein schon die einzige Nennung des Königs Josia zeigt, der in Jer 22,15 f. als sozial gerechter König als Gegenbild für seinen Sohn Jojakim dient, während 2 Kön 22 f. den Fokus viel stärker auf die kultischen Reformen legt.

Innerhalb der Königebücher und innerhalb des Jeremiabuches, aber auch im Vergleich beider Werke zeigen sich einige Unterschiede bezüglich des Schicksals der letzten Südreichkönige. Dass sich aus diesen Diskrepanzen eine Forschungsdiskussion ergeben hat, wer die realen Geschehnisse transportiert und wer aus welchem Grund irrt oder auch bewusst falsche Gerüchte in die Welt setzt, liegt auf der Hand. Leitend scheint in den meisten Fällen die bereits mehrfach und an verschiedenen Beispielen thematisierte und problematisierte Faustregel zur Identifizierung eines prophetischen Wortes zu sein: Was nicht eingetroffen ist, wurde vor den Ereignissen geschrieben und erweist sich damit als authentisches Prophetenwort. Für die Ankündigung eines Eselsbegräbnisses für den König Jojakim in Jer 22,18 f. stellt dies durchaus die wahrscheinlichste Interpretation dar. Doch lohnt es sich, die Differenzen genauer anzusehen und dabei vor allem in den Blick zu nehmen, welche Informationen an den verschiedenen Stellen gerade *nicht* gegeben werden. Für das Verständnis des Wechselspiels zwischen Verheißung und Erfüllung, das für die deuteronomistischen Königebücher ebenso prägend ist wie für das deuteronomistische Jeremiabuch,[122] und damit für die Wahrnehmung der deuteronomistisch geprägten Prophetie ist somit der Vorschlag von Rads weiterführend, man könne „Geschichtsläufe rückschauend ‚lesen'".[123]

4.2.2.1 Josias Tod nach Huldas Ankündigung in 2 Kön 22,20 und dem Geschehen in 2 Kön 23,29 f.

König Josia von Juda ist in der Darstellung der Königebücher und auch des Jeremiabuches positiv besetzt. Zwar verweist das Jeremiabuch lediglich auf seine sozial gerechte Herrschaftsweise, um diese dem Fehlverhalten seines Nachfolgers Jojakim gegenüber zu stellen (Jer 22,15 f.). Ansonsten schweigt es über Josias Herrschaft,[124] doch berichtet 2 Kön 22 f. breit über den Fund des

---

[122] Zum Korrespondenzverhältnis zwischen Wort und Erfüllung und damit der Verknüpfung zwischen Prophetie und Geschichte im Jeremiabuch und besonders in Bezug auf die Heilsankündigungen in Jer 30–32 siehe SCHMID, Buchgestalten, 217–220.

[123] VON RAD, Geschichtstheologie, 58.

[124] Zum Problem des fehlenden Bezugs auf die Josianische Reform am Beginn des Jeremiabuches (Jer 2–6) siehe ALBERTZ, Frühzeitverkündung, der die Aufteilung des Textes auf eine an den Norden und eine an den Süden gerichtete Prophetie zum Schlüssel macht. Zu den Spuren der Josianischen Reform im Jeremiabuch siehe breit STIPP, Reform. Als mögliche andere alttestamentliche Quelle für die Reform kann auf Zeph 1,4–6 verwiesen werden. WÖHRLE, Sammlungen, 201–203, konnte jedoch zeigen, dass die engen Stichwortbezüge zu 2 Kön 22 f. dafür sprechen, dass der durch seine kultkritische Ausrichtung sich im Kontext als

Gesetzbuches in seiner Zeit, seine idealtypische Selbsterniedrigung in Form des Kleiderzerreißens beim Hören des Gesetzes, das Ausrufen des Passa und die Durchführung weitreichender kultischer Reformen. So bescheinigt ihm die spätdeuteronomistische Abschlussnotiz in 2 Kön 23,25, die deutlich an die in Dtn 6,4 f. geforderten Grundsätze anknüpft, eine Herrschaftsweise, die nach dieser Darstellung weder vor noch nach ihm äquivalente Parallelen hatte.

Auf Grund dieser positiven Darstellung stellt der frühzeitige und gewaltvolle Tod Josias eine Geschichtstheologie, die auf dem Tun-Ergehen-Zusammenhang basiert, vor gravierende Probleme. Denn die schon seit langem Kopfzerbrechen bereitende, überraschende Todesnotiz kommt in 2 Kön 23,29 f.:

²⁹Zu seiner Zeit zog Pharao Necho, der König Ägyptens, gegen den König Assurs hinauf an den Strom Euphrat. Und der König Josia ging ihm entgegen, aber er tötete ihn bei Megiddo, als er ihn sah. ³⁰Und seine Diener transportierten ihn tot von Megiddo weg und brachten ihn nach Jerusalem und begruben ihn in seiner Begräbnisstätte. Und das Volk des Landes nahm Joahas, den Sohn Josias, und sie salbten ihn und sie machten ihn anstelle seines Vaters zum König.

Josia stirbt nach dieser Darstellung also gerade nicht alt, lebenssatt und friedlich, wie es seinen Taten korrespondieren würde, sondern gewaltsam durch die Hand des Pharaos Necho.[125] Schon auf historischer Ebene stellt diese Notiz vor Probleme, da die Gründe für Nechos Verhalten im Text nicht benannt sind und auch durch die Rekonstruktion der politischen Situation zumindest nicht offensichtlich sind.[126] Doch theologisch und erzähllogisch ist die Diskrepanz zwischen Tun und Ergehen das gravierendste Problem, das durch den Tod entsteht. Dieses Problem verschärft sich auf den ersten Blick durch das prophetische Wort, das zuvor direkt nach dem Fund des Schriftstücks durch die Prophetin Hulda über König Josia gegeben wird und ihm im Gegensatz zu Jerusalem ein positives Schicksal ansagt. Die folgenden Ausführungen werden jedoch zeigen, dass es sich hier nur scheinbar um eine Verschärfung handelt, die sich jedoch eigentlich sogar als theologische Hilfe zum Verständnis der Ereignisse herausstellen wird.

---

sekundär erweisende Abschnitt bereits auf die Darstellung im DtrG reagiert und dem deuteronomistischen Vierprophetenbuch zuzurechnen ist, sind die Verse nicht als selbstständige Belege für die Geschehnisse in der Josiazeit zu betrachten.

[125] In der Erzählfassung der Chronikbücher in 2 Chr 34 f., die die zeitlichen Abläufe insgesamt verändert und in mehrere Phasen aufteilt, wird Josia durch Necho nur verwundet und stirbt erst später (2 Chr 35,23 f.). Zudem wird in 2 Chr 35,20–22 eine Begründung für Nechos Verhalten geliefert, der ein Gotteswort und göttlichen Beistand erhalten hat, sodass sich Josia entgegen dem göttlichen Willen gegen Necho gestellt hat.

[126] Zur Diskussion der Intentionen Nechos und der politischen Einordnung des Verhaltens des Pharao gegenüber seinem Vasallen (Erneuerung des Treueeids nach dem Regierungswechsel) siehe NA'AMAN, Kingdom, 51–55, zur umstrittenen Frage, ob es zu einer Kampfhandlung zwischen den beiden Herrschern kam, siehe AVIOZ, Megiddo.

248   *4. Zum (literarischen) Umgang mit prophetischen Ankündigungen*

König Josia wird von seinen Gefolgsleuten ein Buch gebracht, das im Tempel gefunden wurde. Dieses kann zumindest auf den literarhistorisch jüngeren Ebenen des Textes durchaus mit einer Vorform des Deuteronomiums verbunden werden. Eine Verknüpfung zwischen Josianischer Reform und dem Deuteronomium hat besonders Wilhelm Martin Leberecht de Wette in seiner einflussreichen *Dissertatio critico exegetica* (1805) und seinen *Beiträge[n] zur Einleitung* (1806) stark gemacht. Diese Verknüpfung prägt bis heute die Forschung.[127] Josia schickt als Reaktion auf den ihm präsentierten und verlesenen Fund seine obersten Würdenträger, unter anderem den Priester Hilkia und den Schreiber Schaphan, die auch an der Auffindung des Buches und der Übergabe an den König beteiligt waren, los, um ein Gotteswort einzuholen. Dass der König ein solches Gotteswort einholen lässt, obwohl seine Reaktion zeigt, dass er weiß, was nun zu tun ist, und der in 2 Kön 23 folgende Reformbericht auch nicht durch das durch den König eingeholte Orakel motiviert ist, ist im altorientalischen Kontext durchaus verständlich. So war es im Alten Orient gerade im Bereich der königlichen Entscheidungsfindung auf der Basis der Informationen der divinatorischen Spezialisten und Spezialistinnen (Herrschaftswissen) generell üblich, prophetische Sprüche, Träume usw. durch eigeholte Orakel abzusichern.[128] Dies gilt insbesondere für den Bereich der intuitiven Mantik, aber auch erfragte Gotteszeichen wurden etwa durch Reihenbefragungen abgesichert.[129] Auf diese Weise kann somit auch die Annahme des gefundenen Gesetzbuches mit seinen Weisungen prophetisch zusätzlich legitimiert werden.[130]

Die königlichen Mitarbeiter gehen zur Prophetin Hulda, die ihnen ein zweigeteiltes Gotteswort gibt. Zunächst (2 Kön 22,15–17) spricht sie ein Unheilswort über die Stadt und kündigt deren Untergang an. Das zweite Wort (V. 18–20) betrifft König Josia selbst und beinhaltet Aussagen zu seinem Lebensende:[131]

---

[127] Die Grundidee findet sich bereits bei Hieronymus und in der patristischen Literatur. Zum forschungsgeschichtlich einflussreichen Beitrag von de Wette siehe E. OTTO, Deuteronomium 12–34 (HThKAT), 69–72. Kritisch gegenüber einer weithin akzeptierten engen Verbindung schon in frühen literarischen Stufen von 2 Kön 22 f. und deuteronomischen Texten hat sich in letzter Zeit besonders PIETSCH, Kultreform, 480–482, geäußert, da er die Stichwortbezüge für zu schwach für die Begründung der Annahme einer literarischen Abhängigkeit hält und die Verknüpfungen eher jüngeren Redaktionen als dem vorexilischen breiten Kern zuweist.

[128] Zu diesen Absicherungsprozessen siehe oben im Rahmen der Darstellung altorientalischer Divination besonders Kap. 2.2.2.

[129] Im griechischen Raum galt dies auch für Orakel, siehe dazu oben S. 69 Anm. 230.

[130] Vgl. zu diesem Gedanken HANDY, Role: „She plays the part of the double-check on the will of the deity." (a. a. O., 52). Für parallele Phänomene verweist er auf den Umgang mit Omen im Bau- und kultischen Reformkontext in Asarhaddons Black Stone Inscription (Wiederaufbau Babylons), aber auch auf den Nabonid-Zylinder.

[131] Dass an dieser Stelle nicht Jeremia, sondern Hulda befragt wird, ist aus der jetzigen Lektüre, die das Jeremiabuch kennt, auffällig. Siehe zum Prophetenschweigen im DtrG oben S. 216 f. LEVIN, Joschija, 364–368, weist jedoch darauf hin, dass zwischen der Prophetenfigur und der Theologie, die im Orakel zur Sprache kommt, zu unterscheiden ist. So macht er deutlich, dass der Inhalt des überarbeiteten Orakels durchaus Züge der deuteronomistischen Theologie

¹⁸Aber zum König von Juda, der euch gesandt hat, um Jhwh zu befragen, sollt ihr so zu ihm sprechen: So spricht Jhwh, der Gott Israels: Bezüglich der Worte, die du gehört hast: ¹⁹weil dein Herz weich geworden ist und du dich vor Jhwh gedemütigt hast, als du hörtest, was ich über diesen Ort und über seine Bewohner gesagt habe, dass sie zum Spott und zum Fluch werden sollen, und weil du deine Kleider zerrissen und vor mir geweint hast, darum habe auch ich gehört – Spruch Jhwhs. ²⁰Darum, siehe, ich versammele dich zu deinen Vätern und du wirst zu deinen Gräbern versammelt werden in Frieden (לכן הנני אספך על־ אבתיך ונאספת אל־קבריך בשלום) und deine Augen sollen all das Unheil nicht ansehen, das ich über diesen Ort bringen werde. Und sie überbrachten dem König das Wort.

Josia wird wegen seiner Selbsterniedrigung als Reaktion auf das Buch also im Gegensatz zur Stadt ein *positives* Wort zugesprochen. Er selbst wird bei den Vätern versammelt und in Frieden (בשלום) begraben werden. Denn dass trotz der Todesthematik das Orakel als Heilswort für den König zu verstehen ist, wird durch die einleitende Begründung deutlich. Wie verhalten sich nun aber diese Ankündigung und der gewaltsame Tod durch Nechos Hand zueinander? Die exegetische Diskussion zur Stelle lässt sich mit einigen Varianten in zwei Hauptlinien des Verständnisses und Umgangs mit diesen beiden Texten einteilen. Beide Wege haben einen großen Einfluss auf die Rekonstruktion der Textentstehung und vor allem auf die Datierung des Huldawortes.

In der einen Hauptlinie wird der Widerspruch zwischen den Texten und dem in ihnen thematisierten Ergehen Josias betont. Zu den einflussreichen Vertretern dieser ersten Variante gehören neben anderen Winfried Thiel sowie Mordechai Cogan und Hayim Tadmor. Thiel urteilt prägnant: „Wie Josia wirklich ums Leben kam, wird wohl immer ein Rätsel bleiben. Jedenfalls geschah es nicht בשלום."[132] Noch deutlich radikaler in Bezug auf die Einstufung des prophetischen Wortes formulieren es Cogan und Tadmor: „The promise of an untroubled death is contradicted by the violent end met by Josiah at Megiddo reported in 23:29. This verse, then, must be part of the original prophecy by Huldah."[133] Und sie führen weiter aus: „The late rewriting surprisingly did not eliminate this incongruity,

---

des Jeremiabuches trägt, so wurden der Prophetin theologische Grundmotive Jeremias zugeordnet. VEIJOLA, Zefanja, 122, erwägt, ob Hulda wegen des Berufes ihres Mannes in den höheren Kreisen bekannt war, sodass man zu ihr ging. Einen Ausgleich bietet der Text in 2 Chr 35 f. Zwar wird auch hier das Orakel an die Stadt und den König Josia Hulda zugesprochen, doch wird Jeremia trotzdem genannt. Nach 2 Chr 35,25 hielt er die Totenklage für Josia. Auch in Bezug zu Zedekia wird Jeremia in 2 Chr 36,12 genannt. Hier wird der fehlende Gehorsam gegenüber den göttlichen Worten, die ihm durch den Propheten Jeremia mitgeteilt worden waren, betont. Hinzu kommt noch die kurze und für den heutigen Kanon verwunderliche Notiz in 2 Chr 36,22, dass sich im Kommen des Perserkönigs Kyros Jeremias Prophetie erfüllt habe. Zur Rolle der Propheten und auch Jeremias in den Chronikbüchern siehe unten Kap. 4.4.

[132] THIEL, Böses, 101 Anm. 28.

[133] COGAN / TADMOR, II Kings (AncB 11), 284. Vgl. auch BRUEGGEMANN, 1 & 2 Kings (Smyth & Helwys Bible Commentary), 560 f., der dieses gestörte Korrespondenzverhältnis (angekündigter friedlicher Tod und erlittener gewaltsamer Tod) im Ergehen Jojakims (angekündigter unehrenhafter Tod nach Jer 22,18 f. und friedlicher Tod nach 2 Kön 24,6) gespiegelt sieht (a. a. O., 574). Zu Jojakims Ergehen siehe unten Kap. 4.2.2.3.

which runs contrary to the historiographic viewpoint of the Deuteronomistic circle, for whom the fulfillment of prophecy played a key role. These words of Huldah remain a striking example of unfulfilled prophecy."[134] Da sich Huldas Prophezeiung also gerade nicht erfüllt hat, muss es sich um falsche Prophetie handeln.[135] Aus dieser Feststellung wird sodann eine Datierung des Orakels abgeleitet.[136] So muss das Orakel zwingend *vor* dem gewaltsamen Tod Josias verfasst worden sein, da es sich sonst an den wirklichen Geschehnissen orientiert hätte. Bei Huldas Wort handelt es sich, nach den Vertretern dieser Interpretationslinie, somit um ein altes und authentisches Prophetinnenwort, das aber wegen dieser Authentizität trotz der Nichterfüllung bewahrt wurde.[137]

Die Schlüsse, die Simon Landersdorfer aus der auch von ihm festgestellten Diskrepanz zieht, weisen einen anderen Weg des Verständnisses, bauen aber auf der skizzierten Grundinterpretation auf. So deutet er die Funktion des Wortes um: „Tatsächlich ist nämlich Josias nicht im Frieden ins Jenseits gegangen, da er im Kampfe gegen Necho fiel, allein der Kern der Prophezeiung ist der, daß er die Greuel der Eroberung der heiligen Stadt nicht schauen solle."[138] Das Problem einer solchen Deutung liegt jedoch in der Bewahrung des Widerspruches und so lässt sich fragen, warum der Tod in Frieden nicht zumindest kommentiert worden wäre, wenn er in einem eklatanten Widerspruch zum tatsächlichen und – dies ist methodisch noch entscheidender – im 2. Buch der Könige selbst erzählten Tod stünde.[139] So liegt auch hier der Kern des Problems nicht nur im Widerspruch zwischen der biblischen Darstellung und den „tatsächlichen" Er-

---

[134] COGAN/TADMOR, II Kings (AncB 11), 295; siehe auch die in Anm. 15 angegebene weitere Literatur.

[135] So bei FREEDMAN/FREY, False Prophecy, 84, die Huldas Ankündigung schlicht als „false prophecy" einordnen.

[136] So neben den zuvor Genannten auch bei SWEENEY, I & II Kings (OTL), 446: „Huldah's claim that Josiah will die ‚in peace' may represent an element of an original oracle, since Josiah's peaceful death may be questioned."

[137] Dass es sich bei Hulda um eine Frau handelt, hat gerade die Interpretation und die Wertung des Wortes bei den Kirchenvätern beeinflusst. Die Schwerpunkte der Darstellung liegen zumeist auf Josia und seinem Verhalten, nicht auf Hulda. Trotzdem wird sie häufig in Aufzählungen genannt, die die Propheten und Prophetinnen der Zeit zusammenstellen (gerade neben Jeremia). Und doch werden Unterschiede zu ihren männlichen Kollegen gemacht. Origenes betont etwa ihr *nichtöffentliches* Wirken – analog zu Debora –, wie es für Frauen auch angemessen sei. In der patristischen Literatur finden sich zudem verschiedene Erklärungen dafür, warum es wohl keine Männer gab, die für die Aufgabe geeignet gewesen wären, sondern Gott auf eine Frau zurückgreifen *musste*. Vgl. zur Rezeption dieser und weiterer Prophetinnenfiguren SIQUANS, Prophetinnen, 245–253.

[138] LANDERSDORFER, Bücher, 228.

[139] Einen anderen Weg geht E. OTTO, Pentateuch, 258 f. Anm. 36, der den Torabezug in dem von ihm als postdeuteronomistisch angesehenen Einschub 2 Kön 22,15–17 betont und ihn der Kategorie des Wahrsagebeweises und somit der Erfüllung in 2 Kön 22,20 gegenüberstellt. Somit werde dieses Kriterium aus Dtn 18,21 f. falsifiziert. Aus diesem Grund versteht Otto es auch als implizite Polemik, dass gerade nicht der Prophet Jeremia befragt wird, sondern eine sonst unbekannte Prophetin. Dass Hulda als im Rang gemindert wahrgenommen wird, so lässt

eignissen, sondern in der internen Erzähllogik von 2 Kön 22 f., das beide Elemente enthält.

In der anderen Interpretationslinie, der auch diese Studie folgt, wird hingegen gerade kein Widerspruch zwischen den Texten gesehen. Das Huldaorakel wurde sogar sehr bewusst in dieser Weise formuliert, um Josias gewaltsamen Tod zu rechtfertigen. So steht im Text gerade *nicht*, dass Josia in Frieden sterben werde, sondern dass er in Frieden zu den Gräbern versammelt, also begraben werde.[140] Dabei liegt der entscheidende Unterschied nicht darin, dass die Ankündigung „in Frieden" als Situationsangabe und nicht als Modus des Sterbens gedeutet wird.[141] Entscheidend ist die Wahrnehmung des Details, dass sich das בשלום in 2 Kön 22,20 gerade *nicht* auf Josias Tod, sondern auf sein Begräbnis bezieht. Auch die Auslegungen von Walter Dietrich, Christoph Levin und Michael Pietsch unterstreichen diese Differenz, die immense Folgen für die Interpretation und damit verbunden die literarhistorische Rekonstruktion hat.[142] Denn auch diese Deutung, die gerade voraussetzt, dass die Verfasser von Josias Tod und dessen Umständen wussten, legt eine zeitliche Verortung und mit den Geschehnissen von 609 v. Chr. einen *terminus post quem* nahe, der jedoch der frühen Deutung diametral entgegenläuft. Führt nämlich die Qualifizierung als

---

sich an dieser Stelle einwenden, ergibt sich aber eigentlich nur oder höchstens daraus, dass das Jeremiabuch überliefert wurde, in 2 Kön 22 selbst wird die Prophetin als Autorität dargestellt.

[140] HENTSCHEL, 2 Könige (NEB), 108, beschreibt: „Der prophetische Deuteronomist (DtrP) wollte nicht sagen, daß Joschija in Frieden sterben werde (vgl. Gen 15^15 Jer 34^4f), sondern daß er noch in Ruhe bestattet werden könne." Diese Bestattung „in Frieden" hat eine antithetische Parallele im Jeremiabuch. So wird der in diesem Buch äußerst negativ konnotierte König Jojakim in Jer 36 als eine Art Gegenfigur zu Josia, wie er in 2 Kön 22 f. dargestellt wird, gezeichnet. Während Josia nach dem Schriftstück-Fund große Reformen einleitet und das Tun des ganzen Volkes so verändert, zerreißt Jojakim die vorgelesene Schriftrolle mit den prophetischen Worten Jeremias und wirft sie ins Feuer. Im Gegensatz zu Josia (2 Kön 22,11) zerreißt er beim Hören des verschriftlichten Gotteswortes seine Kleider nicht (Jer 36,24). Und so wird als Abschluss dieses Textes im Jeremiabuch auch angekündigt, dass Jojakims Leiche Forst und Hitze auf dem Feld ausgesetzt sein wird und nicht die Grabruhe findet (vgl. auch Jer 22,18 f.), während Josia eben in Frieden begraben wird. Vgl. dazu SCHMID, Nebukadnezar, 154, zu Parallelen zwischen 2 Kön 22 f. und Jer 36 auch ISBELL, Stylistic Comparison, und zur Ankündigung an Jojakim breiter unten Kap. 4.2.2.3.

[141] Die Beschreibung eines friedvollen Todes kommt besonders in den Erzelterngeschichten vor. Vgl. vor allem Gen 15,15 als Ankündigung und dann der Vollzug in 25,8 f. Gerade an dieser Stelle wird deutlich, dass die Ankündigung nicht generell als politische Situationsbeschreibung verstanden werden kann. Denn in Gen 15,15 wird beschrieben, dass Abraham in Frieden בשלום „zu den Vätern gehen wird" und dies dadurch näher bestimmt, dass er „in einem guten Alter" (בשיבה טובה) begraben wird. So ist stets aus dem Kontext zu erschließen, worin der friedliche Aspekt des Sterbens (oder Begraben-Werdens) liegt. Zum Motiv des friedvollen Todes vgl. ausführlicher UTZSCHNEIDER, Tod, 39 f.

[142] Vgl. W. DIETRICH, Prophetie und Geschichte, 57 f., LEVIN, Joschija, 368 (in Anschluss an Jepsen), PIETSCH, Kultreform, 151. Vgl. zum Huldaspruch a. a. O., 148–154. Pietsch hält das gesamte Orakel für ein literarisch einheitliches spätes Kunstwerk, hinter dem kein älterer Kern rekonstruiert werden könne. Insgesamt sieht er 2 Kön 22 f. jedoch als Dokument mit hohem Quellenwert aus der späten Königszeit, das nur begrenzt redaktionell überarbeitet wurde.

unerfüllte Prophetie zu einer Datierung in die josianische Zeit, so führt die Wahrnehmung, dass gerade nicht der Tod, sondern das Begräbnis als in Friedenszeiten geschildert wird, zu einer Verortung nach den realen Geschehnissen des Jahres 609 v. Chr. Ernst Würthwein kommt etwa durch diese Beobachtung zu einer Interpretation von V. 18–20 als ganz spätem deuteronomistischen Nachtrag (noch nach DtrN), der den gewaltsamen Tod Josias zwingend voraussetzt und dem Interesse dient, dass der gute König nicht mit dem Untergang verbunden werden kann.[143] Hermann Spieckermann geht so weit, Huldas Orakel als *vaticinium ex eventu* zu deuten, da die Notiz der Bestattung in Frieden ohne das Wissen um den gewaltsamen Tod als sinnlos erscheine.[144]

Die Schilderung und die Formulierung der Ankündigung des Todes sprechen ebenfalls dafür, dass das Orakel in Reaktion auf Josias Tod geschrieben wurde und somit nicht eine Diskrepanz erzeugt, sondern eine theologische Spannung abbaut. So hat Fritz, der V. 18–20a als jüngeren Nachtrag ansieht, ebenfalls darauf hingewiesen, dass die Ankündigung durchaus als positiv zu verstehen ist. Indem das Orakel als in Einklang mit den Geschehnissen gesehen wird und die Formulierung des Sterbens als in Friedenszeiten verstanden wird, kann der den Verfassern als Geschehnis vorliegende Tod des judäischen Königs durch den Pharao geradezu als guter Akt Gottes ausgelegt werden, der bewusst auf Josias Umkehr reagiert.[145] Auch wenn nach Josias Tod im Jahr 609 v. Chr. Juda noch eine Zeit bestand, wird diese Zeit in der Darstellung des 2. Königsbuches nahezu im Zeitraffer dargestellt und der Untergang als Hauptmerkmal der Zeit unterstrichen. Somit bewahrte der frühzeitige Tod Josias den König der Erzähllogik folgend davor, dass seine Augen den Untergang sehen mussten, wie es das Huldaorakel ankündigt (vgl. 2 Kön 22,20).[146] Für diese Deutung spricht zum

---

[143] Vgl. WÜRTHWEIN, Könige (ATD 11/2), 451. W. DIETRICH, Prophetie und Geschichte, 55–58, und DERS., Josia, 26–29, weist den jetzigen Orakelbestand DtrP (V. 15aβ.16aβb.17aαb. 18abα.19a.20a) und DtrN (V. 17aβ.19b) zu und sieht nur noch geringe Spuren des älteren Orakels vorhanden, das ein Bestandteil des durch DtrH geprägten Textes war (V. 15aαb.16aα.18bβ). Auch den Rahmen in 12–14*.20b weist er weitgehend noch dem alten Bestand zu. Und so rekonstruiert Dietrich den Inhalt des ursprünglichen Wortes, das sich noch nicht auf den Untergang bezogen hat: „Nun schält sich auch heraus, wovon Hulda in Wirklichkeit geredet haben wird: über das Gesetzbuch, seine Würde und das von ihm geforderte Tun." (a.a.O., 28). Somit wäre die Kernbotschaft Huldas die Umsetzung der Reform gewesen (vgl. DERS., Prophetie und Geschichte, 55).

[144] So bei SPIECKERMANN, Juda, 65–69. Auch TILLESSE, Joiaqim, 370, spricht mit Blick auf das Huldaorakel von einem Orakel *ex eventu*, bezieht sich dabei aber vor allem auf den Zorn Gottes, der erklärt, warum Jerusalem trotz der Josianischen Reformmaßnahmen zerstört wurde. Dieses Motiv entstammt jedoch 2 Kön 23,26 und bezieht sich gerade nicht auf das persönliche Ergehen des Königs, sondern erklärt, warum Jerusalem trotz der Josianischen Reform untergehen musste. Dieser Aspekt steht in völligem Einklang mit dem von Hulda in 2 Kön 22,16 f. angesagten Schicksal der Stadt, wenn auch als Begründung das Tun Manasses herangezogen wird.

[145] FRITZ, Das zweite Buch der Könige (ZBK 10/2), 136.

[146] Natürlich hätte Josia noch einige Jahre König sein können, bevor sich die Babylonier in wirklich bedrohlicher Weise Jerusalem näherten, doch verdreht ein solcher Gedanke das Profil

einen die Formulierung des Sterbens und Begraben-Werdens in 2 Kön 22,20, die im Folgenden noch einmal genauer anzusehen ist, aber zum anderen auch die Lücken, die 2 Kön 23,29 f. lässt. Indem dort gerade kein Grund für Nechos Verhalten angegeben wird, wird der Tod nicht durch die politischen Geschehnisse erklärt. Als einzige textinterne Deutung bleibt damit die Ansage Jhwhs im Huldaorakel übrig, dass er Josia bei seinen Vätern versammeln werde.

[20]Darum, siehe, ich versammele dich zu deinen Vätern und du wirst zu deinen Gräbern versammelt werden in Frieden (לכן הנני אספך על־אבתיך ונאספת אל־קבריך בשלום) und deine Augen sollen all das Unheil nicht ansehen, das ich über diesen Ort bringen werde.

2 Kön 22,20 ist die einzige Stelle im ganzen Alten Testament, an der das „Versammelt Werden" im Sinne des Sterbens nicht nur passivisch im Niphal ausgedrückt wird, sondern im ersten Satzteil der Urheber des Versammelns aktiv (Qal) genannt wird.[147] Es ist Jhwh selbst, der Josia versammeln wird, wie in der Gottesrede angekündigt wird. Dies unterstreicht Gottes aktive Rolle in Bezug auf Josias Tod. Er ist es, der Josia „einsammelt", somit ist Necho streng genommen nur ein göttliches Werkzeug und nicht der wirkliche Verantwortliche für Josias Tod.[148] Pietsch hat zudem auf die ungewöhnliche Formulierung der Todesankündigung aufmerksam gemacht, die darauf hinweist, dass ein unnatürlicher Tod gerade möglich ist, da sich Josia nicht wie gewöhnlich zu seinen Vätern legt, sondern dort von Gott selbst versammelt wird. Es liegt hier somit gerade kein älteres Heilsorakel vor, sondern eine Korrektur der Auffassung des gewaltsamen Sterbens als Katastrophe. Vielmehr wird Josias Verschonung herausgestellt.[149]

Diese Deutung kann dadurch weiter plausibilisiert werden, dass das Sterben und vor allem das Begraben-Werden in den Königebüchern durchaus als Auszeichnung und Bestätigung des gottgewollten Handelns verstanden werden kann. Die Ankündigung an Jerobeam in 1 Kön 14,13, dass sein sterbendes Kind begraben und betrauert werden wird, hebt das Kind von den übrigen schuldig gewordenen Mitgliedern des Königshauses ab.[150] Gerade die Wertung, dass dieser Sohn, Abija, sich als gut ausgezeichnet hat, dient als Grundlage seiner Beerdigung. Der Themenkomplex der Beerdigung ist im ganzen Alten Orient

---

bzw. die Entstehung der theologischen Deutung der Geschichte. So arbeitet die deuteronomistische Geschichtstheologie mit den Ereignissen, die im Laufe der Geschichte Israels stattfanden, und deutet diese und kann ihre Erzählung nicht frei – und dann vielleicht spannungsfreier – gestalten.

[147] Zu dieser Füllung der ansonsten vorhandenen Leerstelle vgl. auch A. KRÜGER, Weg, 139.143, die hier jedoch stärker an Gottes Verfügungsgewalt über den Tod interessiert ist als an den politischen Implikationen, die sich daraus für die Josiazeit ergeben.

[148] In 2 Chr 35,21 wird das göttliche Mitsein mit Necho explizit vermerkt, wenn dort auch die Begründung von Josias Tod eine andere ist und eine aktive Schuld des Königs vermerkt wird.

[149] Vgl. PIETSCH, Kultreform, 151.

[150] Zu diesem Text und der generationenübergreifenden Schuld Jerobeams, die im Mittelpunkt steht, siehe oben S. 227–229.

von großer Bedeutung und hat dabei stark soziale Implikationen. Gerade die Androhung einer Nichtbestattung ist für den Alten Orient bekannt[151] und auch im Alten Testament weit verbreitet.[152]

Über den Tod selbst wird in 2 Kön 22,20 gerade nicht gesprochen, es ergibt sich auch hier eine Art Leerstelle. Weder wird formuliert, dass Josia sterben wird, noch wird die übliche Formulierung für einen friedlichen Tod der Könige, dass sie sich zu ihren Vätern legen, verwendet. Der Angabe des Sich zu den Vätern-Legens ist im Allgemeinen das Sterben implizit (vgl. Gen 47,30; 1 Kön 2,10, 2 Kön 13,13 u. ö.),[153] während bei der Angabe des zu den Vorfahren oder Vätern Versammelt-Werdens meist eine explizite Sterbenotiz ergänzend dabeisteht (vgl. Gen 25,8; 35,29; Dtn 32,50 u. ö.). Der Satz, dass man sich zu den Vätern legte, fehlt im Rahmen der deuteronomistischen Sterbenotizen bei den späten Südreichkönigen nur bei den drei Königen, bei denen die Ermordung erzählt wird: Ahasja, Joasch (2 Kön 12,22) und Amasja. Vermutlich wird sie also nur an den Stellen verwendet, an den ein friedvoller Tod vorausgesetzt ist.[154]

Die im Orakel getroffene Aussage, Jhwh werde Josia bei seinen Vätern versammeln (אסף אל־אבות), bietet jedoch noch eine weitere Besonderheit. Bei dieser konkreten Formulierung handelt es sich um eine Mischform zweier Aussagen. So trägt sie Züge der Ankündigung, bei den Vorfahren *versammelt zu werden* (אסף אל־עמיו), wie sie bei den Erzvätern (Abraham Gen 25,8; Isaak Gen 35,29, Jakob Gen 49,29.33, aber auch Ismael in Gen 25,17), Aaron (Num 20,24.26) und Mose (Num 27,13; Dtn 32,50) und weiteren Personen vorkommt. Zugleich zeigen sich Überschneidungen zu der Aussage, sich zu den *Vätern* zu legen (שכב עם־אבתיו), die bei den Königen sowohl des Nord- als auch des Südreichs (1 Kön 2,10; 14,20.31; 22,40; 2 Kön 15,3 u.v.m.) benutzt wird. Dieser Ausdruck kommt nur an dieser Stelle bzw. der Parallele in 2 Chr 34,28, und in Ri 2,10 vor.[155] Es

---

[151] Vgl. nur die Fluch-Passagen der Vasalleneide Asarhaddons, die sich auf diejenigen beziehen, die den Eid brechen. Zu diesem Stereotyp der angedrohten Nichtbestattung im Rahmen von Flüchen siehe auch HILLERS, Treaty-Curses, 68 f.

[152] Auch die gewählte Symbolwelt – etwa die Ankündigung des Gefressen-Werdens von wilden Tieren – unterscheidet sich wenig, wie Dorie MANSEN in ihrer breiten Studie zum „Non-Burial Motif" im Alten Testament und der breiteren Umwelt jüngst zeigen konnte. Dorie Mansens Studie „The Unremembered Dead. The Non-Burial Motif in the Hebrew Bible" sei für die vielfältigen Belege, die weit über die einfache Nennung des Nicht-Beerdigens hinausgehen, und auch für die Verwendung des Motivs in der altorientalischen Literatur empfohlen. Zur Verwendung des Motivs im DtrG siehe a. a. O., 161–167.

[153] So A. KRÜGER, Weg, 142: „[D]er Ausdruck ‚legte sich zu seinen Vätern' steht somit synonym für die Aussage ‚ist gestorben'". Zum Ausdruck insgesamt siehe a. a. O., 140–143. Zumeist folgt eine explizite Begräbnisnotiz, was dafür spricht, dass in einer Begräbnisnotiz das Sterben nicht automatisch enthalten ist.

[154] Vgl. NA'AMAN, Death Formulae, 245.

[155] Vgl. dazu A. KRÜGER, Weg, 143 f. Dieser Aufsatz gibt zudem einen Überblick über die zuvor genannten Sterbe- bzw. Begräbnisnotizen und verbindet sie mit entsprechenden Formulierungen aus der altorientalischen Umwelt, etwa dem „zu den Vätern gehen", wie es, evtl. durch den Kulturkontakt mit dem palästinischen Raum, in Ägypten belegt ist.

erscheint darum durchaus denkbar, dass Josia durch die Formulierung sowohl in die mosaische als auch die königliche Linie gestellt wird. Die Verbindung zu Mose wird spätestens in der jüngeren Abschlussnotiz in 2 Kön 23,25, in der Josia in bewusster Anlehnung an Dtn 6,4 f. als vorbildlicher Erfüller der mosaischen Tora stilisiert wird, greifbar.

Die Rolle der Tora als Maßstab ist jedoch insgesamt als breitere Grundlage für das Verständnis des Ablaufes von 2 Kön 22 f. heranzuziehen. So weiß Josia, was er tun muss, da er das Gesetz hört, und auch sein Verhalten wird auf Grundlage des Gesetzes evaluiert. Das Orakel selbst gibt keine Handlungsanweisungen, sondern formuliert die aus dem Verhalten folgenden Konsequenzen, die sich wiederum in der Geschichte ereignen werden. Dass die klassische Erfüllungsnotiz, die im Deuteronomistischen Geschichtswerk beim Eintreffen der prophetischen Ankündigungen üblicherweise gesetzt wird, bei der Beschreibung von Josias Tod fehlt, ist dann kein Zeichen der fehlenden Erfüllung. Und so vermerkt auch Dietrich, dass es nur konsequent sei, dass der Erfüllungsvermerk fehle, da sich bei Josias Tod das angesagte Unheil für die Stadt noch nicht erfüllt habe.[156]

Der Blick auf das Zusammenspiel von Orakel und Todesumständen hat zum einen gezeigt, dass an den entscheidenden Stellen, der Todesart auf der einen Seite und der Begründung für Nechos Verhalten auf der anderen Seite, Leerstellen bestehen, die dafür sorgen, dass die Abläufe widerspruchsfrei gelesen werden können. Zum anderen hat sich das Orakel selbst nicht als *Auslöser* eines Widerspruchs erwiesen, sondern als *Lösung* des Problems, das durch den geschichtlichen Verlauf selbst bestand.[157] Der gute König Josia starb so weder gegen den göttlichen Willen, sodass der ägyptische Pharao für den Geschichtsablauf verantwortlich gemacht werden könnte, noch als Strafe für sein Verhalten, sondern durch einen göttlichen Gnadenakt, der ihn vor den Geschehnissen von 587 v. Chr. bewahrte. Diese Interpretation des Orakels ergibt sich jedoch nicht an dem Punkt der Abläufe, an dem es steht, sondern erst im Rückblick, vom Ende her. Dies korrespondiert mit dem Blick auf die Geschichte, die das göttliche Handeln enthüllt. Die Prophetie hilft also auch an dieser Stelle, die Geschichtserfahrung als gottgewollt zu verstehen. Dies kann nicht in der Situation selbst verstanden werden, sondern enthüllt sich erst aus der Retrospektive. Dabei führt das prophetische Wort nicht in die Irre – Josia wird durch das Wort zu keiner problematischen Handlung verleitet –, nur sein tieferer Sinn entzieht sich in der

---

[156] W. Dietrich, Prophetie und Geschichte, 25 f.
[157] Frost, Conspiracy, spricht in Bezug auf den Tod Josias von einer „Conspiracy of Silence". Dieser Tod stellte die gesamte Geschichtstheologie in Frage. „Past history can be more or less successfully manipulated and presented as *Heilsgeschichte*, but to interpret recent and contemporary events as providential history is much more demanding." (a.a.O., 381, Hervorhebung i. O.). Die Einfügung des Orakels kann als ein solches Mittel zur Aufrechterhaltung der Heilsgeschichte verstanden werden.

aktuellen Situation. Das konkrete Handeln in der aktuellen Situation kann jedoch wiederum aus dem Gesetz abgelesen werden. Und so ist es im Ablauf auch kein Zeichen für einen Bruch, dass in 2 Kön 23 in den Reformen nicht auf das Orakel zurückgegriffen wird.[158] Die Notwendigkeit und die Durchführung ergeben sich aus dem Gesetz, nicht aus der Prophetie.

Diese hier vorgestellte Funktion des königlichen Orakels, die Geschehnisse rückblickend als gottgewollt auszuweisen, lässt sich anhand der Darstellung des Schicksals eines weiteren der letzten Könige Judas, Zedekia, plausibilisieren, dessen Schicksal neben 2 Kön 25,6 f. vor allem im Jeremiabuch thematisiert wird.

4.2.2.2 Zedekias Schicksal und Tod nach dem Jeremiabuch und 2 Kön 25,6 f.

Im Jeremiabuch spielen fünf judäische Könige eine mehr oder weniger tragende Rolle: Josia, Joahas (Schallum),[159] Jojakim, Jojachin (Konja[hu]) und Zedekia. Besonders die durch den Propheten Jeremia gesprochenen Worte über die drei letzten Könige – Jojakim, seinen Sohn Jojachin und den Josia-Sohn Zedekia – und ihr kommendes Schicksal sind für den Zusammenhang von prophetischer Ankündigung und narrativ entfaltetem Geschehen relevant.

Als Parallele zum Zusammenspiel zwischen Huldaorakel und Josias Tod bietet sich die Betrachtung von Zedekias Schicksal an.[160] So ergibt sich eine ähnliche Diskussion wie um den Tod Josias bezüglich der Ankündigung von Zedekias Tod, der nach Jer 34,2–5 ebenfalls in Frieden stattfinden wird. Wiederum beinhaltet das Orakel sowohl Ansagen bezüglich der Stadt als auch des Königs. Die Stadt wird in die Hand des babylonischen Königs gegeben werden, sodass er sie abbrennen wird. Auch über Zedekia wird nun zunächst ein Unheilswort gesprochen:

³Und du, du wirst dich aus seiner Hand nicht retten können, sondern du wirst gewiss ergriffen und in seine Hand gegeben werden. Und deine Augen werden die Augen des Königs von Babel sehen, und sein Mund wird mit deinem Mund reden, und nach Babel wirst du kommen.

Dieses Unheilswort hat jedoch durch die sich anschließenden Verse eine durchaus positive Fortsetzung:

⁴Doch höre das Wort Jhwhs, Zedekia, König von Juda! So spricht Jhwh über dich: Du wirst nicht durch das Schwert sterben. ⁵In Frieden (בשלום) wirst du sterben, und wie die Feuer deiner Väter, der früheren Könige, die vor dir waren, so wird man für dich Feuer

---

[158] Literargeschichtlich spricht jedoch viel dafür, den Reformbericht als frühere Stufe des Textes einzuordnen.

[159] Joahas wird – als Schallum – nur in dem kurzen Wort an ihn in Jer 22,11 f. erwähnt.

[160] Über Josias Tod finden sich keine Aussagen im Jeremiabuch, sodass von dieser Seite keine weitere Erhellung von dessen Schicksal möglich ist.

anzünden. Und „Ach, Herr" (הוי אדון) wird man über dich klagen, denn das Wort habe ich geredet – Spruch Jhwhs.

In einer antithetischen und im Alten Testament singulären Parallele zu Jojakims nicht zu gewährendem Klageruf in Jer 22,18 (הוי אדון) wird an dieser Stelle die Klage für Zedekia angekündigt.[161] Für das Jeremiabuch wird dadurch Zedekia positiv Jojakim gegenübergestellt. Zudem fällt die Beschreibung, dass er in Frieden (בשלום) sterben wird, auf. Doch vergleicht man diesen Text mit der Ankündigung in den vorherigen Versen, sowie den Beschreibungen von Zedekias Schicksal nach Jer 32,1–5; 39,6 f. und 52,10 f. und außerhalb des Jeremiabuches in 2 Kön 25,6 f., so fallen auf den ersten Blick erneut Diskrepanzen zur Vorerwartung, die durch das Orakel geweckt wird, auf. Diese Texte berichten von seiner Flucht aus Jerusalem, seiner Gefangennahme, der Begegnung mit dem babylonischen König, der seine Söhne ermordet, Zedekia blenden lässt und ihn mit nach Babylonien nimmt, wie es 2 Kön 25,7 und analog Jer 39,6 f., und 52,10 f. beschreiben.

2 Kön 25,6 f.
[6]Und sie ergriffen den König und sie führten ihn hinauf zum König von Babel nach Ribla und sie sprachen Recht über ihn. [7]Und Zedekias Söhne schlachteten sie vor seinen Augen ab. Und er blendete die Augen Zedekias und legten ihn in Bronze-Fesseln und sie brachten ihn nach Babylon.

Jer 39,6 f.
[6]Und der König von Babel schlachtete Zedekias Söhne in Ribla vor dessen Augen ab, und auch alle Obersten von Juda schlachtete der König von Babel ab. [7]Und Zedekias Augen blendete er und legte ihn in Bronze-Fesseln, um ihn nach Babel zu bringen.

Jer 52,10 f.
[10]Und der König von Babel schlachtete Zedekias Söhne vor seinen Augen ab. Und auch alle Obersten Judas schlachtete er in Ribla. [11]Und Zedekias Augen blendete er und legte ihn in Bronze-Fesseln. Und der König von Babel brachte ihn nach Babylon und gab ihn ins Gefängnis bis zu seinem Todestag.[162]

Einem Sterben בשלום scheint hier die Grundlage entzogen zu sein.[163] Es stellt sich somit die gleiche Frage, die schon das Huldaorakel nahe legte: Muss die

---

[161] Vgl. auch STIPP, Frieden, 174. Dies spricht in seiner Sicht auch dafür, in V. 5 zumindest einen authentischen Kern zu sehen, da auch Jer 22,18 als authentisches Jeremiawort angesehen wird. Jer 34,1–6 insgesamt hält er für eine deuteronomistische Bildung. Zu Jojakim siehe im Folgenden Kap. 4.2.2.3.
[162] Diese abschließende Notiz über den Verbleib im Gefängnis bis zum Todestag ist somit nur in Jer 52 belegt. Vgl. dazu auch COGAN/TADMOR, II Kings (AncB 11), 318.
[163] Vgl. auch DUHM, Buch Jeremia (KHC 11), 278 f. Zum „in Frieden" siehe auch FISCHER, Jeremia 1–25 (HThKAT), 250. W. H. SCHMIDT, Jeremia 21–52 (ATD 21), 176, und A. EHRLICH, Randglossen 4, 329, zeigen, dass es sich um ein natürliches Hinscheiden handelt, dass jedoch dadurch die vorherige Blendung des Königs nicht ausgeschlossen ist. MCCONVILLE, Judgment, 104 f., sieht eine Form von Ironie gegenüber Zedekia und die Ambiguität, die durch

Ankündigung des Sterbens in Frieden oder die Variante der Königebücher und aus Jer 39 irren und damit einer der Texte altes Gut bewahren, das vom Lauf der Geschichte nicht gedeckt wurde? Liegt somit an dieser Stelle ein Fall von unerfüllter und damit authentischer Prophetie vor?

Als eine Möglichkeit wird vermutet, dass Jer 34 in der Ankündigung des friedlichen Sterbens altes Gut bewahrt, das sich nicht erfüllt hat, und es nur durch die vorherigen deuteronomistischen Verse an dieser Stelle zu korrigieren sucht. In dieser Richtung folgert Hermann-Josef Stipp: „Ferner kollidiert die Verheißung für Zidkija derart mit seinem späteren Schicksal, wie im Alten Testament gespiegelt, dass sie sich unmöglich auf spätere Traditionsbildung zurückführen lässt."[164] Wiederum stellt sich jedoch bei dieser Annahme die Frage, warum ein solch falsches Wort nicht modifiziert fortgeschrieben worden wäre, wie es in Jes 45,1–7,[165] aber auch Am 7,9 im Verhältnis zu Am 7,11 der Fall war.[166] Dieses Problem betont auch Stipp selbst, indem er darauf hinweist, dass sich der Text in einem deuteronomistisch überarbeiteten Kontext findet und es damit nicht reiche, darauf zu verweisen, dass es sich um ein altes und unerfülltes Wort handele. Der Umgang der späteren Überarbeiter mit diesem Wort ist somit zu beachten. Stipp weist weiterführend darauf hin, dass auf die Leerstellen in der Ankündigung genau zu achten ist, die nicht zufällig sind. So setzt er voraus, dass zur Ankündigung des Sterbens בשלום das in dieser Weise Begraben-Werden gehöre und dabei auf die Parallele zu Josia und Abraham verweisen.[167] Diesen ursprünglich formulierten Bestandteil habe dann der deuteronomistische Redaktor getilgt, um gerade wegen der Nichterfüllung die historische Glaubwürdigkeit wiederherzustellen, da Zedekia gerade nicht in Jerusalem in der davidischen Grablege begraben sei.[168] Zudem habe der Redaktor, so Stipp weiter, die Konditionierung des Wortes aufgehoben, mit der Jeremia selbst das Wort versehen hatte, als er es zu Zedekia sprach.[169] Das spricht für Stipp aber dafür, dass Zedekia mittlerweile tatsächlich ohne Gewalteinwirkung gestorben war, denn dies ist der unkonditionierte Inhalt der Botschaft. Wiederum wird deutlich, dass die Argumentation und Datierung grundlegend von der Beurteilung der Bestandteile als erfüllt bzw. nicht-erfüllt abhängig ist.[170] Die Beobachtung, dass gerade

---

den Bezug auf Josias Begräbnis „in Frieden" erzeugt wird, starb er doch verfrüht und durch einen Gewaltakt.

[164] Stipp, Frieden, 174.
[165] Siehe zum Umgang mit der angesagten gewaltvollen Eroberung und faktisch freiwilligen Übergabe Babylons oben S. 222 Anm. 44.
[166] Zu diesem Vorgang siehe oben Kap. 4.2.1.2.
[167] Siehe aber zu Josias Todesankündigung oben Kap. 4.2.2.1.
[168] Vgl. Stipp, Frieden, 177.
[169] Vgl. Stipp, Frieden, 178.
[170] Die konkrete Rekonstruktion der getilgten Vorstufen birgt dabei jedoch methodische Probleme. Stipp, Frieden, 173 f., erwägt zudem als letzten Schritt der Textentwicklung, dass der MT im Gegensatz zu dem für ihn älteren alexandrinischen Text in Jer 34,4 (41,4 LXX) das

beim Thema Beerdigung eine Leerstelle zu finden ist, ist weiterführend und für das Verständnis des Orakels aufzunehmen. Doch empfiehlt sich ein vorheriger Blick auf zwei weitere gängige Deutungswege.

So wird als zweite Möglichkeit des Verständnisses auch an dieser Stelle eine implizite Konditionierung vorausgesetzt. So wäre die Ankündigung eines friedvollen Lebensendes nach Jer 34 das Aufzeigen einer Möglichkeit, wenn der König das Gericht über Juda als göttlichen Willen anerkenne und Zedekia sich somit dem babylonischen König gegenüber entsprechend verhielte. Artur Weiser sieht die Möglichkeit gegeben, dass der König dann seinen Thron behalten könne.[171] Doch habe Zedekia im Folgenden durch sein frevelhaftes Verhalten diese Heilsperspektive selbst verspielt.[172] Die Verantwortung des Königs steht bei dieser Deutung im Mittelpunkt. Dass sich das Zedekiabild im Jeremiabuch als vielschichtig herausstellt, liegt auf der Hand und das königliche Missverhalten Jhwh und seinem durch den Propheten gesprochenem Wort gegenüber, wie es etwa Jer 38,15 festhält, ist ein wichtiger Zug des Buches, genau wie das Grundmotiv, dass die letzten Könige Judas durchaus die Chance gehabt hätten, durch eine stärkere probabylonische Haltung den Untergang Jerusalems und des Staates zu verhindern. Dieser Zusammenhang wird besonders in Jer 26 narrativ umgesetzt.[173] Fraglich ist jedoch, auf welcher Ebene eine solche Konditionierung auch der Ankündigung in Jer 34,4 zu verstehen ist. So fällt auf, dass der Text gerade keine Einschränkung oder Konditionierung vornimmt, diese also nur aus dem weiteren Verlauf des Jeremiabuches erschlossen werden müsste. Geht man nur von einer impliziten Konditionierung aus, so wird das Wort letztlich als unerfüllt angesehen. Das Erfüllungskriterium ist jedoch für das Jeremiabuch ein grundlegendes Muster, gerade wenn es sich wie bei dem hier gegebenen Wort an Zedekia um Heilsprophetie handelt. Diese geforderte Korrespondenz von prophetischem Wort und Erfüllung wird in der Jeremia-Hananja-Kontroverse in Jer 28 herausgestellt.[174] So kann in der erzählten Zeit das Wort durchaus

---

„nicht durch das Schwert" (לא תמות בחרב) ergänzt habe, womit nur ein ganz konkretes Schicksal ausgeschlossen und so die Widersprüchlichkeit gemindert worden wäre.

[171] WEISER, Jeremia (ATD 20/21), 310f., geht dabei davon aus, dass auch Jeremia selbst nicht mehr Details mitgeteilt worden waren.

[172] Diese Grundannahmen sind weit verbreitet, die Begründung der Konditionierung durch Bezugstexte im Jeremiabuch weicht jedoch voneinander ab. Vgl. CARROLL, Jeremiah (OTL), 642, der Jer 39,5–7 als nötigen Bezugstext für eine solche Deutung ausmacht, RUDOLPH, Jeremia (HAT 1/12), 188f., der die in den Versen zuvor genannte Übergabe der Stadt an die Babylonier als notwendige Voraussetzung für Zedekias Heil ansieht, WEISER, Jeremia (ATD 20/21), 310f., HOLLADAY, Jeremiah 2 (Hermeneia), 233f., FISCHER, Jeremia 26–52 (HThKAT), 250, der betont, dass dieses göttliche Angebot gerade nicht zeitlos gelte, und W. H. SCHMIDT, Jeremia 21–52 (ATD 21), 176, der die Heilsansage im Kontext der Entscheidungsmöglichkeit Zedekias in Jer 38,17f. erklärt.

[173] Siehe dazu oben Kap. 3.2.2.2.

[174] Siehe zu diesem Konflikt und den in ihm gegebenen Kriterien für von Jhwh ausgelöste Prophetie oben Kap. 3.2.2.1.

als Möglichkeit für Zedekia verstanden werden, an einem positiven Schicksal selbst mitzuwirken, doch muss das Wort auch nach den im Buch geschilderten Ereignissen und damit der Deportation sinnvoll zu lesen sein.

In Bezug auf das Wort an Zedekia findet sich in der Forschungsdiskussion noch eine dritte Möglichkeit des Verständnisses, die auf eine kurze Überlegung Bernhard Duhms zurückgeht und dann in neuerer Zeit von Juha Pakkala breiter ausgebaut wurde. So hat bereits Duhm die These aufgestellt, dass die Blendung und die Tötung der Söhne nur „auf einem blossen Gerücht"[175] beruht haben. Pakkala zieht aus dem Vergleich der beiden Versionen weitgehende Schlüsse zur Intention der Deuteronomisten des Deuteronomistischen Geschichtswerkes, die das Bild Zedekias zu Gunsten Jojachins schwächen wollten.[176] Mit Pakkala ist zu unterstreichen, dass mit der Darstellung der beiden Könige Zedekia und Jojachin bzw. mit Blick auf ihre Nachfolger reale politische Konflikte um die legitime Weiterführung der Davididen zumindest in fortgeschrittener exilischer Zeit verbunden sind. Die Annahme einer bewussten Täuschung steht jedoch auf unsicherem Boden. So führt er auf, dass die Berichte über Zedekias Schicksal in 2 Kön 24,18–25,7 so detailliert seien, dass sie auf einen Augenzeugen zurückgehen müssten. Da bei den Geschehnissen in Ribla jedoch kein Judäer anwesend gewesen sein könne – alle flüchteten, diese Angabe des Textes müsste man für historisch halten, wenn man es für die ganze Notiz so hält – ist dies unwahrscheinlich, sodass es sich näher legen würde, die Informationen auf babylonische Gerüchte und Propaganda zurückzuführen. Die genaue Intention in der Generierung dieses Gerüchts durch die Babylonier ist auch für Pakkala fraglich.[177] Das Endergebnis der Blendung wäre jedoch, so lässt sich innerhalb des vorgeschlagenen Gedankenganges einwenden, länger anhaltend und wäre somit auch im Exil für die Judäer sichtbar gewesen und hätte sich als falsches Gerücht schwerlich halten können.[178] Entscheidender für Pakkala ist aber die Frage, warum sich der deuteronomistische Verfasser überhaupt auf dieses vage Gerücht berufen sollte. Im Gegensatz zu Duhm, der noch vermutete, dass solche Gerüchte in dem Zustand der Aufregung zur Untergangszeit einfach entstehen und sich verselbstständigen können, erkennt Pakkala hier eine politische Intention bei den deuteronomistischen Kräften, die für die Darstellung im 2. Königebuch verantwortlich sind. Die Nachricht über den Tod der Zedekia-Söhne

---

[175] DUHM, Buch Jeremia (KHC 11), 278. Duhm geht davon aus, dass Zedekia dem König in der persönlichen Unterhaltung seine eigene Unschuld klar machen konnte und er dann, wie auch Jojachin, ein gnädiges Schicksal bekommen hat.

[176] Vgl. PAKKALA, Zedekiah's Fate.

[177] Vgl. PAKKALA, Zedekiah's Fate, 444.

[178] Auch STIPP, Frieden, 174 mit Anm. 9, bemerkt zurecht, dass so eine Täuschung für ein exilisches Publikum unwahrscheinlich sei. DUHM, Buch Jeremia (KHC 11), 278, selbst geht davon aus, dass Zedekia „im Dunkel der einsamen Haft" nur noch von wenigen Judäern gesehen worden ist.

4.2 Der Tod der Könige

mache klar, dass eine Rehabilitation nur über Jojachin laufen könne.[179] In dieser Deutung wird Zedekias Schicksal somit zum Gegenbild des Jojachin-Schicksals und die politische Nachfolge auf die Jojachin-Linie festgelegt. Die Begnadigung Jojachins fungiert gerade als Hoffnungsschimmer im Schlussteil des Deuteronomistischen Geschichtswerks.[180] So versteht auch Pakkala das Zedekia-Schicksal als eine Antwort auf einen möglichen früh-exilischen Konflikt um die richtige Nachfolgelinie.[181]

Blickt man jedoch nicht auf die Intention der Königebücher, sondern des Jeremiabuches, das die diskutierten Differenzen enthält, so stellt sich verschärft die Frage nach der Funktion des Zedekiawortes in Jer 34. Für das Jeremiabuch wurde besonders durch Stipp hervorgehoben, dass die Bewertung Zedekias in der fortlaufenden Redaktionsgeschichte kontinuierlich negativer wird.[182] So ist in erster Linie gar nicht entscheidend, dass ein möglicher Widerspruch zu den Königebüchern besteht, sondern viel entscheidender ist, ob sich das Jeremiabuch widerspruchsfrei lesen lässt. Denn auch wenn ein Text evtl. eine ältere Tradition darstellt, muss seine Einfügung durch die Redaktoren, die auch an den anderen Stellen des Jeremiabuches arbeiteten, dennoch sinnvoll geschehen sein.

⁴Doch höre das Wort Jhwhs, Zedekia, König von Juda! So spricht Jhwh über dich: Du wirst nicht durch das Schwert sterben, ⁵In Frieden (בשלום) wirst du sterben, und wie die Feuer deiner Väter, der früheren Könige, die vor dir waren, so wird man für dich Feuer anzünden. Und „Ach, Herr" (הוי אדון) wird man über dich klagen, denn das Wort habe ich geredet – Spruch Jhwhs.

Dies ist genau der Fall, wenn wie im Folgenden die Aspekte genauer angesehen werden, bei denen auffällige Leerstellen in der Ankündigung an Zedekia bestehen. So kann zunächst festgehalten werden, dass Zedekia in der Tat nicht

---

[179] Vgl. PAKKALA, Zedekiah's Fate, 449f. Jer 39 und 52, in denen ebenfalls die Blendung beschrieben wird, sieht er dann als literarisch abhängig von 2 Kön 25 und damit gerade nicht als weiteren Beleg für diese Ereignisse.
[180] Ein völlig anderes Verständnis schlägt GERHARDS, Begnadigung, bes. 60–64, vor. So sieht er die Notiz über die Rehabilitierung Jojachins gerade nicht als Heilstext an, sodass das Deuteronomistische Geschichtswerk auch in dieser Ausgabe kein positives Ende hätte. Stattdessen würde in 2 Kön 25,27–30 zum Ausdruck gebracht, dass Jojachin in Babylon bleibe und so jegliche Fortsetzung des davidischen Königtums ausgeschlossen sei.
[181] Ob nun bloßes Gerücht – oder, deutlich wahrscheinlicher – wirkliches Geschehen, die von Pakkala unterstrichene Intention der Schwächung der Zedekia-Linie in den abschließenden Teilen des 2. Königebuches, die in die Begnadigung Jojachins münden, lässt sich, wie WÖHRLE, Rehabilitierung, breiter begründet hat, durchaus plausibel machen. Dieser sieht 2 Kön 24,17–25,30* als Zusammenschau verschiedener älterer Texte gerade aus dem Jeremiabuch und damit auch aus Jer 39, auf deren Folie die Stilisierung Jojachins in der fortgeschrittenen Exilszeit gelingt. So wird, wie mit Blick auf den Jojachin-Nachfahr Serubbabel in der berühmten Adaption des Siegelringwortes in Hag 2,23, gerade diese Linie favorisiert, während die Linie des letzten Königs von Juda, Zedekia, vollständig gelöscht wird.
[182] Dies gilt auch für die Bearbeitungen im alexandrinischen Text.

durch das Schwert stirbt.[183] Er fällt weder bei der Eroberung der Stadt noch deutet einer der anderen Texte ein gewaltsames Ende des (ehemaligen) Königs an. In diesem Kontext ist auffällig, dass auch in den Texten mit negativer Stoßrichtung für den König keinerlei Angaben über Zedekias Tod geboten werden.[184] Auf der anderen Seite bietet Jer 34 keine Informationen über Zedekias Bestattung oder deren Ort.[185]

Stattdessen werden die Riten betont, die als Reaktion auf Zedekias Tod erfolgen: Es werden Feuer entzündet und geklagt, eine explizite Bestattungsnotiz fehlt. Beides sind jedoch erstaunlicherweise Riten, für die der Leichnam selbst nicht vonnöten ist. Beide Bräuche sind ortsunabhängig durchzuführen, ein Umstand, der gerade bei Zedekias späterem Schicksal nicht zu schnell übergangen werden sollte.[186] Es handelt sich bei den angekündigten Feuern nicht um die Verbrennung der Toten, sondern um Feuer zu ihren Ehren.[187] Den Einsatz von Feuern im Kontext von königlichen Beerdigungen, in denen Gewürze verbannt wurden, zeigt 2 Chr 16,14 für die Bestattungszeremonien des Königs Asa. Dass mit diesen Riten Ehrerbietung gegenüber dem König verbunden war, zeigen zwei Negativbeispiele. Zum einen die erwähnte verwehrte Klage in der Ansage an Jojakim in Jer 22,18 und zum anderen die geschilderte Bestattung des Königs Joram nach 2 Chr 21. Dieser äußerst negativ bewertete König stirbt durch eine von Elia brieflich angekündigte Krankheit.

[19b]Und für ihn machte sein Volk kein Feuer wie das Feuer für seine Väter. [20]32 Jahre war er alt, als er König wurde, und acht Jahre war er König in Jerusalem. Er ging, ohne betrauert zu werden (וילך בלא חמדה). Und sie begruben ihn in der Stadt Davids, aber nicht in den Königsgräbern.

Im Gegensatz zu diesen Darstellungen wird Zedekia angekündigt, dass er betrauert und mit Feuern geehrt werden wird, jedoch gerade nicht, was mit seinem Leichnam passieren und wo er begraben werden wird. Damit stimmt Pakkalas Nacherzählung des Verses, Zedekia bekomme eine königliche Bestattung wie

---

[183] Vgl. auch W. H. SCHMIDT, Jeremia 21–52 (ATD 21), 176.

[184] Zedekias Tod kommt als Erzählung im Alten Testament nicht vor, nur als prophetische Ankündigung durch Ezechiel gleich doppelt in Ez 12,13 und in 17,16.

[185] So auch STIPP, Frieden, 177.

[186] Die Bräuche werden im Text selbst mit den früheren judäischen Königen verbunden, doch ist das Anzünden von Räucherwerk und auch die Klage in mesopotamischem Kontext ebenfalls belegt, was die Plausibilität einer entsprechenden Leichenfeier auch in der Exilsituation erhöhen kann. Zu einem Hinweis auf ähnliche Bräuche, die Feuer und Klage enthielten, vgl. MEISSNER, Babylonische Leichenfeierlichkeiten, 61, und zu den auf Grund der Quellenlage sehr schwer zu rekonstruierenden mesopotamischen Trauerbräuchen, die in jedem Fall ausgeprägte Elemente der Klage enthielten, MAUL, Altorientalische Trauerriten, und NASRABADI, Untersuchungen, 31–33.66, sowie für die Klage als Element neuassyrischer Bestattungsriten HAUSER, Status, 11–13. Für Babylonien ist die Trauer und Klage als Bestandteil der Zeremonien in der Harran-Inschrift von Nabonid belegt, die die Beerdigung seiner Mutter Adad-Guppi beschreibt (Text bei NASRABADI, a.a.O., 31 f.).

[187] So auch LUNDBOM, Jeremiah 21–36 (AncB 21B), 552.

seine Vorgänger, an entscheidender Stelle nicht vollständig.[188] Gerade im Gegensatz zu Jojakim, bei dem der Umgang mit seinem Leichnam in Jer 22 intensiv geschildert wird, fällt dies auf. Eine weitere Differenz zu den Zedekia vorausgehenden Königen ist auffällig: So bekommt er die Feuer, die frühere Könige hatten, hier aber explizit nicht eine Bestattung wie die Väter oder bei den Vätern oder überhaupt eine Anknüpfung an diese. Dies hebt Zedekia von seinen aktuellen Vorgängern ab.

Im Gegensatz zu Josia wird er nicht in Frieden *begraben*, sondern *stirbt* auf natürliche Weise, also in Frieden. Er bekommt keine Beerdigung wie seine Vorfahren, nur Trauer und Feuer werden angesagt, über seine Nachkommen wird nichts gesagt. Alle diese Leerstellen erweisen sich als höchst erstaunlich, wenn es sich um ein Heilswort aus der Zedekiazeit handeln würde, in einem Stadium *in* Jerusalem und *ohne* absehbares Ende des Königtums. Liest man Jer 34 allein, so entsteht eine andere Erwartung als die, die durch das reale Schicksal Zedekias gedeckt wäre. Dies steht außer Frage und lässt die Möglichkeit offen, dass an dieser Stelle auch eine alte Tradition verarbeitet wurde, die sich aber nicht mehr rekonstruieren lässt und sicher nicht die jetzige Formulierung beinhaltete. Mit der Vorerwartung und dem sich dann anders erfüllenden Wort spielt das Buch. Die Ansage wird erfüllt, doch viel negativer als zunächst erhofft. So muss nicht zwangsläufig von einem ursprünglich Zedekia-freundlichen Jeremiabuch ausgegangen werden, das alle Hoffnungen auf diesen König setzte. Das deuteronomistische Zedekiawort aus Jer 32,1–5 ist mit dem Orakel durchaus in Einklang zu bringen. Hier zitiert Zedekia eine Weissagung Jeremias gegen ihn, die den König dazu veranlasst hatte, Jeremia gefangen zu nehmen, und die große Überschneidung mit dem Jeremiawort in Jer 34,3 hat:

³Denn Zedekia, der König von Juda, hielt ihn mit dem Vorwurf[189] gefangen: Warum weissagst du folgendermaßen: So spricht Jhwh, siehe, ich gebe diese Stadt in die Hand des Königs von Babel, dass er sie einnehme ⁴Und Zedekia, der König von Juda, wird sich nicht aus der Hand der Chaldäer retten können, denn er wird mit Sicherheit in die Hand des Königs von Babel gegeben werden. Und sein Mund wird zu seinem Mund reden, und seine Augen werden seine Augen sehen. ⁵Und nach Babel wird er Zedekia führen, und dort wird er bleiben, bis ich mich seiner annehme (פקד) – Spruch Jhwhs. Wenn ihr gegen die Chaldäern Krieg führt, werdet ihr keinen Erfolg haben.

Der König von Babylon wird die Stadt erobern und Zedekia gefangen nehmen. Dort wird er dann mit ihm von Mund zu Mund und von Auge zu Auge reden und ihn dann mit nach Babylon nehmen. In Jer 32,1–5 wird somit zwar die Deportation angesagt, jedoch nichts von der Blendung oder dem Schicksal der Söhne vermeldet. Stattdessen stehen sich der babylonische und der judäische

---

[188] Vgl. Pakkala, Zedekiah's Fate, 447.
[189] So mit W. H. Schmidt, Jeremia 21–52 (ATD 21), 152, als Wiedergabe des לאמר.

König Auge in Auge gegenüber (ועיניו את־עינו תראינה).[190] Dies muss jedoch nicht als Widerspruch zur Ankündigung der Blendung gedeutet werden, wie es Pakkala ausführt,[191] sondern doch eher, wie schon häufiger vermutet, als eine Anspielung auf das Schicksal der Augen. William Holladay bezeichnet dies als Ironie.[192] Nach diesem Text wird Zedekia in Babylon bleiben, bis sich Jhwh seiner annimmt (פקד), so schließt der Text in V. 5. Dann kann er also – liest man den Text mit der Ankündigung in Jer 34,4 zusammen – in Frieden sterben. Dann sind auch Zeremonien und Klage (wieder) möglich, sowohl im Exil als auch im Land, ohne dass eine königliche Beerdigung von Nöten wäre.[193] Von einer fortgesetzten oder neuen Herrschaft durch Zedekias Nachkommen ist nicht die Rede, es handelt sich stärker um einen versöhnlichen Schlussstrich.

Die Ankündigung des friedlichen Sterbens des judäischen Königs in Jer 34,4 hat sich somit nicht als altes Gut herausgestellt, das den realen Geschehnissen und den in den jüngeren Texten des Jeremiabuches berichteten Texten widerspricht. Im Gegenteil, durch die gelassenen Leerstellen wird eine widerspruchsfreie Lektüre gerade ermöglicht. In der erzählten Zeit kann das Orakel als eine Heilsperspektive verstanden werden, die dem König noch offenstand – auf dieser Ebene ist das Verständnis der Ankündigung als konditioniert durchaus weiterführend. Am Ende zeigt sich jedoch, dass Zedekia weder nach Jerusalem zurückkommt und auch nicht dort begraben wird und dass es nicht zu einer Rehabilitation des Königs gekommen ist. All dies wird in Jer 34,4 jedoch auch nicht angekündigt. So zeigt sich auch an diesem Beispiel ein Mechanismus, der sich schon für die Interpretation des Huldaorakels nahelegte.[194] Im Rückblick erweisen sich die Orakel als wahr, auch wenn sie in der Situation anders verstanden werden können. Dabei führt das andere Verständnis jedoch gerade nicht in die Irre, wie es bei dem Motiv des fehlgedeuteten Orakels in der griechischen Literatur der Fall ist.[195] Hätte Zedekia sich den politischen Forderungen, die Jeremia als Gotteswort vorbrachte, gebeugt, wäre dies als positiv eingestuft worden. Das deuteronomistische Jeremiabuch zeigt insgesamt im Rückblick, dass das korrekte Verhalten und die Umkehr das Geschehen hätte ändern können. Doch erweist sich das Gotteswort an Zedekia im Rückblick nicht

---

[190] Die Richtung des Blickens und Sprechens wird in Jer 32,4 weniger eindeutig angegeben als in Jer 34,3. In der Parallelstelle werden die Machtverhältnisse auch in der Szenerie unterstrichen, indem Zedekias Augen auf Nebukadnezar gerichtet sein werden, während dieser mit ihm spricht.

[191] Vgl. PAKKALA, Zedekiah's Fate, 446.

[192] HOLLADAY, Jeremiah 2 (Hermeneia), 213.

[193] Josephus, der in seiner Nacherzählung der jüdischen Geschichte in den Antiquitates stets darauf bedacht ist, die Erfüllung aller Prophezeiungen zu notieren (siehe dazu unten Kap. 5.3.2), berichtet in Ant. 10,154 davon, dass Zedekia von Nebukadnezar selbst königlich bestattet wurde.

[194] Vgl. dazu oben Kap. 4.2.2.1.

[195] Hier ist als Paradefall an Krösus zu denken. Siehe dazu oben S. 76 f. 198.

als unerfüllt oder falsch. Auch an dieser Stelle wird die im Jeremiabuch und den Königebüchern unterstrichene göttliche Geschichtslenkung deutlich. Ein Blick auf das Schicksal eines weiteren judäischen Königs, Jojakim, und seine Beschreibungen im Jeremiabuch und im 2. Königebuch schließen im nächsten Abschnitt die Überlegungen ab.

4.2.2.3 Jojakims Bestattung und seine (politische) Kinderlosigkeit (Jer 22; 36 und 2 Kön 24,6)

Das im vorherigen Abschnitt beschriebene Schicksal des Josia-Sohnes Zedekia ist im Jeremiabuch schon sprachlich eng mit dem seines Bruders Jojakim verknüpft. Besonders greifbar wird dies in der antithetischen Gegenüberstellung der in Zukunft gewährten Trauer über den Tod des Herrschers Zedekia in Jer 34,5 und der explizit verwehrten Trauer über Jojakim in Jer 22,18. Jeremia malt diesem sozial ungerecht regierenden König in Jer 22,13–19 seinen bevorstehenden Tod und den dann erfolgenden Umgang mit seinem Leichnam aus. Das Wort steht innerhalb einer längeren sozialen Anklage, die Jojakims sozialschädliches und ungerechtes Handeln im Vergleich mit seinem positiv bewerteten Vater Josia beschreibt:

[18]Darum spricht Jhwh so über Jojakim, den Sohn des Josia, König von Juda: Sie werden nicht um ihn klagen (לא יספדו לו): „Ach, mein Bruder!" oder: „Ach, Schwester!" Sie werden nicht um ihn klagen: „Ach, Herr!" und: „Ach, Majestät!" [19]Mit einem Eselsbegräbnis wird er begraben werden: Man wird ihn fortschleifen und wegwerfen vor die Tore Jerusalems.

Das Motiv der Verwehrung eines Begräbnisses als Strafe für ein soziales oder kultisches Vergehen ist im Jeremiabuch breit verankert. So wird etwa in Jer 7,30–8,3 den judäischen Königen und Offiziellen sowie dem Volk, den Priestern und den Propheten angekündigt, dass ihre toten Körper aus den Gräbern genommen und in der Sonne liegen werden, der sie vorher gedient haben. In Jer 8,2 f. wird betont, dass diese Gebeine auch nicht wieder gesammelt[196] oder beerdigt werden würden. Eine enge Verknüpfung zwischen Begräbnis und sozialem und kultischem Verhalten tritt hier zu Tage. Auch die Ankündigung, es würde nicht geklagt, ist im Jeremiabuch nicht singulär. In Jer 16,3 f. wird den Einwohnern angekündigt, dass sie weder beklagt (ספד) noch begraben (קבר) würden. Innerhalb des Buches erweist sich die Ankündigung somit als gut eingebettet. Die Beschreibung des entehrenden[197] Eselsbegräbnisses geht über das Unheilswort an

---

[196] Als prophetische Drohung kommt auch das Motiv des Nichtversammelns immer wieder im Jeremiabuch vor (vgl. Jer 8,3; 9,22; 14,16, 25,33).

[197] Der Begriff „Eselsbegräbnis" (oder auch „Hundebegräbnis") für ein Begräbnis, das nicht auf einem Friedhof, nicht mit klerikalem Beistand oder Ritus und unehrenhaft stattfand, wurde in Europa in Anlehnung an Jer 22,19 besonders im Spätmittelalter und in der frühen Neuzeit wieder benutzt. Diese Art der Bestattung war für Suizidenten und Suizidentinnen vorgesehen,

die Gesamtbevölkerung und die Würdenträger noch hinaus. Vom tatsächlichen Sterben des Königs wird im Jeremiabuch sodann jedoch nicht berichtet. Sein Tod wird lediglich durch die Regierung seiner Nachfolger Jojachin und Zedekia vorausgesetzt.

Anders stellt sich die Lage jedoch dar, nimmt man die Darstellung der Königebücher hinzu. Denn wiederum stellt der Vergleich dieser prophetischen Ankündigung mit der den Bericht über den König abschließenden Todesnotiz in 2 Kön 24,6 vor Schwierigkeiten. So wird, zumindest auf den ersten Blick, ein friedlicher Tod des Königs ohne besondere Auffälligkeiten festgehalten:[198]

⁶Und Jojakim legte sich zu seinen Vätern und es wurde Jojachin, sein Sohn, an seiner Stelle König.

Wie am Beispiel Josias und Zedekias in den vorausgehenden Kapiteln diskutiert, ergeben sich auch an dieser Stelle einige grundsätzliche Möglichkeiten, mit dem Zusammenspiel beider Texte umzugehen:
1. Es besteht keine Differenz zwischen der Ankündigung im Jeremiabuch und der Todesnotiz in den Königebüchern.
2. Es besteht eine grundlegende Differenz. Dies führt zu der Annahme, dass einer der Texte nicht das reale Geschehen berichtet.
   a. Die Notiz in 2 Kön 24,6 hält rückblickend etwas fest, das jedoch nicht wirklich geschah; dies kann mit der formelhaften Verwendung der Todesnotizen verbunden werden.
   b. Die Ankündigung in Jer 22,13–19 hat sich nicht erfüllt.

Wird die falsche Ankündigung auf Seiten Jeremias gesehen, so wird als eine Möglichkeit die Gattung seines Wortes und die Aussageabsicht untersucht und – wie im Umgang mit Zedekias Wort – darauf hingewiesen, dass es sich nur um ein konditioniertes Unheilswort gehandelt habe[199] oder das Wort als Gerichtswort nicht auf seine Erfüllung ausgerichtet war, sondern als sprachliches Mittel der harten prophetischen Kritik eingesetzt wurde.[200] Als weitere Möglichkeit wird daran festgehalten, dass es sich um ein unbedingtes Unheilswort an Jojakim gehandelt habe, das sich dann jedoch nicht erfüllte. So etwa stellvertretend für viele bei Hentschel: „Jojakim starb wenige Monate vor der

---

für die, da Selbsttötung als Mord und damit Sünde galt, die Beisetzung in den üblichen Gräbern verboten war. Zu diesem Umgang siehe LINDEMANN, Armen- und Eselbegräbnis, 129 f.

[198] Auffällig ist allein das junge Alter, in dem der König starb. So war er nach 2 Kön 23,36 bei Amtsantritt erst 25 Jahre alt und regierte insgesamt 11 Jahre.

[199] FRETHEIM, Jeremiah (Smyth & Helwys Bible Commentary), 321, verweist auf die Offenheit prophetischer Worte, die sich nicht unbedingt erfüllen müssen, wenn der Adressat sein Verhalten ändert, wie es bei Ahabs Buße oder Hiskias Reaktion auf Michas Unheilswort nach Jer 26 der Fall war. Doch gibt es, gerade im Gegensatz zu den von Fretheim genannten Beispielen, keinerlei Hinweise darauf, dass diese Art der Umkehr bei Jojakim mitzudenken wäre.

[200] Zur Auseinandersetzung mit dieser Annahme siehe im Folgenden S. 270 f.

ersten Übergabe Jerusalems, ohne daß sich die düsteren Prophetien Jeremias erfüllt hatten (Jer 22^{18} 36^{30})."[201] Die Annahme, es handele sich um ein altes Jeremiawort, das sich nicht erfüllt habe, dominiert die Auslegungsdiskussion. So gilt die Ankündigung von Jojakims Eselsbegräbnis in Jer 22,18 f. seit langer Zeit und auch aktuell als Paradefall der Qualifizierung unerfüllter Prophetie als authentische und alte Prophetie. Anders als in den vorherigen Erörterungen zu Zedekia und Josia ist diese Deutung überzeugend, wenn auch in ihren Konsequenzen noch einmal zu betrachten.[202]

Die Klassifizierung als unerfüllte Prophetie hat wiederum erhebliche Auswirkungen für die Datierung des Wortes und breiter für die Entstehungsgeschichte des Jeremiabuches, da Jojakims Tod im Jahre 598 v. Chr. als *terminus ante quem* dient. Bernhard Duhm kommt durch die Differenzen zwischen der Ankündigung in Jer 22 und der Darstellung in 2 Kön 24,6 sogar zu dem weitreichenden Schluss, „dass nicht blos dieser Spruch vor Jojakims Tode geschrieben, sondern dass auch das Buch, in das er aufgenommen wurde, früher abgeschlossen worden ist", um einige Sätze später jedoch generell einzuschränken: „Übrigens schliesst die Fertigstellung des Buches Nachträge nicht aus."[203] Auch wenn seinem Ergebnis redaktionsgeschichtlich nicht zu folgen ist, macht er auf einen entscheidenden Punkt aufmerksam. Sieht man die Textgeschichte nicht als zu diesem Zeitpunkt bereits abgeschlossen an, so hätte der Text geändert oder die ausbleibende Erfüllung zumindest kommentiert werden können. So muss sich die jeremianische Ankündigung auch bei der Annahme eines frühen Ursprungs im jetzigen Kontext sinnvoll lesen lassen.[204]

---

[201] Hentschel, 2 Könige (NEB), 117, zu 2 Kön 24,6.
[202] Siehe dazu unten S. 270 f.
[203] Duhm, Buch Jeremia (KHC 11), 177.
[204] Eine Interpretation, die nicht bei der Annahme eines sich nicht erfüllt habenden Wortes stehen bleibt, kann dies über die Annahme verschiedener Schritte im Umgang mit Jojakims Leichnam tun und somit die Differenzen verschiedenen geschichtlichen Phasen zuordnen. Bei diesem Vorgehen steht aber meist die Hoffnung, Jeremias Prophezeiung historisch retten zu können, im Hintergrund. So erwägt Rudolph, Jeremia (HAT 1/12), 121 f., zumindest, dass Nebukadnezar das Grab Jojakims später schänden ließ und die entsprechende Ankündigung somit doch zutraf. Dies korrespondiert mit der Version, die Josephus in den Antiquitates (Ant. 10,97) liefert, wo Nebukadnezar Jojakims Leichnam vor die Mauern wirft und schändet. Zu Josephus' Darstellung von Jojakims Tod und dem Umgang mit seinem Leichnam siehe Begg, Josephus' Story, 519–523. Siehe auch die Variante im Midrasch Leviticus Rabbah 19,6 und die Diskussion der Varianten bei Cogan/Tadmor, II Kings (AncB 11), 307. Zu weiteren Hinweisen auf einen gewaltsamen Tod Jojakims (durch den babylonischen König oder auch eine Palastrevolte) siehe die Zusammenstellung von Vorschlägen bei Lundbom, Jeremiah 21–36 (AncB 21B), 144 f. Zur historischen Situation zur Regierungszeit Jojakims siehe Lipschits, Jehoiakim (2.). Auf Grund des nahenden Kommens der Babylonier ist es, auch wenn die Königebücher keine weiteren Informationen über den Tod geben, durchaus möglich, dass Jojakim durch eine innerjudäische Revolte getötet wurde oder auch Suizid beging, wie Lipschits (a. a. O., 2.7) überlegt.

Bezüglich dieses königlichen Todesfalls und vor allem Jojakims Bestattung enthüllt gerade die Textgeschichte weitere Aspekte. Neben der oben zitierten Version des Masoretischen Textes von 2 Kön 24,6 sind die Parallele in der Chronik und die Fassungen beider Bücher der Septuagintatradition aufschlussreich. So wird in 2 Chr 36,8 auffälligerweise Jojakims Tod gar nicht erwähnt. Der Text setzt ihn ohne Zweifel voraus, eine explizite Notiz fehlt jedoch:

> ⁸Und die übrigen Dinge bezüglich Jojakim und seiner Gräueltaten, die er getan hat, und was sonst über ihn gefunden wurde, siehe, das ist geschrieben in dem Buch der Könige von Israel und Juda. Und Jojachin, sein Sohn, wurde an seiner Stelle König.

Die Leerstellen beziehen sich sowohl auf die Todesumstände als auch den Ort seines Begräbnisses. Allein der Verweis auf das Buch der Könige Israels und Judas könnte darüber Aufschluss geben. In einigen Versionen der Septuaginta wird es hingegen an beiden Stellen deutlich ausführlicher, indem in der Chronikvariante nicht nur der Tod explizit erwähnt wird, sondern zudem an beiden Stellen eine konkrete Begräbnisnotiz geboten wird. So formuliert 2 Kön 24,6, allerdings nur in der Variante des Alexandrinus:

> ⁶Und Jojakim legte sich zu seinen Vätern und wurde begraben im Garten Oza (καὶ εταφη εν κηπω οζα) bei seinen Vätern und Jojachin, sein Sohn, wurde an seiner Stelle König.

und in 2 Chr 36,8 breiter in der Septuaginta-Version:

> … und Jojakim entschlief mit seinen Vätern und wurde in Ganoza bei seinen Vätern begraben (καὶ ἐκοιμήθη Ιωακιμ μετὰ τῶν πατέρων αὐτοῦ καὶ ἐτάφη ἐν Γανοζα μετὰ τῶν πατέρων αὐτοῦ καὶ ἐβασίλευσεν Ιεχονιας υἱὸς αὐτοῦ ἀντ᾽ αὐτοῦ/).

Die Überlieferungssituation ist also uneinheitlich. Die beiden verschiedenen Ortsangaben in „Ganoza" in 2 Chr 36,8 im Vergleich zum „Garten Oza" in der alexandrinischen Version von 2 Kön 24,6 weisen jedoch zumindest auf die gleiche hebräische Vorlage hin, in der ein Garten (גן) Uza erwähnt wurde. Die Differenzen der Versionen bezüglich der Begräbnisstätte bleiben jedoch erklärungsbedürftig.

Ernst Würthwein führt die kürzere Version in 2 Kön 24,6 schlicht auf einen Abschreibfehler zurück und erklärt die Auslassung als Homoioteleuton.[205] Nadav Na'aman spricht sich dafür aus, dass die Septuaginta-Version eine späte Hinzufügung bietet und macht die fehlende Begräbnisnotiz historisch plausibel.[206] Da Jojakim durch die politische Lage an einem anderen Ort bestattet werden musste als seine Vorgänger, er also ganz faktisch nicht zu ihnen gelegt wurde, kann das Fehlen der Begräbnisnotiz bei ihm erklärt werden.[207] Die faktische

---

[205] WÜRTHWEIN, Könige (ATD 11/2), 469, verweist auf die unklare Textüberlieferung, denn die LXX hat hier und in der Parallele in 2 Chr 36,8 jeweils eine Begräbnisnotiz.
[206] NA'AMAN, Death Formulae, 245 f.
[207] Vgl. NA'AMAN, Death Formulae, 252 f.

Veränderung der Begräbnisstätten sollte nach Na'aman also stärker beachtet werden und die Veränderung des sprachlichen Ausdrucks somit nicht vorschnell mit verschiedenen Versionen in der Redaktionsgeschichte der Königebücher erklärt werden.[208]

Die Frage, wo ein König bestattet wurde, wird in den meisten Chroniken des Alten Orients nicht thematisiert. Dass dies jedoch auch von Bedeutung gewesen sein muss, zeigt die Babylonian Royal / Dynastic Chronicle (18,2–11), in der abgesehen von den Regierungszeiten der Könige und dem Herrschaftsort wenig berichtet wird, doch mehrere Begräbnisstätten genannt werden. Dies gilt für die Regenten Simbar-Šipak, Širikti-Šuqamuna und Mār-bīti-apla-uṣur, die jeweils in Sargons Palast beerdigt wurden, und für Ea-mukīn-zēri – einem Usurpator, der im Sumpf von Bīt-Ḥašmar bestattet wurde. Leider schweigt die Chronik zu den Gründen der Wahl der Begräbnisstätte und auch zu Konnotationen des Ortes.[209]

Im Gegensatz dazu ist das Fehlen einer Begräbnisnotiz für einen judäischen König in den Königebüchern durchaus auffällig.[210] Die Differenzen in den Versionen und dieses überraschende Fehlen einer Begräbnisnotiz im Masoretischen Text legen die Annahme nahe, dass die vermutlich im Vergleich zu Jer 22 jüngere Notiz in 2 Kön 24,6 durch eine bewusst gesetzte Leerstelle die Ankündigung Jeremias zugleich retten konnte, ohne sie dabei jedoch zu bestätigen. Das Fehlen der Begräbnisnotiz für Jojakim im Masoretischen Text in 2 Kön 24 ist somit als Leerstelle durchaus wahrzunehmen, worauf auch Oded Lipschits hinweist.[211] Dieser wendet sich gegen die Annahme von John Gray,[212] der Redaktor der Königebücher habe nichts über den Tod und das Begräbnis gewusst. Denn da dieser noch nicht in ferner Vergangenheit lag, wären Erinnerungen wahrscheinlich gewesen. So hält Lipschits fest: „However, omitting a description of the burial from the formulaic ending leaves a gaping vacuum in the description, which the

---

[208] Als Parallele mit entgegengesetzter Konnotation kann der Fall des Begräbnisses von Hiskia gelten. Zwar wird in 2 Kön 20,21 dessen Tod berichtet, doch fehlt ebenfalls die Nennung einer Grabstelle. Na'aman spricht sich dafür aus, dass dies damit zusammenhänge, dass tatsächlich Hiskia, evtl. in Übereinstimmung mit priesterlichen Bedenken, die Begräbnisstätte der Könige verlegt habe und so eben nicht bei seinen Vätern in der Palastgegend beerdigt wurde. Theologisch wird so auch ein Schnitt gemacht, sodass der Bruch der Tradition, der hier ein sich Distanzieren von den frevelhaften Vorgängern anzeigt, durchaus positive Implikationen hat. „Presenting him as a king who was not buried with his ancestors might have spoiled this positive description" (NA'AMAN, Death Formulae, 252).
[209] Zu Text und Übersetzung siehe GLASSNER, Mesopotamian Chronicles, 132 f. NA'AMAN, Death Formulae, 249, vermutet jedoch, dass dies ein „unworthy burial place for a king" gewesen sei. Zu den Angaben in diesen und weiteren Listen siehe auch WEINGART, Geschichte, 95–102.
[210] Vgl. bereits LANDERSDORFER, Bücher, 236.
[211] LANDERSDORFER, Bücher, 236, weist ebenfalls auf das auffällige Fehlen der Begräbnisnotiz hin, auch SEITZ, Theology, 105–120, bemerkt das diesbezügliche Schweigen in 2 Kön 24,6, das er als bewusst gesetzt sieht.
[212] J. GRAY, I & II Kings (OTL), 753 f., geht davon aus, dass die Königebücher ursprünglich vor dem Tod Jojakims endeten.

readers could not ignore or avoid connecting with the words of Jeremiah."[213] Und auch die Textgeschichte gibt auf diese Entwicklung einen Hinweis. Die genannte Variante des Alexandrinus, die von anderen Septuaginta-Varianten für 2 Kön 24,6 nicht gedeckt wird, sorgt durch die Hinzufügung, dass Jojakim im Garten Uza begraben wird, für eine Gemeinsamkeit mit seinen Vorgängern Manasse (vgl. 2 Kön 21,18) und Amon (2 Kön 21,26). Zudem kann dieser Platz *außerhalb* der Stadttore ebenfalls die Erfüllung der jeremianischen Ankündigung realisieren.[214] Somit werden also das Begräbnis und das Jenseits der Tore-Sein außerhalb der Stadt so weit wie möglich in Einklang gebracht.[215] Schon in der frühen Textgeschichte wurde folglich der Ausgleich gesucht, was belegt, dass ein Widerspruch wahrgenommen und als problematisch angesehen wurde.

Die Annahme, dass es sich in der Unheilsankündigung in Jer 22 um ein altes Wort handelt, das trotz der Nichterfüllung bewahrt wurde, ist aber noch nicht vollständig befriedigend. So muss darüber hinaus erklärt werden, warum die späteren Redaktionen an dieser Stelle keine Ergänzung angebracht haben, sodass das für das Jeremiabuch so wichtige Kriterium der Erfüllung aufrechterhalten werden konnte. Dieser geforderte theologische Zusammenhang lässt sich schon in den alten Jeremia-Teilen bezogen auf die Unheilsansagen erkennen. Jeremia klagt in den Konfessionen immer wieder darüber, dass er verspottet würde, weil seine Ansagen bisher nicht einträfen und Gott diese deshalb nun schleunigst erfüllen sollte. Konrad Schmid, der Jer 22 aufgrund der Nichterfüllung ebenfalls für eine ältere Vorhersage hält, geht dieser Frage nach.[216] Die Aussage in den Königebüchern sei plausibel, da sie, wegen ihrer Kritik an Jojakim, ein so negatives Ereignis sicher nicht unerwähnt hätte lassen, da es sich in das eigene theologische Programm gut einfügen würde.[217] Das führt ihn aber zu der Frage, warum ein solches Wort wie in Jer 22 trotzdem aufbewahrt wurde, und zu dem Schluss, dass es den Bearbeitern wohl mehr um die Botschaft als um die Erfüllung ging. Das Eintreffen in der Zukunft ist nicht der (einzige) Schlüssel für eine akkurate Prophetie, die Sozialkritik an Jojakim bleibt bestehen, auch wenn sich das konkrete Schicksal nicht erfüllte.[218] Diese Interpretation knüpft an die

---

[213] LIPSCHITS, Jehoiakim (3.2.11.). Die Ankündigung in Jer 22 wird als älterer Text eingestuft, zu dessen Ausgleich die Leerstellen in der Todesnotiz dienen.
[214] Vgl. J. GRAY, I & II Kings (OTL), 753.
[215] Vgl. LIPSCHITS, Jehoiakim (4.4).
[216] SCHMID, Prognosis, 112f. Vgl. dazu auch DERS., Theologie, 231–234.
[217] Vgl. auch LIPSCHITS, Jehoiakim (3.2.7.).
[218] HOLLADAY, Jeremiah 1 (Hermeneia), 598, referiert verschiedene Möglichkeiten zu Jojakims Tod, kommt dann aber zum Schluss: „In any event the power of the present verse is in its utterance, not in its literal fulfillment." FISCHER, Jeremia 1–25 (HThKAT), 664f., sieht an dieser Stelle eher eine Verurteilung als die Ansage eines konkreten Geschehens. So beschreibt er als Botschaft des Orakels, das nach Jojakims Tod geschrieben wurde, dass Unrecht und Überheblichkeit sogar bei einem König letztlich zu einem schlimmen Ende führen. Diese Interpretationslinie, verbunden mit der von Fischer vertretenen nachexilischen Datierung, setzt

oben bereits erwähnte Interpretationslinie des Textes an, nach der das Unheilswort als Gerichtsbotschaft zu verstehen ist. In diese Richtung argumentiert etwa Ernst Jenni im Rahmen seiner Überlegungen zu politischen Voraussagungen und macht in der Wahrnehmung von Jer 22,18 f. das Moment der Gerichtsansage zum Schlüssel des Verständnisses.[219] Es ginge also nicht darum, die Zukunft anzusagen, sondern durch die Gerichtsbotschaft das frevelhafte Verhalten des Königs zu unterstreichen. So erklärt er die Androhung über das Leben des Königs und folgert, „dass die Voraussage nicht um ihrer selbst willen erfolgt ist, etwa als Antwort auf die Frage nach dem Lebensende des Königs, sondern als Drohung, d. h. in ihrer Funktion als Gerichtsansage".[220] Doch weicht die Interpretation von Schmid insofern von dieser Linie ab, als dass in seinen Augen nicht die ursprüngliche Botschaft „nur" als plakative Gerichtsbotschaft zu verstehen ist, sondern dieses Verständnis sekundär ist und den Grund für die Bewahrung des Wortes trotz des friedlichen Todes des Herrschers darstellt. Durch diesen Schritt kann also sowohl der Verdacht bestätigt werden, dass es sich in Jer 22 durchaus um ein altes prophetisches Wort handelt, das sich in dieser Weise nicht erfüllte, als auch plausibilisiert werden, warum es nicht tiefgreifender korrigiert wurde.

Zwei weitere wichtige Punkte sind an dieser Stelle zu ergänzen: Zum einen wird, wie oben dargestellt, Jojakims Tod und der Umgang mit seinem Leichnam im Jeremiabuch selbst gerade nicht beschrieben, sodass sich kein eklatanter Widerspruch ergibt. Buchintern wird also zwar die Erfüllung des Wortes nicht berichtet, jedoch auch nichts, was der Ankündigung widerspricht. Zum anderen sind im Vergleich zur Darstellung in 2 Kön 24,6 wiederum die Leerstellen entscheidend, die durch das Schweigen einen harten Widerspruch auflösen oder ihn zumindest verschleiern. Dies zeigt umgekehrt, dass die Todesnotiz in 2 Kön 24,6 in der jetzt vorliegenden Variante des Masoretischen Textes auf das Jeremiawort reagiert.

Das Motiv des fehlenden Begräbnisses für Jojakim kommt an einer zweiten Stelle im Jeremiabuch vor. In Jer 36,30 f. kündigt Jeremia über diesen König an:

[30]Darum, so spricht Jhwh über Jojakim, den König von Juda: Er wird keinen haben, der auf dem Thron Davids sitzt (לא־יהיה־לו ישב על־כסא דוד). Und sein Leichnam wird hingeworfen sein in der Hitze bei Tag und der Kälte bei Nacht. [31]Und ich will an ihm und an seinen Nachkommen und an seinen Dienern ihre Schuld heimsuchen und will über sie und über die Bewohner von Jerusalem und über jeden Juda das ganze Böse bringen, das ich ihnen gesagt habe; aber sie haben nicht gehört.

---

jedoch voraus, dass den Leserinnen und Lesern des Buches das Ende Jojakims nicht bekannt oder es für sie nicht relevant war.

[219] Vgl. JENNI, Voraussagen, 49–51. Analog verfährt er etwa mit der Ankündigung in Jer 44,29 f. in Bezug auf den Pharao Hophra, vgl. a. a. O., 70–73. Zu Jennis Einordnung der Prophetie und der Aspekte der Erfüllung siehe oben S. 4 Anm. 8 und S. 222 Anm. 42.

[220] JENNI, Voraussagen, 51.

In diesem Spruch kommt eine weitere Dimension hinzu, die für die Frage nach unerfüllter Prophetie mit Bezug zu König Jojakim erhellend ist. Denn nun werden auch seine Nachkommen thematisiert. Jojakim wird nach V. 31 Nachkommen haben, doch es wird keiner von ihnen auf dem Thron Davids sitzen, also über Juda herrschen.[221] Diese Aussage überrascht, folgt auf Jojakim doch sein eigener Sohn Jojachin. Zwar regiert dieser bis zu seiner Deportation lediglich drei Monate, doch wird er in den Königebüchern eindeutig als royaler Nachfolger verstanden. Handelt es sich an dieser Stelle also um eine weitere nichterfüllte Prophetie, die den König Jojakim betrifft?

Zwei Beobachtungen eröffnen ein anderes Verständnis. Zum einen gibt es im Jeremiabuch ein auffälliges Schweigen zu Jojachin, der zwar in einer Vielzahl von Namen und Schreibweisen vorkommt, jedoch fast ausschließlich in literarkritisch auffälligen Passagen, in denen auf die Deportation bereits zurückgeblickt wird (vgl. Jer 24,1 und 29,2).[222] Zum zweiten ist der unmittelbare Anschluss an diesen Text durchaus beachtenswert. So zeigt sich das in Jer 36,30 angekündigte Fehlen eines Nachfolgers buchkompositorisch in einer Lücke, die zu den Geschehnissen in Jer 37,1 besteht. Direkt auf dieses Orakel und die Notiz der erneuten Anfertigung der durch Jojakim vernichteten Schriftrolle mit Jeremiaworten folgt in Jer 37,1 die Beschreibung des Amtsantritts Zedekias, der von Nebukadnezar zum König gemacht wurde.

¹Und König Zedekia, der Sohn Josias, herrschte anstelle Konjahus, dem Sohn Jojakims, Nebukadnezar, der König von Babel, hatte ihn im Land Juda zum König gemacht.

Handelte Jer 36 noch von Jojakim, erfolgt hier ein Sprung zu Zedekia über Jojachins – an dieser Stelle als Konjahu bezeichnet – Regierungszeit hinweg, der nur in seiner Ersetzung durch Zedekia erwähnt wird.[223] Und, mehr noch, der Text schließt direkt an die bereits zitierte Drohung in Jer 36,30 an, dass es für Jojakim

---

[221] Der Satzbau stellt vor Verständnisprobleme. Der Bezug auf herrschende Nachkommen ist trotz der Unsicherheit als wahrscheinlich anzunehmen.

[222] So wird er – wie auch Joahas – in der Eröffnung des Buches und der dort enthaltenen Datierung des Wirkens Jeremias nicht genannt. Auch wenn Jojachin nur drei Monate regierte, waren diese doch von großer Relevanz für das politische Schicksal Judas, sodass sein Fehlen erstaunt. Zudem kommt der Name des Königs in einer Vielzahl von Varianten und Schreibweisen vor: Als Konjahu (כָּנְיָהוּ) in Jer 22,24.28 im Siegelringwort und in Jer 37,1 als Vorgänger Zedekias, in Jer 52,31 bei seiner Begnadigung als יְהוֹיָכִין, als יְכָנְיָהוּ in der Feigenkorbvision in Jer 24,1 und in der Schreibweise יְכוֹנְיָה in Jer 27,20 (mit Ketib Qere-Variante) und in Jer 28,4 und in einer zeitlichen Einordnung in Jer 29,2. Fast alle Texte blicken stereotyp formuliert rückblickend auf Jojachins Deportation und sind literarkritisch auffällig (vgl. bes. Jer 24,1 und 29,2) bzw. in literargeschichtlich spätem Kontext. Jer 13,18 f., ein Wort, das bisweilen mit Jojachin verbunden wird, bezieht sich vermutlich eher auf Zedekia, vgl. dazu die Ausführungen von Hermisson, Jeremias Wort, 266–268.

[223] Das Jeremiabuch ist insgesamt nicht stringent chronologisch sortiert, doch fällt der Wechsel an dieser Stelle besonders auf. Auch an anderen Stellen des Buches wird nicht auf das aktive Regieren Jojachins eingegangen.

keinen Nachfolger auf dem Thron geben werde. Über die Regierung Jojachins gibt es im Jeremiabuch keine weiteren Informationen und auch an dieser Stelle wird sein Herrschen zwar nicht negiert, aber einfach übersprungen.[224]

Ein zweites Wort, das mit Jojakim und Jojachin verbunden ist, kommt ebenfalls auf das Thema der Kinderlosigkeit zu sprechen. So wird in Jer 22,24–30, im Wort von Jojachin als Siegelring, ebenfalls das Fehlen der Nachkommen angekündigt.[225] Der literarisch mehrschichtige Text lautet in seiner Endgestalt:

[24]So wahr ich lebe – Spruch Jhwhs, selbst wenn Konjahu, der Sohn Jojakims, König von Juda, ein Siegelring an meiner rechten Hand wäre, so würde ich dich von dort wegreißen. [25]Und ich werde dich in die Hand derer geben, die nach deinem Leben trachten, und in die Hand derer, vor denen du dich fürchtest, und in die Hand Nebukadnezars, des Königs von Babel, und in die Hand der Chaldäer. [26]Und ich werde dich und deine Mutter, die dich geboren hat, in ein anderes Land schleudern, dort wo ihr nicht geboren wurdet, und dort werdet ihr sterben. [27]Aber in das Land, auf das sie ihre Begierde richten, um dahin zurückzukehren, werden sie nicht zurückkehren. [28]Ist dieser Mann, Konjahu, ein verachteter Tonkrug zum Zerschlagen oder ein Gefäß, das keinem gefällt? Warum sind sie weggeschleudert worden, er und seine Nachkommen, und sind in das Land geschickt worden, das sie nicht kannten? [29]Land, Land, Land, hör das Wort Jhwhs! [30]So spricht Jhwh: Schreibt diesen Mann auf als kinderlos, als einen Mann, dem in seinen Tagen nichts gelingen wird, denn es wird keinem seiner Nachkommen gelingen, auf dem Thron Davids zu sitzen und weiter über Juda zu herrschen.

An diesem Ausspruch Jeremias ist einiges bemerkenswert. Schon lange wurde darauf hingewiesen, dass das ursprüngliche Jeremiawort hier zumindest deuteronomistisch übermalt wurde, da die Anschlüsse erstens Spannungen aufweisen (gerade bezüglich der Personenwechsel) und die zeitliche Perspektive zweitens nicht eindeutig ist. Skizziert V. 24 das zukünftige Geschehen – er wird ihn noch abreißen bzw. würde es tun –, blickt V. 28 bereits auf das Geschehen zurück. Auch inhaltliche Differenzen sind zu diesem Vers erkennbar. V. 28 klagt über das Geschick Konjahus, ein Verhalten, das als Reaktion auf das göttliche Tun zumindest verwundert.[226] Auf Grund dieser und weiterer Spannungen wurde immer wieder versucht, das ursprüngliche Gotteswort bzw. die ursprünglichen Gottesworte und ihre Ergänzungen zu identifizieren. Besonders Duhm, Thiel und Hermisson haben zwei bis drei ursprüngliche Vorlagen herausgeschält, die dann

---

[224] Darum leitet Jer 37,1 eigentlich nicht, wie es Fischer, Jeremia 1–25 (HThKAT), 311, annimmt, von Jojachin auf seinen Onkel Zedekia über.

[225] Mit Sensenig, Jehoiachin, liegt nun eine Monographie zu diesem Orakel vor, die die Interpretationsgeschichte von Jer 22,24–30 nachzeichnet, wobei er selbst besonders schaphanidische Redaktionselemente erkennt, die er für das Jeremiabuch rekonstruiert.

[226] Thiel, Redaktion 1–25, 246, unterstreicht den wichtigen Aspekt, dass es den späteren Bearbeitern, die mit den Anspielungen auf die Deportation als *vaticinium ex eventu* eine Angleichung an die Realität schufen, nicht darum ging, den Propheten rückblickend den richtigen Geschichtsverlauf in den Mund zu legen, sondern dass es der tiefen theologischen deuteronomistischen Konzeption von Geschichte und Gotteswort entsprang, die sich in der Erfüllung der Gottesworte zeigt.

überarbeitet wurden.[227] Nahezu gemeinsam ist diesen Vorschlägen der Kern, das ursprüngliche Gotteswort Jeremias an den König. Die von Duhm rekonstruierte Kurzversion lautet:

So wahr ich lebe, spricht Jahwe, Wenn Konjahu wäre Ein Siegelring an meiner rechten Hand, Ich würde *ihn* davon wegreissen.[228]

Hermisson rekonstruiert eine etwas längere Version, in der ein Teil des zweiten Gotteswortes, das von Thiel rekonstruiert wurde, mit zum ersten Gotteswort hinzugenommen wird:

So wahr ich lebe, Spruch Jahwes, wärest *du* auch (Konjahu) ein Siegelring an meiner rechten Hand – ich reiße *dich* doch von dort weg und schleudere dich auf die Erde.[229]

Sogleich fallen die Differenzen in der Anrede der Personen auf. Auf diese Weise kommt eine in sich stimmige Anrede zu Stande, doch sind in beiden Fällen Eingriffe in den Text nötig. Ändert Duhm das Suffix in אתקנך von der 2. sg. zur 3. sg., sodass über Konjahu gesagt wird, dass er weggeworfen werde, ändert Hermisson genau umgekehrt die Anrede in die zweite Person, sodass nun Konjahu direkt angesprochen wird. In allen Überlegungen wird vermutet, dass das ursprüngliche Gotteswort verändert wurde, um an den Kontext angeglichen zu werden, sodass die ursprünglichen Personen bei der Wiederherstellung des ursprünglichen prophetischen Wortes zu rekonstruieren wären.

Nimmt man die Abweichung der Personen, wie sie in V. 24 stehen, jedoch ernst und verändert den Text nicht, so bedeutet dies, dass ursprünglich gerade nicht Jojachin (Konjahu) angesprochen wurde, sondern dass er als Objekt vorkäme, während die ursprüngliche Anredesituation des Kontextes bestehen bliebe. Damit gäbe es das verworfene Du, das auch durch den potentiellen Siegelring nicht mehr gerettet werden könnte! So stellt sich verschärft die Frage, welcher König angeredet ist. Zunächst ist festzuhalten, dass es im Gegensatz zum vorherigen Spruch an Jojakim keine eigene Einleitung des Spruches gibt. Dies ist schon insofern bemerkenswert, da eine Königskritik an Jojachin zwingend eine neue historische Situation – eben den Herrschaftswechsel – voraussetzt. Auch die

---

[227] Vgl. auch SCHREINER, Jeremia 1–25,14 (NEB), 131 f.
[228] DUHM, Buch Jeremia (KHC 11), 179 (Großschreibung i. O., Hervorhebung R. E.).
[229] HERMISSON, Jeremias Wort, 257 (Hervorhebung R. E.). Es handelt sich also um eine Kürzung der ersten Verse, wobei ארץ in V. 26 von Hermisson als Erde verstanden wird, auf die der Ring geschleudert wird, und nicht als das andere Land, in das sie geworfen werden, wie es die jüngeren Ergänzungen verstehen. Die Deportation ist hier noch nicht im Blick. Evtl. gehört der Vers 29 mit der Anrede an das Land auch noch zur Grundschicht, da er das folgende Gotteswort gut einleiten würde und sich in der Verwendung dieses Begriffs von den vorherigen Versen unterscheidet, da dort mit dem Land Babylonien gemeint ist. Hier zeigt sich also ein Unterschied in der Bedeutung von ארץ, die sich von der von Hermisson angenommenen Bedeutung von ארץ in der Grundform von V. 26 unterscheidet. Nicht ob es sich um ein Land oder den Boden an sich handelt, ist zu klären, sondern um welches Land es sich jeweils handelt. Sowohl das eigene als auch das andere Land sind in den jüngeren Ergänzungen genannt.

allgemeine Einleitung in Jer 22,1–10 eignet sich schlecht als Grundlage für das Jojachinwort. Unterbrochen durch die vermutlich jüngeren V. 20–23, die sich an die Stadt – vermutlich Jerusalem – richten, kann der Spruch aber, zumindest in seiner Grundform, zu den vorherigen Sprüchen an Jojakim gezählt werden und damit durch diese eingeleitet werden. Als Fortsetzung des Jojakimwortes nimmt es auch den Wechsel von Du und 3. Person auf, der auch in Jer 22,13–19 bereits enthalten ist, wenn dort auch harmonischer als im Jojachinwort.

Das Verständnis des Siegelringwortes als ursprüngliche Fortsetzung der Anklage an Jojakim würde zudem eine weitere Auffälligkeit erklären. So beginnt der Spruch an Jojachin in seiner jetzigen – und auch der rekonstruierten – Form kontextlos mit Gottes Schwurformel (חי־אני).[230] Vergleicht man dies formgeschichtlich mit dem anderen Beleg im Jeremiabuch, in Jer 46,18, aber auch mit der breiteren Verwendung im Alten Testament, so fällt auf, dass im weit gängigeren Fall die Schwurformel und die mit ihr verknüpfte Strafandrohung auf die Beschreibung der Lage bzw. des Problems folgt.[231] Zum einen wird so greifbar, dass die Androhung an Jojachin gerade *keine* Begründung hat. Zum anderen verstärkt diese Besonderheit die Vermutung, dass das Wort eines vorhergehenden Kontextes bedarf. Nimmt man, was auf der Hand liegt, den im Jeremiabuch gebotenen Kontext, so wird das Wort über Jojachin in der jetzigen und der rekonstruierten älteren Form mit der Anklage an Jojakim begründet.

Damit wäre das ursprüngliche Wort in Jer 22,24.29 f.[232] eigentlich an Jojakim gerichtet oder es galt doch zumindest die Stoßrichtung der einstigen Aussage über Jojachin seinem Vater. So legt das Orakel fest: Jojachin – der potenzielle Sie-

---

[230] Diese Besonderheit lässt sich auch nicht dadurch erklären, dass hier ein älteres Wort bewahrt wurde, dem der ursprüngliche Kontext fehlt, denn auch auf der literarischen Ebene müsste die Formulierung einen adäquaten Kontext haben.

[231] Vgl. nur Jes 49,18 und die gehäuften Vorkommen im Ezechielbuch Ez 18,3; 20,33 u. ö. Dies gilt auch ohne die Einleitung mit לכן, wie sie etwa in Zeph 2,9 belegt ist.

[232] V. 28 ist durch die geänderte Perspektive sicher ein jüngerer Nachtrag, dessen Abweichungen zum Kontext bereits notiert wurden. Doch auch das Thema der Deportation und damit V. 25–27 ist vermutlich jünger und genuin auf Jojachin bezogen. So gibt es zwar mit 2 Chr 36,6 die Notiz, dass Jojakim von Nebukadnezar in Ketten gelegt wird, um nach Babylon geführt zu werden. Und auch Dan 1,2 blickt auf die Deportation Jojakims nach Babel zurück, sodass es nicht unmöglich wäre, auch die Ankündigung der Deportation in Jer 22,26 f. auf Jojakim zu beziehen, doch sind die Darstellung in 2 Chr 36 und die davon abhängige Notiz in Dan 1 als eine deutlich jüngere Variante zu erkennen. Siehe dazu auch LIPSCHITS, Jehoiakim (4.1–3), und SEITZ, Theology, 105–109. Die in Jer 22,26 angekündigte Deportation der Königsmutter deckt sich zwar mit den in 2 Kön 24,15 geschilderten Ereignissen um Jojachins Deportation, doch gibt es für Jojakim selbst keinen detaillierten Bericht, der diese Ankündigung verifizieren oder falsifizieren könnte. Aus stilistischen Gründen spricht sich DUHM, Buch Jeremia (KHC 11), 179, auch für die Identifizierung von V. 25 als Nachtrag aus: „Dass 25 Zusatz ist, bedarf für den, der etwas Stilgefühl hat, keiner weiteren Begründung." In Bezug auf den Stil fügt er, ebd., für V. 26 hinzu „diesen Vers hat nicht allein kein Jer, sondern überhaupt kein halbwegs guter Stilist schreiben können."

gelring –²³³ mag machen, was er will, durch Jojakims Versagen, wie es zuvor in Jer 22 breit von Jeremia aufgezeigt wurde, wurde die königliche Zukunft dieser Linie endgültig verspielt.²³⁴ Der Siegelring ist das Instrument der Beglaubigung, zum Nachweis der Identität. Somit beinhaltet das Bild zum einen die Relevanz des Objektes, das zu hüten ist, zum anderen wird aber dadurch auch eine deutliche Nähe zum Träger bzw. Besitzer angedeutet.²³⁵ Es geht in diesem Bild um Gottes Beglaubigung. Er setzt sogar seinen Siegelring um Jojakims Willen ab. Jojachin ist also ursprünglich noch nicht der wirklich regierende Adressat und auch die Ergänzungen sprechen ihn dann zwar an, sind aber durch Trauer und Überraschung geprägt, begründen seine Verwerfung also gerade *nicht*.²³⁶

Die Ankündigung der Kinderlosigkeit in Jer 22,30 ist ebenfalls zu betrachten. Sie wird, wie das ganze Orakel, üblicherweise als an Jojachin gerichtet gedeutet. Doch lässt die Bezeichnung „dieser Mann" in V. 30, die schon immer aufgefallen ist und durch die Rekonstruktion verschiedenster Redesituationen mit Jojachin in Einklang gebracht werden soll, den Bezug offen. Auch an Jojakim gerichtet erscheint die Ankündigung durchaus sinnvoll.

Jojachins Kinder wurden im Gegensatz zum Jojakim-Sohn Jojachin in der Tat keine judäischen Könige, doch biologisch kinderlos war auch er nicht. Dieser Schluss legt sich durch die Angabe von Kindern in 1 Chr 3,17 f. nahe.²³⁷

---

[233] Der כי אם-Satz ist eher nicht als verneinter Schwursatz zu verstehen, wie es HOLLADAY, Jeremiah 1 (Hermeneia), 605, tut, womit kategorisch ausgeschlossen würde, dass Jojachin diese Rolle haben könnte. So auch FISCHER, Jeremia 1–25 (HThKAT), 668 f.

[234] Dass die Taten der königlichen Vorgänger in einer Dynastielinie, gerade wenn die eigentlich kritisierten Könige lange regierten und friedlich starben, auf die Söhne übertragen wurden und bei diesen im Geschichtsverlauf zu Tod und Katastrophe führten, zeigt die obige Darstellung bezüglich der israelitischen Könige (Kap. 4.2.2.1).

[235] Zum Siegelring siehe FISCHER, Jeremia 1–25 (HThKAT), 669.

[236] Die Bezeichnung מלך יהודה in V. 24, die nicht zu einem noch nicht königlichen Jojachin passen würde, ist bei dieser Deutung nicht problematisch. So wurde die Bezeichnung zum einen immer wieder der deuteronomistischen Überarbeitung zugewiesen (vgl. dazu THIEL, Redaktion 1–25, 242 mit Anm. 38.), doch vor allem darauf zu verweisen, dass nicht eindeutig zu bestimmen ist, auf wen sich diese Angabe bezieht: auf Jojachin oder den direkt vor dem Titel genannten Jojakim. An fast allen Stellen im Alten Testament ist es gar nicht möglich zu unterscheiden, auf wen sich die Bezeichnung als „König von X" bezieht, da die Väter ebenfalls König waren, doch legt es sich an manchen Stellen deutlich näher, den Titel auf die letztgenannte Person zu beziehen. Dies ist etwa in den längeren Ketten in 2 Kön 8,25 und 2 Kön 14,1 der Fall, in denen die Schlussstellung der Königsangabe auffällig ist. Die zweite Konstellation, an der zu erkennen ist, dass sich die Angabe auf den Letztgenannten bezieht, ist bei der Abstammung von Frauen. So ist bei Atalja in 2 Kön 8,26 (עתליהו בת־עמרי מלך ישראל) die Angabe auf Omri zu beziehen. Verstärken lässt sich diese andere Zuordnung mit einem Blick aus Israel hinaus auf phönizische Grabinschriften, in denen sich die Angabe „König von Byblos" auf den Letztgenannten und damit den Vorfahren bezieht. Dies zeigt sich dadurch, dass die Angabe „König von Byblos" in mehreren Fällen doppelt vorkommt und der Angabe des Vaters vorausgeht, wenn sie den angesprochenen König bezeichnet. Dies ist etwa in KAI 5; 6; 7 (Bd. 1: 1 f.; Bd. 2 Übersetzung und Kommentar: 7–10), aber auch in KAI 10 (Bd. 1: 2 f.; Bd. 2: 10–15), wo sich die Angabe „König von Byblos" auf den Großvater bezieht.

[237] An dieser Stelle wird der Bezug zu Serubbabel als Nachfahre Jojachins deutlich.

Auch die Hoffnungen auf Serubbabel knüpfen sich an seine Abstammung von Jojachin. Zudem nennen einige Texte aus Babylonien „Söhne des Königs von Juda" in Jojachins Umfeld, deren genaue Identifizierung jedoch unklar ist.[238] Aber mehr noch: Auch der jüngere Vers Jer 22,28 setzt Jojachins Nachkommen explizit voraus.

Dass hingegen Jojakim keine Nachfahren auf dem Thron haben wird, steht buchintern in Einklang mit Jer 36,30 f. und würde somit gut zu einer mit Jojakim verbundenen Ansage passen. Diese Annahme hat dann auch Auswirkungen auf das Verständnis von Jer 22,30 und die kleine zeitliche Angabe עוד. Übersetzt etwa die Neue Zürcher Bibel mit „noch einmal" und spielt damit direkt auf die mögliche Restitution des Königtums durch einen Jojachin-Nachfolger an, was die Rezeptionsgeschichte des Siegelringwortes in Hag 2,23 deckt, ist es doch eigentlich näher liegend, hier mit „weiter" o. ä. zu übersetzen und damit die direkte Nachfolge gemeint zu sehen – zumal als Fortsetzung des Partizips (ומשל עוד ביהודה). Deutlich wird an dieser Stelle, dass die Verheißung des Königtums bzw. dessen Abbruch einen weitaus politischeren Aspekt hat als nur die Angabe von Kindern. ערירי – kinderlos – erscheint sonst nur in Gen 15,2 und Lev 20,20 f. In den beiden im Heiligkeitsgesetz beschriebenen Fällen geht es darum, dass nach verbotenem Geschlechtskontakt die beiden „kinderlos" sein sollen. Auch dies zeigt eher den Rechtsakt als eine Ankündigung, dass die Frau nicht schwanger werden würde. Auch in der Ankündigung in Gen 15,2 an Abraham geht es im Grunde um das Erbe. Dass diesem König nicht angesagt wird, dass er kinderlos sein wird, sondern dass er als kinderlos aufgeschrieben werden soll (כתבו את־האיש הזה ערירי), hat zudem eine weitere Spitze im Jeremiabuch, das, besonders in Jer 36, das Thema der Verschriftlichung der eigenen Worte beinhaltet. Man kann an dieser Stelle paraphrasieren mit „Schreibt die Geschichte so, als hätte dieser Mann keine Kinder (als Könige)". Laut der Darstellung des älteren Jeremiabuches endet Jojakims königliche Linie.

Auch Konrad Schmid verknüpft die beiden Ankündigungen der politischen Kinderlosigkeit und sieht Jer 36 als Rezeption der beiden alten Worte über Jojakim und Jojachin in Jer 22.[239] Dabei spielt das Element der fehlenden Erfüllung eine wichtige Rolle. So vermutet er in dieser späten Aufnahme sogar einen Grund für die Erhaltung der beiden alten unerfüllten Prophezeiungen.[240] Er selbst betont, dass die doppelte Deutung auf Jojakim in Jer 36 noch näher liegen würde, wenn sich auch die Ankündigung der Kinderlosigkeit aus Jer 22,30 auf

---

[238] Vgl. zu den Nennungen der Kinder in den Keilschrifturkunden aus einem Keller der Südburg Babylons jedoch GERHARDS, Begnadigung, 64–66, der den in den Dokumenten genannten Titel „Sohn des Königs von Juda" nicht als Bezeichnung der Jojachin-Söhne versteht, da auch Jojachin selbst mit diesem Titel verbunden ist und in den kurzen Jahren die Geburt von fünf Söhnen doch eher fraglich wäre. So denkt er breiter an Mitglieder des Königshauses.
[239] Vgl. SCHMID, Nebukadnezars Antritt.
[240] So in SCHMID, Nebukadnezars Antritt, im Besonderen 165 Anm. 46.

diesen beziehen würde, um dann fortzufahren: „Doch 22,30 wendet sich an *Jojachin*."[241] Dies muss jedoch, wie die vorhergehenden Äußerungen zeigen, zumindest nicht schon immer der Fall gewesen sein.[242]

Die späteren Überarbeiter von Jer 22 haben, evtl. nach der Zufügung von V. 20–23,[243] die den Zusammenhang des Jojakim-Spruches aufsprengen, den Aspekt der Deportation verschärft und den Text enger an Jojachin gebunden. Es bleibt jedoch auch bei einem Bezug auf Jojachin selbst dabei, dass diesem kein Vorwurf gemacht wird. V. 28 betont die Trauer über das Schicksal Jojachins. Der Grund für seine Verwerfung liegt in den Missetaten seines Vaters Jojakim. Eine Negativzeichnung Jojachins lässt sich im Jeremiabuch nicht nachweisen, eine Positivzeichnung, wie es das Ende des Deuteronomistischen Geschichtswerkes durch dessen programmatische Begnadigung in 2 Kön 25,17–30 nahelegt, jedoch auch nicht. Im Gegenteil, eine Tendenz zur Vermeidung eines Bezugs auf Jojachin kann für das Jeremiabuch festgehalten werden. Im Mittelpunkt stehen die beiden Brüder und judäischen Könige Jojakim und Zedekia und ihr Verhalten.

Die Ankündigung der Kinderlosigkeit ist somit in einer rein politischen Dimension zu verstehen. Zudem konnte am Beispiel des auffällig wenig thematisierten Königs Jojachin gezeigt werden, dass durch die Erzählweise politische Ambitionen ausgehebelt werden können. Jojakim wird als kinderlos notiert, eine dynastische Fortsetzung über ihn wird somit kategorisch ausgeschlossen. Anhand des angekündigten Umgangs mit Jojakims Leichnam konnte gezeigt werden, dass das Nichteintreffen einer prophetischen Ankündigung durchaus als Problem gesehen wurde, auf das die jüngeren Texte mit erzählerischen Auslassungen reagierten. Dies gilt für die fehlende Begräbnisnotiz in 2 Kön 24,6 und die fehlende Todesnotiz im Ganzen des Jeremiabuches. So zeigt sich an diesem Beispiel, dass die beiden großen deuteronomistischen Hauptwerke, die über die letzten Könige Judas berichten, durchaus als aufeinander bezogen gelesen werden sollten, in ihren grundsätzlichen Intentionen und den politischen Hoffnungen jedoch voneinander abweichen.

---

[241] SCHMID, Nebukadnezars Antritt, 158 (Hervorhebung i. O.). LIPSCHITS, Jehoiakim (3.1.1 mit Anm. 22), geht noch einen anderen Weg und weist darauf hin, dass sich die Ankündigung, Jojakim werde keinen Nachfolger auf dem Thron haben, nicht erfüllte, da ihm sein Sohn Jojachin folgte. Dies führt ihn auf Grund der Nichterfüllung zu einer Datierung des Textes noch während der Regierungszeit des Königs. Auf Grundlage dieser Überlegung erwägt er, ob dies der Grund sei, dass die gleiche Ankündigung in Jer 22,24–30 auf Jojachin übertragen wurde.

[242] Als einen entscheidenden Grund dafür, dass Jer 36 der jüngere Text ist, dem beide anderen Texte vorausgehen, nennt Schmid die Kompositionstechnik. So werden beide Einzelworte in Jer 36 kombiniert. Dies legt sich zwar näher als eine Aufspaltung der Worte, doch lässt sich hier fragen, ob Jer 36 nicht einfach zusammenlässt, was zusammengehört – oder als jüngerer Text zumindest zusammenführt, was zusammengehörte.

[243] Zu diesen Versen und ihrer möglichen Einfügung im Rahmen einer deuteronomistischen Überarbeitung vgl. THIEL, Redaktion 1–25, 242.

4.3 Noch einmal Leben und Tod eines Herrschers: Der Tod des Aramäerkönigs Ben-Hadad und Elisas Ankündigung (2 Kön 8,7–15)

Die in den Königebüchern angekündigten Herrschertode beziehen sich in den meisten Fällen auf die israelitischen und judäischen Könige. Doch spielen unter anderem die Elia- und Elisa-Erzählungen in einem internationaleren Kontext und die Fähigkeiten der Propheten bzw. Gottesmänner werden besonders im Krankheitsfall auch von nichtisraelitischen, vor allem aramäischen Herrschern (Ben-Hadad in 2 Kön 8) und bedeutenden Männern (Naaman in 2 Kön 5) in Anspruch genommen.

Die Befragung Elisas durch den Aramäer Hasaël bringt gegenüber den vorher behandelten Fällen neben dem internationalen Setting noch einen weiteren Aspekt in die Überlegungen ein. So stellt sich anhand 2 Kön 8,7–15 die Frage nach der Rolle des menschlichen Handelns für das Eintreffen der Ankündigungen. Hat sich für die im vorherigen Kapitel behandelten Fälle der deuteronomistischen prophetischen Ankündigungen das Element des Rückblicks zum Verständnis der Orakel als weiterführend herausgestellt, spielen in dieser kurzen Erzählung der Blick nach vorne und durch das Orakel selbst ausgelöste Handlungen die entscheidenden Rollen. Auch die göttliche souveräne Geschichtslenkung, die in den deuteronomistischen Texten betont wurde, scheint in dieser Erzählung in Frage gestellt zu sein.

Wie in der kommentierenden Geschichtsdarstellung für das Nordreich, steht auch in 2 Kön 8,7–15 ein Machtwechsel und die gewaltsame Übernahme des Königsamtes gegen die Dynastiefolge im Zentrum.[244] Wiederum spielt die Ankündigung eines Propheten dabei eine entscheidende Rolle. Der kranke Aramäerkönig Ben-Hadad schickt, als er hört, dass sich Elisa in Damaskus aufhält, Hasaël mit Geschenken zu Elisa, um ein Gotteswort einzuholen. Im Kontrast zur häufig formulierten Kritik an prophetischer Bestechlichkeit werden die als besonders wertvoll und üppig dargestellten Gaben – das Beste aus Damaskus und so viel, wie 40 Kamele tragen konnten – in 2 Kön 8 nicht negativ dargestellt oder von Elisa zurückgewiesen.[245] Hasaël leitet die referierte königliche Anfrage an den israelitischen Gottesmann in V. 9 äußerst demütig ein:

---

[244] Zum historischen Hintergrund und dem in der Erzählung reflektierten Machtwechsel in Aram von Hadadeser (der vermutlich in 2 Kön 8 in Analogie zum späteren Aramäerkönig den Namen Ben-Hadad trägt) zu Hasaël siehe FREVEL, Geschichte Israels, 214. Hasaël wird auf einer Basaltstatue Salmanassars III., die den Thronwechsel und das „Verschwinden" Hadadesers thematisiert, als „Sohn eines Niemands" (BORGER, Historische Texte, TUAT 1, 365) bezeichnet, was vermutlich auf seine fehlende königliche Abstammung anspielt.

[245] Zum Motiv der Bestechlichkeit von Propheten, wie es immer wieder den prophetischen Gegenspielern vorgeworfen wird, siehe ausführlicher oben S. 75 f. 93. HENTSCHEL, 2 Könige (NEB), 36, unterstreicht, dass durch diese Angabe die Elisa zugeteilte Ehrerbietung stärker herausgestellt würde, die sich auch in der Titulierung des Aramäerkönigs als „Dein Sohn" zeigt. Ein weiteres Beispiel für eine hohe Entlohnung eines Propheten mit einer beträchtlichen Menge

Dein Sohn Ben-Hadad, der König Arams, hat mich zu dir geschickt, um zu fragen: „Werde ich diese Krankheit überleben?"

Elisas Antwort im folgenden Vers zeichnet sich durch einen zweiteiligen Aufbau aus, der zunächst verwunderlich und widersprüchlich erscheint:

Geh hin, sag ihm: Du wirst (sie über)leben!
Jhwh aber hat mich sehen lassen, dass er sicher sterben wird!

Soll Hasaël dem König also eine falsche Nachricht überbringen, die sich nicht erfüllen wird?[246] Elisa ist von seinem Wort selbst erschreckt und bricht in Tränen aus.[247] Auf Nachfrage gibt er als Grund seiner Bestürzung an, dass ihn Jhwh habe sehen lassen, dass Hasaël selbst König werde und großes Unheil über Israel bringen werde. Der Aramäer kehrt zu seinem König Ben-Hadad zurück und überbringt das aufgetragene positive Gotteswort. Der Schluss der Erzählung birgt die Erklärung für Elisas zweiteiliges Gotteswort und seine erschreckte Reaktion, denn Hasaël wird nun selbst gegenüber dem König aktiv:

[15]Und es geschah am folgenden Tag, da nahm er eine Decke, tauchte sie ins Wasser und legte sie auf sein Gesicht – und er starb. Und Hasaël wurde an seiner Stelle König.

---

an Kupfer liefert ein neuassyrischer Text aus Ziyaret Tepe / Tušḫan (ZTT 25); siehe dazu NISSINEN, Augur.

[246] Besonders radikal urteilt hier KITTEL, Bücher der Könige (HAT I/5), 221, der in 2 Kön 8,10 ein bewusstes Auftreten Elisas gegenüber dem aramäischen König als *Lügenprophet* sieht und auf die Erzählung um Micha ben Jimla in 1 Kön 22 verweist (siehe zum Motiv des Geistes der Täuschung oben Kap. 3.3.2.2). Doch spielt dieses Motiv in 2 Kön 8 gerade keine Rolle, das Verhalten des Königs selbst steht nicht im Mittelpunkt und auch der Grund seiner Krankheit wird nicht thematisiert. Auch BRUEGGEMANN, 1 & 2 Kings (Smyth & Helwys Bible Commentary), 373 f., verweist darauf, dass Ben-Hadad bewusst angelogen werde und dies auf Elisas Initiative zurückgehe, um ihn in falscher Sicherheit zu wiegen. Auch in dieser Deutung stellt jedoch die Erzähllogik vor Probleme, so bekommt der König auf die Frage, ob er die Krankheit überleben werde. Dies kann nicht mit einem richtigen oder trügerischen Vertrauen Hasaël gegenüber vermischt werden. Die Wahrscheinlichkeit eines Putsches ist weder gestiegen noch gesunken, sondern schlicht außerhalb der Anfrage des Königs. Eine bewusste göttliche Täuschung und Elisa als wahren und in die Sache eingeweihten Propheten parallel zu Micha ben Jimla sieht J. LONG, Unfulfilled Prophecy, auch bei Elisa und seiner Ankündigung über Moab in 2 Kön 3,4–27. In diesem Text gibt es zudem sowohl sich erfüllende als auch offene Ankündigungen. WÜRTHWEIN, Könige (ATD 11/2), 281.287, erklärt die Ankündigung Elisas in 3,18 f. für einen späten Zusatz, der das Geschehen in V. 24 f. als prophetisch legitimiert einstuft. Dabei kommt er jedoch zu dem Schluss, dass der Verweis gerade nicht über V. 25 hinausgehe und nicht mit dem Abzug der Israeliten verbunden werden darf. Vgl. auch SAUERWEIN, Elischa, 172.

[247] Die Angabe, dass sein Gesicht erstarrte, ist in ihrer syntaktischen Zuordnung unklar, so kann hier sowohl Elisa als auch Hasaël gemeint sein. Noch einen anderen Weg geht RICHELLE, Prédécesseur, in Aufnahme einer Idee von Klostermann. Er sieht die Angabe als Fortsetzung des prophetischen Wortes und damit als genauere Beschreibung des kommenden Todes Ben-Hadads.

Hasaël, der Elisas Wort gehört hatte, wird König, indem er mit eigener Hand den amtierenden König Ben-Hadad erstickt.[248] Somit sind beide Teile von Elisas Wort erfüllt, denn an der Krankheit starb der König nicht, wohl aber starb er.[249] Würthwein, dessen literargeschichtliche Rekonstruktion besonders einflussreich für die weitere Forschung geworden ist, sieht in der Erzählung eine doppelte Erweiterung. In der Grundschicht, die er als alte Anekdote kategorisiert, verhindert nach seiner Darstellung Hasaël die von Elisa angekündigte Genesung, indem er Ben-Hadad umbringt (V. 8,7 f.9*.10a.14 f.).[250] Auf dieser Ebene hat sich Elisas Heilsorakel gerade nicht erfüllt.[251] Erst in der ersten Erweiterung (V. 10b–11a.13b) sagt Elisa den Tod und die Nachfolge Hasaëls voraus. Die angekündigten Kriegsfolgen für Israel sind nach Würthwein schließlich erst Teil der jüngsten Ergänzung (V. 8,11b–13a).[252] Der Grund für seine literarkritische Lösung liegt in der als widersprüchlich angesehenen Aussage Elisas zum Tod und Leben in V. 10.[253] Der Preis für diese Rekonstruktion besteht darin, dass Elisas ursprüngliche Ankündigung durch menschliches Tun falsifiziert würde,

---

[248] Es gibt immer wieder Auslegungen, die Hasaël nicht als Urheber von Ben-Hadads Tod ansehen und seine Handlung sogar im Rahmen der Krankenpflege verorten. So sieht etwa Raschi den Grund des Tuchauflegens in der Kühlung (dies wird jedoch schon bei Radak nur als Vorwand gesehen, um den König töten zu können), LANDERSDORFER, Bücher, 165, erwägt, ob Ben-Hadad nicht doch zufällig bzw. an einem Schlaganfall gestorben sein könnte, als er von Hasaël einen kalten Umschlag bekam, und auch HENTSCHEL, 2 Könige (NEB), 37, hält fest, dass der Text nicht explizit mache, dass Ben-Hadad durch Hasaël getötet worden sei. Auch J. GRAY, I & II Kings (OTL), 528.532, vermerkt, dass die Todesursache unklar sei, der König nur tot aufgefunden wurde, als man die Bettwäsche wechselte, die im nassen Zustand Kühlung und Schutz vor Moskitos bot. Doch sind diese Versionen, die Hasaël von einem aktiven Mord freisprechen, gerade wegen der Positionierung des nassen Tuches auf seinem Gesicht (על־פניו) nicht zu halten. Vgl. auch TIEMEYER, Prophecy, 347 f. Schon Josephus (Ant. 9,87–94) versteht die Tat Hasaëls als absichtliches Ersticken.

[249] So muss man nicht, wie DE VRIES, Prophet, 64 f., davon ausgehen, dass die zweite göttliche Botschaft die erste ersetzen würde. Er selbst sieht in dieser Ersetzung („superseding") einen Erzählzug, den er auch in 1 Kön 22,15–18 in Michas doppelter Antwort vermutet, vgl. a. a. O., 38 f. Siehe zu Michas doppeltem prophetischen Wort oben S. 195–201.

[250] Zur Entstehung des Abschnitts siehe insgesamt WÜRTHWEIN, Könige (ATD 11/2), 318–321. In der Ankündigung der Güte und Menge der Gaben an Elisa in V. 9 sieht er eine zusätzliche, isolierte Ergänzung.

[251] J. GRAY, I & II Kings (OTL), 532, sieht in der ganzen Geschichte eine nicht erfüllte Prophetie Elisas und damit zugleich die Authentizität des Prophetenwortes verstärkt. Auch an diesem Beispiel zeigt sich der oft durchgeführte Schritt von der Klassifizierung einer Ankündigung als „nicht erfüllt" auf die Authentizität des Stückes zu schließen, die in dieser Studie an verschiedenen Beispielen problematisiert wird.

[252] Der von Würthwein begründeten Zuordnung von Elementen aus V. 10b–13 als redaktionelle Bearbeitungen folgen neben anderen FRITZ, Das zweite Buch der Könige (ZBK 10/2), 42 f., HENTSCHEL, 2 Könige (NEB), 35, und SAUERWEIN, Elischa, 82.

[253] WÜRTHWEIN, Könige (ATD 11/2), 320 f., HENTSCHEL, 2 Könige (NEB), 35, und SAUERWEIN, Elischa, 83, nennen als zusätzliche Gründe für die Ergänzungen die zuvor fehlende Zukunftskenntnis Elisas und die erforderliche theologische Verarbeitung der gewaltsamen Angriffe der Aramäer.

indem Hasaël Ben-Hadad tötet.[254] Der Fokus der Grunderzählung läge auf dem frevlerischen Tun des neuen aramäischen Königs, der durch einen Mord an seinem geschwächten Vorgänger an die Macht kam. Doch stellt sich unmittelbar die Frage nach dem dieser rekonstruierten alten Anekdote zu Grunde liegenden Elisabild.[255]

Nimmt man jedoch die Ausrichtung auf zwei Adressaten bzw. die beiden kommunikativen Ebenen in V. 10 hinzu, kann durchaus an der Einheitlichkeit der Erzählung festgehalten werden, deren Dynamik gerade den menschlichen Anteil am Geschehen betont.[256] Elisa unterscheidet hier zwischen dem, was, wie er gesehen hat, geschehen wird, und dem, was Hasaël dem kranken Ben-Hadad als Antwort auf seine konkrete Frage ausrichten soll. Ben-Hadads Frage ist sowohl in der eigenen Formulierung in V. 8 als auch in Hasaëls Weitergabe an Elisa in V. 9 explizit nur auf *diese Krankheit* (חלי זה) ausgerichtet.[257] Auch wenn die Antwort das Stichwort nicht wiederholt, ist es doch mit dem Fragegegenstand verbunden.[258] Damit entspricht das Verhältnis von Anfrage und konkreter Antwort dem altorientalischer Orakelergebnisse.[259] So geben Gottesbescheide nicht generell Auskunft über die Zukunft, sondern sind mit der konkreten Anfrage

---

[254] Eine strukturelle Parallele besteht zum Geschehen in 2 Kön 3 und damit wiederum zu einer Erzählung um einen nichtisraelitischen König. Auch an dieser Stelle verhindert das menschliche Handeln, die Opferung seines Sohnes durch den Moabiterkönig Mescha, den noch weitreichender angekündigten Kriegserfolg.

[255] Und so hält auch WÜRTHWEIN, Könige (ATD 11/2), 321, selbst fest, dass es sich bei der von ihm rekonstruierten Grunderzählung eher um eine Hasaël-Anekdote denn um eine Elisa-Erzählung handeln würde.

[256] Für die Einheitlichkeit des Textes spricht sich auch STIPP, Elischa, 373, aus, der die Erzählung als späten Einschub in die bereits im DtrG stehenden Elisa-Geschichten auffasst (a. a. O., 476 f.). RUPRECHT, Entstehung, 76, spricht von einer „erzählerische[n] Spannung" in V. 10, die sich im Folgenden auflöst. Die gesamte Erzählung weist keine spezifischen deuteronomistischen Elemente auf. Dies zeigt sich neben dem Fehlen spezifischen Vokabulars sowohl daran, dass die konkrete Erfüllung des prophetischen Wortes nicht betont wird, als auch am Fehlen jeglicher Begründung der kommenden Not durch Israels Fehlverhalten. Stärker wird die Trauer über das durch die Aramäer verursachte Leid ausgedrückt. Anders stellt sich dies in der Elia-Erzählung in 1 Kön 19,15–18 dar. Dort werden ebenfalls die Aramäerkriege thematisiert, jedoch wird an dieser Stelle Hasaël als göttliches Strafwerkzeug für Israel dargestellt, wie es auch der Rolle der Assyrer und Babylonier in der Gesamtanlage des DtrG entspricht. Vgl. dazu auch WÜRTHWEIN, Könige (ATD 11/2), 321, und zur Funktion Hasaëls als Strafwerkzeug in 1 Kön 19 STECK, Überlieferung, 90–130, besonders 104–109, der jedoch selbst zu einer deutlich früheren Datierung des Textes gegen Ende des 9. Jahrhunderts v. Chr. tendiert und somit das Heimsuchen von Schuld an Israel durch ein anderes Volk als neues Motiv der prophetischen Verkündigung sieht.

[257] Vgl. auch RUPRECHT, Entstehung, 75 f.

[258] Insofern ist der kurze Spruch auch nicht als Aufforderung an Hasaël zu verstehen, Ben-Hadad anzulügen, wie es SWEENEY, I & II Kings (OTL), 318, vermutet.

[259] Zur Ausrichtung der mesopotamischen Divination auf die Ankündigung kommender Ereignisse, die noch zu beeinflussen waren und damit das Handeln bestimmten, und der entsprechenden Funktion prophetischer Ankündigungen im Alten Testament siehe TIEMEYER, Prophecy.

verbunden. Aus diesem Grund war es für diejenigen, die ein Gotteswort oder ein entsprechendes Zeichen einholen oder absichern wollten, stets relevant, die korrekte Frage zu stellen.[260]

Berichtet Elisa das, was geschehen wird, ohne dass es zu ändern wäre, und erweist sich somit als Seher der feststehenden Zukunft,[261] oder löst erst das Gotteswort Hasaëls Handlung aus?[262] Susanne Otto geht davon aus, dass er durch sein Verhalten und die Mitteilung dessen, was er gesehen hat, die Geschehnisse heraufbeschworen hat.[263] Noch radikaler urteilt Klaus Koch, indem er Elisa aktiv an der Absetzung Ben-Hadads beteiligt sieht und darin ein Interesse Elisas vermutet, das auf die „totale[] Ablehnung des Ahabhauses"[264] zielt. Auch Jhwhs Rolle an diesem Geschehen ist fraglich, so lässt er es Elisa vorhersehen, es geschieht folglich nicht ohne sein Wissen, jedoch scheint der Abschnitt das Geschehen weit weniger seinem Willen zuzuschreiben, als es sich für die stärker deuteronomistisch geprägten Texte der Königebücher herausgestellt hat.[265]

Wie in Bezug auf Jojakims Begräbnis[266] lassen sich auch in 2 Kön 8,10 in der Textgeschichte Anzeichen dafür entdecken, dass der Text zu glätten versucht

---

[260] Siehe dazu oben Kap. 2.2.2. Auch der konkrete Zeitabschnitt, auf den sich die Anfrage bezog, ist dabei zu beachten.

[261] So bei FRITZ, Das zweite Buch der Könige (ZBK 10/2), 43, als Intention der von ihm als Ergänzung angesehenen V. 10b–13.

[262] TIEMEYER, Prophecy, 348, fasst zusammen, dass der Mord von Elisa zumindest inspiriert, wenn nicht sogar intendiert war.

[263] Vgl. S. OTTO, Jehu, 233. So spricht sie auch von einer zwielichtigen Rolle, die Elisa in der Erzählung spielt. Sie geht sogar so weit, Elisa einen aktiven Beitrag bezüglich des Verderbens Israels zuzuweisen (a. a. O., 334). Zudem weist sie, a. a. O., 233 f., auf die Differenzen zu den Wundergeschichten hin, die mit Elisa verbunden werden. So wird er nicht um Heilung gebeten, wie es in 2 Kön 5 bei dem aramäischen Heerführer Naaman der Fall ist, sondern um ein Gotteswort, das ihm Aufschluss über die mögliche Genesung gibt. Hierin erinnert die Erzählung stärker an Ahijas Rolle in 1 Kön 14, der auf Anfrage der Eltern den Tod des kranken Jerobeam-Sohnes Abija ansagt. Zu dieser Episode siehe oben S. 227–229. Auch SAUERWEIN, Elischa, 81–84.116–122.228 f., und knapper DIES., Prophetic Leadership, 305 f., verortet Elischas Rolle hier wie in 2 Kön 6 f. stärker in der Funktion eines Hofpropheten nach altorientalischem Vorbild als in der des Wundertäters. Dabei schreibt sie die Grunderzählung einem „Elischa-Biograph" zu, der die Erzählungen mit redaktionellen Überarbeitungen im späten 6. oder 5. Jh. v. Chr. in das bestehende Deuteronomistische Geschichtswerk einfügte. Die von ihr vermutete Bearbeitung in V. 8b.10b–13 weist sie einem an diese Redaktion anschließenden „Theologisierenden Redaktor" zu.

[264] K. KOCH, Profeten I, 99. Die Rolle Hasaëls in der israelitischen Geschichte nach der Darstellung der Deuteronomisten ist insgesamt ambivalent. So bringt er Unheil, fungiert aber zugleich als von Gott gelenktes Werkzeug, damit in den Aramäerkriegen die Omriden – das Haus Ahabs – endgültig vernichtet werden und somit die Schuld Israels heimgesucht wird. Dies wiederum ist gut mit der prophetischen Ankündigung des Elisa-Schülers zur Unterstützung und Salbung Jehus gegen den amtierenden König zu verbinden, die in 2 Kön 9 f. anschließt.

[265] Anders beurteilt WÜRTHWEIN, Könige (ATD 11/2), 320, den Zusammenhang, der das Geschehen nicht nur dem göttlichen Vorherwissen, sondern auch dem göttlichen Willen zuordnet, wenn auch ohne dessen und Elisas aktive Mithilfe. SWEENEY, I & II Kings (OTL), 316, spricht von Hasaëls „divinely ordained destiny to rule Aram".

[266] Vgl. dazu ausführlich oben Kap. 4.2.2.3.

wurde, um Elisas prophetisches Wort als erfüllt vermerken zu können und ihn zudem von den politischen Folgen seines Wortes loszulösen. So folgt die oben angegebene Übersetzung nicht dem Ketib, sondern dem Qere:

Ketib:
לֵךְ אֱמָר־**לֹא** חָיֹה תִחְיֶה

Qere:
לֵךְ אֱמָר־**לוֹ** חָיֹה תִחְיֶה

Es geht also um die Frage, ob Hasaël dem kranken Ben-Hadad sagen soll, dass er überleben wird oder dass er gerade *nicht* überleben wird.[267] Richtet damit Hasaël dem kranken Ben-Hadad dieses Wort in V. 14 gemäß dem Auftrag aus (אמר לו חיה תחיה), oder tut er dies gerade *gegen* Elisas Anweisung? Die Septuaginta (δεῦρο εἰπὸν αὐτῷ ζωῇ ζήσῃ), die Vulgata (*vade dic ei sanaberis*) und weitere Versionen belegen die Ankündigung des Lebens und auch die zumindest ungewöhnliche Stellung des לא im Satzbau spricht gegen die negierte Ankündigung.[268] So scheint der Masoretische Text an dieser Stelle einen Ausgleichsversuch zur Rettung des prophetischen Wortes bewahrt zu haben.

Insgesamt zeigt die Erzählung um Ben-Hadads Tod, dass durch prophetische Ankündigungen durchaus auch Ereignisse angesagt werden können, die nicht zu verhindern sind. Im Gegensatz zu den im vorherigen Kapitel besprochenen Fällen wird in 2 Kön 8,7–15 nicht das Verhalten Israels oder Judas oder des Königs zur Grundlage der göttlichen Geschichtslenkung gemacht und das Geschehen nicht auf diese Weise begründet. Stärker geht es um den Blick in die Zukunft, der durch den Gottesmann ermöglicht wird. Dies verdeutlicht, dass die in diesem Hauptkapitel bisher beschriebenen Funktionen prophetischer Worte nur *eine* Funktion der Prophetie (in Erzählungen) abdecken und das für deuteronomistische Texte beschriebene Zusammenspiel somit ein spezifisches Gepräge hat. Dieses Bild kann durch einen vergleichenden Blick auf die Rolle der Propheten in der Darstellung der Chronikbücher weiter geschärft werden.

---

[267] Josephus (Ant. 9,90) hat möglicherweise eine ähnliche Vorlage, wenn er berichtet, Elisa habe Hasaël wissen lassen, dass dessen Herr sterben würde, ihn aber gebeten, dies dem König nicht mitzuteilen. Der Bezug der Verneinung bleibt unklar.

[268] Der Qere-Form folgen auch KITTEL, Bücher der Könige (HAT I/5), 221, WÜRTHWEIN, Könige (ATD 11/2), 318, FRITZ, Das zweite Buch der Könige (ZBK 10/2), 42, SWEENEY, I & II Kings (OTL), 314 f., SAUERWEIN, Elischa, 82. HENTSCHEL, 2 Könige (NEB), 36, sieht die Verneinung als Korrektur der Masoreten an. J. GRAY, I & II Kings (OTL), 530 f., erwägt durch die Lesung der Partikel als Prekativ לֹו, an dieser Stelle eine Grußformel für den König zu erkennen – „der König möge leben" –, sodass nur V. 10b das Gotteswort darstellen würde, und unterstreicht die dadurch entstehende Ambiguität („oracular ambiguity") des Verses, der dann aber in V. 14 fälschlich als Antwort an den König gegeben würde.

4.4 Die Rolle der prophetischen Gestalten in den Chronikbüchern

Der Erzählstoff der Könige- und Chronikbücher überschneidet sich, was die Darstellung der Geschichte des Südreichs Juda angeht, in hohem Maße. Gerade darum sind die Unterschiede im Umgang mit Prophetinnen und Propheten und ihren Ankündigungen, sowie genereller mit Personen, die prophetische Botschaften aussprechen, aufschlussreich.[269] Zunächst ist zu bemerken, dass es in den Chronikbüchern mehr Prophetengestalten gibt als im Deuteronomistischen Geschichtswerk.[270] Fast jedem König in der davidischen Dynastielinie wird ein Prophet oder eine Prophetin zugeordnet, sodass die Kontinuität der prophetischen Begleitung dieser erwählten Könige unterstrichen wird.[271] Dies bezieht sich sowohl auf ansonsten unbekannte Personen und eine größere Gruppe an namenlosen Prophetengestalten[272] als auch auf aus anderen Kontexten bekannte Figuren, deren Rollen weiter ausgedehnt werden. So wird im Gegensatz zum als Prophetenschweigen bezeichneten Fehlen in den Königebüchern der Prophet Jeremia in der Chronik gleich an drei Stellen und im Kontext von drei verschiedenen Herrschern genannt.[273] Er stimmt zunächst nach 2 Chr 35,25 das Klagelied über den verstorbenen König Josia an.[274] Nach 2 Chr 36,12 richtete sich zudem Zedekia nicht nach den göttlichen Weisungen, die Jeremia ihm gab. Gerade an dieser Stelle zeigt sich die Tendenz, die verschiedenen in den Königebüchern und dem Jeremiabuch gegebenen Darstellungen der späten Königszeit zu verbinden. Die dritte Notiz findet sich in 2 Chr 36,22. Explizit wird an dieser

---

[269] AMIT, Role, 81, beschreibt den Umgang der Verfasser mit vorgegebenen Prophetengestalten aus dem DtrG folgendermaßen: „It seems that in this matter, too, the Chronicler borrowed only the outward framework from his sources, filling it with contents that typified his own worldview, or even highlighted it."

[270] Einen Überblick über die Texte im Chronistischen Geschichtswerk, in denen Propheten eine Rolle spielen, gibt GRABBE, Prophets, 297–304. Für die verschiedenen Rollen, die die Propheten einnehmen, siehe KNOPPERS, Revelation, 395–398. Zur Rolle der Mantik in der Chronik siehe R. SCHMITT, Mantik, 155–157.

[271] Siehe die Zuordnung bei KNOPPERS, I Chronicles 10–29 (AncB 12A), 754. Vgl. auch AMIT, Role, 81–85.90–93.

[272] So in 2 Chr 24,19; 25,7–9.15 f.; 33,10; 36,15 f. Insgesamt spielen biographische Elemente bei Propheten in der Chronik eine weit geringere Rolle als im Deuteronomistischen Geschichtswerk. Die Rolle dieser Figuren ist viel stärker auf das prophetische Wort, das sie überbringen, konzentriert. Siehe dazu KNOPPERS, Revelation, 399 f.

[273] Zum Prophetenschweigen im Deuteronomistischen Geschichtswerk und zum Fehlen des Propheten Jeremia siehe oben S. 218. Zur Darstellung Jeremias in der Chronik siehe MASKOW, Tora, 141–149.

[274] Insgesamt verläuft die Erzählung um Josia und seinen Tod und damit auch der Umgang mit Huldas Orakel in 2 Chr 34 f. anders als in 2 Kön 22 f. Dies bezieht sich besonders auf die Begründung und Wertung von Josias Tötung durch den Pharao Necho. Siehe dazu oben Kap. 4.2.2.1.

Stelle das Kommen des Perserkönigs Kyros als Erfüllung der prophetischen Ankündigung durch Jeremia beschrieben.[275]

Die Nennungen des Propheten Jeremia bilden in der Chronik jedoch keine auf diese Person beschränkte Besonderheit. Denn auch der Prophet Jesaja wird explizit genannt und als zusätzliche Informationsquelle für die Geschehnisse um die Könige Usia und Hiskia angegeben (2 Chr 26,22 und 32,32, verbunden wird die Erzählung mit dem Buch der Könige). Solche weitergehenden Hinweise auf Schriften, die mit als prophetisch eingestuften Personen verbunden sind und in denen zusätzliche Informationen zur Geschichte gegeben werden, finden sich auch in 1 Chr 29,29.[276] An dieser Stelle werden die zu Samuel, Nathan und Gad gehörigen Erzählungen genannt.[277] Eine Verbindung von Geschichtserzählung und Prophetie wird hier greifbar. Auch auf den Propheten Elia wird an neuer Stelle Bezug genommen, da die Geschichte des Nordreichs und damit die klassischen Elia- und Elisa-Erzählungen in den Chronikbüchern nicht wiedergegeben werden. So kündet Elia dem scharf kritisierten König Joram in einem Brief großes Unheil an (2 Chr 21,12–15).[278] Diese Ankündigung erfüllt sich unmittelbar durch den Angriff der Feinde und das Auftreten der angesagten Krankheit der Eingeweide, die nach zwei Jahren zu Jorams Tod führt (V. 16–19). Insgesamt erweist sich die Darstellung der Chronikbücher somit als stärker integrierend für verschiedene prophetische Überlieferungen.

Neben den bekannten Propheten kommen in der Chronik weitere Prophetengestalten vor. So berichtet die Chronik etwa von Asarja, dem Propheten, und Hanani, dem Seher (הראה), in 2 Chr 16,7, oder auch vom Propheten Oded in 2 Chr 28,9–11.[279] Eine Besonderheit bilden jedoch die Menschen, die Gottesworte überliefern und prophetisch auftreten, jedoch eigentlich keine Propheten sind. So spielen der Priestersohn Secharja als Verkünder einer Gerichtsbotschaft (2 Chr 24,20–22)[280] und der Levit Jahasiël (2 Chr 20,14 f.) eine prophetische

---

[275] Da eine solche prophetische Ankündigung im Jeremiabuch jedoch nicht vorkommt, sondern Bestandteil Deuterojesajas ist, wurde vermutet, dass Deuterojesaja zunächst als Fortsetzung des Jeremiabuches aufgefasst und womöglich auch als solche geschrieben wurde, an das es zeitlich enger anschließt als an Jes 1–39. So als These zur ursprünglichen Buchreihenfolge Protojesaja – Jeremia (+Threni) – Deuterojesaja aufgestellt von BOSSHARD-NEPUSTIL, Rezeptionen, 450–457, zudem weiter über die Bezugspunkte gerade von Jes 40 zum Jeremiabuch begründet bei KRATZ, Anfang, und auch bei SCHMID, Jesajabuch, 328 f.

[276] Siehe insgesamt zu diesen Quellenverweisen MICHEEL, Seher- und Propheten-Überlieferungen, 71–80, und AMIT, Role, 90.

[277] Vgl. SEELIGMANN, Auffassung, 271 f. Zu diesen „fiktiven Quellenangaben", die eine Verbindung zu den Propheten erzeugen siehe auch BLUM, Historiographie, 85 f.

[278] Nach der Chronologie der Königebücher wäre diese Episode allerdings schon nach Elias Himmelfahrt verortet.

[279] Zu den Prophetengestalten im chronistischen Sondergut siehe besonders MICHEEL, Seher- und Propheten-Überlieferungen, 39–70, und GRABBE, Prophets, 304 f.

[280] Siehe zu dieser Figur THEN, Propheten, 132 f. Die Studie setzt sich insgesamt mit spätalttestamentlichen Texten (vor allem der Chronik) und ihrer Darstellung von Menschen mit

4.4 Die Rolle der prophetischen Gestalten in den Chronikbüchern 287

Rolle, aber auch der militärische Führer Amasai wird vom Geist ergriffen und verkündet eine Heilsbotschaft (1 Chr 12,17–19).[281] Selbst der ägyptische Pharao Necho ist bei seinem Aufeinandertreffen mit Josia in auffallender Differenz zur knappen Notiz in 2 Kön 23,29 f. im Besitz eines Gotteswortes (2 Chr 35,21).[282] William Schniedewind spricht in Bezug auf diese *ad hoc* Propheten von „inspired messengers",[283] Yairah Amit bezeichnet die so agierende Person als „prophet of the moment".[284] Durch diesen spontanen Geistbesitz, der zur einer Ausweitung der Prophetie führt,[285] wird festgehalten, dass Jhwh sich verschiedener Menschen bedient, um zu kommunizieren, und dass institutionalisierte Prophetie und Prophetengruppen für die Verfasser weit weniger von Bedeutung waren als es für das Deuteronomistische Geschichtswerk festgehalten werden konnte.[286] Dieser Unterschied ist für das sich verändernde Prophetenverständnis in fortgeschrittener persischer Zeit prägend.[287]

Auch einige weitere wichtige konzeptionelle Unterschiede zwischen dem Prophetenbild in den beiden Erzählwerken lassen sich festhalten. Diese zeigen sich besonders an den Stellen, an denen die Berichte über Prophetinnen und Propheten und ihre jeweiligen Aussagen über das in den Samuel- und Königebüchern Berichtete hinausgehen. Denn in zwei Hinsichten zeigen die Pro-

---

prophetischem Auftreten, die klassisch nicht als Propheten gesehen werden, auseinander, indem prophetische Sprach- und Darstellungsmuster untersucht werden.

[281] Der Geistbesitz führt Amasai zu einem Bekenntnis zu David und nicht zu einem prophetischen Wort im engeren Sinne, doch zeigt sich auch an dieser Stelle die Rolle des spontanen Geistbesitzes. Vgl. zu dieser Episode und der benutzten Terminologie THEN, Propheten, 108–131.

[282] Dass Könige in der Chronik stärker aktiv mit der Prophetie verbunden sind, wird auch an den judäischen Königen Abija (2 Chr 13,4–12), Joschafat (2 Chr 20,20) und Hiskia (2 Chr 32,7) deutlich, wie AMIT, Role, 89, zeigt. In ihren Reden bedienen sich diese Könige typischer prophetischer Formulierungen und erweisen sich auf diese Weise als Propheten. Sie fasst zusammen: „a king, a Levite, or any other person, functions as a prophet when he utters prophetic statements in the Chronistic sermonizing style."

[283] SCHNIEDEWIND, Prophets, besonders 214 f. Die Darstellung gerade dieser spontan auftretenden Propheten und die von ihnen formulierten Worte weisen zudem eine Verknüpfung zur Tora auf, wie MASKOW, Tora, 123–141, zeigen konnte. Auch dadurch wird eine Legitimation dieser auch nichtinstitutionellen Figuren erzeugt.

[284] AMIT, Role, 86.

[285] Vgl. zu diesem Motiv in seiner Verwendung in Joel 3 R. EBACH, Geistausgießung. Die Ausweitung der Prophetie in den Chronikbüchern zeigt sich – auf anderer Ebene – auch in den verwendeten prophetischen Mitteln, wie sie in 1 Chr 25,1–5 beschrieben werden.

[286] Vgl. AMIT, Role, 85–87, und KNOPPERS, Revelation, 397 f. SCHNIEDEWIND, Prophets, 213–224, unterscheidet diese spontan prophetisch redenden Menschen von den klassischen Prophetenfiguren und verbindet ihr literarisches Auftreten mit dem sich in persischer Zeit vollziehenden Wandel der Prophetie. Gegen die Gegenüberstellung des Prophetenbildes im DtrG und der Chronik in Bezug auf diese Aspekte, die als Hauptlinie der aktuellen Chronikforschung anzusehen ist, hat sich besonders PERSON, Prophets, ausgesprochen (zur Ausweitung der Prophetie 193–197). Dies wird jedoch nicht zuletzt durch Persons Ablehnung der These ausgelöst, dass die Chronikbücher auf die Samuel- und Königebücher bereits reagieren.

[287] Siehe dazu und zur Frage nach einem möglichen Ende der Prophetie unten Kap. 5.1.

phetenfiguren Aspekte, die stärker an die Darstellung des Jeremiabuches als des Deuteronomistischen Geschichtswerkes erinnern. So richten sich die Propheten, sowie vor allem jene, die eine göttliche Botschaft auszurichten haben, zum einen in der Chronik deutlich stärker auch an das Volk und die anderen Entscheidungsträger als es im Deuteronomistischen Geschichtswerk der Fall ist, das stärker den König und sein Handeln selbst in den Mittelpunkt stellt.[288] Dies ist gerade an zwei Texten zu erkennen, die zum chronistischen Sondergut gehören.[289] So wirft in 2 Chr 24,19–22 Secharja in einer Rede an das Volk diesem dessen Gottesverlassenheit vor und wird daraufhin durch dieses getötet. V. 19 betont, dass Jhwh dem Volk einige Propheten als Mahner geschickt hatte, dieses aber nicht gehört habe.[290] Auch der Prophet Oded, der im Nordreich angesiedelt ist, wendet sich in 2 Chr 28,9–11 direkt mit seiner Kritik an das israelitische Heer und verweist auf die Bruderschaft zwischen Israel und Juda.[291]

Zum anderen haben die Prophetenfiguren in der Chronik stärker die Funktion eines Mahners, der zur Umkehr aufruft. Auch dies zeigt sich besonders im chronistischen Sondergut in 2 Chr 12,5–8; 15,1–7; 16,7–10;19,2 f.; 20,37; 28,9–11.[292] So wird Rehabeam als vorbildlicher König dargestellt, der sich nach der Mahnrede Schemajas demütigt, wie es in 2 Chr 12,5–8 im chronistischen Sondergut berichtet wird.[293] Ähnliches geschieht in Bezug auf das Asabild in 2 Chr 15, der durch den geistinspirierten Asarja und den Propheten Oded (vgl. zu diesem Propheten auch 2 Chr 28,9–11) zur Kultreform ermutigt wird. Das Element der Umkehr wird dort, wo es in den prophetischen Ankündigungen der Königebücher bereits vorkommt, in der Chronik noch verstärkt. Besonders herausgestellt wurde dies von Jürgen Kegler: „Die Rede Huldas mit ihrer Strafansage für den Abfall von JHWH konnte wohl deshalb ohne Veränderungen aufgenommen werden, weil sie dem Grundtenor der Botschaft der Chronikbücher entspricht. Sie wird erweitert um das Motiv der Demütigung Joschijas vor Gott als Grund für seine Verschonung vor dem angekündigten Exil – es ist ein Leitmotiv der chronistischen Theologie."[294]

---

[288] Vgl. SEELIGMANN, Auffassung, 274 f., und SCHNIEDEWIND, Prophets, 218 f., der zeigt, dass diese Adressatenschaft für die von der Chronik selbst betonten und hinzugefügten inspirierten Personen, die prophetisch reden, typisch ist.

[289] Ganz Juda als Zuhörerschaft geben zudem auch 2 Chr 15,1 (ebenfalls Sondergut) und 20,14 an.

[290] Zur Rolle der Propheten in diesem Abschnitt siehe JAPHET, 2 Chronik (HThKAT), 303–305. Dieser Vorwurf selbst ist jedoch auch klassisch deuteronomistisch, vgl. nur 2 Kön 17,13. So ist es nicht der Kritikpunkt selbst, sondern das sich Wenden an das Volk, das an dieser Stelle auffällt.

[291] Zur Stelle siehe JAPHET, 2 Chronik (HThKAT), 352 f.

[292] Zu dieser Rolle siehe SEELIGMANN, Auffassung, 275 f., und besonders KEGLER, Prophetengestalten.

[293] Vgl. KEGLER, Prophetengestalten, 492.

[294] KEGLER, Prophetengestalten, 488.

Ein weiterer Unterschied zur Rolle der prophetischen Ankündigungen im Deuteronomistischen Geschichtswerk besteht in dem weit minderen Ausmaß, in dem Prophetie in den Chronikbüchern aktiv mit der Politik, gerade im Bereich von politischen Umstürzen, verbunden ist.[295] Besonders dieser Aspekt konnte jedoch in Bezug auf die gewaltsamen und damit zu legitimierenden Dynastiewechsel im Nordreich für die deuteronomistische Prophetengestaltung herausgestellt werden.[296] Lester Grabbe hebt in dieser Hinsicht für die Chronik hervor, dass auch wenn politische Themen vorkommen, die religiöse Dimension doch im Fokus der prophetischen Aussprüche liegt, wie es etwa auch an der Kritik an Davids Volkszählung (1 Chr 21) erkannt werden kann.[297] Eine besondere Rolle eines prophetischen Wortes, und eine gewisse Ausnahme zur sonst zurückgetretenen politischen Dimension, bildet das chronistische Sondergut in 2 Chr 20,37. An dieser Stelle wird der Untergang der Flotte auf Joschafats Bündnispolitik zurückgeführt. In der Parallele in 1 Kön 22,49f. bleibt völlig unklar, warum die Schiffe sinken. Durch das prophetische Wort wird somit ein Sinnzusammenhang hergestellt.

Im Gegensatz zur deuteronomistischen Literatur spielt auch die Frage nach falscher Prophetie und illegitimen Praktiken in der Chronik eine weit geringere Rolle.[298] Die Ankündigungen der Propheten sind klarer und direkt mit dem Fall verbunden, auf den sie sich beziehen. Die Erfüllung tritt leicht erkennbar in der Regel im Erzählablauf sofort ein. Ein Grund hierfür ist der größere Abstand, der zu den Ereignissen besonders der späten Königszeit besteht. So dienen die Texte weniger der Verarbeitung der eigenen erlebten Vergangenheit und können somit Differenzen zwischen Erwartung und Realität, zwischen Theorie und Praxis, leichter übergehen. Insgesamt kann besonders für die chronistischen Eigenformulierungen festgehalten werden, dass prophetische Aussagen nicht nur von Propheten und Prophetinnen gesprochen werden und sich zudem verstärkt an das Volk richten. Die bekannten Prophetenfiguren der Königszeit werden, ohne genauer auf Berichte zu ihrem Wirken oder Leben einzugehen, in die Er-

---

[295] Vgl. KEGLER, Prophetengestalten, 491. Gegen die Verbindung mit den Nachbarn richtet sich die Chronik jedoch deutlich intensiver. Vgl. KNOPPERS, Revelation, 402.

[296] Siehe dazu oben Kap. 4.2.1.1. Dass die Chronik die Geschichte des Südreiches nachzeichnet und nur dort auf das Nordreich Bezug nimmt, wo es um Verbindungen zu Juda geht, trägt einen großen Anteil an diesem Phänomen, sodass diese Besonderheit als nicht zu zentral anzusehen ist.

[297] Vgl. GRABBE, Prophets, 307. KNOPPERS, I Chronicles 10–29 (AncB 12A), 762–764, zeigt noch eine weitere Dimension von 1 Chr 21 auf. Denn neben Davids Rolle als Kultgründer wird in diesem Abschnitt David zugleich zum exemplarischen bußfertigen Sünder, der, wie es dem theologischen Grundschema der Chronik entspricht, sein falsches Tun begreift, bereut und dann als Folge zum gottgefälligen Handeln kommt.

[298] Vgl. SCHNIEDEWIND, Prophets, 217, AMIT, Role, 86 f. Zu den wenigen Ausnahmen, die jeweils ihre Grundlage in den Königebüchern haben, siehe KNOPPERS, Revelation, 394. Er nennt die bei Saul und Manasse kritisierten divinatorischen Praktiken (1 Chr 10; 2 Chr 33,6) und die Aufnahme der Micha ben Jimla-Episode in 2 Chr 18.

zählung integriert (Elia, Jesaja, Jeremia) und Propheten mit schriftlichen Aufzeichnungen zur Geschichte Judas verbunden.

4.5 Das sich in der Geschichte (nicht) erfüllende Wort – Ergebnisse

Die Korrespondenz von prophetischer Ansage und Erfüllung des Wortes prägt die deuteronomistischen Schriften. Neben dem Jeremiabuch ist gerade das Deuteronomistische Geschichtswerk durch die Korrespondenz von prophetischer Ankündigung und Erfüllung geprägt. Dies zeigt sich insbesondere in den redaktionellen Eingriffen, die großkompositionelle Linien setzten. Erfüllungsnotizen weisen dabei auf die göttliche Lenkung der Geschichte hin und werden gerade dann gesetzt, wenn diese nicht offensichtlich ist, sodass das Eintreffen der Ankündigung deutlicher zu Tage tritt. Schon in dieser Hinsicht ist erkennbar, dass die Erfüllung eines prophetischen Wortes letztlich ein Produkt der Erzähltechnik ist.

Wie das Deuteronomistische Geschichtswerk insgesamt der theologischen Vergangenheitsdeutung und Gegenwartsbewältigung dient, sorgen die prophetischen Ankündigungen dafür, die Ereignisse in der Geschichte gerade rückblickend als gottgewollt deuten zu können. Als theologische Grundlinie ist dabei der Tun-Ergehen-Zusammenhang von großer Bedeutung. Dass die als besonders negativ angesehenen Könige lange Regierungszeiten und vor allem einen friedlichen Tod hatten, stellt damit eine Geschichtserzählung vor größere Probleme. Die Prophetie als theologisches und literarisches Mittel hilft, diese Probleme zu lösen, die durch die Geschichte selbst hervorgerufen wurden. Dies bezieht sich sowohl auf die negativ beurteilten Nordreichkönige Jerobeam, Bascha und Ahab als auch auf das gewaltvolle Ende des positiv beurteilten judäischen Königs Josia. Indem die Schuld der Nordreichkönige bei ihren Kindern heimgesucht wurde und dies in der Erzählung explizit schon zu Lebzeiten der Könige dem göttlichen Plan entsprach, wird deren friedlicher Tod nicht mehr als problematisch empfunden. Die generationenübergreifende Perspektive, die die Orakel kreieren, ist somit der Schlüssel zum Verständnis. In umgekehrter Hinsicht wurde Josias gewaltvoller Tod, indem er als heilvolles und rettendes Handeln Gottes durch das Huldaorakel stilisiert wird, mit seinem positiven Tun verbunden. Im Moment des prophetischen Spruchs ist diese Dimension noch nicht erkennbar, sie enthüllt sich, wie es dem Umgang mit Geschichte in diesen Erzählungen entspricht, dann aber in der Retrospektive.

Die Grundlage des Handelns selbst liefern nicht die prophetischen Ankündigungen, sondern die Tora. Hier überschneidet sich die deuteronomistische Grundtendenz mit der achämenidischen Hochschätzung des Gesetzes. Nicht durch die Prophetie wird also die Geschichte gelenkt, sondern durch das gesetzestreue und widergesetzliche Handeln der Könige, in sozialer und im Deuteronomistischen Geschichtswerk besonders kultischer Dimension, auf das die Propheten hinweisen. Diese liegt allen Beurteilungen der Könige zu Grunde und kommt in ihrer Bedeutung besonders in 2 Kön 22 f. in der Josianischen Reform zur Geltung, da die Reform dem gefundenen Schriftstück entspricht und nicht die Ausführung von Huldas prophetischem Wort darstellt.

Die Wahrnehmung einer Ankündigung als erfüllt und unerfüllt ist eng von der Darstellung der Ereignisse abhängig. Das Beispiel der Erzählung um Amos und den Priester des Staatsheiligtums in Bethel Amazja in Am 7,10–17 konnte verdeutlichen, dass auch die Zuordnung von prophetischen Ankündigungen an Personen zu beachten ist. So hat sich das in V. 11 zitierte Amoswort, das den Tod des Königs Jerobeam durch das Schwert ansagt, als Eigenkreation des literarischen Amazjas herausgestellt, der damit den König zum Eingreifen gegen den Propheten bringen wollte. Zugleich zeigt die jüngere Korrektur der Ankündigung des Todes für Jerobeam und sein Haus in Am 7,9, dass durch kleine redaktionelle Eingriffe versucht wurde, politische Ereignisse möglichst widerspruchsfrei mit prophetischen Ankündigungen zu verbinden. Grundsätzlich dient dies sowohl der Legitimierung der Propheten durch die Erfüllung ihrer Worte in der Geschichte als auch der Deutung der Ereignisse, die sich somit in den göttlichen Plan fügen.

Dabei ist Geschichte – wie auch im Titel dieser Zusammenfassung – im doppelten Wortsinn gemeint. Die Erzählungen reagieren auf die Ereignisse ihrer Gegenwart und Vergangenheit und bieten zugleich in ihrer narrativen Form eine Geschichte über das Ergehen Israels und Judas bis zum Untergang. So konnte gezeigt werden, dass es nicht nur gilt, Abweichungen zur rekonstruierten historischen Situation auszuwerten, sondern zugleich auch die Geschichtserzählung und die Darstellung des Jeremiabuches in ihrer Nacherzählung wahrzunehmen. Die Korrespondenz von Ansage und Erfüllung muss somit der Erzähllogik entsprechen. Gerade in Bezug auf die Orakel wurde deutlich, dass eine zu generelle Datierung über die Wertung einer Ansage als erfüllt oder nichterfüllt problematisch ist und nicht schematisch eingesetzt werden darf. Dabei ist genau darauf zu achten, welchen Erzählbogen die Texte spannen. Gerade die gelassenen Leerstellen, die eine widerspruchsfreie oder -arme Gesamtlektüre ermöglichen, weisen auf die Kenntnis der Ereignisse hin. Dies konnte anhand des Huldaorakels ebenso gezeigt werden wie anhand des Schicksals Zedekias und der fehlenden Begräbnisnotiz Jojakims und ihrer Textgeschichte. Im Rahmen der jüngeren Bearbeitungen der Bücher bleiben die Worte sinnvoll und erhalten dabei bisweilen eine neue Funktion, die nicht durch die Wahrnehmung als altes unerfülltes Wort verdeckt werden sollte. So wird das Wort über Jojakims Eselsbegräbnis (Jer 22,18 f.) zur radikalen Sozialkritik und die Ankündigung seiner Kinderlosigkeit (Jer 22,30; 36,30)[299] zur politischen Botschaft.

---

[299] Zur Zuordnung diese Ansage auch in Jer 22 an Jojakim siehe oben Kap. 4.2.2.3.

Sowohl in Bezug auf das Huldaorakel in 2 Kön 22,18–20 als auch das Zedekiawort in Jer 34,4f. konnte beobachtet werden, dass das Verständnis der Worte nur aus dem Rückblick der kommenden Ereignisse möglich war, während sich in der Situation selbst andere Interpretationen nahelegen. Diese literarische Technik und das bewusste Setzen von Leerstellen dienen nicht der Täuschung der handelnden Personen, wie es etwa im Umgang mit griechischen Orakeln und ihren Missdeutungen der Fall war. Das Phänomen weist vielmehr darauf, die geschichtlichen Ereignisse selbst aus dem Rückblick zu deuten. So erweist sich Josias gewaltsamer und frühzeitiger Tod durch Necho als guter Akt, der durch Jhwh ausgelöst wird, und Zedekias friedlicher Tod als das Endergebnis der Strafe durch die Exilierung und Blendung und die Wiederannahme durch Jhwh. Das Eintreffen von prophetischen Ankündigungen und gerade der Heilsworte bildet dabei sowohl für das Deuteronomistische Geschichtswerk als auch das deuteronomistische Jeremiabuch ein bleibendes Element.

Dass die Verbindung von Ankündigung und Erfüllung und das daraus entstehende Prophetie-Verständnis in deuteronomistischer Spielart eine besondere Prägung darstellt, konnte der Vergleich mit der Elisa-Erzählung um die Machtübernahme des Aramäers Hazaëls auf der einen Seite deutlich machen (2 Kön 8,7–15). Dieser Text in den Königebüchern hält deutlich weniger die im Rückblick erkennbare Erfüllung der Prophetenworte fest und fragt vielmehr nach dem aktiven und durch prophetische Ansagen ausgelösten Handeln. Auf der anderen Seite konnte ein Blick in die Chronik zeigen, dass sich die dort vorkommenden prophetischen Ankündigungen stets sofort erfüllen und dadurch, wohl auch ausgelöst durch den größeren zeitlichen Abstand und der damit verbundenen geringeren Funktion der eigenen Vergangenheitsbewältigung, das Phänomen unerfüllter Ansagen oder falscher Prophetie keine Rolle spielt. Zugleich werden in den Chronikbüchern solche Ankündigungen von einer spezifischen prophetischen Figur gelöst. Gerade die Ausweitung der Prophetie in der Chronik auf der einen Seite sowie die Kanonisierung von Prophetenfiguren vergangener Zeiten und die Konzentration auf schriftliche Hinterlassenschaften auf der anderen Seite sind ein Zeichen der großen Veränderungen im Prophetenverständnis ab der fortschreitenden persischen Zeit, auf die der letzte Hauptteil dieser Studie eingeht.

5. Der Rückgang neuer Propheten und die Falschpropheten in der frühen Rezeptionsgeschichte: Entschiedene Konflikte und neue Aktualisierungen

In den bisher dargestellten Entwicklungen hat sich sowohl bezogen auf redaktionsgeschichtliche als auch auf textgeschichtliche Neuakzentuierungen ein Trend zur Vereindeutigung bei der Entscheidung prophetischer Konflikte und der Einordnung der beteiligten Personen als falsche und richtige Propheten herausgestellt. Dies gilt insbesondere für die Septuaginta-Versionen des Jeremiabuches, die im Gegensatz zum Masoretischen Text einige der theologischen und prophetischen Gegner Jeremias schon begrifflich als Pseudopropheten (ψευδοπροφήτης) einführen. Somit ist bereits bei der ersten Nennung dieser Propheten entschieden, dass es sich im Gegensatz und im bewussten Kontrast zu Jeremia bei diesen nicht um von Gott gesandte Propheten handelt. Besonders deutlich ist dieser Trend zur Kategorisierung im Konflikt zwischen Jeremia und Hananja zu erkennen.[1] Falschpropheten wird ihre Legitimation auf diese Weise bereits kategorisch entzogen. Die für den Masoretischen Text in weiten Teilen gezeigte Tendenz, zwar die entsprechenden Prophezeiungen als unerfüllt und bisweilen falsch darzustellen, aber nicht die Propheten selbst, zeigt eine Trennung zwischen der Rolle des Propheten – man könnte sagen seinem Amt – und seinen jeweiligen Aussprüchen und Taten. Propheten handeln schändlich und werden dafür deutlich kritisiert, in den älteren Traditionsphasen wird ihnen dadurch jedoch nicht ihr Rang als Prophet entzogen. Im Gegenteil, die an sie gestellte harte Forderung, sich und ihren Offenbarungsempfang kritisch zu prüfen und ihr Verhalten entsprechend zu ändern, setzt ihr weiteres Auftreten als Propheten voraus. Sowohl die Versionen der Septuaginta als auch – wie es für Ez 13 gezeigt wurde – der Targumtext nehmen dann jedoch die terminologische und damit eine kategoriale Trennung zwischen wahren und falschen Propheten vor.

Dieser Trend setzt sich auch in der Rezeptionsgeschichte der Texte fort und wird sogar noch deutlich verstärkt, sodass ein Blick auf diese Entwicklungslinien einen heuristischen Ertrag auch für die beginnende Entwicklung innerhalb des Alten Testaments und seiner frühen Textzeugen liefern kann. Zudem kann somit

---

[1] Siehe zu diesem prophetischen Konflikt und der Begrifflichkeit in der Septuaginta oben Kap. 3.2.2.1.

das oft diagnostizierte „Ende der Prophetie" noch einmal aus einer anderen Perspektive beleuchtet werden. Für diese Untersuchungen ist, neben einigen Seitenblicken auf parallele Phänomene, unter den hebräischen und aramäischen Texten und aus den Texten vom Toten Meer besonders auf 4Q339 – die bekannte und in ihrer Lesung und Deutung intensiv diskutierte Liste der Falschpropheten – sowie auf 4Q375 einzugehen. Auf griechischer Sprachebene bietet sich ein Überblick über die Beschreibung falscher Propheten im Neuen Testament und bei Josephus sowie bei Eusebius von Caesarea als Beispiele für jüdische und frühe christliche Rezeptionen gerade im Rahmen von Geschichtsdarstellungen an.

Dabei ist die Rede von Falschpropheten in den ersten Jahrhunderten n. Chr. nur verständlich, wenn zugleich ein Blick auf die Prophetie in dieser Zeit selbst geworfen wird. Dies geschieht innerhalb der folgenden Einzeldarstellungen, doch in einem ersten Schritt separat mit Blick auf größere Entwicklungslinien in dieser Epoche.

5.1 Ein eingeschränktes Ende der Propheten und ein Wandel im Prophetie-Verständnis

Bei der Beschreibung von Prophetie ab der fortschreitenden persischen Zeit und bis zum Neuen Testament wurde immer wieder auf das Ende der Prophetie hingewiesen.[2] So hält etwa von Rad fest: „Mit Maleachi und der Weissagung Tritosacharjas – um von kleineren Einheiten nicht zu reden – ist die Prophetie

---

[2] Zur Annahme eines Endes der Prophetie siehe für einen Überblick über die Forschung bis 1990 bei THEN, Propheten, 18–44, und aktueller KELLE, Phenomenon, 303 f. HAHN/KLEIN, Frühchristliche Prophetie, 22–29, sprechen von einem Zurücktreten der Prophetie, ohne dass man generell von einem Ende sprechen könnte, verbunden mit dem verstärkten Aufkommen der von prophetischen Traditionen beeinflussten Apokalyptik. Als Gründe sehen sie (a.a.O., 24), dass es genug prophetisches Material gab, auf das man sich beziehen konnte, und dass die Bestimmung durch die Fremdmacht die Prophetie ihrer politischen Dimension beraubte. Dabei ist zu beachten, dass sich die frühjüdischen Gruppen (Pharisäer, Sadduzäer usw.) auch in ihrem Prophetie- und Traditionsverständnis unterscheiden. FRENSCHKOWSKI, Prophetie, 93–96, verweist auf parallele Prozesse im spätantiken Kontext (Stoa) und kann somit plausibel machen, dass eine Klage über den Rückgang der Propheten nicht als spezifisch jüdisches Phänomen angesehen werden sollte, sondern mit einem breiteren „Offenbarungsschwund", der sich auch auf Orakel bezieht, einhergeht. Insgesamt diagnostiziert aber auch er ein „Erlöschen der Prophetie", wenn dies auch nicht mit einem vollständigen und flächendeckenden Abbruch gleichzusetzen sei (vgl. insgesamt a.a.O., 93–118). CRENSHAW, Conflict, 91–109, sieht den Rückgang der Prophetie, bei dem die vergangenen Propheten zugleich respektiert werden, es aber zu einem Verstummen in der Gegenwart kommt, als ein Ergebnis des innerprophetischen Disputs um wahre und falsche Prophetie, der zu einem Niedergang der Akzeptanz von Prophetie führte. Zum Ende der Prophetie und dem damit verbundenen „scribal turn" siehe NISSINEN, Ancient Prophecy, 348–353. Auf einen besonderen Aspekt eines möglichen Endes der Prophetie weisen HOSSFELD/MEYER, Prophet gegen Prophet, 120, hin, die die pervertierte Prophetie, wie in Ez 14,1–11, als ihr Ende ansehen. Zu diesem Text siehe oben Kap. 3.3.1.

in Israel verstummt."³ Die Annahme eines Endes der Prophetie speist sich zumeist aus einigen alttestamentlichen Belegstellen und besonders der Wertung in rabbinischen Schriften.⁴ Verwiesen werden kann neben Ps 74 besonders auf die Aufforderung in Sach 13,2–6, in der Zukunft auftretende Propheten als Falschpropheten zu töten.⁵ In der nachalttestamentlichen Zeit wird das Ende genereller vermerkt. So nennt tSot 13,2 f. Haggai, Sacharja und Maleachi als letzte Propheten, syrBar 85,3 blickt auf die Zeit der Propheten als abgeschlossene Epoche zurück und auch in 1 Makk 4,46 wird das Fehlen von Propheten vermerkt.⁶ Als weiterer Beleg, wenn auch aus leicht verschobenem Blickwinkel, da die Abfassung der eigenen Schriften durch die Propheten im Blick ist, kann Josephus genannt werden, der in seinem apologetischen Werk Contra Apionem (1,41) das Ende der produktiven Phase der prophetischen Schriften unter Artaxerxes, und damit also in der Esra-Zeit verortet.

Diesem Bild ist jedoch mit guten Gründen widersprochen worden.⁷ So zeugen die Annahmen vom Ende der Prophetie von einer zu starken Ausdehnung der

---

³ VON RAD, Theologie 2, 309.

⁴ Zu den rabbinischen Belegen, die auf einen abgeschlossenen Prophetenkanon hinweisen, siehe THEN, Propheten, 28–31.

⁵ WILLI-PLEIN, Prophetie, 108 f., spricht von einem „Todesurteil über die Prophetie" in Sach 13,2–6, zeigt jedoch, dass es sich in diesem Text gerade nicht um eine Beschreibung der Gegenwart handelt, sondern um einen Verweis auf die Zukunft: „Der Verfasser ist ein Prophet am Ende, aber nicht nach dem Ende der Prophetie; er steht auf der Grenze" (a. a. O., 109). Ob es sich an dieser Stelle aber wirklich um ein angekündigtes Ende der Prophetie oder nicht eher der Falschprophetie handelt, ist seit langer Zeit umstritten. Siehe dazu oben S. 132 f. Ein Bezug zur Falschprophetie erzeugt die Nennung des Geistes der Unreinheit in Sach 13,2 (vgl. auch Sach 10,1 f.). Der allgemeine Terminus הנביאים spricht jedoch für die Bezeichnung der Prophetie als Ganze. Vgl. neben anderen PETERSEN, Zechariah 9–14 (OTL), 127 f. Damit ist jeder, der weiter als Prophet auftritt, ein Falschprophet. Vgl. WÖHRLE, Abschluss, 110. Die Septuaginta wendet sich an dieser Stelle eindeutig gegen Falschpropheten, indem sie הנביאים mit τοὺς ψευδοπροφήτας übersetzt. Gegen eine Rekonstruktion einer generellen Ablehnung und einem Verschwinden von Prophetie vor allem auf der Basis von Sach 13 und Ps 74 argumentiert R. MEYER, Art. προφήτης, 813–817, sowie genereller AUNE, Prophecy, 103–106.

In Sach 13,2–6 wird nun aber, anders als es bisher gezeigt wurde, die aktive Tötung eines Propheten befohlen. Dies kann aber, geht man von einem Verständnis als Ende der Prophetie als Gesamtereignis aus, gerade deshalb den Menschen überlassen werden, da Gott selbst das Ende der Prophetie ankündigt. Somit besteht danach nicht mehr die Schwierigkeit zu erkennen, ob der Prophet von Jhwh geschickt sein könnte. Jeder als Prophet auftretende Mensch ist nun als aktiver Lügner entlarvt.

⁶ An dieser Stelle ist die derzeitige Lage jedoch verbunden mit dem Hinweis auf noch kommende Propheten. Zu dieser Stelle siehe TILLY, 1 Makkabäer (HThKAT), 133–138. Siehe aber auch das in die gleiche Richtung weisende Zusammenspiel aus 1 Makk 9,27, wo die aktuelle Abwesenheit der Propheten betont wird (vgl. a. a. O., 198 f.), und 14,41. An dieser Stelle wird die Ankunft eines wahren Propheten erwartet, der dann Simon ablösen wird (vgl. dazu a. a. O., 287). Insgesamt zum Umgang mit Propheten in rabbinischer Tradition und der Konzentration auf Prophetie als Merkmal einer abgeschlossenen Epoche R. MEYER, Art. προφήτης, 817–820.

⁷ So mit Blick auf die Vorgänge, die sich aus den Qumran-Texten erschließen lassen, besonders bei BROOKE, Prophecy and Prophets, und mit einem Plädoyer, das Phänomen Prophetie breiter zu verstehen und nicht nur als Fortsetzung der klassischen alttestamentlichen

Bedeutung einzelner Positionen auf eine ganze Epoche und die Belege sollten vielmehr als Stimmen unter vielen wahrgenommen werden. So ist nicht von einem allgemeinen Ende der Prophetie auszugehen, sondern vielmehr von einem Wechsel im Prophetie-Verständnis, wie es sie in der Geschichte der Prophetie immer wieder gab.[8]

Dabei lassen sich einige Entwicklungslinien festhalten, die sich in großem Maße auch aus der Betrachtung der Prophetie und der unerfüllten Prophetie in den vorhergehenden Kapiteln und auch den in diesem Kapitel folgenden Ausführungen begründen lassen. Auch diesbezüglich ist die Quellenlage zu beachten, die nur einen kleinen Teil der Positionen abbildet, die es in diesen Zeiten gab. Die prophetischen Einzelfiguren treten zurück, ohne jedoch gänzlich zu verschwinden. Neue prophetische Bücher entstehen nicht mehr, die Auslegung und Fortschreibung der Texte verstärkt sich. Die Bezugnahme auf die schriftlichen Hinterlassenschaften der alttestamentlichen Propheten und das Verständnis der Schriftauslegung als Teil eines prophetischen Prozesses hat jedoch in einer weiten Bandbreite von Texten eine große Bedeutung. So kann George Brooke auf Grundlage der Qumran-Dokumente feststellen, dass ein Hauptmerkmal der literarischen Aktivitäten in der Zeit des zweiten Tempels in „its attention to prophecy, and not just prophecy as an activity of the past but as a past activity continuous with the present"[9] bestand. Hierbei spielen gerade unerfüllte Prophetenworte und Worte, die sich auf neue Situationen deuten lassen, eine entscheidende Rolle. Denn das Element der Erfüllung, das für die deuteronomistische Prophetie als prägend ausgemacht wurde, bleibt als hermeneutischer Schlüssel bestehen, erklären sich doch nur so die Praxis der Pescharim in Qumran[10] sowie die neutestamentlichen Erfüllungs- oder Re-

---

Propheten Jassen, Mediating, 380–383. Entscheidend für die Beurteilung der Vorgänge ist nicht zuletzt, ob nur die Verwendung des Begriffs נביא bzw. seines griechischen Pendants zum Kriterium gemacht wird, oder prophetische Vorgänge breiter in den Blick genommen werden. Zur Betonung der Kontinuität trotz der Veränderungen im Prophetie-Verständnis und des Rückgangs klassischer Prophetengestalten sowie der Notwendigkeit, zwischen den einzelnen Gruppen und Strömungen zu unterscheiden siehe auch Jassen, Prophecy, 592, der festhält: „It is equally true that prophecy continues and that prophecy ceases." Zur Diskussion um den Niedergang des prophetischen Wirkens in der Zeit des Zweiten Tempels siehe auch die Beiträge in De Troyer/Lange, Prophecy after the Prophets?, mit der zusammenfassenden und einordnenden Einleitung VII–XIV.

[8] Dies konnte besonders, Jassen, Mediating, in seiner Studie zu Prophetie in den Texten vom Toten Meer und breiter der Periode des zweiten Tempels aufzeigen. Er betont, dass in der Qumran-Gruppierung keine neuen Prophetenfiguren nach altem Modell auftreten, sondern dass sich das Verständnis von Prophetie als solche verändert. Dabei spielen die Auslegung von Schrift als Prophetie, die Wahrnehmung der alten Prophetie als Voraussagen für die aktuelle Zeit und die zunehmende Bedeutung von Eschatologie und Apokalyptik entscheidende Rollen. Vgl. auch Leuenberger, Prophetie, 149 f.

[9] Brooke, Prophecy and Prophets, 154, Jassen, Mediating, 25–36.

[10] Dieses aktualisierende eschatologische Schriftverständnis prägt breitere Teile der frühjüdischen Literatur. Zum Element der Erfüllung in den Pescharim und der dort angewandten

flexionszitate und auch die Geschichtsdarstellungen des Josephus, wie es in den folgenden Abschnitten gezeigt wird. Eine solche Veränderung ist jedoch nicht als ein einmaliges Ereignis in dieser Epoche zu verstehen. Zudem handelt es sich um ein multidimensionales Phänomen, das nicht für alle Texte und Gruppen in gleicher Weise gilt. Für alle Epochen der alttestamentlichen Theologie haben sich Neuentwicklungen in der Rolle der Prophetie gezeigt, die durch die zu verarbeitenden Erfahrungen, die politischen Konstellationen und die kulturellen Einflüsse von außen zu begründen sind.[11]

Insgesamt lassen sich einige Grundlinien festhalten, die miteinander verbunden sind: Propheten gehören als positiv besetzte Gestalten zunehmend zur Vergangenheit und haben in dieser ohne Zweifel eine wichtige Funktion. Dies hat sich bereits an der Darstellung der Chronik gezeigt, die im Rückblick aus der persischen Zeit die judäische Monarchie beschreibt,[12] gilt aber in ähnlicher Weise auch für die Schriften von Josephus, der immer wieder auf die alttestamentlichen Propheten eingeht und ihre Rolle ausgesprochen positiv bestimmt.[13] Das Phänomen der Prophetie verändert sich jedoch in drei Richtungen. So kommt es erstens zu einer Aufweitung des Verständnisses der Prophetie und der Wahrnehmung von Personen, die prophetisch agieren. Zweitens wird die Schriftprophetie zur Grundlage und drittens entsteht eine stärkere Betonung des Gesetzes als Grundlage für Entscheidungen.

Das erste Phänomen wird durch Texte, die sich mit dem Geistbesitz befassen, vorbereitet, wie es an der Geistausgießung in Joel 3 und den inspirierten ad hoc-Propheten der Chronik deutlich wird. Für die Chronik sei hier beispielhaft auf den Geistbesitz des Amasai in 1 Chr 12,19 verwiesen.[14] Die von den Verfassern der Chronikbücher neu eingefügten prophetischen Worte werden gerade mit Menschen verbunden, die nicht stets als Prophet fungieren, sondern Priester, Offiziere oder Könige sind. Auf diese Weise kommt es also nicht zu einem Ende des Phänomens Prophetie, sondern einer Ausweitung des prophetischen

---

Praxis der Schriftauslegung siehe COLLINS, Prophecy. Siehe insgesamt zur Prophetie in Qumran die Darstellung bei BROOKE, Art. Prophecy, DERS., Prophets and Prophecy, bes. 32–41, und DERS., Prophecy und Prophets, der die Breite des prophetischen Geschehens betont, das nicht nur auf die Nennung des spezifischen Terminus zu begrenzen ist. Die Elemente der Beziehung der Prophetie auf die eigene Situation, *rewritten prophecy*, aber auch Aspekte der Divination spielen durchaus eine Rolle.

[11] So auch THEN, Propheten, 280–283.
[12] Vgl. dazu oben Kap. 4.4. Insgesamt zur Prophetie im antiken Judentum siehe R. GRAY, Art. Prophet, die sowohl auf das Zurückgehen prophetischer Einzelfiguren eingeht als auch auf das veränderte Vorkommen der Prophetie in den verschiedenen Gruppen. Vgl. auch R. MEYER, Art. προφήτης, 823–825, für das Auftreten von prophetischen Gestalten im frühen Judentum.
[13] Siehe dazu im Folgenden im Rahmen der Betrachtung der griechischen Belege für Falschpropheten Kap. 5.3.2.
[14] Vgl. dazu SCHNIEDEWIND, Prophets, und oben S. 286 f.

Bereichs.¹⁵ Diese Ausweitung kann an einem alttestamentlichen Text aus dem 3. Jh. v. Chr. weiter konturiert werden. So wird in Joel 3,1–5 die Ausgießung des Geistes angekündigt.¹⁶ Vielfältige Folgen werden angegeben, bevor am Ende das Anrufen des Namens und die Rettung steht:

¹Und danach, da werde ich meinen Geist (רוחי) über alles Fleisch ausgießen und eure Söhne und eure Töchter werden weissagen, eure alten Menschen werden Träume haben, eure jungen Menschen werden Visionen haben. ²Auch über die Sklaven und die Sklavinnen werde ich in diesen Tagen meinen Geist ausgießen.

Die Folgen der Geistausgießung werden für alle gesellschaftlichen Gruppen geschildert und beziehen sich auf Männer und Frauen, Alte und Junge, Freie und Unfreie. Durch die Geistausgießung werden prophetische Fähigkeiten bei allen ermöglicht. Kommt also der Geist, ist kein spezifisches Prophetentum mehr nötig, um prophetisch agieren zu können. Die so beschriebene ad hoc-Prophetie aller, die darin Ähnlichkeiten mit der Darstellung in der Chronik aufweist, führt somit zum Ende der Propheten in ihrer spezifischen Rolle. Sie verlieren ihre Funktion, da jeder Mensch die Fähigkeit hat, Gottes Willen zu erkennen. Jörg Jeremias weist darauf hin, dass sowohl die Geistausgießung in Joel 3 als auch das Motiv des Endes der Prophetie in Sach 13 letztendlich die Erwartung des Endes der Prophetie als Institution beinhalten.¹⁷ Hier bietet es sich an, noch genauer, nicht von einem Ende der *Prophetie*, sondern einem Ende oder besser Rückgang der *Propheten* zu reden, wie es in dem von Jeremias betonten institutionellen Bezug durchaus angelegt ist.

Das Phänomen des stärkeren Bezugs auf prophetische Schriften bzw. Schriften, die von Propheten berichten, als zweite Entwicklungslinie ist durch die deuteronomistische Prophetensicht vorbereitet, die das Lernen aus der Vergangenheit und deren Deutung zum Ziel hat.¹⁸ Die Literargeschichte des Alten Testaments, in der zunehmend prophetische Bücher weitergeschrieben werden, die Betonung schriftlicher Dokumente im Jeremiabuch selbst samt der Rolle Baruchs als Schreiber weisen ebenso in diese Richtung wie die vermehrten Bezüge der Chronik auf schriftliche Quellen, die mit Propheten verbunden

---

¹⁵ So hält KNOPPERS, Revelation, 404 f., fest, dass die Chronik keine Grundlage für die These des Endes der Prophetie in der Perserzeit bietet.

¹⁶ Siehe insgesamt zu diesem Text und dem Motiv der Geistausgießung mit ihren Folgen für die Prophetie R. EBACH, Geistausgießung. Das Motiv des Geistes (רוח) hat in den Qumrantexten (vgl. 1 QS 3,13–26), aber auch bei Paulus in 1 Kor 12 bei der Darstellung der Geistgaben (πνεῦμα) einen eschatologischen Klang, der mit der jeweiligen Gegenwart verbunden ist, in der das Wirken des Geistes und die Unterscheidung der Geister bereits zentral ist.

¹⁷ Vgl. JEREMIAS, Berg, 38. Siehe speziell zum Vergleich zwischen Sach 12–14 und Joel 3 R. EBACH, Geistausgießung, 54–60.

¹⁸ Dies konnte in dieser Studie an verschiedenen Stellen gezeigt werden, siehe vor allem Kap. 3.2.1.1. Vgl. auch die Überlegungen zu Prophetie und Geschichtstheologie bei WÖHRLE, Prophetengesetz.

werden (vgl. nur 1 Chr 29,29 und die Hinweise auf Samuel, Nathan und Gad).[19] William Schniedewind verbindet die Elemente des Schriftbezugs und der Beschränkung der Prophetengestalten auf die Vergangenheit: „It was the role of the prophet to interpret historical events for the kings and to write *midrash* (or ‚history'), but the prophets belonged to the former generation."[20] Auch die Hochschätzung der Propheten der Vergangenheit in rabbinischen Texten sowie den Qumran-Texten[21] und bei Josephus zeugen von diesem Phänomen. Der wahre Prophet ist somit der tote Prophet, in der Gestalt, in der er in den Schriften überliefert ist, wie Thomas Römer pointiert festhält.[22] Dies bedeutet aber gerade nicht, dass es zu einem Ende der *Prophetie* kommt, sondern wiederum eher zu einem Rückgang gänzlich neuer *Propheten*. Somit werden neue Figuren mit bereits bekannten verbunden, wie es besonders an der Figur des Elia geschieht. Dies wird in Mal 3,23 mit der Ankündigung seiner Wiederkehr grundgelegt[23] und dann u. a. für das Neue Testament (Mt 11,14; Lk 1,17 u. ö.) prägend.[24] Für die nichtbiblischen Qumran-Texte spielt Mose eine ähnliche Rolle. In der Gemeinschaft gab es keine neuen Propheten, doch erwartete man weiterhin einen Propheten wie Mose bzw. verbindet prophetische Aspekte mit dem Lehrer der Gerechtigkeit, auch wenn die spezifische Terminologie nicht gebraucht wird.[25] Auch bei diesem werden die prophetischen Fortschreibungen zum Hauptaspekt der Aktualisierung von prophetischen Botschaften. So werden nach dem Pescher Habakuk 7,1–5 die Prophetenworte auf die je eigene Gegenwart und speziell den Lehrer der Gerechtigkeit gedeutet.[26] Sogar dem Propheten

---

[19] Zur Wahrnehmung der literarischen Prozesse als Fortsetzung der Prophetie vgl. UTZSCHNEIDER, Schriftprophetie.

[20] SCHNIEDEWIND, Prophets, 224 (Hervorhebung i. O.). Auch AMIT, Role, besonders 95–97, beschreibt die Veränderungen in der Prophetie, den Rückbezug auf klassische Propheten und ihre Schriften in der Vergangenheit und die Ausweitung des Prophetiekonzepts für die Gegenwart.

[21] Siehe dazu BROOKE, Art. Prophecy, 695–697.

[22] Vgl. RÖMER, Prophète, 120. Hier danke ich auch für Hinweise von C. Nihan.

[23] Vgl. dazu RÖMER, Prophète, 120. Somit ist die Ankündigung des wiederkommenden Elia kein Widerspruch zur sinkenden Bedeutung aktueller Propheten, sondern bietet gerade die Grundlage. Auf diese Weise können kommende Figuren in die Tradition eingeordnet und somit legitimiert werden.

[24] In Mk 8,27 f. und noch expliziter in Lk 9,8 werden verschiedene Möglichkeiten zu Jesu Identität diskutiert. Neben dem wiedergekehrten Elia oder Johannes dem Täufer tritt die Möglichkeit, er könne ein weiterer der alten Propheten sein, der auferstanden sei (Προφήτης εἷς τῶν ἀρχαίων ἀνέστη). Dies zeigt, dass der Rückbezug auf bereits verstorbene Propheten eine stark legitimierende Funktion für die Gegenwart hat.

[25] Zum Lehrer der Gerechtigkeit und seinen Funktionen und Kompetenzen, die denen eines Propheten ähneln, der aber nie mit diesem Titel belegt wird und in priesterlicher Funktion wahrgenommen wird, FABRY, Prophetie, 52 f., BROOKE, Art. Prophecy, 698 f., DERS., Prophecy and Prophets, 163, und ausführlich DERS., Teacher. Zu den in den Qumrandokumenten erkennbaren Aspekten der Erwartung einer prophetischen Figur mit eschatologischer Konnotation siehe HAMIDOVIĆ, Diversité, 246–257.

[26] Siehe SCHMID, Theologie, 299 f., dort auch zur Dehnung der Zeit bis zur Erfüllung.

Habakuk selbst wird dabei *en passant* eine Kenntnis über den Zeitpunkt der Erfüllung seiner eigenen Worte abgesprochen. Die nichtbiblischen Qumran-Texte verweisen zwar auf keinen wahren Propheten der Gegenwart, doch kommt es, wie es Brooke ausdrückt, zu einer „intellectual transformation of prophecy",[27] die sich in der prophetischen Auslegung und Aktualisierung der Prophetenworte zeigt.[28] Dabei ist die Prophetie trotz ihres Vergangenheitsbezugs durch die alttestamentlichen Bezugstexte stärker an der Gegenwart, in der sie sich erfüllt, ausgerichtet.[29] Die prophetischen Ankündigungen in der Schrift, dies bezieht sich auf die klassischen Propheten wie auch auf Figuren wie David,[30] wird als Vorhersage der nun vorfindlichen Zeiten verstanden.[31] Prophetie verliert damit zu großen Teilen ihre sozialkritischen Dimensionen und verstärkt die Aspekte der Ansage, die bis heute das allgemeine Verständnis des Begriffs prägen. Auch die Zukunft ist in den Qumran-Texten durch die Ansage eines *kommenden* Propheten in der Art des Mose und des Elia *redivivus* (4Q521; 4Q558) in ein prophetisches Konzept eingebunden, das auf den beiden alttestamentlichen Propheten fußt.[32] Hierbei dient Mose als vergleichendes Vorbild, während an Elia durch seine Himmelfahrt und die Ankündigung seiner Rückkehr in Mal 3 personal angeknüpft werden konnte. In diese Linie des noch kommenden Propheten gehört auch die Ankündigung in 1QS 9,11. In diesem Text wird das Kommen des Propheten und der Gesalbten Aarons und Israels angekündigt (עד בוא נביא ומשיחי אהרן וישראל),[33] allerdings bleibt die genaue Bestimmung der Funktion dieses kommenden Propheten unklar.[34]

Die stärkere Orientierung am Gesetz als drittes Motiv ist ebenfalls oft als Grund für das Ende der Prophetie angegeben worden. So sieht etwa Wellhausen

---

[27] So bei BROOKE, Prophecy and Prophets, 158.

[28] Zur Auslegung von Prophetie als Teil von Prophetie siehe BROOKE, Prophets and Prophecy, 40 f.

[29] Vgl. BROOKE, Prophecy and Prophets, 154–158.

[30] Zur Davidisierung des Psalters und zur eschatologischen Prägung dieser Davidfigur siehe BÖHM, Rezeption, 21–24.213 f.

[31] An dieser Stelle zeigt sich eine Rezeption, die quer zu den Gattungen im Alten Testament steht und etwa die Psalmen als prophetische Worte Davids wahrnimmt. Zu David als Verfasser prophetischer Worte, gerade in der Interpretation der Psalmenrolle, siehe JASSEN, Prophecy, 590 f. Zu den weiteren Figuren, die in den prophetischen Kontext gerückt werden, siehe BROOKE, Prophète, 494 f.

[32] Vgl. dazu BROOKE, Prophets and Prophecy, 38 f.

[33] Zu diesem Ausdruck und der priesterlichen Funktion des Gesalbten/Messias (vgl. auch 4Q175), die in ein großes Spektrum von eschatologischen und messianischen Erwartungen einzuordnen ist, siehe HAMIDOVIĆ, Diversité, 234–237, zum Propheten a. a. O., 247 f. HAMIDOVIĆ zeigt insgesamt auf, dass es keine homogene Erwartung gegenüber einer messianischen Figur gab und dass die Festlegung dieser Gestalten politische Implikationen in den Auseinandersetzungen der verschiedenen jüdischen Gruppierungen hatte. Die Qualifizierung als falscher Messias – und in dieser Linie analog auch als falscher Prophet – diente der Abgrenzung: „Le messie des uns était l'usurpateur des autres, d'où la fin tragique de ces prétendants." (a. a. O., 209).

[34] Siehe dazu HAMIDOVIĆ, Diversité, 248.

das Gesetz geradezu als Tod für die Prophetie an, was in erster Linie durch dessen objektiven Charakter begründet sei.[35] Doch haben die Ausführungen zum Prophetie-Verständnis in deuteronomistischen Texten gezeigt, dass die Betonung des Gesetzes nur zu einer Verschiebung der Rollen der Propheten geführt hat. So bezieht sich Prophetie stärker auf die leitende Deutung der Geschichte (gerade im Rückblick), während das Gesetz selbst als Norm und Orientierungslinie Grundlage der Entscheidungen ist.[36] Diese besondere Rolle des Gesetzes teilen große Teile der nachexilischen Theologie mit den Achämeniden. Auch diesen gilt das Gesetz als Leitschnur.[37] Die bleibende Betonung des Gesetzes tritt in den Qumran-Schriften (vgl. den Beginn der Gemeinderegel 1QS 1,2–3)[38] zutage und ist – trotz manch theologischer Distanzierung und bei allen Differenzen der Gruppierungen im Tora-Verständnis – auch im bleibenden Tora-Bezug des Neuen Testaments erkennbar.

Mit dem Rückgang der Darstellung gegenwärtiger Propheten und der Fokussierung auf die in der Geschichte aufgetretenen Propheten entwickelt sich zugleich eine stärkere Auseinandersetzung mit Falschpropheten der Vergangenheit und auch der jeweils aktuellen Gegenwart. Aus diesem Grund stehen in dem sich anschließenden Abschnitt die Falschpropheten, für die es nun nicht mehr nur im im griechischen, sondern auch im hebräischen und aramäischen Sprachgebrauch einen feststehenden Terminus gibt, im Mittelpunkt.

5.2 Hebräische und aramäische Belege und die Listen der Falschpropheten

5.2.1 4Q339 – Die Liste der Falschpropheten

Eine besondere Rolle bei der Einstufung als Falschpropheten spielen listenartige Zusammenstellungen dieser Figuren, die es zunächst in den Blick zu nehmen gilt. Den Ausgangspunkt bilden hebräische bzw. aramäische Texte, um einer ent-

---

[35] So bei WELLHAUSEN, Prolegomena, 402 („die Empfindung, daß es mit den Propheten aus sei, hat nicht erst in den makkabäischen Kriegen begonnen"), vgl. aber auch die entsprechende Einschätzung bei DUHM, Propheten, 391. Gerade in der von Duhm gegebenen Beschreibung sieht man an dieser Stellung die Problematik der Gleichsetzung des Judentums mit einem Nomismus. Siehe zur Infragestellung der Gegenüberstellung von Propheten als personale Größe zum Gesetz als apersonale Größe UTZSCHNEIDER, Schriftprophetie, 377–381. Zu einer forschungsgeschichtlichen Einordnung der Abwertung der Apokalyptik und der Propheten-Anschluss-Theorie, die in Jesus dann das Wiederaufleben der Prophetie sah, siehe K. KOCH, Apokalyptik, 35–37.
[36] Siehe dazu unter anderem oben S. 255–257 in Bezug auf Josia.
[37] Vgl. dazu ausführlich oben Kap. 2.5.1.
[38] Zur Rolle der mosaischen Tora im weiteren Sinne in den Qumranschriften siehe BROOKE, Prophétie, 492–494.

sprechenden Begrifflichkeit auf die Spur zu kommen. Denn eine semitische Substantivverbindung und damit die Bezeichnung „Falschprophet" für eine Figur, gibt es – wie in dieser Studie bereits mehrfach festgehalten – nicht im Alten Testament, sondern inschriftlich bezeugt, zum ersten Mal im Qumrandokument 4Q339.[39] Bezüglich dieser Festlegung sind zwei getroffene Einschränkungen zu nennen. Zum einen bezieht sich die Aussage auf die Wortkombination aus נביא und שקר und dabei zudem nur auf die Substantivkonstruktion.[40] Denn, dass jemand Lüge weissagt, ist auch im Alten Testament mehrfach belegt, wie etwa Jer 14,14; 20,6 oder auch breiter Jer 23 zeigen. Dass einer solchen Person jedoch der Prophetentitel abgesprochen würde und eine Kategorisierung als Falschprophet erfolgen würde, ist im hebräischen Alten Testament gerade nicht belegt.

Auch im Damaskusdokument wird das Prophezeien von Lüge als große Anfechtung von prophetischer Seite beschrieben, doch auch hier erfolgt die Darstellung nicht mit einem Begriff zur Personenbezeichnung. Trotzdem ist dieser Beleg für die hier angestellten Überlegungen relevant, zeigt sich doch ein Zusammenhang, der einen bestehenden Trend fortsetzt. Im Zusammenhang mit dem Rückblick auf das Auftreten von Jamnes und seinem Bruder werden die beschrieben, die Lüge weissagten (וינבאו שקר; CD VI,1). Entscheidend ist aber auch hier, wie sich dies äußerte und mit welchen anderen Vorwürfen diese Aussage verbunden wird. So bringen sie durch das Falsche, das sie sagen (דברו סרה; V,21), Israel von Jhwh ab (CD VI,1). Wie in Dtn 13 ist also auch hier im Kern das Abbringen von Jhwh das Vergehen, das im Mittelpunkt steht, nicht generell eine falsche oder genereller unerfüllte prophetische Aussage, sondern eine Lüge oder zumindest eine Falschaussage, um *dieses* Ziel zu erreichen. Dieses Motiv zeigt sich noch mehrfach in der nachalttestamentlichen Geschichte in Bezug auf den Umgang mit falsch weissagenden oder falschen Propheten.[41]

Fragt man nun aber zunächst weiter nach einem hebräischen Substantiv, so gibt es noch eine weitere belegte Ausdrucksmöglichkeit, um jemanden als

---

[39] Abgedruckt und rekonstruiert bei BROSHI/YARDENI, *netinim*, 34 f., und jetzt in dem von beiden herausgegebenen Band von DJD XIX, 77–79. Man beachte auch die online veröffentlichten Bilder in der Leon Levy Dead Sea Scrolls Digital Library (deadseascrolls.org.il), die gerade für die genauere Identifikation des Problems der Rekonstruktion der ersten Zeile sehr hilfreich sind.

[40] Zur Verwendung des Wortfelds שקר in den Qumran-Texten siehe BLEDSOE, Art. שקר. Das Wort bezeichnet sowohl in den hebräischen als auch in den aramäischen Texten die Aspekte der Falschheit, aber auch der Lüge und der Täuschung – gerade im Zusammenhang des Redens –, sodass eine semantische Kontinuität zum Alten Testament besteht. Eine Ausweitung der Bedeutung, die man in Grundzügen schon in 2 Sam 18,13 erkennen kann, findet sich gehäuft in verschiedenen Qumran-Texten. So wird שקר zur Wiedergabe von רשע und און gebraucht (vgl. etwa Hi 34,8 im Vergleich zu 11QTargIjob 24,2 und Hi 34,10–12 im Kontrast zu 11QTargIjob 24,4) und bekommt, wie auch in den Targumim, genereller die Bedeutung von böse oder frevlerisch (vgl. a. a. O., 1071). שקר und חמס beschreiben als Kombination das üble Verhalten der Menschen vor der Flut, wie in 1QGenAp 6,1–5 (vgl. a. a. O., 1072 f.).

[41] Siehe dazu im folgenden Abschnitt 5.2.2 zu 4Q375.

Falschprophet bzw. als Prophet, der Falsches weissagt, zu bezeichnen. Allerdings ist auch dieser Terminus erst in späterer Zeit in den Dokumenten aus der judäischen Wüste belegt und taucht in biblischer Terminologie nicht auf. Im Pescher Habakuk (pH X,9) zur Auslegung von Hab 2,12 f. heißt es, dass es sich bei dem beschriebenen Frevler, der als Gegenspieler des Lehrers der Gerechtigkeit fungiert, um einen מטיף הכזב handele, um einen Menschen, der Lüge hervorbringt bzw. durch Lüge gekennzeichnet und kategorisiert ist.[42] Terminologisch weicht dies jedoch zu sehr von den bisher behandelten Begriffen ab, als dass dieser Beleg Klarheit über die Entwicklung des Motivs ‚Lügenprophet' bringen könnte.[43] Zudem wird im Folgenden der Terminus ‚Lügenprophet' aus dem Bericht über das Martyrium Jesajas ausgeklammert, wo er sogar für mehrere Propheten vorkommt. Der Grund hierfür liegt in der Textgeschichte selbst. Zwar wird, zumindest für diesen Teilabschnitt der ‚Himmelfahrt Jesajas' (AscJes), jedenfalls von Teilen der Forscherinnen und Forscher, ein hebräisches Original angenommen, das etwa aus dem 1. Jh. n. Chr. stammen soll,[44] doch ist diese hebräische Schrift leider, sofern sie überhaupt existiert (hat), bisher nicht gefunden worden, sodass die hebräische Terminologie nicht nachprüfbar ist. Der Text liegt nur in einer koptischen Übersetzung vor. Auch hier muss folglich offenbleiben, ob ein spezifischer Begriff, der mit Falschprophet widerzugeben wäre, nicht erst durch die verschiedenen Übersetzungen eingetragen wurde.

So dient als älteste Grundlage für die Kategorisierung von Falschpropheten das bereits erwähnte aramäische Fragment 4Q339, das aus dem ersten Jahrhundert v. Chr. stammt.[45] Die auf Leder geschriebene kurze Liste, die ursprünglich vermutlich eine Größe von 8,5 x 7cm hatte, nennt je nach Rekonstruktion

---

[42] Vgl. auch pH II,2 f.; V,10 f. Zur Gegenüberstellung der beiden Figuren siehe J. BECKER, Heil, 173–176.

[43] Die Beschreibung einer Wahrsagung als כזב ist z. B. auch in Ez 13 belegt. Auch hier wird jedoch die Tätigkeit, also die prophetische Wahrsagung selbst, mit dieser Qualifizierung versehen und nicht der Prophet. Insofern liegt auch auf der Ebene dieses Vokabulars eine ähnliche Entwicklung vor, wie sie bezüglich des Wortfelds שקר gezeigt werden kann. Zum Lügenpropheten als נביאי כזב siehe auch die Hodajot 1 QH 4,16, vgl. auch die verwendete Terminologie im Kontext zur Problematisierung prophetischer Vorgänge. Hier findet eine Rezeption von Ez 14 statt. Zur Darstellung von Prophetie an dieser Stelle siehe JASSEN, Prophecy, 580–585, und zum Bezug auf Ezechiel POHLMANN, Hesekiel (ATD 22/1), 199 f.

[44] Vgl. JSHRZ 2/1, 19.

[45] Zur Datierung BROSHI/YARDENI, Netinim, 54, und die etwas spätere Datierung auf die Zeitenwende bei BEYER, Texte 2, 128. Häufig mit der Liste der Falschpropheten verbunden wird die sehr kurze, wohl abgebrochene und schlecht zu rekonstruierende hebräische Liste 4Q340, ein Dokument, das sich mit den *Netinim* auseinandersetzt. Vermutlich handelt es sich bei diesen „Gegebenen" um Tempeldiener, wie es der Gebrauch in den Büchern Esra und Nehemia nahelegt. Erst in der späteren Rezeptionsgeschichte werden diese – wie der ממזר – kritisch gesehen und scheiden als legitime Heiratspartner aus. Siehe aber kritisch gegen die Interpretation von Broshi/Yardeni, die diesen negativen Aspekt in ihre Deutung der Liste integrieren, COHEN, False Prophets, 94 f. Zu den *Netinim* und ihrer sozialgeschichtlichen Verortung vgl. HEALEY, Art. Nethinim.

sieben oder acht männliche Propheten, die vollständig oder zumindest zum großen Teil mit alttestamentlichen Propheten in Verbindung zu bringen sind. Die Rekonstruktion der meisten kann aus den noch zu lesenden Buchstaben des Dokuments in Verbindung mit einer Sichtung jener Propheten im Alten Testament, die kritisch gesehen werden, gelingen. Hier findet sich in den zugehörigen Veröffentlichungen zu diesem kurzen Dokument keine Varianz. Es bleibt jedoch in methodischer Hinsicht trotzdem zu erwähnen, dass bei mehreren Propheten nur noch einige Buchstaben des Namens erhalten sind und nur der Vergleich mit dem Alten Testament die Rekonstruktion ermöglicht.

Bereits die erste Zeile, die den Inhalt der folgenden Liste angibt, ist jedoch nicht eindeutig zu rekonstruieren. So finden sich zwei sehr unterschiedliche in der Literatur vorgeschlagene Rekonstruktionen dieser aramäisch[46] verfassten Überschrift und drei verschiedene Verständnisse der Zeile. Der Beginn der Zeile ist nicht eindeutig zu lesen, aber vor allem fehlt das letzte Wort, denn nach einem ב ist nur noch ein Buchstabenrest zu erkennen.

1. נביאי שקרא די קמו בישראל – Falschpropheten, die *in Israel* aufgestanden sind
   Die klassische Variante versteht das ב als Ortsangabe und ergänzt den Zeilenrest durch ישראל.[47] Damit handelt es sich um jene falschen Propheten, die in Israel aufgestanden sind. Ein inhaltliches Problem hierbei ist die Nennung Bileams, der kein Israelit ist und dessen Auftreten nach dem Numeribuch auch nicht in Israel lokalisiert wird. Dieses Problem kann dadurch gelöst werden, dass Israel hier nicht als geographische Angabe, sondern als personelle Gruppe verstanden wird.[48] Ein epigraphisches Problem liegt in den Resten des zweiten Buchstabens, bei dem auch im unteren Teil ein Tintenrest zu sehen ist, sodass eine Lesung als י unsicher ist.

2. נביאי שקרא די קמו בישראל – Falschpropheten, die *gegen Israel* aufgestanden sind
   Aharon Shemesh hat die oben diskutierte Lesart beibehalten, jedoch ein anderes Verständnis des ב vorgeschlagen. Er versteht die Präposition nicht als Ortsangabe, sondern als *Richtung* des Auftretens. Damit wäre an dieser Stelle die Gegenpartei gemeint, „gegen" die die falschen Propheten aufgestanden sind. Ein ähnlicher Gebrauch als „aufstehen gegen" findet sich auch Ps 27,12[49] und Mi 7,6,[50] die das Aufstehen der falschen Zeugen gegen den Beter oder die Beterin sowie die Tochter, die sich gegen ihre Mutter

---

[46] Zu hebräischen Anteilen in der Liste ab der zweiten Zeile siehe LANGE, False Prophets, 208f., und die ebenfalls abgedruckte Diskussion hierzu im Plenum der dem Band zugrundeliegenden Tagung 220 f.
[47] So BROSHI/YARDENI, 4QList (DJD 19), 77–79, aber auch BEYER, Texte 2, 128.
[48] Dies legt sich durch die Parallele im Hypomnestikon (siehe dazu im Folgenden) nahe, wo das Auftreten dieser Propheten als im Volk spezifiziert wird. Siehe dazu im Folgenden.
[49] Ps 27,12: אַל־תִּתְּנֵנִי בְּנֶפֶשׁ צָרָי כִּי קָמוּ־בִי עֵדֵי־שֶׁקֶר וִיפֵחַ חָמָס
[50] Mi 7,6: כִּי־בֵן מְנַבֵּל אָב בַּת קָמָה בְאִמָּהּ כַּלָּה בַּחֲמֹתָהּ אֹיְבֵי אִישׁ אַנְשֵׁי בֵיתוֹ

erhebt (im Parallelismus zum Verachten des Vaters durch den Sohn), beschreiben.[51] In der Kategorisierung von Ernst Jenni würde es sich somit um ein ב handeln, das in der Beschreibung der „Rebellion gegen Ranghöhere" verwendet wird.[52] Diese Propheten hätten sich also nicht *in* Israel, sondern *gegen* Israel erhoben. Dieses Verständnis würde dann auch genauer zu Bileam passen, der kein Israelit war und sich auch nicht in Israel, aber wohl gegen das Volk Israel gestellt hat. Israel wäre damit also keine Ortsangabe, sondern eine Gruppe und das Element des sich gegen jemanden-Stellens, das für die Falschpropheten, die stets in Opposition zu anderen (Propheten) stehen, prägend ist, käme hier wieder zum Vorschein.[53]

Neben der unsicheren Rekonstruktion der Lesart ist bei dieser Deutung kritisch zu hinterfragen, ob der Beleg wirklich in Jennis Kategorie passen würde. So handelt es sich bei Israel ja nicht um jemand Höhergestellten im Gegensatz zu den genannten Gegnern.

Ein weiterer Punkt ist zu bedenken: Wird Israel hier als Volksname verstanden, so stehen alle weiteren Genannten dieser Gruppe gegenüber. Damit würden – dies wäre kein Gegenargument, aber ein zu erkennender Exklusionsprozess – die Falschpropheten aus der Gruppe Israel exkludiert und der Kategorie des Anderen zugeordnet.

3. נביאי שקרא די קמו באלהנה – Falschpropheten, die *gegen unseren Gott* aufgestanden sind

Die Vertreter der dritten Möglichkeit verstehen das ב ebenfalls als Einleitung des Gegners, gegen den diese Propheten aufgestanden sind, jedoch wird hier, aufgrund der noch vorhandenen Buchstabenreste, nicht בישראל, sondern באלהנה „gegen unseren Gott" rekonstruiert.[54] In dieser Lesart würde die Kategorisierung als Auflehnung gegen Höhergestellte, wie von Jenni definiert, wieder leichter zutreffen.

Die exakte Rekonstruktion bleibt wegen der großen Lücke unklar. Für das Verständnis der Liste sind beide Rekonstruktionen und alle drei Deutungen gut möglich. Grundsätzlich ist der lokale Gebrauch des ב zwar der häufigere – auch in Verbindung mit קום. Das Verständnis als Gegenpartei, sowohl gegen Gott als auch gegen Israel, fügt sich jedoch harmonischer in die Berichte über die

---

[51] SHEMESH, Note, 320.
[52] Vgl. JENNI, Präposition Beth, 262. Er zählt insgesamt 27 Vorkommen in Konstruktionen mit den Verben מרד, מרה, סרר, קלל, קום. Ausgedrückt wird an jeder Stelle ein Auflehnen gegen Höherstehende sowohl in sozialer als auch in politischer Dimension. Dies kann auch gegen den König oder Gott gerichtet sein. Für das Verb קום führt er Mi 7,6 als einziges Beispiel an.
[53] Diese Deutung kann auch durch einen Vergleich mit dem unten (309–313) besprochenen Hypomnestikon gestärkt werden, spielen doch auch dort die Gegenspieler der Propheten eine entscheidende Rolle in der Festlegung der Falschpropheten.
[54] Vgl. dazu LANGE, False Prophets, 206 f. mit Anm. 7 und 9.

alttestamentlichen prophetischen Gegenspieler ein. Die folgenden Propheten stehen somit Gott und seinem Volk kategorisch gegenüber.

Für die Frage nach der Intention der Liste und der auftretenden Kategorisierung ist die Aufzählung der konkreten Propheten, die als נביאי שקרא bezeichnet werden, relevant. Die ersten sieben Propheten werden auf Grundlage der vorhandenen Buchstaben und der im Alten Testament genannten Personen identifiziert als:

1. Bileam, Sohn des Beor (Num 22–24)
2. der alte Mann von Bethel (1 Kön 13,11–31)
3. Zedekia, Sohn des Kenaana (1 Kön 22,1–28; 2 Chr 18,1–27)
4. Ahab, Sohn des Kolaja (Jer 29,21–24)
5. Zedekia, Sohn des Maaseja (Jer 29,21–23)
6. Schemaja der Nehelamiter (Jer 29,24–32)[55]
7. Hananja, Sohn des Asur (Jer 28).

Gerade bei Hananja ist die Rekonstruktion – so einig sich die verschiedenen Kommentatoren bei diesen ersten sieben Falschpropheten auch sind – insofern unsicher, als nur noch das Ende der Zeile erhalten ist.[56] Das schließende ר ist sicher zu lesen, der davorstehende Buchstabe ist vermutlich als ו zu lesen, aber nicht vollständig erhalten. Aufgrund der vielen aus dem Jeremiabuch genannten Propheten, die in dieser Liste aufgenommen sind, und der Vorrangstellung Hananjas unter den Falschpropheten, wodurch sein Fehlen sehr überraschend wäre, spricht einiges für die Rekonstruktion über das Ende seines Patronyms Asur (עזור), auch wenn er nach der Reihenfolge des Jeremiabuches eigentlich *vor* den drei Propheten aus Jer 29 hätte genannt werden müssen.[57]

Die Namen sind – trotz der aramäischen Überschrift – hebräisch geschrieben. Armin Lange erklärt sich den Wechsel zwischen Aramäisch und Hebräisch durch die Zitation des biblischen Textes, der bereits mit dem hebräischen Wortlaut verbunden ist, und der eigenen Formulierung der Überschrift im gängigen Aramäisch.[58] Zumindest für die Namen – die Angaben als בן – lässt sich die geprägte Tradition erkennen.

---

[55] Parallel zur Beurteilung Hananjas wird auch bei Schemaja in Jer 29,31 f. als Begründung für seine kommende Strafe angeführt, er habe ‚Falsches gegen Jhwh geredet' (סרה דבר על־יהוה). Hier wird jedoch das Zitat aus Dtn 13,6 genauer als in Jer 28,16 übernommen.

[56] BEYER, Texte 2, 128, hält sich insgesamt mit der Rekonstruktion zurück und bietet nur die erste Zeile des Dokuments.

[57] Es gibt noch eine weitere, wenn auch weniger wahrscheinliche Möglichkeit der Rekonstruktion, die hier zu vermerken ist. So endet auch der Vatername von Jaasanja, Sohn des Asur, (יאזניה בן־עזר) entsprechend, wenn der Vatername auch in Ez 11,1 im Gegensatz zum Vaternamen in Jer 28,1 nicht plene geschrieben ist. Dieser falsch weissagende Prophet wird im Hypomnestikon, allerdings zusätzlich zu Hananja genannt, im Gegensatz zu diesem jedoch mit der Nennung des Vaternamens. Siehe dazu im Folgenden. Wegen der herausragenden Rolle Hananjas im Jeremiabuch wäre sein Fehlen in 4Q339 jedoch in der Tat überraschend.

[58] LANGE, False Prophets, 217.

Die letzte Reihe der Liste stellt jedoch in der Rekonstruktion vor große Schwierigkeiten, da nur noch das absolute Zeilenende erhalten ist. Die letzten Buchstaben der Personenangabe, die hier gestanden haben muss, lauten עון. Dieses Ende führt zu zwei diskutierten Rekonstruktionen, die für die Interpretation der Liste und ihrer Funktion von entscheidender Bedeutung sind und darum hier auch genauer in den Blick zu nehmen sind.

1. Es handelt sich um Johanan ben Schimeon – Johannes Hyrcan I

    Magen Broshi und Ada Yardeni trafen in ihrer Erstausgabe noch keine endgültige Entscheidung zur Lesung der sehr zerstörten letzten Zeile.[59] Alexander Rofé und Elisha Qimron haben dann aufgrund der letzten drei Buchstaben (עון) und der Stellung, die einen Vaternamen wahrscheinlich macht, יוחנן בן שמ[עון als Rekonstruktion vorgeschlagen und die letzte Zeile somit auf Johannes Hyrcan (135–104 v. Chr.) bezogen.[60] Die Lesung als Ben Schimeon wird dadurch plausibilisiert, dass dies der einzige Name in der Zeit des zweiten Tempels sei, der auf עון endete. In diesem Falle hätte man einen nachalttestamentlichen Falschpropheten und zudem eine scharfe zeitgenössische politische Kritik, auf die die gesamte Liste hinauslaufen würde.[61]

    Dass dies die Interpretation stark beeinflusst, liegt auf der Hand, da somit die Nennung Johannes Hyrcans das Ziel der gesamten Liste wäre, indem sie ihn in eine unheilvolle Tradition stellen würde. Ein Text, der sich kritisch mit Johannes Hyrcan auseinandersetzt und ihn zudem in eine prophetische Tradition stellt, ist aufgrund der Parallelen unter den Qumrandokumenten und der Darstellung bei Josephus (Bell. Jud. 1,68) plausibel zu machen.[62] Dieser Lesart folgen auch Katell Berthelot mit dem Hinweis, dass die alternative Lesung (s. u.) die Struktur der Liste zerstören würde,[63] und auch Lange, der ebenfalls nach Abwägen der beiden Alternativen den Bezug auf

---

[59] Vgl. BROSHI/YARDENI, Netinim (Tarbiz). Dazu COHEN, False Prophets, 94.

[60] Vgl. QIMRON, List, und auch BROSHI/YARDENI, netinim, 36 f., die sich (zunächst) dieser Lesart angeschlossen hatten.

[61] Gerade COHEN, False Prophets, betont durch Parallelen zu hellenistischen Listen den Bezug auf einen festen Kanon, aus dem die Listen ihre Daten beziehen. Dies macht es unwahrscheinlicher, dass ein Prophet, der nicht im Alten Testament enthalten ist, die Liste abschließt. Kritisch zu einer zu schnellen Gleichsetzung – vor allem funktional – mit griechischen Listen LANGE, False Prophets, 212 f. Gerade an dieser Stelle wird jedoch deutlich, wie sehr die Interpretation von der Rekonstruktion der fast verlorenen letzten Zeile abhängt, da Lange den Verweis auf Johannes Hyrcan I mit zum Schlüssel für die Funktionalität des Textes macht.

[62] Vgl. QIMRON, List, und auch BROSHI/YARDENI, netinim, 37.

[63] Vgl. BERTHELOT, Search, 360–362. Auch JASSEN, Mediating, 304–306, verwirft die im Folgenden vorgeschlagene zweite Lesart aus strukturellen Gründen. Er hält die Nennung von Johannes Hyrcan für möglich, spricht sich aber offener dafür aus, dass es sich um eine „postbiblical figure" (a. a. O., 305), handelt.

Johannes Hyrcan favorisiert.[64] Doch ist hier Vorsicht geboten, zumal durch die Ausweitung auf nichtalttestamentliche Figuren kein abgeschlossener Kanon als Entscheidungshilfe vorliegt, welche Namensendungen es geben könnte.

2. Es handelt sich um eine Ortsangabe – Gibeon
Doch ist auch eine andere Rekonstruktion der Abschlusszeile möglich. So gibt es zwar keinen Vaternamen im Alten Testament, der mit der lesbaren Endung übereinstimmt, aber einen Ortsnamen: גבעון – Gibeon. Aus Jer 28,1 ist zudem ein Prophet, der als falscher Prophet rezipiert wird, bekannt, der aus Gibeon stammt: Hananja. So wird in diesem Vers, der Einleitung zu seiner prophetischen Auseinandersetzung mit Jeremia, neben seinem Patronym auch seine Herkunft angegeben. Aus diesem Grund bieten nun auch Broshi und Yardeni in ihrer DJD-Rekonstruktion[65] den aramäischen Satz נביאה די מן גב[ועןן „der Prophet, der aus Gibeon war" als wahrscheinlichere Lesart an.[66] Die letzte Zeile wäre somit eine genauere Bestimmung des zuvor bereits genannten Propheten. Diese Zusatzinformation würde sich, so auch die gegen die Rekonstruktion vorgebrachte Kritik, deutlich von den vorherstehenden anderen Angaben unterscheiden. Folgt man dieser Rekonstruktion, so bietet die Liste nicht mehr acht, sondern nur noch sieben Propheten. Auch an dieser Stelle würde – wie bei einer Interpretation als Johannes Hyrcan – das Gewicht durch die besondere und auffällig lange Formulierung auf dem letzten Propheten liegen. Dies könnte zudem erklären, warum Hananja entgegen der kanonischen Abfolge als letzter Prophet genannt wird. Denn gerade über ihn findet sich in Jer 28 die bei weitem ausführlichste Auseinandersetzung eines Propheten mit einem anderen Propheten. Hananja steht inhaltlich und in seinem Verhalten in Fundamentalopposition zum als wahren Propheten kanonisierten Jeremia.

Die Rekonstruktion der letzten Zeile bleibt zu unsicher, um aus ihr weitreichende Konsequenzen zum Verständnis der ganzen Liste und damit auch der Auffassung als Falschpropheten abzuleiten, wie sich nicht zuletzt an den Positionswechseln unter den einzelnen Forschern erkennen lässt. Dies gilt insbesondere für die Funktion der Liste, wenn man sie mit Johannes Hyrcan I. – oder einer anderen nach-alttestamentlichen Figur – verbindet und diese zum Schlüssel des Verständnisses macht.

---

[64] Vgl. LANGE, False Prophets, 213–218, und DERS., Art. False Teachers, 784. Die Möglichkeit, dass an dieser Stelle Johannes Hyrcan genannt wurde, sieht auch BROOKE, Prophecy and Prophets, 160.

[65] Vgl. BROSHI/YARDENI, DJD XIX, 77–79. Sie schließen sich damit nun der neueren Rekonstruktion von Qimron an, der ebenfalls seine Meinung zur korrekten Rekonstruktion geändert hatte.

[66] Dieser Rekonstruktion schließt sich auch COHEN, False Prophets, 93 f., an.

Für eine breitere Basis, auf der die Interpretation dieser Liste und damit die Klärung der Funktion von listenartigen Nennungen von Falschpropheten erfolgen kann, ist es deshalb hilfreich, noch eine zweite Liste hinzuzunehmen, in der ebenfalls Propheten aufgezählt werden, die falsch geweissagt haben.[67]

In dem deutlich jüngeren, christlichen Werk *Hypomnestikon Biblion Ioseppou*, das vermutlich zwischen dem 4. und 9. Jh. n. Chr. entstanden ist,[68] werden verschiedenste Fragen gestellt und meist durch Listen beantwortet. Eine Tendenz, Wissen und Weltordnung durch Listen zu sichern, ist hier deutlich greifbar. So finden sich auch verschiedene Listen, die sich mit Prophetinnen und Propheten auseinandersetzen und zudem große Überschneidungen zu den bereits von Hippolyt überlieferten Listen haben. Somit können die Listen als Teil einer deutlich älteren Traditionslinie verstanden und auch hier zum (strukturellen) Vergleich herangezogen werden.

Die Listen werden durch das Kriterium der Schriftlichkeit in der Prophetie gegliedert. So werden zunächst zwanzig Propheten genannt, die schriftliche Prophezeiungen gemacht haben und biblisch erwähnt sind (Moses, Josua, David, Salomo, Jesaja, Jeremia, Ezechiel, Daniel und die zwölf kleinen Propheten).[69] Sodann werden weitere Propheten aufgelistet, die ihre Prophezeiungen nicht schriftlich hinterlassen haben (u. a. Adam, Noah, Abraham, Isaak, Jakob, Eldad und Medad, Samuel, Gad, Nathan, Achija, der Schiloniter, Elia, Elisa, Micha ben Jimla, Iddo, Busi, Uria, Schemaja, Jadon und aus den neutestamentlichen Schriften zudem Zacharias, Simeon, Johannes der Täufer, Agabus, sowie weitere Propheten Israels: Ahija, Jehu Sohn des Chanani).[70]

Neben dieser Auflistung von männlichen Gestalten findet sich auch eine Liste der Prophetinnen. Diese beinhaltet Sarah, Rebekka, Mirjam, Zippora, Debora, Hulda, Hannah (Samuels Mutter) und dann in neutestamentlicher Zeit Elisabeth, Maria und Hannah.[71] Vergleicht man diese Zusammenstellung mit anderen Listen, so fällt auf, dass die Angaben dieser Propheten und Prophetinnen

---

[67] Das Phänomen, Propheten in Listen festzuhalten, erklärt FRENSCHKOWSKI, Prophetie, 117 f., über das Phänomen der prophetischen Sukzession, sodass die hier behandelten Falschprophetenlisten eine Art „Antisukzession" anzeigen.

[68] Die Datierung dieses Werks ist nicht eindeutig zu bestimmen und es wurden Verortungen zwischen dem 4. und 9. Jh. n. Chr. vorgeschlagen. Vermutlich hat das Werk selbst eine komplexere Entstehungsgeschichte durchlaufen und wurde in dieser Zeitspanne geschrieben und Stück für Stück erweitert. Zur genaueren Verortung und der Forschungsdiskussion siehe GRANT/MENZIES, Joseph's Bible Notes, 16–23. Zum Vergleich zwischen diesem christlichen Text und 4Q339 siehe auch COHEN, False Prophets, 101 f.

[69] GRANT/MENZIES, Joseph's Bible Notes, Nr. 14, 66–69.

[70] GRANT/MENZIES, Joseph's Bible Notes, Nr. 15, 68 f.

[71] GRANT/MENZIES, Joseph's Bible Notes, Nr. 16, 70 f. Dass hier eine ganze Reihe von Frauen als Prophetinnen wahrgenommen und analog zu ihren männlichen Kollegen aufgezählt werden, ist zu unterstreichen. Diese Gleichbehandlung ist für die patristische Rezeption nicht immer festzuhalten. So werden alttestamentliche Prophetinnen immer wieder genannt, ihr Wirken – speziell bei Hulda und Debora – wird aber etwa in den privaten Raum verlegt. Siehe

differiert, es somit wohl keine eindeutige Festlegung eines Kanons gab. Der babylonische Talmud (bMeg 14a) redet etwa von 48 männlichen Propheten und 7 weiblichen Prophetinnen, listet aber leider nur die sieben Frauen auf: Sarah, Miriam, Deborah, Hannah, Abigail, Hulda, Esther.[72] Noadja, die in Neh 6,14 als Prophetin bezeichnet wird, fehlt hier. Dies lässt sich jedoch leicht über ihre kritische Darstellung erklären.[73]

Auffällig ist in diesen Listen zudem, dass einige Figuren als Propheten oder Prophetinnen bezeichnet werden, die im Alten Testament diesen Titel nicht tragen. Dasselbe Phänomen findet sich auch für die folgenden falschen Propheten, deren Wirken auch im Alten Testament teilweise als prophetisch beschrieben wird. So werden als letzte im Themenbereich der Prophetie im Hypomnestikon unter der Frage: Τίνες ψευδοπροφῆται ἐν τῷ λαῷ[74] γεγόνασι; auch die Falschpropheten, die allesamt männlich sind, in Listen festgehalten.[75] Die Liste weicht von der bisher genauer angesehenen 4Q339 an einigen Punkten ab. So nennt sie beispielsweise insgesamt neun Propheten bzw. Prophetengruppen. Doch gibt es große Übereinstimmungen, die auf Grundprinzipien schließen lassen. Auf der Liste finden sich folgende Namen in dieser Reihenfolge: Zedekia, der Sohn des Kenaana mit 400 weiteren Propheten, die 400 Propheten, die Elia getötet hat, Paschhur, Hananja, Schemaja, der Nehelamiter, Ahab, der Sohn des Kolaja, Zedekia, der Sohn Maaseja, Jaasanja, der Sohn Asurs[76] und Pelatja, der Sohn des Benaja. Die Reihenfolge entspricht in etwa der kanonischen Abfolge, doch nicht exakt in der Kapitel- bzw. Versfolge.

4Q339	Hypomnestikon[77]	Altes Testament
Bileam, Sohn des Beor		Num 22–24
der alte Mann von Bethel		1 Kön 13,11–31

---

zu Rezeption der alttestamentlichen Prophetinnen in der patristischen Literatur insgesamt SIQUANS, Prophetinnen, und speziell zur Prophetin Hulda oben S. 250 Anm. 137.

[72] Zur Anzahl der Propheten und Prophetinnen in den verschiedenen Traditionen und zur genaueren Beschreibung der sieben Prophetinnen siehe besonders SEGAL, Esther, das 10. Kapitel „Prophets and Prophetesses", 145–242.

[73] So die These bei COHEN, False Prophets, 101 Anm. 23.

[74] Hier werden die Propheten also als „im Volk" verortet. Dies würde, wenn von einer Parallelität der Überschriften auszugehen ist, auch für 4Q339 die Deutung als „in Israel" unterstützen. Israel wäre hier dann als Volksgruppe zu verstehen.

[75] GRANT/MENZIES, Joseph's Bible Notes, Nr. 18, 72 f.

[76] Im Gegensatz zu Hananja wird Jaasanja mit dem Patronym Asur aufgezählt. Im MT tragen beide den gleichen Vaternamen. Für 4Q339, wo nur das Ende des Vaternamens vorhanden ist, liegt es trotzdem näher, an Hananja zu denken, da er sonst als einziger der im Jeremiabuch als Falschpropheten bezeichneten Gegenspieler fehlen würde. Die zweite Figur aus Ez 11,1 (Pelatja) taucht in 4Q339 ebenfalls nicht auf. Siehe auch Anm. 57.

[77] Die beigefügten Erklärungen sind hier jeweils nur abgekürzt wiedergegeben und bilden keine Übersetzung des Textes.

5.2 Hebräische und aramäische Belege und die Listen der Falschpropheten

4Q339	Hypomnestikon	Altes Testament
Zedekia, Sohn des Kenaana	Zedekia, Sohn des Kenaana (mit weiteren 400 Falschpropheten, die Ahab zum Aufbruch nach Ramath verleitet haben)	1 Kön 22,1–28; 2 Chr 18,1–27
Ahab, Sohn des Kolaja	Ahab, Sohn des Kolaja	Jer 29,21–24
Zedekia, Sohn des Maaseja	Zedekia, Sohn des Maaseja, der gegen Jeremia prophezeite	Jer 29,21–24
Schemaja, der Nehelamiter	Schemaja, der aus Babylon dem Jerusalemer Priester gegen Jeremia schrieb	Jer 29,24–32
Hananja, Sohn des Asur	Hananja, der das Joch im Konflikt mit Jeremia zerbrochen hat	Jer 28
Der Prophet aus Gibeon oder Johanan, Sohn des Simeon		
	400 durch Elia erschlagene Propheten	1 Kön 18
	Paschhur, der Jeremia ins Gefängnis gebracht hat	Jer 20
	Jaasanja, Sohn des Asur	Ez 11
	Pelatja, Sohn des Benaja	Ez 11

Auffällig sind im Hypomnestikon die Beschreibungen, die den Propheten zur leichteren Identifizierung und Einordnung beigefügt sind. So wird bei auffallend vielen genannten Personen ihre Gegnerschaft zu anderen Propheten betont. Die zweiten 400 Propheten werden im Gegenüber zu Elia profiliert und Paschhur, Hananja, Schamaja und Zedekia werden durch ihre Taten gegen Jeremia vorgestellt.[78] All diesen Propheten wird also ein innerweltliches falsches Tun gegen positiv besetzte Persönlichkeiten, meist aus dem prophetischen Bereich, vorgeworfen. Der Inhalt ihrer Botschaften in einer stärker theologischen Dimension wird in dieser Liste auffälligerweise nicht erwähnt. So heißt es etwa in Bezug auf Hananja nicht, dass er Falsches vorhergesagt habe und damit den falschen prophetischen Rat gegeben habe, und es wird auch keinerlei Bezug auf die Kriterien in Jer 28 selbst genommen. Er wird beschrieben als „Ananias, Sohn des Alom, der das hölzerne Joch Jeremias zerbrach als ein Symbol des Untergangs Babylons".

In den Listen wird nicht erwähnt, wodurch sich diese Propheten als Falschpropheten herausgestellt haben und damit nach welchem Kriterium sie aus-

---

[78] Jaasanja und Pelatja werden immerhin als bei Ezechiel genannte Propheten eingeführt (vgl. Ez 11,1), allerdings ohne, dass eine direkte Gegnerschaft unterstrichen würde.

gewählt wurden. Schaut man sich die alttestamentlichen Darstellungen der Prophetengestalten an, so bestätigt sich die Tendenz, die sich schon aus den der Liste beigefügten Beschreibungen ergab. Die meisten der hier genannten Propheten traten als Gegenspieler zu Propheten auf. Dies gilt insbesondere für die Gegner Jeremias. An keiner Stelle wird hingegen erwähnt, dass sie etwas angekündigt hätten, das sich nicht erfüllt habe. Eine kleine Einschränkung ist bei Zedekia, dem Gegenspieler Micha ben Jimlas, vorzunehmen, der mit anderen 400 Falschpropheten Ahab zur Reise nach Ramot verleitet hat. Doch auch hier liegt die Pointe nicht in der Ansage, sondern dem Aussprechen von Heilsbotschaften in einer Zeit, in der von den Propheten Kritik gefordert wäre. Zudem steht der Prophet Zedekia in der Beschreibung von 1 Kön 22 dem Propheten Micha ben Jimla direkt gegenüber und wird, mehr noch als die 400 weiteren Propheten, gerade in dieser Gegenspielerrolle gezeichnet. Im Mittelpunkt steht also wiederum ihre Gegnerschaft, die oft in einem politischen Kontext gesehen werden kann. Auffällig ist, dass zudem das Abbringen Israels vom rechten Pfad und Verführen ein Motiv ist, das in den mit den Namen verbundenen Geschichten immer wieder auftaucht und für die Falschpropheten ebenfalls prägend ist.

Ihre Rolle als Propheten ist ebenfalls nicht eindeutig aus dem Alten Testament zu bestimmen. So wird etwa Paschhur in Jer 20 als Priester bezeichnet (auch in der Septuaginta), der jedoch nach Jer 20,6 „in Falschheit geweissagt hat" (אשר־נבאת להם בשקר), und Jaasanja und Pelatja sind nach Ez 11 Oberste (שׂר), die Böses ersinnen und den Rat geben, keine Häuser zu bauen.[79] Wer in der Rezeption als Prophet – und dann analog auch als Falschprophet – bezeichnet wird, ist, wie deutlich geworden ist, nicht deckungsgleich mit der jeweiligen Bezeichnung in den alttestamentlichen Bezugstexten. Dies gilt auch für einzelne Aussprüche und ihre Wahrnehmung als Prophetenwort. Besonders Psalmenzitate werden in den Qumran-Dokumenten immer wieder als prophetische Aussprüche gedeutet, die erfüllt sind oder deren Erfüllung aussteht.[80]

Ein Vergleich beider Listen von Falschpropheten, die in etwa in der kanonischen Reihenfolge angegeben sind, wenn sich auch Abweichungen zeigen, sodass die Hypomnestikon-Liste etwa nicht mit Hananja als letztem alttestamentlichen Propheten endet, wie es für 4Q339 erwogen wird, sondern die Propheten aus Jer 29 und auch die beiden Propheten aus Ez 11 noch folgen

---

[79] Zu diesen Gegenspieler Jeremias siehe auch ARENA, Conflicts, 99–107.113–118.

[80] Auch bei Eusebius von Caesarea findet sich im 2. Buch seiner Kirchengeschichte (1. Kapitel) mit Blick auf den äthiopischen Kämmerer die Aussage, dass sich an ihm erfüllt habe, dass Äthiopien seine Hand nach Gott ausstrecke (vgl. Ps 68,32 bzw. Ps 67,32 in der LXX). Zu Eusebius von Caesarea und seinem Umgang mit Falschpropheten (besonders im Kontext des Montanismus) siehe unten Kap. 5.3.3.

lässt,[81] unterstreicht die Rolle des Jeremiabuches für die Kategorisierung als Falschpropheten. Genau die Hälfte aller aufgezählten Falschpropheten in 4Q339 kommt aus dem Jeremiabuch und alle sind direkte Kontrahenten Jeremias, im Hypomnestikon ist der Prozentsatz etwas niedriger. Zugleich zeigen die Unterschiede aber auch eine gewisse Offenheit in der Zuordnung, die sich auch nicht befriedigend durch die voranschreitende Kanonbildung erklären lässt, wie es Lange mit Blick auf 4Q339 vermutet, da die in Neh 6,10–14 genannten falschen Propheten im Gegensatz zu denen der Königebücher, der Propheten (Jeremia) und des Pentateuch (Numeri) nicht genannt sind.[82] Dies führt ihn zu dem sehr weitreichenden Schluss, dass der Verfasser des Dokuments die Bücher Esra und Nehemia nicht für kanonisch gehalten habe. Die Varianz in den Listen der Propheten und auch in der Nennung der falschen Propheten zeigt jedoch insgesamt, da in der Vorlage, dem Alten Testament, kein gemeinsamer Terminus gebraucht wird, dass die Zuordnung relativ fließend ist. Die im Hypomnestikon genannten Propheten, die als falsch dargestellt werden, beinhalten Neh 6 ebenfalls nicht – und bis zu diesem Text war die Kanonbildung in einem sehr viel weiteren Stadium. Hier werden zudem Gestalten aus dem Ezechielbuch genannt und damit aus einem Prophetenbuch, das in 4Q339 ebenfalls nicht vorkommt. Die scheinbare Objektivität und Allgemeingültigkeit, die sich durch den listenartigen Charakter aufdrängt, wird durch den Vorgang des Auswählens unterminiert, auch wenn ein einheitlicher Kernbestand traditionell wird.

Das Interesse an Listen zeigt das Interesse an der Kategorisierung der Gestalten der Vergangenheit und damit auch an einer festgelegten Interpretation ihrer Funktion, wie die Auswahl an Propheten und Falschpropheten zeigt. Die Fokussierung auf Elemente der Gegnerschaft zeigt, dass es sich dabei zumindest auch um identitätsbildende und identitätsstärkende Prozesse handelt. Die eigene Tradition, dies gilt auf jüdischer wie auf christlicher Seite, wird in diesem Sinne parallel zur Exkommunikation und Verdammung von aktuellen Gegnern behandelt. Da Prophetie in Fortsetzung der alttestamentlichen Prophetie Merkmale von Kritik und Opposition enthält oder enthalten kann, ähnelt die Funktion der Kanonisierung von Prophetenworten dem königlichen Umgang mit Prophetie im altorientalischen Raum. Das Gefahrenpotential von Prophetie mit ihren immanenten systemdestabilisierenden Aspekten bleibt auch in den ersten Jahrhunderten n. Chr. erhalten, sollte dabei aber nicht mit einer allgemeinen Ablehnung der Prophetie gleichgesetzt werden. Den Umgang mit aktuellen Propheten und Falschpropheten spiegelt das im Folgenden ins Zentrum gestellte so genannte Mose-Apokryphon (4Q375).

---

[81] LANGE, False Prophets, 207, bringt dies zu der Annahme, dass 4Q339 aus der Erinnerung geschrieben wurde und aus diesem Grund nicht systematisch nach den Falschpropheten gesucht wurde.
[82] LANGE, False Prophets, 217.

5.2.2 Das Mose-Apokryphon[a] 4Q375 und der Mischna-Traktat Sanhedrin – Doch eine Todesstrafe für Falschpropheten?

Ein zweites Dokument aus den Qumran-Höhlen, das in das erste Jahrhundert v. Chr. zu datieren ist, ist für die Beurteilung von Propheten, die als gefährlich angesehen werden und vor denen es sich zu schützen gilt, von Bedeutung. So wird in 4Q375[83] die Todeswürdigkeit von prophetischem Verhalten in Bezugnahme auf die beiden entscheidenden Gesetze im Deuteronomium in Dtn 13 und 18 thematisiert.[84] Zunächst wird dazu aufgefordert, den Worten eines von Gott gesandten Propheten unbedingt Folge zu leisten. Im zweiten Schritt geht es dann jedoch um einen Propheten, dessen Verhalten kritisiert wird.

Aber der Prophet, der aufsteht und bei etwas Falsches spricht, um dich von deinem Gott abweichen zu lassen, soll getötet werden (והנביא אשר יקום ודבר בכה [סרה להש]יבכה מאחרי אלוהיכה יומת).

Deutlich wird bis zu diesem Punkt bereits, dass von fortgesetzten prophetischen Aktivitäten im Kontext der Qumran-Gruppierungen oder breiter gesagt in Gruppierungen des ersten Jahrhunderts v. Chr. auszugehen ist. Denn nur bei der generellen Möglichkeit, dass Propheten auftreten können, ist ein Umgang mit etwaigen Propheten, die Falsches sagen oder tun, sinnvoll denkbar.[85]

Auch nach diesem Text gibt es Aussagen, die zum von der Gemeinschaft auszuführenden Tod des Propheten führen. Auch wenn an dieser Stelle im Gegensatz zu Dtn 13 keine Tötungsart angegeben ist, ist doch deutlich, dass der Prophet aktiv zu töten ist bzw. aus seiner Perspektive getötet werden wird (יומת, Hophal). An dieser Stelle verläuft der Text also analog zu Dtn 13 und gerade nicht zum Prophetengesetz in Dtn 18, in dem nur festgehalten wird, dass dieser Prophet sterben wird (מת, 3. Ps. Sg. m. Qal).[86]

Anzugeben, worin genau die verwerfliche Tat des Propheten besteht, ist wieder einmal durch eine textliche Lücke an der entscheidenden Stelle erschwert, doch lässt sich aus dem Abstand, der Parallele zu Dtn 13,6 und der Parallele im vermutlich zum selben Text gehörigen Fragment[87] 1Q29, nach

---

[83] Zum Text und zur Übersetzung siehe DJD XIX, 111–119. Zur Auslegung – und Rekonstruktion – siehe auch BRIN, Laws of the Prophets, und JASSEN, Mediating, 301–304.

[84] Auch in der Tempelrolle 11Q19 LIV,8–18; LXI,1–5 finden sich in juristischem Kontext Bezüge zu Propheten, die an Dtn 13 und 18 rückgebunden sind. Siehe dazu auch BROOKE, Prophecy and Prophets, 159 f.

[85] Vgl. dazu und zu diesem Text auch BROOKE, Art. Prophecy, 698, DERS., Prophétie, 505 f., und DERS., Prophecy and Prophets, 159 f.: „The implication of the composition is that prophecy in some form or other had not ceased." (a. a. O., 159). „Rather, legislation for dealing with false prophets was in place because it was necessary to be able to discern the difference between true and false prophecy." (164).

[86] Auch in Jer 28,16 ist die Ansage des Sterbens im Qal (מת) formuliert, wie es im Folgenden auch der narrativen Umsetzung entspricht.

[87] Vgl. Anm. 92.

5.2 Hebräische und aramäische Belege und die Listen der Falschpropheten

der ein Prophet ebenfalls Falsches spricht (המדבר סרה),[88] mit großer Wahrscheinlichkeit ergänzen, dass es sich auch hier um den falschen Inhalt (סרה) handelt, der dann zum Abweichen von Jhwh führt.[89] Dabei geht es nicht um ein sich nicht erfüllendes Wort, sondern um die Aufforderung zur Apostasie. So sind bereits an dieser Stelle zwei Aspekte zu unterstreichen, die 4Q375 mit einem großen Teil der bereits behandelten Literatur verbindet:

1. Der Grund, des Todes würdig zu sein, liegt wiederum in der Aufforderung zur Abkehr von Jhwh. Es geht nicht generell um eine falsche prophetische Aussage, das Kriterium ist eindeutig ein inhaltliches. Damit liegt der Fall auf der Ebene von Dtn 13 und nicht von Dtn 18, auch wenn im ersten Teil des Dokuments auf diesen Text Bezug genommen wird.
2. Es handelt sich um einen *Propheten*, der zu falschem Verhalten mit falscher Verkündigung auffordert, der Begriff נביא bleibt erhalten.[90] Somit ist erneut Vorsicht geboten, wenn in der Auslegung des Abschnitts immer wieder von „Falschpropheten" gesprochen wird.[91]

Doch der Text endet nicht mit der Feststellung, dass es sich um ein todeswürdiges Verbrechen handelt, sondern mündet in die Diskussion eines Sonderfalls, der für den Umgang mit Propheten, die zur Apostasie aufrufen, höchst aufschlussreich ist. Denn wenn der Stamm, zu dem dieser Prophet gehört, aufsteht und sich für ihn einsetzt, so ist der Prophet zum Priester im auserwählten Heiligtum zu bringen, wo eine Öl-Prozedur stattfinden wird. Die Verbindung zu 4Q376 – sowie zu 1Q29 und 4Q408, die zu 4Q375 gerechnet werden können –[92] legt die Deutung eines kultischen Verfahrens, das sich anschließt, nahe.[93] Die Qualifizierung des Propheten, die zu seiner möglichen Rettung führt, wird ebenfalls geschildert. So bezeichnet sein Stamm ihn als gerecht (צדיק) und als glaubwürdigen Propheten (נביא נאמן).[94] Der Grund, warum der Prophet trotzdem zur Distanzierung von Jhwh aufgerufen hat, wird nicht geschildert. Man kann hier nur vermuten, dass durch das Vorgehen und diese Einschränkung zum einen und vor allem gravierenden Fehlurteilen vorgebeugt wird, die auf falschen Be-

---

[88] Zur Übersetzung mit „falsch" siehe oben S. 121 Anm. 161. Im Ergebnis ist es dann die Apostasie, die durch das falsche Sprechen erzeugt wird. Die kritische DJD-Ausgabe (Strugnell) übersetzt an dieser Stelle direkt mit „apostasy".

[89] Der gleiche Vorwurf wird auch in der Tempelrolle 11Q19 LIV in der Wiedergabe von Dtn 13 formuliert.

[90] Auf die Verwendung des Substantivs נביא verweist auch JASSEN, Mediating, 302.

[91] So etwa bei DAHMEN, Art. Mose-Schriften, Absatz 2.2.1: „Grundsätzlich gilt, dass ein Falschprophet zu töten ist".

[92] Zur Rekonstruktion und Ordnung des gesamten Textes aus diesen Einzeltexten siehe auch den Vorschlag von LATOUR, Proposition.

[93] Vgl. dazu auch DAHMEN, Art. Mose-Schriften, Absatz 2.2.

[94] Zu alttestamentlichen Parallelen, etwa zu Samuel in 1 Sam 3,20, aber auch 1 Makk 14,41, vgl. BRIN, Laws of the Prophets, 28–31.

schuldigungen beruhen oder aus Konflikten zwischen den Gruppen resultieren. Zum anderen, stärker theologisch gedacht, würde so aber auch dem bisweilen überraschenden Wirken Jhwhs durch seine Propheten ein Spielraum gelassen, wie es in Bezug auf den täuschenden Geist in 1 Kön 22 und den verleiteten Propheten in Ez 14 bereits diskutiert wurde.[95]

Der bedingte Schutz für Propheten vor der nach Dtn 13 anzuwendenden Todesstrafe wird in einem weiteren Dokument in anderer Weise und Ausrichtung thematisiert und hier auf Falschpropheten bezogen. Der zeitlich auf die Liste der Falschpropheten 4Q339 als vermutlich nächster folgende Beleg in einer semitischen Sprache findet sich in der Mischna in mSan 1,5. Hier werden Prozesse gegen verschiedene Parteien nur ermöglicht, wenn es eine Gerichtsversammlung (בית דין) von 71 Menschen gibt. Dies dient dem Schutz der Angeklagten, legt Rechtsentscheidungen auf mehr Schultern und vermindert Fehlurteile. In diesem Zusammenhang taucht der נביא השקר – und damit nun ein *hebräischer* Begriff für einen Falschpropheten – interessanterweise parallel zu Parteien auf, die nicht negativ konnotiert sind. So geht es sowohl um die Verurteilung ganzer Stämme als auch die eines Hohepriesters. Der Falschprophet scheint hier also dem besonderen Schutz durch die harte Reglementierung des Gerichtsprotokolls für den Sanhedrin ebenfalls zu unterliegen, parallel zum Hohepriester und der Anklage eines ganzen Stammes. Dies unterstreicht die Vorsicht, gegen einen Propheten ein Todesurteil durch Menschen zu fällen und dies durch Menschenhand durchzuführen.

Im selben Mischna-Traktat Sanhedrin in mSan 11,5 (vgl. bSan 89a) spielt die Frage des Umgangs mit falschen Propheten ebenfalls eine wichtige Rolle. An dieser Stelle kommt nun die aktive Bestrafung in den Blick. So wird zunächst festgehalten, dass jemand, der etwas prophezeit, was er nicht aufgetragen bekommen hat, aktiv und durch Menschen (בידי אדם) zu töten ist. Diese hier formulierte Regel setzt einen neuen Akzent, der dem Befund im Alten Testament und den diskutierten Texten aus Qumran nicht entspricht. An dieser Stelle wird nun jedoch ein zweiter Aspekt ergänzt, denn die Strafe, die für das Nicht-Prophezeien trotz eines Auftrags vorgesehen ist, wird dem Himmel überlassen.[96] An dieser Stelle wird somit indirekt die Verantwortung des Propheten unterstrichen und auf diese Weise die Nichtnachprüfbarkeit des prophetischen Prozesses aufgenommen.

Hinsichtlich der Vorsicht gegenüber der Durchführung der Todesstrafe, einer zu beobachtenden Grundtendenz auch in anderen Fällen, liegt der Text auf derselben Linie wie es für 4Q375 bezogen auf den Sonderfall der Fürsprache gezeigt werden konnte. Die Unterscheidung zwischen der Durchführung durch Menschen und Gott bestärkt auf der einen Seite die Annahme, dass in Dtn 18

---

[95] Siehe dazu oben Kap. 3.3.
[96] Vgl. dazu GOLDENBERG, Problem, 91.

nicht zwangsläufig die Gemeinschaft als Akteur vorgesehen ist, betont aber, im Gegensatz zu der vorgebrachten Auslegung von Dtn 18 im Kontext des Alten Testaments, nun eine menschliche Beteiligung bei der Weitergabe nichtempfangener Botschaften. Dies sollte jedoch nicht losgelöst von der in mSan 1,5 ermöglichten Einschränkung bei der Durchführung gedeutet werden. Die bereits für Teile des Alten Testament gezeigte Tendenz der Vorsicht, die sich jedoch nicht auf jene Propheten bezieht, die nach Dtn 13 zu behandeln sind,[97] setzt sich also hier mit Einschränkungen, aber zudem auch in Belegen der frühen Kirchengeschichte weiter fort, die es im Kontext der griechischen Belege anzusehen gilt.

5.3 Griechische Belege

Auf griechischer Sprachebene ist die Beleglage für den Begriff ψευδοπροφήτης deutlich ausgeprägter als es für den semitischen Sprachraum festgestellt werden kann. Ein kurzer, ausschnittartiger Überblick mag auch hier die verschiedenen Verwendungsweisen konturieren. Neben einem Blick auf die Prophetie und vor allem Falschprophetie im Neuen Testament runden Einblicke in den Umgang mit Falschpropheten bei zwei Historikern den Blick ab: Josephus und Eusebius von Caesarea.

Mit dem einleitenden Wortbestandteil ψευδο- im Griechischen wird grundsätzlich eine ähnliche Bandbreite an Konnotationen ausgedrückt, wie es sich in Bezug auf das hebräische שקר bereits gezeigt hat. Das Bedeutungsspektrum lässt sich auf den Kernpunkt zusammenfassen, dass der so Bezeichnete sich oder den Inhalt seiner Rede und seines Handelns als etwas anderes ausgibt oder darstellt, als es eigentlich ist. Dies gilt etwa für die Bezeichnungen ψευδόχριστοι und ψευδοπροφῆται in gleicher Weise. Die Wortverbindungen können durchaus das aktive Lügen der Personen ausdrücken und sind etwa beim Meineid auch deutlich mit dem Verfälschen des Inhalts verbunden. Doch wäre eine generelle Übersetzung mit „Lüge" zu eng gefasst. Allgemeiner bietet sich das deutsche Pendant „falsch" als adäquate Übersetzung an.[98]

---

[97] Nur wenn man das Reden im Namen anderer Götter in Dtn 18,20, das im Kontext des Prophetengesetzes nicht unmittelbar zum durch Menschen herbeigeführten Tod führt, nicht als Angleichung an Dtn 13, sondern als Korrektur von Dtn 13 verstehen würde, hätte man im Alten Testament einen möglichen Hinweis auf einen solchen Prozess.

[98] Das Bedeutungsspektrum zwischen falsch und lügnerisch wird auch im Brill Dictionary of Ancient Greek, 2400–2403, deutlich sowie in den Angaben im Gemoll, 813, und speziell für das Neue Testament in Bauer-Aland, 1777–1779. Für das letztgenannte Werk liegt auf Grund der Fokussierung auf das Neue Testament der Schwerpunkt jedoch deutlich auf der Lüge und dem aktiven und wissentlichen Tun und Sprechen des Falschen.

5.3.1 Propheten und Falschpropheten im Neuen Testament

Im Neuen Testament werden verschiedene Vorgänge, die mit der Verkündigung des göttlichen Willens verbunden sind, als prophetisch dargestellt.[99] Die Bezugnahme auf die alttestamentlichen Propheten beinhaltet gleich mehrere wichtige Dimensionen.[100] Zunächst findet sich der allgemeine Rückbezug auf die Propheten als Teil der alttestamentlichen Schriften (Mt 7,12; 22,40; Lk 4,17; 16,29–31; Röm 3,21). Bei diesem Moment spielt die Verschriftung der Prophetenworte eine große Rolle. Auch David wird in die Reihe der Propheten gestellt (Apg 2,29 f.), eine Ausweitung, die sich auch in den Qumran-Schriften immer wieder zeigt.[101] Zudem wird für die nahe Vergangenheit, aber auch für die Gegenwart und Zukunft das Kommen von Propheten genannt bzw. angesagt und auf ihr prophetisches Wirken verwiesen (Mt 23,37; Lk 11,49 f., und für die jüngere Vergangenheit und Gegenwart die Prophetin Hannah in Lk 2,36[102] und Agabus in Apg 11,27 f.; aber auch Apg 13,1; 15,32; 21,9 f.). Dabei ist gerade bei Lukas das Auftreten der Propheten eher ein Kennzeichen der Epochen *bis* zur frühchristlichen Zeit und steht für die Gegenwart nicht im Fokus. Denn durch die Epochalisierung der Geschichte, die Lukas vornimmt, endet das Zeitalter der Prophetie eigentlich mit Johannes dem Täufer (Lk 16,16).[103]

Für die aktuelle Situation der Gemeinden werden in den Briefen prophetische Fähigkeiten durchaus positiv genannt, wenn sie der Gemeinde dienen (Röm 12,6; 1 Kor 12,10; 12,28 f.; 14,1–6; 1 Tim 4,14).[104] Gerade in den Paulusbriefen tritt insgesamt das Verb προφητεύω zusammen mit dem Substantiv προφητεία vor der Personenbezeichnung προφήτης stärker in den Vordergrund.[105] Die Ausdehnung

---

[99] Besonders ausgedehnt sieht das Phänomen ROWLAND, Prophecy, 410: „The New Testament is about prophecy from beginning to end". Zur Begrifflichkeit und den neutestamentlichen Belegen für Propheten und Pseudopropheten siehe FRIEDRICH, Art. προφήτης. Die für die griechische Divination wichtigen Begriffe χρησμολόγος und μάντις, auf die oben in Abschnitt 2.7.1 breiter eingegangen wurde, spielen im Neuen Testament auffälligerweise keine Rolle. Insgesamt zur neutestamentlichen Prophetie siehe FRENSCHKOWSKI, Prophetie, 133–149, HAHN / KLEIN, Frühchristliche Prophetie, 49–132, zur Pseudoprophetie 124–126, und RODGERS, Art. False Teachers. Zum Facettenreichtum der neutestamentlichen Belege für Prophetie und Propheten sowie zur methodischen Prämisse der Wahrnehmung des Wortfeldes als Funktion der Selbstbeschreibung siehe auch LUZ, Stages, 57–69. Zur neutestamentlichen Prophetie im Vergleich zu dem aus dem aus verschiedenen Qumran-Dokumenten zu erschließenden Verständnis von Prophetie siehe BROOKE, Prophets and Prophecy, 42–48.

[100] Insgesamt zum Umgang mit den alttestamentlichen Propheten im Neuen Testament siehe FRIEDRICH, Art. προφήτης, 831–836.

[101] Siehe dazu oben S. 300.

[102] Zu Hannah als Prophetin, aber auch die prophetische Darstellung von Zacharias, Elisabeth und Simeon siehe FRIEDRICH, Art. προφήτης, 836 f.

[103] Vgl. dazu PILHOFER, Prophetie, 58 f.

[104] Siehe dazu AUNE, Art. Prophet, 1703 f.

[105] Dabei hat das Verb gerade bei Paulus auch wie in 1 Kor 14,1–6.31 einen „ethisch-parakletischen Charakter" (FRIEDRICH, Art. προφήτης, 830). Es geht stärker um Ermahnung

der prophetischen Fähigkeiten auf Figuren, die in dieser Rolle als Propheten bezeichnet werden konnten, dabei jedoch kein dauerhaftes Amt innehatten, folgt dabei dem sich in der fortschreitenden persischen Zeit formierten und sich danach als prägender Zug zeigenden Ausweitung der Prophetie.[106] Dies gilt ebenfalls für die Verbindung des Geistbesitzes mit prophetischer Rede.[107] Gerade in der lukanischen Darstellung der Pfingstereignisse in Apg 2,17–21 wird die prophetische Rede durch den Bezug auf Joel 3,1–5 als ausgedehntes Phänomen durch den spontanen Geistbesitz skizziert und dabei in die Nähe der Glossolalie gerückt.[108] Zudem zeigt sich an diesem Beispiel die Verknüpfung der eigenen Situation mit den für die „späteren Tagen" angesagten prophetischen Geschehnissen.[109]

Insgesamt kann jedoch neben diesen grundlegenden Bezügen vor allem das Element des Rückbezugs auf die Propheten, besonders auf Jesaja, und die prophetische Tradition beobachtet werden. Dies bezieht sich sowohl auf den Inhalt der Botschaften als auch auf die prophetischen Figuren selbst. Zum einen werden gerade im Matthäusevangelium durch die Reflexionszitate die neuen Geschehnisse als Erfüllungen des lange Angesagten stilisiert (vgl. Mt 1,22; 2,5.15.17.23; 8,17; Joh 12,38; Apg 3,18 u. ö.; vgl. auch Lk 3,4; 18,31).[110] Durch diesen legitimierenden Rückbezug wird die Wertschätzung der im Alten Testament schriftlich vorliegenden Prophetenworte deutlich und das Element der Ankündigung und Erfüllung zum gesamtbiblischen Strukturmerkmal. Dieses Zusammenspiel hat sich etwa für das Prophetie-Verständnis des Deuteronomistischen Geschichtswerks als prägend erwiesen, kann aber auch intensiv bei Josephus' Umgang mit den alttestamentlichen Propheten beobachtet werden.

Zusätzlich zu den Geschehnissen werden auch Personen in die prophetische Tradition gestellt. Jesus selbst (Mt 13,57; 21,11; Mk 6,4; Lk 7,16; 9,8;[111] 24,19; Joh 4,19.44; 6,14; 9,17) wird genau wie Johannes der Täufer (Lk 1,76; 20,6)

---

und Tröstung als um Vorhersage. Zur Prophetie als Charisma bei Paulus und ihrer Relevanz in den Gemeinden sowie der Abgrenzung zur Glossolalie siehe a. a. O., 851 f., und LUZ, Stages, 64–66.

[106] Siehe dazu oben S. 286 f.

[107] Siehe dazu AUNE, Art. Prophet, 1703.

[108] Siehe dazu LUZ, Stages, 61. Auch in den Paulusbriefen wird das Element des geistgewirkten prophetischen Redens betont (vgl. 1 Kor 12,10) und auch die Glossolalie auf den Geist zurückgeführt. Da diese jedoch nicht aus sich heraus verständlich ist, ist zusätzlich eine ebenfalls geistgewirkte Auslegung derselben nötig (vgl. auch mit kritischerer Einstellung zur Glossolalie 1 Kor 14,1–25).

[109] Siehe dazu ROWLAND, Prophecy, 411 f.

[110] Zu Überschneidungen und auch Differenzen zwischen dem sich hier bei Matthäus zeigenden Geschichtsbezug in der Aufnahme prophetischer Worte und den Pescharim der Qumran-Texte siehe TILLY, Zukunftshoffnung, 108 f.

[111] Die direkte Gleichsetzung mit einem Propheten wird hier deutlicher als in der Parallele in Mk 6,15, die nur einen Vergleich Jesu mit den Propheten bietet. Dazu auch FRIEDRICH, Art. προφήτης, 844.

durch verschiedene Personen mit dem Prophetentitel versehen oder zumindest in die Nähe der Prophetie gerückt.[112] Doch zeigt sich auch in diesem Zusammenhang, dass der Prophetentitel zugleich mit einer Anknüpfung an die Gestalten der Vergangenheit verbunden ist. Dies wird in der angefragten Gleichsetzung Jesu (Mt 16,14; Lk 9,19) und Johannes des Täufers mit Elia (Mk 6,15; 8,28; Mt 14,5; 21,26.46; Lk 9,8; vgl. auch Joh 1,21–25)[113] oder anderen Propheten der Vergangenheit deutlich.[114] An diesen Stellen wird sogar eine mögliche personale Identität zwischen den alten Propheten und den in der Gegenwart auftretenden Figuren hergestellt.

Im Gegensatz zum Alten Testament wird an verschiedenen Stellen des Neuen Testaments der Vorwurf des *Prophetenmordes* erhoben, der sich auch durch die zwischentestamentlichen Prophetenapokryphen speist.[115] So betonen Mt 23,31–39; Apg 7,52, 1 Thess 2,15 und Hebr 11,36–38 die Verfolgung, Misshandlung und Tötung der Propheten durch Israel selbst. Zum einen zeigt sich, gerade in 1 Thess 2,15 eine Verknüpfung dieses Vorwurfs mit der Ermordung Jesu. Zugleich wird auf diese Weise das Motiv des Martyriums der Propheten unterstrichen, das im Alten Testament zwar durch das Leiden des Propheten Jeremia angelegt ist, aber sich erst in der Folgezeit zu einem bestimmenden Motiv entwickelt.[116] Die Hochschätzung des Martyriums und der radikale Vorwurf des Prophetenmordes sind nicht nur in neutestamentlichen Schriften sichtbar, sondern etwa auch in der Darstellung der Prophetie unter den Montanisten bei Eusebius von Caesarea.[117]

Neben dem positiven und legitimierenden Rückbezug auf die Propheten gibt es im Neuen Testament zudem Auseinandersetzungen mit prophetisch geprägten

---

[112] Vgl. FRENSCHKOWSKI, Prophetie, 134–140, AUNE, Prophecy, 153–188, sowie im Überblick DERS., Prophet, 1703, zudem ausführlich zu beiden Figuren bei FRIEDRICH, Art. προφήτης, 838–849, und HAHN/KLEIN, Frühchristliche Prophetie, 49–59. Die spezifische Sicht des Lukasevangeliums auf Jesus als Propheten hat VERHEYDEN, Jesus, herausgearbeitet. Dabei diagnostiziert er eine Abgrenzung Jesu gegenüber dem Prophetentitel, der nur im Munde derer auftaucht, die seine eigentliche Funktion (noch) nicht erkannt haben. In jedem Fall bleibt das Motiv der wiederkommenden Propheten – religionsgeschichtlich gesehen – in Teilen der persönlichen Frömmigkeit oder auch der von den Evangelisten entworfenen Theologie vorhanden, selbst wenn es in einigen Fällen von der zweiten Seite zurückgewiesen wird.

[113] In Mt 14,5 zeigt sich ein Motiv, das schon an verschiedenen Stellen dieser Studie hervorgehoben wurde. So hält die Wahrnehmung Johannes des Täufers als Prophet, die sich beim Volk zeigt, Herodes davon ab, diesen zu töten. Vgl. auch Mt 23,30 f. und insgesamt zur Zurückhaltung, einen Propheten töten zu lassen, Kap. 3.2.1.2 und 3.2.1.3.

[114] Vgl. auch FRENSCHKOWSKI, Prophetie, 96.

[115] Siehe dazu SCHOEPS, Prophetenmorde. Dem Motiv des gewaltsamen Endes der Propheten geht breit STECK, Israel, nach. Er führt die Vorstellung auf deuteronomistische Kreise zurück, zeichnet die Entwicklung dann aber vor allem in nachalttestamentlicher Zeit nach.

[116] SCHOEPS, Prophetenmorde, 136–143, verbindet die genannten Todesarten mit den Legenden, die sich um die Prophetengestalten Jeremia, Ezechiel und Secharja entwickeln.

[117] Siehe zu Eusebius unten Kap. 5.3.3.

Widersachern, die sich in der Gegenwart und Zukunft abspielen.[118] Dabei ist zwischen einer durchaus geprägten Sprache ohne Nennung des konkreten Terminus ψευδοπροφήτης und der expliziten Verwendung des Begriffs zu unterscheiden. Dieser kommt etwa in den Paulusbriefen nicht vor.[119] Hier geht es weniger als im Alten Testament um Kriterien zur Erkennung der falschen Prophetie.[120] Doch wird in dieser Tradition das Motiv der Prüfung (δοκιμάζειν) der Geister, die gerade den Menschen im Besitz des Geistes, der sich in prophetischen Gaben äußert, möglich und damit als Aufgabe zugewiesen ist, zu einer mehrfach betonten Notwendigkeit (vgl. 1 Kor 12,10 mit 14,29; 1 Thess 5,20 f. u. ö.).[121] Die inhaltliche Ausrichtung auf Jesus in seiner Inkarnation und seinem Kreuzestod bildet bei Paulus, aber auch grundlegender für die neutestamentlichen Schriften das inhaltliche Kernkriterium der wahren Botschaft, an der sich auch die prophetischen Worte messen lassen müssen.

Der Begriff ψευδοπροφήτης wird im Neuen Testament insgesamt elfmal verwendet, im Zentrum stehen die Warnung vor diesen Figuren und die Forderung der Distanzierung. Der alttestamentliche Kontext von Propheten, die kritisch gesehen werden, wird an diesen Stellen mit der konkreten, durch die Septuaginta geprägten Begrifflichkeit des Falschpropheten fortgeführt. Die Kategorisierung als Falschpropheten gehört somit in den Rahmen der frühchristlichen Identitätsbildung. Als konkrete Einzelperson tritt nur Barjesus bzw. Elymas als Falschprophet in Apg 13,6–11 auf, der auch als Zauberer und Magier bezeichnet wird.[122] Er ist der klassische Gegenspieler vor einem Oberen oder Herrschenden – hier dem Prokonsul – und richtet sich gegen Paulus und seine Lehre. Paulus kündigt

---

[118] Die Rolle der Falschpropheten als Gegenspieler reiht sich in den im Tagungsband TILLY/MELL, Gegenspieler, insgesamt aufgezeigten Prozess der frühchristlichen Identitätsbildung durch Abgrenzung und Exklusion.

[119] Vgl. zu diesem Begriff und der Rolle der Falschpropheten im Neuen Testament insgesamt FRIEDRICH, Art. προφήτης, 831.857 f., und LUZ, Stages, 67–72, der ein Aufkommen der Falschprophetie-Problematik am Beginn des zweiten Jahrhunderts n. Chr. aufzeigt.

[120] Im Gegensatz dazu werden in Did 11,8–10 durchaus Kriterien genannt. An dieser Stelle wird der Zusammenhang aus ethischem Verhalten und wahrem Prophetentum greifbar, der sich als Motiv schon in der alttestamentlichen Prophetenkritik findet. Siehe dazu oben Kap. 3.1. Siehe insgesamt zur Prophetie, der Notwendigkeit des Erkennens der falschen Propheten und den mit diesem Thema verbundenen Fragen der Autorität und Führung der Gemeinde in der Darstellung der Didache JEFFORD, Prophecy, 297–303. Auch im Hirt des Hermas spielen, besonders in Kapitel 11, Falschpropheten und die Frage ihrer Identifizierung eine größere Rolle. Zur Prophetie in dieser Schrift siehe HAHN/KLEIN, Frühchristliche Prophetie, 147–151.

[121] Zu den Paulusbriefen siehe LUZ, Stages, 67 f. DAUTZENBERG, Prophetie, 122–148, hat sich dafür ausgesprochen, das Element der *Deutung* in 1 Kor 12–14 stärker zu machen als das der *Unterscheidung*. Dies passt zu Dautzenbergs generellen Darstellung der Prophetie im Danielbuch und den Qumranschriften als Vorgang des Deutens, ist aber auch gut mit der Unterscheidung von Prophetie und Zungenrede in 1 Kor 12–14 vereinbar, wo das Deuten der Glossolalie einen unentbehrlichen Aspekt darstellt, um positiv gewertet werden zu können. Siehe dazu auch Anm. 105. Zum geistgewirkten Verstehen als wichtiges Element bei Paulus siehe auch 1 Kor 2,10–16.

[122] Eine ähnliche Rolle spielt Simon Magus in Apg 8,9–11.

dessen Erblindung an, die sofort eintritt, und zeigt sich so als der wirkmächtigere und damit wahre Verkünder, was den Prokonsul zum Glauben führt. Deutlich wird hier die deuteronomistische Tradition des prophetischen Konflikts um die Rechtmäßigkeit der Person und vor allem der durch sie verkündeten Inhalte, die sich in der Erfüllung zeigt. Der ebenfalls in der Traditionslinie der alttestamentlichen Prophetenkritik liegende Vorwurf, dass falsche Propheten sich besonders gut mit dem Volk stellen, wird in Lk 6,26 aufgenommen und durch einen Rückbezug auf die Vergangenheit begründet. Hier wird betont, dass zu viel gute Nachrede gefährlich sei, da man sich in Analogie zu jenen Falschpropheten stellen würde und gerade nicht zu den Propheten, die auf Widerstand im Volk gestoßen sind und wirklich von Gott gesandt waren (Lk 6,22 f.).

Die Falschpropheten spielen zudem eine größere Rolle im Rahmen der apokalyptisch ausgerichteten Texte und Textpartien, da sie als Zeichen der Endzeit dargestellt werden.[123] So wird in der Johannesapokalypse eine Einzelfigur als Falschprophet bezeichnet, während zugleich autoreferentiell dazu aufgefordert wird, die Worte der Prophezeiung des Buches (τοὺς λόγους τῆς προφητείας τοῦ βιβλίου; vgl. Apk 22,10.18 f.) zu schützen und zu achten. Der Verfasser der Johannesapokalypse stellt dabei seinen Text, aber auch sich selbst, in eine prophetische Tradition.[124] Der genannte Falschprophet tritt in Analogie zum apokalyptischen Tier auf und sein Reden wird mit unreinen Geistern verbunden (Apk 16,13; 19,20; 20,10). Wenn auch die apokalyptische Zuspitzung sich von den alttestamentlichen Vorläufern unterscheidet, ist doch das Auftreten von verschiedenen und gegensätzlichen Propheten gerade in Krisenzeiten insgesamt typisch.[125] Zudem findet sich im apokalyptischen Kontext die Verbindung des Falschpropheten mit dem unreinen oder täuschenden Geist, wie es in Sach 13 und 1 Kön 22 angelegt ist.[126]

---

[123] Zur Prophetie im Kontext der Apokalyptik siehe HAHN / KLEIN, Frühchristliche Prophetie, 103–114, und FRENSCHKOWSKI, Prophetie, 96–99. Zur religionsgeschichtlichen Verknüpfung von Prophetie und Apokalyptik siehe TILLY, Apokalyptik, 20–23, sowie DERS., Zukunftshoffnung. Gerade in der Ausrichtung auf die Geschichte, die ein Kernmerkmal zumindest der deuteronomistischen Prophetie darstellt, bestehen die größten Unterschiede zur sich entwickelnden apokalyptischen Literatur. Zu den Kontinuitäten und Diskontinuitäten zwischen Prophetie und Apokalyptik und dem jeweiligen Bezug auf Geschichte siehe AUNE, Prophecy, 112–114, und LEUENBERGER, Theohistorie, der davor warnt, beide Kategorien jeweils als zu einheitliche Größen einander gegenüberzustellen.

[124] Vgl. FRENSCHKOWSKI, Prophetie, 155 f.

[125] Das Auftreten von gegnerischen Figuren bzw. die Stilisierung als solche in Krisenzeiten betont auch AUNE, Prophecy, 222–228. „Name-calling and the use of pejorative labels (e. g. false prophet, false apostle, false teacher) reveal the existence of crisis and conflict among those who were competing authorities in early Christian congregations." (a. a. O., 222).

[126] Neben diesem Falschpropheten wird in der Johannesapokalypse, im Sendschreiben an Thyatira (Apk 2,18–29) einer Frau namens Isebel der Vorwurf gemacht, sich Prophetin zu nennen (ἡ λέγουσα ἑαυτὴν προφῆτιν), zu lehren und so die (göttlichen) Sklaven zur Hurerei und dem Verzehr von Götzenopferfleisch zu verführen. Ihr wird als Strafe eine Krankheit angedroht, die sie auf ihr Bett werfen wird. Somit wird der sexuelle Vorwurf in der Straf-

Eine ebenfalls apokalyptische Funktion wird den Falschpropheten in Mt 24,11 zugesprochen. In Mt 24,24 und analog in Mk 13,22 tauchen, ebenfalls in apokalyptischen Zusammenhängen, neben diesen Falschpropheten auch falsche Christus-Figuren (ψευδόχριστοι) auf. In dieser Hinsicht sind beide Figurengruppen jeweils Menschen, die sich fälschlich als etwas ausgeben, das sie nicht sind. So handelt es sich bei ihnen gerade nicht um Propheten oder um Christus-Figuren. Beide Gruppen sind jedoch in der Lage, Wunder und Zeichen zu tun, um dadurch zu verwirren und fehlzuleiten. Dieser Zusammenhang erinnert an die Propheten in Dtn 13, von denen ebenfalls gesagt wird, dass ihre Zeichen eintreffen. Gerade die Gefahr des Vertrauens auf einen Propheten durch seine Wirkmächtigkeit wird unterstrichen. Zu erkennen ist ein wahrer Prophet nach diesen neutestamentlichen Texten nicht an seinen Wundern, sondern am Inhalt seiner Verkündigung, wie die dritte Gruppe von Belegen zeigt.

Der häufigste Kontext der Nennung von Falschpropheten ist die Warnung vor ihren Lehren (vgl. Mt 7,15–23),[127] die, besonders in 1 Joh 4,1–3[128] und 2 Petr 2,1, mit dem inhaltlichen Kriterium der Verehrung Jesu verbunden ist. Wer nicht zu seiner Nachfolge aufruft, ist ein falscher Prophet, eine Linie, die mit Dtn 13 und der Tradition verbunden werden kann, dass der Aufruf zur Nachfolge anderer Götter eine Überschreitung der Grenzlinie ist, die den Rahmen dessen sprengt, was durch Propheten gesagt werden darf. Zugleich finden sich jedoch auch Spuren der Vorsicht gegenüber der Beurteilung eines Propheten auf Grundlage seiner Aussprüche. So wird in der Didache (11,8) im Rahmen der Regelungen zur Gastfreundschaft auch auf Propheten eingegangen. In diesem Zusammenhang wird dazu aufgerufen, einen Propheten, der mit Geistbesitz redet, weder

---

androhung aufgenommen. Auch an dieser Stelle ist es schwer zu fassen, wie Isebels Rang als Prophetin oder selbsternannte Prophetin eingeordnet wird. LICHTENBERGER, Apokalypse, 103, wertet die Zusammenhänge aus: „Doch die fälschliche, schädliche Prophetie dieser angeblichen Prophetin beweist, dass sie keine ist, sondern dass sie dies nur behauptet". In der Regel wird der Name Isebel mit der israelitischen Königin verbunden, die in der LXX ebenfalls mit dem Stichwort πορνεία und mantischen Praktiken verbunden wird (vgl. 2 Kön 9,22 LXX). Methodisch stellt sich in Bezug auf die gängige Auslegung der Passage jedoch die Frage, in welchem Maße die Motive, die mit der alttestamentlichen Isebel verbunden sind, als Schlüssel der Auslegung in Apk 2,18–29 benutzt werden sollten. Denn die Verbindung zu anderen Göttern oder evtl. dem Kaiserkult kann Isebel durch die Aufforderung zum Verzehr des Götzenopferfleisches zugeschrieben werden, spielt in den Vorwürfen jedoch eigentlich keine Rolle. Durch die Verbindung der alttestamentlichen Isebel zum Baalskult, der wiederum mit sexuellen Ausschweifungen verbunden ist, wird dieser Vorwurf, der dann einen Einfluss auf das Prophetieverständnis hat, eingetragen. Zum inhaltlichen Vorwurf der falschen Lehre siehe KARRER, Apokalypse, 448 f.

[127] Siehe zur Rolle der Falschpropheten in diesem Abschnitt und in Mt 24,23 f. AUNE, Prophecy, 222–224, der nach den aktuellen Konflikten und Streitigkeiten um die Autorität, die sich bei Matthäus zeigen, fragt.

[128] Vgl. AUNE, Prophecy, 224 f., zur sich hier zeigenden Stellung zur Inkarnation als Unterscheidungskriterium.

zu prüfen noch zu richten.[129] Hier zeigt sich erneut die Vorsicht bei der inhaltlichen Beurteilung der Rede eines Propheten, gerade im juristischen Kontext.

Der Überblick hat die legitimierende Funktion der alttestamentlichen Prophetenworte und zugleich die Ausweitung der Prophetie über eine Profession hinaus betont. Das Christusgeschehen und seine Deutung wird dabei zu einem neuen inhaltlichen Kriterium zur Einordnung prophetischer Rede. Insgesamt reiht sich der Umgang mit Falschpropheten im Neuen Testament in den durch die Septuaginta gestifteten Traditionszusammenhang ein, betont dabei aber stärker die Funktion und Gefahr von Prophetie und Falschprophetie im apokalyptischen Zusammenhang. Die Rolle der Prophetie in Zeiten der Krise erweist sich als gemeinsames Merkmal aller antiker Prophetie. Wie in Bezug auf das Alte Testament ausführlich aufgezeigt, lassen sich auch die neutestamentlichen Verfasser in ihrer Darstellung der Prophetie insgesamt und gerade bei der Rolle des Geistbesitzes nicht auf eine Linie festlegen.

5.3.2 Josephus und die Rolle der Propheten und Falschpropheten in der Geschichtsdarstellung

Flavius Josephus, als jüdischer Historiker, stellt sich selbst sowohl in die priesterliche Linie durch seine Abstammung[130] als auch in die prophetische Tradition und sichert damit die Glaubwürdigkeit seiner eigenen Schriften ab. Dabei dient gerade der Bezug auf die alttestamentlichen Propheten dazu, die Zuverlässigkeit der jüdischen Überlieferung aufzuzeigen. Insbesondere betont er dies als Gegensatz zur griechischen Geschichtsschreibung, der es an zuverlässigen Quellen mangeln würde (bes. Ap. I 37–41).[131] Damit fungieren die alttestamentlichen Propheten als eine Art Vorläufer für Josephus' eigene historische Arbeit.[132] Die Verknüpfung von Prophetie und Geschichte bzw. Geschichtsdeutung, die sich in Bezug auf das Deuteronomistische Geschichtswerk gezeigt hat, ist auch bei Josephus' Geschichtsdarstellung ein entscheidendes Motiv. Auch die durchlaufende Betonung der schriftlichen Quellen, die auf Propheten zurückgehen, ist in diesem Kontext zu verstehen.[133] Dabei verwendet er die Bezeichnung Prophet für mehr Figuren und häufiger als es in den jeweiligen alttestamentlichen Vorlagen der Fall ist.[134] In seiner Selbstdarstellung findet sich zudem ein

---

[129] Zu diesem Motiv vgl. auch HAHN / KLEIN, Frühchristliche Prophetie, 193 f., im Kontext der Zurückhaltung der Kirche gegenüber der inhaltlichen Bewertung der montanistischen Prophetie.

[130] Zur priesterlichen Abstammung und Selbststilisierung siehe SCHRECKENBERG, Art. Josephus, 762–764.

[131] Siehe dazu PILHOFER, Prophetie, 57 f.

[132] Vgl. FELDMAN, Prophets, 219–221.

[133] Siehe dazu DELLING, Prophetie, 109 f.117, FELDMAN, Prophets, 211.

[134] Vgl. FELDMAN, Prophets, 213 f. Die gehäufte Benennung Samuels als Prophet steht etwa im Einklang mit Sir 46,13–20. Zu Bezügen auf andere Personen mit divinatorischen Funk-

neues Element. Denn gegenüber Vespasian, zu diesem Zeitpunkt noch General, tritt Josephus selbst in prophetischer Funktion auf und kündigt diesem die auf ihn zukommende Kaiserwürde an, die er auf Grund dessen judäischer Herkunft als Erfüllung alttestamentlicher Verheißungen ansieht (Bell. Jud. 3,340–391).[135]

In seinen Werken kommt Josephus an verschiedenen Stellen gerade auf die politischen Ankündigungen von Propheten zu sprechen[136] und betont die sich durchziehende Korrespondenz von Ansage und Erfüllung.[137] Dabei zeigt sich in Bezug auf die Darstellung der alttestamentlichen Propheten eine deutliche Tendenz, in seiner Darstellung der Ereignisse die Ankündigungen verschiedener Propheten (Jona und Nahum/Jeremia und Ezechiel/Haggai und Sacharja) auszugleichen.[138] Der Fokus auf die Erfüllung von Ankündigungen als prophetisches Kernmerkmal wird auch anhand Josephus' Auswahl der Prophetenfiguren und der mit ihnen verbundenen Texte deutlich. Diese kann sich im unmittelbar Folgenden vollziehen oder auch als Ansage für weit spätere Zeiten verstanden werden. In seinem Rückgriff auf den Propheten Jesaja ist diese Ausrichtung das leitende Motiv und Josephus hält fest, dass Jesaja sicher war, dass er nie etwas Falsches angesagt habe und dies deshalb schriftlich festhielt, damit Männer zukünftiger Zeiten dies erkennen können würden (Ant. 10,35).[139] In dieser Passage

---

tionen, zumeist in der Kategorie des μάντις, und dem Traum als wichtiges Offenbarungsmittel siehe FELDMAN, Prophets, 228 f.234–236, und GRABBE, Prophet, 243 f.

[135] Diese Ankündigung ist auch bei Sueton, Divus Vespasianus 5,6 belegt. Vgl. dazu PILHOFER, Prophetie, 58. SCHRECKENBERG, Art. Josephus, 766, weist darauf hin, dass die bei Josephus vorliegende Verbindung von Priestertum und Prophetie an die Tradition von Jeremia und Daniel anknüpft. Zu Josephus' Rolle als Prophet und Priester siehe auch BLENKINSOPP, Prophecy. Josephus verwendet dabei für sich selbst den Begriff „Prophet" nicht, nur durch seine Ansagen und der Aufzeichnung der Geschichte kann er in dieser Funktion erkannt werden. Zur Diskussion, ob sich Josephus selbst als Prophet sah, siehe FELDMAN, Prophets, 211.224–227, und GRABBE, Prophet, 245.

[136] Siehe insgesamt zur Nennung von Propheten bei Josephus GRABBE, Prophet, 240–243.

[137] Siehe z. B. für Elia Ant. 9,27.119 f.; für Elisa 9,72–74.179; für Jeremia 10,106 f.140 f.180 f.; für Nahum 9,242 und insgesamt zur Bedeutung des Eintreffens eines Prophetenwortes am Beispiel seiner Darstellung des Propheten Daniel 10,277–280. Zum Eintreffen des prophetischen Wortes als Merkmal wahrer Prophetie siehe FELDMAN, Prophets, 229 f.
Zu dem oft mit Josephus verbundenen Ende bzw. Rückgang der Prophetie und der prophetischen Sukzession im Speziellen siehe die Einwände von THEN, Propheten, 22–25, der auf die in seinen Schriften durchaus geschätzten klassischen, aber auch späteren Propheten verweist, sowie die Diskussion zwischen FELDMAN, Prophets, bes. 222–230, und GRABBE, Prophet, die sich vor allem darin unterscheiden, welche Kernelemente sie der Prophetie als notwendige Bestandteile zuschreiben (Vorhersage der Zukunft und Interpretation der Gegenwart und Vergangenheit) und ob die Verwendung des Begriffs durch Josephus, die sich zumeist auf die Propheten der Vergangenheit beschränkt, ein entscheidendes Merkmal darstellt. Zur Frage nach einem Ende der Prophetie siehe insgesamt oben Kap. 5.1.

[138] Vgl. dazu DELLING, Prophetie, 116 f., und BEGG, Classical Prophets, 561, sowie ausführlich zu allen späteren Königen DERS., Josephus' Story.

[139] Zur Darstellung der jesajanischen Prophetie bei Josephus und zu den grundlegenden Differenzen zu den alttestamentlichen Erzählungen siehe ausführlicher BEGG, Classical Prophets, 554–557, sowie DELLING, Prophetie, 115, und FELDMAN, Prophets, 220.

wird somit die Wahrheit eines Prophetenwortes von seinem Eintreffen abhängig gemacht. So wird deutlich, dass das Element der Erfüllung prophetischer Ankündigungen auch für Josephus grundlegend ist und Differenzen zwischen den Propheten erklärt und als nur scheinbare Widersprüche klassifiziert werden müssen. Narrativ umgesetzt wird dies anhand der Figur Kyros. Der Perserkönig liest selbst bei Jesaja, welche Aufgabe ihm zuteilwird und handelt dementsprechend. Doch auch für das Verständnis der Schriftprophetie ist diese Feststellung aufschlussreich, da der Bezug zu den kommenden Lesern unterstrichen wird.[140]

Bezüglich Ahabs Tod ist dies in Ant. 8,406–408.417f. zu bemerken. An dieser Stelle werden die Ansagen von Elia und Micha ausgeglichen. Auch das angekündigte Schicksal Zedekias im Jeremiabuch, gerade nach Jer 34,[141] und Ezechiels Ankündigung in Ez 12,13, Zedekia – der dort allerdings nicht namentlich genannt wird – würde gefangen werden, Babylon aber gerade nicht sehen und sterben, führt zu einer harmonisierenden Lesart. Josephus' Wiedergabe der Geschehnisse führt dazu, dass am Ende alles eingetroffen war und alle großen Propheten sich somit auch als wahre Propheten erwiesen.[142] Er berichtet in Ant. 10,106f.141, dass Jeremia Zedekia auf sein schlechtes Handeln hingewiesen und ihm unheilvolle Ankündigungen über die erneute Belagerung durch Babylonien oder Ägypten gemacht habe. Erst wollte der König auch hören, aber dann schalteten sich seine Freunde ein und legten die Worte anders aus. Zedekia glaubte nun keinem der Propheten mehr, da sie in der Frage, ob er nach Babylon kommen würde (so Jeremia) oder es nicht sehen würde (so Ezechiel) differierten. Durch Zedekias Blendung wurde aber letztlich beides erfüllt, sodass Josephus mit dem Hinweis schließt, dass er, wie es Jeremia sagt, gefangen nach Babylonien geführt worden sei, dies aber nicht sah, wie es Ezechiel angekündigt hatte, da er zuvor geblendet worden war.

Neben den alttestamentlichen „wahren" Propheten kommt Josephus auch auf „falsche" Propheten zu sprechen und benutzt den Begriff ψευδοπροφήτης mehrfach in seinen verschiedenen Werken.[143] Zwei recht unterschiedliche Belege aus den *Antiquitates Judaicae* sind für die Verwendungsweisen besonders auffällig:

In den *Antiquitates* (9,133f.) spricht er im Kontext der Jehu-Revolution parallel zu der Bezeichnung ψευδιερεύς – also Lügenpriester –, die häufiger bei Josephus erscheint und ebenfalls weder innerhalb des Masoretischen Texts noch in der Septuaginta ein direktes Pendant hat, von diesen Falschpropheten. Interessanterweise wird in diesem Abschnitt auch einfacher von ἱερεύς ge-

---

[140] Die Bedeutung der späteren Zeiten und Lesenden wird auch bei BEGG, Classical Prophets, 556, unterstrichen.
[141] Vgl. dazu breit oben Kap. 4.2.2.2.
[142] Vgl. dazu DELLING, Prophetie, 116f.
[143] Siehe z.B. Ant. 8,236.241f.318.402.406.409; 9,133–137; 10,66.104.111. Siehe zur Verwendung auch GRABBE, Prophet, 241, und FRENSCHKOWSKI, Prophetie, 103–109.

sprochen und dieser dann etwa dem Baal zugeordnet. Dies zeigt, dass der Zusatz ψευδο- kontextbedingt wegfallen kann. Der entscheidende Vorwurf an dieser Stelle ist das Abbringen von Jhwh und der Aufruf zur Verehrung anderer Götter. Jehu tötet, nachdem er bereits alle Anhänger Ahabs vernichtet hat, alle entsprechenden Priester und Propheten mit einer List: Er lädt zu einem fingierten Opferfest für eine Großzahl von Göttern und lässt dann alle, die kommen, von seinen Soldaten töten. Ein inhaltliches Element, das mit der Kategorie der Erfüllung zusammenzudenken wäre, wird nicht zu Grunde gelegt. Dass sich eine ihrer Botschaften als falsch erwiesen hätte, wird nicht erwähnt. Diese falschen Propheten sind zu töten, wie es auch in der Linie von Dtn 13 liegt, da der Aufruf zur Abkehr von Jhwh eine Grenze darstellt, die jede Offenheit innerhalb eines prophetischen Diskurses beendet.[144]

Aufschlussreich ist ferner Josephus' Darstellung der Ereignisse um Jerobeam und Jadon (Ant. 8.225–235). Hier steht ein Falschprophet als Gegenspieler zum richtigen Propheten Jadon auf. Dieser Falschprophet betrügt und verleitet dann auch Jerobeam, woraufhin nun der boshafte Charakter des Königs festgehalten wird. Diese Geschichte hat ihr alttestamentliches Pendant in 1 Kön 13, dort bleibt der Prophet bzw. der Mann Gottes, der als der alte Mann aus Bethel bekannt wurde, namenlos.[145] Der Verlauf der Geschichte und die Darstellung der Figuren weichen entscheidend ab, denn auffälligerweise wird der alte Prophet dort nicht als falscher Prophet bezeichnet. 1 Kön 13,18 hält jedoch fest, dass er den Gottesmann belügt (כחש im Piel bzw. ψεύδομαι).[146] Die Nacherzählung durch Josephus betont hingegen sowohl sein besonders arglistiges Verhalten als auch seinen Stand als Falschprophet. Wieder einmal werden so klare Grenzen gezogen, die es in der alttestamentlichen Erzählung gerade nicht gibt.

Ein kurzer Blick auf zwei Belege aus *De bello Judaico* kann die Konturierung des Bildes, das die Schriften von Josephus bieten, abrunden. So beschreibt er im 2. Buch (2,261–263), dass zu der Zeit Kaiser Neros ein Falschprophet aus Ägypten gekommen sei, der sich als Prophet ausgegeben und eine große Menge an Menschen um sich geschart habe. Auch mit dieser Episode ist also explizit der Vorwurf des politischen Widerstandes verbunden und die Gefahr für die Ordnung, die von Propheten ausgehen kann.

Eine besondere Rolle spielt ein Falschprophet im Zusammenhang mit der Niederbrennung des Tempels bzw. seiner Vorhalle, die eine große Zahl an Menschenleben forderte, wie es Josephus im 6. Buch (6,285–288) beschreibt.[147]

---

[144] Siehe dazu oben Kap. 3.2.1.2.

[145] Damit liegt Josephus Darstellung auf der Linie der Falschprophetenliste 4Q339, die den alten Mann aus Bethel ebenfalls zur Liste der Falschpropheten rechnet (s. o. Kap. 5.2.1).

[146] Evtl. kann auch die Variante der Septuaginta in V. 11, die Söhne würden das Gesicht ihres Vaters wenden, in dieser Richtung verstanden werden.

[147] Vgl. dazu auch MUTSCHLER, Geschichte, 106 f. Wichtig ist, auch den Kontext dieser Anklage der falschen Propheten zu sehen. So führt Josephus im Folgenden aus, dass es Vor-

Hier wurden dieser Falschprophet und weitere Männer als Betrüger von den Tyrannen zum Volk geschickt, um diese davon zu überzeugen, ruhig zu bleiben, sich nicht zu erheben und so getötet zu werden. Die Verantwortung wird diesem Betrüger zugeschrieben. An dieser Stelle geht es somit um eine Art instrumentalisierter Falschpropheten, die nicht mit den normalen Propheten gleichgesetzt werden können. Dass es sich an dieser Stelle um aktiven Betrug handelt und die Propheten gegen besseres Wissen aus politischen Gründen handeln, steht in diesem Zusammenhang außer Frage.

Insgesamt kann für Josephus somit eine Hochschätzung der Ankündigung der alttestamentlichen Propheten, die sich in der Geschichte erfüllt haben, festgehalten werden. Das deuteronomistische Erfüllungskriterium wird in Josephus' Geschichtsdarstellung weit konsequenter angewandt als es die deuteronomistischen Texte selbst tun. Auf diese Weise wird die Geschichtshoheit des Gottes Israels verstärkt herausgestellt. In aktuellen Konflikten spielen die Falschpropheten erneut eine gefährliche Rolle, sind aber im Vergleich zu den neutestamentlichen Belegen verstärkt in ihrer politischen Funktion dargestellt.

5.3.3 Eusebius von Caesarea und die Rolle der Falschpropheten in seiner Kirchengeschichte

Nach Josephus thematisiert im vierten Jahrhundert n. Chr. noch ein weiterer mit der Geschichte befasster Schriftsteller und Theologe das Phänomen der Falschpropheten, der hier herauszugreifen ist. So kann die Reihe der Werke fortgesetzt werden, die zugleich eine deutende Geschichtserzählung liefern und diese mit prophetischen Figuren verbinden. Gerade bei diesem Beispiel lohnt sich – auch in systematischer Hinsicht – ein genauerer Blick auf die Darstellung der abzuwehrenden Falschpropheten. So ist die Präsentation dieser Figuren in Eusebius' Kirchengeschichte zugleich ein Dokument der Identitätskonstruktion und -sicherung einer Gruppe – hier der jungen Kirche – durch Abgrenzung von anderen und Mechanismen der Exklusion. Eusebius von Caesarea beschreibt aus christlicher Perspektive in seiner *Historia Ecclesiastica* gleich mehrere Figuren

---

zeichen gegeben habe, die trotz der Irreführungen die kommende Katastrophe bis zu einem gewissen Grad erkennbar haben machen können. Doch bergen diese Vorzeichen das Problem der Deutungsoffenheit in verschiedene Richtungen. Mutschler befasst sich breiter mit dem Aufbau dieses Abschnitts und beleuchtet die sich hier ergebende Dynamik aus klarer, aber falscher Heilsprophetie, Zeichen, die sowohl als Heils- als auch Unheilsbotschaft gedeutet werden konnten, und aus nicht als wahr angenommener Unheilsprophetie, sodass sich die Unentrinnbarkeit des Schicksals ergibt. Hier zeigt sich auch Josephus' Zurückhaltung gegenüber zeitgenössischen Propheten. Dass Josephus in dieser Hinsicht eng an die deuteronomistische Darstellung von Prophetie anknüpft, liegt auf der Hand, doch ist im Alten Testament die Überzeugung grundlegend, dass es zwar schwierig ist, prophetische Botschaften korrekt einzuordnen, sie aber letztlich den Weg zum Heil erkennbar machen können.

als ψευδοπροφήτης.[148] Deutlich ist, dass sich diese Tradition der Bezeichnung sowohl im Juden- als auch im Christentum früh durchgesetzt hat. Eusebius erwähnt (Hist. Eccl. II 21) unter explizitem Rückgriff auf Josephus den bereits angesprochenen Propheten aus Ägypten, der zum politischen Widerstand aufgerufen hat. Mit Bezug auf Hegesippus verweist er zudem in einem Atemzug auf ψευδόχριστοι, ψευδοπροφῆται und die ψευδαπόστολοι (Hist. Eccl. IV 22). Allen wird vorgeworfen, die Einheit der Kirche dadurch gestört zu haben, dass falsche Lehren über Gott und den Messias verbreitet wurden. Diese Aufzählung liegt in der bereits dargestellten Linie der aus dem Neuen Testament genannten Belege (vgl. Mk 13,22; Mt 24,24).[149]

Doch auch im folgenden fünften Kapitel seiner Darstellung der Kirchengeschichte kommt Eusebius im Zusammenhang mit den Montanisten, der phrygischen bzw. kataphrygischen Prophetie, ausführlicher auf von ihm und seinen Quellen als Falschpropheten eingruppierte Personen zu sprechen (Hist. Eccl. V 14; 16–19).[150] Denn gerade bei den Montanisten wurde die Prophetie, vor allem in ihrer ekstatischen Form, weit höher geschätzt als in den meisten altkirchlichen Gruppierungen. Sie gehörte zu den Zeichen des nahenden Endes.[151] Im 16. Kapitel des fünften Buches widmet sich Eusebius ausführlich dem Problem der falschen Propheten unter den Montanisten und beruft sich dabei auf den schriftlichen Bericht eines nicht namentlich genannten Mannes.[152] In der Darstellung kommen zunächst die Differenz zwischen Selbstbezeichnung und damit auch Kategorisierung und Fremdbezeichnung und die in den Bezeichnungen sich vollziehenden Exklusionsvorgänge in den Blick. So wird ausgeführt, dass die Gemeinde annahm, von dieser neuen Prophetie (ὑπὸ τῆς νέας ταύτης προφητείας) beeinflusst worden zu sein, dass sie jedoch eigentlich, wie zu zeigen sei, von Falschprophetie (ψευδοπροφητείας) betört wurde (Hist. Eccl. V 16,4). Nicht nur die sich diametral entgegenstehende Einordnung als Prophetie oder

---

[148] Auf christlicher Seite kann auch auf die Auseinandersetzung mit gnostischen Strömungen in der Kategorie des Umgangs mit als falsch eingestufter Prophetie verwiesen werden, wie sie in der Darstellung von Valentinian Markos als Falschprophet bei Irenäus deutlich wird (Haer. 1,13 ff.).

[149] Siehe dazu oben S. 323.

[150] Zu Text und Übersetzung siehe WILLING, Eusebius, 236–246, und zur genauen Darstellung und Einordnung des Inhalts a.a.O., 246–270. Zur montanistischen Prophetie siehe HAHN / KLEIN, Frühchristliche Prophetie, 188–191, und FRENSCHKOWSKI, Prophetie, 181–187.

[151] Zur Marginalisierung der Prophetie im Bereich der sich entwickelnden Großkirche ab dem 2. Jahrhundert n. Chr. siehe LUZ, Stages, 72–74.

[152] Zur Identifizierung dieses Verfassers und der möglichen Gleichsetzung mit Apollinarius von Hierapolis siehe WILLING, Eusebius, 247. Gerade in der Verwendung der Quellen zeigt sich, dass Eusebius' Darstellung prägende Züge einer Literaturgeschichte trägt; so MOREAU, Art. Eusebius, 1071 f. Zur Klassifizierung der Montanisten als Falschpropheten bei Eusebius, aber auch bei Tertullian vgl. FRIEDRICH, Art. προφήτης, 862 f. Zur Frage, warum man sich vom Prophetie-Verständnis der Montanisten absetzte, siehe auch LUZ, Stages, 69 f.

Falschprophetie zeigt sich in dieser kurzen Beschreibung, sondern zugleich auch das Element der Neuheit.[153] Eine Prophetie, die als neu und nicht als traditionsgebunden empfunden wird, ist fragwürdig.[154] Die Gemeindesituation, die in dem Bericht beschrieben wird, ist geprägt durch die Auseinandersetzung mit dieser neuen theologischen Richtung, sodass es auch in diesem Konflikt im Kern um die Abgrenzung der eigenen Theologie und Fragen der religiösen Autorität geht. Die Zuordnung des Elements „falsch" zu Gegenspielern in Konflikten zieht sich durch die alttestamentlichen und neutestamentlichen Konflikte.

Die Vorwürfe knüpfen in verschiedener Hinsicht an die für das Alte Testament und die frühchristliche bzw. jüdische Formen der Auseinandersetzung mit abzuwehrenden Propheten an. Zum einen wird den Montanisten und ihren Propheten und Prophetinnen auf der Basis der Darstellung des Apollonius eine moralisch fragwürdige Lebensweise sowie Bestechlichkeit vorgeworfen (Hist. Eccl. V 18). Dieser Vorwurf reicht für Eusebius, um die Unrechtmäßigkeit ihrer Propheten und auch ihrer Märtyrer zu beweisen.[155] Zum anderen wird auch die Art des prophetischen Aktes als problematisch beschrieben. Montanus' Auftreten, der sich als Paraklet im johanneischen Sinne sieht, wird als ekstatisch beschrieben, er war von Geistern beeinflusst. Auch hier findet sich wieder die nun schon mehrfach belegte Verbindung mit betörenden Geistwesen. Dies wurde, nach dem Bericht, teilweise von den Umstehenden erkannt, da der Inhalt der Rede dem der überlieferten Lehre deutlich widersprach (Hist. Eccl. V 16,7 f.). So wird die Vorsicht einiger Menschen gegenüber Montanus beschrieben, da ja bereits Jesus eindringlich vor Falschpropheten gewarnt habe, jedoch zugleich die Faszination der anderen beschrieben.[156] Als Urheber der Ekstase und falschen Prophetie sieht die zitierte Quelle den Teufel selbst an.[157] Eusebius' Quelle bezieht sich in

---

[153] Dieses Element kommt auch in der ebenfalls von Eusebius zitierten Darstellung der Schriften des Apollonius (Hist. Eccl. V 18,2) prominent zur Geltung, der über Montanus als neuer Lehrer (ὁ πρόσφατος διδάσκαλος) spricht. Vgl. auch V 16,10; 19,2. Zum Vorwurf der Neuheit vgl. auch WILLING, Eusebius, 260 f. Allerdings wurde die Prophetie auch in der Selbstbezeichnung der Montanisten als neu bezeichnet, vgl. HAHN / KLEIN, Frühchristliche Prophetie, 181.

[154] So hält nach Hist. Eccl. V 16,10 diese neue Lehre der Prüfung durch die Gläubigen nicht stand, wird als Häresie eingestuft und die Anhänger werden aus der Gemeinschaft verbannt.

[155] Zu diesen Vorwürfen und der Übereinstimmung mit der sonstigen eusebianischen Theologie siehe WILLING, Eusebius, 260–263. Die Abgrenzung der Lehre der Montanisten gestaltete sich wegen des weitgehenden Fehlens eines eigenen Lehrbestandes als schwierig (vgl. HAUSCHILD / DRECOLL, Alte Kirche, 149), gerade deswegen wurde das Prophetie-Verständnis und das moralische Verhalten der eigentlich durch ihren rigoristischen Lebensstil geprägten Gruppierung in den Mittelpunkt gestellt, um die erwünschte Abgrenzung zu erreichen. Dies zeigt sich auch an dem Phänomen, dass die Montanisten eher für die umliegenden Gebiete zum Problem wurden und nicht als gesamttheologische Herausforderung angesehen wurde. Siehe dazu ANDRESEN, Geschichte, 18. Zum Vorwurf der Bestechlichkeit gegenüber Propheten siehe oben für das Alte Testament S. 92 f. und für den griechischen Bereich S. 73–76.

[156] Zu den Falschpropheten im Neuen Testament siehe oben Kap. 5.3.1.

[157] Dass sich diese Darstellung gut in die eusebianische Theologie und Konzeption von

ihrer Darstellung zusätzlich auf den Schriftsteller Militiades, dessen Schriften jedoch nicht erhalten blieben (Hist. Eccl. V 17). An dieser Stelle steht wiederum die Ekstase als verbotenes Element der Prophetie im Mittelpunkt, das, nach der Darstellung, in den Schriften des Alten und Neuen Testaments in dieser Weise keine Vorläufer habe.[158] Auf diese Weise wird den Montanisten weiter und nun auch in ritueller Dimension ein Traditionsbezug verwehrt. Zusätzlich wird bezüglich dieser weiterhin als Falschpropheten klassifizierten Personen die Beschreibung angefügt, dass der Beginn einer solchen Ekstase noch freiwillig und in Unwissenheit geschehe, der dann folgende ekstatische Zustand jedoch unfreiwillig und unkontrolliert stattfinde. Für die Wahrnehmung der Schuldigkeit der Propheten für ihre falschen Aussagen bzw. die Frage, ob sie erkennen, dass sie Falsches sehen (vgl. Ez 13), ist diese kurze Notiz erhellend.

Zwei Punkte sind in Eusebius' Ausführungen für die in dieser Studie im Mittelpunkt stehende Thematik zu beachten: So wird der Vorwurf von Seiten der Montanisten den – aus Eusebius' Sicht – Rechtgläubigen gegenüber zitiert, sie seien Prophetenmörder (προφητοφόντας; Hist. Eccl. V 16,12). Dieser Vorwurf ist auch neutestamentlich belegt, hat aber keine Entsprechung im Alten Testament.[159] Als Grund für das Aufkommen des Gerüchts wird die verweigerte Aufnahme der Montanisten durch die Gemeinden genannt. Entkräftet wird dieser Vorwurf, formuliert in rhetorischen Fragen, durch den Hinweis darauf, dass die Montanistinnen und Montanisten im impliziten Gegensatz zu den Angehörigen der Gemeinschaft, die sie kritisieren, niemals unter Gewalt durch die Juden gelitten hätten und keiner von ihnen gekreuzigt worden wäre.[160] Diese Argumentation ist schon insofern bemerkenswert, da der Vorwurf, jene, als falsch eingestuften Propheten getötet zu haben, ein schweres Gewicht zu haben scheint. Dies deckt sich mit der für das Alte Testament, die Qumranschriften, aber auch breiter den altorientalischen und griechischen Raum aufgezeigten Hochachtung der Propheten, die einen gewissen Schutz besaßen. Noch aufschlussreicher ist jedoch die Fortsetzung des Berichts, wird doch betont, dass diese Falschpropheten – Montanus, Theodot und Maximilla –[161] trotzdem starben, wobei die

---

Häresie fügt, zeigt WILLING, Eusebius, 255 f. Insgesamt war die Rolle der Ekstase und geistgewirkten Prophetie ein noch zu klärendes Problem der Großkirche. Die Betonung der Verbindung von Charisma und Amt entwickelte sich auch in Reaktion auf die Montanisten. Siehe dazu HAUSCHILD/DRECOLL, Alte Kirche, 149–152. Damit geht die junge Kirche, im Interesse der Sicherung der eigenen Strukturen, einen entschieden anderen Weg als er durch Texte wie Joel 3 und die Chronik vorbereitet wurde, in denen der Geistbesitz gerade ausgedehnt wurde und dabei von den konkreten Amtsträgern gelöst wurde. Siehe zu diesem Prozess oben S. 297 f.

[158] Doch siehe insgesamt zu den verschiedenen Positionen der neutestamentlichen Schriften zur Verbindung von Geistbesitz und Prophetie etwa bei Paulus und Lukas oben S. 318 f.

[159] Siehe zu diesem Vorwurf im Neuen Testament oben S. 320.

[160] Hier mag zudem auch die Zurückweisung des Ansehens, das aus dem Martyrium resultieren würde, eine Rolle spielen.

[161] Für eine ausführlichere Darstellung der Rolle Maximillas und der anderen weiblichen Prophetinnen unter den Montanisten siehe MARJANEN, Female Prophets.

Umstände ihres Todes mysteriös und nicht gänzlich geklärt scheinen und seine Darstellung an dieser Stelle ebenfalls auf Gerüchte zurückgeht. So berichtet die Quelle, sie hätten sich unter falschem Geisteinfluss ein jeder zur vorherbestimmten Stunde erhängt und damit, wie explizit erwähnt wird, das Schicksal des Judas geteilt, oder wären, dies wird über Theodot berichtet, in den Himmel aufgestiegen und herabgestürzt.[162] Festzuhalten ist somit, dass der Tod dieser Falschpropheten zwar durchaus als gerecht angesehen wird, dabei aber ein mysteriöses Zustandekommen gänzlich ohne Zutun anderer Menschen und vor allem der eigenen Partei betont wird. Die falschen Propheten müssen sterben bzw. ihr Tod erscheint als angemessen, aber nicht durch die Hand der als rechtgläubig angesehenen Widersacher. Dies deckt sich mit den für Dtn 18, Ez 13 und Jer 28 gemachten Beobachtungen, wenn auch in Bezug auf die Montanisten der Tod eher dämonischen Kräften als Gott selbst zugeschrieben wird.[163]

In Bezug auf die Prophetin Maximilla ist eine weitere Episode hinzuzunehmen. So referiert Eusebius seine Quelle weiter (Hist. Eccl. V 16,19), die mit der genaueren Beleuchtung ihres Wirkens fortfährt und ihre Aussagen – nicht sie selbst – verbal formuliert als falsches Prophezeien und Lüge beschreibt. An dieser Stelle wird nun inhaltlich auf ihre Prophezeiungen eingegangen, wobei es nun nicht mehr um die wahre Lehre geht, sondern um konkrete Ankündigungen von Kriegen und Aufständen. Diese wären – mehr als 13 Jahre nach ihren Ankündigungen – jedoch nicht eingetroffen, im Gegenteil, es herrschten auch für die Christinnen und Christen überaus friedliche Zeiten. So sind ihre Ankündigungen als Falschaussagen (ψευδολογία) offenbar geworden. Dieses Argument dient dazu, die Anhänger im Rückblick davon überzeugen zu können, dass Maximillas Aussagen nicht zu trauen gewesen sei. Hier findet sich somit erneut das Kriterium *ex post*, das die falsche Ankündigung erst durch die Nachwelt nachprüfbar macht.[164]

Insgesamt zeigt der Überblick über Eusebius' Umgang mit den von ihm und seinen Quellen als Falschpropheten und -prophetinnen eingestuften Personen und besonders der Montanisten, dass das Motiv der gewollten Abgrenzung und damit der rhetorischen Funktion der Bezeichnung als „falsch", die aufgebrachten Vorwürfe des moralischen Fehlverhaltens und der Bestechlichkeit sowie die mit Vorsicht zu behandelnde Thematik des Todes dieser prophetischen Personen auch in nachalttestamentlicher Zeit prägend bleibt.

---

[162] An dieser Stelle (Hist. Eccl. V 16,15) findet eine Art überlieferungsgeschichtliche Quellenkritik statt, da der Verfasser des zu Grunde liegenden Berichts selbst anmerkt, dass dies auch alles falsche Gerüchte sein könnten und die genannten Montanisten und Montanistinnen auch auf ganz andere Weise zu Tode gekommen sein könnten.

[163] Siehe ausführlich zum Sterben von Propheten, die das Falsche weissagten, Kap. 3.2.1.2, aber auch Kap. 3.2.3.2 zu Ez 13 und Kap. 3.2.2.1 zu Hananjas Tod in Jer 28.

[164] Zum deuteronomistischen *ex post*-Kriterium der Erfüllung, gerade im Prophetengesetz in Dtn 18 siehe ausführlich oben Kap. 3.2.1.1.

5.4 Kontinuitäten und Diskontinuitäten im Umgang mit falschen Propheten – Ergebnisse

Der Durchgang durch die frühe Rezeptionsgeschichte hat insgesamt einen Rückgang neuer Prophetenfiguren und einen Schwerpunkt der Bezeichnung Prophet für die Propheten des Alten Testaments zutage gefördert. Dies gilt für die Belege aus Qumran, für Josephus und das Neue Testament in gleichem Maße. Zur Legitimation der eigenen Positionen wurde eine Verbindung mit schriftlich aufbewahrten Worten von Propheten hergestellt. Dies bezieht sich auf den Schriftbezug als solchen (Tora und Propheten) wie auch auf die Bezugnahme auf einzelne Schriften und Prophetenfiguren. In diesem Zusammenhang erklärt sich auch die Betonung Davids als Prophet, da die gerade in den Psalmen ihm zugeschriebenen Texte als prophetische Schriften wahrgenommen wurden und auf die jeweilige Gegenwart bezogen wurden. Auch das Motiv des Wiederkommens der Propheten, besonders als Elia *redivivus*, und die Stilisierung als Prophet wie Mose zeugt von einer Kontinuität in der prophetischen Tradition.

Konflikte mit Falschpropheten und um den Umgang mit diesen zeigen, dass Prophetie als Phänomen und auch das Auftreten von Einzelfiguren in der Zeit des zweiten Tempels (und danach) nicht endete, wie oft angenommen wurde. Die Beurteilungen und Ausprägungen von Prophetie in der Gegenwart verliefen in den verschiedenen Gruppen jedoch höchst unterschiedlich. Was als Prophetie verstanden wird und wer als Prophet verstanden wird, ist deutlich breiter zu fassen als die Belege klassischer prophetischer Aussprüche und Prophetenfiguren im Alten Testament. So wird das Verständnis von Prophetie von Einzelgestalten gelöst und somit ausgeweitet und schlägt sich auch in einer Varianz der Modi nieder (etwa in der Schriftauslegung als prophetischem Prozess).

In Analogie zu entsprechenden Listen aus dem hellenistischen Umfeld besteht zudem die Bestrebung, die Deutung von Personen in Listen festzulegen (4Q339; Hypomnestikon) und somit auch Falschpropheten einem Prozess der Kanonisierung zuzuführen. Dieser Vorgang beendet jegliche Offenheit in prophetischen Diskussionen zugunsten von harten Kategorien. Nun ist es nicht mehr ein Prophet, der an einer Stelle etwas Falsches sagt, sondern die Figur wird *kategorial* als Falschprophet festgelegt. Dies ist das Ende der sich bereits innerhalb des Alten Testaments und seiner textgeschichtlichen frühen Überlieferungsphase anbahnenden Entwicklung, prophetische Konflikte zu entscheiden.

Im Fokus stehen häufig politische Konflikte und damit Prophetenfiguren, die gegen die legitimierte oder zu legitimierende theologische und vor allem politische Richtung aufgetreten sind. In dieser Weise stehen sie in Analogie zu anderen Figuren, die ebenfalls mit dem Präfix ψευδο- charakterisiert werden (Priester, Apostel usw.). Die Gegnerschaft als Hauptelement der Falschpropheten, wie es schon in den Beschreibungen der Septuaginta durch den Begriff ψευδοπροφήτης als ein entscheidendes Element vorkam oder auch in achämenidischen Schriften zu erkennen ist, die die Gegner in den Bereich der Lüge zeichnen, zeigt sich auch im nachalttestamentlichen Sprachgebrauch. In gewisser Weise hat sich so das *ex post*-Kriterium aus Jer 28 und vor allem Dtn 18 als pragmatisch erwiesen. Liefert es im Alten Testament vor allem die Offenheit für sich widersprechende prophetische Ratschläge zur Beurteilung der aktuellen Lage und wird damit aus dem Rückblick zur prägenden Möglichkeit der deuteronomistischen Geschichtstheologie, die göttliche Geschichtslenkung zu unterstreichen, wird es in der nachalttestamentlichen Zeit zu einer Kategorisierungshilfe der Falschpropheten und – positiv gewendet – zu einer Möglichkeit der Legitimierung der eigenen Gemeinschaft und Position durch die Erfüllung der prophetischen Ankündigungen.

Deutlich wurde aber auch der diskutierte Umgang mit zu tötenden Propheten, die falsch geredet haben und damit zum Abfall von Gott bzw. der Distanzierung von Gott oder Jesus aufgerufen haben. Dieses Element hat sich aus Dtn 13 und gerade nicht aus dem deuteronomistischen Prophetengesetz in Dtn 18 entwickelt. Diese absolute Grenze darf von prophetischer Seite nicht überschritten werden, sonst wird die radikale Strafe der Tötung verhängt. Doch auch in Bezug auf das Töten dieser schuldig gewordenen Propheten zeigt die frühe Rezeptionsgeschichte, dass hier große Vorsicht geboten ist, wie etwa an der Zurückweisung des Vorwurfs der Prophetentötung bei Eusebius erkennbar ist. Noch deutlicher wird es bei der Klausel, dass ein Stamm für die Rechtmäßigkeit eines Propheten eintreten kann und somit zumindest ein kultisches Ritual vonnöten ist, um entscheiden zu können, wie mit dem angeklagten Propheten umzugehen ist, wie es 4Q375 beschreibt. Analog ist auch die rechtliche Regelung in mSan 1,5 einzustufen, dass 71 Menschen zusammentreten müssen, wenn es um die rechtmäßige Tötung eines Falschpropheten geht, die jedoch nach mSan 11,5 f. in breiteren Grenzen für Falschpropheten vorgesehen ist als es für die früheren Fällen gezeigt werden konnte.

6. Umgang mit falscher und unerfüllter Prophetie im Alten Testament im Kontext altorientalischer und antiker Divination – Ergebnisse

Prophetische Worte können in der Antike den Schlüssel für die Deutung von Ereignissen in der Gegenwart und Vergangenheit bieten. Sie sind als Teil der altorientalischen und auch griechischen Divination zudem entscheidend bei der politischen Entscheidungsfindung. So verwundert es nicht, dass Mechanismen zur Überprüfbarkeit der Worte und Kriterien zur Identifizierung von wahren Propheten gesucht wurden. Ankündigungen, die sich nicht erfüllen, stellen die Legitimation des Propheten oder der Prophetin in Frage, aber zugleich auch die innerweltliche Wirkmächtigkeit der Gottheit, auf die ihre Worte zurückgeführt werden. Rückblickend auf ein Ereignis stellt sich in diesem Zusammenhang die Frage nach den Gründen der Nichterfüllung und in der Situation selbst die Frage nach der Möglichkeit der Überprüfung von Botschaften.

Die Ausführungen dieser Studie haben den Umgang mit prophetischen Ankündigungen im Kontext ihrer Erfüllung und Nichterfüllung in den Texten des Alten Testaments vor dem Hintergrund der kulturellen Umwelt Israels genauer konturiert. Dabei führte die Frage nach dem Umgang mit unerfüllter und in diesem Sinne falscher Prophetie zur Auswahl der Texte innerhalb des Alten Testaments und durch einen strukturellen Vergleich auch zu den aus dem Alten Orient, Ägypten und Griechenland beleuchteten Textzeugnissen. Das Element der Erfüllung und die damit verbundene Kriterienbildung verbindet sich im Alten Testament eng mit deuteronomistischer Theologie im weiteren Sinne und kann so als Kernmerkmal deuteronomistischer Prophetie in ihren verschiedenen Spielarten ausgemacht werden. Dies gilt für Erzähltexte – besonders für das Deuteronomistische Geschichtswerk – ebenso wie für die deuteronomistischen Gesetze zur Prophetie – Dtn 13 und 18 – und die deuteronomistisch gefärbten Prophetenbücher wie das Jeremiabuch, Teile des Ezechielbuches (bes. Ez 12,21–14,11) und das deuteronomistische Vierprophetenbuch. Ein Vergleich des Umgangs mit prophetischen Ankündigungen zwischen deuteronomistischen und chronistischen Texten zeigt, dass auch die chronistischen Texte die Erfüllung von Ankündigungen vermerken, den Zusammenhang jedoch nicht argumentativ und erzähltechnisch differenziert darstellen. Das Problem der Nichterfüllung findet sich etwa in der Chronik nicht, kann aber gerade als theologischer Schlüssel für die Komposition jeremianischer Texte und des Deuteronomistischen Geschichtswerks ausgemacht werden. Die Ergebnisse dieser Untersuchung beziehen sich somit auf eine breite Strömung besonders der exilischen und nachexilischen Zeit sowie – im Ausblick – ihre Fortsetzungen um die Zeitenwende. Im Fokus steht nicht die Prophetie als Gesamterscheinung, sondern die Fragen, die sich aus dem Element der Erfüllung ergeben. Dennoch können auch Veränderungen im alttestamentlichen Prophetie-Verständnis in persischer und hellenistischer Zeit erkannt werden.

Anhand dreier maßgeblicher Aspekte lassen sich die Haupterkenntnisse bezüglich der potentiell trügenden Prophetenworte zusammenfassen. So ist Prophetie, in Israel wie auch im altorientalischen und griechischen Raum, erstens im Kontext der politischen Entscheidungsfindung wahrzunehmen (Kapitel 6.1). Zweitens ist das gängige Bild von Falschpropheten und die damit verbundene Terminologie zu modifizieren. So werden im hebräischen Alten Testament Propheten scharf kritisiert, sie werden dabei jedoch gerade *nicht* (nominell) als Falschpropheten bezeichnet. Vielmehr steht die Prüfung der eigenen Visionen und Intentionen im Mittelpunkt und die Notwendigkeit des politischen Diskurses und der Diskussion auf Grundlage unterschiedlicher divinatorischer Beiträge. Mit dem Vorwurf des Truges verbundene Prophetie ist in diesem Kontext auch als Aspekt der Abgrenzung von Gegenspielern und Gegenpositionen und damit als Bestandteil der Identitätsbildung und -sicherung wahrzunehmen (Kapitel 6.2). Der dritte entscheidende Aspekt liegt in der Wahrnehmung prophetischer Worte als Bestandteile der Vergangenheitserzählung und -verarbeitung und damit in der alttestamentlichen und altorientalischen Geschichtstheologie (Kapitel 6.3). Die genannten Aspekte sind miteinander verbunden, wie sich an der Kriterienbildung zur Identifikation falscher Prophetie, dem Umgang mit Propheten und den Motiven der redaktionellen Arbeit innerhalb der deuteronomistischen Texte zeigt.

6.1 Prophetie im Kontext der Politik

Der Vergleich der alttestamentlichen Prophetie mit altorientalischer Divination hat in den vergangenen Jahren die Überschneidungen der Phänomene wieder deutlicher in den Blick gerückt gegenüber der Unterstreichung des Propriums der israelitischen Prophetie. Diese Wahrnehmung hat sich auch im Blick auf kritische und unerfüllte Prophetie bestätigt. Nicht die konkreten Phänomene können dabei gleichgesetzt werden – hier bestehen deutliche Differenzen, die im Folgenden aufgezeigt werden –, sondern die Anforderungen, die im Bereich der Divination erhoben werden, weisen weitreichende funktionale und strukturelle Parallelen auf. So ist die alttestamentliche Prophetie vor allem in ihrer deuteronomistischen Ausrichtung als Bestandteil der politischen Entscheidungsfindung zu verstehen. Gerade diese Grundbeziehung zwischen Prophetie und Politik ist ebenfalls für die mesopotamische und griechische Divination prägend. Auf einer ersten Ebene dient die Prophetie als ein Teil des divinatorischen Spektrums im Besonderen der Legitimation der Herrschenden. Auf dieser Grundlage ist somit herrschaftskritische Prophetie eine Gefahr für die aktuell Herrschenden und eine radikale Infragestellung ihrer göttlichen Legitimation. Dies zeigt sich im Hinblick auf die neuassyrische Prophetie ebenso wie in den legitimierenden und Legitimation-entziehenden prophetischen Sprüchen des Deuteronomistischen Geschichtswerkes, das die Rolle der Könige für den Geschichtsverlauf in den Mittelpunkt stellt. Königskritische Prophetie, die nicht mit falscher oder gar unerfüllter Prophetie gleichgesetzt werden sollte, kann durchaus als notwendiges kritisches Korrektiv dienen, doch weisen die untersuchten divinatorischen Systeme eine scharfe Grenze auf. Sobald Propheten zur Rebellion aufrufen, ist gegen sie vorzugehen und die Tötung der Personen wird gefordert. Während in den neuassyrischen Texten die Rebellion gegen den durch die Götter legitimierten König im Mittelpunkt steht, geht es in den deuteronomistischen Texten nicht um das Verhalten gegenüber den Herrschenden, sondern gegenüber Jhwh. Dies erklärt sich aus der geschichtlichen Situation der verschiedenen Herrschaftssysteme, aber ebenso durch die verschiedenen Textgattungen, die jeweils verwendet wurden, und damit den Texten, die aufbewahrt wurden.

Dass Prophetie ein Phänomen ist, das besonders in Krisenzeiten in den Mittelpunkt gerät, erklärt sich sowohl über die in diesen Zeiten sich verstärkt stellende Frage und Notwendigkeit der Legitimation des Herrschenden und seiner Entscheidungen als auch durch die Schwierigkeiten in dieser politischen Entscheidungsfindung selbst. Besonders auffällig ist dabei die Rolle der Entscheidungsträger, die sich auch innerhalb des Alten Testaments wandelt. So stehen im mesopotamischen Raum – besonders gut erkennbar in den Dokumenten aus Mari und dem neuassyrischen Ninive-Archiv – meist die Könige im Zentrum, die auf Grundlage der Informationen, die sie von ihren divinatorischen Spezialistinnen und Spezialisten erhalten, die politischen Optionen abwägen und zu einer Handlungsentscheidung kommen (Herrschaftswissen). Gerade Briefe, die auf Aussprüche von Propheten eingehen, dienen der Information des Königs und formulieren die Bitte um Entscheidung. Zudem lässt sich anhand der Rolle der neuassyrischen Prophetie ebenso wie in verschiedenen alttestamentlichen Texten erkennen, dass sich ein guter Regent gerade dadurch auszeichnet, dass er auch die Ankündigungen wahrnimmt, die seinen Intentionen und Wünschen entgegenlaufen. Hier dient der Brief des Astrologen Bel-ušezib und die Nachfolgeeide Asarhaddons ebenso als Beispiele wie die Episode in 1 Kön 22. Anhand der Erzählung um die beiden Könige Ahab und Joschafat und den kritischen Propheten Micha ben Jimla wird dargestellt, dass auch die königskritischen und schlechten Ankündigungen zu hören und zu bedenken sind. Dieser Aspekt verbindet sich mit der verbreiteten Kritik an Propheten und weiteren divinatorisch arbeitenden Spezialisten, die zu sehr auf die Wünsche der Regierenden oder auch des Volkes hören. Mi 3 und Jer 23 beleuchten dies prägnant innerhalb des Alten Testaments, analoge Prozesse sind jedoch auch bezüglich des griechischen Sehertums zu erkennen. In diesem Zusammenhang zeigt sich gerade in der jeremianischen Theologie die Rolle des Propheten als eines unbequemen Mahners, der ohne Rücksicht auf sein eigenes Ansehen schonungslos die gesellschaftlichen Missstände zu benennen hat. Dass sich in der exilischen Zeit gerade diese Oppositionsposition durchsetzt, die sich gegen das Handeln des Königs richtet, liegt am Verlauf der israelitischen Geschichte. Das Grundmuster, dass ein politischer Entscheidungsträger alle Ankündigungen und nicht nur die herrschaftsfreundlichen hören muss, um verantwortlich zu regieren, unterscheidet die israelitische Prophetie hingegen nicht von ihren Ausprägungen im Alten Orient.

Dient Prophetie als Basis der Entscheidungsfindung, so werden die Möglichkeiten der Überprüfung der Personen und Botschaften relevant, wie in Bezug auf alle untersuchten divinatorischen Systeme gezeigt werden konnte. So kann erkannt werden, welche prophetischen Worte trügen. Die Hinterfragung der Intentionen der Propheten und Seher hat sich als kulturübergreifendes Phänomen herausgestellt. Das Spezifikum der deuteronomistischen Prophetie ergibt sich aus der Ablehnung aller divinatorischen Wege induktiver Art und der Herausstellung des Wortes (vgl. pointiert Dtn 18). Die oft betonte Ablehnung auch des Traumes in der deuteronomistischen Prophetie ließ sich an den in diesem Kontext üblicherweise herangezogenen Texten (Dtn 13; Jer 23,25–32; 27,9; 29,8) jedoch nicht zeigen. Die Wege des prophetischen Prozesses, direkter Wortempfang oder auch vermittelt durch Vision und Traum, konnten durchaus vielfältig sein. Die Prüfung, ob es sich tatsächlich um ein göttliches Wort handelte, bildet stets das zentrale Element. Gerade der Prozess des prophetischen Wortempfangs ist jedoch den Rezipierenden verborgen und kann somit nur durch die Gottheit selbst oder die beteiligten Propheten versichernd bezeugt werden. In Analogie zu griechischen Orakelsprüchen konnten die Worte durch erneutes Einholen überprüft werden (vgl. auch Joschafats Verhalten in 1 Kön 22 und Apollons Replik auf Krösus Beschwerde, er habe einen täuschenden Orakelspruch erhalten). Eine stärkere Relevanz bekommt jedoch die prophetische Selbstprüfung. So werden in Jer 23 und Ez 13 die Frieden ansagenden Propheten dafür gerügt, dass sie ihre eigenen prophetischen Worte nicht kritisch prüften.

Gerade im Jeremiabuch tritt neben die Könige das Volk und dessen Beurteilung der Prophetie und der Propheten (vgl. besonders Jer 26, aber auch die Chronikbücher). So werden die Mechanismen der politischen Entscheidungsfindung in königsloser Zeit reflektiert. Als weiterführende Parallelen haben sich hier griechische Vergleichstexte herausgestellt, die ebenfalls das Volk als Entscheidungsträger in den Mittelpunkt stellen. Dies konnte beispielhaft an

Thukydides Darstellung des Verhaltens der Athener bei ihrem erfolglosen Versuch, im Rahmen des Peloponnesischen Krieges Sizilien zu erobern, aufgezeigt werden (vgl. Thuk. 8.1.1.). Gerade in diesem Zusammenhang tritt die Notwendigkeit der Diskussion, die sich auf Grundlage verschiedener Ankündigungen ergibt, in den Vordergrund. Die Beteiligung und Verantwortung des Volkes im Kontext der politischen Entscheidungsfindung im Alten Testament nimmt gegenüber der der Herrschenden in den exilischen und nachexilischen Texten zu. Auch wenn schon zuvor der Vorwurf bestand, das Volk nehme die Täuschung gerne hin und rufe sie durch die eigenen Wünsche erst hervor, entwickelt sich in dieser Epoche jedoch eine aktive Beteiligung am politischen Prozess.

Prophetische Figuren kommen gerade im Alten Testament immer wieder in Auseinandersetzung mit anderen Propheten in den Blick. In diesen Konfliktsituationen, die sich sowohl in narrativ ausformulierter Form finden – besonders in der Kontroverse zwischen den beiden Propheten Jeremia und Hananja in Jer 28 – als auch die Anlage von prophetischen Texten beeinflussen – wie etwa in Jer 23 oder Ez 13 – werden die Widersacher mit dem Wortfeld שקר und damit dem Aspekt des Trugs verbunden. Diese rhetorische Vorgehensweise, die mit einer inhaltlichen Abgrenzung einhergeht, fügt sich in den Bereich der politischen Kontroverse. So zeigen gerade die persischen Inschriften, dass Gegenspieler intensiv mit dem Aspekt des Trugs verbunden werden. Auch auf dieser Basis konnte die Darstellung der kritisierten Propheten genauer konturiert und als Aspekt der Identitätssicherung von Gruppen erkannt werden.

6.2 Unerfüllte Prophetie, aber keine Falschpropheten

Die im Alten Testament gegebenen Kriterien zur Identifizierung von wahrer und falscher Prophetie variieren stark. Neben dem moralischen Verhalten der prophetischen Figuren und ihren Intentionen steht auch die inhaltliche Ausrichtung ihrer Worte auf dem Prüfstand. Gerade in Jer 23, der breitesten kritischen Auseinandersetzung mit Propheten, ist erkennbar, dass die verschiedenen Kriterien nicht voneinander zu trennen sind, sondern ineinandergreifen. Die verschiedenen Studien, die sich auf die Suche nach Kriterien zur Identifizierung von falscher Prophetie und falschen Propheten begeben haben, konnten jeweils unterschiedliche Aspekte unterstreichen, ohne aus den Texten ein befriedigendes Instrumentarium zur Identifizierung generieren zu können.[1] So ergibt sich letztlich aus der geschichtlichen Situation, der Erfahrung des Untergangs Jerusalems, eine Ablehnung der Heilsprophetie in der spätvorexilischen Zeit, die zumeist in rückblickenden Texten diffamiert wird. Aus dieser radikalen Kritik ist jedoch auch in der deuteronomistischen Linie keine generelle Ablehnung von positiven

---

[1] Siehe dazu besonders oben Kap. 1.1.1 im Rahmen des Forschungsüberblickes.

und stabilitätssichernden prophetischen Botschaften abzuleiten, die sich auch in diesen Kontexten durchaus finden. Vielmehr zeigt sich hier die Situationsgebundenheit der alttestamentlichen Prophetie. Genau in diesem Kontext ist der immer wieder vorgebrachte Vorwurf an Propheten zu verstehen, sie verkündeten שקר – Trug. Dieser Begriff kann das aktive Lügen bezeichnen, sollte aber breiter als Beschreibung eines Wortes verstanden werden, das die Wirklichkeit nicht trifft. So kann die unzutreffende Verkündigung auch unabsichtlich geschehen. An dieser Stelle spielt die kritische prophetische Selbstprüfung wiederum eine wichtige Rolle. Die Grenzen der Verantwortung der Propheten für trügende Worte werden in nachexilischer Zeit durch das Motiv der Überredung oder Verleitung durch Gott (פתה im Piel) ausgedrückt. An der Verleitung des widerrechtlich befragten Propheten in Ez 14,1–11, der göttlich gewirkten Pervertierung von Prophetie und Tora in Ez 20,23–25 und dem Einsatz des Geistes der Täuschung in 1 Kön 22, der ebenfalls zu trügenden Prophetenworten führt, wird deutlich, dass auch Jhwh in dieser theologischen Linie zugeschrieben wird, gerechte Täuschung einzusetzen und die Prophetie zu pervertieren, wenn es dem vorher begründeten Gericht dient. In 1 Kön 22 wird Ahabs Tod mit der Erzählung um Micha ben Jimla verbunden, jedoch als Erfüllung einer früheren göttlichen Ankündigung geschildert. Ähnliche Mechanismen lassen sich in griechischer Literatur aufzeigen.

In der Hebräischen Bibel gibt es keine Falschpropheten. Es gibt Propheten, die Falsches ansagen oder tun, und Prophezeiungen, die sich nicht erfüllen. Bis hin zu den Todesnotizen der kritisierten Propheten werden diese jedoch weiterhin als Propheten bezeichnet (vgl. Hananja in Jer 28). So geht es darum, das zu identifizieren, auf das man nicht vertrauen sollte. Es geht nicht darum, konkrete Personen oder Personengruppen zu identifizieren, die insgesamt falsch und lügnerisch sind. Eine solche radikale Begrifflichkeit entwickelt sich erst in der Septuaginta und dann für den semitischen Sprachraum in nachalttestamentlicher Zeit (4Q339). Mit dieser Benennung ändern sich dann auch die Konflikte und ihre Darstellung. So erweisen sich alle Ansagen eines Falschpropheten wie Hananja (ψευδοπροφήτης) kategorisch als falsch. Die schwierige Einzelfallentscheidung ist auf diese Weise aufgehoben und das Mahnen an eine Berufsgruppe, die eigenen Aussagen zu prüfen, verschwindet. Die Septuaginta bezeichnet mit dieser Terminologie alle Gegenspieler Jeremias und weist auf diese Weise einen radikalen Abgrenzungsmechanismus auf. Die Falschprophetenlisten der nachalttestamentlichen Zeit setzen diesen Trend fort und kanonisieren die Mitglieder dieser Personengruppe. Die Listen sichern negativ jene, von denen man sich abgrenzt, und positiv auch jene, auf die man sich berufen kann. Somit sind sie typische Dokumente der Kanonisierung, ein Vorgang, der sich etwa auch bei Josephus im Umgang mit alttestamentlichen Propheten zeigt. Auffälligerweise tritt bei diesen Listen gerade das implizite Motiv des prophetischen Gegenspielers als Kriterium der Auswahl zutage. Inhaltliche Begründungen und die

Botschaft selbst treten dabei in den Hintergrund. Die Abgrenzung von Falschpropheten bildet dabei einen Aspekt der eigenen Identitätssicherung, wie es bei der Verdammung des Montanismus besonders greifbar wird.

Innerhalb des Alten Testaments zeigt sich ein Phänomen, das in gleicher Weise für die neuassyrische Prophetie und den Umgang mit Sehern in der griechischen Literatur der verschiedenen Epochen gilt. So wird an keiner Stelle dazu aufgerufen, einen Propheten deshalb zu töten, weil das von ihm Angesagte nicht eintraf. Bei der Aufforderung zur Rebellion und Apostasie ist jedoch die Todesstrafe zu verhängen (VTE § 10; Dtn 13). Doch gilt dies gerade in Analogie zu anderen Rebellen und nicht für andere Propheten. Das deuteronomistische Prophetengesetz in Dtn 18 ist hiervon strikt zu trennen. So wird hier nur der Tod des Propheten angesagt, der ein Wort spricht, das keinen göttlichen Ursprung hat, nicht aber zur Durchführung der Todessanktion aufgerufen. Es wird lediglich darauf verwiesen, dass man sich vor jenem Propheten nicht fürchten müsse und er sterben werde. Der Prophet Hananja in Jer 28 und auch die kritisierten Heilspropheten in Ez 13 sterben durch die göttliche Intervention und nicht durch Menschenhand.[2] Diese Aufteilung kann durch die Nichteinsehbarkeit der göttlichen Kommunikation mit dem Propheten für die Außenstehenden erklärt werden. So ist kann, in dieser Logik, nur der Prophet und Gott wissen, ober er ihn geschickt hat. Die frühe Rezeptionsgeschichte der Prophetengesetze in den Qumran-Texten, aber auch in der Mischna zeigt die Konzentration auf die Propheten, die zur Apostasie aufrufen, und zugleich die Zurückhaltung gegenüber der Hinrichtung von Propheten.

6.3 Erfüllte Prophetie und Geschichtstheologie

Das deuteronomistische Erfüllungskriterium, nach dem die von Jhwh wirklich gesprochenen Worte daran erkannt werden können, dass sie sich erfüllen, bzw. an der Nichterfüllung erkannt werden kann, dass der Prophet nicht von Jhwh gesandt wurde (Dtn 18,21 f.; 1 Kön 22,28; Jer 28,9), wurde in der Forschung oft als Absage an den Nutzen der Prophetie verstanden, da dieses in der konkreten Situation gerade keine Entscheidungshilfe darstellt. Ein *ex post*-Kriterium wäre, so die Annahme, nutzlos und somit ein Prozess eingeleitet, der in der Konsequenz zum oft attestierten Ende der Prophetie führte. Diese Einordnung kann jedoch sowohl bezüglich der deuteronomistischen Prophetie als auch der generellen Konturierung der nachexilischen Prophetie bis in die ersten nachchristlichen Jahrhunderte modifiziert werden. Viel mehr als eine Infragestellung der Rolle der Prophetie sollte zum einen die Möglichkeit der Diskussion erkannt werden, die durch diese Offenheit entsteht. Denn alttestamentliche Prophetie belegt das

---

[2] Vgl. auch hier den Tod der montanistischen Prophetinnen und Propheten.

Ringen um die richtige Wirklichkeitsdeutung in Vergangenheit und Gegenwart zur Abwägung der Handlungsoptionen für die Gegenwart und Zukunft. Gerade darum sind alttestamentliche Texte über Propheten so oft Diskussions- und Konflikttexte. Erst im Laufe der alttestamentlichen Entstehungs- und Interpretationsgeschichte werden der diskursive Charakter und die offeneren prophetischen Konflikte immer weiter reduziert und klarere Kategorisierungen erzeugt. Nicht zuletzt spielt hier die durch die Septuaginta eingeführte Nomenklatur des Falschpropheten eine Rolle (vgl. aber auch die frühe Rezeptionsgeschichte). Zum anderen und damit verbunden verschiebt diese Sicht auf Prophetie und das Kriterium der Erfüllung das Verständnis und die Funktionsbeschreibung prophetischer Worte. Sie dienen der Interpretation der Vergangenheit und der Erkenntnis des Geschehens als ein von Gott willentlich gelenktes.

Dieser Zusammenhang lässt sich deutlich besser erkennen, wenn die Diskussion um wahre Prophetie nicht von der literarischen Verwendung von prophetischen Worten in den alttestamentlichen Büchern getrennt wird. Denn die Kriterien sind mit der Erzähllogik der narrativen Texte abzugleichen, da Prophetie und andere divinatorisch erlangte Botschaft gewichtige Bestandteile von Erzählwerken sind. Auf diese Weise wird zudem erkennbar, was als erfüllt und unerfüllt betrachtet wird, hat sich doch auch dieses Kriterium als nicht objektiv, sondern als Ergebnis von Konstruktionsprozessen erwiesen. So ist es im Grunde genommen die *Erzählung* der Vergangenheit, die durch ihre Geschichtsdeutung die prophetischen Worte evaluiert und als erfüllt oder nichterfüllt darstellt. Die Geschichtserzählungen zeigen den inneren Zusammenhang der Ereignisse, wie es auch bei Herodot, den ägyptischen *ex eventu*-Texten und den akkadischen *literary predictive texts* der Fall ist.

Das System aus Ankündigung und Erfüllung dient, wie schon lange bekannt ist, als Strukturierung des Deuteronomistischen Geschichtswerkes und der Generierung größerer Erzähl- und Interpretationsbögen. Doch konnte durch die Untersuchung die Funktion der prophetischen Worte durch die Verknüpfung mit dem deuteronomistischen Erfüllungskriterium neu akzentuiert erklärt werden. Die prophetischen Ansagen führen die häufigen Dynastiewechsel im Nordreich und dessen Untergang ebenso auf den göttlichen Willen zurück, wie sie das davidische Königtum legitimieren und auch den Untergang des Südreichs als vom eigenen Gott bewusst und gewollt gewirkte Tat darstellen. Als Reaktion auf die Taten der Könige wird der Untergang so verstehbar. Gerade anhand des Schicksals der kritisierten Nordreichkönige und der letzten Könige Judas wird deutlich, dass sich dieses Wirken erst im Nachhinein erkennen lässt und somit ein Erfüllungskriterium zur vollen Geltung kommt. Hier wird deutlich, dass die Kriterienbildung des Prophetengesetzes und der narrative Umgang mit prophetischen Ankündigungen in deuteronomistischen Texten der gleichen Logik folgen. Gerade die offen gelassenen und auch bewusst gesetzten Leerstellen in den Erzähltexten, die eine widerspruchsfreie oder -arme Gesamtlektüre ermöglichen, weisen auf die Kenntnis der sich bereits vollzogen habenden Ereignisse bei den Erzählern und zugleich auf die Offenheit in der erzählten Situation hin. Auch diese wahren Prophetenworte haben einen Aspekt des Truges, da das erst angenommene Verständnis trügt. Die Funktion der Offenheit oder Mehrdeutigkeit zeigt sich erst im Rückblick. So spiegelt sich in dieser literarischen Technik die geschichtliche Erfahrung, dass sich in der aktuellen Situation das volle Verständnis einer Ansage noch nicht zeigt und erst im Rückblick enthüllt wird. Das Huldaorakel in 2 Kön 22,18–20 lässt sich erst nach Josias Tod vollständig verstehen und bietet zugleich eine Begründung dieses Vorgangs, der dem normalen Zusammenspiel aus Tun und Ergehen auf den ersten Blick entgegenläuft. Eine mögliche Diskrepanz zwischen prophetischer Ankündigung und konkreter Erfüllung stellt somit gerade nicht das *Problem* dar, sondern kann als Teil der *Lösung* der durch den Geschichtsverlauf in Frage gestellten Zusammenhangs verstanden werden. Indem der Tod des guten Königs als Heilsgeschehen interpretiert wird, das ihn davon befreite, den Untergang Jerusalems miterleben zu müssen, wird die deuteronomistische Geschichtstheologie geglättet. In der erzählten Situation des Orakels selbst war dieses jedoch noch nicht verstehbar. Ähnliches gilt auch für Zedekias Schicksal nach dem Jeremiabuch (Jer 34,4 f.). Auf den ersten Blick erweisen sich so einige Prophetenworte als trügend. Doch diese literarische Technik und das bewusste Setzen von Leerstellen dient nicht der Täuschung der handelnden Personen, wie es etwa im Umgang mit griechischen Orakeln und ihren Missdeutungen der Fall war. Das Phänomen weist vielmehr darauf, die geschichtlichen Ereignisse selbst aus dem Rückblick zu deuten. So erweist sich Josias gewaltsamer und frühzeitiger Tod durch Necho als guter Akt, der durch Jhwh ausgelöst wird, und Zedekias friedlicher Tod als das Endergebnis der Strafe durch die Exilierung und Blendung und die Wiederannahme durch Jhwh. Das Eintreffen von prophetischen Ankündigungen und dabei gerade der Heilsworte bildet sowohl für das Deuteronomistische Geschichtswerk als auch das deuteronomistische Jeremiabuch ein bestimmendes Element. Der Rückblick wird zum entscheidenden Faktor des deuteronomistischen Prophetie-Verständnisses.

Dieses Lernen aus der Geschichte, das die Führungsschichten und gerade im deuteronomistischen Jeremiabuch auch das Volk betraf, ist im Prozess der Verarbeitung der Exilskatastrophen zu verorten. Die Erkenntnis, zum Teil sehenden Auges auf Trug gehört zu haben, betont die Verantwortung der Orientierung gebenden Prophetie. Sie betont aber auch die Verantwortung des Volkes, nicht wieder auf derartige wirklichkeitsferne Heilsversprechen zu vertrauen. Dies gilt für eine Zionstheologie, die gegen den politischen Verlauf die Sicherheit an den Tempel bindet (vgl. Jer 26), wie auch für die Hochschätzung einer Stabilität betonenden Heilsprophetie, die die Verfehlungen nicht auf-, sondern überdeckt. Das in diesem Kontext häufig reflektierte Motiv der Umkehr (vgl. besonders Jer 23) ist somit – in kollektiver Perspektive – sowohl ein Vorwurf an das eigene Verhalten in der Vergangenheit, da man das Unglück hätte aufhalten können, als auch ein Weg für die Zukunft, durch das eigene Verhalten durchaus den Geschichtsverlauf positiv mit zu beeinflussen. Der Gott Israels lenkt nach deuteronomistischer Sicht die Geschichte gerade nicht im Verborgenen mit den menschlichen Akteuren als Statisten, sondern reagiert auf das Handeln der Menschen. Die Einschätzung, welche politischen und sozialen Gruppen dabei als Akteure dienen und durch welche Gesellschaftsstrukturen eine kommende Heilszeit und eine politische Stabilität ermöglich werden kann, variiert in den verschiedenen deuteronomistischen Gruppierungen.

Die aktuelle Grundlage des Handelns liefern aber in der Regel nicht die prophetischen Ankündigungen, sondern die Tora. In dieser Konstellation sind deutliche Parallelen zu den Achämeniden greifbar, die das innerweltlich vorhandene Gesetz zur Grundlage der gesellschaftlichen Stabilität machen, die aber noch stärker eine Loslösung von divinatorischen Techniken und vor allem Spezialisten zeichnen. Für das deuteronomistische Prophetieverständnis wird deutlich: Nicht durch die Prophetie wird die Geschichte gelenkt, sondern durch das gesetzestreue oder widergesetzliche Handeln der Könige in sozialer und im Deuteronomistischen Geschichtswerk besonders in kultischer Dimension, auf das die Propheten hinweisen. Der Gesetzesbezug liegt allen Beurteilungen der Könige zu Grunde und kommt in seiner Bedeutung besonders in der Josianischen Reform zur Geltung. Dies führt jedoch nicht zur Loslösung von der Prophetie, sondern zur oben dargestellten Veränderung in der Funktionsbeschreibung.

Trotz des Bestrebens der Texte, die Korrespondenz von Verheißung und Erfüllung herzustellen, gibt es eine ganze Bandbreite von prophetischen Worten, die sich nicht oder nicht so erfüllt haben und trotzdem bewahrt wurden. Diese werden in der bisherigen Forschung zumeist als authentische Prophetenworte und damit als alt angesehen und ihre Bewahrung durch die Autorität der mit ihnen verbundenen Sprecher erklärt. Diese Einschätzung erweist sich an vielen Stellen als treffend. Doch dass trotzdem Vorsicht bei der Datierung eines Textes auf Grundlage der Einstufung als nichterfüllte Prophetie zu walten hat, ist ein Ergebnis dieser Studie. Die Beschäftigung mit der Kontroverse zwischen dem Propheten Amos und dem Priester Amazja in Am 7,10–17 enthüllt zum Beispiel, dass genau auf die Funktion der jeweiligen prophetischen Worte im Text zu achten ist. Hier konnte das sich nicht erfüllende Amos-Zitat als falsches Zeugnis Amazjas erkannt werden. Besonders jedoch die Erkenntnis, dass auch die Kategorie „erfüllt" deutlich perspektiv- und positionsabhängig ist, relativiert die redaktionsgeschichtliche Einordnung und unterstreicht die Notwendigkeit auf den inneralttestamentlichen Umgang mit den Worten zu achten. Zu beachten ist hierbei auch, dass sowohl dem realen Geschehen Rechnung zu tragen ist als auch den Erzählbögen in den Werken selbst. So ist es etwa nicht nur wichtig, wie ein König, dem sein Schicksal skizziert wurde, *wirklich* starb, sondern auch, ob und wie von diesem Tod *berichtet* wird. Im Rahmen der jüngeren Bearbeitungen der

Bücher bleiben zuweilen auch die Worte sinnvoll, die sich nicht erfüllten, und erhalten dabei bisweilen eine neue Funktion, die nicht durch die (zutreffende) Wahrnehmung als altes unerfülltes Wort verdeckt werden sollte. So wird das Wort über Jojakims Eselsbegräbnis (Jer 22,18 f.) zur radikalen Sozialkritik und die Ankündigung seiner Kinderlosigkeit (Jer 22,30; 36,30) zur politischen Botschaft.

Die Grenzen eines reinen Erfüllungskriteriums werden in verschiedenen alttestamentlichen Texten ebenfalls reflektiert. So wird es durch das Motiv der Umkehr der Menschen auf Grund der prophetischen Unheilsworte ausgehebelt. Dass sich Hiskia nach den Worten des Propheten Micha reumütig gezeigt hat, wird in Jer 26 als *Bestätigung* des Propheten Micha interpretiert und kann als analoger Fall den Propheten Jeremia vor dem Tod retten, auch wenn sich das von Micha gesprochene Wort über die Zerstörung des Zions nicht erfüllt hat. Im Jonabuch wird das Motiv weiter verstärkt, indem die auf die Umkehr der Niniviten folgende Reue Gottes zur Aufhebung der Unheilsbotschaft führt. Was dabei als erfüllt angesehen wird, entscheidet letztlich die Erzählgemeinschaft, wie die genannten Beispiele, aber auch die Jonarezeption im Tobitbuch zeigen. Entscheidend ist jeweils, was erzählt wird und was weggelassen (vgl. Tob 14,3 f. und die nicht erwähnte Umkehr der Niniviten) oder hinzugefügt (Jer 26 und Hiskias Bekehrung) wird.

Die Gründe für eine nicht erfolgte Erfüllung werden in der Antike – gerade in Griechenland – diskutiert und weisen eine große Bandbreite auf. Ez 12,21–14,11 dient insgesamt der Beleuchtung aller Aspekte, die für einen gelingenden prophetischen Prozess nötig sind. So muss Jhwh selbst dafür sorgen, dass er seine Worte auch erfüllt, die Propheten müssen ihre Worte und ihr Agieren kritisch prüfen und das Volk muss sich bei der prophetischen Befragung ebenfalls auf das direkte Wortgeschehen beschränken.

Insgesamt können die folgenden Grundlinien in der Veränderung des Prophetie-Verständnisses gerade in der alttestamentlichen Prophetie deuteronomistischer Couleur in der exilischen und nachexilischen Zeit festgehalten werden. Der Untergang Jerusalems hat auch für die Prophetie und ihre Funktionen zu weitreichenden Veränderungen geführt. So galt es, Gottes Souveränität trotz der so verheerenden Niederlage herauszustellen und neue Perspektiven zu entwerfen. Dies geschah selbst in den deuteronomistischen Strömungen auf verschiedene Weisen. Die Differenzierung zwischen deuteronomistischen Unterströmungen konnte somit auch in der gewählten thematischen Fokussierung bestätigt werden. Geht es im Deuteronomistischen Geschichtswerk eher um das Lernen aus der Geschichte hinsichtlich des königlichen Verhaltens, stellt das Jeremiabuch stärker das Volk und seine Entscheidungen in den Mittelpunkt. Beiden Werken ist jedoch gemein, dass man im Rückblick das Geschehen als gewollte göttliche Strafaktion sehen kann und genau diese Deutung liefern die Propheten. In der radikalsten Form, der pervertierten Prophetie, tritt Gott als Verleiter auf, um als Ergebnis das Gute und vor allem Gerechte zu erreichen. Da der Untergang auf Grund des Verhaltens der Herrschenden und des Volkes folgerichtig war, kann man nun für die neue Zeit lernen, wie ein stabiles System funktionieren kann. Das Maß des aktuellen Handelns ist – hier sind die persischen Einflüsse erkennbar – das Gesetz selbst.

In der fortgeschrittenen persischen und hellenistischen Zeit lässt sich nun aber ein Wandel erkennen, der in der Forschung oft unter das Stichwort „Ende der Prophetie" zusammengefasst wurde und den Wechsel zu Messianismus und Apokalyptik anzeigt. Dies trifft die Situation jedoch nicht ganz und es bietet sich an, besser von einem erneuten *Wandel* im Prophetie-Verständnis zu sprechen. Wie die Prophetendarstellung in den Chronikbüchern, aber auch das Motiv der Geistausgießung in Joel 3 zeigen, wird der Geistbesitz, der unabhängig von einem prophetischen Amt auftreten kann, zunehmend betont. Prophetische Worte zeigen sich an ihrer Art, nicht an ihrem Sprecher und sie leben in dieser Form weiter fort. So ist es treffender von einem eingeschränkten Ende der *Propheten*, nicht der *Prophetie* sprechen. Zugleich bleiben die Propheten der *Vergangenheit* die entscheidende Größe. Josephus betont stets, wie sich die Worte der wahren Propheten erfüllt haben und harmonisiert dabei vieles. Die Chronik ergänzt zu ihrer Vorlage weitere Propheten und verweist auf deren schriftliche Hinterlassenschaften (ein Aspekt des *scribal turns*). Im Rückblick werden die wahren und falschen Propheten in Listen kanonisiert, wie es besonders 4Q339 zeigt. Für die Gegenwart in der Zeit des Zweiten Tempels galt dann aber, dass ein ganz neuer Prophet ein Falschprophet sein musste. Nicht zuletzt deshalb wurde mit dem Motiv des in Mal 3 angekündigten wiederkehrenden Elias eine Brücke für alle Propheten der nachalttestamentlichen Zeit geschaffen, die auch im Neuen Testament immer wieder zur Geltung kommt.

Prophetie zeichnet sich durch angebotene Wirklichkeitsdeutung aus. Ihre Annahme und Relevanz wird im Rahmen der Entscheidungsfindung diskutiert und hängt stark von politischen Grundeinstellungen und Grundkonstellationen ab. Gerade darum wird die notwendige Loslösung prophetischer Botschaften von aktuellen Interessen betont. Fordert ein Prophet nicht zur Abkehr von Jhwh auf, so wird in deuteronomistischer Sicht erst im Nachhinein erkennbar, ob seine Botschaft göttlichen Ursprungs war. Im Eintreffen des Prophetenwortes ist die Erkenntnis möglich und die Dimensionen des Trugs verlieren ihre Wirkung, so halten es die deuteronomistischen Passagen fest: Die Erkenntnis, *welches Wort* Jhwh gesprochen hat (Dtn 18,22), *welcher Prophet* von ihm geschickt wurde (Jer 28,9), aber auch wie das Wort selbst zu *verstehen* war und ist. Genau hierin erweist sich Prophetie als stimmiger und integraler Bestandteil der Theologie, die in deuteronomistischer Sicht ebenfalls erst im deutenden Rückblick auf das Erleben und Geschehen zur vollen Entfaltung kommt.

Literaturverzeichnis

ACHENBACH, REINHARD, Die Religionspolitik der Achaimeniden und die Tora. Anekdoten, Legenden, Geschichtsnarrative. In: DERS. (Hg.), Persische Reichspolitik und lokale Heiligtümer. Beiträge einer Tagung des Exzellenzclusters „Religion und Politik in Vormoderne und Moderne" vom 24.–26. Februar 2016 in Münster, BZAR 25, Wiesbaden 2019, 257–278.

ALBERTZ, RAINER, Jer 2–6 und die Frühzeitverkündigung Jeremias. In: ZAW 94 (1982), 20–47.

–, Religionsgeschichte Israels in alttestamentlicher Zeit, Bd. 1: Von den Anfängen bis zum Ende der Königszeit; Bd. 2: Vom Exil bis zu den Makkabäern, GAT 8,1–2, Göttingen ²1996–1997.

–, Die Exilszeit. 6. Jahrhundert v. Chr., BE 7, Stuttgart 2001.

–, Die Intentionen und die Träger des Deuteronomistischen Geschichtswerks. In: DERS., Geschichte und Theologie. Studien zur Exegese des Alten Testaments und zur Religionsgeschichte Israels, hg. von I. KOTTSIEPER / J. WÖHRLE, BZAW 326, Berlin 2003, 257–277 (= In: DERS. u. a., Schöpfung und Befreiung, FS C. Westermann zum 80. Geburtstag, Stuttgart 1989, 37–53).

–, Wer waren die Deuteronomisten? Das historische Rätsel einer literarischen Hypothese. In: DERS., Geschichte und Theologie. Studien zur Exegese des Alten Testaments und zur Religionsgeschichte Israels, hg. von I. KOTTSIEPER / J. WÖHRLE unter Mitarbeit von G. Kern, BZAW 326, Berlin 2003, 279–301 (= EvTh 57 [1997], 319–338).

–, Elia. Ein feuriger Kämpfer für Gott, Biblische Gestalten 13, Leipzig ⁴2015.

–, Der Streit der Deuteronomisten um das richtige Verständnis der Geschichte Israels. In: MOMMER, P. / SCHERER, A. (Hg.), Geschichte Israels und deuteronomistisches Geschichtsdenken, FS W. Thiel, AOAT 380, Münster 2010, 1–21.

–/ SCHMITT, RÜDIGER, Family and Household Religion in Ancient Israel and the Levant, Winona Lake, IN 2012.

ALLEN, LESLIE C., Ezekiel 1–19, WBC 28, Dallas 1994.

AMIT, YAIRAH, The Role of Prophecy and Prophets in the Chronicler's World. In: FLOYD, M. H. / HAAK, R. D. (Hg.), Prophets, Prophecy, and Prophetic Texts in Second Temple Judaism, LHB 427, London 2006, 80–101.

ANDERSEN, FRANCIS I. / FREEDMAN, DAVID N., Amos. A New Translation with Introduction and Commentary, AncB 24A, New York u. a. 1989.

ANDRESEN, CARL, Geschichte des Christentums I. Von den Anfängen bis zur Hochscholastik, Stuttgart u. a. 1975.

ANTHONIOZ, STÉPHANIE, Le prophétisme biblique. De l'idéal à la réalité, LD, Paris 2013.

ARENA, FRANCESCO, Prophetic Conflicts in Jeremiah, Ezekiel, and Micah. How Post-Exilic Ideologies Created the False (and the True) Prophets, FAT II/121, Tübingen 2020.

ASSMANN, JAN, Ägypten. Eine Sinngeschichte, München / Wien 1996.
AUNE, DAVID E., Prophecy in Early Christianity and the Ancient Mediterranean World, Grand Rapids, MI 1983.
–, Art. Prophet / Prophetin / Prophetie. IV. Christentum. 1. Neues Testament. In: RGG[4] 6 (2003), 1702–1704.
AVIOZ, MICHAEL, What Happened at Megiddo? Josiah's Death as Described in the Book of Kings. In: BN 142 (2009), 5–11.
BARTHES, ROLAND, Das semiologische Abenteuer, Frankfurt a. M. [8]2008.
BAUMGART, NORBERT C., „Wer betört Ahab?" Täuschung und Selbsttäuschung in der Erzählung 1 Kön 22,1–38. In: GILLMAYR-BUCHER, S. u. a. (Hg.), Ein Herz so weit wie der Sand am Ufer des Meeres, FS G. Hentschel, EThSt 90, Würzburg 2006, 73–95.
BECK, MARTIN, Elia und die Monolatrie. Ein Beitrag zur religionsgeschichtlichen Rückfrage nach dem vorschriftprophetischen Jahwe-Glauben, BZAW 281, Berlin / New York 1999.
BECKER, JÜRGEN, Das Heil Gottes. Heils- und Sündenbegriffe in den Qumrantexten und im Neuen Testament, StUNT 3, Göttingen 1964.
BECKER, UWE, Die sogenannte deuteronomistische Redaktion der Prophetenbücher. In: NISSINEN, M. (Hg.), Congress Volume Helsinki 2010, VT.S 148, Leiden / Boston 2012, 389–399.
BEGG, CHRISTOPHER T., The „Classical Prophets" in Josephus' *Antiquities*. In: GORDON, R. P. (Hg.), „The Place is too small for Us". The Israelite Prophets in Recent Scholarship, Sources for Biblical and Theological Study 5, Winona Lake, IN 1995, 547–562.
–, Josephus' Story of the Later Monarchy (*AJ* 9,1–10,185), BEThL 145, Leuven 2000.
BEMBRY, JASON, Unnamed Prophets in the Deuteronomistic History. In: ROLLSTON, C. A. (Hg.), Enemies and Friends of the State. Ancient Prophecy in Context, University Park, PA 2018, 257–275.
BEN ZVI, EHUD, The Account of the Reign of Manasseh in II Reg 21,1 – 18 and the Redactional History of the Book of Kings. In: ZAW 103 (1991), 355–374.
–, Prophets and Prophecy in the Compositional and Redactional Notes in I – II Kings. In: ZAW 105 (1993), 331–351.
BERGEY, RONALD, Vrais et faux prophètes. In: La Révue Réformée (2011), 17–30.
BERLEJUNG, ANGELIKA, Falsche Prophetinnen. Zur Dämonisierung der Frauen von Ez 13:17–21. In: OEMING, M. (Hg.), Theologie des Alten Testaments aus der Perspektive von Frauen, Beiträge zum Verstehen der Bibel 1, Münster / Hamburg 2003, 179–210.
BERNER, ULRICH, „Wahr" oder „unwahr" – die Mosaische Unterscheidung. Die Diskussion um den Monotheismus des Mose und die Thesen Jan Assmanns. In: WUB 41 (2006), 46–49.
BERTHELOT, KATELL, In Search of the Promised Land? The Hasmonean Dynasty Between Biblical Models and Hellenistic Diplomacy, JAJ.S 24, Göttingen 2018.
BERTHOLET, ALFRED, Hesekiel, HAT 1/13, Tübingen 1936.
BEUKEN, WILLEM A. M., Jesaja 28–39, HThKAT, Freiburg u. a. 2010.
BEYER, KLAUS, Die aramäischen Texte vom Toten Meer samt den Inschriften aus Palästina, dem Testament Levis aus der Kairoer Genisa, der Fastenrolle und den alten talmudischen Zitaten. Aramaistische Einleitung, Text, Übersetzung, Deutung, Grammatik / Wörterbuch, Deutsch-aramäische Wortliste, Register, Bd. 2, Göttingen 2004.
BLEDSOE, SETH A., Art. שקר *šqr*. In: Theologisches Wörterbuch zu den Qumran-Texten 3 (2016), 1069–1075.

BLENKINSOPP, JOSEPH, Prophecy and Priesthood in Josephus. In: JJS 25 (1974), 239–262.
–, A History of Prophecy in Israel, Revised and Enlarged, Louisville/London 1996.
–, Ezekiel, IBC, Louisville, KY 1990.
BLOCK, DANIEL I., The Book of Ezekiel. Chapters 1–24, NICOT 18, Grand Rapids, MI/Cambridge 1997.
BLUM, ERHARD, Jesaja und der דבר des Amos. Unzeitgemäße Überlegungen zu Jes 5,25; 9,7–20; 10,1–4. In: DBAT 28 (1992), 75–95.
–, Die Lüge des Propheten. Ein Lesevorschlag zu einer befremdlichen Geschichte (I Reg 13). In: DERS. (Hg.), Mincha, FS Rolf Rendtorff, Neukirchen-Vluyn 2000, 27–46.
–, Historiographie oder Dichtung? Zur Eigenart alttestamentlicher Geschichtsüberlieferung. In: DERS./HARDMEIER, C. (Hg.), Das Alte Testament – ein Geschichtsbuch? Beiträge des Symposiums „Das Alte Testament und die Kultur der Moderne" anlässlich des 100. Geburtstags Gerhard von Rads (1901–1971), Heidelberg 18.–21. Oktober 2001, Altes Testament und Moderne 10, Münster 2005, 65–86.
BLUMENTHAL, ELKE, Die Prophezeiung des Neferti. In: ZÄS 109 (1982), 1–27.
BÖHM, CHRISTIANE, Die Rezeption der Psalmen in den Qumranschriften, bei Philo von Alexandrien und im Corpus Paulinum, WUNT II/437, Tübingen 2017.
BORGER, RYKLE, Gott Marduk und Gott-König Šulgi als Propheten. Zwei prophetische Texte. In: BiOr 28 (1971), 3–24.
–, Historische Texte in akkadischer Sprache. In: KAISER, O. (Hg.), Historisch-chronologische Texte 1, TUAT 1, Gütersloh 1984, 345–410.
–, Beiträge zum Inschriftenwerk Assurbanipals. Die Prismenklassen A, B, C, = K, D, E, F, G, H, J und T sowie andere Inschriften. Mit einem Beitrag von Andreas Fuchs, Wiesbaden 1996.
BOSSHARD-NEPUSTIL, ERICH, Rezeptionen von Jesaia 1–39 im Zwölfprophetenbuch. Untersuchungen zur literarischen Verbindung von Prophetenbüchern in babylonischer und persischer Zeit, OBO 154, Fribourg/Göttingen 1997.
BOWDEN, HUGH, Oracles for Sale. In: DEROW, P./PARKER, R. (Hg.), Herodotus and his World. Essays from a Conference in Memory of George Forrest, Oxford 2003, 256–274.
–, Classical Athens and the Delphic Oracle. Divination and Democracy, Cambridge 2005.
BOWEN, NANCY R., Can God be Trusted? Confronting the Deceptive God. In: BRENNER, A. (Hg.), A Feminist Companion to The Latter Prophets, Sheffield 1995, 354–365.
–, The Daughters of Your People. Female Prophets in Ezekiel 13:17–23. In: JBL 118 (1999), 417–433.
BRANDSCHEIDT, RENATE, Der prophetische Konflikt zwischen Jeremia und Hananja. In: TThZ 98 (1989), 61–74.
BREMMER, JAN N., Art. Divination. VI. Griechisch. In: Der Neue Pauly 3 (1997), 709–714.
–, Art. Prophet. IV. Griechenland und Rom. In: Der Neue Pauly 10 (2001), 421 f.
BRENNEMAN, JAMES E., Canons in Conflict. Negotiating texts in true and false prophecy, New York 1997.
BRIN, GERSHON, The Laws of the Prophets in the Sect of the Judaean Desert. Studies on 4Q375. In: JSP 10 (1992), 19–51.
BROOKE, GEORGE J., Art. Prophecy. In: Encyclopedia of the Dead Sea Scrolls 2 (2000), 694–700.

–, Prophets and Prophecy in the Qumran Scrolls and the New Testament. In: CLEMENTS, R. A. (Hg.), Text, Thought, and Practice in Qumran and Early Christianity. Proceedings of the Ninth International Symposium of the Orion Center for the Study of the Dead Sea Scrolls and Associated Literature, Jointly Sponsored by the Hebrew University Center for the Study of Christianity, 11–13 January, 2004, StTDJ 84, Leiden / Boston 2009, 31–48.

–, Prophecy and Prophets in the Dead Sea Scrolls. Looking Backwards and Forwards. In: FLOYD, M. H. / HAAK, R. D. (Hg.), Prophets, Prophecy, and Prophetic Texts in Second Temple Judaism, LHB 427, London 2006, 151–165.

–, Was the Teacher of Righteousness Considered to Be a Prophet? In: DE TROYER, K. / LANGE, A. (Hg.), Prophecy after the Prophets? The Contribution of the Dead Sea Scrolls to the Understanding of Biblical and Extra-Biblical Prophecy, CBET 52, Leuven u. a. 2009, 77–97.

–, La Prophétie de Qumrân. In: MACCHI, J.-D. u. a. (Hg.), Les recueils prophétiques de la Bible. Origines, milieux, et contexte proche-oriental, MdB 64, Genève 2012, 480–510.

BROSHI, MAGEN / YARDENI, ADA, On Netinim and False Prophets / על נתינים ונביאי שקר. In: Tarbiz 62 (1992), 45–54.

–, 4QList of False Prophets ar. In: BROSHI, M. u. a. (Hg.), Qumran Cave 4.XIV -Parabiblical Texts, Part 2, DJD 19, Oxford 1995, 77–79.

–, On *netinim* and False Prophets. In: ZEVIT, Z. u. a. (Hg.), Solving Riddles and Untying Knots. Biblical, Epigraphic, and Semitic Studies in Honor of Jonas C. Greenfield, Winona Lake, IN 1995, 29–37.

BRUEGGEMANN, WALTER, 1 & 2 Kings, Smyth & Helwys Bible Commentary, Macon, GA 2000.

BRUNNER, ROBERT, Ezechiel 1–24, ZBK 22/1, Zürich / Stuttgart ²1969.

BUBER, MARTIN, Der Glaube der Propheten, Heidelberg ²1984.

–, Falsche Propheten. In: DERS., Schriften zur biblischen Religion, Martin Buber Werkausgabe 13.1, hg. von C. WIESE, Gütersloh 2019, 132–136.

BUDDRUS, MICHAEL / FRITZLAR, SIGRID, Die Professoren der Universität Rostock im Dritten Reich. Ein biographisches Lexikon, Texte und Materialien zur Zeitgeschichte 16, München 2007.

BURKERT, WALTER, Die Griechen und der Orient. Von Homer bis zu den Magiern, München ³2009.

BURNETT, JOEL S., Prophecy in Transjordan: Balaam Son of Beor. In: ROLLSTON, C. A. (Hg.), Enemies and Friends of the State. Ancient Prophecy in Context, University Park, PA 2018, 135–204.

CANCIK-KIRSCHBAUM, EVA C., Prophetismus und Divination – Ein Blick auf die keilschriftlichen Quellen. In: KÖCKERT, M. / NISSINEN, M. (Hg.), Propheten in Mari, Assyrien und Israel, FRLANT 201, Göttingen 2003, 33–53.

–, Literarische Weissagungen aus spätbabylonisch-hellenistischer Zeit. In: WITTE, M. / DIEHL, J. F. (Hg.), Orakel und Gebete. Interdisziplinäre Studien zur Sprache der Religion in Ägypten, Vorderasien und Griechenland in hellenistischer Zeit, FAT II/38, Tübingen 2009, 3–21.

CANTERA, ALBERTO, Talking with God. The Zoroastrian *HAM.PARSTI* or intercalation ceremonies. In: Journal Asiatique 301 (2013), 85–138.

CARASIK, MICHAEL, The Limits of Omniscience. In: JBL 119 (2000), 221–232.

CARROLL, ROBERT P., Jeremiah. A Commentary, OTL, London 1986.

–, When Prophecy Failed. Reactions and responses to failure in the Old Testament prophetic traditions, London 1979.
–, Night Without Vision. Micah and the Prophets. In: GARCÍA MARTÍNEZ, F. (Hg.), The Scriptures and the Scrolls. Studies in Honour of A. S. van der Woude on the occasion of his 65th birthday, VT.S 49, Leiden u. a. 1992, 74–84.
CHARPIN, DOMINIQUE, Le prophétisme dans le Proche-Orient d'après les archives de Mari (XVIiie siècle av. J.-C.). In: MACCHI, J.-D. u. a. (Hg.), Les recueils prophétiques de la Bible. Origines, milieux, et contexte proche-oriental, MdB 64, Genève 2012, 31–73.
–, Gods, Kings, and Merchants in Old Babylonian Mesopotamia, Publications de l'Institut du Proche-Orient Ancien du Collège de France 2, Leuven u. a. 2015.
– u. a., Archives épistolaires de Mari I/2, Archives Royale de Mari (ARM) 26, Paris 1988.
CHAUVEAU, MICHEL, L'*Agneau* revisité ou la révélation d'un crime de guerre ignoré. In: JASNOW, R. / WIDMER, G. (Hg.), Illuminating Osiris. Egyptological Studies in Honor of Mark Smith, Material and Visual Culture of Ancient Egypt 2, Atlanta, GA 2017, 37–69.
COGAN, MORDECHAI / TADMOR, HAYIM, II Kings. A New Translation with Introduction and Commentary, AncB 11, 1988.
COGGINS, RICHARD J., Prophecy – true and false. In: MCKAY, H. A. / CLINES, D. J. A. (Hg.), Of Prophets' Visions and the Wisdom of Sages. Essays in Honour of R. Norman Whybray on his Seventieth Birthday, JSOT.S 162, Sheffield 1993, 80–94.
COHEN, SHAYE J. D., False Prophets (4Q339), Netinim (4Q340), and Hellenism at Qumran. In: DERS., Significance of Yavneh and Other Essays in Jewish Hellenism, Texts and Studies in Ancient Judaism 136, Tübingen 2010, 93–102.
COLLINS, JOHN J., Prophecy and fulfillment in the Qumran scrolls. In: JETS 30 (1987), 267–278.
CORZILIUS, BJÖRN, Michas Rätsel. Eine Untersuchung zur Kompositionsgeschichte des Michabuches, BZAW 483, Berlin / Boston 2016.
CRANZ, ISABEL, Royal Illness and Kingship Ideology in the Hebrew Bible, MSSOTS, Cambridge / New York 2021.
CRENSHAW, JAMES L., Prophetic Conflict. Its Effect upon Israelite Religion, BZAW 124, Berlin 1971.
CROSS, FRANK M., The Themes of the Book of Kings and the Structure of the Deuteronomistic History. In: DERS., Canaanite Myth and Hebrew Epic. Essays in the History of the Religion of Israel, Cambridge, MA 1973, 274–289.
CRÜSEMANN, FRANK, Elia – die Entdeckung der Einheit Gottes. Eine Lektüre der Erzählungen über Elia und seine Zeit (1 Kön 17 – 2 Kön 2), KT 154, München 1997.
CRYER, FREDERICK H., Divination in Ancient Israel and its Near Eastern Environment. A Socio-Historical Investigation, JSOT.S 142, Sheffield 1994.
DAFNI, EVANGELIA G., רוח שקר und falsche Prophetie in I Reg 22. In: ZAW 112 (2000), 365–385.
DAHMEN, ULRICH, Art. Mose-Schriften, außerbiblische. In: Das Wissenschaftliche Bibellexikon im Internet (www.wibilex.de), 2011.
DAUTZENBERG, GERHARD, Urchristliche Prophetie. Ihre Erforschung, ihre Voraussetzungen im Judentum und ihre Struktur im ersten Korintherbrief, BWANT 104, Stuttgart u. a. 1975.
DEGEN, JULIAN, Ancient Near Eastern Traditions in Xenophon's *Cyropaedia*. Conceptions of Royal Qualities and Empire. In: JACOBS, B. (Hg.), Ancient Information

on Persia Re-assessed: Xenophon's *Cyropaedia*. Proceedings of a Conference Held at Marburg in Honour of Christopher J. Tuplin, December 1–2, 2017, Classica et Orientalia 22, Wiesbaden 2020, 197–240.

DE JONG, ALBERT, Traditions of the Magi. Zoroastrianism in Greek and Latin Literature, Religions in the Graeco-Roman World 133, Leiden u. a. 1997.

DE JONG, MATTHIJS J., The Fallacy of ‚True and False' in Prophecy Illustrated by Jer 28:8–9. In: JHS 12 (2012).

DELLING, GERHARD, Die Biblische Prophetie bei Josephus. In: BETZ, O. u. a. (Hg.), Josephus-Studien. Untersuchungen zu Josephus, dem antiken Judentum und dem Neuen Testament, FS O. Michel, Göttingen 1974, 109–121.

DE TROYER, KRISTIN / LANGE, ARMIN (Hg.), Prophecy after the Prophets? The Contribution of the Dead Sea Scrolls to the Understanding of Biblical and Extra-Biblical Prophecy, CBET 52, Leuven u. a. 2009.

DEVAUCHELLE, DIDIER, Les prophéties en Égypte ancienne. In: Prophéties et Oracles II en Égypte et en Grèce, Supplément au Cahier Évangile 89, Service biblique Évangile et vie, Paris 1994, 6–30.

DE VRIES, SIMON J., Prophet against Prophet. The Role of the Micaiah Narrative (I Kings 22) in the Development of Early Prophetic Tradition, Grand Rapids, MI 1978.

DIETRICH, MANFRIED, Prophetie in den Keilschrifttexten. In: JARG 1 (1973), 15–44.

–, Prophetenbriefe aus Mari, TUAT II/1, Gütersloh 1986, 83–93.

DIETRICH, WALTER, Prophetie und Geschichte. Eine redaktionsgeschichtliche Untersuchung zum deuteronomistischen Geschichtswerk, FRLANT 108, Göttingen 1972.

–, Josia und das Gesetzbuch (2 Reg. XXII). In: VT 27 (1977), 13–35.

–, Prophetie im Deuteronomistischen Geschichtswerk. In: RÖMER, T. (Hg.), The Future of the Deuteronomistic History, BEThL 147, Leuven 2000, 47–65.

–, Art. Verstockung (AT). In: Das Wissenschaftliche Bibellexikon im Internet (www.wibilex.de), 2007.

–, Die Vorderen Propheten. In: DERS. u. a., Die Entstehung des Alten Testaments, ThW 1, Stuttgart 2014, 167–282.

DILLERY, JOHN, Chresmologues and *Manteis*. Independent Diviners and the Problem of Authority. In: JOHNSTON, S. I. / STRUCK, P. T. (Hg.), Mantikê. Studies in Ancient Divination, Religions in the Graeco-Roman world 155, Leiden / Boston 2005, 167–231.

DIRVEN, LUCINDA, The Astronomical Diaries and Religion in Seleucid and Parthian Babylon. The Case of the Prophet of Nanāya. In: HAUBOLD, J. u. a. (Hg.), Keeping Watch in Babylon. The Astronomical Diaries in Context. Culture and history of the ancient Near East 100, Leiden / Boston 2019, 154–185.

DODDS, EREC R., Die Griechen und das Irrationale, übersetzt von H. J. DIRKSEN, Darmstadt 1970.

DONNER, HERBERT / RÖLLIG, WOLFGANG, Kanaanäische und aramäische Inschriften (KAI). Mit einem Beitrag von O. RÖSSLER, Bd. 2: Kommentar, Wiesbaden 1964.

–, Kanaanäische und aramäische Inschriften (KAI), Bd. 1, Wiesbaden ^{5}2002.

DOSSIN, GEORGES, Sur le prophétisme à Mari. In: Rencontre Assyrioloqique Internationale (Hg.), La divination en Mésopotamie ancienne et dans les régions voisines, XIVe Rencontre Assyrioloqique Internationale (Strasbourg, 2–6 juillet 1965), Bibliothèque des centres d'études supérieures spécialisés, Paris 1966, 77–86.

DOZEMAN, THOMAS B., The Way of the Man of God from Judah. True and False Prophecy in the Pre-Deuteronomic Legend of 1 Kings 13. In: CBQ 44 (1982), 379–393.

DUHM, BERNHARD, Das Buch Jeremia, KHC 11, Tübingen / Leipzig 1901.

–, Israels Propheten, Tübingen 1916.
DURAND, JEAN-MARIE, Archives épistolaires de Mari I/1, Archives Royale de Mari (ARM) 26, Paris 1988.
DUGUID, IAIN M., Ezekiel and the Leaders of Israel, VT.S 56, Leiden u. a. 1994.
EAGLETON, TERRY, J. L. Austin and the Book of Jonah. In: SCHWARTZ, R. M. (Hg.), The Book and the Text. The Bible and Literary Theory, Cambridge, MS/Oxford 1990, 231–236.
EBACH, JÜRGEN, Kassandra und Jona. Gegen die Macht des Schicksals, Frankfurt a. M. 1987.
–, Frag-mentale Beobachtungen und Impressionen zu Tradition und Invention sowie zu Verbindungen zwischen Forschungsgegenstand und Forscherselbstbild in der Exegese. In: EBACH, R./LEUENBERGER, M. (Hg.), Tradition(en) im alten Israel. Konstruktion, Transmission und Transformation, FAT 127, Tübingen 2019, 45–68.
EBACH, RUTH, Das Fremde und das Eigene. Die Fremdendarstellungen des Deuteronomiums im Kontext israelitischer Identitätskonstruktionen, BZAW 472, Berlin/Boston 2014.
–, Geistausgießung und Rettung. Joel 3 als modifizierende Aufnahme von Sach 12,9–13,9 im Zwölfprophetenbuch. In: BN 167 (2015), 43–63.
–, „Propheten, die vor dir und vor mir waren". Traditionsbezug als Argument im Konflikt um wahre Prophetie im Jeremiabuch. In: DIES./LEUENBERGER, M. (Hg.), Tradition(en) im alten Israel. Konstruktion, Transmission und Transformation, FAT 127, Tübingen 2019, 345–365.
EGO, BEATE, The Repentance of Nineveh in the Story of Jonah and Nahum's Prophecy of the City's Destruction. Aggadic Solutions for an Exegetical Problem in the Book of the Twelve. In: Society of Biblical Literature. Annual Meeting, Seminar Papers 136, Atlanta, GA 2000, 243–253.
EHRLICH, ARNOLD B., Randglossen zur hebräischen Bibel. Textkritisches, Sprachliches und Sachliches, Bd. 4: Jesaia, Jeremia, Hildesheim 1968 (= Hildesheim 1912).
–, Randglossen zur hebräischen Bibel. Textkritisches, Sprachliches und Sachliches, Bd. 5: Ezechiel und die kleinen Propheten, Hildesheim 1968 (= Hildesheim 1912).
EHRLICH, ERNST L., Der Traum im Alten Testament, BZAW 73, Berlin 1953.
EICHRODT, WALTHER, Der Prophet Hesekiel 1–18, ATD 22/1, Göttingen 1959.
EIDEVALL, GÖRAN, Amos. A New Translation with Introduction and Commentary, AYB 14G, New Haven/London 2017.
EIDINOW, ESTHER, Testing the Oracle? On the Experience of (Multiple) Oracular Consultations. In: DRIEDIGER-MURPHY, L. D./DIES. (Hg.), Ancient Divination and Experience, Oxford 2019, 44–67.
EISSFELDT, OTTO, Der Maschal im Alten Testament. Eine wortgeschichtliche Untersuchung nebst einer literargeschichtlichen Untersuchung der משל genannten Gattungen „Volkssprichwort" und „Spottlied", BZAW 24, Gießen 1913.
–, Wahrsagung im Alten Testament. In: Rencontre Assyrioloqique Internationale (Hg.), La divination en Mésopotamie ancienne et dans les régions voisines, XIVe Rencontre Assyrioloqique Internationale (Strasbourg, 2–6 juillet 1965), Bibliothèque des centres d'études supérieures spécialisés, Paris 1966, 141–146.
ELLERMEIER, FRIEDRICH, Prophetie in Mari und Israel, Theologische und orientalische Arbeiten 1, Herzberg 1968.
ELLIS, MARIA DEJONG, The Goddess Kititum Speaks to King Ibalpiel. Oracle Texts from Ishchali. In: Mari 5 (1987), 235–266.

–, Observations on Mesopotamian Oracles and Prophetic Texts. Literary and Historiographic Considerations. In: JCS 41 (1989), 127–186.

EPP-TIESSEN, DANIEL, Concerning the Prophets. True and False Prophecy in Jeremiah 23:9–29:32, Eugene, OR 2012.

EYNIKEL, ERIK, Prophecy and Fulfillment in the Deuteronomistic History (1 Kgs 13; 2 Kgs 23,16–18). In: BREKELMANS, C./LUST, J. (Hg.), Pentateuchal and Deuteronomistic Studies. Papers Read at the XIIIth IOSOT Congress Leuven 1989, Leuven 1990, 227–237.

FABRY, HEINZ-JOSEF, Gottes Geist spricht weiter … Prophetie in den Rollen vom Toten Meer. In: WUB 69 (2013), 50–53.

FALES, FREDERICK M., The Enemy in Assyrian Royal Inscriptions: „The moral judgement". In: NISSEN, H.J./RENGER, J. (Hg.), Mesopotamien und seine Nachbarn. Politische und kulturelle Wechselbeziehungen im Alten Vorderasien vom 4. bis 1. Jahrtausend v. Chr., Berliner Beiträge zum Vorderen Orient 1, Berlin ²1987, 425–435.

FALKENSTEIN, ADAM, „Wahrsagung" in der sumerischen Überlieferung. In: Rencontre Assyrioloqique Internationale (Hg.), La divination en Mésopotamie ancienne et dans les régions voisines, XIVe Rencontre Assyrioloqique Internationale (Strasbourg, 2–6 juillet 1965), Bibliothèque des centres d'études supérieures spécialisés, Paris 1966, 45–68.

FARBER-FLÜGGE, GERTRUD, Der Mythos „Inanna und Enki" unter besonderer Berücksichtigung der Liste der *me*, Studia Pohl 10, Rom 1973.

FELBER, HEINZ, Die demotische Chronik. In: BLASIUS, A. (Hg.): Apokalyptik und Ägypten. Eine kritische Analyse der relevanten Texte aus dem griechisch-römischen Ägypten, OLA 107, Leuven 2002, 65–112.

FELDMAN, LOUIS H., Prophets and Prophecy in Josephus. In: FLOYD, M.H./HAAK, R.D. (Hg.), Prophets, Prophecy, and Prophetic Texts in Second Temple Judaism, LHB 427, London 2006, 210–239.

FISCHER, GEORG, Jeremia 1–25, HThKAT, Freiburg u. a. 2005.

–, Jeremia 26–52, HThKAT, Freiburg u. a. 2005.

FITZMYER, JOSEPH A., Tobit, CEJL, Berlin/New York 2003.

FLEISCHER, GEORG, Das Buch Amos, NSK.AT 23/2, Stuttgart 2001.

FLOWER, MICHAEL A., The Iamidae. A Mantic Family and Its Public Image. In: DIGNAS, B./DERS. (Hg.), Practitioners of the Divine. Greek Priests and Religious Officials from Homer to Heliodorus, Hellenic Studies Series 30, Washington u. a. 2008, 187–206.

–, The Seer in Ancient Greece, The Joan Palevsky Imprint in Classical Literature, Berkley u. a. 2008.

FOHRER, GEORG, Ezechiel, HAT 1/13, Tübingen 1955.

FONTAINE, CAROLE R., The Deceptive Goddess in Ancient Near Eastern Myth: Inanna and Inaras. In: Semeia 42 (1988), 84–102.

FONTENROSE, JOSEPH, The Delphic Oracle. Its Responses and Operations, with a Catalogue of Responses, Berkeley u. a. 1978.

FRAHM, ECKART, Art. Prophetie. In: RlA 11 (2006/2008), 7–11.

FREEDMAN, DAVID N./FREY, REBECCA, False Prophecy is True. In: KALTNER, J./STULMAN, L. (Hg.), Inspired Speech. Prophecy in the Ancient Near East, Essays in Honor of Herbert B. Huffmon, JSOT.S 378, London/New York 2004, 82–87.

FREEDMAN, SALLY M., If a City is Set on a Height. The Akkadian Omen Series *Šumma Alu ina Mēlê Šakin*, Vol. I: Tablets 1–21, Occasional Publications of the Samuel Noah Kramer Fund 17, Philadelphia 1998.

FRENSCHKOWSKI, MARCO, Prophetie. Innovation, Tradition und Subversion in spätantiken Religionen, Standorte in Antike und Christentum 10, Stuttgart 2018.

FRETHEIM, TERENCE E., Jeremiah, Smyth & Helwys Bible Commentary, Macon, GA 2002.

FREVEL, CHRISTIAN, Deuteronomistisches Geschichtswerk oder Geschichtswerke? Die These Martin Noths zwischen Tetrateuch, Hexateuch und Enneateuch. In: RÜTERSWÖRDEN, U. (Hg.), Martin Noth – aus der Sicht der heutigen Forschung, BthSt 58, Neukirchen-Vluyn 2004, 60–95.

–, Geschichte Israels, KStTh 2, Stuttgart ²2018.

–, Are There Any Reasons Why Balaam Had to Die? Prophecy, Pseudo-Prophecy and Sorcery in Numbers. In: DERS., Desert Transformations. Studies in the Book of Numbers, FAT 137, Tübingen 2020, 155–187.

FRIEDRICH, GERHARD, Art. προφήτης κτλ. D. Propheten und Prophezeien im Neuen Testament. In: ThWNT 6 (1959), 829–863.

FRITZ, VOLKMAR, Das erste Buch der Könige, ZBK 10/1, Zürich 1996.

–, Das zweite Buch der Könige, ZBK 10/2, Zürich 1998.

FROST, STANLEY B., The Death of Josiah. A Conspiracy of Silence. In: JBL 87 (1968), 369–382.

FUHS, HANS F., Ezechiel 1–24, NEB 7, Würzburg 1984.

FUNGHI, MARIA S., The Derveni Papyrus. In: LAKS, A./MOST, G. W. (Hg.), Studies on the Derveni Papyrus, Oxford 1997, 25–37.

GASS, ERASMUS, Art. Bileam (AT). In: Das Wissenschaftliche Bibellexikon im Internet (www.wibilex.de), 2007.

GERHARDS, MEIK, Die Begnadigung Jojachins – Überlegungen zu 2.Kön.25,27–30 (mit einem Anhang zu den Nennungen Jojachins auf Zuteilungslisten aus Babylon). In: BN 94 (1998), 52–67.

–, Homer und die Bibel. Studien zur Interpretation der Ilias und ausgewählter alttestamentlicher Texte, WMANT 144, Neukirchen-Vluyn 2015.

GLASSNER, JEAN-JACQUES, Mesopotamian Chronicles, edited by Benjamin R. Foster, SBL Writings from the Ancient World 19, Leiden/Boston 2005.

GOFF, JAMES, Prophetie und Politik in Israel und im Alten Ägypten, Beiträge zur Ägyptologie 7, Wien 1986.

GOLDENBERG, ROBERT, The Problem of False Prophecy. Talmudic Interpretations of Jeremiah 28 and 1 Kings 22. In: POLZIN, R./ROTHMAN, E. (Hg.), The Biblical Mosaic. Changing Perspectives, Semeia Studies 10, Philadelphia, PA 1982, 87–103.

GORDON, ROBERT P., From Mari to Moses. Prophecy at Mari and in Ancient Israel. In: MCKAY, H. A./CLINES, D. J. A. (Hg.), Of Prophets' Visions and the Wisdom of Sages. Essays in Honour of R. Norman Whybray on his Seventieth Birthday, JSOT 162, Sheffield 1993, 63–79.

GRABBE, LESTER L., Priests, Prophets, Diviners, Sages. A Socio-Historical Study of Religious Specialists in Ancient Israel, Valley Forge, PA 1995.

–, Thus Spake the Prophet Josephus … The Jewish Historian on Prophets and Prophecy. In: FLOYD, M. H./HAAK, R. D. (Hg.), Prophets, Prophecy, and Prophetic Texts in Second Temple Judaism, LHB 427, London 2006, 240–247.

–, Prophets in the Chronicler. The Books of 1 and 2 Chronicles and Ezra–Nehemiah. In: ROLLSTON, C. A. (Hg.), Enemies and Friends of the State. Ancient Prophecy in Context, University Park, PA 2018, 297–310.

GRANT, ROBERT M., Joseph's Bible Notes (Hypomnestikon). Introduction, Translation, and Notes, Greek Text ed. by GLEN W. MENZIES, Text and Translations 41 – Early Christian Series 9, Atlanta, GA 1996.

GRÄTZ, SEBASTIAN, „Einen Propheten wie mich wird dir der Herr, dein Gott, erwecken." Der Berufungsbericht Jeremias und seine Ruckbindung an das Amt des Mose. In: GRAUPNER, A./WOLTER, M. (Hg.), Moses in biblical and extra-biblical traditions, BZAW 372, Berlin 2007, 61–77.

GRAY, JOHN, I & II Kings. A Commentary, OTL, London ²1970.

GRAY, REBECCA, Art. Prophet/Prophetin/Prophetie. III. Judentum. 1. Antike. In: RGG⁴ 6 (2003), 1699–1701.

GREEN, PETER, Armada from Athens, London u. a. 1970.

GREENBERG, MOSHE, Ezechiel 1–20, HThKAT, Freiburg u. a. 2001.

–, Ezechiel 21–37, HThKAT, Freiburg u. a. 2005.

GRESSMANN, HUGO, Die älteste Geschichtsschreibung und Prophetie Israels (von Samuel bis Amos und Hosea), SAT, 2. Abt.: Prophetie und Gesetzgebung des AT im Zusammenhange der Geschichte Israels Bd. 1, Göttingen ²1921.

GROSS, WALTER, Lying Prophet and Disobedient Man of God in 1 Kings 13. Role Analysis as an Instrument of Theological Interpretation of an OT Narrative Text. In: CULLEY, R. C. (Hg.), Perspectives on Old Testament narrative, Semeia 15, Missoula 1979, 97–135.

HAGEDORN, ANSELM C., Between Moses and Plato. Individual and Society in Deuteronomy and Ancient Greek Law, FRLANT 204, Göttingen 2004.

–, The Role of the Female Seer/Prophet in Ancient Greece. In: STÖKL, J./CARVALHO, C. L. (Hg.), Prophets Male and Female. Gender and Prophecy in the Hebrew Bible, the Eastern Mediterranean, and the Ancient Near East, SBL Ancient Israel and Its Literature 15, Atlanta, GA 2013, 101–125.

HAHN, FERDINAND/KLEIN, HANS, Die frühchristliche Prophetie. Ihre Voraussetzungen, ihre Anfänge und ihre Entwicklung bis zum Montanismus. Eine Einführung, BThSt 116, Neukirchen-Vluyn 2011.

HALPERN, BARUCH/VANDERHOOFT, DAVID S., The Editions of Kings in the 7th–6th Centuries B. C. E. In: HUCA 62 (1991), 179–244.

HAMIDOVIĆ, DAVID, La diversité des attentes messianiques dans le judaïsme palestinien. In: Ders. u. a. (Hg.), Encyclopédie des messianismes juifs dans l'Antiquité, Biblical tools and studies 33, Leuven 2017, 205–286.

HAMORI, ESTHER J., Women's Divination in Biblical Literature. Prophecy, Necromancy, and Other Arts of Knowledge, Anchor Yale Bible Reference Library, New Haven/London 2015.

HANDY, LOWELL K., The Role of Huldah in Josiah's Cult Reform. In: ZAW 106 (1994), 40–53.

HARDMEIER, CHRISTOF, Alttestamentliche Exegese und linguistische Erzählforschung. Grundfragen der Erzähltextinterpretation am Beispiel von Amos 7,10–17. In: WuD 18 (1985), 49–71.

–, Prophetie im Streit vor dem Untergang Judas. Erzählkommunikative Studien zur Entstehungssituation der Jesaja- und Jeremiaerzählungen in II Reg 18–20 und Jer 37–40, BZAW 187, Berlin 1989.

HARRIS, WILLIAM V., The Reputation of the *Manteis* in the Century after the Sicilian Expedition. In: Hermes 148 (2020), 4–22.

HARRISON, THOMAS, Divinity and History. The Religion of Herodotus, Oxford Classical Monographs, Oxford 2000.
–, „Prophecy in Revers"? Herodotus and the Origins of History. In: DEROW, P./PARKER, R. (Hg.), Herodotus and his World. Essays from a Conference in Memory of George Forrest, Oxford 2003, 237–255.
HAUSCHILD, WOLF-DIETER/DRECOLL, VOLKER H., Alte Kirche und Mittelalter, Lehrbuch der Kirchen- und Dogmengeschichte 1, Gütersloh ⁵2016.
HAUSER, STEFAN R., Status, Tod und Ritual. Stadt- und Sozialstruktur Assurs in neuassyrischer Zeit, ADOG 26, Wiesbaden 2012.
HAUSMANN, JUTTA, „Ein Prophet, der Träume hat, der erzähle Träume; wer aber mein Wort hat, der predige mein Wort recht." (Jer 23,28). Ein Beitrag zum Verstehen der deuteronomistischen Wort-Theologie. In: NIEMANN, H. M. u. a. (Hg.), Nachdenken über Israel, Bibel und Theologie, Frankfurt a. M. 1994, 163–175.
HEALEY, JOSEPH P., Art. Nethinim. In: AncBD 3 (1992), 1085 f.
HEMPEL, JOHANNES, Vom irrenden Glauben. In: DERS., Apoxysmata. Vorarbeiten zu einer Religionsgeschichte und Theologie des Alten Testaments, Festgabe zum 30. Juli 1961, BZAW 81, Berlin 1961, 174–197.
–, Wort Gottes und Schicksal. In: DERS., Apoxysmata. Vorarbeiten zu einer Religionsgeschichte und Theologie des Alten Testaments, Festgabe zum 30. Juli 1961, BZAW 81, Berlin 1961, 308–318.
HENTSCHEL, GEORG, 1 Könige, NEB, Würzburg 1984.
–, 2 Könige, NEB, Würzburg 1985.
–, „Ich sah ganz Israel … wie Schafe, die keinen Hirten haben." Beobachtungen zu 1 Kön 22,1–38. In: MÜLLER, R. u. a. (Hg.), Fortgeschriebenes Gotteswort. Studien zu Geschichte, Theologie und Auslegung des Alten Testaments, FS Christoph Levin, Tübingen 2020, 185–198.
HERMISSON, HANS-JÜRGEN, Jeremias Wort über Jojachin. In: ALBERTZ, R. (Hg.), Werden und Wirken des Alten Testaments, FS Claus Westermann, Göttingen 1980, 252–270.
–, Kriterien „wahrer" und „falscher" Prophetie im Alten Testament. Zur Auslegung von Jeremia 23,16–22 und Jeremia 28,8–9. In: ZThK 92 (1995), 121–139.
HERRMANN, JOHANNES, Ezechiel, KAT 11, Leipzig 1924.
HERRMANN, SIEGFRIED, Jeremia. Der Prophet und sein Buch, Erträge der Forschung 271, Darmstadt 1990.
–, Jeremia vor Chananja. Die angebliche Krise des Propheten. In: VIEWEGER, D./ WASCHKE, E.-J. (Hg.), Von Gott reden. Beiträge zur Theologie und Exegese des Alten Testaments. Festschrift für Siegfried Wagner zum 65. Geburtstag, Neukirchen-Vluyn 1995, 117–122.
–, Prophetie in Israel und Ägypten. Recht und Grenze eines Vergleichs (1963). In: DERS., Geschichte und Prophetie. Kleine Schriften zum Alten Testament, hg. von R. LIWAK/ W. THIEL, BWANT 157, Stuttgart 2002, 173–189.
–, Ursprung und Funktion der Prophetie im alten Israel (1976). In: DERS., Geschichte und Prophetie. Kleine Schriften zum Alten Testament, hg. von R. LIWAK/W. THIEL, BWANT 157, Stuttgart 2002, 121–172.
HIBBARD, J. TODD, True and False Prophecy. Jeremiah's Revision of Deuteronomy. In: JSOT 35 (2011), 339–358.
–, To Err is Human, Unless You're a Prophet. Isaiah and Micah on Prophetic Opposition. In: ZAW 130 (2018), 26–39.
HIEKE, THOMAS, Das Alte Testament und die Todesstrafe. In: Biblica 85 (2004), 349–374.

HILLERS, DELBERT R., Treaty-Curses and the Old Testament Prophets, BiOr 16, Rom 1964.
HOBBES, THOMAS, Leviathan oder Stoff, Form und Gewalt eines bürgerlichen und kirchlichen Staates, hg. und eingeleitet von I. FETSCHER, übersetzt von W. Euchner, Frankfurt a. M. 1966.
HOFFMANN, FRIEDHELM, Art. Töpferorakel. In: Das Wissenschaftliche Bibellexikon im Internet (www.wibilex.de), 2009.
–/QUACK, JOACHIM F., Anthologie der demotischen Literatur, Einführungen und Quellentexte zur Ägyptologie 4, Münster ²2018.
HOLLADAY, WILLIAM L., Jeremiah 1. A Commentary on the Book of the Prophet Jeremiah, Chapters 1–25, Hermeneia, Philadelphia 1986.
–, Jeremiah 2. A Commentary on the Book of the Prophet Jeremiah, Chapters 26–52, Hermeneia, Minneapolis 1989.
HOSSFELD, FRANK-LOTHAR, Wahre und falsche Propheten in Israel. In: BiKi 38 (1983), 139–144.
–/MEYER, IVO, Prophet gegen Prophet. Eine Analyse der alttestamentlichen Texte zum Thema: Wahre und falsche Propheten, BiBe 9, Fribourg 1973.
–, Der Prophet vor dem Tribunal. Neuer Auslegungsversuch von Jer 26. In: ZAW 86 (1974), 30–50.
HOUSTON, WALTER, What Did the Prophets Think They Were Doing? Speech Act and Prophetic Discourse in the Old Testament. In: GORDON, R. P. (Hg.), „The Place is too small for Us". The Israelite Prophets in Recent Scholarship, Sources for Biblical and Theological Study 5, Winona Lake, IN 1995, 133–153.
HRŮŠA, IVAN, Ancient Mesopotamian Religion. A Descriptive Introduction, übersetzt von M. Tait, Münster 2015.
HUFFMON, HERBERT B., The Origins of Prophecy. In: CROSS, F. M. u. a. (Hg.), Magnalia Dei. The Mighty Acts of God. Essays on the Bible and Archaeology in Memory of G. Ernest Wright, Garden City 1976, 171–186.
–, A Company of Prophets: Mari, Assyria, Israel. In: NISSINEN, M. (Hg.), Prophecy in its Ancient Near Eastern Context. Mesopotamian, Biblical, and Arabian Perspectives, SBL Symposium Series 13, Atlanta, GA 2000, 47–70.
HUSSER, JEAN-MARIE, Le songe et la parole. Etude sur le rêve et sa fonction dans l'ancien Israël, BZAW 210, Berlin/New York 1994.
HUTTON, RODNEY R., Are the Parents Still Eating Sour Grapes? Jeremiah's Use of the *Māšāl* in Contrast to Ezekiel. In: CBQ 71 (2009), 275–285.
IGELBRINK, CHRISTIAN, Die Kleruchien und Apoikien Athens im 6. und 5. Jahrhundert v. Chr. Rechtsformen und politische Funktionen der athenischen Gründungen, KLIO Beiträge zur Alten Geschichte Beihefte, Neue Folge 25, Berlin/Boston 2015.
ISBELL, CHARLES D., 2 Kings 22:3–23:24 and Jeremiah 36. A Stylistic Comparison. In: JSOT 8 (1978), 33–45.
JACOB, EDMOND, Quelques remarques sur les faux prophètes. In: ThZ 13 (1957), 479–486.
JAPHET, SARA, 2 Chronik, HThKAT, Freiburg u. a. 2003.
JASSEN, ALEX P., Mediating the Divine. Prophecy and Revelation in the Dead Sea Scrolls and Second Temple Judaism, StTDJ 68, Leiden/Boston 2007.
–, Prophecy after „the Prophets". The Dead Sea Scrolls and the History of Prophecy in Judaism. In: LANGE, A. u. a. (Hg.), The Dead Sea Scrolls in Context. Integrating the

Dead Sea Scrolls in the Study of Ancient Texts, Languages, and Cultures, Bd. 2, VT.S 140, Leiden/Boston 2011, 577–593.

JEFFORD, CLAYTON N., Prophecy and Prophetism in the Apostolic Fathers. In: VERHEYDEN, J. u. a. (Hg.), Prophets and Prophecy in Jewish and Early Christian Literature, WUNT II/286, Tübingen 2010, 295–316.

JENNI, ERNST, Die politischen Voraussagen der Propheten, AThANT 29, Zürich 1956.

–, Die hebräischen Präpositionen. Bd. 1: Die Präposition Beth, Stuttgart u. a. 1992.

JEREMIAS, JÖRG, Die Vollmacht des Propheten im Alten Testament. In: EvTh 31 (1971), 305–322.

–, „Denn auf dem Berg Zion und in Jerusalem wird Rettung sein" (Joel 3,5). Zur Heilserwartung des Joelbuches. In: HAHN, F. u. a. (Hg.), Zion – Ort der Begegnung. FS L. Klein, BBB 90, Bodenheim 1993, 35–45.

–, Das Proprium der alttestamentlichen Prophetie. In: ThLZ 119 (1994), 483–494.

–, „Wahre" und „falsche" Prophetie im Alten Testament. Entwicklungslinien eines Grundsatzkonfliktes. In: ThBeitr 28 (1997), 343–349.

–, Das Wesen der alttestamentlichen Prophetie. In: ThLZ 131 (2006), 3–14.

–, Die Propheten Joel, Obadja, Jona, Micha, ATD 24/3, Göttingen 2007.

–, Das Rätsel der Schriftprophetie. In: ZAW 125 (2013), 93–117.

–, Der Prophet Amos, ATD 24/2, Göttingen ³2013.

–, Theologie des Alten Testaments, GAT 6, Göttingen 2015.

JUHÁS, PETER, bārtu nabalkattu ana māt Aššur īpušma uḫaṭṭâ ... Eine Studie zum Vokabular und zur Sprache der Rebellion in ausgewählten neuassyrischen Quellen und in 2 Kön 15–21, Kleine Untersuchungen zur Sprache des Alten Testaments und seiner Umwelt 14, Kamen 2011.

JURSA, MICHAEL, Neubabylonische Texte. In: JANOWSKI, B./WILHELM, G. (Hg.), Texte zum Rechts- und Wirtschaftsleben, TUAT.NF 1, Gütersloh 2004, 89–110.

–, Neubabylonische Briefe. In: JANOWSKI, B./WILHELM, G. (Hg.), Briefe, TUAT.NF 3, Gütersloh 2006, 158–172.

KAISER, URSULA U., Art. Vitae Prophetarum. In: Das Wissenschaftliche Bibellexikon im Internet (www.wibilex.de), 2017.

KAMMERZELL, FRANK/STERNBERG, HEIKE, Ägyptische Prophetien und Orakel. In: DIETRICH, M. u. a. (Hg.), Religiöse Texte. Deutungen der Zukunft in Briefen, Orakeln und Omina, TUAT 2, Gütersloh 1986, 102–137.

KARRER, MARTIN, Die Apokalypse und das Aposteldekret. In: KRAUS, W. (Hg.), Beiträge zur urchristlichen Theologiegeschichte, BZNW 163, Berlin 2009, 429–452.

KEGLER, JÜRGEN, Prophetengestalten im Deuteronomistischen Geschichtswerk und in den Chronikbüchern. Ein Beitrag zur Kompositions- und Redaktionsgeschichte der Chronikbücher. In: ZAW 105 (1993), 481–497.

KELLE, BRAD E., The Phenomenon of Israelite Prophecy in Contemporary Scholarship. In: CBR 12 (2014), 275–320.

KELLY, WILLIAM L., How Prophecy Works. A Study of the Semantic Field of נביא and a Close Reading of Jeremiah 1:4–19, 23:9–40 and 27:1–28:17, FRLANT 272, Göttingen 2020.

KERN, GABI, An die Zukunft erinnern. Hintergrund, Werdegang und Funktion der Erzählung um den Propheten Micha ben Jimla in 1 Kön 22,1–38, Bielefeld 2015 (Dissertationsschrift).

KESSLER, RAINER, Micha, HThKAT, Freiburg u. a. 1999.

KINDT, JULIA, Revisiting Delphi. Religion and Storytelling in Ancient Greece, Cambridge Classical Studies, Cambridge 2016.
KITTEL, RUDOLF, Die Bücher der Könige, HK 1/5, Göttingen 1900.
KITZ, ANNE MARIE, Prophecy as Divination. In: CBQ 65 (2003), 22–43.
–, Cursed are you! The Phenomenology of Cursing in Cuneiform and Hebrew Texts, Winona Lake, IN 2014.
KLAUBER, ERNST G., Zur Politik und Kultur der Sargonidenzeit. In: AJSL 30 (1914), 233–287.
KLEIN, ANJA, Art. Prophetie, falsche. In: Das Wissenschaftliche Bibellexikon im Internet (www.wibilex.de), 2015.
KLOPFENSTEIN, MARTIN A., Die Lüge nach dem Alten Testament. Ihr Begriff, ihre Bedeutung und ihre Beurteilung, Zürich/Frankfurt a. M. 1964.
–, Art. שקר šqr täuschen. In: THAT 2 (^{6}2004), 1010–1019.
KNAUF, ERNST A., 1 Könige 15–22, HThKAT, Freiburg u. a. 2019.
KNOBLOCH, HARALD, Die nachexilische Prophetentheorie des Jeremiabuches, BZAR 12, Wiesbaden 2009.
KNOPPERS, GARY N., I Chronicles 10–29. A New Translation with Introduction and Commentary, AncB 12A, New York u. a. 2004.
–, Democratizing Revelation? Prophets, Seers and Visionaries in Chronicles. In: DAY, J. (Hg.), Prophecy and the Prophets in Ancient Israel. Proceedings of the Oxford Old Testament Seminar, LHB 531, New York/London 2010, 391–409.
–/ WELCH, ERIC L., Friends or Foes? Elijah and Other Prophets in the Deuteronomistic History. In: ROLLSTON, C. A. (Hg.), Enemies and Friends of the State. Ancient Prophecy in Context, University Park, PA 2018, 219–256.
KOCH, CHRISTOPH, Vertrag, Treueid und Bund. Studien zur Rezeption des altorientalischen Vertragsrechts im Deuteronomium und zur Ausbildung der Bundestheologie im Alten Testament, BZAW 383, Berlin/New York 2008.
KOCH, HEIDEMARIE, Götter und ihre Verehrung im achämenidischen Persien. In: ZA 77 (1987), 239–278.
–, Zur Religion der Achämeniden. In: ZAW 100 (1988), 393–405.
–, Texte aus Iran. 2. Persische Inschriften. In: JANOWSKI, B./WILHELM, G. (Hg.), Omina, Orakel, Rituale und Beschwörungen, TUAT.NF 4, Gütersloh 2008, 390–392.
KOCH, KLAUS, Ratlos vor der Apokalyptik. Eine Streitschrift über ein vernachlässigtes Gebiet der Bibelwissenschaft und die schädlichen Auswirkungen auf Theologie und Philosophie, Gütersloh 1970.
–, Die Briefe „profetischen" Inhalts aus Mari. Bemerkungen zu Gattung und Sitz im Leben. In: UF 4 (1972), 53–77.
–, Das Profetenschweigen des deuteronomistischen Geschichtswerks. In: JEREMIAS, J./PERLITT, L. (Hg.), Die Botschaft und die Boten, FS H.-W. Wolff, Neukirchen-Vluyn 1981, 115–128.
–, Die Profeten I. Assyrische Zeit, Kohlhammer Taschenbücher 280, Stuttgart ^{3}1995.
KÖCKERT, MATTHIAS, Das Gesetz und die Propheten in Am 1–2. In: HAUSMANN, J./ZOBEL, H.-J. (Hg.), Alttestamentlicher Glaube und Biblische Theologie, FS H. D. Preuß, Stuttgart u. a. 1992, 145–154.
–, Zum literaturgeschichtlichen Ort des Prophetengesetzes Dtn 18 zwischen dem Jeremiabuch und Dtn 13. In: KRATZ, R. G./SPIECKERMANN, H. (Hg.), Liebe und Gebot. Studien zum Deuteronomium, FS L. Perlitt, FRLANT 190, Göttingen 2000, 80–100.

KÖNEN, LUDWIG, Die Apologie des Töpfers an König Amenophis oder Das Töpferorakel (Tafel I–III), unter Mitarbeit von Andreas Blasius. In: BLASIUS, A./SCHIPPER, B. (Hg.), Apokalyptik und Ägypten. Eine kritische Analyse der relevanten Texte aus dem griechisch-römischen Ägypten, OLA 107, Leuven u. a. 2002, 139–187.

KÖNIG, GÖTZ, Studien zur Rationalitätsgeschichte im älteren Iran. Ein Beitrag zur Achsenzeitdiskussion, IRANICA 26, Wiesbaden 2018.

KORPEL, MARJO C. A., Avian Spirits in Ugarit and in Ezekiel 13. In: WYATT, N. u. a. (Hg.), Ugarit. Religion and Culture, Proceedings of the International Colloquium on Ugarit, Religion and Culture, Edinburgh, July 1994. Essays Presented in Honour of Professor John C. L. Gibson, Ugaritisch-biblische Literatur 12, Münster 1996, 99–113.

KOTTSIEPER, INGO, Die Inschrift vom Tell Dan und die politischen Beziehungen zwischen Aram-Damaskus und Israel in der 1. Hälfte des 1. Jahrtausends vor Christus. In: DIETRICH, M./DERS. (Hg.), „Und Mose schrieb dieses Lied auf". Studien zum Alten Testament und zum Alten Orient, FS O. Loretz, AOAT 250, Münster 1998, 475–500.

–, Die Inschrift vom Tell Dan, TUAT.Erg., Gütersloh 2001, 176–179.

KOTWICK, MIRJAM E., Der Papyrus von Derveni. Griechisch-deutsch, Sammlung Tusculum, Berlin/Boston 2017.

KRÄMER, HELMUT, Art. προφήτης κτλ. A. Die Wortgruppe in der Profangräzität. In: ThWNT 6 (1959), 783–795.

KRATZ, REINHARD G., Kyros im Deuterojesaja-Buch. Redaktionsgeschichtliche Untersuchungen zu Entstehung und Theologie von Jes 40–55, FAT 1, Tübingen 1991.

–, Der Anfang des Zweiten Jesaja in Jes 40,1 f. und das Jeremiabuch. In: ZAW 106 (1994), 243–261.

–, Die Komposition der erzählenden Bücher des Alten Testaments. Grundwissen der Bibelkritik, UTB 2157, Göttingen 2000.

–, Die Propheten Israels, Beck'sche Reihe, München 2003.

–, Das Rätsel der Schriftprophetie. Eine Replik. In: ZAW 125 (2013), 635–639.

–, Das Problem des Deuteronomistischen Geschichtswerkes. In: MÜLLER, R. u. a. (Hg.), Fortgeschriebenes Gotteswort. Studien zu Geschichte, Theologie und Auslegung des Alten Testaments, FS C. Levin, Tübingen 2020, 117–136.

KRAUSE, JOACHIM J., Die Bedingungen des Bundes. Studien zur konditionalen Struktur alttestamentlicher Bundeskonzeptionen, FAT 140, Tübingen 2020.

KRÜGER, ANNETTE, Auf dem Weg „zu den Vätern". Zur Tradition der alttestamentlichen Sterbenotizen. In: BERLEJUNG, A./JANOWSKI, B. (Hg.), Tod und Jenseits im alten Israel und in seiner Umwelt. Theologische, religionsgeschichtliche, archäologische und ikonographische Aspekte, FAT 64, Tübingen 2009, 137–150.

KRÜGER, THOMAS, Geschichtskonzepte im Ezechielbuch, BZAW 180, Berlin/New York 1989.

KUENEN, ABRAHAM, The Prophets and Prophecy in Israel. An Historical and Critical Enquiry with an Introduction by John Muir, Amsterdam 1969.

KUHRT, AMÉLIE (Hg.), The Persian Empire. A Corpus of Sources of the Achaemenid Period, 2 Bände, New York 2007.

LAFONT, BERTRAND, Le roi de Mari et les prophètes du dieu Adad. In: RA 78 (1984), 7–18.

LAMARCHE, PAUL, Zacharie IX–XIV, Études bibliques 55, Paris 1961.

LÄMMERHIRT, KAI, Wahrheit und Trug. Untersuchungen zur altorientalischen Begriffsgeschichte, AOAT 348, Münster 2010.

LANCKAU, JÖRG, Der Herr der Träume. Eine Studie zur Funktion des Traumes in der Josefsgeschichte der Hebräischen Bibel, AThANT 85, Zürich 2006.
–, Art. Traum / Traumerzählung. In: Das Wissenschaftliche Bibellexikon im Internet (www.wibilex.de), 2012.
LANDERSDORFER, SIMON, Die Bücher der Könige, Die Heilige Schrift des Alten Testaments III.2, Bonn 1927.
LANDMANN, GEORG P., Thukydides. Geschichte des Peloponnesischen Krieges, Teil 2: Buch V–VIII. Griechisch-deutsch, Sammlung Tusculum, Berlin 1993 (online-Ausgabe = München 1993).
LANGE, ARMIN, Vom prophetischen Wort zur prophetischen Tradition. Studien zur Traditions- und Redaktionsgeschichte innerprophetischer Konflikte in der Hebräischen Bibel, FAT 34, Tübingen 2002.
–, Literary Prophecy and Oracle Collection. A Comparison between Judah and Greece in Persian Times. In: FLOYD, M. H. / HAAK, R. D. (Hg.), Prophets, Prophecy, and Prophetic Texts in Second Temple Judaism, LHB 427, London 2006, 248–275.
–, Greek Seers and Israelite-Jewish Prophets. In: VT 57 (2007), 461–482.
–, „The False Prophet who arose against Our God" (4Q339 1). In: BERTHELOT, K. u. a. (Hg.), Aramaica Qumranica. Proceedings of the Conference on the Aramaic Texts From Qumran at Aix-en-Provence (June 30–July 2, 2008), Studies on the Texts of the Desert of Judah, Leiden 2010, 205–224.
–, Art. False Teachers, False Prophets, III/A: Judaism: Second Temple and Hellenistic Judaism. In: EBR 8 (2014), 783 f.
LATOUR, ELIE, Une proposition de reconstruction de l'apocryphe de Moïse (1Q29, 4Q375, 4Q376, 4Q408). In: RdQ 22 (2006), 575–591.
LAUINGER, JACOB, Esarhaddon's Succession Treaty at Tell Tayinat. Text and Commentary. In: JCS 64 (2012), 87–123.
LEMAIRE, ANDRÉ, The Tel Dan Stela as a Piece of Royal Historiography. In: JSOT 81 (1998), 3–14.
LEPPER, VERENA M., Untersuchungen zu pWestcar. Eine philologische und literaturwissenschaftliche (Neu-)Analyse, Ägyptologische Abhandlungen 70, Wiesbaden 2008.
LEUENBERGER, MARTIN, Das Problem des vorzeitigen Todes in der israelitischen Religions- und Theologiegeschichte. In: BERLEJUNG, A. / JANOWSKI, B. (Hg.), Tod und Jenseits im alten Israel und in seiner Umwelt. Theologische, religionsgeschichtliche, archäologische und ikonographische Aspekte, FAT 64, Tübingen 2009, 151–176.
–, „Ich bin Jhwh und keiner sonst". Der exklusive Monotheismus des Kyros-Orakels Jes 45,1–7, SBS 224, Stuttgart 2010.
–, Theohistorie. Prophetische und apokalyptische Geschichtstheologien. In: DERS., Gott in Bewegung. Religions- und theologiegeschichtliche Beiträge zu Gottesvorstellungen im alten Israel, FAT 76, Tübingen 2011, 199–234.
–, § 10 Prophetie. In: DIETRICH, W. (Hg.), Die Welt der Hebräischen Bibel. Umfeld – Inhalte – Grundthemen, Stuttgart 2017, 136–151.
LEVIN, CHRISTOPH, Joschija im deuteronomistischen Geschichtswerk. In: ZAW 96 (1984), 351–371.
LICHTENBERG, GEORG C., Vermischte Schriften, Bd. 2, neue vermehrte von dessen Söhnen veranstaltete Original-Ausgabe, Göttingen 1844.
LICHTENBERGER, HERMANN, Die Apokalypse, ThKAT 23, Stuttgart 2014.

LINDEMANN, MARY, Armen- und Eselbegräbnis in der europäischen Frühneuzeit, eine Methode sozialer Kontrolle. In: BLUM, P. R. (Hg.), Studien zur Thematik des Todes im 16. Jahrhundert, Wolfenbütteler Forschungen 22, Wolfenbüttel 1983, 125–139.

LILLY, INGRID E., Two Books of Ezekiel. Papyrus 967 and the Masoretic Text as Variant Literary Editions, VT.S 150, Leiden/Boston 2012.

LIPSCHITS, ODED, „Jehoiakim Slept with his Fathers …" (II Kings 24:6) – Did He?. In: JHS 4 (2002) (online-Publikation).

LITTMAN, ROBERT J., Tobit. The Book of Tobit in Codex Sinaiticus, Septuagint Commentary Series, Leiden 2008.

LONG, BURKE O., Social Dimensions of Prophetic Conflict. In: Semeia 21 (1982), 31–53.

LONG, JESSE C., Unfulfilled Prophecy or Divine Deception? A Literary Reading of 2 Kings 3. In: Stone-Campbell Journal 7 (2004), 101–117.

LUNDBOM, JACK R., Jeremiah 21–36. A New Translation with Introduction and Commentary, AncB 21B, New York u. a. 2004.

LUZ, ULRICH, Stages of Early Christian Prophetism. In: VERHEYDEN, J. u. a. (Hg.), Prophets and Prophecy in Jewish and Early Christian Literature, WUNT II/286, Tübingen 2010, 57–75.

LYNCH, MATTHEW J., The Prophet's *šārtum u sissiktum* „Hair and Hem" and the Mantic Context of Prophetic Oracles at Mari. In: JANER 13 (2013), 11–29.

MAIER, CHRISTL, Jeremia als Lehrer der Tora. Soziale Gebote des Deuteronomiums in Fortschreibungen des Jeremiabuches, FRLANT 196, Göttingen 2002.

–, The Nature of Deutero-Jeremianic Texts. In: NAJMAN, H. / SCHMID, K. (Hg.), Jeremiah's Scriptures. Production, Reception, Interaction, JSJ.S 173, Leiden/Boston 2017, 103–123.

MALAMAT, ABRAHAM, Mari and the Bible, Studies in the history and culture of the ancient Near East 12, Leiden u. a. 1998.

MANSEN, F. DORIE, The Unremembered Dead. The Non-Burial Motif in the Hebrew Bible, PHSC 26, Piscataway 2018.

MARJANEN, ANTTI, Female Prophets among Montanists. In: STÖKL, J./CARVALHO, C. L. (Hg.), Prophets Male and Female. Gender and Prophecy in the Hebrew Bible, the Eastern Mediterranean, and the Ancient Near East, SBL Ancient Israel and Its Literature 15, Atlanta, GA 2013, 127–143.

MASKOW, LARS, Tora in der Chronik. Studien zur Rezeption des Pentateuchs in den Chronikbüchern, FRLANT 274, Göttingen 2019.

MASTNJAK, NATHAN, Deuteronomy and the Emergence of Textual Authority in Jeremiah, FAT II/87, Tübingen 2016.

MATHIEU, BERNARD, Les contes du Papyrus Westcar. Une interprétation. In: Egypte. Afrique & Orient 15 (1999), 29–40.

MATTHES, IANUS C., Dissertatio historico-critica de pseudoprophetismo Hebraeorum, Leiden 1859.

MAUL, STEFAN M., Art. Divination. I. Mesopotamien. In: Der Neue Pauly 3 (1997), 703–706.

–, Altorientalische Trauerriten. In: ASSMANN, J. u. a. (Hg.), Der Abschied von den Toten. Trauerrituale im Kulturvergleich, Göttingen 2005, 359–372.

–, Die Wahrsagekunst im Alten Orient. Zeichen des Himmels und der Erde, Historische Bibliothek der Gerda Henkel Stiftung, München 2013.

MAURIZIO, LISA, Interpretative Strategies for Delphic and Kledons. Prophecy Falsification and Individualism. In: ROSENBERGER, V. (Hg.), Divination in the Ancient World.

Religious Options and the Individual, Potsdamer Altertumswissenschaftliche Beiträge, Stuttgart 2013, 61–79.

McConville, J. Gordon, Judgment and Promise. An Interpretation of the book of Jeremiah, Leicester/Winona Lake, IN 1993.

McKane, William, Proverbs (OTL), London 1970.

McNamara, Martin, Kriterien zur Unterscheidung wahrer und falscher Propheten in Israel. In: Conc 14 (1978), 568–574.

Meissner, Bruno, Babylonische Leichenfeierlichkeiten. In: WZKM 12 (1898), 59–66.

Mette, Hans J., Die Fragmente der Tragödien des Aischylos, Deutsche Akademie der Wissenschaften zu Berlin. Schriften der Sektion für Altertumswissenschaft 15, Berlin 1959.

Meyer, Ivo, Jeremia und die falschen Propheten, OBO 13, Fribourg/Göttingen 1977.

Meyer, Robert T., Die eschatologische Wende des politischen Messianismus im Ägypten der Spätzeit. Historisch-kritische Bemerkungen zu einer spätägyptischen Prophetie. In: Saeculum 48 (1997), 177–212.

Meyer, Rudolph, Art. προφήτης κτλ. C. Prophetentum und Propheten im Judentum der hellenistisch-römischen Zeit. In: ThWNT 6 (1959), 813–828.

Micheel, Rosemarie, Die Seher- und Propheten-Überlieferungen in der Chronik, BET 18, Frankfurt a. M. 1983.

Michel, Diethelm, 'ÄMÄT. Untersuchung über „Wahrheit" im Hebräischen. In: ABG 12 (1968), 30–57.

Moberly, R. Walter L., Does God Lie to His Prophets? The Story of Micaiah ben Imlah As a Test Case. In: HTR 96 (2003), 1–23.

–, Prophecy and Discernment, Cambridge Studies in Christian Doctrine 14, Cambridge 2006.

Montanari, Franco, The Brill Dictionary of Ancient Greek. English Edition edited by Madeleine Goh and Chad Schroeder, under the auspices of the Center for Hellenic Studies, Harvard University, Leiden/Boston 2015.

Moreau, Jacques, Art. Eusebius von Caesarea. In: RAC 6 (1966), 1052–1088.

Mosis, Rudolf, Art. פתה pth. In: ThWAT 6 (1989), 820–831.

–, Ez 14,1–11 – ein Ruf zur Umkehr. In: Ders., Gesammelte Aufsätze zum Alten Testament, fzb 93, Würzburg 1999, 201–241 (= BZ 19 [1975], 161–194).

–, Ezechiel 13: Verkündigung aus eigenem Herzen. Zur Unterscheidung der Geister. In: TThZ 120 (2011), 46–63.

Mowinckel, Sigmund, Zur Komposition des Buches Jeremia, Kristiania 1914.

Münderlein, Gerhard, Kriterien wahrer und falscher Prophetie. Entstehung und Bedeutung im Alten Testament, EHS, Reihe 23 – Theologie 33, Bern u. a. ²1979.

Mutschler, Bernhard, Geschichte, Heil und Unheil bei Flavius Josephus am Beispiel der Tempelzerstörung. Zur Komposition von Jos. Bell. 6.285–315. In: Frey, J. u. a. (Hg.), Heil und Geschichte. Die Geschichtsbezogenheit des Heils und das Problem der Heilsgeschichte in der biblischen Tradition und in der theologischen Deutung, WUNT 248, Tübingen 2009, 103–127.

Na'aman, Nadav, The Kingdom of Judah under Josiah. In: TA 18 (1991), 3–71.

–, Death Formulae and the Burial Place of the Kings of the House of David. In: Biblica 85 (2004), 245–254.

Nasrabadi, Behazd M., Untersuchungen zu den Bestattungssitten in Mesopotamien in der ersten Hälfte des ersten Jahrtausends v. Chr., Baghdader Forschungen 23, Mainz 1999.

Nauck, August, Tragicorum Graecorum Fragmenta, Leipzig ²1926.
Nay, Reto, Jahwe im Dialog. Kommunikationsanalytische Untersuchung von Ez 14,1–11 unter Berücksichtigung des dialogischen Rahmens in Ez 8–11 und Ez 20, AnBib 141, Rom 1999.
Neef, Heinz-Dieter, Art. Götterrat. In: Das Wissenschaftliche Bibellexikon im Internet (www.wibilex.de), 2007.
Nelson, Richard D., Deuteronomy. A Commentary, OTL, Louisville, KY 2002.
Nickel, Rainer (Hg.), Xenophon, Kyrupädie. Die Erziehung des Kyros, Griechisch – deutsch, Sammlung Tusculum, Berlin 2014 (online-Ausgabe; = München 1992).
Nielsen, Flemming A. J., The Tragedy in History. Herodotus and the Deuteronomistic History, JSOT.S 251, Sheffield 1997.
Nihan, Christophe, „Moses and the Prophets". Deuteronomy 18 and the Emergence of the Pentateuch as Torah. In: SEÅ 75 (2010), 21–55.
–, Ezechiel. In: Römer, T. u. a. (Hg.), Einleitung in das Alte Testament. Die Bücher der Hebräischen Bibel und die alttestamentlichen Schriften der katholischen, protestantischen und orthodoxen Kirchen, Zürich 2013, 412–430.
–, Ezekiel and the Holiness Legislation. A Plea for Nonlinear Models. In: Gertz, J. C. u. a. (Hg.), The Formation of the Pentateuch. Bridging the Academic Cultures of Europe, Israel, and North America, FAT 111, Tübingen 2016, 1015–1039.
–, Femmes, ligature rituelle et sorcellerie. À propos d'Ezéchiel 13 (als Vorlesung abzurufen unter: https://www.college-de-france.fr/site/thomas-romer/symposium-2019-05-24-12h00.htm (Stand 26.02.2022).
Nissinen, Martti, Prophecy Against the King in Neo-Assyrian Sources. In: Schunck, K.-D. / Augustin, M. (Hg.), „Lasset uns Brücken bauen…". Collected Communications of the XVth Congress of the International Organization for the Study of the Old Testament (Cambridge 1995), BEATAJ 42, Frankfurt a. M. 1998, 157–170.
–, Falsche Prophetie in neuassyrischer und deuteronomistischer Darstellung. In: Veijola, T. (Hg.), Das Deuteronomium und seine Querbeziehungen, SESJ 62, Göttingen 1996, 172–195.
–, References to Prophecy in Neo-Assyrian Sources, SAA 7, Helsinki 1998.
–, A Prophetic Riot in Seleucid Babylonia. In: Irsigler, H. (Hg.), „Wer darf hinaufsteigen zum Berg JHWHs?" Beiträge zu Prophetie und Poesie des Alten Testaments, FS S. Ö. Steingrímsson, Arbeiten zu Text und Sprache im Alten Testament 72, St. Ottilien 2002, 63–74.
–, Prophets and the Divine Council. In: Hübner, U. / Knauf, E. A. (Hg.), Kein Land für sich allein. Studien zum Kulturkontakt in Kanaan, Israel/Palästina und Ebirnâri für Manfred Weippert zum 65. Geburtstag, OBO 186, Fribourg / Göttingen 2002, 4–19.
–, Prophets and Prophecy in the Ancient Near East, with Contributions by C L. Seow and R. K. Ritner, SBL Writings from the Ancient World 12, Atlanta, GA 2003.
–, What is Prophecy? An Ancient Near Eastern Perspective. In: Kaltner, J. / Stulman, L. (Hg.), Inspired Speech. Prophecy in the Ancient Near East, Essays in Honor of Herbert B. Huffmon, JSOT.S 378, London / New York 2004, 17–37.
–, Art. Prophetie (Alter Orient). In: Das Wissenschaftliche Bibellexikon im Internet (www.wibilex.de), 2007.
–, Pesharim as Divination. Qumran Exegesis, Omen Interpretation and Literary Prophecy. In: De Troyer, K. / Lange, A. (Hg.), Prophecy after the Prophets? The Contribution of the Dead Sea Scrolls to the Understanding of Biblical and Extra-Biblical Prophecy, CBET 52, Leuven u. a. 2009, 43–60.

–, Prophètes et temples dans le Proche-Orient ancient et les textes bibliques. In: MACCHI, J.-D. u. a. (Hg.), Les recueils prophétiques de la Bible. Origines, milieux, et contexte proche-oriental, MdB 64, Genève 2012, 74–111.

–, The Prophet and the Augur at Tušḫan, 611 B.C. In: VANDERHOOFT, D. S./WINITZER, A. (Hg.), Literature as Politics, Politics as Literature. Essays on the Ancient Near East in Honor of Peter Machinist, Winona Lake, IN 2013, 329–337.

–, Ancient Prophecy. Near Eastern, Biblical, and Greek Perspectives, Oxford 2017.

–, Das kritische Potential in der altorientalischen Prophetie (2003). In: DERS., Prophetic Divination. Essays in Ancient Near Eastern Prophecy, BZAW 494, Berlin/Boston 2019, 163–194.

–, Neither Prophecies nor Apocalypses. The Akkadian Literary Predictive Texts (2003). In: DERS., Prophetic Divination. Essays in Ancient Near Eastern Prophecy, BZAW 494, Berlin/Boston 2019, 87–99.

–, Oracles as Artefacts. The Material Aspect of Prophecy. In: ANTHONIOZ, S. u. a. (Hg.), When Gods Speak to Men. Divine Speech according to Textual Sources in the Ancient Mediterranean Basin, OBO 289, Leuven u. a. 2019, 49–64.

–, The Historical Dilemma of Biblical Prophetic Studies (2009). In: DERS., Prophetic Divination. Essays in Ancient Near Eastern Prophecy, BZAW 494, Berlin/Boston 2019, 499–515.

–, Why Prophecy Is (Not) Magic?. In: MÜLLER, R. u. a. (Hg.), Fortgeschriebenes Gotteswort. Studien zu Geschichte, Theologie und Auslegung des Alten Testaments, FS C. Levin, Tübingen 2020, 213–226.

NOGALSKI, JAMES, The Book of the Twelve Is Not a Hypothesis. In: DI PEDE, E./SCAIOLA, D. (Hg.), The Book of the Twelve – One Book or Many? Metz Conference Proceedings, 5–7 November 2015, FAT II/91, Tübingen 2016, 37–59.

–, The Book of the Twelve. Micah–Malachi, Smyth & Helwys Bible Commentary, Macon, GA 2011.

NOORT, EDWARD, Untersuchungen zum Gottesbescheid in Mari. Die „Mariprophetie" in der alttestamentlichen Forschung, AOAT 202, Kevelaer/Neukirchen-Vluyn 1977.

NOTH, MARTIN, Geschichte und Gotteswort im Alten Testament. Rede gehalten bei der Jahresfeier der Rheinischen Friedrich-Wilhelms-Universität zu Bonn am 18. November 1949, Bonner akademische Reden 3, Krefeld 1949.

–, Überlieferungsgeschichtliche Studien. Die sammelnden und bearbeitenden Geschichtswerke des Alten Testament, Darmstadt ³1967.

–, Bemerkungen zum 6. Band der Mari-Texte. In: DERS., Aufsätze zur biblischen Landes- und Altertumskunde, Bd. 2: Beiträge altorientalischer Texte zur Geschichte Israels, hg. von H. W. WOLFF, Neukirchen-Vluyn 1971, 234–244. (= In: JSS 1 [1956], 322–333)

NÖTSCHER, FRIEDRICH, Prophetie im Umkreis des Alten Israel. In: BZ 10 (1966), 161–197.

NOVOTNY, JAMIE, Selected Royal Inscriptions of Assurbanipal. L³, L⁴, LET, Prism I, Prism T, and Related Texts, The Neo-Assyrian Text Corpus Project, SAA 10, Winona Lake, IN 2014.

NOWICKI, STEFAN, Enemies of Assyria. The image and role of enemy in Assyrian royal inscriptions and selected textual sources form the Neo-Assyrian period, AOAT 452, Münster 2018.

O'BRIEN, MARK, Prophetic Stories Making a Story of Prophecy. In: JACOBS, M. R./PERSON, R. F. (Jr.) (Hg.), Israelite Prophecy and the Deuteronomistic History. Portrait,

Reality, and the Formation of a History, Ancient Israel and its Literature 14, Atlanta, GA 2013, 169–186.
OEMING, MANFRED „Du sollst nichts hinzufügen und nichts wegnehmen" (Dtn 13,1). Altorientalische Ursprünge und biblische Funktionen der sogenannten Kanonformel. In: DERS., Verstehen und Glauben. Exegetische Bausteine zu einer Theologie des Alten Testaments, BBB 142, Berlin/Wien 2003, 121–137.
OPPENHEIM, LEO, The Archives of the Palace of Mari. A Review Article. In: JNES 11 (1952), 129–139.
–, The Interpretation of Dreams in the Ancient Near East. With a Translation of an Assyrian Dream-Book, Transactions of the American Philosophical Society Held at Philadelphia for Promoting Useful Knowledge 46/3, Philadelphia 1956.
OSSWALD, EVA, Falsche Prophetie in Alten Testament, Sammlung Gemeinverständlicher Vorträge und Schriften aus dem Gebiet der Theologie und Religionsgeschichte 237, Tübingen 1962.
–, Irrender Glaube in den Weissagungen der alttestamentlichen Propheten. In: Sonderheft der Wissenschaftlichen Zeitschrift der Friedrich-Schiller-Universität Jena, Tagung für Allgemeine Religionsgeschichte 1963 (1963), 65–73.
OSUJI, ANTHONY C., Where is Truth? Narrative Exegesis and the Question of True and False Prophecy in Jer 26–29 (MT), BETL 214, Leuven 2010.
OSWALD, WOLFGANG, Ahab als Krösus. Anmerkungen zu 1 Kön 22. In: ZThK 105 (2008), 1–14.
–, Art. Zitat (AT). In: Das Wissenschaftliche Bibellexikon im Internet (www.wibilex.de), 2011.
OTTO, ECKART, Das Deuteronomium. Politische Theologie und Rechtsreform in Juda und Assyrien, BZAW 284, Berlin/New York 1999.
–, Der Pentateuch im Jeremiabuch. Überlegungen zur Pentateuchrezeption im Jeremiabuch anhand neuerer Jeremia-Literatur. In: ZAR 12 (2006), 245–306.
–, Deuteronomium 12–34. Erster Teilband: Deuteronomium 12,1–23,15, HThKAT, Freiburg u.a. 2016.
OTTO, SUSANNE, Jehu, Elia und Elisa. Die Erzählung von der Jehu-Revolution und die Komposition der Elia-Elisa-Erzählungen, BWANT 152, Stuttgart u.a. 2001.
PAKKALA, JUHA, Zedekiah's Fate and the Dynastic Succession. In: JBL 125 (2006), 443–452.
PARKER, RICHARD, A Saite Papyrus from Thebes in the Brooklyn Museum (Papyrus Brooklyn 47.218.3), Providence 1962.
PARKER, ROBERT, Greek States and Greek Oracles. In: History of Political Thought 6 (1985), 298–326.
–, Miasma. Pollution and Purification in Early Greek Religion, Oxford 2003 (Nachdruck von 1983).
–, Polytheism and Society at Athens, Oxford 2005.
PARPOLA, SIMO, Assyrian Prophecies, SAA 9, Helsinki 1997.
–/WATANABE, KAZUKO, Neo-Assyrian Treaties and Loyalty Oaths, SAA 2, Helsinki 1988.
PERSON, RAYMOND F. (Jr.), Prophets in the Deuteronomistic History and the Book of Chronicles. A Reassessment. In: JACOBS, MIGNON R./DERS. (Hg.), Israelite Prophecy and the Deuteronomistic History. Portrait, Reality, and the Formation of a History, Ancient Israel and its Literature 14, Atlanta, GA 2013, 187–199.

PETERSEN, DAVID L., Late Israelite Prophecy. Studies in Deutero-Prophetic Literature and in Chronicles, SBLMS 23, Missoula, MT 1977.
–, Zechariah 9–14 and Malachi. A Commentary, OTL, Louisville 1995.
–, Defining Prophecy and Prophetic Literature. In: NISSINEN, M. (Hg.), Prophecy in its Ancient Near Eastern Context. Mesopotamian, Biblical, and Arabian Perspectives, SBL Symposium Series 13, Atlanta, GA 2000, 33–44.
PIENTKA-HINZ, ROSEL, Akkadische Texte des 2. und 1. Jt. v.Chr. 1. Omina und Prophetien. In: JANOWSKI, B./WILHELM, G. (Hg.), Omina, Orakel, Rituale und Beschwörungen, TUAT.NF 4, Gütersloh 2008, 16–60.
PIETSCH, MICHAEL, Die Kultreform Josias. Studien zur Religionsgeschichte Israels in der späten Königszeit, FAT 86, Tübingen 2013.
PILHOFER, PETER, Das Ende der Prophetie. Prophetie bei Josephus und Lukas. In: WuB 69 (2013), 57–59.
POHLMANN, KARL-FRIEDRICH, Erwägungen zum Schlußkapitel des deuteronomistischen Geschichtswerkes. Oder: Warum wird der Prophet Jeremia in 2. Kön 22–25 nicht erwähnt? In: GUNNEWEG, A. H. J./KAISER, O. (Hg.), Textgemäß. Aufsätze und Beiträge zur Hermeneutik des Alten Testaments, FS E. Würthwein, Göttingen 1979, 94–109.
–, Ezechielstudien. Zur Redaktionsgeschichte des Buches und zur Frage nach den ältesten Texten, BZAW 202, Berlin/New York 1992.
–, Der Prophet Hesekiel/Ezechiel. Kapitel 1–19, ATD 22/1, Göttingen 1996.
PONGRATZ-LEISTEN, BEATE, Herrschaftswissen in Mesopotamien. Formen der Kommunikation zwischen Gott und König im 2. und 1. Jahrtausend v.Chr., SAAS 10, Helsinki 1999.
–, „Lying King" and „False Prophet". The Intercultural Transfer of a Rhetorical Device within Ancient Near Eastern Ideologies. In: PANAINO, A./PETTINATO, G. (Hg.), Ideologies as Intercultural Phenomena. Proceedings of the Third Annual Symposium of the Assyrian and Babylonian Intellectual Heritage Project Held in Chicago, USA, October 27–31, 2000, Melammu Symposia III, Mailand 2002, 215–243.
PRICE, SIMON, Delphi and Divination. In: EASTERLING, P./MUIR, J. V. (Hg.), Greek Religion and Society, Cambridge 1985, 128–154.
QIMRON, ELISHA, On the List of False Prophets from Qumran/לפשרה של רשימת נביאי השקר. In: Tarbiz 63 (1994), 273–275 (Hebräisch).
QUACK, JOACHIM F., Art. Orakel des Lammes. In: Das Wissenschaftliche Bibellexikon im Internet (www.wibilex.de), 2009.
–, Einführung in die altägyptische Literaturgeschichte III. Die demotische und gräko-ägyptische Literatur, Einführungen und Quellentexte zur Ägyptologie 3, Münster ³2016.
QUELL, GOTTFRIED, Wahre und falsche Propheten. Versuch einer Interpretation, BFChTh 46, Gütersloh 1952.
REHM, MARTIN, Das erste Buch der Könige. Ein Kommentar, Würzburg 1979.
REINHARTZ, ADELE, „Why Ask My Name?" Anonymity and Identity in Biblical Narrative, Oxford 1998.
RICHELLE, MATTHIEU, Comment le prédécesseur d'Hazaël est-il mort? Une nouvelle lecture de 2 Rois 8.10–11. In: Trans 46 (2014), 11–23.
ROBERTS, JIMMY J.M., Does God lie? Divine Deceit as a Theological Problem in Israelite Prophetic Literature. In: EMERTON, J. A. (Hg.), Congress Volume Jerusalem 1986, VT.S 40, Leiden u. a. 1988, 211–220.

Robker, Jonathan M., Art. Jehu. In: Das Wissenschaftliche Bibellexikon im Internet (www.wibilex.de), 2017.
–, Balaam in Text and Tradition, FAT 131, Tübingen 2019.
Rodgers, Peter, Art. False Teachers, False Prophets, II: New Testament. In: EBR 8 (2014), 781–783.
Rom-Shiloni, Dalit, Prophets in Jeremiah in Struggle over Leadership, or rather over Prophetic Authority. In: Bib. 99 (2018), 351–372.
Römer, Thomas C., How Did Jeremiah Become a Convert to Deuteronomistic Ideology? In: Schearing, L. S./McKenzie, S. L. (Hg.), Those Elusive Deuteronomists. The Phenomenon of Pan-Deuteronomism, Sheffield 1999, 189–199.
–, Is There a Deuteronomistic Redaction in the Book of Jeremiah? In: De Pury, A. u. a. (Hg.), Israel Constructs Its History. Deuteronomistic Historiography in Recent Research, JSOT.S 306, Sheffield 2000, 399–421.
–, Entstehungsphasen des „deuteronomistischen Geschichtswerkes". In: Witte, M. u. a. (Hg.), Die deuteronomistischen Geschichtswerke. Redaktions- und religionsgeschichtliche Perspektiven zur „Deuteronomismus"-Diskussion in Tora und Vorderen Propheten, BZAW 365, Berlin/New York 2006, 45–70.
–, The So-called Deuteronomistic History. A Sociological, Historical and Literary Introduction, London/New York 2007.
–, The Formation of the Book of Jeremiah as a Supplement to the So-Called Deuteronomistic History. In: Edelman, D. V./Ben Zvi, E. (Hg.), The Production of Prophecy. Constructing Prophecy and Prophets in Yehud, London 2009, 168–183.
–, Du livre au prophète. Stratégies rédactionelles dans le rouleau prémassorétique de Jérémie. In: Macchi, J.-D. u. a. (Hg.), Les recueils prophétiques de la Bible. Origines, milieux, et contexte proche-oriental, MdB 64, Genève 2012, 255–282.
–, Jeremia. In: Ders. u. a. (Hg.), Einleitung in das Alte Testament. Die Bücher der Hebräischen Bibel und die alttestamentlichen Schriften der katholischen, protestantischen und orthodoxen Kirchen, Zürich 2013, 400–411.
–, Comment distinguer le vrai du faux prophète? In: Durand, J. M. u. a. (Hg.), Comment devient-on prophète. Actes du colloque organisé par le Collège de France, Paris, les 4–5 avril 2011, OBO 265, Fribourg/Göttingen 2014, 109–120.
–, The „Deuteronomistic" Character of the Book of Jeremiah. A Response to Christl M. Maier. In: Najman, H./Schmid, K. (Hg.), Jeremiah's Scriptures. Production, Reception, Interaction, JSJ.S 173, Leiden/Boston 2017, 124–131.
Rose, Martin, 5. Mose, Bd. 1: 5. Mose 12–25. Einführung und Gesetze, ZBK 5/1, Zürich 1994.
Rösel, Martin, Art. Verheißung/Erfüllung. In: Das Wissenschaftliche Bibellexikon im Internet (www.wibilex.de), 2006.
Rosenberger, Veit, Griechische Orakel. Eine Kulturgeschichte, Darmstadt 2001.
Rost, Leonhard, Israel bei den Propheten, BWANT 71, Stuttgart 1937.
Rowland, Christopher, Prophecy and the New Testament. In: Day, J. (Hg.), Prophecy and the Prophets in Ancient Israel. Proceedings of the Oxford Old Testament Seminar, LHB 531, New York/London 2010, 410–430.
Rudolph, Wilhelm, Jeremia, HAT 1/12, Tübingen 1947.
–, Joel – Amos – Obadja – Jona, KAT, Berlin 1974.
–, Micha – Nahum – Habakuk – Zephanja. Mit einer Zeittafel von Alfred Jepsen, KAT 13/3, Gütersloh 1975.

Ruprecht, Eberhard, Entstehung und zeitgeschichtlicher Bezug der Erzählung von der Designation Hasaels durch Elisa (2. Kön. viii 7–15). In: VT 28 (1978), 73–82.
Rüterswörden, Udo, Von der politischen Gemeinschaft zur Gemeinde. Studien zu Dt 16,18–18,22, BBB 65, Bonn 1987.
–, Das Buch Deuteronomium, NSK.AT 4, Stuttgart 2006.
Rüttenauer, Alban, „Und ihr wollt das Land besitzen?" (Ez 33,25). Ezechiels Umgang mit repräsentativen Redensarten, FzB 124, Würzburg 2011.
Sachs, Abraham J./Hunger, Hermann, Astronomical Diaries and Related Texts from Babylonia, Bd. III: Diaries from 164 B.C. to 61 B.C., Österreichische Akademie der Wissenschaften, Philosophische Klasse, Denkschriften 247, Wien 1996.
Sæbø, Magne, Art. פתה *pth* verleitbar sein. In: THAT 2 (^{6}2004), 495–498.
Sanders, James A., Hermeneutics in true and false prophecy. In: Coats, G. W./Long, B. O. (Hg.), Canon and Authority. Essays in Old Testament Religion and Theology, Philadelphia 1977, 21–41.
Sasson, Jack M., From the Mari Archives. An Anthology of Old Babylonian Letters, Winona Lake, IN 2015.
Sauerwein, Ruth, Elischa. Eine redaktions- und religionsgeschichtliche Studie, BZAW 465, Berlin/Boston 2014.
–, Prophetic Leadership in the Book of Kings. In: Pyschny, K./Schulz, S. (Hg.), Debating Authority. Concepts of Leadership in the Pentateuch and the Former Prophets, BZAW 507, Berlin/Boston 2018, 302–313.
Schart, Aaron, Die Entstehung des Zwölfprophetenbuches. Neubearbeitungen von Amos im Rahmen schriftübergreifender Redaktionsprozesse, BZAW 260, Berlin/New York, 1998.
–, Art. Prophetie (AT). In: Das Wissenschaftliche Bibellexikon im Internet (www.wibilex. de), 2014.
–, Gegenwartsorientierung aus Zukunftsgewissheit. In: Hock, K. u. a. (Hg.), Zukunfts-Sichten zwischen Prognose und Divination, BThZ 38, Berlin/New York 2021, 67–88.
Scheyhing, Hans, Das Ritual und der Aspekt des Magischen. Anmerkungen zu einem umstrittenen Begriff nach Befunden aus dem Alten Orient. In: WO 33 (2003), 100–127.
Schipper, Bernd U., ‚Apokalyptik', ‚Messianismus', ‚Prophetie'. Eine Begriffsbestimmung. In: Blasius, A./Ders. (Hg.), Apokalyptik und Ägypten. Eine kritische Analyse der relevanten Texte aus dem griechisch-römischen Ägypten, OLA 107, Leuven u. a. 2002, 21–40.
–, Prophetie in Ägypten. Ein religionsgeschichtlicher Irrtum. In: WUB 69 (2013), 12–15.
–, „The City by the Sea will be a Drying Place". Isaiah 19.1–25 in Light of Prophetic Texts from Ptolemaic Egypt. In: MacDonald, N./Brown, K. (Hg.), Monotheism in Late Prophetic and Early Apocalyptic Literature, Studies of the Sofja Kovalevskaja Research Group on Early Jewish Monotheism, Bd. 3, FAT II/72, Tübingen 2014, 25–56.
Schmid, Konrad, Buchgestalten des Jeremiabuches. Untersuchungen zur Redaktions- und Rezeptionsgeschichte von Jer 30–33 im Kontext des Buches, WMANT 72, Neukirchen-Vluyn 1996.
–, Innerbiblische Schriftauslegung. Aspekte der Forschungsgeschichte. In: Kratz, R. G. u. a. (Hg.), Schriftauslegung in der Schrift, FS O. H. Steck, BZAW 300, Berlin/New York 2000, 1–22.

–, L'accession de Nabuchodonodor à l'hégémonie mondiale et la fin de la dynastie davidique. Exégèse intrabiblique et construction de l'histoire universelle dans le livre de Jérémie. In: Études théologiques et religieuses 81 (2006), 211–227.

–, Literaturgeschichte des Alten Testaments. Eine Einführung, Darmstadt 2008.

–, Nebukadnezars Antritt der Weltherrschaft und der Abbruch der Davidsdynastie. Innerbiblische Schriftauslegung und universalgeschichtliche Konstruktion im Jeremiabuch. In: SCHAPER, J. (Hg.), Die Textualisierung der Religion, FAT 62, Tübingen 2009, 150–166.

–, La formation des ‚Nebiim'. Quelques observations sur la genèse rédactionnelle et les profils théologiques de Josué-Malachie. In: MACCHI, J.-D. u. a. (Hg.), Les recueils prophétiques de la Bible. Origines, milieux, et contexte proche-oriental, MdB 64, Genève 2012, 115–142.

–, Das Jesajabuch. In: GERTZ, J. (Hg.), Grundinformation Altes Testament. Eine Einführung in Literatur, Religion und Geschichte des Alten Testaments. In Zusammenarbeit mit Angelika Berlejung, Konrad Schmid und Markus Witte, Göttingen [5]2016, 324–346.

–, Prognosis and Postgnosis in Biblical Prophecy. In: SJOT 32 (2018), 106–120.

–, Theologie des Alten Testaments, Neue Theologische Grundrisse, Tübingen 2019.

SCHMIDT, BRIAN B., Canaanite Magic vs. Israelite Religion. Deuteronomy 18 and the Taxonomy of Taboo. In: MIRECKI, P. (Hg.), Magic and ritual in the ancient world, Religions in the Graeco-Roman World 141, Leiden u. a. 2002, 242–259.

SCHMIDT, WERNER H., „Wahrhaftigkeit" und „Wahrheit" bei Jeremia und im Jeremiabuch. In: HARTENSTEIN, F. u. a. (Hg.), Schriftprophetie, FS J. Jeremias, Neukirchen-Vluyn 2004, 145–160.

–, Das Buch Jeremia. Kapitel 1–20, ATD 20, Göttingen 2008.

–, „Über die Propheten". Streit um das rechte Wort Jer 23,9–32. In: MOMMER, P. / SCHERER, A. (Hg.), Geschichte Israels und deuteronomistisches Geschichtsdenken, FS W. Thiel, AOAT 380, Münster 2010, 241–258.

–, Das Buch Jeremia. Kapitel 21–52, ATD 21, Göttingen 2013.

–, Das sich ereignende Wort. Widerhall „wahrer" – „falscher" Prophetie im Jeremiabuch. In: WAGNER, T. u. a. (Hg.), Text – Textgeschichte – Textwirkung, FS S. Kreuzer, AOAT 419, Münster 2014, 111–123.

SCHMITT, ARMIN, Prophetischer Gottesbescheid in Mari und Israel. Eine Strukturuntersuchung, BWANT 114, Stuttgart u. a. 1982.

SCHMITT, HANS-CHRISTOPH, Der heidnische Mantiker als eschatologischer Jahweprophet. Zum Verständnis Bileams in der Endgestalt von Num 22–24. In: KOTTSIEPER, I. u. a. (Hg.), „Wer ist wie du, HERR, unter den Göttern?" Studien zur Theologie und Religionsgeschichte Israels, FS O. Kaiser, Göttingen 1994, 180–198.

SCHMITT, RÜDIGER, Magie im Alten Testament, AOAT 313, Münster 2004.

–, Der „Heilige Krieg" im Pentateuch und im deuteronomistischen Geschichtswerk. Studien zur Forschungs-, Rezeptions- und Religionsgeschichte von Krieg und Bann im Alten Testament, AOAT 381, Münster 2011.

–, „Eine Hexe sollst Du nicht am Leben lassen" (Exodus 22,17). Das Hexereistigma im Alten Testament und seiner Umwelt. In: ACHENBACH, R. u. a. (Hg.), Wege der Freiheit. Zur Entstehung und Theologie des Exodusbuches. Die Beiträge eines Symposions zum 70. Geburtstag von Rainer Albertz, AThANT 104, Zürich 2014, 175–187.

–, Mantik im Alten Testament, AOAT 411, Münster 2014.

–, Die Religionen Israels/Palästinas in der Eisenzeit. 12.–6. Jahrhundert v. Chr., ÄAT 94, Münster 2020.

SCHMITT, RÜDIGER, Die altpersischen Inschriften der Achaimeniden. Editio minor mit deutscher Übersetzung, Wiesbaden 2009.

SCHMITZ, BARBARA, Prophetie und Königtum. Eine narratologisch-historische Methodologie entwickelt an den Königsbüchern, FAT 60, Tübingen 2008.

SCHNEIDER, CHRISTOPH, Krisis des Glaubens. Zur Frage der sogenannten falschen Prophetie im Alten Testament, ThA 46, Berlin 1988.

SCHNEIDER, TAMMI J., An Introduction to Ancient Mesopotamian Religion, Grand Rapids, MI/Cambridge 2011.

SCHNEIDER, THOMAS, A Land without Prophets? Examining the Presumed Lack of Prophecy in Ancient Egypt. In: ROLLSTON, C. A. (Hg.), Enemies and Friends of the State. Ancient Prophecy in Context, University Park, PA 2018, 59–86.

SCHNIEDEWIND, WILLIAM M., Prophets and Prophecy in the Books of Chronicles. In: GRAHAM, M. P. u. a. (Hg.), The Chronicler as Historian, JSOTSup 238, Sheffield 1997, 204–224.

SCHOEPS, HANS J., Die jüdischen Prophetenmorde. In: DERS., Aus frühchristlicher Zeit. Religionsgeschichtliche Untersuchungen, Tübingen 1950, 126–143.

SCHONEVELD, JACOBUS, JEREMIA XXXI 29, 30. In: VT 13 (1963), 339–341.

SCHRECKENBERG, HEINZ, Art. Josephus (Flavius Josephus). In: RAC 18 (1998), 761–801.

SCHREINER, JOSEF, Jeremia 1–25,14, NEB, Würzburg 1981.

–, Jeremia 25,15–52,34, NEB, Würzburg 1984.

–, Götzendiener wollen Jahwe befragen (Ez 14,1–11). In: DERS., Segen für die Völker. Gesammelte Schriften zur Entstehung und Theologie des Alten Testaments, hg. von E. ZENGER, Würzburg 1987, 166–173.

SCHÜNGEL-STRAUMANN, HELEN, Tobit, HThKAT, Freiburg u. a. 2000.

SCHWEIZER, HARALD, Literarkritischer Versuch zur Erzählung von Micha ben Jimla (1 Kön 22). In: BZ 23 (1979), 1–19.

SCHWEMER, ANNA M., Vitae Prophetarum, Historische und legendarische Erzählungen JSHRZ I/7, Gütersloh 1997, 539–658.

SEDLMEIER, FRANZ, „Wie Füchse in den Ruinen …" Falsche Prophetie und Krisenzeit nach Ez 13. In: DERS. (Hg.), Gottes Wege suchend. Beiträge zum Verständnis der Bibel und ihrer Botschaft, FS R. Mosis, Würzburg 2003, 293–321.

–, „Ich will euch gnädig annehmen …" (Ez 20,41) – Ez 20,39.40–44 im Horizont des Ezechielbuches. In: GERTZ, J. C. u. a. (Hg.), Das Buch Ezechiel. Komposition, Redaktion und Rezeption, BZAW 516, Berlin/Boston 2020, 125–150.

SEEBASS, HORST, Jeremias Konflikt mit Chananja. Bemerkungen zu Jer 27 und 28. In: ZAW 82 (1970), 449–452.

–/BEYERLE, STEFAN/GRÜNWALDT, KLAUS, Art. שקר šqr. In: ThWAT 8 (1995), 466–472.

SEGAL, ELIEZER, The Babylonian Esther Midrash. A Critical Commentary, 3 Bd., Bd. 2: To the Beginning of Esther Chapter 5, BJS 292, Atlanta, GA 1994.

SEITZ, CHRISTOPHER R., Theology in Conflict. Reactions to the Exile in the Book of Jeremiah, BZAW 176, Berlin/New York 1989.

SEELIGMANN, ISAAC L., Die Auffassung von der Prophetie in der deuteronomistischen und chronistischen Geschichtsschreibung (mit einem Exkurs über das Buch Jeremia).

In: EMERTON, J. (Hg.), Congress Volume Göttingen 1977, VT.S 29, Leiden 1978, 254–284.

SENSENIG, MELVIN L., Jehoiachin and his Oracle. A Jeremianic Scribal Framework for the End of the Deuteronomistic History, Perspectives on Hebrew Scriptures and its Contexts 31, Piscataway, NJ 2020.

SEOW, CHOON-LEONG, West Semitic Sources. In: NISSINEN, M., Prophets and Prophecy in the Ancient Near East, SBL Writings from the Ancient World 12, Atlanta, GA 2003, 201–218.

SHEMESH, AHARON, A Note on 4Q339 ‚List of False Prophets'. In: Revue de Qumran 20 (2001/2002), 319 f.

SIQUANS, AGNETHE, Die alttestamentlichen Prophetinnen in der patristischen Rezeption. Texte – Kontexte – Hermeneutik, HBS 65, Freiburg i. Br. u. a. 2011.

SMEND, RUDOLF, Der Prophet Ezechiel, KEH 8, Leipzig ²1880.

–, Die Entstehung des Alten Testaments, ThW 1, Stuttgart u. a. ⁴1989.

SMITH, NICHOLAS D., Diviners and Divination in Aristophanic Comedy. In: Classical Antiquity 8 (1989), 140–158.

SMITH-CHRISTOPHER, DANIEL L., Micah. A Commentary, OTL, Louisville, KY 2015.

SNELL, BRUNO, Pindari Carmina cum Fragmentis – Bd. 2: Fragmenta. Indices, Bibliotheca Scriptorum Graecorum et Romanorum Teubneriana, Leipzig ³1964.

SOGGIN, J. ALBERTO, Old Testament and Oriental Studies, BibOr 29, Rom 1975.

SPIECKERMANN, HERMANN, Juda unter Assur in der Sargonidenzeit, FRLANT 129, Göttingen 1982.

SPIEGELBERG, WILHELM, Die sogenannte demotische Chronik des Pap. 215 der Bibliothèque nationale zu Paris nebst den auf der Rückseite des Papyrus stehenden Texten, Demotische Studien 7, Leipzig 1914.

STARR, IVAN (Hg.), Queries to the Sungod. Divination and Politics in Sargonid Assyria, with Contributions by J. ARO and S. PARPOLA, SAA 4, Helsinki 1990.

STAUBLI, THOMAS, Antikanaanismus. Ein biblisches Reinheitskonzept mit globalen Folgen. In: BURSCHEL, P. / MARX, C. (Hg.), Reinheit, Veröffentlichung des Instituts für Historische Anthropologie e.V. 12, Köln u. a. 2010, 349–387.

STECK, ODIL H., Israel und das gewaltsame Geschick der Propheten. Untersuchungen zur Überlieferung des deuteronomistischen Geschichtsbildes im Alten Testament, Spätjudentum und Urchristentum, WMANT 23, Neukirchen-Vluyn 1967.

–, Überlieferung und Zeitgeschichte in den Elia-Erzählungen, WMANT 26, Neukirchen-Vluyn 1968.

–, Bewahrheitungen des Prophetenworts. Überlieferungsgeschichtliche Skizze zu 1. Könige 22,1–38. In: GEYER, H.-G. u. a. (Hg.), „Wenn nicht jetzt, wann dann?". Aufsätze für Hans-Joachim Kraus zum 65. Geburtstag, Neukirchen-Vluyn 1983, 87–96.

STEINER, RICHARD C., The Nefesh in Israel and Kindred Spirits in the Ancient Near East, with an Appendix on the Katumuwa Inscription, SBL Ancient Near Eastern Monographs 11, Atlanta, GA 2015.

STEYMANS, HANS U., Deuteronomy 13 in Comparison with Hittite, Aramaic and Assyrian Treaties. In: HeBAI 8 (2019), 101–132.

STIPP, HERMANN-JOSEF, Elischa – Propheten – Gottesmänner. Die Kompositionsgeschichte des Elischazyklus und verwandter Texte, rekonstruiert auf der Basis von Text- und Literarkritik zu 1 Kön 20.22 und 2 Kön 2–7, ATSAT 24, St. Ottilien 1987.

–, Jeremia im Parteienstreit. Studien zur Textentwicklung von Jer 26, 36–43 und 45 als Beitrag zur Geschichte Jeremias, seines Buches und judäischer Parteien im 6. Jahrhundert, BBB 82, Frankfurt a. M. 1992.
–, Ahabs Buße und die Komposition des Deuteronomistischen Geschichtswerks. In: DERS., Alttestamentliche Studien. Arbeiten zu Priesterschrift, Deuteronomistischem Geschichtswerk und Prophetie, BZAW 442, Berlin / Boston 2013, 269–292.
–, Die joschijanische Reform im Jeremiabuch. Mit einem Seitenblick auf das Deuteronomistische Geschichtswerk. In: DERS., Alttestamentliche Studien. Arbeiten zu Priesterschrift, Deuteronomistischem Geschichtswerk und Prophetie, BZAW 442, Berlin / Boston 2013, 487–517.
–, „In Frieden wirst du sterben". Jeremias Heilswort für Zidkija in Jer 34,5. In: WIMMER, S. J. / GAFUS, G. (Hg.) im Auftrag der Freunde Abrahams – Gesellschaft für religionsgeschichtliche Forschung und interreligiösen Dialog, redaktionell bearbeitet von Brigitte Huemer, „Vom Leben umfangen". Ägypten, das Alte Testament und das Gespräch der Religionen, Gedenkschrift für Manfred Görg, ÄAT 80, Münster 2014, 173–181.
–, Jeremia 25–52, HAT 12/2, Tübingen 2019.
STÖKL, JONATHAN, Prophecy in the Ancient Near East. A Philological and Sociological Comparison, Culture and History of the Ancient Near East 56, Leiden / Boston 2012.
–, Propheten in Mesopotamien. Die Seher aus dem Osten. In: WUB 69 (2013), 6–11.
–, The מתנבאות in Ezekiel 13 Reconsidered. In: JBL 132 (2013), 61–76.
–, Prophetic Hermeneutics in the Hebrew Bible and Mesopotamia. In: HeBAI 4 (2015), 267–292.
–, A Royal Advisory Service. Prophecy and the State in Mesopotamia. In: ROLLSTON, C. A. (Hg.), Enemies and Friends of the State. Ancient Prophecy in Context, University Park, PA 2018, 87–114.
–, Fremde Völker in der Prophetie des Alten Orients. In: MEYER-BLANCK, M. (Hg.), Christentum und Europa. XVI. Europäischer Kongress für Theologie (10.–13. September 2017 in Wien), VWGTh 57, Leipzig 2019, 215–233.
SURIANO, MATTHEW J., The Politics of Dead Kings. Dynastic Ancestors in the Book of Kings and Ancient Israel, FAT II/48, Tübingen 2010.
SWEENEY, MARVIN A., The truth in true and false prophecy. In: DERS., Form and Intertextuality in Prophetic and Apocalyptic Literature, FAT 45, Tübingen 2005, 78–93.
–, I & II Kings. A Commentary, OTL, Louisville / London 2007.
TEUPE, CAMBRON, „Des Todes sterben" und „Ausgerottet werden". Die Todesstrafe im Alten Testament. In: Neue Einsichten in alte Texte. Exegetische Studien zum Alten Testament, Jahrbuch des Martin Bucer Seminars 2, Bonn 2002, 37–58.
THEN, REINHOLD, „Gibt es denn keinen mehr unter den Propheten?" Zum Fortgang der alttestamentlichen Prophetie in frühjüdischer Zeit, BEAT 22, Frankfurt a. M. u. a. 1990.
THIEL, WINFRIED, Die deuteronomistische Redaktion von Jeremia 1–25, WMANT 41, Neukirchen-Vluyn 1973.
–, Die deuteronomistische Redaktion von Jeremia 26–45. Mit einer Gesamtbeurteilung der deuteronomistischen Redaktion des Buches Jeremia, WMANT 52, Neukirchen-Vluyn 1981.
–, Jahwe und Prophet in der Elisa-Tradition. In: DERS., Gelebte Geschichte. Studien zur Sozialgeschichte und zur frühen prophetischen Geschichtsdeutung Israels hg. von P. MOMMER u. a., Neukirchen-Vluyn 2000, 161–172.

–, „Böses" im Buch der Könige. In: Ders., Gedeutete Geschichte. Studien zur Geschichte Israels und ihrer theologischen Interpretation im Alten Testament, hg. von P. Mommer u. a., BThSt 71, Neukirchen-Vluyn 2005, 90–106.
–, Könige, Bd. 2: 1. Könige 17,1–22,54, BKAT 9/2, Neukirchen-Vluyn 2000–2019.
Thissen, Heinz-Josef, Das Lamm des Bokchoris. In: Blasius, A. / Schipper, B. (Hg.), Apokalyptik und Ägypten. Eine kritische Analyse der relevanten Texte aus dem griechisch-römischen Ägypten, OLA 107, Leuven u. a. 2002, 113–138.
Tiemeyer, Lena-Sofia, Prophecy as a Way of Cancelling Prophecy. The Strategic Uses of Foreknowledge. In: ZAW 117 (2005), 329–350.
Tillesse, G. Minette de, Joiaqim, repoussoir du ,Pieux' Josias. Parallélismes entre II Reg 22 et Jer 36. In: ZAW 105 (1993), 352–376.
Tilly, Michael, Apokalyptik, utb Profile, Tübingen 2012.
–, 1 Makkabäer, HThKAT, Freiburg i. Br. u. a. 2015.
–, Zukunftshoffnung und Gegenwartsdeutung. Prophetie und Apokalyptik im antiken Judentum und im Neuen Testament. In: Hock, K. u. a. (Hg.), Zukunfts-Sichten zwischen Prognose und Divination, BThZ 38, Berlin / New York 2021, 89–114.
–/Mell, Ulrich (Hg.), Gegenspieler. Zur Auseinandersetzung mit dem Gegner in frühjüdischer und urchristlicher Literatur, WUNT 428, Tübingen 2019.
Trampedach, Kai, Authority Disputed. The Seer in Homeric Epic. In: Dignas, B. / Ders. (Hg.), Practitioners of the Divine. Greek Priests and Religious Officials from Homer to Heliodorus, Hellenic Studies Series 30, Washington u. a. 2008, 207–231.
–, Politische Mantik. Die Kommunikation über Götterzeichen und Orakel im klassischen Griechenland, Studien zur Alten Geschichte 21, Heidelberg 2015.
Utzschneider, Helmut, Die Amazjaerzählung (Am 7,10–17) zwischen Literatur und Historie. In: BN 41 (1988), 76–101.
–, Die Schriftprophetie und die Frage nach dem Ende der Prophetie. Überlegungen anhand von Mal 1,6–2,16. In: ZAW 104 (1992), 377–394.
–, Der friedvolle und der bittere Tod. Einstellungen und Horizonte gegenüber Tod und Sterben im Alten Testament. In: Strecker, C. (Hg.), Kontexte der Schrift, Bd. 2: Kultur, Politik, Religion, Sprache – Text, FS W. Stegemann, Stuttgart 2005, 37–48.
–, Micha, ZBK 14/1, Zürich 2005.
Valeton, Josua J. P., Prophet gegen Prophet. In: Ders., Gott und Mensch im Lichte der prophetischen Offenbarung. Alttestamentliche Abhandlungen, Gütersloh 1911, 41–68.
van der Toorn, Karel, Mesopotamian Prophecy between Immanence and Transcendence. A Comparison of Old Babylonian and Neo-Assyrian Prophecy. In: Nissinen, M. (Hg.), Prophecy in its Ancient Near Eastern Context. Mesopotamian, Biblical, and Arabian Perspectives, SBL Symposium Series 13, Atlanta, GA 2000, 71–87.
van der Woude, Adam S., Micah in Dispute with Pseudo-Prophets. In: VT 19 (1969), 244–260.
Vanstiphout, Herman L. J., Reflections on the Dream of Lugalbanda. A typological and interpretative analysis of LH 322–365. In: Prosecký, J. (Hg.), Intellectual Life in the Ancient Near East. Papers Presented at the 43rd Rencontre assyriologique international, 1–5. July 1996 Prague, Prag 1998, 397–412.
Veijola, Timo, Wahrheit und Intoleranz nach Deuteronomium 13. In: ZThK 92 (1995), 287–314.
–, Zefanja und Joschija. In: Ders., Leben nach der Weisung. Exegetisch-historische Studien zum Alten Testament, hg. von W. Dietrich, FRLANT 224, Göttingen 2008, 118–128 (= In: Dietrich, W. / Schwantes, M. (Hg.), Der Tag wird kommen. Ein

interkontextuelles Gespräch über das Buch des Propheten Zefanja, SBS 170, Stuttgart 1996, 9–18.).
–, Das 5. Buch Mose Deuteronomium. Kapitel 1,1–16,17, ATD 8/1, Göttingen 2004.
VERHEYDEN, JOSEPH, Calling Jesus a Prophet, as Seen by Luke. In: DERS. u. a. (Hg.), Prophets and Prophecy in Jewish and Early Christian Literature, WUNT II/286, Tübingen 2010, 177–210.
VERNUS, PASCAL, Un oracle d'Hathor à Dendara. À propos de l'égyptien de la deuxième phase dans les temples gréco-romains. In: Bulletin de la société d'égyptologie, Genève 32 (2021), 91–121.
VIEWEGER, DIETER, Die literarischen Beziehungen zwischen den Büchern Jeremia und Ezechiel, BEATAJ 26, Frankfurt a. M. u. a. 1993.
VILLARD, PIERRE, Les prophéties à l'époque néo-assyrienne. In: LEMAIRE, A. (Hg.), Prophètes et rois, Bible et Proche-Orient, Editions du Cerf, Paris 2001, 55–84.
VON RAD, GERHARD, Die falschen Propheten. In: ZAW 51 (1933), 109–120.
–, Die deuteronomistische Geschichtstheologie in den Königsbüchern. In: DERS., Deuteronomiumstudien, FRLANT 58, Göttingen 1947, 52–64.
–, Theologie des Alten Testaments, Bd. 2: Die Theologie der prophetischen Überlieferungen Israels, München [7]1980.
VRIEZEN, THEODOR C., Die Hoffnung im Alten Testament. Ihre inneren Voraussetzungen und äußeren Formen. In: ThLZ 78 (1953), 577–586.
WAGNER, ANDREAS, Prophetie als Theologie. Die *so spricht Jahwe*-Formeln und das Grundverständnis alttestamentlicher Prophetie, FRLANT 207, Göttingen 2004.
WAGNER, SIEGFRIED, Art. אמר. In: ThWAT 1 (1973), 353–373.
WANKE, GUNTHER, Jeremia. Teilband 1: Jeremia 1,1–25,14, ZBK 20/1, Zürich 1995.
–, Jeremia. Teilband 2: Jeremia 25,15–52,34, ZBK 20/2, Zürich 2003.
WASCHKE, ERNST-JOACHIM, Der Prophet und seine Legende. Überlegungen zu Amos 7,10–17. In: MÜLLER, R. u. a. (Hg.), Fortgeschriebenes Gotteswort. Studien zu Geschichte, Theologie und Auslegung des Alten Testaments, FS C. Levin, Tübingen 2020, 295–307.
WATANABE, KAZUKO, Die *adê*-Vereidigung anlässlich der Thronfolgeregelung Asarhaddons, Baghdader Mitteilungen, Beiheft 1, Berlin 1987.
WAZANA, NILI, Amos against Amaziah (Amos 7:10–17). A Case of Mutual Exclusion. In: VT 70 (2020), 209–228.
WEEKS, STUART, Predictive and Prophetic Sources. Can *Neferti* Help Us Read the Bible? In: DAY, J. (Hg.), Prophecy and the Prophets in Ancient Israel. Proceedings of the Oxford Old Testament Seminar, LHB 531, New York/London 2010, 25–46.
WEIHER, ANTON, Homerische Hymnen. Griechisch-deutsch, Sammlung Tusculum, München/Zürich [6]1989.
WEIMAR, PETER, Jona, HThKAT, Freiburg u. a. 2017.
WEINFELD, MOSHE, Deuteronomy and the Deuteronomic School, Oxford 1972.
WEINGART, KRISTIN, Erkennst du auch, was du liest? Zur Markierung von Zitaten im Alten Testament. In: HECKL, R. (Hg.), Methodik im Diskurs. Neue Perspektiven für die Alttestamentliche Exegese, BThSt 156, Neukirchen-Vluyn 2015, 143–170.
–, Gezählte Geschichte. Systematik, Quellen und Entwicklung der synchronistischen Chronologie in den Königebüchern, FAT 142, Tübingen 2020.
WEINRICH, HARALD, Linguistik der Lüge, München [8]2016.
WEIPPERT, HELGA, Die Prosareden des Jeremiabuches, BZAW 172, Berlin/New York 1973.

–, Ahab el campeador? Redaktionsgeschichtliche Untersuchungen zu 1 Kön 22. In: Bib. 69 (1988), 457–479.
–, Geschichten und Geschichte. Verheißung und Erfüllung im deuteronomistischen Geschichtswerk. In: EMERTON, J. A. (Hg.), Congress Volume Leuven 1989, VT.S 43, Leiden 1991, 116–131 (englische Version: DIES., „Histories" and „History". Promise and Fulfillment in the Deuteronomistic Historical Work. In: KNOPPERS, G./MCCONVILLE, J. G. [Hg.], Reconsidering Israel and Judah. Recent Studies on the Deuteronomistic History, Winona Lake, IN 2000, 47–61).
WEIPPERT, MANFRED, „Ich bin Jahwe" – „Ich bin Ištar von Arbela". Deuterojesaja im Lichte der neuassyrischen Prophetie. In: HUWYLER, B. u.a. (Hg.), Prophetie und Psalmen, FS K. Seybold, AOAT 280, Münster 2001, 31–59.
–, Aspekte israelitischer Prophetie im Lichte verwandter Erscheinungen des Alten Orients. In: DERS., Götterwort in Menschenmund. Studien zur Prophetie in Assyrien, Israel und Juda, FRLANT 252, Göttingen 2014, 87–103.
–, Assyrische Prophetien der Zeit Asarhaddons und Assurbanipals. In: DERS., Götterwort in Menschenmund. Studien zur Prophetie in Assyrien, Israel und Juda, FRLANT 252, Göttingen 2014, 9–47.
–, „Das Frühere, siehe, ist eingetroffen …". Über Selbstzitate im altorientalischen Prophetenspruch. In: DERS., Götterwort in Menschenmund. Studien zur Prophetie in Assyrien, Israel und Juda, FRLANT 252, Göttingen 2014, 114–131.
WEISER, ARTUR, Das Buch der zwölf kleinen Propheten I. Die Propheten: Hosea, Joel, Amos, Obadja, Jona, Micha, ATD 24, Göttingen 1949.
–, Das Buch Jeremia, ATD 20/21, Göttingen ^{5}1966.
WEISSENGERBER, MICHAEL (Hg.), Thukydides, Der Peloponnesische Krieg. Griechisch – deutsch, Sammlung Tusculum, Berlin/Boston 2017.
WELLHAUSEN, JULIUS, Prolegomena zur Geschichte Israels, Berlin ^{6}1905.
WENDEL, UTE, Jesaja und Jeremia. Worte, Motive und Einsichten Jesajas in der Verkündigung Jeremias, BThSt 25, Neukirchen-Vluyn 1995.
WERLITZ, JÜRGEN, Amos und sein Biograph. Zur Entstehung und Intention der Prophetenerzählung Am 7,10–17. In: BZ 22 (2000), 233–251.
–, Die Bücher der Könige, NSK.AT 8, Stuttgart 2002.
WERSE, NICHOLAS R., The Literary Function of ψευδοπροφήτης in Jeremiah LXX. In: Perspectives in Religious Studies 46 (2019), 3–17.
–, Reconsidering the Book of the Four. The shaping of Hosea, Amos, Micah, and Zephaniah as an early prophetic collection, BZAW 517, Berlin/Boston 2019.
WESSELS, WILLIE J., True and false prophets: Who is to decide? A perspective from Jeremiah 23:9–40. In: JSem 21 (2012), 137–156.
WESTERMANN, CLAUS, Jeremia, Stuttgart 1967.
WIESEHÖFER, JOSEF, Art. Divination. V. Iran. In: Der Neue Pauly 3 (1997), 708 f.
WILDBERGER, HANS, Jesaja, 3. Teilband: Jesaja 28–39. Das Buch, der Prophet und seine Botschaft, BKAT 10/3, Neukirchen-Vluyn 1982.
WILKE, ALEXA, Art. Lüge/Lügen. In: Das Wissenschaftliche Bibellexikon im Internet (www.wibilex.de), 2013.
WILLI, REGINA, „Anhaltspunkte" zur Unterscheidung von wahrer und falscher Prophetie aus der Perspektive des Alten Testaments. In: FKTh 26 (2010), 96–106.
WILLING, MEIKE, Eusebius von Cäsarea als Häreseograph, Patristische Texte und Studien 63, Berlin/New York 2008.

WILLI-PLEIN, INA, Prophetie am Ende. Untersuchungen zu Sacharja 9–14, BBB 42, Köln 1974.
WILSON, ROBERT R., Prophecy and Society in Ancient Israel, Philadelphia 1980.
–, Interpreting Israel's Religion. An Anthropological Perspective on the Problem of False Prophecy. In: GORDON, R. P. (Hg.), „The Place is too small for Us". The Israelite Prophets in Recent Scholarship, SBTS 5, Winona Lake, IN 1995, 332–344.
WISCHMEYER, ODA, Warum bleiben Gegenspieler in den Schriften des Neuen Testaments namenlos? Beobachtungen zur anonymen Polemik. In: TILLY, M./MELL, U. (Hg.), Gegenspieler. Zur Auseinandersetzung mit dem Gegner in frühjüdischer und urchristlicher Literatur, WUNT 428, Tübingen 2019, 3–23.
WISEMAN, DONALD J., The Vassal Treaties of Esarhaddon. In: Iraq 20 (1958), 1–99.
WÖHRLE, JAKOB, Die frühen Sammlungen des Zwölfprophetenbuches. Entstehung und Komposition, BZAW 360, Berlin/New York 2006.
–, Der Abschluss des Zwölfprophetenbuches. Buchübergreifende Redaktionsprozesse in den späten Sammlungen, BZAW 389, Berlin/New York 2008.
–, Die Rehabilitierung Jojachins. Zur Entstehung und Intention von 2 Kön 24,17–25,30. In: KOTTSIEPER, I. u. a. (Hg.), Berührungspunkte. Studien zur Sozial- und Religionsgeschichte Israels und seiner Umwelt, FS R. Albertz, AOAT 350, Münster 2008, 213–238.
–, „No Future for the Proud Exultant Ones." The Exilic Book of the Four Prophets (Hos., Am., Mic., Zeph.) as a Concept Opposed to the Deuteronomistic History. In: VT 58 (2008), 608–627.
–, „Was habt ihr da für einen Spruch?" (Ez 18,2). Traditionskritik in den Disputationsworten des Ezechielbuches. In: EBACH, R./LEUENBERGER, M. (Hg.), Tradition(en) im alten Israel. Konstruktion, Transmission und Transformation, FAT 127, Tübingen 2019, 323–343.
–, „Wenn das Wort nicht eintrifft, hat Jhwh es nicht gesprochen". Zur Intention des Prophetengesetzes in Deuteronomium 18,9–22. In: GRÄTZ, S. u. a. (Hg.), Ein Freund des Wortes, FS U. Rüterswörden, Göttingen 2019, 374–386.
WOLFF, HANS WALTER, Hauptprobleme alttestamentlicher Prophetie. In: DERS., Gesammelte Studien zum Alten Testament, TB 22, München 1964, 206–231.
–, Das Kerygma des Deuteronomistischen Geschichtswerks. In: ZAW 73 (1961), 171–186.
–, Dodekapropheton 2. Joel und Amos, BKAT 14/2, Neukirchen-Vluyn ²1975.
–, Dodekapropheton 3. Obadja und Jona, BKAT 14/3, Neukirchen-Vluyn 1977.
–, Wie verstand Micha von Moreschet sein prophetisches Amt? In: EMERTON, J. (Hg.), Congress Volume Göttingen 1977, VT.S 29, Leiden 1978, 403–417.
WÜRTHWEIN, ERNST, Die Bücher der Könige, Bd. 2: 1. Kön. 17 – 2. Kön. 25, ATD 11/2, Göttingen 1984.
ZEVIT, ZIONY, A Misunderstanding at Bethel Amos VII 12–17*. In: VT 25 (1975), 783–790.
ZGOLL, ANNETTE, Traum und Welterleben im antiken Mesopotamien. Traumtheorie und Traumpraxis im 3. – 1. Jahrtausend v. Chr. als Horizont einer Kulturgeschichte des Träumens, AOAT 333, Münster 2006.
ZIMMERLI, WALTHER, Die Eigenart der prophetischen Rede des Ezechiel. Ein Beitrag zum Problem an Hand von Ez. 14 1–11. In: ZAW 66 (1954), 1–26.
–, Ezechiel 1–24, BKAT 13, Neukirchen-Vluyn 1969.

–, Wahrheit und Geschichte in der alttestamentlichen Schriftprophetie. In: Congress Volume Göttingen 1977, VT.S 29, Leiden 1978, 1–15.
ZIMMERMANN, BERNHARD (Hg.), Aischylos Tragödien, übersetzt von Oskar Werner, Sammlung Tusculum, Mannheim ⁷2011.
ZSENGELLÉR, JÓZSEF, „Call a Scribe!". Amos 7:10–11 and Ancient Near Eastern Prophetic Letters. In: KÓKAI NAGY, V./EGERESI, L. S. (Hg.), Propheten der Epochen/ Prophets during the Epochs, FS I. Karasszon, AOAT 426, Münster 2015, 71–87.

Stellenregister

I. Altes Testament

Genesis
1,26	98n
15,2	277
15,15	251n
19,25.29	148
20	102n
24,21	195n
24,25.32	111
25,8 f.	251n
25,8	254
25,17	254
28,12	102n
31	102n
35,29	254
37	102n
40–42	102n
41,35	111
47,30	254
49,29.33	254

Exodus
3 f.	99n
5,7–18	111n
7–14	185n
15,20	168
22,15	182
33,12.17	130n

Leviticus
17	176n
20,20 f.	277
24,15 f.	123n

Numeri
12,6–8	111 f.
20,24.26	254
22–24	125 f., 306, 310
22,7	125
22,18	125
23,23	125
27,13	254
31,8	125
31,16	125

Deuteronomium
1–3	115
4,2	74n
6,4 f.	247, 255
7,1–3	115 f.
13	6n, 16, 20n, 31n, 37, 40 f., 95n, 113–115, 120–125, 139n, 206 f., 302, 314–317, 323, 327, 334 f., 338, 341
13,1–8	125n
13,1	74n
13,2–11	120n
13,2–6	102n, 105, 121, 124n
13,3	124
13,4	97
13,6	130n, 306n, 314
13,7–11	121
17,12	122n
18	6n, 16, 31n, 50, 62n, 88, 97n, 103n, 106, 113–127, 139 f., 145n, 165, 200, 206, 208, 217, 314–317, 332–335, 341
18,9–22	115, 125n
18,9–14	2, 105, 115 f.
18,10	93n, 125
18,14	115, 125
18,15–22	124n
18,15–18	119

18,16–22	139	5,8	111
18,18	99, 244	8,20	217
18,20–22	11, 117, 122, 138 f.	11,26–40	229n
18,20	122 f., 317n	11,29–39	227, 229n
18,21 f.	119n, 140n, 147, 250n, 341	11,31	239
		13	219 f., 241n, 327
18,22	122 f., 139, 346	13,11–31	306, 310
20,15–18	116, 125n	14	227–231, 283n
23,6	125n, 149	14,7–13	217
28 f.	95n	14,10	225n, 230 f.
28,26	230n	14,11	221n
28,48	130n	14,13	253
30	50n, 146n	14,20	228, 254
32 f.	95n	14,31	254
32,50	254	15,28–31	229
		15,29	217, 225n, 229
Josua		15,33	230
6,26	217n	16,1–4	217
11,12	236n	16,1–3	230
13	125	16,4	221
23	217	16,6	230
		16,11 f.	217, 231
Richter		16,34	217n
2,10	254	17,14	239
4,4	168	18	88n, 201, 311
7,13–15	102n	18,4	124, 126n
14,15	182	18,13	124
19,19	111	19,10.14	124
		19,15–18	282n
1 Samuel		21	231–235
2,27–36	217n	21,19	200, 233 f.
3,20	315n	21,20–24	234n
4,17 f.	217n	21,24	221n, 232
4,22 f.	217n	21,27–29	200, 234
8	217	21,34 f.	234n
9,7	172n	21,37 f.	233
24	30n	21,40	233
28	102n	22	10, 40, 88n, 95n, 98, 184–209, 227n, 234, 312, 316, 322, 337 f., 340
2 Samuel			
7,13	217	22,1–28	306, 311
12	2n	22,6	87n
18,13	302n	22,8	192, 201
		22,15–18	281n
1 Könige		22,19–23	98n, 177
2,10	254	22,20–22	206
2,26 f.	217n	22,22	133n
3	102n, 104n, 137		

22,28	138 f., 341	22,16	252n
22,37	189n, 232, 234n	22,18–20	248 f., 252, 292, 343
22,38	200, 203, 233 f.n	22,20	246, 250–254
22,39 f.	234n	23	220, 248, 256
22,40	189n, 254	23,8 f.	217n
22,49 f.	289	23,16	219 f.
		23,25	247, 255
		23,26	252n
2 Könige		23,29 f.	246 f., 253, 287
1,2–17	225	23,36	266n
3	282n	24	269
3,4–27	280n	24,2	217
4,43	239	24,6	223n, 228, 249n, 265–
5	279, 283n		271, 278
6 f.	283n	24,15	275n
8,7–15	279–284, 292	24,18–25,7	260
8,24	280n	25	244, 261n
8,25	276n, 280n	25,6 f.	256 f.
8,26	276n	25,21	238
8,28	189n	25,27–30	214, 261n, 278
9 f.	283n		
9	130n, 232 f.	*Jesaja*	
9,6–10	232n	1–39	286n
9,14	189	3,1–9	91n
9,22	323n	3,12	91n
10	232n, 235 f.	5,25–30	217n
12,22	254	6	98n, 185, 190n
13,13	254	6,8–11	98n
14,1	276n	7	141
14,29	236, 238	8,3	168
15,3	254	9,3	141
15,8–12	235	9,7–20	217
15,10	236n, 241n	9,12–15	90n
15,12	235	10,1–4	217n
17	85n, 97, 217, 238	10,27	141
17,13	85n, 288n	11,7	111
17,14	97	14,2	154
17,23	238	14,25	141
18 f.	142n	20,1–6	223n
20,21	269n	28,7–13	91n
21,10–14	217	28,7–10	89n
21,18	270	28,7 f.	28n
21,26	270	29,8	106
22 f.	120n, 127n, 149, 246,	30	92
	248n, 251, 255, 285n,	30,8–14	91
	291	30,10	96, 153
22,11	251n	32,6	166
22,14	168	38,16	104n
22,15–17	248, 250n		

40	98	16,3 f.	265
40,10	212	18,13–15	96n
44,25	93n	18,18	136
45,1–7	222n, 258	20	123n, 311 f.
49,18	275n	20,6	302, 312
57,6	153n	20,7–13	185
62,11	212	20,7	182 f.
65,25	111	20,10	182
		21,11	95n
Jeremia		22	94, 127n, 263, 265–278
1	146	22,1–10	275
1,1–10	99	22,11 f.	256n
1,7–9	244	22,13–19	265 f., 275
1,7	99	22,15 f.	246
2–6	246n	22,18 f.	246, 249n, 251n, 265,
2,8	94		267, 271, 291, 345
2,30	124	22,18	256 f., 262, 265
2,37	195n	22,20–23	275, 278
3,10	97	22,24–30	273–278
3,12 ff.	223n	22,30	291, 345
4,9 f.	89	23	1, 8, 11, 20n, 85n, 92,
4,10	181, 204n		94–113, 132n, 134, 136,
5,12–14	97		150, 154, 161, 165,
5,13	132n		179n, 206 f., 302, 338 f.,
5,14	99n		343
5,31	92, 132n	23,12	153n
6,1–8	2n	23,13	172
6,13–15	94	23,25–32	106, 338
6,13 f.	89	23,25	87
6,13	93n, 96n, 132 f.	24,1	272
6,14	87, 97, 166	25,13	140
7	66, 123n	25,30	138
7,2	97	25,33	265n
7,4	87	26–28	66
7,23–28	97	26	31n, 50, 88, 114, 123,
7,30–8,3	265		126 f., 135, 138, 141–
8,2 f.	265		146, 207 f., 223, 259,
8,10	96n		266n, 338, 343, 345
9,22	265n	26,4 f.	112n, 145
13,24	110	26,7 f.	132 f.
13,18 f.	272n	26,11.16	132 f.
14,11–16	97	26,17–19	127, 141, 143
14,13–16	89, 162, 165n	26,19	208
14,13	132	26,20–23	126
14,14	94, 97, 302	27–29	11, 128
14,16	265n	27 f.	27, 94, 103, 106, 128,
15,16–18	136		130, 134, 136
15,19	99n	27,2 f.	130 f.

Stellenregister 385

27,6	130n	34	258–263, 326
27,9	103–105, 128, 132n, 338	34,1–6	257n
		34,2–5	256
27,11	130f.	34,3–5	263
27,12–15	105	34,3	256, 263f.
27,12	130n	34,4f.	251n, 256–259, 261, 264, 292, 343
27,14f.	134		
27,18	134, 161n	34,5	264f.
27,20	272n	36	120n, 127n, 251n, 265, 272, 277f.
28	6f., 9, 73n, 87–89, 104n, 107n, 113f., 117f., 128–141, 143, 163, 165f., 178, 202, 208f., 217, 259, 306, 308, 311, 332, 334, 339–341	36,24	251n
		36,30f.	267, 271f., 277, 291, 345
		36,31	272
		37,1	272f.
		38,15	259
28,1	306n, 308	38,17f.	259n
28,2	134	39	244, 258, 261n
28,4	272n	39,5–7	259n
28,6	163	39,6f.	257
28,8f.	147n	44,29f.	271n
28,9	12n, 18, 99, 341, 346	46,18	275
28,15–17	4n	52	244, 261n
28,16	306n, 314n	52,10f.	257
28,17	123n	52,27	238
29	88, 105f., 128, 133, 155n, 160n, 306, 312	52,31	272n
		Ezechiel	
29,1	132	1–3	98n
29,2	272n	2,4f.	91n
29,8f.	104	3,22–27	183
29,8	104f., 132f., 338	3,26	177n
29,21–24	306, 311	7	154
29,21–23	306	11	311f.
29,23	164f.n	11,1–13	157n
29,24–32	306, 311	11,1	306n, 310f.
29,26	172	11,2–17	150n
29,31f.	165n, 306n	12–14	113, 139n, 160, 166, 206
29,32	130n		
31	157n	12	150f., 156–158, 177
31,13	149	12,13	262, 326
31,16	212	12,21–14,11	1, 14, 88, 118n, 149f., 168, 174f., 179f., 335, 345
31,29f.	157n		
31,31–34	244n		
32,1–5	257, 263	12,21–28	14, 28n, 118n, 150–158, 167, 173f., 177–179, 182, 223
32,4	264n		
32,6–8	165		
33,14–16	18n	12,24	92, 96, 168

13	24, 129, 150 f., 154, 158–169, 172–178, 180, 208, 293, 303, 331 f., 338 f., 341	29,17–21	212
		33,23–29	150n, 157n
		33,23–27	116n
		37,9	138
13,1–16	42, 85, 116, 123, 158–168, 174, 202	37,10	172
		37,11–14	150n
13,2	97	37,15 ff.	223n
13,4	169		
13,10	89	*Hosea*	
13,16	89	1,1–5	235
13,17–23	159, 167–173	1,4 f.	232n
13,17–21	158, 175	1,4	223n
13,17	97	2,16	182n
13,19	93n, 158 f.	10,1–8	236
13,21	158 f., 174	12,14	120n
13,22 f.	158		
13,22	159, 168	*Joel*	
13,23	159, 168, 174	2,24	111
14	10, 173–178, 184–187, 208, 303, 316	3	297 f., 319, 331n, 346
14,1–11	88, 150, 168, 174–188, 204, 206, 294, 340	3,1	102n
14,8	158	*Amos*	
14,9	76n, 205 f.n	1,1	240
14,12–20	178n	2,10–12	91
14,12	150	3,7	85, 98 f.
16,44	154n	5,27	240n
17,2	178	6,7	240n
17,16	262n	7,9	235–242, 258, 291
18	157, 174n	7,10–17	65n, 123n, 235–243, 291, 344
18,1–20	150n		
18,1–4	157	7,11	235–242, 258, 291
18,2	154, 157	7,17	154, 236, 239 f., 242
18,3	275n		
20	174n, 186 f.	8,5 f.	111
20,7	175n	9,4	240n
20,23–25	186, 208, 340		
20,24	175	*Jona*	
20,25	204	3,4	146, 148
20,26	187	3,9 f.	146
20,32–38	150n		
20,33	275n	*Micha*	
21,5	178	144	
21,33 f.	162n	1,2	191, 200n
22,23–31	150n, 160	2,4	154n, 178n
22,28	164	2,6	238n
24,3	178	2,10 f.	92
26–29	211 f., 223n, 226	2,11	140n

3	11, 72n, 89, 92–94, 96n, 113f., 141, 143–145, 153n, 223, 338	35,5	110
		35,6	96
		68,32	312n
3,4	144	73,18	96, 153n
3,5–8	92–94	74	295
3,5	172n	118,25	195n
3,6	158n	119	164n
3,10	146	130,5	164n
3,12	13, 31n, 87, 127n, 142–146, 208		
		Hiob	
		1 f.	98n
7,6	304 f.	30,26	164n
7,7	164n	34,8	302n
		34,10–12	302n
Habakuk		41,19	111n
2,3	14		
2,12 f.	303		
		Proverbien	
		5,3	153
Zephanja		16,29	182
242n		25,15	182
1,4–6	246n	28,13	195n
2,9	275n		
3,1–4	89	*Kohelet*	
3,6–8	89n	5,6	106n
3,11–13	89n	5,8	102n
3,13	242		
		Klagelieder	
Haggai		2,14	85
1 f.	219n	3,24	164n
2,23	261n, 277		
		Daniel	
Sacharja		1,2	275n
1–8	219	1,17	102n
10,1	133n, 295	2	102n
10,2	102n, 105n		
13	295, 298, 322	*Esra*	
13,2–6	295	9 f.	116n
13,2 f.	132 f.		
		Nehemia	
Maleachi		6,10–14	313
3	300, 346	6,11–13	93n
3,23	299	6,14	93n, 168, 310
		9,26	124
Psalmen		13	116n
12,3 f.	153	13,2	125
22,10–12	100		
27,12	304	*1 Chronik*	
31,25	164n	3,17 f.	276
34,19	100		

10	289n	21,19 f.	262
12,17–19	287	24,19–22	288
12,19	297	24,19	285n, 288
21	289	24,20–25	126n
21,29	137	24,20–22	286
25,1–5	287n	25,7–9	285n
29,29	286, 299	25,15 f.	285n
		26,22	286
2 Chronik		28,9–11	286, 288
	137	32,7	287n
12,5–8	288	32,32	286
13,4–12	287n	33,6	289n
15	288	33,10	285n
16,7–10	288	34 f.	247n, 285n
16,7	286	34,22	168
16,14	262	34,28	254
18	196, 289n	35 f.	249n
18,1–27	306, 311	35,20–22	247n
18,11	195n	35,21	253n, 287
18,13 f.	196n	35,23 f.	247n
18,14	195 f.n	35,25	249n, 285
19,2 f.	288	36	275
20,14	286, 288	36,6	275n
20,20	195n, 287n	36,8	268
20,37	288 f.	36,12	249n, 285
21	262	36,15 f.	285
21,12–15	286	36,22	249n, 285
21,16–19	286		

II. Apokryphen und Pseudepigraphien

Tobit		*Syr. Baruch*	
14,3 f.	148, 345	85,3	295
14,8	148		
		Jesus Sirach	
1 Makkabäer		34,1–8	102n
4,46	295	36,14 f.	156 f.
9,27	295n	46,13–20	324n
14,41	295n, 315n		

III. Neues Testament

Matthäus		2,15	319
1,22	319	2,17	319
2,5	319	2,23	319

7,12	318	6,14	319
7,15–23	323	9,17	319
8,17	319	12,38	319
11,14	299		
13,57	319	*Apostelgeschichte*	
14,5	320	2,17–21	319
16,14	320	2,29 f.	318
21,11	319	3,18	319
21,26	320	7,52	126n, 320
21,46	320	8,9–11	321n
22,40	318	11,27 f.	318
23,30 f.	320n	13,1	318
23,31–39	320	13,6–11	321
23,35	126n	15,32	318
23,37	318	21,9 f.	318
24,11	323		
24,23 f.	323	*Römer*	
24,24	323, 329	3,21	318
		12,6	318
Markus			
6,4	319	*1 Korinther*	
6,15	319 f.	2,10–16	321n
8,27 f.	299n	12–14	321n
8,28	320	12	298
13,22	323, 329	12,10	318 f., 321
		12,28 f.	318
Lukas		14,1–25	319n
1,17	299	14,1–6	318
1,76	319	14,29	321
2,36	318	14,31	318n
3,4	319		
4,17	318	*1 Thessalonicher*	
6,22 f.	322	2,15	320
6,26	322	5,20 f.	321
7,16	319		
9,8	299n, 319 f.	*1 Timotheus*	
9,19	320	4,14	318
11,49 f.	318		
16,16	318	*Hebräer*	
16,29–31	318	11,36–38	126n, 320
18,31	319		
20,6	319	*2 Petrus*	
24,19	319	2,1	323
		2,15	125n
Johannes			
1,21–25	320	*1 Johannes*	
4,19	319	4,1–3	323
4,44	319		

Judas
1,11   125n

Offenbarung
2,18–29   322 f.n

16,13   322
19,20   322
20,10   322
22,10   322
22,18 f.   322

IV. Antikes und rabbinisches Judentum

Qumran
1Q29   314 f.
1QGenAp 6,1–5   302n
1QH 4,16   303n
1QS 1,2–3   301
1QS 9,11   300
1QS 3,13–26   298n
4Q175   300n
4Q339   12, 18, 294, 301–303, 306n, 309–313, 316, 327n, 340, 346
4Q340   303n
4Q375   294, 313–316, 334
4Q376   315
4Q408   315
4Q521   300
4Q558   300
11Q19 54   315
11Q19 54,8–18   314n
11Q19 61,1–5   314n
11QTargIjob 24,2   302n
11QTargIjob 24,4   302n
CD 5,21   302
CD 6,1   302

Pesharim

Pescher Habakuk
2,2 f.   303n
5,10 f.   303n
7,1–5   299
10,9   303

Babylonischer Talmud

Megillah
14a   310

Sanhedrin
89a   316

Mischnah

Sanhedrin
1,5   316 f., 334
11,5   316, 334

Tosefta

Sotah
13,2 f.   295

V. Altorientalische Texte

Mari
A. 1121, 34–45   25
A. 1968, 12 f.   27
A. 1968, 17–20   30

ARM 3, 73   30n
ARM 10, 81   30n
ARM 26   23n
ARM 26, 1   25
ARM 26, 82   109n

ARM 26, 109   29
ARM 26, 123   29
ARM 26, 142   109n
ARM 26, 185   28
ARM 26, 196   31n
ARM 26, 197   29n
ARM 26, 199   27, 29n, 31
ARM 26, 200   30
ARM 26, 201   30
ARM 26, 202   29n

ARM 26, 204	27	SAA 9 7	32n
ARM 26, 206	25n	SAA 10 109	38, 192
ARM 26, 207	27	SAA 13 37	35n
ARM 26, 215	30	SAA 16 59	42 f., 224n
ARM 26, 217	30		
ARM 26, 220	27	*Vasallenvertrag Asarhaddons*	
ARM 26, 222	24	§ 10	36, 38–40, 105n, 341
ARM 26, 226–228	109n	§ 12 f.	38n
ARM 26, 231	109n	§ 57	37, 121n
ARM 26, 233	30 f., 109n		
ARM 26, 234	109	YBC 7352	83n
ARM 26, 236–240	109n		
ARM 26, 237	27n	Nordsyrien	
ARM 26, 239	24n, 109n, 165n	KAI 5–7	276n
ARM 26, 240	25	KAI 10	276n
ARM 26, 371	25		
		Persische Texte	
Mesopotamien			
ABL 1216	38	*Bīstun-Inschrift (BD)*	
ABL 1217+	42 f., 224n	5 f.	52
		10	52
ADART 3, 132	46	11	53
		13 f.	53
LKU 51	46n	16	53
		49	53
OTBR 65	30	50	53
		52	53
SAA 2 6	36 f.	55 f.	53
SAA 2 8	38n		
SAA 9 6	34n	*Daiva-Inschrift (XPh)*	
		5	146

VI. Ägypten

Orakel des Töpfers	57	*Prophezeiung des Lammes*	
Pap. Brooklyn 47.218.3	55	*des Bokchoris*	57
		Prophezeiung des Neferti	55–57

VII. Griechische und römische antike Quellen

Didache		Aischylos	
11,8–10	321n	*Fragmente*	
11,8	323	601 f.	76n, 186n, 206n
		Prometheus	
		476–506	61n

Aristophanes

Frieden
1043–1047   75n

Aristoteles

Nikomachische Ethik
1127b   75n

Rhetorik
1407 a31–b6   28n, 73n, 156n

Cicero

De Divinatione
2.130   61

Euripides

Iphigenie in Aulis
A. 956–958   76

Fragmente
973   76n

Eusebius von Caesarea

Historia Ecclesiastica
2.21   329
4.22   329
5.14   329
5.16–19   329
5.16,4   329
5.16,7 f.   330
5.16,10   330n
5.16,12   331
5.16,15   332n
5.16,19   332
5.17   331
5.18   330
5.19,2   330n

Herodot

Historien
1.46   76n
1.62   69n
1.90 f.   76n
1.106–130   51
1.107   52
1.120 f.   51
1.131 f.   50n
1.140   50n
1.209 f.   51
2.174   56
4.68 f.   77 f.
7.6   73
7.31   50n
7.140–144   69n
8.39   68n
8.77   69
8.122   68n
9.37   79
9.64   67

Hippolyt
GCS 4.102 f.   132n

Homer

Hymnus an Apollon
287–293   60

Ilias
1.73–92   75n
1.105–108   74, 193
4.1–72   203 f.

Odyssee
19.535–553   110
19.559–567   109n
22.310–326   79

Irenäus

Adversus Haereses
1,13 ff.   329n

Josephus

Antiquitates
7,147 f.   2n
8,225–235   327
8,236   326n
8,241 f.   326n
8,318   326n
8,402   326n
8,406–408   326
8,409   326n
8,417 f.   233n, 326
9,27   325n
9,72–74   325n

9,87–94	281n	Sophokles	
9,90	284n	*Antigone*	
9,133 f.	326	1055	75
9,133–137	326n	*König Ödipus*	
9,206–214	148	380–403	75
9,942	325		
10,35	325	Strabon	
10,66	326n	14.1.27	80n
10,97	267n		
10,104	326n	Sueton	
10,106 f.	325 f.	*Vespasian*	
10,111	326n	5,6	325n
10,140 f.	325		
10,141	326	Theognis von Megara	
10,154	264n	804–809	74n
10,180 f.	325		
10,227 f.	212n	Thukydides	
10,277–280	325	*Peloponnesischer Krieg*	
De bello Judaico		2.8	66n
1,68	307	2.8.2	63n
2,261–263	327	2.21	66n
3,340–391	325	2.21.3	63n
6,285–288	327	5.103.2	74n
		7.50.4	72n
Contra Apionem		8.1.1	63n, 74n, 77 f., 339
1,37–41	324		
1,41	295	Xenophon	

Platon

Nomoi
686a   62n

Phaidros
244a   64n

Politeia
364b–c   75n

Plutarch

Nikias
23.5 f.   72n

Pseudo-Apollodorus

Epitome
6.2–4   80n

Xenophon

Anabasis
1.7.18   74

Hellenika
3.3.11   78n
2.4.18 f.   80n

Kyrupädie
1.6.2   48 f., 120n
8.1.23   49n

Memorabilien
1.4.15   61n

Sachregister

Abfall *siehe* Rebellion

Beerdigung/Begräbnis 223n, 228–234, 253f., 246f., 249–254, 258, 262–271, 278, 345
Bestechlichkeit/Korruption 72–76, 82, 92–94; 100, 125n, 150, 172n, 279, 330, 332
Bileam 20n, 125f., 149, 304–306, 310
Brief 20n, 23–31, 34–43, 46, 74, 108f., 133, 192, 224, 262, 286, 318f., 321, 337

Delphi 14n, 60–70, 145n, 198
Disputationswort *siehe* Sprichwort
Dtr Vierprophetenbuch 85n, 219n, 236n, 238, 241f., 244n, 247n, 335

Ende der Prophetie 10, 113, 132f., 294–300, 346
Entscheidungsfindung 3f., 21f., 26–28, 31, 39f., 55n, 58, 65f., 77f., 80–82, 120, 132, 143f., 204, 248, 288, 301, 316, 336–341, 346
Erfüllungskriterium *siehe* Kriterien
ex eventu 21, 32f., 55–57, 83, 216n, 222, 252, 273n

Friede 72n, 87, 89, 92, 97, 128f., 137f., 140f., 147, 161, 166, 181, 200, 206, 249–253, 256–264, 338

Gegenspieler 8f., 42, 45, 52–54, 82, 86–88, 128f., 133, 136n, 160, 169, 172, 190, 241n, 303, 306, 312, 321, 327, 336, 339f.
Geist 93, 102n, 115, 126, 133, 166, 187–191, 199, 201n, 203–206, 287f., 297f., 319, 321–324, 330–332, 340, 346

Geschichtstheologie 57, 119, 207, 212, 217, 235, 247, 255n, 341–346
Gesetz 50, 53, 57f., 89, 97n, 102n, 112n, 114–123, 126, 145f., 187, 207f., 247f., 255, 290, 300f., 344, 346

Heilspropheten 26, 40, 45f., 93–97, 100f., 106–108, 112f., 129, 138–142, 155, 160f., 163–166, 177n, 187f., 200, 205, 207f., 249, 259, 263f., 312, 339, 341, 343
Herrschaftswissen 39f., 81, 143, 187, 191, 248, 337
Hofpropheten 25n, 191, 197n, 283n

Konditionierung 13, 26, 70, 85, 148, 223f., 258f., 264, 266
Konflikt 9–11, 13n, 39f., 82, 87, 93n, 106, 128–142, 200–202, 293, 328, 330, 333, 339f., 342
Korruption *siehe* Bestechlichkeit
Krise 9, 23f., 43n, 56n, 66, 106, 134, 322, 337
Kriterien 6, 41, 89, 109n, 250n, 311, 315, 321, 323f., 340, 342
– Erfüllungskriterium 14, 65, 72, 113–149, 157, 165, 189, 200, 207–209, 211, 217, 220, 259, 270, 328, 341f., 345
– *ex post*-Kriterium 113, 117, 123, 332, 334, 341
Krösus 67n, 69n, 76f., 193, 198–200, 338

Leerstelle 194, 198, 253–255, 258–264, 268–271, 291f., 342f.
Listen 46, 55, 301–313, 327n, 333, 340, 346
Lüge/Trug 13, 30n, 44f., 49, 52–54, 57, 76, 82, 89–92, 96, 101, 103n, 105n,

108n, 112, 130, 133 f., 141, 147n, 152 f., 158, 161–163, 167, 181n, 186–188, 202–208, 260, 280n, 292, 302 f., 317, 327 f., 336, 339 f., 343

Magie/Magier 20n, 48 f., 51–53, 170 f., 173n, 321
Mehrdeutigkeit 73, 100n, 149, 194n, 196–199, 202, 343
Mose 50, 112, 115, 117, 119 f., 130n, 208, 244, 254 f., 299 f., 309, 314, 275 f., 279, 281 f., 290–292, 338, 343

Omen *siehe* Zeichen
Opposition 25n, 36, 65n, 81 f., 86, 123n, 133, 201, 305, 308, 338, 263 f., 270n
Orakel(-sprüche) 24–32, 34–38, 55–80, 145n, 161n, 169, 192 f., 198 f., 220, 248–257

Profitgier *siehe* Korruption

Rebellion/Abfall 6n, 37–45, 52 f., 78–82, 105, 108, 121, 125, 151, 155, 165, 207, 235, 288, 305, 334, 337, 341
Retrospektive/Rückblick 8–11, 13 f., 56, 70, 100, 127, 140, 143, 166, 194, 208, 211, 217, 219, 255, 264, 290, 334 f., 343, 345 f.

Schriftprophetie 13, 34, 218, 245, 297, 326
Seher 20 f., 49, 59–81, 91–93, 126n, 156n, 192 f., 283, 286, 338, 341
Selbstprüfung 165, 208, 293, 340, 345
Sprichwort/Ausspruch 29n, 76n, 111n, 151–158, 176, 178, 183

Täuschung *siehe* Lüge
Todesstrafe/Tötung 38, 41, 43, 78 f., 120–127, 139, 143 f., 165 f., 226–232, 235, 288, 295, 314–316, 320n, 331, 334, 341
Tora *siehe* Gesetz
Traum 3, 19–21, 24, 29, 51 f., 74n, 76, 87, 98n, 101–113, 121, 170n, 198, 298, 338
Trug *siehe* Lüge

Überprüfung/Verifizierung 24n, 43n, 55, 108 f., 117
Umkehr 8, 85, 89, 91 f., 95–100, 141–148, 158, 167, 175, 206–208, 245, 252, 266n, 288, 343 f., 345

Verifizierung *siehe* Überprüfung
Verkleidung 198, 227
Verleitung 76, 180–187, 203–206, 327, 340
Verzögerte Erfüllung 72 f., 150–158, 212
Vision 3, 59n, 91 f., 97 f., 102n, 112, 151–153, 161, 164 f., 188, 190, 199, 203, 207, 237, 298, 336, 338

Wahrheit 7, 12–14, 41, 50, 70n, 83n, 102, 107 f., 129, 132n, 134, 142, 188, 199, 223n

Zeichen/Omen 21, 25, 27, 30, 36, 38–42, 48–51, 61–63, 70, 72–74, 77, 109, 115, 119, 121, 124, 220, 248, 323, 328n
Zeichenhandlung 128, 130
Zweideutigkeit *siehe* Mehrdeutigkeit